NOMOSPRAXIS

Bettina Schmidt

Rechtsanwältin und Fachanwältin für Arbeitsrecht
und Sozialrecht, Bonn

Schwerbehindertenarbeitsrecht

2. Auflage

b) Verpflichtung zur Datenübermittlung zwecks Prüfung der Beschäftigungs- und Ausgleichsabgabepflicht (§ 80 Abs. 2 SGB IX) 45
c) Auskunftspflicht (§ 80 Abs. 5 SGB IX) 46
d) Verpflichtung zum Einblick in den Betrieb (§ 80 Abs. 7 SGB IX) .. 47
e) Mitteilungspflicht der Vertrauenspersonen (§ 80 Abs. 8 SGB IX) .. 48
VI. Einstellung schwerbehinderter Menschen 49
1. Fragerecht des Arbeitgebers nach der Schwerbehinderteneigenschaft 49
2. Pflichten des Arbeitgebers bei der Stellenbesetzung (§ 81 Abs. 1 SGB IX) 53
3. Besondere Pflichten öffentlicher Arbeitgeber (§ 82 SGB IX) 63
   a) Meldepflicht 63
   b) Einladung zum Vorstellungsgespräch 64
VII. Verbot der Benachteiligung wegen Behinderung 66
1. Neuregelung im AGG 66
2. Inhalt des Benachteiligungsverbotes 67
3. Rechtsfolgen 72
4. Frist zur Geltendmachung eines Schadensersatzanspruches 74
5. Beweislast 75
VIII. Anspruch des schwerbehinderten Menschen auf behinderungsgerechte Beschäftigung (§ 81 Abs. 4 SGB IX) 81
1. Überblick 81
2. Beschäftigungsanspruch (§ 81 Abs. 4 S. 1 Nr. 1 SGB IX) 82
3. Darlegungs- und Beweislast 85
4. Förderung der beruflichen Bildung (§ 81 Abs. 4 S. 1 Nr. 2 und 3 SGB IX) 88
5. Behindertengerechte Einrichtung und Gestaltung des Arbeitsplatzes (§ 81 Abs. 4 S. 1 Nr. 4 und 5 SGB IX) 90
6. Schadensersatzanspruch 93
IX. Wiedereingliederung – Beschäftigungspflicht des Arbeitgebers 102
X. Anspruch auf Teilzeitbeschäftigung (§ 81 Abs. 5 SGB IX) 105
XI. Integrationsvereinbarung 109
XII. Prävention und betriebliches Eingliederungsmanagement 113
1. Präventionsmaßnahmen bei Gefährdung des Arbeitsverhältnisses (§ 84 Abs. 1 SGB IX) 113
2. Betriebliches Eingliederungsmanagement (§ 84 Abs. 2 SGB IX) 118
   a) Zweck des betrieblichen Eingliederungsmanagements 119
   b) Persönlicher und sachlicher Anwendungsbereich 120
   c) Umsetzung des betrieblichen Eingliederungsmanagements durch den Arbeitgeber 122
   d) Zustimmung des Betroffenen 125
   e) Beteiligung der betrieblichen Interessenvertretungen 127

f) Einbindung der Rehabilitationsträger und des Integrationsamtes 131
g) Zusammenfassung des BEM 132
h) Auswirkungen auf den Kündigungsschutz 133
i) Darlegungs- und Beweislast 135
j) Bedeutung für das Zustimmungsverfahren nach den §§ 85 ff SGB IX 138
3. Förderung der Arbeitgeber durch Rehabilitationsträger und Integrationsämter (§§ 84 Abs. 2, 102 Abs. 3 u. 4 SGB IX) 140
XIII. Zusammenarbeit aller Beteiligten (§ 99 SGB IX) 142
XIV. Mehrarbeit (§ 124 SGB IX) 143
XV. Zusatzurlaub (§ 125 SGB IX) 145

§ 2 Kündigungsschutz für schwerbehinderte Arbeitnehmer 152
I. Zustimmungserfordernis für schwerbehinderte Arbeitnehmer 152
1. Vorherige Zustimmung durch das Integrationsamt 152
2. Zielsetzung des besonderen Kündigungsschutzes 153
3. Verhältnis zum allgemeinen Kündigungsschutz 154
4. Geschützter Personenkreis – Erfordernis der Zustimmung 154
   a) Schwerbehinderteneigenschaft 154
   b) Gleichgestellte behinderte Menschen 155
   c) Arbeitnehmer 155
   d) Beamte und Richter 156
5. Fehlende Tatbestandsvoraussetzungen – „Negativattest" 156
II. Zustimmungsfreie Beendigung des Arbeitsverhältnisses 158
1. Kündigung durch den Schwerbehinderten 158
2. Beendigung des Arbeitsverhältnisses ohne Kündigung 158
3. Aufhebungsvertrag 158
4. Befristetes Arbeitsverhältnis 159
5. Auflösende Bedingung 159
6. Anfechtung des Arbeitsvertrages 159
7. Direktionsrecht 160
8. Einführung von Kurzarbeit 160
9. Insolvenz 161
10. Gesetzliche Ausnahmen vom besonderen Kündigungsschutz (§ 90 SGB IX) 161
    a) Ausnahme in den ersten sechs Monaten (§ 90 Abs. 1 Nr. 1 SGB IX) 161
    b) Stellen nach § 73 Abs. 2 Nr. 2 bis 5 SGB IX (§ 90 Abs. 1 Nr. 2 SGB IX) 164
    c) Vollendung des 58. Lebensjahres und soziale Alterssicherung (§ 90 Abs. 1. Nr. 3 SGB IX) 165
    d) Entlassung aus Witterungsgründen (§ 90 Abs. 2 SGB IX) 166
11. Neuregelung in § 90 Abs. 2 a SGB IX 167

§ 1 Arbeitsrechtliche Regelungen im SGB IX

I. Zielsetzung der Regelungen des SGB IX

Bereits am 1.7.2001 ist das Neunte Buch des Sozialgesetzbuches, im Folgenden SGB IX, in Kraft getreten, mit dem das Behinderten- und Rehabilitationsrecht neu geregelt worden ist.[1] Teil 2 des SGB IX hat das Schwerbehindertengesetz (SchwbG) ersetzt, das durch Art. 69 des Gesetzes vom 19.6.2001 aufgehoben worden ist.[2] Mit dem SGB IX sind auch neue Begrifflichkeiten geschaffen worden, zB heißt die bisherige „Hauptfürsorgestelle" nunmehr „Integrationsamt". Abweichend vom bisherigen Begriff des „Schwerbehinderten", wie er im SchwbG verwandt worden ist, spricht das SGB IX nur noch vom „schwerbehinderten Menschen". 1

Ziel des SGB IX ist es, die Selbstbestimmung und gleichberechtigte Teilhabe behinderter und von Behinderung bedrohter Menschen am Leben in der Gesellschaft, und damit auch am Arbeitsleben, das ein wichtiger Teil der Gesellschaft ist, zu fördern (§ 1 SGB IX).[3] Das SGB IX will der Ausgrenzung der behinderten Menschen aus dem Arbeitsleben entgegenwirken und deren Teilhabe stärken. Das ist ohne Mitwirkung des Arbeitgebers nicht zu erreichen. Neben weiteren Pflichten im zweiten Teil des SGB IX ist deshalb dem Arbeitgeber in § 99 Abs. 1 SGB IX die Pflicht auferlegt, zusammen mit anderen Stellen die Teilhabe schwerbehinderter Arbeitnehmer am Arbeitsleben zu ermöglichen.[4] 2

Das SGB IX ist in **zwei Teile** gegliedert. Der erste Teil umfasst die Regelungen für behinderte und von Behinderung bedrohte Menschen (§§ 1–67 SGB IX).[5] Im **zweiten Teil** (§§ 68–120 SGB IX) sind die besonderen Regelungen zur Teilhabe schwerbehinderter Menschen (Schwerbehindertenrecht) enthalten. In diesem zweiten Teil sind auch die **arbeitsrechtlichen Regelungen** aufgeführt, die für schwerbehinderte Menschen und die Betriebe wichtig sind; diese können auch unter dem Begriff „**Schwerbehindertenarbeitsrecht**" zusammengefasst werden. Gem. § 68 Abs. 1 SGB IX gilt der zweite Teil des SGB IX für schwerbehinderte und diesen gleichgestellte behinderte Menschen. Damit nimmt § 68 Abs. 1 SGB IX Bezug auf die Definition der Schwerbehinderung in § 2 Abs. 2 SGB IX sowie die Definition der Gleichstellung mit schwerbehinderten Menschen in § 2 Abs. 3 SGB IX. 3

---

1 BGBl. I 2001, 1046.
2 Vgl ausführlich zur Systematik des Teil 2 des SGB IX, Eckertz in: Deinert/Neumann (Hrsg.), Hdb SGB IX, § 14 Rn 1 ff.
3 Vgl zu den Zielen sowie zur Entstehungsgeschichte des SGB IX, Niemann, NZS 2001, 583 ff; Welti, NJW 2001, 2210 ff; Maaß in: Kossens/von der Heide/Maaß, Einleitung, Rn 13 ff; Cramer, NZA 2004, 698; Koch in: Schaub, § 178 Rn 3 ff; Neumann in: Deinert/Neumann (Hrsg.), Hdb SGB IX, § 1 Rn 22 ff.
4 BAG vom 13.6.2006 – 9 AZR 229/05, NZA 2007, 91, 93.
5 Diese sozialrechtlichen Regelungen im ersten Teil sind nicht Gegenstand dieses Buches; vgl dazu Deinert/Neumann (Hrsg.), Hdb SGB IX, §§ 4 ff.

II. Definition der Behinderung (§ 2 Abs. 1 SGB IX) und des schwerbehinderten Menschen (§ 2 Abs. 2 SGB IX)

1. Behinderung iSv § 2 Abs. 1 SGB IX

4 In § 2 Abs. 1 SGB IX findet sich zunächst der Begriff der „Behinderung". Danach sind Menschen behindert, wenn

- ihre körperliche Funktion, geistige Fähigkeit oder seelische Gesundheit[6]
- mit hoher Wahrscheinlichkeit länger als sechs Monate[7]
- von dem für das Lebensalter typischen Zustand abweichen und
- daher ihre Teilhabe am Leben in der Gesellschaft beeinträchtigt ist (§ 2 Abs. 1 S. 1 SGB IX).

5 Als **Maßstab** für die Beurteilung der **Schwere der Behinderung** wird die Abweichung „von dem für das jeweilige Lebensalter typischen Zustand" herangezogen. Hierunter ist der Verlust oder die Störung von in diesem Lebensalter normalerweise vorhandenen körperlichen Funktionen, geistigen Fähigkeiten oder seelischer Gesundheit zu verstehen. Die Behinderung muss also immer auf einem regelwidrigen Gesundheitszustand beruhen. Altersbedingte Leistungseinschränkungen, die für das jeweilige Alter typisch sind und generell auftreten, können grundsätzlich nicht als Behinderung anerkannt werden, sondern ausnahmsweise nur dann, wenn sie das altersbedingte Ausmaß erheblich übersteigen.[8]

6 In diesem Sinne ist auch der **Begriff der „Behinderung"** in § 1 des Allgemeinen Gleichbehandlungsgesetzes (AGG) zu verstehen; der Begriff der Behinderung des AGG entspricht der Definition des § 2 Abs. 1 S. 1 SGB IX.[9]

7 Der Begriff der „Behinderung" im Sinne der Richtlinie 2000/78/EG des Rates vom 27.11.2000 zur Festlegung eines allgemeinen Rahmens für die Verwirklichung der Gleichbehandlung in Beschäftigung und Beruf ist dahin auszulegen, dass er einen Zustand einschließt, der durch eine ärztlich diagnostizierte heilbare oder unheilbare Krankheit verursacht wird, wenn diese Krankheit eine Einschränkung mit sich bringt, die insbesondere auf physische, geistige oder psychische Beeinträchtigungen zurückzuführen ist, die in Wechselwirkung mit verschiedenen Barrieren den Betreffenden an der vollen und wirksamen Teilhabe am Berufsleben, gleichberechtigt mit den anderen Arbeitnehmern, hindern können, und wenn diese Einschränkung von langer Dauer ist.[10]

---

6 Vgl ausführlich zu den Unterschieden von körperlicher, geistiger und seelischer Behinderung – Neumann/Pahlen/Majerski-Pahlen, § 2 Rn 8 ff.
7 Vgl dazu Neumann/Pahlen/Majerski-Pahlen, § 2 Rn 13.
8 Vgl dazu Koch in: Schaub, § 178 Rn 7 und ausführlich Neumann/Pahlen/Majerski-Pahlen, § 2 Rn 14 ff.
9 BAG vom 28.4.2011 – 8 AZR 515/10, NJW 2011, 2458, Rn 24 mwN; vgl auch Däubler in: Däubler/Bertzbach, § 1, Rn 72, 73 mwN.
10 EuGH vom 11.4.2013 – C-335/11 (HK Danmark/Dansk almennyttigt Boligselskab) und C-337/11 (HK Danmark/Dansk Arbejdsgiverforening), NZA 2013, 553 ff.

2. Schwerbehinderung iSv § 2 Abs. 2 SGB IX

Als Voraussetzung für die Anwendbarkeit der Vorschriften des zweiten Teils des SGB IX muss eine Schwerbehinderung vorliegen. Der für das im zweiten Teil des SGB IX geregelte Schwerbehindertenrecht relevante **Schwerbehindertenbegriff** wird in **§ 2 Abs. 2 SGB IX** wie folgt definiert:

„Menschen sind im Sinne des Teil 2 schwerbehindert, wenn bei ihnen ein Grad der Behinderung von wenigstens 50 vorliegt und sie ihren Wohnsitz, ihren gewöhnlichen Aufenthalt oder ihre Beschäftigung auf einem Arbeitsplatz im Sinne des § 73[11] rechtmäßig im Geltungsbereich dieses Gesetzbuches haben."

Die Regelungen des zweiten Teils des SGB IX (Schwerbehindertenrecht) gelten gem. der ausdrücklichen gesetzlichen Regelung in § 68 Abs. 1 SGB IX **für schwerbehinderte und diesen gleichgestellte Menschen.**[12] Von der Geltung ausgenommen sind gem. § 68 Abs. 3 SGB IX für Gleichgestellte nur

- der Anspruch auf Zusatzurlaub (§ 125 SGB IX)[13] und
- die unentgeltliche Beförderung im öffentlichen Personennahverkehr (§ 68 Abs. 3 SGB IX).

Liegt die in § 2 Abs. 2 SGB IX definierte Schwerbehinderteneigenschaft gem. den gesetzlichen Voraussetzungen vor, besteht die Eigenschaft als schwerbehinderter Mensch kraft Gesetzes, ohne dass es irgendeiner besonderen Anerkennung bedarf. Die Feststellung des Grades der Behinderung (GdB) oder die Vorlage eines entsprechenden Ausweises, die Anerkennung durch Behörden oder die Feststellung in einem Rentenbescheid ist nach heute einhelliger Auffassung keine Voraussetzung mehr für die Anwendung der Regelungen des zweiten Teils des SGB IX. Der **Feststellungsbescheid** des Versorgungsamtes hat nach § 2 Abs. 2, § 69 SGB IX **keine rechtsbegründende** (konstitutive), sondern lediglich eine **erklärende** (deklaratorische) **Wirkung.**[14] Deutlich wird dies auch durch die Regelung in § 68 Abs. 2 SGB IX, die eine Gleichstellung nur aufgrund einer Feststellung nach § 69 Abs. 1 SGB IX zulässt. Das Fehlen einer solchen Bedingung in § 2 Abs. 2 SGB IX und § 68 Abs. 1 SGB IX macht deutlich, dass allein das Vorliegen der gesetzlichen Voraussetzungen für die Eigenschaft als schwerbehinderter Mensch maßgeblich ist.[15]

III. Feststellung der Behinderung sowie des GdB

1. Antrag

Die Feststellung der Behinderung sowie des GdB erfolgt auf Antrag des Betroffenen durch die für die Durchführung des Bundesversorgungsgesetzes zuständigen Behör-

---

11 Vgl zum Begriff des Arbeitsplatzes iSv § 73 SGB IX, Deinert in: Deinert/Neumann (Hrsg.), Hdb SGB IX, § 17 Rn 36, 37.
12 Dabei gelten behördliche Feststellungen über die Schwerbehinderteneigenschaft, die noch unter der Geltung des Schwerbehindertengesetzes getroffen wurden, auch als Feststellung nach dem SGB IX (§ 159 Abs. 3 SGB IX).
13 Vgl dazu Rn 421 ff.
14 St. Rspr des BAG, vgl nur BAG vom 13.2.2008 – 2 AZR 864/06, NZA 2008, 1055, 1056, Rn 16 mwN; Neumann/Pahlen/Majerski-Pahlen, § 68 Rn 3; Koch in: Schaub, § 178 Rn 10 mwN.
15 Neumann/Pahlen/Majerski-Pahlen, § 68 Rn 3 und § 2 Rn 26 mwN.

den (§ 69 Abs. 1 S. 1 SGB IX). Eine **Vertretung bei der Antragstellung** ist möglich; die Bevollmächtigung des Vertreters ist auf Verlangen der Behörde schriftlich nachzuweisen (§ 13 Abs. 1 S. 3 SGB X). Der Arbeitgeber hat weder ein Antrags- noch ein Widerspruchsrecht.[16]

2. Zuständigkeit

12 Zuständig für die Feststellung von Behinderungen und dem dadurch bedingten GdB sind gem. § 69 Abs. 1 S. 1 SGB IX die für die Durchführung des Bundesversorgungsgesetzes (BVG) zuständigen Behörden. Dies sind in der Regel die Versorgungsämter; durch Landesrecht kann gem. § 69 Abs. 1 S. 7 SGB IX die Zuständigkeit abweichend von Satz 1 geregelt werden.[17]

13 **Örtlich zuständig** ist das Versorgungsamt bzw die zuständige Behörde, in deren Bezirk der Antragsteller seinen Wohnsitz oder gewöhnlichen Aufenthalt hat.[18]

3. Verfahren (§ 69 SGB IX)

14 Das Verfahren, mit dem das Vorliegen einer Behinderung und der GdB festgestellt wird, ist im Einzelnen in § 69 SGB IX geregelt.[19]

15 Nach Antragstellung haben die Versorgungsämter von Amts wegen festzustellen:

- das Vorliegen einer Behinderung,
- den durch alle Behinderungen in ihrer Gesamtheit bedingten Grad der Behinderung (GdB) – § 69 Abs. 1 S. 1 SGB IX –, und
- ggf auch das Vorliegen weiterer gesundheitlicher Merkmale, soweit diese Feststellungen Voraussetzung für die Inanspruchnahme von Nachteilsausgleichen sind – § 69 Abs. 4 SGB IX.

a) Vorliegen einer Behinderung (§ 69 Abs. 1 S. 1 SGB IX)

16 Unter einer Behinderung, die nach § 69 Abs. 1 S. 1 SGB IX festzustellen ist, ist nicht eine Krankheit zu verstehen, sondern die nachteiligen Folgen dieses Krankheitszustandes.[20] Maßgeblich sind also **nicht die Krankheitsdiagnosen**, sondern die **Funktionsbeeinträchtigungen**, die Auswirkungen auf die Teilhabe am Leben in der Gesellschaft haben.

17 **Beispiel:** Liegt bei einem behinderten Menschen ein Verschleiß der rechten Hüfte, eine Hüftgelenksarthrose, vor, so ist nicht diese sog. Coxarthrose als Diagnose die Behinderung, sondern die durch sie bedingte schmerzhafte Bewegungseinschränkung des Hüftgelenkes. Auch bei der Bemessung der Höhe des GdB kommt es nicht auf die Krankheits-

---

16 BSG vom 22.10.1986 – 9 a RVs 3/84, AP Nr. 1 zu § 3 SchwbG; BVerwG vom 21.10.1987 – 5 C 42/84, NZA 1988, 431, 432 f; ErfK/Rolfs, §§ 68, 69 SGB IX Rn 9.
17 So wurden durch eine solche landesrechtliche Regelung in Nordrhein-Westfalen zum 31.12.2007 die Versorgungsämter aufgelöst; nach Landesrecht sind in Nordrhein-Westfalen nunmehr die Kommunen und Landkreise für die Durchführung des Bundesversorgungsgesetzes und die Feststellung des GdB zuständig.
18 Kossens in: Kossens/von der Heide/Maaß, § 69 Rn 6; Koch in: Schaub, § 178 Rn 12.
19 Vgl dazu auch Neumann/Pahlen/Majerski-Pahlen, § 69 Rn 8 ff.
20 BSG vom 10.2.1993 – 9/9 a RVs 5/91, Behindertenrecht 1993, 78.

diagnose als solche an, sondern auf das konkrete Ausmaß der dadurch im Einzelfall bedingten Funktionseinschränkungen.

Hinweis: Bei der **Ausfüllung des Antrags** auf Feststellung einer Behinderung durch den schwerbehinderten Menschen sollte daher unbedingt darauf geachtet werden, dass die Funktionseinschränkungen nicht nur mit der durch den behandelnden Arzt gestellten Diagnose aufgeführt werden. Vielmehr sollte dem Antrag ein Beiblatt beigefügt werden, auf dem die tatsächlichen Einschränkungen durch die Gesundheitsstörung ausführlich geschildert werden. So sollte zB nicht nur im Antrag vermerkt werden „Wirbelsäulenbeschwerden", sondern vielmehr ausführlich dargelegt werden, welche Wirbelsäulenabschnitte betroffen sind (HWS, BWS, LWS),[21] welche Funktionseinschränkungen bestehen, ob und inwiefern die Beweglichkeit beeinträchtigt ist, ob und welche Schmerzen, auch wie oft, auftreten und ob auch weitere Beeinträchtigungen durch die Wirbelsäulenerkrankung bedingt sind, zB Kopfschmerzen bei einer Degeneration der Halswirbelsäule. Diese ausführliche Schilderung der tatsächlichen Funktionseinschränkungen erhöht die Chance, dass bei der Bemessung des GdB auch alle Gesundheitsstörungen durch das Versorgungsamt berücksichtigt werden. 18

Ein Anspruch des behinderten Menschen auf **isolierte Feststellung einzelner Gesundheitsstörungen** als Behinderung, ohne dass dies zu einem wirtschaftlichen oder rechtlichen Vorteil führt, besteht nicht.[22] Zulässig ist aber die **Beschränkung des Antrags**,[23] so dass der behinderte Mensch dadurch verhindern kann, dass bestimmte Behinderungen festgestellt werden. Diese nicht im Antrag aufgeführten Behinderungen bleiben dann allerdings auch bei der Festsetzung des Gesamt-GdB außer Betracht.[24] 19

b) Bemessung des GdB (§ 69 Abs. 1 S. 4–6 SGB IX)

Gem. § 69 Abs. 1 S. 4 SGB IX werden die Auswirkungen auf die Teilhabe am Leben in der Gesellschaft als Grad der Behinderung (GdB) nach Zehnergraden abgestuft festgestellt.[25] 20

Eine **Feststellung** der Behinderung erfolgt nur, wenn ein **GdB von wenigstens 20** vorliegt (§ 69 Abs. 1 S. 6 SGB IX). Es muss also entweder eine Behinderung von mindestens 20 vorliegen oder aber es müssen mehrere Behinderungen zusammenkommen, die im Zusammenwirken zu einem GdB von mindestens 20 führen.[26] 21

Der jeweilige Einzel-GdB für die verschiedenen Funktionsstörungen ist keiner eigenen Feststellung zugänglich. Er erscheint weder im Verfügungssatz des Bescheides, noch 22

---

21 Halswirbelsäule, Brustwirbelsäule, Lendenwirbelsäule.
22 BSG vom 24.6.1998 – B 9 SB 17/97 R, SozR 3-3870 § 4 Nr. 24.
23 Kossens, in: Kossens/von der Heide/Maaß, § 69 Rn 4 unter Hinweis auf BVerwG vom 21.10.1987 – 5 C 42/84, NZA 1988, 431.
24 BSG vom 26.2.1986 – 9 a RVs 4/83, SozR 3870 § 3 Nr. 21.
25 Dabei hat das BSG unter Aufgabe seiner älteren Rechtsprechung eine genauere Abstufung, etwa nach Fünfergraden, als unzulässig angesehen – BSG vom 14.2.2001 – B 9 V 12/00 R, BSGE 87, 289 = SozR 3-3100 § 31 Nr. 5.
26 BT-Drucks. 10/5701, 9.

ist er isoliert anfechtbar. Er wird auch nicht rechtlich bindend.[27] Bei dem jeweiligen Einzel-GdB handelt es sich lediglich um einen Bewertungsfaktor des Gesamt-GdB.[28]

23 Darüber hinaus werden ausschließlich Funktionsstörungen festgestellt, die nicht nur vorübergehend auftreten. Der Zustand muss gem. § 2 Abs. 1 SGB IX „mit hoher Wahrscheinlichkeit" länger als sechs Monate vom alterstypischen Zustand abweichen, womit vorübergehende Funktionseinschränkungen von kurzer Dauer unbeachtlich bleiben.[29] Unerheblich ist, ob der regelwidrige Zustand schon länger als sechs Monate besteht; entscheidend ist allein, dass seine Dauer prognostisch sechs Monate überschreiten wird.[30] Die bloße Möglichkeit **einer** zukünftigen Beeinträchtigung führt allerdings nicht zu einer Steigerung des GdB.[31]

24 Der GdB bezieht sich auf die Auswirkung einer Funktionsstörung in allen Lebensbereichen, also auf die Teilhabe am Leben in der Gesellschaft. Daher kommt eine Beurteilung des GdB allein aufgrund von Einschränkungen der beruflichen Funktionsfähigkeit nicht in Betracht; grundsätzlich ist der GdB auch unabhängig vom ausgeübten oder angestrebten Beruf zu beurteilen.[32] Aus der Höhe des GdB kann auch nicht auf das Ausmaß der beruflichen Leistungsfähigkeit geschlossen werden, so dass er für die rentenversicherungsrechtliche Beurteilung irrelevant ist.[33]

25 Der GdB als Statusentscheidung ist grundsätzlich nur ab Antrag mit Wirkung für die Zukunft, nicht aber für die Vergangenheit, festzustellen. Die **rückwirkende Feststellung** der Schwerbehinderung für Zeiträume vor einer erstmaligen Antragstellung setzt voraus, dass der Betroffene ein **besonderes Interesse an dieser rückwirkenden Feststellung** glaubhaft macht und darüber hinaus die Schwerbehinderung in der Vergangenheit offenkundig vorgelegen hat.[34] Wann eine solche Offenkundigkeit der Schwerbehinderung anzunehmen ist, hat das Bundessozialgericht (BSG) in seiner Rechtsprechung bisher offen gelassen. Nach der dazu vorliegenden sozialgerichtlichen Rechtsprechung ist die Eigenschaft als schwerbehinderter Mensch jedenfalls dann nicht offenkundig, wenn der GdB nur durch Einholung eines oder mehrerer fachärztlicher Gutachten unter Berücksichtigung und Würdigung sämtlicher vorhandenen medizinischen Unterlagen festgestellt werden kann. In diesem Fall sei für Dritte ohne medizinische Kenntnisse nicht mehr ersichtlich, ob eine Schwerbehinderung bestehe oder nicht; in solchen Fallgestaltungen könnten also durch die rückwirkende Feststellung Dritte in unzumutbarer Weise betroffen werden, ohne dass sie die Schwerbehinderung erkennen konnten.[35] Ein besonderes Interesse an einer rückwirkenden Feststellung kann auch die beabsichtigte Inanspruchnahme von Steuervorteilen begründen.

---

27 BSG vom 5.5.1993 – 9/9 a RVs 2/92, BehindertenR 1993, 78 = SozR 3870 § 4 Nr. 5.
28 BSG vom 10.9.1997 – 9 Rvs 15/96.
29 Vgl dazu auch Neumann/Pahlen/Majerski-Pahlen, § 69 Rn 7; ErfK/Rolfs, §§ 68, 69 SGB IX Rn 1.
30 BSG vom 12.4.2000 – B 9 SB 3/99 R, BehindertenR 2000, 184.
31 LSG Rheinland-Pfalz vom 27.4.1995 – L 4 Vs 158/94, Breithaupt 1995, 950; Neumann/Pahlen/Majerski-Pahlen, § 69 Rn 3.
32 So auch ErfK/Rolfs, §§ 68, 69 SGB IX Rn 4; Kossens in: Kossens/von der Heide/Maaß, § 69 Rn 9 mwN.
33 LSG Baden-Württemberg vom 11.3.2000 – L 11 RJ 4989/02; vgl dazu auch Neumann/Pahlen/Majerski-Pahlen, § 69 Rn 4.
34 BSG vom 29.5.1991 – 9a/9 RVs 11/89, SozR 3-1300 § 44 Nr. 3; LSG für das Saarland vom 5.11.2002 – L 5 B 12/01 SB; Kossens in: Kossens/von der Heide/Maaß, § 69 Rn 3.
35 LSG für das Saarland vom 5.11.2002 – L 5 B 12/01 SB; SG Dresden vom 9.12.2004 – S. 7 SB 340/02.

Die Glaubhaftmachung beinhaltet neben einer Beweiserleichterung auch die Pflicht, in angemessenem Umfang Tatsachen darzulegen und Belege beizubringen.[36]

Für die Beurteilung der **Höhe des GdB** gelten gem. § 69 Abs. 1 S. 5 SGB IX die Maßstäbe des § 30 Abs. 1 des Bundesversorgungsgesetzes (BVG) und der aufgrund des § 30 Abs. 16 des BVG erlassenen Rechtsverordnung entsprechend; dies ist die Versorgungsmedizinverordnung vom 10.12.2008. Darin sind die einzelnen Grade für Funktionsstörungen aufgeführt. Ihrem Inhalt nach stellen sie antizipierte Sachverständigengutachten dar.[37]

Liegen **mehrere Funktionsstörungen**, also Beeinträchtigungen der Teilhabe am Leben in der Gesellschaft, vor, so wird der GdB nach den Auswirkungen der Beeinträchtigungen in ihrer Gesamtheit unter Berücksichtigung ihrer wechselseitigen Beziehungen festgestellt (§ 69 Abs. 3 S. 1 SGB IX).

Zunächst ist für jede Behinderung ein **Einzel-GdB** zu ermitteln, dann ist ein Gesamt-GdB zu bilden, wobei mathematische Berechnungsformeln ungeeignet sind.[38] Der Einzel-GdB ist jeweils für alle Erkrankungen eines Funktionssystems des menschlichen Organismus zusammenfassend zu beurteilen.

Bei der Bildung des **Gesamt-GdB** ist es unzulässig, diesen durch schlichte Addition der Einzel-GdB zu ermitteln. Es müssen stets die **Auswirkungen aller Behinderungen in ihrer Gesamtheit** festgestellt werden, wobei die Gesamtbeurteilung zu einem höheren oder niedrigeren Gesamt-GdB führen kann, als sie bei einem bloßen Zusammenrechnen der Einzel-GdB erzielt worden wäre. Dies hängt ganz von der Art der Behinderung und ihrem Zusammenwirken ab,[39] wobei in keinem Fall der Gesamt-GdB niedriger bemessen werden kann als der GdB einer einzigen Behinderung.[40] In der Praxis wird von der Beeinträchtigung mit dem höchsten Einzel-GdB ausgegangen; die anderen Beeinträchtigungen werden dann dahin gehend überprüft, inwieweit sich durch sie das Maß der Behinderung vergrößert.[41]

Dabei werden sogenannte „**leichte Gesundheitsstörungen**", die einen GdB von 10 bedingen, nur in Ausnahmefällen berücksichtigt; auch solche Gesundheitsstörungen mit einem GdB von 20 rechtfertigen es vielfach nicht, auf eine wesentliche Zunahme des Ausmaßes der Behinderung zu schließen.[42] Wenn die einzelnen Behinderungen allerdings unabhängig nebeneinander stehen und völlig verschiedene Bereiche des täglichen Lebens betreffen, führt in der Regel bereits ein GdB-Wert von 20 zu einer angemessenen Erhöhung des GdB des führenden Leidens.[43]

---

36 BSG vom 16.2.2012 – B 9 SB 1/11 R, SozR 4-3250 § 69 Nr. 15.
37 BSG vom 2.12.2010 – B 9 SB 3/09 R, SozR 4-3250 § 69 Nr. 12; vgl auch ErfK/Rolfs, §§ 68, 69 SGB IX Rn 4.
38 BSG vom 16.3.1982 – 9a/9 RVs 8/81, SozR 3870 § 3 Nr. 14.
39 LSG NRW vom 2.9.1993 – L 7 Vs 22/93, SGb 1994, 239.
40 Neumann/Pahlen/Majerski-Pahlen, § 69 Rn 31; Kossens in: Kossens/von der Heide/Maaß, § 69 Rn 26 mwN.
41 Vgl dazu ausführlich Neumann/Pahlen/Majerski-Pahlen, § 69 Rn 30 ff; Kossens in: Kossens/von der Heide/Maaß, § 69 Rn 24 ff; vgl auch LSG Saarland vom 28.9.2000 – L 5 b SB 70/99.
42 BSG vom 13.12.2000 – B 9 V 8/00 R, SozR 3-3870 § 4 Nr. 28.
43 LSG NRW vom 18.3.1993 – L 7 Vs 142/92.

31 **Beispiele:**

- Die Auswirkungen der einzelnen Behinderungen sind voneinander unabhängig und betreffen ganz verschiedene Lebensbereiche:
  Verlust des linken Beines im Unterschenkel (GdB 50) und eine Lärmschwerhörigkeit (GdB 20). Beide Behinderungen müssen bei der Bildung des Gesamt-GdB berücksichtigt werden. Obergrenze ist die Summe beider Einzel-GdB. Daraus ergibt sich ein Gesamt-GdB von 60 bis 70.

- Eine Behinderung wirkt sich auf die andere besonders nachteilig aus:
  Der Verlust eines Zeigefingers bedingt einen GdB von 10, der Verlust beider Zeigefinger einen GdB von 30. Der Gesamt-GdB ist damit höher anzusetzen als die Summe einzelner GdB.

- Die Auswirkungen der Behinderung überschneiden sich:
  Ein behinderter Mensch leidet an Silikose mit Atemnot bei mittelschwerer Belastung (GdB 40), Verschleiß der Wirbelsäule (GdB 20), Kniegelenke (GdB 10) und der Ellenbogengelenke (GdB 10). Der Gesamt-GdB ist wesentlich niedriger als die Summe der einzelnen GdB, aber höher als für die Behinderung mit dem höchsten Einzel-GdB anzusetzen, da zusätzliche Beschwerden und Funktionsbeeinträchtigungen hinzutreten. Daraus ergibt sich ein Gesamt-GdB von 50.

- Das Ausmaß einer Behinderung wird durch hinzutretende Gesundheitsstörungen nicht verstärkt:
  Bei vollständigem Ausfall der Armnerven im Unterarmbereich wirkt sich der zusätzliche Verlust von zwei Fingern derselben Hand nicht erhöhend auf den Gesamt-GdB aus.

32 Eine **Gesamtbeurteilung** nach § 69 Abs. 3 SGB IX ist nicht nur zu treffen, wenn mehrere Behinderungen unterschiedlicher Art und Ursache vorliegen, für die noch kein Gesamt-GdB festgestellt worden ist, sondern auch in Fällen, in denen eine neue Behinderung hinzutritt.[44]

33 Dabei können bereits im **Feststellungsverfahren** medizinische **Gutachten** herangezogen sowie **Sachverständige** gehört und der Antragsteller kann zur persönlichen Vorstellung oder auch Untersuchung durch Sachverständige geladen werden.[45] Die Beiziehung von Krankenakten, Röntgenbildern und sonstigen medizinischen Befunden bedarf der Einwilligung des behinderten Menschen (§ 100 Abs. 1 S. 1 Nr. 2 SGB X).

34 Auch im sozialgerichtlichen Verfahren bedarf es zur Beurteilung der einzelnen Funktionsstörungen und ihrer Gesamtschau regelmäßig der Heranziehung medizinischer Sachverständiger.[46]

---

44 Vgl dazu Neumann/Pahlen/Majerski-Pahlen, § 69 Rn 32.
45 BSG vom 26.1.1994 – 9 RV 25/93, SozR 3-1750 § 372 Nr. 1.
46 BSG vom 15.3.1979 – 9 RVs 16/78, SozR 3870 § 3 Nr. 5; BSG vom 9.3.1988 – 9/9a RVs 14/86, Soziale Sicherheit 1988, 381.

c) Anderweitige Feststellung der Behinderung und ihres Grades (§ 69 Abs. 2 SGB IX)

Soweit das Vorliegen einer Behinderung und der Grad einer auf ihr beruhenden Erwerbsminderung bereits feststeht, kommt grundsätzlich eine nochmalige Feststellung durch die Versorgungsbehörde nicht in Betracht (§ 69 Abs. 2 SGB IX).

Als solche anderweitige Feststellung sind insbesondere **Rentenbescheide** der Unfallversicherung, einer öffentlichen Dienststelle nach Dienstunfällen oder einer Sozialbehörde anzusehen.[47] Nicht unter § 69 Abs. 2 SGB IX fallen Bescheide der Rentenversicherungsträger über die Gewährung einer Erwerbsminderungsrente sowie vertrauens- oder amtsärztliche Gutachten über den GdB/MdE, weil diese Feststellungen nach anderen Grundsätzen erfolgen.[48]

Hinweis: Eine Entscheidung eines Unfallversicherungsträgers über den Grad der Minderung der Erwerbsfähigkeit (MdE) schließt eine abweichende Entscheidung durch das Versorgungsamt bei der Feststellung des GdB aus. Dies gilt sogar dann, wenn dem Versorgungsamt der Bescheid des Unfallversicherungsträgers nicht bekannt war und der schwerbehinderte Mensch sich erst im gerichtlichen Verfahren auf den Bescheid des Unfallversicherungsträgers beruft.[49] Daher ist es sinnvoll, den Bescheid des Unfallversicherungsträgers dem Versorgungsamt vorzulegen bzw spätestens im gerichtlichen Verfahren einzuführen, wenn er für den behinderten Menschen günstig ist.

Eine anderweitige Feststellung ist nach § 69 Abs. 2 S. 1 letzter Hs SGB IX dann zu treffen, wenn der behinderte Mensch ein Interesse an anderweitiger Feststellung nach Abs. 1 glaubhaft macht. Ein solches Interesse liegt vor, wenn etwa Feststellungen nicht zu allen vorliegenden Behinderungen getroffen wurden, oder wenn die in der Unfallversicherung gängigen MdE-Sätze niedriger sind als der im Schwerbehindertenrecht gängige GdB.[50]

d) Feststellung weiterer gesundheitlicher Merkmale für die Inanspruchnahme von Nachteilsausgleichen (§ 69 Abs. 4 SGB IX)

Nach § 69 Abs. 4 SGB IX treffen die Versorgungsämter auch die Feststellung über das Vorliegen weiterer gesundheitlicher Merkmale, soweit diese Feststellungen für die Inanspruchnahme von Nachteilsausgleichen erforderlich sind. Die gesundheitlichen Merkmale, die Voraussetzung für die Inanspruchnahme von **Nachteilsausgleichen** sind, werden in § 3 Abs. 1 der Schwerbehindertenausweisverordnung (SchwbAwV) im Einzelnen aufgeführt:[51]

---

47 Vgl dazu ausführlich Neumann/Pahlen/Majerski-Pahlen, § 69 Rn 26 ff.
48 BSG vom 8.8.2001 – B 9 SB 5/01 B; Dau in: Dau/Düwell/Joussen, § 69 Rn 34; Neumann/Pahlen/Majerski-Pahlen, § 69 Rn 27; Kossens in: Kossens/von der Heide/Maaß, § 69 Rn 20 mwN.
49 LSG Berlin vom 16.11.2000 – L 11 SB 15/99, SGb 2001, 184.
50 Vgl dazu ausführlich Kossens in: Kossens/von der Heide/Maaß, § 69 Rn 21 ff; Dau in: Dau/Düwell/Joussen, § 69 Rn 35 mwN.
51 Vgl dazu ausführlich Kossens in: Kossens/von der Heide/Maaß, § 69 Rn 33 ff; Dau in: Dau/Düwell/Joussen, § 69 Rn 38; Neumann/Pahlen/Majerski-Pahlen, § 69 Rn 33 ff mwN.

- aG – wenn der schwerbehinderte Mensch außergewöhnlich gehbehindert iSd § 6 Abs. 1 Nr. 14 des Straßenverkehrsgesetzes oder entsprechender straßenverkehrsrechtlicher Vorschriften ist,[52]
- H – wenn der schwerbehinderte Mensch hilflos iSd § 33b des Einkommensteuergesetzes oder entsprechender Vorschriften ist,[53]
- Bl – wenn der schwerbehinderte Mensch blind iSd § 72 Abs. 5 SGB XII oder entsprechender Vorschriften ist,[54]
- Gl – wenn der schwerbehinderte Mensch gehörlos iSd § 145 SGB IX ist,[55]
- RF – wenn der schwerbehinderte Mensch die landesrechtlich festgelegten gesundheitlichen Voraussetzungen für die Befreiung von der Rundfunkgebührenpflicht erfüllt,[56]
- 1. Kl. – wenn der schwerbehinderte Mensch die im Verkehr mit Eisenbahnen tariflich festgelegten gesundheitlichen Voraussetzungen für die Benutzung der 1. Wagenklasse mit Fahrausweis der 2. Wagenklasse erfüllt,
- in § 3 Abs. 2 der Schwerbehindertenausweisverordnung werden noch die weiteren Merkmale „B" und „G" aufgeführt, wobei
  - B – gewährt wird, wenn der schwerbehinderte Mensch die Berechtigung zur Mitnahme einer Begleitperson nachgewiesen hat und auf die ständige Begleitung bei Benutzung von öffentlichen Verkehrsmitteln angewiesen ist,[57] und
  - G – „gehbehindert" – gewährt wird, wenn der schwerbehinderte Mensch erheblich in der Bewegungsfähigkeit im Straßenverkehr eingeschränkt ist.[58]

4. Ausweis (§ 69 Abs. 5 SGB IX)

40 Ein Ausweis über die Eigenschaft als schwerbehinderter Mensch wird ab einem GdB von 50 ausgestellt und dient dem Nachweis für die Inanspruchnahme von Leistungen und sonstigen Hilfen (§ 69 Abs. 5 S. 1 und 2 SGB IX).[59] Die **Gültigkeitsdauer** des Ausweises soll befristet werden (§ 69 Abs. 5 S. 3 SGB IX). Der Ausweis wird eingezogen, sobald der gesetzliche Schutz schwerbehinderter Menschen erloschen ist (§ 69 Abs. 5 S. 4 SGB IX). Der Ausweis wird berichtigt, sobald eine Neufeststellung unanfechtbar geworden ist (§ 69 Abs. 5 S. 5 SGB IX).[60]

---

52 Vgl dazu Neumann/Pahlen/Majerski-Pahlen, § 69 Rn 34; Kossens in: Kossens/von der Heide/Maaß, § 69 Rn 35 ff.
53 Vgl dazu Neumann/Pahlen/Majerski-Pahlen, § 69 Rn 34a; Kossens in: Kossens/von der Heide/Maaß, § 69 Rn 45 ff; § 145 Rn 11 ff.
54 Vgl dazu Neumann/Pahlen/Majerski-Pahlen, § 69 Rn 34b; Kossens in: Kossens/von der Heide/Maaß, § 69 Rn 44.
55 Vgl dazu Kossens in: Kossens/von der Heide/Maaß, § 145 Rn 10.
56 Vgl dazu Kossens in: Kossens/von der Heide/Maaß, § 69 Rn 42 f.
57 Vgl dazu Neumann/Pahlen/Majerski-Pahlen, § 69 Rn 34d; Kossens in: Kossens/von der Heide/Maaß, § 69 Rn 40 f.
58 Vgl dazu Kossens in: Kossens/von der Heide/Maaß, § 69 Rn 33 f.
59 Vgl dazu ausführlich Neumann/Pahlen/Majerski-Pahlen, § 69 Rn 35 ff.
60 Vgl Dau in: Dau/Düwell/Joussen, § 69 Rn 39, 30.

5. Neufeststellung des GdB

Eine Neufeststellung des GdB kommt nur in Betracht, wenn eine wesentliche Änderung der für die Feststellung maßgebenden Verhältnisse eingetreten ist. Insoweit gilt § 48 SGB X, wonach der Verwaltungsakt mit Wirkung für die Zukunft aufzuheben ist, soweit in den tatsächlichen oder rechtlichen Verhältnissen eine wesentliche Änderung eingetreten ist.[61] Eine **wesentliche Änderung** wird sowohl dann angenommen, wenn sich bereits anerkannte Behinderungen bessern oder verschlimmern, als auch dann, wenn andere körperliche, seelische oder geistige Leiden hinzutreten.[62]

41

Die **Neufestsetzung** des GdB erfolgt dann unabhängig von der bisherigen Feststellung des Gesamt-GdB; der GdB ist insgesamt neu festzusetzen.[63]

42

In der Regel, insbesondere bei einer Verschlimmerung bzw dem Hinzutreten weiterer Behinderungen, erfolgt die **Neufestsetzung auf Antrag** des behinderten Menschen. Neue Bescheide zugunsten des schwerbehinderten Menschen können vom Versorgungsamt jederzeit erteilt werden. Eine Neufeststellung ist aber auch ohne Antrag **von Amts wegen** durch das Versorgungsamt zulässig,[64] was insbesondere bei einer Besserung der bislang bei der Feststellung berücksichtigten Gesundheitsstörungen in Betracht kommt.

43

Dabei kann der Gesamt-GdB trotz der Veränderung in Form einer Verbesserung bzw Verschlimmerung unverändert bleiben[65] oder auch ein geringerer Gesamt-GdB durch das Versorgungsamt für die Zukunft festgestellt werden. Soll jedoch ein niedrigerer Gesamt-GdB festgestellt werden, muss eine wesentliche Besserung der Behinderung eingetreten sein; dabei reicht es nicht aus, wenn bei unverändertem Gesundheitszustand lediglich der Gesamt-GdB später niedriger eingeschätzt wird.[66]

44

Insbesondere bei der sog. „**Heilungsbewährung**" kommt eine Herabsetzung des GdB für die Zukunft in Betracht.[67] Bei bestimmten Erkrankungen, insbesondere bei zu Rezidiven neigenden bösartigen Krebserkrankungen, ist für die Zeit der „Heilungsbewährung" ein höherer GdB für eine bestimmte Zeit festzusetzen. Es handelt sich dabei um solche Krankheiten, bei denen nach dem akuten Stadium zwar bereits eine wesentliche Besserung eingetreten ist, aber noch abgewartet werden muss, ob ein Rückfall eintritt. Ist nach Ablauf dieser Frist, der sog. Heilungsbewährung, kein Wiederauftreten der Erkrankung mehr ärztlich feststellbar, wird von einer Heilung ausgegangen und der GdB für die Erkrankung neu festgesetzt, und zwar regelmäßig niedriger als während der Heilungsbewährung.

45

Die erfolgreiche Heilungsbewährung stellt eine wesentliche Besserung dar, die nach § 48 SGB IX die Herabsetzung des GdB rechtfertigt,[68] und zwar auch dann, wenn im

46

---

61 Vgl dazu Neumann/Pahlen/Majerski-Pahlen, § 69 Rn 12, 16 ff.
62 Neumann/Pahlen/Majerski-Pahlen, § 69 Rn 14 mwN.
63 Neumann/Pahlen/Majerski-Pahlen, § 69 Rn 15.
64 Neumann/Pahlen/Majerski-Pahlen, § 69 Rn 13, 24 ff.
65 BSG vom 8.5.1981 – 9 RVs 4/80, SozR 3100 § 62 Nr. 21.
66 LSG Schleswig-Holstein vom 27.4.2006 – L 2 SB 39/05.
67 Vgl dazu auch Neumann/Pahlen/Majerski-Pahlen, § 69 Rn 24 mwN.
68 BSG vom 22.5.1962 – 9 RV 590/59, BSGE 17, 63.

Ursprungsbescheid nicht ausdrücklich darauf hingewiesen worden ist, dass der GdB wegen Heilungsbewährung höher festgesetzt worden ist.[69]

47 Die Höhe des GdB nach Ablauf der Heilungsbewährung richtet sich nach der verbleibenden Funktionseinschränkung. Damit verringert sich regelmäßig auch der Gesamt-GdB.

48 **Beispiel:** Eine Frau erkrankt an Brustkrebs. Nach Entfernung eines malignen (bösartigen) Tumors ist in den ersten fünf Jahren eine Heilungsbewährung abzuwarten; während dieser Zeit ist der GdB nach den Anhaltspunkten für die ärztliche Gutachtertätigkeit mit mindestens 50[70] festzusetzen. Nach Ablauf der Heilungsbewährung ist der GdB nach den anhaltenden Beeinträchtigungen zu beurteilen; der Verlust der Brust (Mastektomie) einseitig bedingt dann einen GdB von 30 und beidseitig von 40; Funktionseinschränkungen im Schultergürtel, des Armes oder der Wirbelsäule als Operations- und Bestrahlungsfolgen sowie außergewöhnliche psychoreaktive Störungen sind zusätzlich zu berücksichtigen. Je nachdem verbleibt es dann unter Berücksichtigung dieser weiteren Funktionseinschränkungen auch nach Ablauf der Heilungsbewährung bei einem Gesamt-GdB von 50 oder es wird ein unter einem GdB von 50 liegender Gesamt-GdB mit Wirkung für die Zukunft neu festgestellt. Gegen diese Herabstufung kann die Betroffene Widerspruch einlegen und ggf auch Klage erheben. In diesen Fällen ist es besonders wichtig, die Vorschrift des § 116 Abs. 1 SGB IX im Blick zu haben.[71]

6. Verringerung des GdB auf unter 50

49 Verringert sich der bei einem schwerbehinderten Menschen festgestellte GdB auf unter 50, ist zu beachten, dass der Schutz für diesen Personenkreis nicht „automatisch" verloren geht.

50 **Hinweis:** Dies ist insbesondere für den Schutz als schwerbehinderter Arbeitnehmer zu beachten, der so lange bestehen bleibt, bis dass entsprechend der Vorschrift des § 116 SGB IX die besonderen Regelungen für schwerbehinderte Menschen nicht mehr angewendet werden können.

51 Der GdB kann nur durch einen Bescheid der zuständigen Behörde geändert werden. Nach der ausdrücklichen Regelung in § 116 Abs. 1 Hs 1 SGB IX sind die besonderen Regelungen für schwerbehinderte Menschen nach dem Wegfall der Voraussetzungen des § 2 Abs. 2 SGB IX nicht mehr anzuwenden; wenn sich der GdB auf weniger als 50 verringert, jedoch erst am Ende des dritten Kalendermonats nach dem Eintritt der Unanfechtbarkeit des die Verringerung feststellenden Bescheides (§ 116 Abs. 1 Hs 2 SGB IX). Die „Unanfechtbarkeit" des Bescheides, also die sog. **„formelle Bestandskraft"**, tritt gem. § 77 SGG ein, wenn ein Rechtsbehelf (Klage, Berufung, Revision, Nichtzulassungsbeschwerde) nicht oder erfolglos eingelegt worden ist.[72]

52 **Beispiel:** Bei der Arbeitnehmerin A ist aufgrund einer Brustkrebserkrankung für den Zeitraum der Heilungsbewährung von fünf Jahren ein GdB von 50 festgestellt worden. Mit Be-

---

69 BSG vom 9.8.1995 – 9 RVs 2/95.
70 Je nach Stadium des Tumors bzw bei Lymphknotenbefall auch höher als 50.
71 Vgl dazu den folgenden Abschnitt, Rn 49 ff.
72 Vgl zur Unanfechtbarkeit bei Feststellungsbescheiden zum GdB: Leitherer in: Meyer-Ladewig/Keller/Leitherer, § 77 Rn 5 f.

scheid vom 12.7.2010 wird von Amts wegen nach Überprüfung durch das Versorgungsamt der Gesamt-GdB von 50 auf 30 herabgesetzt. Gegen diesen Bescheid hat A am 10.8.2010 fristgerecht Widerspruch eingelegt (§ 84 Abs. 1 SGG – Frist für den Widerspruch: ein Monat nach Zustellung des Bescheides), woraufhin der Widerspruchsbescheid am 23.2.2011 erging, der den GdB von 30 bestätigte und den Widerspruch von A als unbegründet zurückwies. Gegen diesen Widerspruchsbescheid hat A am 21.3.2011 fristgerecht Klage zum Sozialgericht erhoben (§ 87 Abs. 1 SGB – Frist für die Klage: ein Monat nach Zustellung des Widerspruchsbescheides). Nach Einholung mehrerer Gutachten wurde die Klage mit Urteil vom 24.4.2012 als unbegründet abgewiesen; das Urteil wurde am 22.5.2012 zugestellt. Gegen dieses Urteil hat A sogar noch die Berufung am 19.6.2012 eingelegt (§ 151 Abs. 1 SGG – Frist für die Berufung: ein Monat nach Zustellung des schriftlichen Urteils). Die Berufung wurde durch das LSG nach Einholung eines weiteren Gutachtens mit Urteil vom 23.5.2013 abgewiesen; dieses Berufungsurteil wurde A am 26.6.2013 zugestellt. Die Frist für die Nichtzulassungsbeschwerde beträgt einen Monat nach Zustellung des Berufungsurteils (§ 160 a Abs. 1 S. 2 SGG). Die Nichtzulassungsbeschwerde legt A nicht ein. Damit tritt gem. § 77 SGG die formelle Bestandskraft des die Verringerung des GdB von 50 auf 30 feststellenden Bescheides am 26.7.2013 ein. Erst am Ende des dritten Kalendermonats nach dem 26.7.2013, also nach dem 31.10.2013, sind die besonderen Regelungen für schwerbehinderte Menschen nicht mehr anwendbar. Durch die Einlegung von Rechtsbehelfen kann also ein schwerbehinderter Mensch, selbst bei völliger Genesung,[73] den Eintritt der formellen Bestandskraft noch für einen längeren Zeitraum hinausschieben. Bis zum Ende des dritten Kalendermonats nach Eintritt der formellen Bestandskraft des den GdB auf unter 50 verringernden Bescheides gelten die besonderen Regelungen für schwerbehinderte Menschen, auch im Arbeitsverhältnis oder bei der Verbeamtung, weiter. Bis zu diesem Zeitpunkt genießt der Betroffene, der den Rechtsweg beschreitet, den vollen Schutz als schwerbehinderter Mensch.

7. Rechtsmittel

Sowohl gegen einen Bescheid, mit dem ein GdB festgestellt wird, mit dem der Betroffene nicht einverstanden ist, als auch gegen einen die Feststellung eines GdB ändernden Bescheids kann **Widerspruch** eingelegt werden.[74] Die **Frist** für den Widerspruch beträgt einen Monat, nachdem der Bescheid dem Betroffenen bekannt gegeben worden, also zugestellt worden, ist; bei Bekanntgabe im Ausland beträgt die Frist drei Monate (§ 84 Abs. 1 SGG).[75] Gegen den Widerspruchsbescheid, der bei einer negativen Entscheidung über den Widerspruch ergeht, kann binnen Monatsfrist **Klage zum Sozialgericht** erhoben werden;[76] bei Bekanntgabe im Ausland beträgt auch hier die Frist wie beim Widerspruch drei Monate (§ 87 Abs. 1 SGG).[77]

Beurteilungszeitpunkt für die sozialgerichtliche Überprüfung des die Feststellung des GdB ändernden Bescheides ist der Zeitpunkt, zu dem der Widerspruchsbescheid von der Versorgungsbehörde erlassen wurde.

---

73 Vgl dazu Kossens in: Kossens/von der Heide/Maaß, § 116 Rn 3 mwN.
74 Hierzu kann das Widerspruchsmuster in Kilger/Schmidt/Bünger, § 5 Rn 14 Muster 10, verwandt werden.
75 Vgl dazu Leitherer in: Meyer-Ladewig/Keller/Leitherer, § 84 Rn 4 ff.
76 Hierzu kann das Klagemuster in Kilger/Schmidt/Bünger, § 6 Rn 62 Muster 38, verwandt werden.
77 Vgl dazu Leitherer in: Meyer-Ladewig/Keller/Leitherer, § 87 Rn 3 ff.

55 Widerspruch und Klage haben **aufschiebende Wirkung** (§ 86 a Abs. 1 SGG), so dass bei einem die Feststellung des GdB ändernden Bescheid dieser erst nach Abschluss des Widerspruchs- und Klageverfahrens in der letztmöglichen gerichtlichen Instanz rechtskräftig wird.

IV. Gleichgestellte behinderte Menschen (§ 2 Abs. 3 SGB IX)

56 Schwerbehinderten Menschen **gleichgestellt** sind nach der Regelung in § 2 Abs. 3 SGB IX „behinderte Menschen mit einem Grad der Behinderung von weniger als 50, aber wenigstens 30, bei denen die übrigen Voraussetzungen des Absatzes 2 vorliegen, wenn sie infolge ihrer Behinderung ohne die Gleichstellung einen Arbeitsplatz im Sinne des § 73 nicht erlangen oder nicht behalten können (gleichgestellte behinderte Menschen)."

57 Die Gleichstellung behinderter Menschen mit schwerbehinderten Menschen (§ 2 Abs. 3 SGB IX) erfolgt gem. § 68 Abs. 2 S. 1 SGB IX aufgrund einer Feststellung nach § 69 SGB IX auf Antrag des behinderten Menschen durch die Bundesagentur für Arbeit. Im Gegensatz zur bloß deklaratorischen Feststellung der Schwerbehinderteneigenschaft hat die Gleichstellung **konstitutive Wirkung**.[78]

1. Antrag

58 Für eine Gleichstellung muss zunächst eine Feststellung des GdB durch die für die Durchführung des Bundesversorgungsgesetzes zuständigen Behörden erfolgen. Erst nach dieser Feststellung des GdB mit mindestens 30 kann der Betroffene bei der für seinen **Wohnort zuständigen Agentur für Arbeit**[79] die Gleichstellung mit einem schwerbehinderten Menschen beantragen. Es ist nicht notwendig, dass die Feststellung eines Gesamt-GdB von mindestens 30 rechtskräftig ist.[80]

59 **Antragsberechtigt** ist nur der behinderte Mensch selbst; der Arbeitgeber eines behinderten Menschen kann weder einen Gleichstellungsantrag stellen noch Widerspruch gegen die Entscheidung der Bundesagentur für Arbeit einlegen.[81] Eine bestimmte **Form** des Antrags ist nicht vorgeschrieben; der Antrag kann also auch mündlich bei der für den Wohnsitz zuständigen Agentur für Arbeit gestellt werden.[82]

60 **Hinweis:** Die Gleichstellung (§ 2 Abs. 3 SGB IX) begründet den Schutz für den behinderten Menschen erst durch den positiven Verwaltungsakt der Bundesagentur für Arbeit im Unterschied zu den kraft Gesetzes geschützten schwerbehinderten Menschen (§ 2 Abs. 2 SGB IX), bei denen durch die Anerkennung ein bestehender Rechts-

---

78 BAG vom 24.11.2005 – 2 AZR 514/04, NZA 2006, 665, 666; BAG vom 18.11.2008 – 9 AZR 643/07, NZA 2009, 728 ff, Rn 22 mwN; vgl auch Kossens in: Kossens/von der Heide/Maaß, § 68 Rn 9 mwN; ErfK/Rolfs, §§ 68, 69 SGB IX Rn 16 mwN.
79 Vgl zur Zuständigkeit Dau in: Dau/Düwell/Joussen, § 68 Rn 6; Kossens in: Kossens/von der Heide/Maaß, § 68 Rn 7.
80 Neumann/Pahlen/Majerski-Pahlen, § 2 Rn 48 mwN.
81 BSG vom 19.12.2001 – B 11 Al 57/01 R, SozR 3-3870 § 2 Nr. 2 = NZA 2002, 664 = BSGE 89, 119; ErfK/Rolfs, §§ 68, 69 SGB IX Rn 16; Kossens in: Kossens/von der Heide/Maaß, § 68 Rn 4; Neumann/Pahlen/Majerski-Pahlen, § 68 Rn 13 mwN.
82 Kossens in: Kossens/von der Heide/Maaß, § 68 Rn 7; Dau in: Dau/Düwell/Joussen, § 68 Rn 7; Neumann/Pahlen/Majerski-Pahlen, § 68 Rn 13 mwN.

IV. Gleichgestellte behinderte Menschen (§ 2 Abs. 3 SGB IX)

schutz nur festgestellt wird.[83] Wegen dieser konstitutiven Wirkung der Gleichstellung, die gem. § 68 Abs. 2 S. 2 SGB IX mit dem Tag des Eingangs des Antrags wirksam wird, wird die schriftliche Antragstellung in jedem Fall empfohlen.[84] Idealerweise sollte sogar der Antrag persönlich gestellt werden und der Antragsteller sich von der zuständigen Agentur für Arbeit eine Kopie mit Eingangsstempel des Antrags mitgeben lassen, damit nachgewiesen werden kann, wann der Antrag gestellt worden ist. Die erst nach Zugang einer Kündigung beantragte Gleichstellung hat für eine durch den Arbeitgeber ausgesprochene Kündigung keine Bedeutung mehr.[85] Darüber hinaus muss der Gleichstellungsantrag mindestens drei Wochen vor Zugang einer Arbeitgeberkündigung gestellt worden sein, damit der besondere Kündigungsschutz der §§ 85 ff SGB IX auch für den gleichgestellten Arbeitnehmer gilt.[86]

Die Gleichstellung wird mit dem **Tag des Eingangs des Antrags wirksam** (§ 68 Abs. 2 S. 2 SGB IX). Kommt es somit zur Gleichstellung, tritt diese mit dem Tag des Eingangs des Antrags, also **rückwirkend**, in Kraft.[87]

Gem. § 2 Abs. 3 SGB IX sollen behinderte Menschen mit einem GdB von weniger als 50, aber von wenigstens 30, bei denen die übrigen Voraussetzungen des § 2 Abs. 2 SGB IX vorliegen, schwerbehinderten Menschen gleichgestellt werden, wenn sie infolge ihrer Behinderung ohne die Gleichstellung einen geeigneten Arbeitsplatz nicht erlangen oder nicht behalten können. Der behinderte Mensch als Antragsteller hat die **Darlegungs- und Beweislast** für das Vorliegen der Voraussetzungen der Gleichstellung nach § 2 Abs. 3 SGB IX.[88]

Maßgeblicher Zeitpunkt für die Beurteilung einer Gleichstellung nach § 2 Abs. 2 SGB IX ist der Zeitpunkt der Antragstellung.[89]

2. Anspruch auf Gleichstellung

Die Gleichstellung „soll" nach § 2 Abs. 3 SGB IX erfolgen, ist also nicht in das freie Ermessen der Bundesagentur für Arbeit gestellt, sondern durch die Sollvorschrift gebunden. Damit besteht ein **Rechtsanspruch auf Gleichstellung**; sie muss vorgenommen werden, wenn die gesetzlichen Vorschriften gegeben sind. Nur in **atypischen Fällen**, in denen besondere Umstände entgegenstehen, etwa beim Bezug von Altersrente, kann im Einzelfall von der Gleichstellung abgesehen werden, oder dann, wenn der Behinderte im Einzelfall überhaupt nicht an der Erlangung eines geeigneten Arbeitsplatzes interessiert ist.[90]

---

83 BAG vom 24.11.2005 – 2 AZR 514/04, NZA 2006, 665, 666 mwN; so auch BSG vom 2.3.2000 – B 7 AL 46/99 R, BSGE 86, 10.
84 Ein entsprechendes Antragsformular kann im Internet auf der Homepage www.schwbv.de unter den Dokumenten heruntergeladen bzw ausgedruckt werden.
85 BAG vom 24.11.2005 – 2 AZR 514/04, NZA 2006, 665, 666 mwN.
86 BAG vom 1.3.2007 – 2 AZR 217/06, NZA 2008, 302; vgl dazu ausführlich Rn 506 ff.
87 Vgl dazu ErfK/Rolfs, §§ 68, 69 SGB IX Rn 16; Dau in: Dau/Düwell/Joussen, § 68 Rn 13; Kossens in: Kossens/von der Heide/Maaß, § 68 Rn 9; Neumann/Pahlen/Majerski-Pahlen, § 68 Rn 23.
88 Kossens in: Kossens/von der Heide/Maaß, § 68 Rn 7 mwN.
89 BSG vom 2.3.2000 – B 7 AL 46/99 R, BSGE 86, 10.
90 BSG vom 2.3.2000 – B 7 AL 46/99 R, BSGE 86, 10, 16; so auch Neumann/Pahlen/Majerski-Pahlen, § 68 Rn 7; ErfK/Rolfs, §§ 68, 69 SGB IX Rn 17.

65 Ob aber überhaupt ein atypischer Fall vorliegt, unterliegt als Rechtsvoraussetzung der uneingeschränkten gerichtlichen Überprüfung.[91]

3. Voraussetzungen der Gleichstellung

66 Eine Gleichstellung kommt nur für das Erlangen oder Erhalten eines geeigneten Arbeitsplatzes iSv § 73 SGB IX in Betracht, also zum Beispiel nicht für Personen, die **weniger als 18 Stunden wöchentlich** beschäftigt sind oder nur eine solche **Teilzeitstelle** suchen (§ 73 Abs. 3 SGB IX). Aber auch dann, wenn es um die Erlangung oder das Erhalten einer Stelle geht, die gem. § 73 Abs. 2 SGB IX nicht als Arbeitsplatz gilt, scheidet eine Gleichstellung aus.

67 Die Gleichstellung zur **Erlangung eines geeigneten Arbeitsplatzes** kommt bei Arbeitslosigkeit des behinderten Menschen in Betracht und setzt nach der neueren Rechtsprechung des BSG kein konkretes Arbeitsplatzangebot mehr voraus. Entscheidendes Kriterium der Gleichstellung ist allein die **mangelnde Konkurrenzfähigkeit gegenüber Nichtbehinderten** auf dem Arbeitsmarkt insgesamt, nicht in Bezug auf einen konkreten Arbeitsplatz.[92]

68 Eine Gleichstellung zur Erlangung eines Arbeitsplatzes soll erfolgen, wenn der Betroffene infolge seiner Behinderung bei wertender Betrachtung in seiner Wettbewerbsfähigkeit gegenüber den Nichtbehinderten in besonderer Weise beeinträchtigt und deshalb nur schwer vermittelbar ist. Unter dieser Voraussetzung ist nach Auffassung des BSG die Gleichstellung zur Erlangung eines geeigneten Arbeitsplatzes gerechtfertigt; denn die Gleichstellung hat zur Folge, dass der Gleichgestellte auf die Pflichtplatzquote des Arbeitgebers angerechnet wird. Für einen potenziellen Arbeitgeber wird auf diese Weise ein Anreiz geschaffen, den Arbeitslosen einzustellen. Es bedarf also weder eines konkreten Arbeitsplatzangebotes noch einer Prognose darüber, dass die Gleichstellung zur Erlangung eines Arbeitsplatzes führt; vielmehr ist Ziel der Gleichstellung die rechtzeitige Hilfe für den behinderten Menschen zur Behebung einer ungünstigen Konkurrenzsituation auf dem Arbeitsmarkt.[93]

69 Festzustellen ist daher durch die Bundesagentur für Arbeit, welche Arbeitsplätze für den behinderten Menschen nach seinen beruflichen Kenntnissen und Fähigkeiten und seinen gesundheitlichen Voraussetzungen zumutbar in Betracht kommen, ob und inwieweit hierfür geeignete Arbeitsplätze vorhanden sind und inwieweit der behinderte Mensch im Hinblick auf diese Arbeitsplätze gegenüber Nichtbehinderten bzw Behinderten mit einem GdB von weniger als 30 bei der bestehenden Arbeitsmarktlage konkurrenzfähig ist. Die Konkurrenzfähigkeit des behinderten Menschen misst sich nicht allein an seiner früheren Tätigkeit und seinen beruflichen Wünschen, sondern auch

---

91 ErfK/Rolfs, §§ 68, 69 SGB IX Rn 17 unter Hinweis auf BSG vom 3.7.1991 – 9b RAr 2/90, SozR 3-1300 § 48 Nr. 10.
92 BSG vom 2.3.2000 – B 7 AL 46/99 R, BSGE 86, 10.
93 BSG vom 2.3.2000 – B 7 AL 46/99 R, BSGE 86, 10, 13 ff; vgl dazu auch Deinert/Neumann (Hrsg.), Hdb SGB IX, § 5 Rn 18 mwN; Neumann/Pahlen/Majerski-Pahlen, § 2 Rn 49 ff; ErfK/Rolfs, §§ 68, 69 SGB IX Rn 12 mwN.

IV. Gleichgestellte behinderte Menschen (§ 2 Abs. 3 SGB IX) 1

an anderen Tätigkeiten, auf die die Bundesagentur für Arbeit ihre Vermittlungsbemühungen erstrecken darf (Zumutbarkeit).[94]

Hinweis: Im Rahmen dieser **Zumutbarkeitsprüfung** ist zu berücksichtigen, dass die Gleichstellung des Minderbehinderten einen drohenden sozialen Abstieg verhindern soll, indem auf einen „geeigneten" und damit zumutbaren **Arbeitsplatz** abgestellt wird. Als „geeignet" ist ein Arbeitsplatz anzusehen, den gesunde Personen von gleicher Vorbildung und gleichen sonstigen Voraussetzungen auf dem allgemeinen Arbeitsmarkt erhalten können.[95] Die Bundesagentur für Arbeit kann also etwa den Antrag eines kaufmännischen Angestellten auf Gleichstellung nicht mit der Begründung ablehnen, er könne als Mitarbeiter im Sicherheitsdienst oder Pförtner eine Stelle finden.[96] 70

Verfügt der behinderte Mensch über einen Arbeitsplatz, soll die Gleichstellung zur **Erhaltung des Arbeitsplatzes** erfolgen, wenn mit Rücksicht auf die vom Gesetz geforderte Kausalität („infolge seiner Behinderung ohne die Gleichstellung nicht behalten können") bei wertender Betrachtung in der Behinderung, also gerade in ihrer Art und Schwere, die Schwierigkeit bei der Erhaltung des Arbeitsplatzes liegt. 71

Da der behinderte Mensch insoweit in seiner ungünstigen Konkurrenzsituation am Arbeitsplatz und auf dem Arbeitsmarkt zu sehen ist und die Gleichstellung sowie die Anerkennung als Schwerbehinderter eine Rehabilitationsmaßnahme in einem weiten Sinne darstellt, ist bei der erforderlichen Prognose über das Behaltenkönnen des Arbeitsplatzes keine absolute Sicherheit erforderlich. Es genügt vielmehr, dass durch eine Gleichstellung der Arbeitsplatz sicherer gemacht werden kann, was bereits durch den besonderen Kündigungsschutz nach den §§ 85 ff SGB IX der Fall ist.[97] 72

Zwischen der Behinderung und der Gefährdung der Beschäftigung muss ein kausaler Zusammenhang bestehen. **Anhaltspunkte** für eine **behinderungsbedingte Gefährdung eines Arbeitsplatzes** können unter anderem sein: 73

- wiederholte/häufige behinderungsbedingte Fehlzeiten,
- behinderungsbedingt verminderte Arbeitsleistung auch bei behinderungsgerecht ausgestattetem Arbeitsplatz,
- dauernde verminderte Belastbarkeit für die mit dem Arbeitsplatz verbundenen Anforderungen,
- Abmahnungen oder Abfindungsangebote im Zusammenhang mit behinderungsbedingt verminderter Leistungsfähigkeit,

---

94 BSG vom 2.3.2000 – B 7 AL 46/99 R, BSGE 86,10, 15.
95 Neumann/Pahlen/Majerski-Pahlen, § 2 Rn 49.
96 Die Durchführungsanweisung der Bundesagentur für Arbeit zur Gleichstellung behinderter mit schwerbehinderten Menschen nach § 2 Abs. 3 iVm § 68 Abs. 2 und 3 SGB IX kann über die Homepage www.schwbv.de unter Dokumente heruntergeladen oder ausgedruckt werden.
97 BSG vom 2.3.2000 – B 7 AL 46/99 R, BSGE 86,10, 13; ErfK/Rolfs, §§ 68, 69 SGB IX Rn 14 mwN.

- auf Dauer notwendige Hilfeleistung anderer Mitarbeiter,
- eingeschränkte berufliche und/oder regionale Mobilität aufgrund der Behinderung.

74 Auch **ordentlich unkündbare Arbeitnehmer** können, wie sich durch die Bezugnahme des § 2 Abs. 3 SGB IX auf § 73 SGB IX und damit (auch) auf das Beamtenverhältnis ergibt, gleichgestellt werden, wenn ihr Arbeitsplatz zB aus wirtschaftlichen Gründen bedroht ist oder behinderungsbedingt die Versetzung in den Ruhestand oder auf einen nicht gleichwertigen Arbeitsplatz droht.[98] Daher ist eine Gleichstellung auch bei **Beamten** und **Richtern** möglich, allerdings nur in Ausnahmefällen, da ihnen der Arbeitplatz gesichert ist und sie einer Konkurrenzsituation auf dem allgemeinen Arbeitsmarkt nicht ausgesetzt sind.[99]

75 Bei **Angestellten im öffentlichen Dienst**, die nach 15 Jahren nur noch außerordentlich kündbar sind, kann ebenfalls eine Gleichstellung erfolgen, es bedarf aber einer besonderen Begründung, warum der Arbeitsplatz nachvollziehbar unsicherer ist als bei einem nichtbehinderten Kollegen. Dies ist etwa dann der Fall, wenn eine außerordentliche Kündigung wegen behinderungsbedingter Fehlzeiten droht und aus diesem Grund die Gleichstellung den Arbeitsplatz sicherer macht[100] oder wenn eine Versetzung oder Umsetzung auf einen anderen nicht gleichwertigen Arbeitsplatz droht.[101] Bei dem in **§ 15 KSchG genannten Personenkreis** und **Schwerbehindertenvertretungen** (§ 96 Abs. 3 SGB IX), die besonderen Kündigungsschutz genießen, kommt dagegen eine Gleichstellung durchaus in Betracht, da der Kündigungsausschluss nur zeitweise besteht und überdies in den Fällen der §§ 15 Abs. 4 und 5 KSchG ganz entfällt.[102]

76 Eine unmittelbar oder in naher Zukunft bevorstehende Kündigung wird für die Gleichstellung nicht vorausgesetzt. Die Bundesagentur für Arbeit muss maßgeblich an die Art und Schwere der Behinderung anknüpfen und vorausschauend in Betracht ziehen, ob der Arbeitsplatz angesichts der Behinderung auf Dauer gehalten werden kann.[103]

77 **Hinweis:** Im Verfahren der Entscheidung über die Gleichstellung werden sowohl der Arbeitgeber als auch ggf der Betriebsrat und die Schwerbehindertenvertretung, sofern diese im Betrieb gewählt worden sind, zu einer Stellungnahme aufgefordert. Arbeitgeber geben im Rahmen ihrer Anhörung häufig an, der Arbeitsplatz sei nicht gefährdet. In diesem Fall sollte insbesondere die **Schwerbehindertenvertretung** darauf achten, ob der Arbeitgeber diesbezüglich zutreffende Angaben macht. Gem. § 95 Abs. 2 S. 1

---

98 BSG vom 1.3.2011 – B 7 AL 6/10 R, SozR 4-3250 § 2 Nr. 4 = BSGE 108, 4 ff = NJW 2011, 3117 ff, Rn 12, 13 mwN; vgl auch LSG NRW vom 23.5.2002 – L 9 AL 241/01 zum Anspruch eines Beamten auf Lebenszeit (Lehrer) auf Gleichstellung nach § 2 Abs. 3 SGB IX.
99 BSG vom 1.3.2011 – B 7 AL 6/10 R, SozR 4-3250 § 2 Nr. 4 = BSGE 108, 4 ff = NJW 2011, 3117 ff, Rn 12, 13 mwN; LSG NRW vom 23.5.2002 – L 9 AL 241/01; Neumann/Pahlen/Majerski-Pahlen, § 2 Rn 53 mwN.
100 Neumann/Pahlen/Majerski-Pahlen, § 2 Rn 53 mwN.
101 BSG vom 1.3.2011 – B 7 AL 6/10 R, SozR 4-3250 § 2 Nr. 4 = BSGE 108, 4 ff = NJW 2011, 3117 ff, Rn 13 mwN.
102 So auch Koch in: Schaub, § 178 Rn 23.
103 LSG Niedersachsen vom 21.11.1995 – L 8 Ar 216/95, Breithaupt 1996, 579.

IV. Gleichgestellte behinderte Menschen (§ 2 Abs. 3 SGB IX)

SGB IX hat der Arbeitgeber die Schwerbehindertenvertretung in allen Angelegenheiten, die einen einzelnen schwerbehinderten Menschen berühren, unverzüglich und umfassend zu unterrichten und vor einer Entscheidung anzuhören; er hat ihr die getroffene Entscheidung unverzüglich mitzuteilen. Verhindert der Arbeitgeber die Gleichstellung durch die unzutreffende Behauptung, der Arbeitsplatz sei nicht gefährdet, ist eine trotzdem unmittelbar danach ausgesprochene Kündigung nichtig.[104]

Die Bundesagentur für Arbeit kann die Gleichstellung **befristen** (§ 68 Abs. 2 S. 3 SGB IX), also entweder zeitlich begrenzen oder auf unbestimmte Zeit aussprechen.[105] Nach § 116 Abs. 2 S. 2 SGB IX ist der **Widerruf** der Gleichstellung zulässig, wenn die Voraussetzungen nach § 2 Abs. 3 iVm § 68 Abs. 2 SGB IX weggefallen sind.[106]

Der Betroffene genießt jedoch auch bei Aufhebung des Gleichstellungsbescheides durch Widerruf oder Rücknahme der Gleichstellung zunächst **Bestandsschutz**. Gem. § 116 Abs. 2 S. 3 SGB IX wird der Widerruf der Gleichstellung erst am Ende des dritten Kalendermonats nach Eintritt seiner Unanfechtbarkeit wirksam.

Beispiel: Bei der angestellten Lehrerin L ist aufgrund eines Bandscheibenvorfalls der Wirbelsäule ein GdB von 30 festgestellt worden. Sie hatte die Gleichstellung mit einem schwerbehinderten Menschen am 13.6.2011 beantragt; die Gleichstellung erfolgte durch die Bundesagentur für Arbeit gem. § 68 Abs. 2 S. 2 SGB IX rückwirkend ab dem Tag dieser Antragstellung am 13.6.2011. Mit Bescheid vom 13.7.2012 wurde die Gleichstellung widerrufen, weil L zwischenzeitlich auf Lebenszeit verbeamtet worden war. Gegen diesen Bescheid hatte L am 10.8.2012 fristgerecht Widerspruch eingelegt (§ 84 Abs. 1 SGG – Frist für den Widerspruch: ein Monat nach Zustellung des Bescheides), woraufhin am 26.11.2012 der Widerspruchsbescheid erging, der den Widerruf der Gleichstellung bestätigte und den Widerspruch von L als unbegründet zurückwies. Gegen diesen Widerspruchsbescheid hat L am 20.12.2012 fristgerecht Klage zum Sozialgericht erhoben (§ 87 Abs. 1 SGB – Frist für die Klage: ein Monat nach Zustellung des Widerspruchsbescheides). Mit Urteil vom 3.9.2013 wurde die Klage als unbegründet abgewiesen; das Urteil wurde am 24.9.2013 zugestellt. Gegen dieses Urteil hat L allerdings nach anwaltlicher Beratung durch einen Fachanwalt für Sozialrecht keine Berufung eingelegt. Die Frist für die Berufung beträgt einen Monat nach Zustellung des erstinstanzlichen Urteils (§ 151 Abs. 1 SGG). Gem. § 77 SGG tritt die formelle Bestandskraft des Widerrufs der Gleichstellung am 24.10.2013 ein, also mit Ablauf der Frist für den nicht eingelegten Rechtsbehelf der Berufung gegen das erstinstanzliche Urteil. Gem. § 116 Abs. 2 S. 3 SGB IX wird der Widerruf aber erst am Ende des dritten Kalendermonats nach dem 24.10.2013, also am 31.1.2014, wirksam. Erst nach diesem Zeitpunkt sind die besonderen Regelungen für schwerbehinderte Menschen nicht mehr anwendbar. Bis zu diesem Zeitpunkt genießt der Gleichgestellte, der den Rechtsweg gegen den Widerruf der Gleichstellung beschreitet, den vollen Schutz als schwerbehinderter Mensch.

Bis zur Beendigung der Anwendung der besonderen Regelungen für schwerbehinderte und ihnen gleichgestellte Menschen werden die behinderten Menschen dem Arbeit-

---

104 ArbG Wetzlar vom 5.3.1985, AuR 1986, 123.
105 Vgl dazu Dau in: Dau/Düwell/Joussen, § 68 Rn 8; Neumann/Pahlen/Majerski-Pahlen, § 68 Rn 15 ff.
106 Vgl dazu auch Koch in: Schaub, § 178 Rn 31; Neumann/Pahlen/Majerski-Pahlen, § 68 Rn 25.

geber auch auf die **Zahl der Pflichtarbeitsplätze** für schwerbehinderte Menschen angerechnet.[107]

4. Wirkungen der Gleichstellung

82 Auf gleichgestellte Menschen werden die besonderen Regelungen für schwerbehinderte Menschen mit Ausnahme des § 125 SGB IX (Zusatzurlaub) und des Kapitels 13 des zweiten Teils des SGB IX (Unentgeltliche Beförderung schwerbehinderter Menschen im öffentlichen Personennahverkehr) angewandt (§ 68 Abs. 3 SGB IX). Gleichgestellte behinderte Menschen sind also im Arbeitsleben von Seiten der Arbeitgeber **wie schwerbehinderte Menschen zu behandeln**. Sie haben allerdings **keinen Anspruch** auf den **bezahlten Zusatzurlaub** von fünf Arbeitstagen im Urlaubsjahr (§ 125 SGB IX) und keinen Anspruch auf unentgeltliche Beförderung im öffentlichen Personennahverkehr (Kapitel 13 des zweiten Teils des SGB IX – §§ 145 ff SGB IX). Soweit es um die Auslegung von Tarifverträgen, Betriebs- und Integrationsvereinbarungen geht, muss im Einzelfall geprüft werden, ob die Ansprüche für schwerbehinderte Menschen auch gleichgestellten behinderten Menschen zustehen sollen. Hier wird aber regelmäßig davon auszugehen sein, dass bei einem Verweis auf „Schwerbehinderte" oder „schwerbehinderte Menschen" auch die „Gleichgestellten" miteinbezogen sein sollen.[108]

5. Rechtsmittel

83 Gegen einen die Gleichstellung ablehnenden Bescheid kann der behinderte Mensch binnen eines Monats nach Bekanntgabe des Bescheides (§ 84 Abs. 1 SGG) **Widerspruch** einlegen. Der Arbeitgeber ist dagegen **nicht** anfechtungsberechtigt.[109] Gegen eine Zurückweisung des Widerspruches durch den Widerspruchsausschuss der Bundesagentur für Arbeit (§ 120 SGB IX)[110] kann binnen eines Monats nach Bekanntgabe des Widerspruchsbescheides **Klage** zum Sozialgericht erhoben werden (§ 87 Abs. 1 SGG).

V. Pflichten der Arbeitgeber im Zusammenhang mit der Beschäftigung schwerbehinderter Menschen

1. Beschäftigungspflicht der Arbeitgeber und Ausgleichsabgabe (§§ 71 ff SGB IX)

a) Beschäftigungspflicht der Arbeitgeber im Allgemeinen

84 Private und öffentliche Arbeitgeber haben unter bestimmten Voraussetzungen einen bestimmten Prozentsatz der Arbeitsplätze mit schwerbehinderten oder ihnen gleichgestellten Menschen zu besetzen, wobei sich diese Beschäftigungspflicht und ihr Um-

---

107 Vgl zur Anrechnung auf Pflichtarbeitsplätze Rn 95 ff.
108 Verneint für die Ermäßigung des Regelstundensatzes für sächsische Lehrer auf Grund allgemeiner Verwaltungsvorschrift, BAG vom 19.9.2000 – 9 AZR 516/99, ZTR 2001, 565.
109 BSG vom 19.12.2001 – B 11 AI 57/01 R, BSGE 89, 119 = NZA 2002, 664; so auch Neumann in: Deinert/Neumann (Hrsg.), Hdb SGB IX, § 5 Rn 19; aA Dau in: Dau/Düwell/Joussen, § 68 Rn 16; differenzierend jedoch Neumann/Pahlen/Majerski-Pahlen, § 68 Rn 26 ff; Kossens in: Kossens/von der Heide/Maaß, § 68 Rn 11 ff, die ein Anfechtungsrecht des Arbeitgebers bejahen, wenn durch die Versagung der Gleichstellung die Anrechnung auf einen Pflichtplatz (§ 73 SGB IX) entfällt und der Arbeitgeber hinsichtlich der Ausgleichsabgabe in seinen Rechten beschränkt würde; vgl dazu auch Schmidt, Behindertenrecht 2002, 141 ff.
110 Vgl dazu Rn 710.

V. Pflichten der Arbeitgeber bei der Beschäftigung schwerbehinderter Menschen

fang aus der Größe des Betriebes ergibt (§ 71 Abs. 1 SGB IX).[111] Dabei handelt es sich um eine öffentlich-rechtliche Verpflichtung. Ein individualrechtlicher Beschäftigungsanspruch des schwerbehinderten Menschen wird dadurch nicht begründet.[112]

Dieses Quoten- und Anreizsystem ist verfassungsgemäß, weil es geeignet ist, die berufliche Eingliederung Schwerbehinderter, die statistisch belegbar besondere Schwierigkeiten auf dem Arbeitsmarkt haben, zu fördern.[113] Beschäftigungspflicht und Ausgleichsabgabe sollen Arbeitgeber u.a. dazu anhalten, durch eigene Bemühungen wenigstens für einige Gruppen schwerbehinderter Menschen Arbeitsplätze bereit zu stellen und gezielt nach solchen Arbeitnehmern zu suchen.[114] Die Schwerbehindertenausgleichsabgabe verstößt auch nicht gegen das Recht der Europäischen Gemeinschaft, insbesondere nicht gegen die Dienstleistungsfreiheit,[115] und beinhaltet auch keine Inländerdiskriminierung.[116] **Schwerbehinderte Frauen** sind bei der Beschäftigungspflicht besonders zu berücksichtigen (§ 71 Abs. 1 S. 2 SGB IX).[117] Diese Vorschrift hat aber für den einzelnen Arbeitgeber keinerlei verpflichtende Wirkung, sondern lediglich appellativen Charakter.[118]

§ 72 SGB IX verlangt für besondere Gruppen schwerbehinderter Menschen, und zwar für diejenigen, die in Art oder Schwere ihrer Behinderung besonders betroffen sind (§ 72 Abs. 1 Nr. 1 a) bis e) SGB IX) und solche, die das 50. Lebensjahr vollendet haben (§ 72 Abs. 1 Nr. 2 SGB IX), dass diese im Rahmen der Erfüllung der Beschäftigungspflicht „in angemessenem Umfang" beschäftigt werden.[119] Auch diese Vorschrift hat nur appellativen Charakter, da jegliche Sanktion fehlt.[120] Dieser Personenkreis wird jedoch durch Mehrfachanrechnung nach § 76 SGB IX besonders gefördert.

b) Beschäftigungspflichtige Arbeitgeber

Die Beschäftigungspflicht trifft im Grundsatz **private wie öffentliche Arbeitgeber** iSv § 71 SGB IX.[121] Dabei müssen im Unternehmen **mindestens 20 Arbeitsplätze** iSv § 73 SGB IX vorhanden sein,[122] wobei es nicht auf die Größe des Betriebes, sondern lediglich auf die Zahl der Arbeitnehmer ankommt, die im Unternehmen beschäftigt werden (Gesamtzahl der vom Arbeitgeber beschäftigten Arbeitnehmer), so dass auch Ar-

---

111 Vgl dazu ausführlich Deinert in: Deinert/Neumann (Hrsg.), Hdb SGB IX, § 17 Rn 30 ff.
112 Vgl dazu ausführlich Deinert in: Deinert/Neumann (Hrsg.), Hdb SGB IX, § 17 Rn 30; Joussen/Düwell in: Dau/Düwell/Joussen, § 71 Rn 5 jeweils mwN.
113 BVerfG vom 26.5.1981 – 1 BvL 56/78, 1 BvL 57/78 und 1 BvL 58/78, AP Nr. 1 zu § 4 SchwbG; BVerfG vom 1.10.2004 – 1 BvR 2221/03, NZA 2005, 102 ff; so auch BVerwG vom 13.12.2001 – 5 C 26/01, NZA 2002, 385, 386; vgl auch Joussen/Düwell in: Dau/Düwell/Joussen, § 71 Rn 7 mwN.
114 BVerfG vom 10.11.2004 – 1 BvR 1785/01 u.a., NZA 2005, 216, 217 mwN.
115 BVerwG vom 13.12.2001 – 5 C 26/01, NZA 2002, 385, 386.
116 Vgl dazu Joussen/Düwell in: Dau/Düwell/Joussen, § 71 Rn 8 mwN.
117 Vgl ausführlich Deinert in: Deinert/Neumann (Hrsg.), Hdb SGB IX, § 17 Rn 43.
118 ErfK/Rolfs, § 71 SGB IX Rn 8 mwN; Joussen/Düwell in: Dau/Düwell/Joussen, § 71 Rn 8 mwN; Deinert in: Deinert/Neumann (Hrsg.), Hdb SGB IX, § 17 Rn 43 spricht von einer „echten Rechtspflicht", die allerdings keine individuellen Rechtsansprüche begründe.
119 Vgl dazu im einzelnen Deinert in: Deinert/Neumann (Hrsg.), Hdb SGB IX, § 17 Rn 44.
120 Vgl dazu Joussen/Düwell in: Dau/Düwell/Joussen, § 72 Rn 9 mwN.
121 Vgl dazu ErfK/Rolfs, § 71 SGB IX Rn 3; Koch in: Schaub, § 178 Rn 33; Joussen/Düwell in: Dau/Düwell/Joussen, § 71 Rn 9 mwN.
122 Vgl dazu ErfK/Rolfs, § 71 SGB IX Rn 4 sowie zu den Erleichterungen für Kleinunternehmer Joussen/Düwell in: Dau/Düwell/Joussen, § 71 Rn 30 mwN.

beitgeber mit mehreren kleinen Filialen erfasst werden.[123] Bei **Arbeitnehmerüberlassung** trifft die Verpflichtung zur Beschäftigung und zur Zahlung der Ausgleichsabgabe den Verleiher als Vertragsarbeitgeber der Leiharbeitnehmer.[124]

c) Umfang der Beschäftigungspflicht

88 § 71 Abs. 1 SGB IX veranschlagt die **Mindestquote** (Pflichtquote) auf 5 %; öffentliche Arbeitgeber müssen mindestens 6 % der Arbeitsplätze mit schwerbehinderten oder ihnen gleichgestellten Menschen besetzen.[125] Diese **Pflichtquote** ist zu erfüllen, unabhängig davon, ob freie Arbeitsplätze zur Verfügung stehen. Der Arbeitgeber kann also nicht einwenden, er verfüge nicht über genügend Arbeitsplätze für schwerbehinderte Menschen. Der Gesetzgeber hat vielmehr unterstellt, dass Arbeitgeber mit mehr als 20 Arbeitsplätzen in der Lage sind, schwerbehinderte Menschen zu beschäftigen.[126]

89 Hinweis: Sowohl der **Betriebs- bzw der Personalrat**[127] als auch die **Schwerbehindertenvertretung** haben die Aufgabe, darauf zu achten, dass der Arbeitgeber die ihm nach den §§ 71 und 72 SGB IX obliegenden Verpflichtungen erfüllt (§§ 93 S. 2, 95 Abs. 1 S. 2 Nr. 1 SGB IX).[128]

90 Der **Umfang der Beschäftigungspflicht** richtet sich nach der Zahl der vorhandenen Arbeitsplätze, wobei die in § 73 Abs. 2 SGB IX aufgelisteten Arbeitsplätze nicht mitgerechnet werden.[129] Bei der Berechnung der Zahl der Pflichtplätze für Schwerbehinderte sind alle Arbeitsplätze im Direktionsbereich ein und desselben Arbeitgebers zusammenzufassen, unabhängig davon, ob die Arbeitsplätze über **mehrere Betriebe oder Filialen** verteilt sind oder nicht.[130] Zur Ermittlung des Umfangs der Beschäftigungspflicht werden von der Gesamtzahl der betrieblichen Arbeitsplätze zunächst die in § 73 Abs. 2 SGB IX genannten Stellen abgezogen.[131] Bei der Berechnung der Mindestanzahl von Arbeitsplätzen (20 Arbeitsplätze, § 71 Abs. 1 S. 1 SGB IX) und der Zahl der Arbeitsplätze, auf denen schwerbehinderte Menschen zu beschäftigen sind (Pflichtquote, § 71 Abs. 1 S. 1 SGB IX), zählen Stellen, auf denen **Auszubildende**[132] beschäftigt werden, ebenfalls nicht mit (§ 74 Abs. 1 S. 1 SGB IX). Das Gleiche gilt für Stellen, auf denen Rechts- oder Studienreferendare und -referendarinnen beschäftigt werden, die einen Rechtsanspruch auf Einstellung haben (§ 74 Abs. 1 S. 2 SGB IX).

---

123 BVerfG vom 10.11.2004 – 1 BvR 1785/01 u.a., NZA 2005, 216 f; BVerwG vom 17.4.2003, NZA-RR 2004, 406 LS.
124 BVerwG vom 13.12.2001 – 5 C 26/01, NZA 2002, 385.
125 Deinert in: Deinert/Neumann (Hrsg.), Hdb SGB IX, § 17 Rn 39 ff.
126 BVerfG vom 10.11.2004 – 1 BvR 1785/01 u.a., NZA 2005, 216, 217; ErfK/Rolfs, § 71 SGB IX Rn 5; Kossens in: Kossens/von der Heide/Maaß, § 71 Rn 4.
127 Als auch Richter-, Staatsanwalts- und Präsidialrat.
128 Vgl dazu Joussen/Düwell in: Dau/Düwell/Joussen, § 71 Rn 30 mwN.
129 Vgl zu diesen Arbeitsplätzen isV § 73 Abs. 2 SGB IX – ErfK/Rolfs, § 73 SGB IX Rn 4 ff; Joussen/Düwell in: Dau/Düwell/Joussen, § 73 Rn 6 ff.
130 BVerwG vom 17.4.2003 – 5 B 7/03, BehindertenR 2003, 222; vgl auch Koch in: Schaub, § 178 Rn 35 mwN.
131 Vgl zur Berechnung OVG Münster vom 31.10.2002 – 12 A 2567/02, DB 2003, 2449.
132 Auszubildende isV § 74 Abs. 1 S. 1 SGB IX sind nur solche in einem Ausbildungsverhältnis nach § 3 BBiG, nicht aber zB Volontäre oder Praktikanten – ErfK/Rolfs, § 74 SGB IX Rn 1; Joussen/Düwell in: Dau/Düwell/Joussen, § 74 Rn 3 mwN.

V. Pflichten der Arbeitgeber bei der Beschäftigung schwerbehinderter Menschen

Im Übrigen sind alle Stellen mitzuzählen, auf denen **abhängig beschäftigte Arbeitnehmer** tätig sind, und zwar ohne Rücksicht darauf, ob sie auf Dauer oder nur vorübergehend bestehen und welchen zeitlichen Umfang sie haben.[133] Diese Berechnung führt zu einer schwankenden Zahl der für die Beschäftigungspflicht zu berücksichtigenden Arbeitsplätze. Die Beschäftigungspflicht ist deshalb jeweils auf der Basis der Stichtage zu berechnen, die sich aus § 80 Abs. 2 und 3 SGB IX ergeben. 91

Ist ein Arbeitsplatz infolge von **Krankheit, Erholungsurlaub** oder sonstiger **Beurlaubung** nicht besetzt, so zählt er gleichwohl mit.[134] **Teilzeitarbeitsplätze**, die über 18 Stunden wöchentlich hinausgehen,[135] zählen nach Köpfen und **Schichtarbeitsplätze** werden entsprechend zwei- bzw dreifach gezählt.[136] Dagegen ist nur von einem Arbeitsplatz auszugehen, wenn ein Arbeitnehmer während des laufenden Monats ausscheidet und seine Stelle neu wiederbesetzt wird.[137] 92

Die **Berechnungsformel** lautet dann:[138] 93

anrechnungspflichtige Arbeitsplätze nach § 73 SGB IX (A), multipliziert mit Pflichtsatz nach § 71 SGB IX (P), dividiert durch 100, also: (A x P): 100.

Damit steht die auf- oder abzurundende Zahl der zu beschäftigenden schwerbehinderten Menschen fest. Sich bei der Berechnung ergebende Bruchteile von 0,5 und mehr sind aufzurunden, bei Arbeitgebern mit jahresdurchschnittlich weniger als 60 Arbeitsplätzen abzurunden (§ 74 Abs. 2 SGB IX). 94

d) Anrechnung auf die Pflichtquote

Ein schwerbehinderter (§ 2 Abs. 2 SGB IX) oder gleichgestellter[139] (§ 2 Abs. 3 SGB IX) Mensch, der auf einem Arbeitsplatz iSv § 73 Abs. 1 oder Abs. 1 Nr. 1 oder 4 SGB IX beschäftigt wird, wird auf je einen Pflichtplatz angerechnet (§ 75 Abs. 1 SGB IX); ebenso wird der **Arbeitgeber** angerechnet, wenn er schwerbehindert ist (§ 75 Abs. 3 SGB IX).[140] Bei **mehreren Betrieben desselben Arbeitgebers** ist die Zahl der Pflichtplätze für alle Betriebe zusammen zu errechnen.[141] 95

§ 75 Abs. 2 SGB IX regelt die Anrechnung von **Teilzeitbeschäftigten** auf die Zahl der Pflichtarbeitsplätze.[142] Ein schwerbehinderter Mensch, der in Teilzeitbeschäftigung mehr als 18 Wochenstunden beschäftigt ist, wird auf einen Pflichtarbeitsplatz ange- 96

---

133 Vgl zu den Einzelheiten ErfK/Rolfs, § 73 SGB IX Rn 3; Koch in: Schaub, § 178 Rn 35.
134 BVerwG vom 16.12.2004 – 5 C 70/03, NJW 2005, 1674, 1676.
135 Teilzeitarbeitsplätze mit weniger als 18 Stunden wöchentlich zählen gem. § 73 Abs. 3 SGB IX nicht mit; vgl dazu ErfK/Rolfs, § 73 SGB IX Rn 7; Joussen/Düwell in: Dau/Düwell/Joussen, § 73 Rn 21.
136 BSG vom 6.5.1994 – 7 RAr 68/93, SozR 3-3870 § 13 Nr. 2; Koch in: Schaub, § 178 Rn 35; ErfK/Rolfs, § 73 SGB IX Rn 3 mwN.
137 BSG vom 6.5.1994 – 7 RAr 68/93, SozR 3-3870 § 13 Nr. 2.
138 Vgl dazu ausführlich mit entsprechenden Tabellen – Joussen/Düwell in: Dau/Düwell/Joussen, § 77 Rn 6 ff mwN.
139 Die Gleichstellung muss aber förmlich anerkannt sein – ErfK/Rolfs, § 71 SGB IX Rn 6; Joussen/Düwell in: Dau/Düwell/Joussen, § 75 Rn 14 jeweis mwN.
140 Vgl dazu ErfK/Rolfs, § 75 SGB IX Rn 5 mwN sowie Joussen/Düwell in: Dau/Düwell/Joussen, § 75 Rn 10, 11 mwN auch zur Anrechnung von Geschäftsführern.
141 BVerwG vom 17.4.2003 – 5 B 7/03, BehindertenR 2003, 222.
142 Vgl dazu Joussen/Düwell in: Dau/Düwell/Joussen, § 75 Rn 4 mwN sowie insgesamt zur Anrechnung auf die Pflichtarbeitsplätze gem. § 75 SGB IX Deinert in: Deinert/Neumann (Hrsg.), Hdb SGB IX, § 17 Rn 46 ff.

rechnet (§ 75 Abs. 2 S. 1 SGB IX). Nur bei **Altersteilzeit** werden auch Teilzeitbeschäftigte mit einer wöchentlichen Arbeitszeit unter 18 Stunden gem. § 75 Abs. 2 S. 2 SGB IX angerechnet.

97 Nach § 75 Abs. 2 S. 3 SGB IX lässt die Bundesagentur für Arbeit eine Anrechnung auch bei einer wöchentlichen Beschäftigung von weniger als 18 Stunden zu, wenn die **Teilzeitbeschäftigung wegen Art oder Schwere der Behinderung** notwendig ist. Die Möglichkeit der Anrechnungszulassung besteht sowohl bei Begründung des Beschäftigungsverhältnisses als auch während dessen Laufzeit.[143] Der **Antrag auf Anrechnungszulassung** ist formlos bei der örtlich zuständigen Agentur für Arbeit zu stellen; dies ist die für die Betriebsstätte zuständige Agentur für Arbeit oder bei arbeitslosen schwerbehinderten Menschen die Agentur für Arbeit am Wohnsitz.[144] Die Zulassung der Anrechnung ist von der Agentur für Arbeit bei Vorliegen der Voraussetzungen zu erteilen; ein Ermessensspielraum besteht nicht.[145]

98 Ein schwerbehinderter Mensch, der im Rahmen einer Maßnahme zur Förderung des Übergangs aus der Werkstatt für behinderte Menschen auf den allgemeinen Arbeitsmarkt (§ 5 Abs. 4 S. 1 WerkstättenVO) beschäftigt wird, wird auch für diese Zeit auf die Zahl der Pflichtarbeitsplätze angerechnet (§ 75 Abs. 2 a SGB IX).[146] § 76 Abs. 1 SGB IX sieht zur Erleichterung der Eingliederung schwerbehinderter Menschen vor, dass eine **Mehrfachanrechnung**, also auf mehr als einen bis höchstens drei Pflichtarbeitsplätze, unter den dort genannten Voraussetzungen erfolgen kann, wenn die Teilhabe des schwerbehinderten Menschen am Arbeitsleben auf **besondere Schwierigkeiten** stößt. **Gründe** für solche besonderen Schwierigkeiten können sein:

- die Art und Schwere der Behinderung, soweit sie – auf den konkreten Arbeitsplatz bezogen – eine wesentliche Leistungsminderung zur Folge hat,
- ein zu hohes Lebensalter,
- die besondere Ausstattung des Arbeitsplatzes mit technischen Arbeitshilfen,
- die Notwendigkeit der Einstellung eines Arbeitsassistenten, zB für einen Blinden,
- die Notwendigkeit der Zurverfügungstellung eines Kfz oder des Transportes für den täglichen Arbeitsweg.

99 Eine Mehrfachanrechnung kommt immer dann in Betracht, wenn die Beschäftigung des schwerbehinderten Menschen für den Arbeitgeber eine zusätzliche Belastung darstellt. Die für die Betriebsstätte zuständige Agentur für Arbeit entscheidet über eine Mehrfachanrechnung nach freiem Ermessen; ein Rechtsanspruch besteht nicht.[147] Der **Antrag auf Mehrfachanrechnung** kann formlos gestellt werden. **Antragsberech-**

---

[143] Kossens in: Kossens/von der Heide/Maaß, § 75 Rn 5 mwN.
[144] Kossens in: Kossens/von der Heide/Maaß, § 75 Rn 6; Joussen/Düwell in: Dau/Düwell/Joussen, § 75 Rn 5 mwN.
[145] Kossens in: Kossens/von der Heide/Maaß, § 75 Rn 7; ErfK/Rolfs, § 75 SGB IX Rn 3 jeweils mit mwN; Joussen/Düwell in: Dau/Düwell/Joussen, § 75 Rn 6 mwN.
[146] Vgl dazu im einzelnen Kossens in: Kossens/von der Heide/Maaß, § 75 Rn 8, 9; ErfK/Rolfs, § 75 SGB IX Rn 4; Joussen/Düwell in: Dau/Düwell/Joussen, § 75 Rn 8 mwN.
[147] Vgl dazu SG Berlin vom 21.1.2013 – S 57 AL 1911/11; Joussen/Düwell in: Dau/Düwell/Joussen, § 76 Rn 18 mwN; Kossens in: Kossens/von der Heide/Maaß, § 76 Rn 11 mwN.

V. Pflichten der Arbeitgeber bei der Beschäftigung schwerbehinderter Menschen

tigt ist neben dem Arbeitgeber auch der schwerbehinderte Mensch selbst. Lehnt die zuständige Agentur für Arbeit die Mehrfachanrechnung ab, kann gegen den Bescheid binnen eines Monats **Widerspruch** (§ 84 Abs. 1 SGG) eingelegt und nach Ablehnung des Widerspruchs durch den Widerspruchsausschuss der Bundesagentur für Arbeit (§ 120 SGB IX) gegen den Widerspruchsbescheid binnen eines Monats **Klage** zum Sozialgericht erhoben werden (§ 87 Abs. 1 SGG).

Die Mehrfachanrechnung nach § 76 Abs. 1 S. 1 SGB IX ist auch bei schwerbehinderten Menschen im Anschluss an eine Beschäftigung in einer **Werkstatt für behinderte Menschen** und bei **teilzeitbeschäftigten** schwerbehinderten Menschen iSv § 75 Abs. 2 SGB IX möglich (§ 76 Abs. 1 S. 2 SGB IX). Bis zur Beendigung der Anwendung der besonderen Regelungen für schwerbehinderte und ihnen gleichgestellte Menschen werden die behinderten Menschen dem Arbeitgeber auf die Zahl der Pflichtarbeitsplätze für schwerbehinderte Menschen angerechnet (§ 116 Abs. 3 SGB IX).

e) Pflicht zur Zahlung der Ausgleichsabgabe

Solange öffentliche oder private Arbeitgeber die vorgeschriebene Zahl von schwerbehinderten Menschen nicht beschäftigen, haben sie für jeden unbesetzten Pflichtarbeitsplatz monatlich eine Ausgleichsabgabe zu entrichten.[148] Dabei ist zu beachten, dass die Pflicht zur Zahlung der Ausgleichsabgabe nach § 77 SGB IX wegen Nichtbesetzung von Pflichtplätzen dem Arbeitgeber **kein Wahlrecht zwischen Beschäftigung und Ausgleichsabgabe** einräumt.[149] Die Zahlung der Ausgleichsabgabe hebt die Pflicht zur Beschäftigung schwerbehinderter Menschen nicht auf (§ 77 Abs. 1 S. 2 SGB IX).

Die **Verletzung der Beschäftigungspflicht** ist ungeachtet der Pflicht zur Zahlung der Ausgleichsabgabe gem. § 156 Abs. 1 Nr. 1 SGB IX eine bußgeldbewehrte **Ordnungswidrigkeit**.[150]

Auf die Gründe für die Verfehlung der Pflichtplatzquote kommt es nicht an. Diese Arbeitgeber leisten auf diese Art und Weise einen Ausgleich zugunsten derjenigen, die die Pflichtquote mit der Beschäftigung von schwerbehinderten oder gleichgestellten Menschen erfüllen.[151] Auch eine Firma, die aus betrieblichen Gründen schwerbehinderte Menschen nicht einstellen kann, muss die gesetzlich vorgeschriebene Schwerbehindertenausgleichsabgabe gem. § 77 Abs. 1 SGB IX zahlen.[152]

Die **Höhe der Ausgleichsabgabe** liegt gem. der Regelung in § 77 Abs. 2 S. 1 SGB IX zwischen **105 und 260 EUR monatlich** pro unbesetztem Pflichtarbeitsplatz. Die Einzelheiten der gestaffelten Berechnung ergeben sich aus § 77 Abs. 2 und 3 SGB IX.[153]

---

148 Vgl zu Normzweck und Funktion der Ausgleichsabgabe ErfK/Rolfs, § 77 SGB IX Rn 1 ff; Joussen/Düwell in: Dau/Düwell/Joussen, § 77 Rn 4 ff mwN.
149 Deinert in: Deinert/Neumann (Hrsg.), Hdb SGB IX, § 17 Rn 32.
150 Vgl dazu Deinert in: Deinert/Neumann (Hrsg.), Hdb SGB IX, § 17 Rn 32; Joussen/Düwell in: Dau/Düwell/Joussen, § 156 Rn 12.
151 BVerfG vom 10.11.2004 – 1 BvR 1785/01 u.a., NZA 2005, 216, 217 unter Hinweis auf BT-Drucks. 7/656, 20.
152 OVG Koblenz vom 3.2.2006 – 7 A 11284/05, ArbRB 2006, 67.
153 Vgl dazu ausführlich Deinert in: Deinert/Neumann (Hrsg.), Hdb SGB IX, § 17 Rn 62 ff; vgl auch ErfK/Rolfs, § 77 SGB IX Rn 4; Joussen/Düwell in: Dau/Düwell/Joussen, § 77 Rn 7 ff mit Tabellen.

Die Verpflichtung zur Zahlung der Ausgleichsabgabe entsteht kraft Gesetzes; ein ihre Höhe festsetzender Verwaltungsakt ist nicht erforderlich. Der Arbeitgeber hat jährlich bis zum 31.3. die Anzeige nach § 80 Abs. 2 SGB IX[154] zu erstatten und zugleich die Ausgleichsabgabe an das für seinen Sitz zuständige Integrationsamt abzuführen.[155] Die Ausgleichsabgabe darf nur für schwerbehinderte und diesen gleichgestellte behinderte Menschen, die im Arbeitsleben stehen oder in das Arbeitsleben eingegliedert werden, Verwendung finden (§ 77 Abs. 5 S. 1 SGB IX).[156]

2. Zusammenwirken der Arbeitgeber mit der Bundesagentur für Arbeit und den Integrationsämtern (§ 80 SGB IX)

105 Weitere umfassende Verpflichtungen für die Arbeitgeber sind in § 80 SGB IX geregelt.

a) Verzeichnis der schwerbehinderten und gleichgestellten Menschen (§ 80 Abs. 1 SGB IX)

106 Zunächst regelt § 80 Abs. 1 SGB IX, dass die Arbeitgeber gesondert für jeden Betrieb und jede Dienststelle ein Verzeichnis der bei ihnen beschäftigten schwerbehinderten Menschen, ihnen gleichgestellten behinderten Menschen und sonstigen anrechnungsfähigen Personen laufend zu führen haben und dieses Verzeichnis den Vertretern oder Vertreterinnen der Bundesagentur für Arbeit und des Integrationsamtes, die für den Sitz des Betriebes oder der Dienststelle zuständig sind, auf Verlangen vorzulegen haben. Diese Vorschrift des § 80 Abs. 1 SGB IX betrifft sowohl private als auch öffentliche Arbeitgeber.[157] Diese Pflicht besteht unabhängig von der Beschäftigungspflicht nach § 71 SGB IX und unabhängig von der Größe des Betriebes, so dass auch Arbeitgeber mit Betrieben und Dienststellen unter 20 Arbeitsplätzen das Verzeichnis der schwerbehinderten Menschen nach § 80 Abs. 1 SGB IX laufend zu führen haben. Dies ergibt sich sowohl aus dem Wortlaut von § 80 Abs. 1 SGB IX als auch aus dem Sinn und Zweck der Vorschrift, der darin besteht, eine Ermittlungs- und Überprüfungsgrundlage für das Bestehen und den Umfang der Beschäftigungspflicht und der Pflicht zur Zahlung der Ausgleichsabgabe zu schaffen.[158] Voraussetzung ist allerdings, dass ein „Betrieb" oder eine „Dienststelle" gegeben ist. Die Begriffe des selbstständigen Betriebes oder der Dienststelle bestimmen sich nach dem Betriebsverfassungsgesetz und dem Personalvertretungsrecht (§ 87 Abs. 1 S. 2 SGB IX). Wer also nur in seinem Haushalt oder als Freiberufler Arbeitnehmer, auch schwerbehinderte Arbeitnehmer, beschäftigt, unterliegt nicht der Verpflichtung zur Führung eines Verzeichnisses.[159]

---

154 Vgl dazu in Rn 110 ff.
155 Vgl zum Verwaltungsverfahren, Kossens in: Kossens/von der Heide/Maaß, § 77 Rn 11 ff mwN; Deinert in: Deinert/Neumann (Hrsg.), Hdb SGB IX, § 17 Rn 67 f; ErfK/Rolfs, § 77 SGB IX Rn 5 f.
156 Vgl ausführlich zur Verwendung der Ausgleichsabgabe: Joussen/Düwell in: Dau/Düwell/Joussen, § 77 Rn 18 mwN; Koch in: Schaub, § 178 Rn 39 ff; Deinert in: Deinert/Neumann (Hrsg.), Hdb SGB IX, § 17 Rn 71 ff; ErfK/Rolfs, § 77 SGB IX Rn 7.
157 Kossens in: Kossens/von der Heide/Maaß, § 80 Rn 2; Neumann/Pahlen/Majerski-Pahlen, § 80 Rn 2; Joussen/Düwell in: Dau/Düwell/Joussen, § 80 Rn 4.
158 So die hM Neumann/Pahlen/Majerski-Pahlen, § 80 Rn 2; Deinert in: Deinert/Neumann (Hrsg.), Hdb SGB IX, § 17 Rn 53; Joussen/Düwell in: Dau/Düwell/Joussen, § 80 Rn 4 mwN.
159 Vgl dazu Kossens in: Kossens/von der Heide/Maaß, § 80 Rn 2 mwN; aA für Freiberufler mit entsprechender arbeitstechnischer Organisation Neumann/Pahlen/Majerski-Pahlen, § 80 Rn 2.

V. Pflichten der Arbeitgeber bei der Beschäftigung schwerbehinderter Menschen

Wenn kein selbstständiger Betrieb oder eine Dienststelle gegeben ist, sind die **Betriebsteile**, insbesondere die **Nebenbetriebe**, zusammenzurechnen und es muss ein einheitliches Verzeichnis geführt werden.[160] Das Verzeichnis muss laufend geführt werden, also Veränderungen zeitnah erfassen und immer auf dem neuesten Stand sein[161] sowie am Betriebssitz bzw. am Ort der Dienststelle aufbewahrt werden.[162]

107

Die **Form** des Verzeichnisses wird in § 80 Abs. 6 SGB IX insofern geregelt, als die Verwendung von Vordrucken der Bundesagentur für Arbeit zwingend vorgeschrieben wird.[163]

108

Ein Arbeitgeber, der das Verzeichnis nicht, nicht richtig, nicht vollständig oder nicht in der vorgeschriebenen Weise führt oder nicht oder nicht rechtzeitig vorlegt, handelt **ordnungswidrig** und kann mit einer **Geldbuße** von bis zu 10.000 EUR belegt werden (§ 156 Abs. 1 Nr. 2, Abs. 2 SGB IX). Davon erfasst wird aber nur die Nichterfüllung der Vorlagepflicht gegenüber der zuständigen Agentur für Arbeit, nicht aber die Nichtvorlage oder verspätete Vorlage des Verzeichnisses gegenüber einer **Arbeitnehmervertretung**, die aber ihren Vorlageanspruch im arbeitsgerichtlichen **Beschlussverfahren** nach § 2 a Abs. 1 Nr. 3 a ArbGG durchsetzen kann.[164]

109

b) Verpflichtung zur Datenübermittlung zwecks Prüfung der Beschäftigungs- und Ausgleichsabgabepflicht (§ 80 Abs. 2 SGB IX)

Die Arbeitgeber haben darüber hinaus nach § 80 Abs. 2 S. 1 SGB IX der für ihren Sitz zuständigen Agentur für Arbeit einmal jährlich bis spätestens zum 31.3. für das vorangegangene Kalenderjahr, aufgegliedert nach Monaten, die Daten anzuzeigen, die zur Berechnung des Umfangs der Beschäftigungspflicht, zur Überwachung ihrer Erfüllung und der Ausgleichsabgabe notwendig sind. **Arbeitgeber, die nicht der Beschäftigungspflicht unterliegen**, also insgesamt nur über bis zu 20 Arbeitsplätze verfügen, haben die Anzeige **nur nach Aufforderung** durch die Bundesagentur für Arbeit zum Zwecke einer Teilerhebung alle fünf Jahre zu erstatten (§ 80 Abs. 4 SGB IX). Diese Arbeitgeber haben dann allerdings ebenfalls den Vordruck der Bundesagentur für Arbeit nach § 80 Abs. 6 SGB IX zu verwenden.[165]

110

Auch für die Anzeige nach § 80 Abs. 2 SGB IX sind ausschließlich die geltenden **Vordrucke der Bundesagentur für Arbeit** zu verwenden (§ 80 Abs. 6 SGB IX).[166] Der Anzeige sind das nach Abs. 1 geführte Verzeichnis sowie eine Kopie der Anzeige und des Verzeichnisses zur Weiterleitung an das für ihren Sitz zuständige Integrationsamt beizufügen (§ 80 Abs. 2 S. 2 SGB IX). Dem Betriebs-, Personal-, Richter-, Staatsanwalts- und Präsidialrat, der Schwerbehindertenvertretung (§ 93 SGB IX) und dem Beauf-

111

---

160 Neumann/Pahlen/Majerski-Pahlen, § 80 Rn 3.
161 Kossens in: Kossens/von der Heide/Maaß, § 80 Rn 5 und Joussen/Düwell in: Dau/Düwell/Joussen, § 80 Rn 4 jeweils mwN.
162 Neumann/Pahlen/Majerski-Pahlen, § 80 Rn 3.
163 Vgl dazu auch Neumann/Pahlen/Majerski-Pahlen, § 80 Rn 5, 6; Joussen/Düwell in: Dau/Düwell/Joussen, § 80 Rn 9.
164 Vgl dazu Joussen/Düwell in: Dau/Düwell/Joussen, § 80 Rn 5.
165 Kossens in: Kossens/von der Heide/Maaß, § 80 Rn 17.
166 Es ist auch möglich, die Anzeige elektronisch zu versenden, in diesem Fall braucht der Arbeitgeber kein Anzeigeformular mehr zu versenden. Das entsprechende Programm ist unter www.rehadat-elan.de abrufbar.

tragten des Arbeitgebers (§ 98 SGB IX) ist je eine Kopie der Anzeige und des Verzeichnisses zu übermitteln (§ 80 Abs. 2 S. 3 SGB IX). **Zweck der Anzeigepflicht** ist es, den Dienststellen der Bundesagentur für Arbeit und den Integrationsämtern die Kenntnisse zu verschaffen, die zur Durchführung der gesetzlichen Bestimmungen notwendig sind.[167] Zeigt ein Arbeitgeber die Daten bis zum 30.6. nicht, nicht richtig oder nicht vollständig an, erlässt die **Bundesagentur für Arbeit** nach Prüfung in tatsächlicher sowie in rechtlicher Hinsicht einen **Feststellungsbescheid** über die zur Berechnung der Zahl der Pflichtarbeitsplätze für schwerbehinderte Menschen und der besetzten Arbeitsplätze notwendigen Daten (§ 80 Abs. 3 SGB IX).[168] Der Feststellungsbescheid tritt an die Stelle der Anzeige des Arbeitgebers oder korrigiert diese.[169] Das zuständige **Integrationsamt** legt dann auf der Grundlage dieses Feststellungsbescheides die zu zahlende **Ausgleichsabgabe** fest. Erstattet der Arbeitgeber die Anzeige aber in tatsächlicher Hinsicht richtig und vollständig, ist die Bundesagentur für Arbeit nicht befugt, einen Feststellungsbescheid über die vorhandenen Arbeitsplätze und die Zahl der beschäftigten Arbeitnehmer zu erlassen, selbst wenn der Arbeitgeber dabei eine unzutreffende rechtliche Wertung vorgenommen hat. Gleiches gilt, wenn der Arbeitgeber seiner Anzeigepflicht verspätet, aber noch vor Erlass eines Feststellungsbescheides, nachkommt; dann darf die Agentur für Arbeit keinen Feststellungsbescheid mehr erlassen.[170]

112 Die Verletzung dieser Anzeigepflicht stellt eine **Ordnungswidrigkeit** nach § 156 Abs. 1 Nr. 3 SGB IX dar und kann mit Bußgeld geahndet werden. Auch die Nichtverwendung der Vordrucke der Bundesagentur für Arbeit fällt unter diesen Tatbestand einer Ordnungswidrigkeit, weil dann der Arbeitgeber die Anzeige nicht in der durch § 80 Abs. 6 SGB IX vorgeschriebenen Weise erstattet.[171]

c) Auskunftspflicht (§ 80 Abs. 5 SGB IX)

113 Eine weitere in § 80 Abs. 5 SGB IX geregelte Auskunftspflicht verpflichtet alle **privaten** und **öffentlichen Arbeitgeber**, auch wenn sie über weniger als 20 Arbeitsplätze verfügen,[172] dazu, auf Verlangen die zur Durchführung der besonderen Regelungen zur Teilhabe schwerbehinderter und ihnen gleichgestellter behinderter Menschen am Arbeitsleben notwendigen Auskünfte zu erteilen, und zwar gegenüber der Bundesagentur für Arbeit und den Integrationsämtern. Aus dem **Zweck der Auskunftspflicht** ist zu folgern, dass nicht nur Auskünfte über die Zahl von Pflichtarbeitsplätzen, sondern auch über die mit dem gesetzlichen Schutz von schwerbehinderten Menschen zusammenhängenden Arbeitsbedingungen eingeholt werden können.[173] Die Auskünf-

---

167 Vgl dazu sowie zu den Einzelheiten der Anzeigepflicht Kossens in: Kossens/von der Heide/Maaß, § 80 Rn 6 ff; Joussen/Düwell in: Dau/Düwell/Joussen, § 80 Rn 7 ff.
168 Vgl zum Verfahren und den Rechtsschutzmöglichkeiten Kossens in: Kossens/von der Heide/Maaß, § 80 Rn 13 ff; Joussen/Düwell in: Dau/Düwell/Joussen, § 80 Rn 13 mwN.
169 BSG vom 20.1.2000 – B 7 AL 26/99 R, NZS 2000, 573, 574; Kossens in: Kossens/von der Heide/Maaß, § 80 Rn 15.
170 BSG vom 20.1.2000 – B 7 AL 26/99 R, NZS 2000, 573, 574; vgl dazu auch ErfK/Rolfs, § 77 SGB IX Rn 5.
171 Kossens in: Kossens/von der Heide/Maaß, § 80 Rn 24; Neumann/Pahlen/Majerski-Pahlen, § 80 Rn 16 mwN.
172 Joussen/Düwell in: Dau/Düwell/Joussen, § 80 Rn 14; Neumann/Pahlen/Majerski-Pahlen, § 80 Rn 17.
173 So Löschau/Marschner, Rn 465.

te können **mündlich oder schriftlich** angefordert und erteilt werden, wobei das jeweilige Amt die Notwendigkeit seines Auskunftsersuchens glaubhaft zu machen hat.[174]

Beispiel: Auskünfte können erforderlich werden, um festzustellen, ob der Arbeitgeber beschäftigungspflichtig ist, ob er in angemessenem Umfang schwerbehinderte Menschen aus den Gruppen des § 72 SGB IX eingestellt hat oder ob der Betrieb in der Lage ist, schwerbehinderte Menschen über die Pflichtzahl hinaus zu beschäftigen. Als notwendig zu erachten sind auch alle Fragen, die mit der Arbeitszeit und sonstigen für den Schutz schwerbehinderter Menschen wesentlichen Arbeitsbedingungen, auch einzelner schwerbehinderter Menschen, zusammenhängen und die bei der Durchführung des Kündigungsschutzes auftreten.[175]

114

Aus dem Grundsatz der Verhältnismäßigkeit und einer Analogie zu § 65 SGB I folgt, dass die Bundesagentur für Arbeit und das Integrationsamt dann keinen Anspruch auf Auskunftserteilung haben, wenn sie sich die gewünschten Informationen selbst besorgen können. Der Arbeitgeber kann zudem gegen nicht erforderliche Auskünfte **Widerspruch** einlegen (§ 118 SGB IX).[176] Die Verletzung dieser Auskunftsverpflichtung stellt eine **Ordnungswidrigkeit** dar und ist bußgeldbewehrt (§ 156 Abs. 1 Nr. 4 SGB IX).

115

d) Verpflichtung zum Einblick in den Betrieb (§ 80 Abs. 7 SGB IX)

Darüber hinaus sind alle Arbeitgeber gem. § 80 Abs. 7 SGB IX verpflichtet, den Beauftragten der Bundesagentur für Arbeit und der Integrationsämter einen Einblick in den Betrieb zu gewähren, soweit es im Interesse der schwerbehinderten Menschen erforderlich ist und Betriebs- und Dienstgeheimnisse nicht gefährdet werden. § 80 Abs. 7 SGB IX erfordert einen konkreten Bedarf für die Sachaufklärung.[177] Dabei kann der Einblick in den Betrieb sowohl im Interesse der beschäftigten schwerbehinderten Menschen notwendig werden, als auch der Feststellung dienen, ob und wie auf nicht besetzten Pflichtarbeitsplätzen schwerbehinderte Menschen und besondere Gruppen von schwerbehinderten Menschen iSv § 72 SGB IX oder etwa besonders Auszubildende mit einer Behinderung beschäftigt werden können,[178] wobei das Recht auf Einsichtnahme auf die Teile des Betriebes oder der Dienststelle beschränkt ist, deren Besichtigung zur Klärung der maßgeblichen Fragen erforderlich ist. Damit der Arbeitgeber dies erkennen kann, haben Arbeitsagentur und Integrationsamt die zu klärenden Fragen detailliert mitzuteilen.[179]

116

Beispiel: Im Zusammenhang mit einer beabsichtigten Kündigung ist streitig, welche Anforderungen der Arbeitsplatz an die Gesundheit des schwerbehinderten Arbeitnehmers stellt. Ist es erforderlich, dass sich ein Vertreter des Integrationsamtes selbst hiervon ein Bild macht, hat der Arbeitgeber im Rahmen einer Betriebsbegehung Einblick in den Betrieb zu gewähren.

---

174 Kossens in: Kossens/von der Heide/Maaß, § 80 Rn 19.
175 Neumann/Pahlen/Majerski-Pahlen, § 80 Rn 18; Joussen/Düwell in: Dau/Düwell/Joussen, § 80 Rn 14.
176 Vgl dazu Kossens in: Kossens/von der Heide/Maaß, § 80 Rn 20; Neumann/Pahlen/Majerski-Pahlen, § 80 Rn 19.
177 Vgl dazu Kossens in: Kossens/von der Heide/Maaß, § 80 Rn 27 mwN.
178 Neumann/Pahlen/Majerski-Pahlen, § 80 Rn 22 mwN.
179 Joussen/Düwell in: Dau/Düwell/Joussen, § 80 Rn 15.

117 Der **Arbeitgeber** kann die **Einblicknahme verweigern**, wenn hierdurch Betriebs- oder Dienstgeheimnisse gefährdet werden. Was als **Betriebs- oder Dienstgeheimnis** anzusehen ist, bestimmt grundsätzlich der Arbeitgeber; er hat also ggf seine Behauptung, dass es sich um eine für den Betrieb oder die Verwaltung wichtige und nicht für die Öffentlichkeit bestimmte Tatsache handelt, glaubhaft zu machen.[180] Unter einem Betriebs- oder Dienstgeheimnis wird jede im Zusammenhang mit einem Betrieb oder einer Dienststelle stehende Tatsache zu verstehen sein, die nicht offenkundig ist, sondern nur einem eng begrenzten Personenkreis bekannt ist und nach dem Willen des Betriebsinhabers oder des Dienststellenleiters aufgrund eines berechtigten wirtschaftlichen oder dienstlichen Interesses geheim gehalten werden soll.[181] Zu berücksichtigen ist aber auch, dass die Beauftragten der Behörden zur Geheimhaltung verpflichtet sind.[182] Ohne Grund darf nicht der gesamte Betrieb oder jeder Teil der Dienststelle in Augenschein genommen werden.[183]

118 Die schuldhafte Weigerung des Arbeitgebers, Einsicht in den Betrieb oder die Dienststelle zu gewähren, oder die nicht rechtzeitige Einblicksgewährung durch den Arbeitgeber, kann ebenfalls als **Ordnungswidrigkeit** geahndet werden (§ 156 Abs. 1 Nr. 5 SGB IX).

e) Mitteilungspflicht der Vertrauenspersonen (§ 80 Abs. 8 SGB IX)

119 Nach § 80 Abs. 8 SGB IX sind vom Arbeitgeber unverzüglich nach der Wahl sowohl die **Vertrauenspersonen der schwerbehinderten Menschen** (§ 94 Abs. 1 S. 1 bis 3 und § 97 Abs. 1 bis 5 SGB IX) als auch der **Beauftragte des Arbeitgebers**[184] für die Angelegenheiten der schwerbehinderten Menschen (§ 98 S. 1 SGB IX) gegenüber der für den Sitz des Betriebes oder der Dienststelle zuständigen Agentur für Arbeit und dem Integrationsamt zu benennen. Diese Vorschrift soll die Zusammenarbeit mit der Schwerbehindertenvertretung und dem Beauftragten des Arbeitgebers ermöglichen.[185] Die Meldung ist an die für den Sitz des jeweiligen Betriebes und der jeweiligen Dienststelle zuständige Agentur für Arbeit und an das zuständige Integrationsamt zu erstatten[186] und muss nach der Wahl der Schwerbehindertenvertretung (§ 94 SGB IX) und der Bestellung des Beauftragten (§ 98 SGB IX) „ohne schuldhaftes Zögern" („unverzüglich") erfolgen. Eine bestimmte **Form** ist nicht vorgeschrieben.[187]

---

180 Vgl dazu Kossens in: Kossens/von der Heide/Maaß, § 80 Rn 28 mwN; Neumann/Pahlen/Majerski-Pahlen, § 80 Rn 23.
181 Joussen/Düwell in: Dau/Düwell/Joussen, § 80 Rn 16 unter Hinweis auf BAG vom 26.2.1987 – 6 ABR 46/84, BAGE 55, 96; vgl dazu auch Neumann/Pahlen/Majerski-Pahlen, § 80 Rn 24.
182 Die Beauftragten der Bundesagentur für Arbeit oder der Integrationsämter sind zur Geheimhaltung gem. der Regelung in § 130 SGB IX verpflichtet, vgl dazu ausführlich Neumann/Pahlen/Majerski-Pahlen, § 80 Rn 24 ff.
183 Neumann/Pahlen/Majerski-Pahlen, § 80 Rn 23; Joussen/Düwell in: Dau/Düwell/Joussen, § 80 Rn 15.
184 Gem. § 98 SGB IX bestellt der Arbeitgeber einen Beauftragten, der ihn in Angelegenheiten schwerbehinderter Menschen verantwortlich vertritt; falls erforderlich können auch mehrere Beauftragte bestellt werden. Dieser Beauftragte soll nach Möglichkeit ein schwerbehinderter Mensch sein und darauf achten, dass dem Arbeitgeber obliegende Verpflichtungen erfüllt werden.
185 Neumann/Pahlen/Majerski-Pahlen, § 80 Rn 27; Joussen/Düwell in: Dau/Düwell/Joussen, § 80 Rn 17.
186 Vgl zu den Einzelheiten der Meldung, Neumann/Pahlen/Majerski-Pahlen, § 80 Rn 27 f; Joussen/Düwell in: Dau/Düwell/Joussen, § 80 Rn 17.
187 Neumann/Pahlen/Majerski-Pahlen, § 80 Rn 28; Kossens in: Kossens/von der Heide/Maaß, § 80 Rn 30.

Hinweis: Aus Beweisgründen sollten Arbeitgeber die Benennung nach § 80 Abs. 8 SGB IX immer schriftlich vornehmen.

Ein schuldhafter Verstoß gegen die Vorschrift wird als **Ordnungswidrigkeit** nach § 156 Abs. 1 Nr. 6 SGB IX geahndet.

VI. Einstellung schwerbehinderter Menschen
1. Fragerecht des Arbeitgebers nach der Schwerbehinderteneigenschaft

Bevor auf die Pflichten des Arbeitgebers bei der Einstellung schwerbehinderter Menschen – insbesondere nach § 81 Abs. 1 SGB IX – näher eingegangen wird, soll vorab die Frage geklärt werden, ob ein Arbeitgeber **bei der Einstellung eines Arbeitnehmers** berechtigt ist, diesen nach einer Schwerbehinderung zu fragen. In Bezug auf das Vorliegen einer Schwerbehinderung besteht sowohl in der Literatur als auch in der Rechtsprechung Einigkeit darüber, dass der Schwerbehinderte von sich aus nicht über die bestehende Schwerbehinderung aufklären muss, soweit ihm die vertraglich vereinbarte Tätigkeit dadurch nicht unmöglich gemacht wird.[188] Die **Rechtsprechung des BAG** gesteht dem Arbeitgeber ein **Fragerecht nach einer Schwerbehinderung** oder Gleichstellung insoweit zu, als dass er ein „**berechtigtes Interesse** an der Beantwortung seiner Frage im Hinblick auf das Arbeitsverhältnis haben muss".[189] Der Bewerber hat die Pflicht, auf eine zulässige Frage des Arbeitgebers wahrheitsgemäß zu antworten; ihm steht diesbezüglich also „kein Recht zur Lüge zu".[190] Begründet wird diese Rechtsprechung mit der Überlegung, dass sich an die Schwerbehinderteneigenschaft des Arbeitnehmers für den Arbeitgeber zahlreiche gesetzliche Pflichten knüpfen, die – anders als die entsprechenden Pflichten bei Vorliegen einer Schwangerschaft – nicht bloß vorübergehender Natur, sondern dauerhaft und darüber hinaus auch nicht selten kostenintensiv sind. Dies begründe, so die Ansicht des BAG, ein berechtigtes Interesse des Arbeitgebers an der Frage nach dem Vorliegen einer Schwerbehinderung, das regelmäßig das Interesse des Arbeitnehmers an der Wahrung seiner Privatsphäre überwiege. Eine Falschbeantwortung der Frage nach einer Schwerbehinderung des Arbeitnehmers berechtigt den Arbeitgeber nach der Rechtsprechung des BAG nur dann nicht zur **Anfechtung des Arbeitsvertrages**, wenn die Schwerbehinderung für den Arbeitgeber offensichtlich war und deshalb bei ihm kein Irrtum entstan-

---

188 St. Rspr des BAG, vgl nur BAG vom 18.12.2000 – 2 AZR 380/99, NZA 2001, 315 mwN; Deinert in: Deinert/Neumann (Hrsg.), Hdb SGB IX, § 17 Rn 22 mwN.

189 BAG vom 18.12.2000 – 2 AZR 380/99, NZA 2001, 315 mwN; Düwell in: Dau/Düwell/Joussen, § 85 Rn 17 mwN; vgl allgemein zum Fragerecht des Arbeitgebers Thüsing/Lambrich, BB 2002, 1146 ff; Deinert in: Deinert/Neumann (Hrsg.), Hdb SGB IX, § 17 Rn 4 ff mwN; KR-Etzel/Gallner, §§ 85–90 SGB IX, Rn 31 f mwN.

190 St. Rspr des BAG (insgesamt 24 Entscheidungen), vgl nur BAG vom 1.8.1985 – 2 AZR 101/83, BAGE 49, 214 = NZA 1986, 635; BAG vom 5.10.1995 – 2 AZR 923/94, BAGE 81, 120 = NZA 1996, 371; BAG vom 3.12.1998 – 2 AZR 754/97, NZA 1999, 584; BAG vom 18.12.2000 – 2 AZR 380/99, NZA 2001, 315; vgl auch die neue Entscheidung des BAG vom 7.7.2011 – 2 AZR 396/10, NZA 2012, 34, 35, Rn 17, wobei es in diesem Fall keiner Entscheidung darüber bedurfte, ob sich der Arbeitgeber weiterhin nach einer Anerkennung als Schwerbehinderter auch dann erkundigen darf, wenn die Behinderung für die Ausübung der vorgesehen Tätigkeit ohne Bedeutung ist; ob nach Inkrafttreten des AGG die Frage nach der Schwerbehinderung generell unzulässig ist, wurde in der Entscheidung des BAG vom 21.2.2013 – 8 AZR 180/12, NZA 2013, 840, 844, Rn 52 ausdrücklich offen gelassen.

den ist[191] oder die Täuschung für den Abschluss des Arbeitsvertrages nicht ursächlich war, also der Arbeitgeber den Arbeitnehmer auch eingestellt hätte, wenn er die Frage wahrheitsgemäß beantwortet hätte.[192]

123 Diese Rechtsprechung ist in der **Literatur** überwiegend kritisiert worden und wurde vor dem Hintergrund des seit 1994 verfassungsrechtlich normierten Diskriminierungsverbotes in Art. 3 Abs. 3 S. 2 GG abgelehnt.[193] Teilweise wird die Frage nach der Schwerbehinderung **bei der Einstellung** eines Arbeitnehmers aber auch nach Inkrafttreten der Richtlinie des Rates zur Festlegung eines allgemeinen Rahmens für die Verwirklichung der Gleichbehandlung in Beschäftigung und Beruf (2000/78 EG) vom 27.11.2000[194] weiterhin für zulässig gehalten, solange sie nicht zur Diskriminierung eingesetzt wird.[195] Die vorherrschende Meinung in der Literatur geht dagegen – zumindest nach Inkrafttreten des Diskriminierungsverbotes in § 82 Abs. 2 SGB IX – zutreffend davon aus, dass die Frage nach dem Vorliegen einer Schwerbehinderung bzw. danach, ob eine Gleichstellung nach § 2 Abs. 3 SGB IX vorliegt oder ein entsprechender Antrag gestellt wurde, bei der Einstellung eines Arbeitnehmers grundsätzlich als unzulässig anzusehen ist und infolgedessen vom Bewerber auch nicht wahrheitsgemäß beantwortet werden muss.[196] Insbesondere steht dem Arbeitgeber auch **kein Anfechtungsrecht** mehr gem. § 123 BGB zu, falls der Bewerber eine Schwerbehinderung auf entsprechende Nachfrage nicht offenbart.[197]

124 Nach diesseits vertretener Auffassung ist die Frage nach einer Behinderung bei der Einstellung nur dann zulässig, wenn bestimmte körperliche Funktionen, geistige Fähigkeiten oder die seelische Gesundheit wegen der Art der auszuübenden Tätigkeit oder der Bedingungen ihrer Ausübung eine wesentliche und entscheidende berufliche Anforderung darstellen, sofern der Zweck rechtmäßig und die Anforderung angemessen ist.[198] In diesem Fall ist auch gem. § 8 Abs. 1 AGG eine unterschiedliche Behandlung wegen der in § 1 AGG genannten Behinderung zulässig.[199]

---

191 BAG vom 18.10.2000 – 2 AZR 380/99, NZA 2001, 315.
192 BAG vom 7.7.2011 – 2 AZR 396/10, NZA 2012, 34, 35, Rn 17.
193 Vgl zum Diskussionsstand vor Inkrafttreten des AGG, Joussen, NJW 2003, 2857, 2859 f.
194 AblEG Nr. L 303 v. 2.12.2000, 21.
195 Schaub, NZA 2003, 299, 301.
196 So Joussen, NJW 2003, 2857, 2860; Messingschlager, NZA 2003, 301, 305; Thüsing/Lambrich, BB 2002, 1146, 1149; Rolfs/Paschke, BB 2002, 1260, 1261; Deinert in: Deinert/Neumann (Hrsg.), Hdb SGB IX, § 17 Rn 19; Braasch in: Deinert/Neumann (Hrsg.), § 19 Rn 32; Koch in: Schaub, § 179 Rn 17 f; Düwell, BB 2001, 1527, 1530; Düwell in: Dau/Düwell/Joussen, § 85 Rn 19 ff; Neumann/Pahlen/Majerski-Pahlen, § 85 Rn 39 mwN; Joussen, NZA 2007, 174, 176; Wisskirchen/Bissels, NZA 2007, 169, 173; vgl auch die Zusammenfassung des Meinungsstandes in der Entscheidung des BAG vom 7.7.2011 – 2 AZR 396/10, NZA 2012, 34, 35, Rn 17 und KR-Etzel/Gallner, §§ 85–90 SGB IX, Rn 31, 32.
197 So auch LAG Hamm vom 19.10.2006 – 15 Sa 740/06, BGleiG E.II.2.6 SGB IX § 81 Nr. 3.
198 In diesem Sinne auch Thüsing/Lambrich, BB 2002, 1146, 1149; LAG Hamm vom 19.10.2006 – 15 Sa 740/06, BGleiG E.II.2.6 SGB IX § 81 Nr. 3; Deinert in: Deinert/Neumann (Hrsg.), Hdb SGB IX, § 17 Rn 17–19 geht sogar davon aus, dass es keine anerkennenswerten Gründe des Arbeitgebers geben kann, nach dem rechtlichen Status als schwerbehinderter Mensch oder Gleichgestellter zu fragen, und die Frage damit insgesamt unzulässig ist.
199 In diesem Sinne auch Joussen, NJW 2003, 2857, 2860 unter Bezugnahme auf die vor Inkrafttreten des AGG geltende Vorschrift des § 81 Abs. 2 Nr. 1 S. 4 SGB IX.

VI. Einstellung schwerbehinderter Menschen

Beispiel: Ein auf einem Auge blinder Mensch kann nicht als Pilot arbeiten, beispielsweise aber als Fußballspieler. So gab es etwa schon einen Bundesligaspieler, der auf einem Auge blind war.[200]

125

Die vom BAG als Argument herangezogene fehlende gesetzliche Normierung eines Diskriminierungsverbotes ist nunmehr weggefallen. Nach § 7 Abs. 1 AGG dürfen Beschäftigte nicht wegen eines in § 1 AGG genannten Grundes benachteiligt werden. § 1 AGG nennt als Grund, wegen dem Beschäftigte, auch bei der Einstellung, nicht diskriminiert werden dürfen, ausdrücklich auch eine „Behinderung". Damit ist eine „Behinderung" iSv § 2 Abs. 1 SGB IX gemeint;[201] der nationale Gesetzgeber hat Bezug auf die Legaldefinition des § 2 Abs. 1 SGB IX genommen.[202] Bei der Umsetzung der dem AGG zugrundeliegenden Richtlinie 2000/78/EG hat der Gesetzgeber damit deutlich gemacht, dass allein das Anknüpfen einer Auswahlentscheidung an das Vorliegen einer Behinderung bzw Schwerbehinderung unzulässig ist.[203] Dass mit der Einstellung von Schwerbehinderten beim Arbeitgeber wirtschaftliche Nachteile und organisatorische Belastungen einhergehen können, soll dabei nicht verkannt werden. Diese werden aber zum einen – zumindest teilweise – durch die ebenfalls im SGB IX vorgesehenen **Leistungen an Arbeitgeber** (§ 102 Abs. 3 Nr. 2 SGB IX)[204] ausgeglichen. Darüber hinaus gehende wirtschaftliche und organisatorische Belastungen des Arbeitgebers sind nach der gesetzgeberischen Wertung unbeachtlich und damit hinzunehmen.[205]

126

Hinweis: Der Arbeitgeber sollte daher im Anbahnungsstadium des Arbeitsverhältnisses keine für die Einstellung irrelevanten Fragen stellen und tätigkeitsneutrale Fragen erst nach Begründung des Arbeitsverhältnisses.[206]

127

Über eine weitere Ausnahme wird in der Literatur ebenfalls diskutiert, nämlich, dass der Arbeitgeber die Frage nach der Schwerbehinderung stellt, weil er seine **Mindestbeschäftigungsquote** nach § 71 SGB IX noch nicht erfüllt hat und er deswegen schwerbehinderte oder gleichgestellte Arbeitnehmer einstellen oder aus anderen Gründen schwerbehinderte Menschen fördern möchte.[207] Die Frage könnte in einem solchen Fall deshalb zulässig sein, weil der Arbeitgeber einen schwerbehinderten Arbeitnehmer nur dann gezielt einstellen kann, wenn er um die Schwerbehinderteneigenschaft weiß. Eine Rechtfertigung der in der Frage nach der Schwerbehinderteneigenschaft liegenden Diskriminierung könnte über § 5 AGG erfolgen, weil die Frage, die der Arbeitgeber stellt, allein dazu dient, eine „positive Maßnahme" iSv § 5 AGG

128

---

200 Diller verweist in NZA 2007, 1321, 1322 auf *Wilfried Hannes*, der von 1975 bis 1986 für Borussia Mönchengladbach spielte und dabei – als Abwehrspieler – 71 Tore erzielte. Er kam auf acht Länderspiele.
201 Wie hier auch BAG vom 3.4.2007 – 9 AZR 823/06, NZA 2007, 1098, 1099; Nicolai, § 1 Rn 32; Wisskirchen/Bissels, NZA 2007, 169, 173; Annuß, BB 2006, 1631; Schiek, NZA 2004, 873, 881; aA Roesner, A 6. a), S. 34.
202 BR-Drucks. 329/06, 31; vgl auch Däubler in: Däubler/Bertzbach, § 1 Rn 73 mwN.
203 In diesem Sinne auch Joussen, NZA 2007, 174, 177.
204 Vgl zu den Leistungen an Arbeitgeber ausführlich Deinert in: Deinert/Neumann (Hrsg.), Hdb SGB IX, § 11 Rn 82 ff.
205 So auch Wisskirchen/Bissels, NZA 2007, 169, 173 mwN.
206 Dies raten auch Rolfs/Feldhaus, SAE 2012, 85 ff.
207 Vgl dazu Joussen, NZA 2007, 174, 177 f; Messingschlager, NZA 2003, 301, 304; Düwell in: Dau/Düwell/Joussen, § 85 Rn 23.

umzusetzen.²⁰⁸ Die Frage, ob in einem solchen Fall ein anerkennenswertes Interesse des Arbeitgebers besteht, kann in der Praxis aber letztendlich offen bleiben, da auch in einem solchen Fall eine Anfechtung des Arbeitgebers wegen arglistiger Täuschung nach § 123 BGB bei nicht zutreffender Beantwortung der Frage durch den schwerbehinderten Bewerber ausscheidet. Es mangelt in diesem Fall an der erforderlichen **Kausalität** zwischen Täuschung und Einstellung: Hätte der Arbeitnehmer seine Schwerbehinderteneigenschaft offenbart, hätte ihn der Arbeitgeber erst recht eingestellt. Zumindest wäre die Anfechtung rechtsmissbräuchlich, da der Arbeitgeber mit der Einstellung eines Schwerbehinderten, den er nunmehr auf die Pflichtquote anrechnen kann, genau das erreicht haben würde, was er ursprünglich beabsichtigt hatte.²⁰⁹

129 Auch besteht **nach der Einstellung** keine Offenbarungspflicht des schwerbehinderten Beschäftigten in Bezug auf seine Schwerbehinderung. Eine solche **Offenbarungspflicht** kann auch nicht damit begründet werden, dass sonst der Arbeitgeber, der eine ausreichende Zahl schwerbehinderter Menschen iSd § 71 SGB IX beschäftigt, zusätzlich noch einmal eine Ausgleichsabgabe gem. § 77 SGB IX zahlen müsste. Es besteht auch keine Schadensersatzverpflichtung des schwerbehinderten Arbeitnehmers aus § 280 Abs. 1 BGB bei nicht erfolgter Offenbarung der Schwerbehinderung nach Einstellung.²¹⁰ Auch aus dem Arbeitsvertrag kann auf eine solch weitreichende vertragliche Nebenpflicht nicht geschlossen werden. Nur die Verletzung einer solchen Nebenpflicht aus dem Arbeitsvertrag würde aber **Schadensersatzansprüche des Arbeitgebers** aus § 280 Abs. 1 BGB begründen. Darüber hinaus ist zu berücksichtigen, dass der besondere Kündigungsschutz nach §§ 85 ff SGB IX für einen schwerbehinderten Arbeitnehmer auch erst nach sechsmonatigem ununterbrochenen Bestehen des Arbeitsverhältnisses greift (§ 90 Abs. 1 Nr. 1 SGB IX). Wenn der schwerbehinderte Bewerber seine Schwerbehinderteneigenschaft aus Gründen der Wahrung seiner **Persönlichkeitsrechte** nicht offenbaren möchte, muss er auch das Recht haben, diese Persönlichkeitsrechte nach der Einstellung zu schützen, indem er seine Schwerbehinderung nicht zu offenbaren braucht. Dies gilt umso mehr, wenn während der ersten sechs Monate des Arbeitsverhältnisses noch kein besonderer Kündigungsschutz aufgrund der Schwerbehinderung besteht (§ 90 Abs. 1 Nr. 1 SGB IX).

130 In der Regel bestehen gewichtige Gründe, wenn ein schwerbehinderter Arbeitnehmer auch nach der Einstellung seinem Arbeitgeber seine Schwerbehinderung nicht mitteilt, denn in diesem Fall kann der Arbeitnehmer auch nicht den zusätzlichen Urlaub nach § 125 SGB IX von fünf Arbeitstagen pro Jahr in Anspruch nehmen, was wiederum dem Arbeitgeber zugute kommt. Von einem überwiegenden Interesse des Arbeitgebers an einer Offenbarung der Schwerbehinderteneigenschaft nach Einstellung des schwerbehinderten Arbeitnehmers kann daher nicht ausgegangen werden, schon gar nicht von einer den Arbeitnehmer zusätzlich belastenden Schadensersatzverpflichtung.

---

208 In diesem Sinne argumentiert Joussen, NZA 2007, 174, 178.
209 So zutreffend Messingschlager, NZA 2003, 301, 304; Düwell in: Dau/Düwell/Joussen, § 85 Rn 23.
210 So aber Thüsing/Lambrich, BB 2002, 1146, 1149.

VI. Einstellung schwerbehinderter Menschen

Im bestehenden Arbeitsverhältnis ist allerdings für die **Frage nach dem Vorliegen einer Schwerbehinderung** bzw nach einem diesbezüglich gestellten Antrag ein **berechtigtes, billigenswertes und schutzwürdiges Interesse** jedenfalls **nach** Ablauf der Frist des § 90 Abs. 1 Nr. 1 SGB IX von **sechs Monaten** zu bejahen, um dem Arbeitgeber im Vorfeld einer beabsichtigten Kündigung zu ermöglichen, die Schwerbehinderung bei der Sozialauswahl gem. § 1 Abs. 3 KSchG zu berücksichtigen sowie den Sonderkündigungsschutz nach §§ 85 SGB IX ff zu beachten.[211] Beantwortet der Arbeitnehmer diese zulässige Frage nicht zutreffend, ist es ihm unter dem Gesichtspunkt von Treu und Glauben verwehrt, sich auf den Sonderkündigungsschutz als Schwerbehinderter zu berufen.[212] Die Frage nach der Schwerbehinderung im Vorfeld diskriminiert den Arbeitnehmer nicht iSd § 3 Abs. 1 S. 1 AGG wegen seiner Behinderung.[213] Auch datenschutzrechtliche Belange stehen der Zulässigkeit der Frage nicht entgegen.[214] In diesem Ausnahmefall ist auch nach diesseits vertretener Auffassung ein berechtigtes Interesse anzunehmen, da der Schwerbehinderte sich in der hier vorliegenden Situation – anders als in der Situation der Stellenanbahnung – bereits in einer gesetzlich besonders geschützten Rechtsstellung befindet, die gerade zum Ziel hat, Diskriminierungen des Behinderten zu vermeiden, und der Arbeitgeber keine andere Möglichkeit hat, sich die zur Erfüllung seiner Pflichten im Zusammenhang mit der beabsichtigten Kündigung Kenntnis von der Schwerbehinderteneigenschaft rechtssicher zu verschaffen.[215]

2. Pflichten des Arbeitgebers bei der Stellenbesetzung (§ 81 Abs. 1 SGB IX)

Bei jeder Einstellung ist der Arbeitgeber grundsätzlich dazu verpflichtet, zu prüfen, ob freie Arbeitsplätze mit schwerbehinderten Menschen, insbesondere mit bei der Agentur für Arbeit arbeitslos oder arbeitsuchend gemeldeten schwerbehinderten Menschen, besetzt werden können (§ 81 Abs. 1 S. 1 SGB IX). Die Arbeitgeber nehmen frühzeitig mit der Agentur für Arbeit Verbindung auf (§ 81 Abs. 1 S. 2 SGB IX). **Zweck der Prüfungspflicht** ist es, die Einstellung und Beschäftigung schwerbehinderter Menschen zu fördern. Der Arbeitgeber verstößt gegen seine Prüfpflicht, wenn er auf einem freien Arbeitsplatz einen nicht schwerbehinderten Menschen einstellt, ohne geprüft zu haben, ob der Arbeitsplatz mit einem schwerbehinderten Menschen besetzt werden kann.[216] Diese Pflicht des Arbeitgebers nach § 81 Abs. 1 S. 1 SGB IX besteht unabhängig davon, ob Bewerbungen schwerbehinderter Menschen bereits vorliegen.[217] Diese Verpflichtung trifft den Arbeitgeber auch unabhängig davon, ob er seine **Pflichtquote** nach § 71 SGB IX erfüllt hat bzw ob er mehr oder weniger als 20

---

211 BAG vom 16.2.2012 – 6 AZR 553/10, NZA 2012, 555, 556, Rn 13.
212 BAG vom 16.2.2012 – 6 AZR 553/10, NZA 2012, 555, 556, Rn 52; zustimmend Rolfs/Feldhaus, SAE 2012, 85 ff.
213 BAG vom 16.2.2012 – 6 AZR 553/10, NZA 2012, 555, 557, Rn 19 ff.
214 BAG vom 16.2.2012 – 6 AZR 553/10, NZA 2012, 555, 558, Rn 25 ff.
215 So auch BAG vom 16.2.2012 – 6 AZR 553/10, NZA 2012, 555, 557 Rn 15, 24; vgl auch Rn 16 ff – wonach die Einholung eines sog. Negativattestes für den Arbeitgeber keine gleich geeignete Alternative zur Frage nach der Schwerbehinderung ist.
216 BAG vom 23.6.2010 – 7 ABR 3/09, NZA 2010, 1361, 1364, Rn 25 mwN.
217 ErfK/Rolfs, § 81 SGB IX Rn 1; Kossens in: Kossens/von der Heide/Maaß, § 81 Rn 4 mwN.

Arbeitnehmer beschäftigt.[218] Sie gilt für alle Arten von Stellenbesetzungen, auch für **innerbetriebliche Versetzungen** oder **Umsetzungen**.[219] Auch vor der Besetzung einer freien Stelle mit einem **Leiharbeitnehmer** müssen Arbeitgeber Besetzungsmöglichkeiten mit eigenen schwerbehinderten Mitarbeitern prüfen.[220] Eine Verletzung der nach § 81 Abs. 1 S. 1 und 2 SGB IX bestehenden Prüf- und Kontrollpflicht berechtigt den **Betriebsrat** auch bei der Besetzung einer Stelle mit einem Leiharbeitnehmer zur **Verweigerung der Zustimmung** nach § 99 Abs. 2 Nr. 1 BetrVG.[221] Dem steht nicht entgegen, dass ein Verstoß des Arbeitgebers gegen seine Pflichten aus § 81 Abs. 1 S. 1 und 2 SGB IX nach der Rechtsprechung des BAG **bei Versetzungen kein Zustimmungsverweigerungsrecht** begründet. Dies wird durch das BAG damit begründet, dass bei Versetzungen schwerbehinderte Menschen nicht mit anderen, nicht schwerbehinderten externen Bewerbern konkurrieren, sondern wie diese zugunsten schon im Betrieb beschäftigter Arbeitnehmer von der Stellenbesetzung von vornherein ausgeschlossen sind. Außerdem werde durch die Versetzung eines bereits beschäftigten, nicht schwerbehinderten Menschen dem Arbeitsmarkt kein zur Verfügung stehender Arbeitsplatz zulasten der Gruppe der schwerbehinderten Menschen „entzogen". Demgegenüber werde bei der Einstellung eines Leiharbeitnehmers der frei gewordene oder neu geschaffene Arbeitsplatz mit einem externen, bislang noch nicht im Betrieb beschäftigten Arbeitnehmer besetzt, so dass sich die Stellenbesetzung nicht ausschließlich betriebsintern vollziehe.[222]

133 **Hinweis:** Die Prüfung nach § 81 Abs. 1 S. 1 SGB IX darf nicht erst dann einsetzen, wenn schon Bewerbungen vorliegen, unter denen sich ggf solche von schwerbehinderten Menschen befinden. Der Arbeitgeber hat unter Beteiligung der Schwerbehindertenvertretung zu prüfen, ob auch für einen bereits bei ihm beschäftigten schwerbehinderten Arbeitnehmer der freie Arbeitsplatz in Betracht kommt.[223] Soweit sich also nicht aus den Umständen des Einzelfalles eine Beschäftigung schwerbehinderter Menschen verbietet, wobei Beurteilungsgrundlage immer der der Behinderung angepasste und nicht nur der tatsächlich offerierte Arbeitsplatz ist,[224] muss von vornherein auch die Einstellung schwerbehinderter Menschen in Betracht gezogen werden.[225] Die Prüfung ist noch vor der Ausschreibung des freien Arbeitsplatzes vorzunehmen, um zu gewährleisten, dass schwerbehinderte Menschen die Chance einer Beschäftigung be-

---

218 BAG vom 17.8.2010 – 9 AZR 839/08, NZA 2011, 153, Rn 37; Neumann/Pahlen/Majerski-Pahlen, § 81 Rn 2; Deinert in: Deinert/Neumann (Hrsg.), Hdb SGB IX, § 17 Rn 80; ErfK/Rolfs, § 81 SGB IX Rn 1 mwN; Kossens in: Kossens/von der Heide/Maaß, § 81 Rn 4 mwN; eine Ausnahme besteht nur für die Verpflichtungen in § 81 Abs. 1 S. 7–9 SGB IX, vgl BAG vom 17.8.2010 – 9 AZR 839/08, NZA 2011, 131, Rn 50; BAG vom 21.2.2013 – 8 AZR 180/12, NZA 2013, 840, Rn 42, 44 mwN.
219 BAG vom 17.8.2010 – 9 AZR 839/08, NZA 2011, 153, Rn 38; Neumann/Pahlen/Majerski-Pahlen, § 81 Rn 2; Kossens in: Kossens/von der Heide/Maaß, § 81 Rn 4 mwN.
220 BAG vom 23.6.2010 – 7 ABR 3/09, NZA 2010, 1361, 1364, Rn 28 ff; Neumann/Pahlen/Majerski-Pahlen, § 73 Rn 23; Kossens in: Kossens/von der Heide/Maaß, § 81 Rn 4; ErfK/Rolfs, § 81 SGB IX, Rn 1; aA Edenfeld, NZA 2006, 126.
221 BAG vom 23.6.2010 – 7 ABR 3/09, NZA 2010, 1361, 1364, Rn 29 mwN; ArbG Frankfurt vom 1.3.2006 – 22 BV 856/05.
222 BAG vom 23.6.2010 – 7 ABR 3/09, NZA 2010, 1361, 1364, Rn 29 mwN.
223 BAG vom 17.8.2010 – 9 AZR 839/08, NZA 2011, 153, Rn 39.
224 Vgl dazu Brors in: Däubler/Bertzbach, § 8 Rn 33 mwN.
225 Neumann/Pahlen/Majerski-Pahlen, § 81 Rn 2.

kommen, bevor personalpolitische Entscheidungen getroffen werden. Der Arbeitgeber genügt seiner Verpflichtung nach § 81 Abs. 1 S. 2 SGB IX, wenn er im Vorfeld jeder Stellenbesetzung rechtzeitig, dh vor dem Vorliegen von Bewerbungen und deren Auswertung, mit der Arbeitsagentur Kontakt aufnimmt und ihm kein geeigneter Arbeitnehmer benannt wird. Daher wird eine Anfrage mit einer möglichst genauen Arbeitsplatzbeschreibung, ggf per E-Mail oder Fax, grundsätzlich – etwa eine Woche vor der externen oder internen Stellenausschreibung – empfohlen. In diesem Fall kann dem Arbeitgeber keine Pflichtverletzung vorgeworfen werden, an die Rechtsfolgen, wie Entschädigungs- bzw Schadensersatzforderungen (§ 15 AGG) geknüpft werden könnten.

Die Bundesagentur für Arbeit oder ein Integrationsfachdienst schlägt den Arbeitgebern geeignete schwerbehinderte Menschen vor (§ 81 Abs. 1 S. 3 SGB IX). Dabei können auch Betriebsbesuche der Mitarbeiter der Agentur für Arbeit in Betracht kommen, um sich so ein Bild davon zu machen, ob die Besetzung mit einem schwerbehinderten Arbeitnehmer möglich ist (§ 80 Abs. 7 SGB IX). **134**

Hinweis: Insbesondere die **Schwerbehindertenvertrauenspersonen**, die gem. § 99 Abs. 2 S. 2 SGB IX Verbindungspersonen zur Bundesagentur für Arbeit sind, sollten vermehrt auch die Agenturen für Arbeit ansprechen und darauf achten, dass das Verfahren der Prüfpflicht auch durch den Arbeitgeber eingehalten wird. Ihre Aufgabe ist es nach § 95 Abs. 1 S. 2 Nr. 1 SGB IX auch, darüber zu wachen, dass die dem Arbeitgeber nach § 81 SGB IX obliegenden Verpflichtungen erfüllt werden. Die sehr früh einsetzenden Informationspflichten des Arbeitgebers und die Beteiligungsrechte der Schwerbehindertenvertretung führen zu einer grundsätzlichen Beteiligung an der Personalplanung des Betriebes bzw der Dienststelle bei der Besetzung von Stellen mit schwerbehinderten oder gleichgestellten Menschen. Bei einem Verstoß gegen die Prüfpflicht bezüglich einer Besetzung durch einen schwerbehinderten Bewerber besteht bei **Neueinstellungen** für den **Betriebsrat** ein **Zustimmungsverweigerungsrecht** analog zu § 99 Abs. 2 BetrVG.[226] Bei **Versetzungen** besteht dieses Zustimmungsverweigerungsrecht jedoch nicht.[227] **135**

Über die Vermittlungsvorschläge und vorliegenden Bewerbungen von schwerbehinderten Menschen haben die Arbeitgeber die **Schwerbehindertenvertretung** und die in § 93 SGB IX genannten Vertretungen (zB **Betriebsrat, Personalrat**) unmittelbar nach Eingang zu unterrichten (§ 81 Abs. 1 S. 4 SGB IX). Bei der Prüfung nach Satz 1 beteiligen die Arbeitgeber die Schwerbehindertenvertretung nach § 95 Abs. 2 SGB IX und hören die in § 93 SGB IX genannten Vertretungen an (§ 81 Abs. 1 S. 6 SGB IX). Während Betriebs- oder Personalrat „nur anzuhören" sind, was sich auf Unterrichtung und Entgegennahme einer eventuellen Stellungnahme beschränkt, ist die „Beteiligung" der Schwerbehindertenvertretung weitergehender, wie sich aus dem Verweis auf § 95 Abs. 2 SGB IX ergibt. Danach setzt die „Beteiligung" nach § 95 Abs. 2 SGB IX **136**

---

226 BAG vom 10.11.1992 – 1 ABR 21/92, BB 1993, 367; BAG vom 23.6.2010 – 7 ABR 3/09, NZA 2010, 1361, Rn 29; Düwell, BB 2001, 1527, 1528; Rolfs/Paschke, BB 2002, 1260, 1261 mwN.
227 BAG vom 17.6.2008 – 1 ABR 20/07, NZA 2008, 1139, Rn 24 ff.

die unverzügliche und umfassende Unterrichtung und Anhörung der Schwerbehindertenvertretung voraus und zusätzlich noch die Begründung der getroffenen Entscheidung.

137 Die **Beteiligung der Schwerbehindertenvertretung** bedeutet, dass eine sachliche Auseinandersetzung mit deren Äußerungen erforderlich ist. Die bloße Einräumung einer Gelegenheit zur Stellungnahme genügt dazu nicht; die Stellungnahme muss auch inhaltlich Gehör finden, ohne dass der Arbeitgeber aber dazu verpflichtet wäre, ihr zu folgen.[228]

138 **Hinweis:** Sowohl Betriebs-/Personalrat als auch insbesondere die Schwerbehindertenvertretung darf der Arbeitgeber nicht erst nach einer Vorauswahl informieren, ansonsten gehen ihre Rechte ins Leere.[229] Gegen § 81 Abs. 1 S. 4 SGB IX wird in der Praxis häufig verstoßen, weil es der übliche Weg ist, die Bewerbung eines schwerbehinderten Menschen gerade nicht sofort an den Betriebs- oder Personalrat und die Schwerbehindertenvertretung weiterzuleiten, sondern erst einmal alle eingehenden Bewerbungen zu sichten und eine Vorauswahl zu treffen. Ein Verstoß gegen die dargestellten Verfahrensvorschriften ist aber „Einfallstor" für einen Schadensersatzanspruch nach § 15 AGG, da die Verletzung der Verpflichtungen nach § 81 Abs. 1 SGB IX durch den Arbeitgeber die Vermutung einer Benachteiligung wegen Behinderung begründet.[230] Insofern sind Arbeitgeber gut beraten, die gesetzlich vorgeschriebenen Verfahrensvorschriften in §§ 81 Abs. 1, 95 Abs. 2 SGB IX auch einzuhalten, zumal die Verletzung einiger dieser Verfahrensvorschriften, nämlich die Verpflichtungen nach § 81 Abs. 1 S. 4, 7 und 9 und § 95 Abs. 2 SGB IX, auch mit einem Bußgeld von bis zu 10.000 EUR bedroht ist (§ 156 Abs. 1 Nr. 7–9 SGB IX).

139 Erfüllt der Arbeitgeber seine Beschäftigungspflicht nicht und ist die Schwerbehindertenvertretung oder eine in § 93 SGB IX genannte Vertretung mit der beabsichtigten Entscheidung des Arbeitgebers nicht einverstanden, ist die Entscheidung des Arbeitgebers unter Darlegung der Gründe mit ihnen zu erörtern. Dabei wird der betroffene schwerbehinderte Mensch angehört (§ 81 Abs. 1 S. 7, 8 SGB IX). In diesem Fall gehen die Verpflichtungen des Arbeitgebers noch über den allgemeinen Pflichtenkatalog nach § 81 Abs. 1 S. 1 bis 6 SGB IX hinaus. Der Arbeitgeber muss die Gründe seiner Entscheidung mit der widersprechenden Interessenvertretung im direkten Gespräch oder telefonisch erörtern.[231] Zusätzlich verlangt § 81 Abs. 1 S. 8 SGB IX, dass „dabei" der schwerbehinderte Bewerber angehört wird. Dies ist so zu verstehen, dass

- entweder der schwerbehinderte Bewerber zu der Erörterung zwischen Arbeitgeber und Schwerbehindertenvertretung bzw Betriebs-/Personalrat hinzugezogen wird, oder

- ihm mindestens durch den Arbeitgeber die Gründe für die geplante Nichtberücksichtigung mitgeteilt werden und er Gelegenheit zur Stellungnahme erhält, die

---

228 In diesem Sinne auch Deinert in: Deinert/Neumann (Hrsg.), Hdb SGB IX, § 17 Rn 87.
229 Diller, NZA 2007, 1321, 1323 mwN.
230 Vgl dazu Rn 188 ff.
231 Diller, NZA 2007, 1321, 1323.

VI. Einstellung schwerbehinderter Menschen

wiederum der widersprechenden Interessenvertretung zuzuleiten und mit dieser durch den Arbeitgeber nochmals zu erörtern ist.

Alle Beteiligten sind vom Arbeitgeber über die getroffene Entscheidung unter Darlegung der Gründe **unverzüglich zu unterrichten** (§ 81 Abs. 1 S. 9 SGB IX). Die Unterrichtung kann in mündlicher oder schriftlicher Form erfolgen.[232] Bei Bewerbungen schwerbehinderter Menschen ist die Schwerbehindertenvertretung nicht zu beteiligen, wenn der schwerbehinderte Mensch die Beteiligung der Schwerbehindertenvertretung ausdrücklich ablehnt (§ 81 Abs. 1 S. 10 SGB IX). Die Prüfung, ob freie Arbeitsplätze mit schwerbehinderten Menschen besetzt werden können (§ 81 Abs. 1 S. 1 SGB IX), ist eine Einzelfallprüfung. Insbesondere ergibt sich aus der Verpflichtung des Arbeitgebers nach § 81 Abs. 1 SGB IX **kein Einstellungsanspruch** eines schwerbehinderten Arbeitnehmers.[233]

140

Die durch den Arbeitgeber vorzunehmende Prüfung nach § 81 Abs. 1 SGB IX erfolgt unter Berücksichtigung der konkreten Anforderungen des jeweiligen freien Arbeitsplatzes und der konkreten Voraussetzungen, die ggf ein schwerbehinderter Bewerber mit sich bringt.[234] Den für alle Bewerber geeigneten behinderungsgerechten Arbeitsplatz gibt es nicht.

141

Hinweis: Der Arbeitsplatz, der für einen blinden Arbeitnehmer eingerichtet ist, muss für einen Querschnittgelähmten oder einen Beinamputierten nicht unbedingt behindertengerecht sein.

142

Eine genaue Arbeitsplatzbeschreibung ist unbedingt erforderlich, und zwar für alle Beteiligten, also insbesondere für die Interessenvertretungen (Betriebs- und Personalrat) und die Schwerbehindertenvertretung, aber auch für die Agentur für Arbeit.

143

Aus dieser **Arbeitsplatzbeschreibung** sollte hervorgehen:

- Welche Anforderungen stellt der zu besetzende Arbeitsplatz an einen Arbeitnehmer?
- Ist die Tätigkeit mit besonderen Anforderungen an das Konzentrations-/Reaktions-, Umstellungs- und Anpassungsvermögen, mit Verantwortung für Personen und Maschinen, mit Publikumsverkehr, mit der Überwachung und/oder der Steuerung komplexer Arbeitsvorgänge verbunden?
- Ist der Arbeitsplatz mit ständigem Gehen, Stehen oder Sitzen verbunden oder handelt es sich um eine Tätigkeit in wechselnden Körperhaltungen?
- Ist die Tätigkeit mit besonderen Belastungsfaktoren verbunden, wie etwa mit Nässe, Kälte, Zugluft, extrem schwankenden Temperaturen, inhalativen Belastungen, Allergenen, Lärm, Erschütterungen, Vibrationen oder Tätigkeiten mit erhöhter Unfallgefahr?

---

232 BAG vom 18.11.2008 – 9 AZR 643/07, NZA 2009, 729, 732, Rn 56.
233 Kossens in: Kossens/von der Heide/Maaß, § 81 Rn 2.
234 In diesem Sinne auch Deinert in: Deinert/Neumann (Hrsg.), Hdb SGB IX, § 17 Rn 82.

- Handelt es sich um Schichtarbeit oder eine Tätigkeit mit häufig wechselnden Arbeitszeiten?
- Ist die Tätigkeit mit Heben oder Tragen verbunden, wenn ja – welche Lasten sind zu heben und/oder zu tragen?
- Handelt es sich um eine körperlich leichte oder schwere Tätigkeit?
- Ist der Arbeitsplatz mit Zwangshaltungen verbunden?
- Bestehen besondere Anforderungen an die Gebrauchsfähigkeit der Hände, ist häufiges Bücken erforderlich oder das Ersteigen von Treppen, Leitern und Gerüsten?
- Welche berufliche Qualifikation ist erforderlich?

144 Es kommt im Verfahren nach § 81 Abs. 1 SGB IX darauf an, zu prüfen, ob es für den freien Arbeitsplatz eine geeignete schwerbehinderte Person gibt, die mit ihrer Behinderung und ihrer Qualifikation in der Lage ist, die Arbeit zu verrichten und eine entsprechende Leistung zu erbringen. Dies herauszufinden, ist eine wichtige Aufgabe bei der Prüfpflicht des Arbeitgebers.

145 **Hinweis:** Insbesondere **Betriebsrat, Personalrat und Schwerbehindertenvertretung** haben hier eine wichtige Aufgabe zu erfüllen, da häufig Vorurteile gegenüber der Beschäftigung schwerbehinderter Menschen bestehen und zu schnell behauptet wird, der jeweilige Arbeitsplatz sei für schwerbehinderte Menschen nicht geeignet. Durch die Wahrnehmung der Beteiligungsrechte nach § 81 Abs. 1 SGB IX und ergänzend nach § 95 Abs. 2 SGB IX für die Schwerbehindertenvertretung können die Interessenvertretungen dazu beitragen, dass mehr schwerbehinderte Menschen beschäftigt werden. Bewährt hat sich hierbei eine genaue Beschreibung der Fähigkeiten und des Leistungsvermögens des behinderten Bewerbers. Dabei kommt es darauf an, eine positive Liste zusammenzustellen und sich nicht darauf zu beschränken, aufzuzählen, was der schwerbehinderte Mensch nicht kann. Defizite, die sich bei der Prüfung ergeben, können durch **technische Veränderungen des Arbeitsplatzes** im Sinne einer behinderungsgerechten Gestaltung oder – falls sie auf nicht genügender Qualifikation des Bewerbers beruhen – durch Anlernen, Einarbeiten und Umschulen ausgeglichen werden. Hierfür kann das Integrationsamt sowohl Beratung und Begleitung, ggf auch durch die Integrationsfachdienste (§§ 109 ff SGB IX), zur Verfügung stellen, aber auch **Geldleistungen** – sowohl **an den Arbeitnehmer** (§ 102 Abs. 3 Nr. 1 SGB IX) als auch **an den Arbeitgeber** – erbringen (§ 102 Abs. 3 Nr. 2 SGB IX), was vielen Arbeitgebern nicht bekannt ist. Auch hierauf können die Interessenvertretungen den Arbeitgeber im Rahmen ihrer Beteiligungsrechte nach § 81 Abs. 1 SGB IX hinweisen.

146 Der folgende **Ablaufplan** wird den Arbeitgebern (AG) bei allen Stellenbesetzungen, auch wenn nicht von vornherein die Schwerbehinderung eines Bewerbers bekannt ist, empfohlen:

1. **Einschaltung der Bundesagentur für Arbeit** (§ 81 Abs. 1 S. 1, 2 SGB IX), um von ihr oder dem von ihr beauftragten Integrationsfachdienst (IFD – §§ 109 ff

VI. Einstellung schwerbehinderter Menschen

SGB IX) geeignete Bewerber für eine freie Stelle zu erhalten (§ 81 Abs. 1 S. 3 SGB IX)
– mindestens eine Woche vor interner oder externer Ausschreibung der Stelle.

2. **Mitteilung an die Schwerbehindertenvertretung** (SBV – § 95 SGB IX), den Betriebsrat (BR) oder Personalrat (PR) oder die anderen in § 93 SGB IX genannten Vertretungen, wenn Bewerbungen oder Vermittlungsvorschläge schwerbehinderter Menschen eingegangen sind (§ 81 Abs. 1 S. 4 SGB IX)
– unmittelbar nach Eingang der Bewerbungen oder Vermittlungsvorschläge.

Ist also die Schwerbehinderteneigenschaft mindestens eines Bewerbers bekannt, erfolgt die Prüfung der Einstellung zusammen mit den Interessenvertretungen der AN wie folgt:

3. **Beteiligung der SBV** nach § 95 Abs. 2 SGB IX und **Anhörung von BR bzw PR** (§ 81 Abs. 1 S. 6 SGB IX):
– Die SBV ist unverzüglich („ohne schuldhaftes Zögern" – § 121 Abs. 1 BGB) und umfassend zu unterrichten (§ 81 Abs. 1 S. 6 SGB IX iVm § 95 Abs. 2 SGB IX). Der AG kommt seiner Unterrichtungspflicht nach, wenn er der SBV umfassend von der zu besetzenden Stelle, den Einstellungsvoraussetzungen und den Bewerbungen Kenntnis verschafft und der SBV ausreichend Gelegenheit zur Stellungnahme gibt.[235]

Form: schriftlich oder mündlich.[236] **Frist zur Stellungnahme:** eine Woche (entsprechend § 102 Abs. 2 S. 1 BetrVG).[237]

Hinweis: Die SBV hat nach § 95 Abs. 2 S. 3 SGB IX das Recht auf Beteiligung am Verfahren nach § 81 Abs. 1 SGB IX und beim Vorliegen von Vermittlungsvorschlägen der Bundesagentur für Arbeit nach § 81 Abs. 1 SGB IX oder von Bewerbungen schwerbehinderter Menschen das Recht auf Einsicht in die entscheidungsrelevanten Teile der Bewerbungsunterlagen[238] und Teilnahme an Bewerbungsgesprächen. Das Recht auf Einsichtnahme in die Bewerbungsunterlagen erstreckt sich auf sämtliche – auch die nicht behinderten – Bewerber, weil nur so ein Vergleich der Qualifikation und eine sachgerechte Überprüfung einer benachteiligungsfreien Stellenbesetzung möglich ist.[239]

– Anhörung des BR bzw PR oder der weiteren in § 93 SGB IX genannten Vertretungen (§ 81 Abs. 1 S. 6 SGB IX) wie bei der SBV.

---

235 Die Unterrichtung der SBV über die betriebliche Interessenvertretung, etwa Betriebs- oder Personalrat, ist nicht ausreichend. Die SBV ist unmittelbar zu unterrichten – BAG vom 15.2.2005 – 9 AZR 635/03, NZA 2005, 870.
236 Neumann/Pahlen/Majerski-Pahlen, § 81 Rn 4; da die Anhörung ggf in einem späteren Prozess um eine mögliche Benachteiligung von schwerbehinderten Menschen vom AG zu beweisen ist, wird die Schriftform empfohlen.
237 Kossens in: Kossens/von der Heide/Maaß, § 95 Rn 17 mwN.
238 ArbG Marburg vom 29.7.2005, DB 2005, 1860; ErfK/Rolfs, § 81 SGB IX Rn 3; Deinert in: Deinert/Neumann (Hrsg.), Hdb SGB IX, § 17 Rn 88.
239 BAG vom 15.2.2005 – 9 AZR 635/03, NZA 2005, 870, 872; vgl auch Deinert in: Deinert/Neumann (Hrsg.), Hdb SGB IX, § 17 Rn 88 mwN.

Frist: eine Woche; keine über die Anhörung hinausgehenden Beteiligungsrechte von BR bzw PR!
– nach Ablauf der Frist zur Anhörung der SBV und BR bzw PR von einer Woche bzw nach Vorliegen der Stellungnahme der SBV:

Entscheidung des AG und Mitteilung der Entscheidung an die SBV – unverzüglich („ohne schuldhaftes Zögern" – § 121 Abs. 1 BGB).

4. Erfüllt der AG die Beschäftigungspflicht (§ 71 SGB IX – Mindestquote) nicht und ist die SBV oder der BR bzw PR oder eine weitere in § 93 SGB IX genannte Vertretung mit der beabsichtigten Entscheidung des AG nicht einverstanden:
    – Erörterung der beabsichtigten Entscheidung unter Darlegung der Gründe mit SBV bzw Interessenvertretung BR bzw PR (§ 81 Abs. 1 S. 7 SGB IX); dabei auch Anhörung des schwerbehinderten Menschen (§ 81 Abs. 1 S. 8 SGB IX).

5. **Unterrichtung aller Beteiligten** unter Darlegung der Gründe (§ 81 Abs. 1 S. 9 SGB IX) – unverzüglich („ohne schuldhaftes Zögern" – § 121 Abs. 1 BGB), was zwar eine gewisse Bedenkzeit – auch um ggf rechtlichen Rat einzuholen – nicht ausschließt. Die Unverzüglichkeit ist aber nicht mehr gewahrt, wenn bis zur Antwort mehr als zwei Wochen vergangen sind.[240]

6. **Keine Beteiligung der SBV**, wenn der schwerbehinderte Mensch die Beteiligung der SBV ausdrücklich ablehnt (§ 81 Abs. 1 S. 10 SGB IX).

147 Bei den Beteiligungsrechten der Interessenvertretungen ist durch den AG noch Folgendes zu beachten:

- Der **Betriebsrat** hat nach § 80 Abs. 1 Nr. 4 BetrVG die ausdrückliche Aufgabe, die Eingliederung schwerbehinderter Menschen zu fördern und kann nach § 99 BetrVG seine **Zustimmung zur Einstellung** eines (nicht behinderten) Bewerbers **verweigern**, wenn entgegen § 81 Abs. 1 SGB IX vorher nicht geprüft worden ist, ob der freie Arbeitsplatz mit einem schwerbehinderten Menschen besetzt werden kann.[241] Dasselbe gilt nach §§ 68 Abs. 1 Nr. 4, 77 Abs. 2 Nr. 1 BPersVG für den **Personalrat**, auch wenn das Verweigerungsrecht des Personalrates im Personalvertretungsrecht nicht so ausgeprägt ist.[242] Das Mitbestimmungsrecht entfällt allerdings, wenn der schwerbehinderte Bewerber seinen Status verschweigt.[243]

- Die Durchführung oder Vollziehung einer **ohne Beteiligung der SBV** nach § 95 Abs. 2 S. 1 SGB IX getroffenen **Entscheidung** (Einstellung eines AN) ist **auszusetzen**, die **Beteiligung** ist innerhalb von **sieben Tagen nachzuholen**; sodann ist endgültig zu entscheiden (§ 95 Abs. 2 S. 2 SGB IX). Die Einstellung eines AN ist zwar

---

240 BAG vom 21.2.2013 – 8 AZR 180/12, NZA 2013, 840, Rn 38 mwN.
241 BAG vom 14.11.1989 – 1 ABR 77/88, DB 1990, 636 = BAGE 63, 226 = BB 1990, 421; BAG vom 10.11.1992 – 1 ABR 21/92, BB 1993, 367; BAG vom 23.6.2010 – 7 ABR 3/09, NZA 2010, 1361, Rn 29; Kossens in: Kossens/von der Heide/Maaß, § 81 Rn 14 mwN; Neumann/Pahlen/Majerski-Pahlen, § 81 Rn 7 mwN; Düwell, BB 2001, 1527, 1528; Deinert in: Deinert/Neumann (Hrsg.), Hdb SGB IX, § 17 Rn 91 mwN; Rolfs/Paschke, BB 2002, 1260, 1261 mwN.
242 Neumann/Pahlen/Majersky-Pahlen, § 81 Rn 7; Kossens in: Kossens/von der Heide/Maaß § 81 Rn 14; aA für Baden-Württemberg, VGH Mannheim vom 13.12.1988 ZBR 1989, 153 = Personalrat 1990, 149.
243 Kossens in: Kossens/von der Heide/Maaß § 81 Rn 14.

VI. Einstellung schwerbehinderter Menschen

nicht unwirksam, wenn der AG die SBV nicht nach § 95 Abs. 2 SGB IX bei der Einstellung beteiligt,[244] der AG hat jedoch die Unterrichtung und Beteiligung der SBV nachzuholen.

- Der Anspruch der SBV auf Aussetzung der Entscheidung nach § 95 Abs. 2 S. 2 SGB IX kann im **arbeitsgerichtlichen Beschlussverfahren**, ggf im **einstweiligen Rechtsschutzverfahren**, durchgesetzt werden.[245] Im Falle der Aussetzung ist die Entscheidung des AG schwebend unwirksam. Sie darf nicht durchgeführt werden.[246]

- **Holt** der AG die **Unterrichtung der SBV nicht nach**, bleibt die **Einstellung wirksam**, denn – anders als bei § 102 Abs. 1 BetrVG – ist das Beteiligungsrecht der SBV keine Wirksamkeitsvoraussetzung;[247] dies ist allerdings **bußgeldbewehrt** (§ 156 Abs. 1 Nr. 9 SGB IX). Ein Anspruch der SBV, eine ohne ihre Beteiligung durchgeführte Entscheidung wieder rückgängig zu machen, besteht nicht.[248]

Das Gesetz sieht nur bei einem Verstoß gegen bestimmte Unterrichtungs- und Erörterungspflichten im Hinblick auf eine bestehende Schwerbehindertenvertretung im Betrieb (§ 81 Abs. 1 S. 4 oder 9 und § 81 Abs. 1 S. 7 SGB IX) als Sanktion die Verhängung eines Bußgeldes vor (§ 156 Abs. 1 Nr. 7 und 8 SGB IX). Die Nichtberücksichtigung von schwerbehinderten Menschen bei der Besetzung freier Arbeitsplätze ist dagegen nicht bußgeldbewehrt.

Eine Verletzung dieser Obliegenheiten – oder auch nur einzelner – begründet bei schwerbehinderten und ihnen gleichgestellten Arbeitnehmern[249] ein ausreichendes Indiz für eine Benachteiligung wegen der Behinderung im Sinne von § 22 AGG[250] und kann über die Regelungen über Entschädigung und Schadensersatz (§ 15 AGG iVm § 22 AGG) zu **Schadensersatzansprüchen des Arbeitnehmers** führen. Ein schuldhaftes Handeln oder eine Benachteiligungsabsicht des Arbeitgebers sind nicht erforderlich.[251]

Hinweis: Allerdings muss der Bewerber darlegen, dass die Schwerbehinderteneigenschaft oder Gleichstellung dem Arbeitgeber bekannt gewesen ist oder er sich auf-

---

244 Kossens in: Kossens/von der Heide/Maaß, § 95 Rn 19; Neumann/Pahlen/Majerski-Pahlen, § 95 Rn 9 mwN.
245 BAG vom 21.9.1989, BAGE 62, 382 = BB 1990, 356; Rolfs/Paschke, BB 2002, 1260, 1261; Düwell, BB 2000, 2570, 2572; Neumann/Pahlen/Majerski-Pahlen, § 95 Rn 11 a; Kossens in: Kossens/von der Heide/Maaß, § 95 Rn 20 mwN; Düwell in: Dau/Düwell/Joussen, § 95 Rn 56 mwN.
246 Kossens in: Kossens/von der Heide/Maaß, § 95 Rn 21 mwN; Düwell in: Dau/Düwell/Joussen, § 95 Rn 56 mwN.
247 Kossens in: Kossens/von der Heide/Maaß, § 95 Rn 22 mwN; Neumann/Pahlen/Majerski-Pahlen, § 95 Rn 11 a; aA Düwell in: Dau/Düwell/Joussen, § 95 Rn 56: eine trotz Aussetzungsverlangens der SBV durchgeführte Entscheidung soll nach § 134 BGB unwirksam sein.
248 Kossens in: Kossens/von der Heide/Maaß, § 95 Rn 22; Neumann/Pahlen/Majerski-Pahlen, § 95 Rn 11 a.
249 Dagegen begründet die Verletzung von § 81 Abs. 1 SGB IX für „einfach behinderte" Arbeitnehmer kein Indiz für eine Benachteiligung – BAG vom 27.1.2011 – 8 AZR 580/09, NZA 2011, Rn 38.
250 BAG vom 12.9.2006 – 9 AZR 807/05, NZA 2007, 507; BAG vom 17.8.2010 – 9 AZR 839/08, NZA 2011, 153, Rn 35.
251 BAG vom 17.8.2010 – 9 AZR 839/08, NZA 2011, 153; BAG vom 28.4.2011 – 8 AZR 515/10, NJW 2011, 2458, Rn 33; BAG vom 16.2.2012 – 8 AZR 697/10, NZA 2012, 667, 672, Rn 42; BAG vom 21.2.2013 – 8 AZR 180/12, NZA 2013, 840, Rn 39; BAG vom 24.1.2013 – 8 AZR 188/12, NZA 2013, 896, 899, Rn 35; ErfK/Rolfs, § 81 Rn 4.

grund der Bewerbungsunterlagen diese Kenntnis jedenfalls hätte verschaffen können.[252]

151 Insbesondere haben Arbeitgeber auf die Verpflichtung in § 81 Abs. 1 S. 9 SGB IX zu achten. Hiernach sind Arbeitgeber verpflichtet, einen schwerbehinderten Bewerber, der sich auf eine Stelle beworben hat, über die Gründe ihrer Entscheidung unverzüglich zu unterrichten. Dabei besteht keine Verpflichtung, die Unterrichtung schriftlich vorzunehmen.[253] Sie kann auch im persönlichen Gespräch oder fernmündlich erfolgen.[254] Steht fest, dass der Arbeitgeber einem schwerbehinderten Bewerber gegenüber, entgegen § 81 Abs. 1 S. 9 SGB IX, keine Gründe für die Ablehnung der Bewerbung mitgeteilt hat, insbesondere nicht im Ablehnungsschreiben der Bewerbung, so ist dessen Benachteiligung wegen der Schwerbehinderung zu vermuten.[255]

152 Umstritten ist, ob die Verpflichtung des Arbeitgebers nach § 81 Abs. 1 S. 9 SGB IX davon abhängig ist, ob er der Pflicht zur Beschäftigung von schwerbehinderten Menschen nicht hinreichend nach § 71 SGB IX nachgekommen ist. Die eine Meinung stellt auf den vom Gesetzgeber verfolgten Zweck des angestrebten umfassenden Schwerbehindertenschutzes des Verfahrens nach § 81 Abs. 1 SGB IX ab, nach dem es nicht darauf ankomme, ob der Arbeitgeber die Beschäftigungsquote bereits erfüllt.[256] Nach anderer Auffassung in Literatur und Rechtsprechung stehen die Sätze 7–9 des § 81 Abs. 1 SGB IX in einem untrennbaren Zusammenhang und sind so zu lesen, dass § 81 Abs. 1 S. 9 SGB IX nur gelten soll, wenn der Arbeitgeber die Beschäftigungspflicht nach § 71 Abs. 1 SGB IX nicht erfüllt.[257]

153 Diese gesetzessystematisch begründete Auffassung ist jedoch abzulehnen. Das LAG Hessen hat zu Recht darauf hingewiesen, dass mithilfe der Begründungspflicht des § 81 Abs. 1 S. 9 SGB IX das Einstellungsverfahren für den schwerbehinderten Menschen transparent und überprüfbar gemacht werden solle. Diese Notwendigkeit besteht aber unabhängig davon, ob bei dem jeweiligen Arbeitgeber eine Schwerbehindertenvertretung besteht oder nicht. Im Gegenteil muss in den Betrieben ohne Schwerbehindertenvertretung das Schutzbedürfnis des schwerbehinderten Bewerbers gerade besonders groß sein, weil im Rahmen des Bewerbungsverfahrens keine spezielle Vertretung über die spezifischen Interessen des schwerbehinderten Bewerbers wacht.[258]

---

252 BAG vom 18.11.2008 – 9 AZR 643/07, NZA 2009, 728; BAG vom 16.2.2012 – 8 AZR 697/10, NZA 2012, 667, 672, Rn 55.
253 BAG vom 18.11.2008 – 9 AZR 643/07, NZA 2009, 728, 732, Rn 55 f; aA Düwell in: Dau/Düwell/Joussen, § 81 Rn 104 mwN.
254 BAG vom 18.11.2008 – 9 AZR 643/07, Rn 55.
255 BAG vom 21.2.2013 – 8 AZR 180/12, NZA 2013, 840, Rn 37 mwN; LAG Hessen vom 7.11.2005 – 7 Sa 473/05, NZA-RR 2006, 157; Düwell in: Dau/Düwell/Joussen, § 81 Rn 56 mwN.
256 LAG Hessen vom 7.11.2005 – 7 Sa 473/05, NZA-RR 2006, 157; Deinert in: Deinert/Neumann (Hrsg.), Hdb SGB IX, § 17 Rn 90; Düwell in: Dau/Düwell/Joussen, § 81 Rn 104 mwN.
257 BAG vom 17.8.2010 – 9 AZR 839/08, NZA 2011, 153, Rn 50; BAG vom 21.2.2013 – 8 AZR 180/12, NZA 2013, 840, Rn 42, 44 mwN; LAG Hessen vom 28.8.2009 – 19/3 Sa 340/08, Rn 55; Diller, NZA 2007, 1321, 1323; Neumann/Pahlen/Majerski-Pahlen, § 81 Rn 8, 9.
258 LAG Hessen vom 7.11.2005 – 7 Sa 473/05, NZA-RR 2006, 157.

VI. Einstellung schwerbehinderter Menschen

Hinweis: In der Praxis ist jedoch zu beachten, dass die neuere Rechtsprechung des BAG[259] dieser älteren Rechtsprechung des LAG Hessen nicht folgt, so dass in der Praxis davon ausgegangen werden sollte, dass ein Arbeitgeber, der die Beschäftigungsquote nach § 71 Abs. 1 SGB IX erfüllt, nicht nach § 81 Abs. 1 S. 9 SGB IX verpflichtet ist, den Bewerber unverzüglich über die Gründe seiner Auswahlentscheidung zu unterrichten. Beruft sich der schwerbehinderte oder gleichgestellte Bewerber darauf, dass es der Arbeitgeber entgegen seiner Verpflichtung aus § 81 Abs. 1 S. 9 SGB IX versäumt habe, den abgelehnten Bewerber unverzüglich über die Gründe der getroffenen Entscheidung zu informieren, so gehört nach der Rechtsprechung des BAG zu einem schlüssigen Vortrag des Arbeitnehmers die Darlegung, dass die Beschäftigungsquote nach § 71 Abs. 1 SGB IX nicht erfüllt wurde, auch wenn es dem Bewerber schwerfällt, Informationen über die Erfüllung der Quote zu erlangen.[260] Dabei steht auch aus dem Unionsrecht dem abgelehnten Bewerber grundsätzlich kein Auskunftsanspruch über die Einzelheiten des Auswahlverfahrens zu.[261]

154

3. Besondere Pflichten öffentlicher Arbeitgeber (§ 82 SGB IX)
Öffentliche Arbeitgeber haben besondere, über die §§ 80, 81 SGB IX hinausgehende Pflichten.

155

a) Meldepflicht
Die Dienststellen der öffentlichen Arbeitgeber müssen frei werdende und neu zu besetzende Stellen frühzeitig den Agenturen für Arbeit melden (§ 82 S. 1 SGB IX). Im Gegensatz zu privaten Arbeitgebern, die gegenüber der Bundesagentur für Arbeit erst dann tätig werden müssen, wenn ein Arbeitsplatz frei geworden ist, haben die Arbeitgeber des öffentlichen Dienstes der Bundesagentur für Arbeit ihren voraussichtlichen Personalbedarf mitzuteilen. Die Regelung ist Ausdruck besonderer Fürsorgepflichten und einer Vorbildfunktion des Öffentlichen Dienstes.[262] **Öffentliche Arbeitgeber** sind alle in § 71 Abs. 3 SGB IX genannten Arbeitgeber.[263] Unter den Begriff „**Dienststelle**" fallen nur solche Dienststellen, die in der Organisation selbstständig sind.[264] Ein frei werdender Arbeitsplatz liegt vor, wenn ein Ausscheiden des bisherigen Stelleninhabers feststeht und die Stelle im Stellenplan fortgeschrieben wird. Ein Kw-Vermerk („künftig wegfallend") löst keine Meldpflicht gegenüber der Bundesagentur für Arbeit aus.[265] Eine Meldepflicht besteht ebenfalls nicht, wenn die Stelle zulässigerweise nur intern zur Wiederbesetzung ausgeschrieben wird.[266]

156

---

259 BAG vom 21.2.2013 – 8 AZR 180/12, NZA 2013, 840, 843, Rn 42, 44.
260 BAG vom 21.2.2013 – 8 AZR 180/12, NZA 2013, 840, 843, Rn 46, 47.
261 BAG vom 21.2.2013 – 8 AZR 180/12, NZA 2013, 840, 844, Rn 48 unter Hinweis auf EuGH vom 21.7.2011 – C-104/10 (Kelly) und EuGH vom 19.4.2012 – C-415/10 (Meister).
262 Kossens in: Kossens/von der Heide/Maaß, § 82 Rn 2.
263 Neumann/Pahlen/Majerski-Pahlen, § 82 Rn 1 und § 71 Rn 30 ff.
264 Neumann/Pahlen/Majerski-Pahlen, § 82 Rn 2.
265 Braun, RiA 2004, 262; Kossens in: Kossens/von der Heide/Maaß, § 82 Rn 2.
266 BVerwG vom 15.12.2011 – 2 A 13/10, NvwZ-RR 2012, 320; LAG Saarland vom 13.2.2008 – 1 TaBV 15/07, Behindertenrecht 2008, 208; LAG Köln vom 8.2.2010 – 5 TaBV 73/09, Behindertenrecht 2011, 114; ErfK/Rolfs, § 92 SGB IX Rn 2; aA Kossens in: Kossens/von der Heide/Maaß, § 82 Rn 2 mwN.

157 Die **frühzeitige Meldung** wird zwar schon allgemein in § 81 Abs. 1 S. 2 SGB IX gefordert; im öffentlichen Dienst soll aber möglichst noch frühzeitiger der Bundesagentur für Arbeit Gelegenheit gegeben werden, schwerbehinderte Menschen zu vermitteln.[267] Der früheste Zeitpunkt ist der Tag, an dem **sicher** davon ausgegangen werden kann, dass eine neue Stelle eingerichtet **wird**. Nicht erforderlich ist, dass die Haushaltsaufstellung bereits erfolgt ist.[268] Ein Verstoß gegen die Meldepflicht ist ein Grund für eine Verweigerung der Zustimmung des Personalrates nach § 77 Abs. 2 Nr. 1 BPersVG.[269]

158 Besteht eine Meldepflicht, sind der Bundesagentur für Arbeit

- eine Aufgaben- und Tätigkeitsbeschreibung,
- die notwendige Qualifikation eines Bewerbers,
- die persönliche Anforderung,
- die Vergütungshöhe bzw Eingruppierung,
- die Befristung oder Unbefristung der Stelle

anzugeben.

b) Einladung zum Vorstellungsgespräch

159 Haben sich schwerbehinderte Menschen um einen Arbeitsplatz bei einem öffentlichen Arbeitgeber beworben oder sind sie von der Bundesagentur für Arbeit oder einem von dieser beauftragten Integrationsfachdienst vorgeschlagen worden, werden sie gem. § 82 S. 2 SGB IX zu einem Vorstellungsgespräch eingeladen. Unterlässt es der öffentliche Arbeitgeber entgegen § 82 S. 2 SGB IX, den schwerbehinderten oder gleichgestellten Bewerber zu einem Vorstellungsgespräch einzuladen, so ist dies ein **geeignetes Indiz für die Vermutung einer Benachteiligung nach § 22 AGG**.[270] Eine Einladung ist nur dann entbehrlich, wenn der Bewerber offensichtlich fachlich ungeeignet ist (§ 82 S. 3 SGB IX).

160 Das bedeutet im Umkehrschluss, dass der öffentliche Arbeitgeber einem schwerbehinderten Arbeitnehmer die Chance eines Vorstellungsgespräches gewähren muss, wenn seine fachliche Eignung zwar zweifelhaft, aber nicht offensichtlich ausgeschlossen ist. Insoweit ist der schwerbehinderte Bewerber im Bewerbungsverfahren besser gestellt als der nicht schwerbehinderte Konkurrent. Selbst wenn sich der öffentliche Arbeitgeber aufgrund einer anhand der Bewerbungsunterlagen getroffenen Vorauswahl von vornherein die Meinung gebildet hat, ein oder mehrere andere Bewerber seien so gut geeignet, dass der schwerbehinderte Bewerber nicht mehr in die nähere Auswahl einbezogen werden soll, muss er den schwerbehinderten Bewerber nach der gesetzlichen

---

267 Neumann/Pahlen/Majerski-Pahlen, § 82 Rn 3.
268 Neumann/Pahlen/Majerski-Pahlen, § 82 Rn 4; Kossens in: Kossens/von der Heide/Maaß, § 82 Rn 3; Braun, RiA 2004, 262.
269 Kossens in: Kossens/von der Heide/Maaß, § 82 Rn 3 mwN.
270 BVerwG vom 3.3.2011 – 5 C 16/10, BVerwGE 139, 135 = NZA 2011, 977; BAG vom 21.7.2009 – 9 AZR 431/08, NZS 2009, 1087; BAG vom 16.2.2012 – 8 AZR 697/10, NZA 2012, 667.

VI. Einstellung schwerbehinderter Menschen

Intention einladen und ihm ein Vorstellungsgespräch gewähren.[271] Der schwerbehinderte Bewerber soll im Rahmen eines Vorstellungsgespräches die Chance haben, den Arbeitgeber von seiner Eignung zu überzeugen; im Fall behinderter Bewerber soll der „persönliche Eindruck" entscheidend sein und nicht die „Papierform".[272] Wird ihm diese Möglichkeit genommen, liegt darin eine weniger günstige Behandlung, als sie das Gesetz zur Herstellung gleicher Bewerbungschancen eines schwerbehinderten Menschen gegenüber anderen Bewerbern für erforderlich hält.[273] Der zugleich damit verbundene Ausschluss aus dem weiteren Bewerbungsverfahren stellt sich als eine Benachteiligung dar, die in einem ursächlichen Zusammenhang mit der Behinderung steht.[274]

Hinweis: Gerade Arbeitgeber im Öffentlichen Dienst sollten beachten, dass ein Behinderter Anspruch auf ein diskriminierungsfreies Bewerbungsverfahren, unabhängig vom Ausgang des Verfahrens hat.[275] Durch eine Nichteinladung zum Vorstellungsgespräch bei nicht offensichtlich fehlender fachlicher Eignung wird einem behinderten Arbeitnehmer diese Chance auf Einstellung versagt; eine Benachteiligung kann auch in der Versagung einer Chance liegen.[276]

Ob ein Bewerber offensichtlich nicht die notwendige fachliche Eignung hat, ist anhand der für die zu besetzende Stelle bestehenden Ausbildungs- und Prüfungsvoraussetzungen zu beurteilen.[277] Wurde der Bewerber von der Bundesagentur für Arbeit vorgeschlagen, die ohnehin verpflichtet ist, nach § 104 Abs. 5 Nr. 1 SGB IX „geeignete" arbeitslose oder arbeitsuchende schwerbehinderte Menschen vorzuschlagen, wird der Arbeitgeber in aller Regel davon ausgehen müssen, dass keine offensichtlich fachlich ungeeignete Person vorschlagen wurde, so dass grundsätzlich, von Einzelfällen abgesehen, ein Vorstellungsgespräch mit einem schwerbehinderten Bewerber stattfinden muss.[278]

Hinweis: Zu beachten ist auch, dass maßgeblich für die objektive Eignung dabei **nicht das formelle Anforderungsprofil** ist, welches der Arbeitgeber erstellt hat, sondern die **Anforderungen**, die der Arbeitgeber **an einen Stellenbewerber stellen durfte**. Dabei ist zwar davon auszugehen, dass der Arbeitgeber über den der Stelle zugeordneten Aufgabenbereich und die dafür geforderten Qualifikationen des Stelleninhabers

161

162

163

---

271 BAG vom 12.9.2006 – 9 AZR 807/05, NZA 2007, 507, 510; BAG vom 16.9.2008 – 9 AZR 791/07, NZA 2009, 79, 83, Rn 48; BAG vom 21.7.2009 – 9 AZR 431/08, Rn 22 ff; Neumann/Pahlen/Majerski-Pahlen, § 82 Rn 5.
272 BAG vom 24.1.2013 – 8 AZR 188/12, NZA 2013, 896, 900, Rn 46.
273 BAG vom 16.2.2012 – 8 AZR 697/10, NZA 2012, 667, 671, Rn 48 mwN; BAG vom 24.1.2013 – 8 AZR 188/12, NZA 2013, 896, 897, Rn 24.
274 BAG vom 12.9.2006 – 9 AZR 807/05, NZA 2007, 507, 510; BAG vom 16.2.2012 – 8 AZR 697/10, NZA 2012, 667, 671, Rn 48 mwN.
275 BAG vom 18.11.2008 – 9 AZR 643/07, NZA 2009, 728; BAG vom 7.4.2011 – 8 AZR 679/09, NZA-RR 2011, 494, Rn 35; vgl zu Inhalt und Grenzen der Einladungspflicht ausführlich Reus/Mühlhausen, NZS 2912, 534 ff.
276 BAG vom 19.8.2010 – 8 AZR 530/09, EzA AGG § 15 Nr. 10; BAG vom 7.4.2011 – 8 AZR 679/09, NZA-RR 2011, 494, Rn 35; BAG vom 24.1.2013 – 8 AZR 188/12, NZA 2013, 896, 897, Rn 24 mwN.
277 BAG vom 12.9.2006 – 9 AZR 807/05, NZA 2007, 507, 510; BAG vom 16.9.2008 – 9 AZR 791/07, NZA 2009, 79, 83, Rn 48 mwN; vgl auch BAG vom 16.2.2012 – 8 AZR 697/10, NZA 2012, 667, Rn 49 mwN; Neumann/Pahlen/Majerski-Pahlen, § 82 Rn 6.
278 Neumann/Pahlen/Majerski-Pahlen, § 82 Rn 6; vgl auch Reus/Mühlhausen, NZS 2012, 534, 535.

frei entscheiden darf. Durch das Stellen von Anforderungen an den Bewerber, die nach der im Arbeitsleben herrschenden Verkehrsanschauung durch die Erfordernisse der wahrzunehmenden Aufgaben unter keinem nachvollziehbaren Gesichtspunkt gedeckt sind, darf er allerdings die Vergleichbarkeit der Situation nicht willkürlich gestalten.[279]

164 Ob dem Stellenbewerber offensichtlich die fachliche Eignung für die Stelle fehlt, ist **durch den öffentlichen Arbeitgeber nachzuweisen** und bedeutet, dass der schwerbehinderte Bewerber unter keinem Gesichtspunkt für die Stelle geeignet ist.[280] Auch dürfen Inhaber von gleichwertigen oder höherwertigen Abschlüssen als in der Stellenausschreibung gefordert nicht allein aus formalen Gründen ohne Überprüfung der tatsächlich erworbenen Qualifikation von vornherein aus dem Auswahlverfahren ausgeschlossen werden. Nach der neueren Rechtsprechung des 8. Senates des BAG setzt das Vorliegen einer vergleichbaren Situation iSd § 3 Abs. 1 S. 1 AGG voraus, dass der Arbeitnehmer objektiv für die ausgeschriebene Stelle geeignet war, denn vergleichbar (nicht: gleich) ist die Auswahlsituation nur für Arbeitnehmer, die gleichermaßen die objektive Eignung für die zu besetzende Stelle aufweisen. Dabei ist nicht das formelle Anforderungsprofil maßgeblich, welches der Arbeitgeber erstellt hat, sondern die Anforderungen, die der Arbeitgeber an einen Stellenbewerber stellen durfte. Der Arbeitgeber des öffentlichen Dienstes ist nach dieser Rechtsprechung nicht nur berechtigt, sondern sogar verpflichtet, für die zu besetzende Stelle ein Anforderungsprofil festzulegen und nachvollziehbar zu dokumentieren. Nur so könne eine Auswahlentscheidung nach den Kriterien der Bestenauslese gem. Art. 33 Abs. 2 GG gerichtlich überprüft werden. Dabei soll es keinen Bedenken begegnen, wenn ein öffentlicher Arbeitgeber für zu besetzende Stellen von vornherein nur solche Bewerber in den Blick nehmen will, die aufgrund ihrer dokumentierten Ausbildungsergebnisse in besonderem Maße befähigt erscheinen.[281] Für die Dauer des Auswahlverfahrens bleibt der Arbeitgeber an das in der veröffentlichten Stellenbeschreibung bekannt gegebene Anforderungsprofil gebunden.[282]

VII. Verbot der Benachteiligung wegen Behinderung
1. Neuregelung im AGG

165 Nach der bisherigen Regelung des Benachteiligungsverbotes in § 81 Abs. 2 S. 1 SGB IX aF durften Arbeitgeber schwerbehinderte Beschäftigte nicht wegen ihrer Behinderung benachteiligen. Nach dem Inkrafttreten des AGG zum 15.8.2006[283] finden sich die Einzelheiten des Benachteiligungsverbotes in Bezug auf eine Behinderung

---

279 BAG vom 7.4.2011 – 8 AZR 679/09, NZA 2011, 1184, Rn 38; BAG vom 16.2.2012 – 8 AZR 697/10, NZA 2012, 667, 669, Rn 36 jeweils mwN.
280 LAG Hamm vom 17.11.2005 – 8 Sa 1213/05; LAG Sachsen vom 14.9.2005 – 2 Sa 279/05; vgl auch VG Düsseldorf vom 6.5.2005 – 2 K 4552/03.
281 BAG vom 7.4.2011 – 8 AZR 679/09, NZA-RR 2011, 494, Rn 38 ff; BAG vom 16.2.2012 – 8 AZR 697/10, NZA 2012, 667, 669, Rn 36 ff.
282 BAG vom 21.7.2009 – 9 AZR 431/08, NZA 2009, 1087; BAG vom 16.2.2012 – 8 AZR 697/10, NZA 2012, 667.
283 Gesetz zur Umsetzung europäischer Richtlinien zur Verwirklichung des Grundsatzes der Gleichbehandlung vom 14.8.2006, BGBl. I 2006, 1897 ff.

nicht mehr in § 81 Abs. 2 S. 2 SGB IX, sondern § 81 Abs. 2 S. 2 SGB IX verweist insoweit auf die Regelungen des AGG: „Im Einzelnen gelten hierzu die Regelungen des Allgemeinen Gleichbehandlungsgesetzes".[284]

2. Inhalt des Benachteiligungsverbotes

Beschäftigte dürfen nach § 7 Abs. 1 AGG nicht wegen eines in § 1 genannten Grundes, also auch nicht wegen einer Behinderung, benachteiligt werden; dies gilt auch, wenn die Person, die die Benachteiligung begeht, das Vorliegen einer Behinderung als einer der in § 1 genannten Gründe der Benachteiligung nur annimmt.

Der **Begriff der „Behinderung"** iSd AGG entspricht der Definition des § 2 Abs. 1 S. 1 SGB IX; auf einen bestimmten Grad der Behinderung kommt es nicht an.[285] Nach § 2 Abs. 1 S. 1 SGB IX sind Menschen behindert, wenn ihre körperliche Funktion, geistige Fähigkeit oder seelische Gesundheit mit hoher Wahrscheinlichkeit länger als sechs Monate von dem für das Lebensalter typischen Zustand abweichen und daher ihre Teilhabe am Leben der Gesellschaft beeinträchtigt ist. Daher ist die **Neuregelung** in ihrem **Anwendungsbereich weiter** als die bisherige Regelung in § 81 Abs. 2 S. 2 SGB IX aF.[286]

Dabei unterscheidet sich der Begriff der „Behinderung" bewusst von dem der „Krankheit". Beide Begriffe dürfen daher nicht ohne Weiteres gleichgesetzt werden. Damit eine Einschränkung unter den Begriff der „Behinderung" fällt, muss es wahrscheinlich sein, dass sie von langer Dauer ist.[287] Ob eine Krankheit so schwer und langwierig ist, dass sie die Voraussetzungen einer Behinderung erfüllt, muss im Einzelfall entschieden werden,[288] wobei die Anerkennung eines GdB von mindestens 20 durch das Versorgungsamt eine Behinderung in jedem Fall begründet. Aber auch unterhalb eines festgestellten GdB von 20 kann eine Behinderung vorliegen, wenn die Voraussetzungen des § 2 Abs. 1 SGB IX erfüllt sind. Der Begriff der „Behinderung" im Sinne der Richtlinie 2000/78/EG des Rates vom 27.11.2000 zur Festlegung eines allgemeinen Rahmens für die Verwirklichung der Gleichbehandlung in Beschäftigung und Beruf ist dahin auszulegen, dass er einen Zustand einschließt, der durch eine ärztlich diagnostizierte heilbare oder unheilbare Krankheit verursacht wird, wenn diese Krankheit eine Einschränkung mit sich bringt, die insbesondere auf physische, geistige oder psychische Beeinträchtigungen zurückzuführen ist, die in Wechselwirkung mit verschiedenen Barrieren den Betreffenden an der vollen und wirksamen

---

284 Art. 3 Abs. 10 Nr. 2 des Gesetzes zur Umsetzung europäischer Richtlinien zur Verwirklichung des Grundsatzes der Gleichbehandlung vom 14.8.2006, BGBl. I 2006, 1897 ff, 1909.
285 BAG vom 28.4.2011 – 8 AZR 515/10, NJW 2011, 2458, Rn 24; BAG vom 16.2.2012 – 8 AZR 697/10, NZA 2012, 667, 669, Rn 32 jeweils mwN; vgl auch Däubler in: Däubler/Bertzbach, § 1 Rn 72, 73 mwN.
286 Däubler in: Däubler/Bertzbach, § 1 Rn 72 mwN; BAG vom 3.4.2007 – 9 AZR 823/06, NZA 2007, 1098, 1099.
287 BAG vom 3.4.2007 – 9 AZR 823/06, NZA 2007, 1098, 1099; EuGH vom 11.7.2006 – C-13/05 (Sonia Chacón Navas/Eurest Colectividades SA), NZA 2006, 839; Däubler in: Däubler/Bertzbach, § 1 Rn 75 mwN.
288 BAG vom 3.4.2007 – 9 AZR 823/06, NZA 2007, 1098, 1099; Däubler in: Däubler/Bertzbach, § 1 Rn 75 mwN.

Teilhabe am Berufsleben, gleichberechtigt mit den anderen Arbeitnehmern, hindern können, und wenn diese Einschränkung von langer Dauer ist.[289]

169 Das Benachteiligungsverbot erstreckt sich somit in umfassender Weise auf das gesamte Beschäftigungsverhältnis, und damit auch auf vorübergehende und kurzzeitige Arbeitsverhältnisse nach § 73 Abs. 3 SGB IX. Zu den vom Benachteiligungsverbot erfassten behinderten Beschäftigten zählen sowohl Arbeitnehmer als auch **Auszubildende** und **arbeitnehmerähnliche Personen** (§ 6 Abs. 1 S. 1 Nr. 1 bis 3 AGG).[290] Auch **Bewerberinnen und Bewerber** für ein Beschäftigungsverhältnis gelten als Beschäftigte (§ 6 Abs. 1 S. 2 AGG).[291] Für den Bewerberbegriff kommt es dabei weder auf die objektive Eignung noch auf die subjektive Ernsthaftigkeit der Bewerbung an.[292] Dass sich der Bewerber subjektiv nicht ernsthaft bewirbt, führt zum Einwand treuwidrigen Verhaltens des Bewerbers.[293]

170 Darüber hinaus setzt die Benachteiligung als Bewerber grundsätzlich voraus, dass im Zeitpunkt der Besetzungsentscheidung die Bewerbung bereits vorlag. Das gilt jedenfalls, solange nicht besondere Anhaltspunkte für eine diskriminierende Gestaltung des Bewerbungsverfahrens ersichtlich sind.[294]

171 Von diesem Benachteiligungsverbot werden sowohl die unmittelbare als auch die mittelbare Benachteiligung erfasst.[295] Eine **unmittelbare Benachteiligung** wegen einer Behinderung liegt vor, wenn der Arbeitgeber in tatsächlicher wie rechtlicher Hinsicht eine nichtbehinderte Person gegenüber einer schwerbehinderten bevorzugt, der Behinderte also in einer vergleichbaren Situation eine weniger günstigere Behandlung erfährt als der eingestellte Bewerber.[296] Dabei kann die Benachteiligung auch in der Versagung einer Chance liegen.[297] Nach der Rechtsprechung des BAG kann es auch keine Ablehnung rechtfertigen, die Zahl „krankheitsbedingter Arbeitsunfähigkeitszeiten" möglichst gering zu halten.[298]

---

289 EuGH vom 11.4.2013 – C-335/11 (HK Danmark/Dansk almennyttigt Boligselskab) und C-337/11 (HK Danmark/Dansk Arbejdsgiverforening), NZA 2013, 553 ff.
290 Vgl dazu ausführlich Nicolai, Rn 169 ff.
291 ErfK/Schlachter, § 6 AGG, Rn 3; BAG vom 17.12.2009 – 8 AZR 670/08, NZA 2010, 383, Rn 16; BAG vom 27.1.2011 – 8 AZR 580/09, NZA 2011, 737, Rn 20; BAG vom 7.4.2011 – 8 AZR 679/09, NZA-RR 2011, 494, Rn 37 ff jeweils mwN; BAG vom 16.2.2012 – 8 AZR 697/10, NZA 2012, 667, 669, Rn 24; BAG vom 21.2.2013 – 8 AZR 180/12, NZA 2013, 840, 841, Rn 18.
292 BAG vom 18.3.2010 – 8 AZR 77/09, NZA 2010, 872; BAG vom 19.8.2010 – 8 AZR 466/09, NZA 2011, 203; BAG vom 16.2.2012 – 8 AZR 697/10, NZA 2012, 667; BAG vom 24.1.2013 – 8 AZR 188/12, NZA 2013, 896, 897, Rn 17; BAG vom 21.2.2013 – 8 AZR 180/12, NZA 2013, 840, 841, Rn 18.
293 BAG vom 13.10.2011 – 8 AZR 608/10, Behindertenrecht 2012, 169; BAG vom 16.2.2012 – 8 AZR 697/10, NZA 2012, 667, 669, Rn 24; BAG vom 24.1.2013 – 8 AZR 188/12, NZA 2013, 896, 897, Rn 17.
294 BAG vom 19.8.2010 – 8 AZR 370/09, NZA 2011, 200.
295 Die gesetzliche Definition der unmittelbaren Benachteiligung findet sich in § 3 Abs. 1 AGG, die der mittelbaren Benachteiligung in § 3 Abs. 2 a GG; vgl dazu auch Richardi, NZA 2006, 881, 883.
296 Däubler in: Däubler/Bertzbach, § 7 Rn 57 ff; vgl dazu auch BAG vom 3.4.2007 – 9 AZR 823/06, NZA 2007, 1098; so auch BAG vom 7.4.2011 – 8 AZR 679/09, NZA-RR 2011, 494, Rn 35; BAG vom 16.2.2012 – 8 AZR 697/10, NZA 2012, 667, 669, Rn 33 mwN.
297 BAG vom 7.4.2011 – 8 AZR 679/09, NZA-RR 2011, 494, Rn 35; BAG vom 16.2.2012 – 8 AZR 697/10, NZA 2012, 667, 669, Rn 33; BAG vom 24.1.2013 – 8 AZR 188/12, NZA 2013, 896, 897, Rn 17; BAG vom 21.2.2013 – 8 AZR 180/12, NZA 2013, 840, 841, Rn 26 jeweils mwN.
298 BAG vom 3.4.2007 – 9 AZR 823/06, NZA 2007, 1098; so auch Däubler in: Däubler/Bertzbach, § 7 Rn 58.

VII. Verbot der Benachteiligung wegen Behinderung

Mittelbare Benachteiligungen wegen Behinderung liegen dann vor, wenn dem Anschein nach neutrale Vorschriften, Kriterien oder Verfahren Personen mit einer bestimmten Behinderung gegenüber anderen Personen in besonderer Weise benachteiligen können;[299] zB dann, wenn die Gewährung bestimmter Leistungen an Voraussetzungen geknüpft ist, die gesunde Beschäftigte eher erfüllen als behinderte.

Beispiel: Das BAG hat etwa im Fall der Nichteinstellung eines Schwerbehinderten geprüft, ob das Erfordernis „Schreibmaschinenkenntnisse" mittelbar benachteiligend sei und dabei zugunsten des abgewiesenen Bewerbers unterstellt, dass Schwerbehinderte häufiger durch dieses Kriterium negativ betroffen sein können. Im konkreten Fall war diese Anforderung allerdings durch ein rechtmäßiges Ziel sachlich gerechtfertigt, da an dem fraglichen Arbeitsplatz derartige Kenntnisse notwendig waren.[300] Probleme können sich daher vor allem bei Anforderungen ergeben, die für den fraglichen Arbeitsplatz nützlich, aber nicht erforderlich sind. So ist eine mittelbare Diskriminierung zu Recht darin gesehen worden, dass eine „uneingeschränkte Belastbarkeit" auf dem Arbeitsplatz verlangt wurde, obwohl dies nicht durch die Aufgabe geboten war.[301]

Dabei kommt es nicht darauf an, ob der Arbeitgeber beabsichtigt, behinderte Bewerber zu benachteiligen. Es genügt, dass die Maßnahme objektiv geeignet ist, behinderten Bewerbern keine oder schlechtere Chancen einzuräumen. Allerdings muss der Arbeitgeber die Behinderung kennen oder kennen müssen[302]; andernfalls ist ihm ein Verstoß gegen die bei der Bewerbung behinderter Menschen auferlegten Handlungs- und Unterlassungspflichten objektiv nicht zurechenbar.[303] Umgekehrt liegt nach dem eindeutigen Wortlaut von § 7 Abs. 1 Hs. 2 AGG eine ungerechtfertigte Benachteiligung auch dann vor, wenn die Person, die die Benachteiligung begeht, das Vorliegen einer Behinderung nur annimmt.[304]

§ 8 Abs. 1 AGG sieht die Möglichkeit der **Rechtfertigung** einer unterschiedlichen Behandlung in Bezug auf das in § 1 AGG genannte Merkmal der „Behinderung" wegen beruflicher Anforderungen vor. Danach ist die Zulässigkeit der unterschiedlichen Behandlung einer behinderten Person dann gegeben, wenn der Grund hierfür in wesentlichen und entscheidenden beruflichen Anforderungen liegt, deren Zweck zudem rechtmäßig sein muss und die außerdem angemessen sein müssen.

Die **wesentlichen und entscheidenden beruflichen Anforderungen** müssen tätigkeitsbezogen sein oder im Zusammenhang mit den Bedingungen der Ausübung der Tätigkeit stehen. Hat die Behinderung zur Folge, dass die geforderte Leistung in keiner für den Arbeitgeber sinnvollen Weise erbracht werden kann oder zu unzumutbaren Nachteilen für den Arbeitgeber führen würde, wäre eine Ungleichbehandlung eines behinderten Beschäftigten zweckgebunden und damit rechtmäßig. Maßgeblich ist also, welche Anforderungen der Arbeitgeber an einen Stellenbewerber stellen durfte,

---

[299] BAG vom 15.2.2005 – 9 AZR 635/03, NZA 2005, 870, 873.
[300] BAG vom 15.2.2005 – 9 AZR 635/03, NZA 2005, 870, 873.
[301] Däubler in: Däubler/Bertzbach, § 7 Rn 68 mwN.
[302] Ein Kennenmüssen ist bei einer Offenkundigkeit der Behinderung anzunehmen.
[303] BAG vom 16.9.2008 – 9 AZR 791/07, NZA 2009, 79, 81, Rn 30; BAG vom 18.11.2008 – 9 AZR 643/07, NZA 2009, 728, 730, Rn 24; BAG vom 16.2.2012 – 8 AZR 697/10, NZA 2012, 667, 672, Rn 55 mwN.
[304] BAG vom 17.12.2009 – 8 AZR 670/08, NZA 201, 383, Rn 14 mwN.

wobei zunächst davon auszugehen ist, dass der Arbeitgeber über den der Stelle zugeordneten Aufgabenbereich und die dafür geforderten Qualifikationen des Stelleninhabers frei entscheiden darf. Er darf allerdings die Vergleichbarkeit der Situation nicht willkürlich gestalten und dadurch den Schutz des AGG de facto beseitigen.[305]

177 Eine pauschale Begründung, behinderte Menschen seien aufgrund ihrer Behinderung für bestimmte Tätigkeiten überhaupt nicht oder nur bedingt geeignet bzw belastbar, ist nicht geeignet, eine Ungleichbehandlung zu rechtfertigen.

178 Ist der Bewerber schon aufgrund seiner Behinderung für die Erbringung der Arbeitsleistung auf der ausgeschriebenen Stelle zweifelsfrei nicht geeignet, dann stellt auch eine Ablehnung keine unzulässige Benachteiligung iSv § 7 AGG dar. Das Vorliegen einer vergleichbaren Situation setzt voraus, dass der **behinderte Bewerber objektiv** für die ausgeschriebene Stelle **geeignet** war, denn vergleichbar ist die Auswahlsituation nur für Arbeitnehmer, die gleichmaßen die objektive Eignung für die zu besetzende Stelle aufweisen.[306]

179 **Hinweis:** Daher ist ein Entschädigungsanspruch wegen Verstoßes gegen das Benachteiligungsverbot wegen der Behinderung nicht gegeben, wenn der Bewerber nicht von vornherein wegen seiner Schwerbehinderung, sondern wegen fehlender Übereinstimmung mit dem Anforderungsprofil abgelehnt wird.[307]

180 Bei der **Prüfung der ojektiven Eignung** ist aber zu berücksichtigen, dass der Arbeitgeber nach Art. 5 der Richtlinie 2000/78/EG gehalten ist, den **Arbeitsplatz in zumutbarem Maße anzupassen**. Tut er dies nicht, liegt in der Versagung selbst eine Diskriminierung.[308] Bevor der Arbeitgeber sich also auf berufsbezogene Rechtfertigungsgründe nach § 8 Abs. 1 AGG berufen kann, muss feststehen, dass Beurteilungsgrundlage der angepasste und nicht nur der tatsächlich offerierte Arbeitsplatz ist.[309] Grundsätzlich ist also für die objektive Eignung nicht auf das formelle Anforderungsprofil, welches der Arbeitgeber erstellt hat, abzustellen, sondern auf die Anforderungen, die der Arbeitgeber an einen Stellenbewerber stellen durfte.[310]

181 **Beispiel:**[311] Der Arbeitgeber kann den Zugang zum Arbeitsplatz ohne größere finanzielle Aufwendung durch eine Rampe schaffen. In diesem Fall kann er den gehbehinderten Bewerber nicht unter Hinweis auf erschwerte Zugangsmöglichkeiten zum Arbeitsplatz ablehnen.

---

305 BAG vom 22.7.2010 – 8 AZR 1012/08, NZA 2011, 93; BAG vom 7.4.2011 – 8 AZR 679/09, NZA-RR 2011, 494, Rn 38; BAG vom 16.2.2012 – 8 AZR 697/10, NZA 2012, 667, 669, Rn 36; BAG vom 24.1.2013 – 8 AZR 188/12, NZA 2013, 896, 898, Rn 27; BAG vom 21.2.2013 – 8 AZR 180/12, NZA 2013, 840, 841, Rn 29 jeweils mwN.
306 BAG vom 7.4.2011 – 8 AZR 679/09, NZA-RR 2011, 494; BAG vom 16.2.2012 – 8 AZR 697/10, NZA 2012, 667, Rn 35; BAG vom 21.2.2013 – 8 AZR 180/12, NZA 2013, 840, Rn 28 mwN; LAG Hamm vom 7.8.2012 – 10 Sa 916/12.
307 Vgl dazu die Entscheidung des LAG Hamm vom 4.6.2004 – 15 Sa 2047/03.
308 Brors in: Däubler/Bertzbach, § 8 Rn 33 mwN.
309 So auch Brors in: Däubler/Bertzbach, § 8 Rn 33 mwN.
310 BAG vom 16.2.2012 – 8 AZR 697/10, NZA 2012, 667, Rn 36; BAG vom 21.2.2013 – 8 AZR 180/12, NZA 2013, 840, Rn 29 jeweils mwN.
311 Nach Brors in: Däubler/Bertzbach, § 8 Rn 33.

VII. Verbot der Benachteiligung wegen Behinderung

Die Berufung auf § 8 Abs. 1 AGG ist nur möglich, wenn im Hinblick auf den angepassten Arbeitsplatz ein berufsbezogener weiterer Grund eine Diskriminierung rechtfertigt. Die in der Stellenanzeige beschriebene Arbeitsplatzgestaltung ist daher nicht maßgeblich. Durch das Stellen von Anforderungen an den Bewerber, die nach der im Arbeitsleben herrschenden Verkehrsanschauung durch die Erfordernisse der wahrzunehmenden Aufgaben unter keinem nachvollziehbaren Gesichtspunkt gedeckt sind, darf der Arbeitgeber die Vergleichbarkeit der Situation nicht willkürlich gestalten und dadurch den Schutz des AGG de facto beseitigen.[312]

182

Problematisch ist dabei, in welchem Maße der Arbeitsplatz angepasst werden muss, wobei zu berücksichtigen ist, dass die Anpassung nicht zwangsläufig mit Kosten verbunden sein muss.[313] Neben dem Diskriminierungsschutz zugunsten des behinderten Bewerbers ist auf Seiten des Arbeitgebers das Amortisationsinteresse an der Tätigkeit zu berücksichtigen.[314] Die Einstellung von Arbeitnehmern darf für den Arbeitgeber kein Zuschussgeschäft sein. Daher ist ein Arbeitgeber nur zu zumutbaren Anpassungen des Arbeitsplatzes verpflichtet, was in jedem Einzelfall auch unter Berücksichtigung einer möglichen Förderung durch die Integrationsämter nach § 102 Abs. 3 Nr. 2 SGB IX[315] im Rahmen einer Interessenabwägung zu prüfen ist. Die Befürchtung höherer Krankheitszeiten ist jedenfalls kein **Rechtfertigungsgrund** für eine unterschiedliche Behandlung wegen der Behinderung.[316]

Die **Ausschreibung eines Arbeitsplatzes** darf ebenfalls nicht unter Verstoß gegen das in § 7 Abs. 1 AGG niedergelegte Benachteiligungsverbot erfolgen (§ 11 AGG). Bezogen auf das Benachteiligungsverbot wegen Behinderung ergänzt diese Regelung die in § 81 Abs. 1 SGB IX geregelte Verpflichtung des Arbeitgebers, zu prüfen, ob bei der Einstellung der Arbeitsplatz mit einem schwerbehinderten oder gleichgestellten Bewerber besetzt werden kann. Der Arbeitgeber ist nach § 12 Abs. 1 S. 1 AGG verpflichtet, die erforderlichen Maßnahmen zum Schutz vor Benachteiligungen wegen eines in § 1 AGG genannten Grundes, zu denen auch die Behinderung zählt, zu treffen. Dieser Schutz umfasst auch vorbeugende Maßnahmen (§ 12 Abs. 1 S. 2 AGG). Der Arbeitgeber soll in geeigneter Art und Weise, insbesondere im Rahmen der beruflichen Aus- und Fortbildung, auf die Unzulässigkeit solcher Benachteiligungen hinweisen und darauf hinwirken, dass diese unterbleiben (§ 12 Abs. 2 S. 1 AGG). Hat der Arbeitgeber eine geeignete **Schulung seiner Beschäftigten** zum Zwecke der Verhinderung von Benachteiligungen durchgeführt, gilt dies als Erfüllung seiner Pflichten nach Absatz 1 (§ 12 Abs. 2 S. 2 AGG).

183

---

312 BAG vom 7.4.2011 – 8 AZR 679/09, NZA-RR 2011, 494; BAG vom 16.2.2012 – 8 AZR 697/10, NZA 2012, 667, Rn 36; BAG vom 24.1.2013 – 8 AZR 188/12, NZA 2013, 896, 898, Rn 27; BAG vom 21.2.2013 – 8 AZR 180/12, NZA 2013, 840, 841, Rn 29 jeweils mwN; Brors in: Däubler/Bertzbach, § 8 Rn 33 unter Hinweis auf Brors, RdA 2003, 223 zu Erfahrungen aus dem amerikanischen Recht.
313 LAG Berlin-Brandenburg vom 4.12.2008 – 26 Sa 343/08, LAGE Nr. 1 zu § 3 AGG Umstellung von Schichten.
314 Brors in: Däubler/Bertzbach, § 8 Rn 34; Brors, DB 2003, 1734.
315 Vgl dazu Rn 401 ff.
316 ArbG Berlin vom 13.7.2005 – 86 Ca 26618/04, NZA-RR 2005, 608; BAG vom 3.4.2007 – 9 AZR 823/06, NZA 2007, 1098, 1101, Rn 38; anders bei grundsätzlich fehlender Einsatzmöglichkeit – LAG Berlin-Brandenburg vom 13.1.2012 – 6 Sa 2159/11, NZA-RR 2012, 183; vgl auch Brors in: Däubler/Bertzbach, § 8 Rn 35 mwN.

184 Bei allen Unterlassungen kommt es nicht darauf an, ob der Arbeitgeber beabsichtigt, einen behinderten Bewerber zu benachteiligen; es genügt, dass die unterlassenen Maßnahmen objektiv geeignet sind, dem Bewerber keine oder schlechtere Chancen einzuräumen.[317]

185 Verstoßen **Beschäftigte** gegen das Benachteiligungsverbot des § 7 Abs. 1 AGG, so hat der Arbeitgeber die im Einzelfall geeigneten, erforderlichen und angemessenen Maßnahmen zur Unterbindung der Benachteiligung, wie Abmahnung, Umsetzung, Versetzung oder Kündigung, zu ergreifen (§ 12 Abs. 3 AGG). Werden Beschäftigte bei der Ausübung ihrer Tätigkeit **durch Dritte** nach § 7 Abs. 1 AGG benachteiligt, so hat der Arbeitgeber die im Einzelfall geeigneten, erforderlichen und angemessenen Maßnahmen zum Schutz der Beschäftigten zu ergreifen (§ 12 Abs. 4 AGG). Insofern besteht zugunsten der behinderten Beschäftigten auch ein wirksamer Schutz, wenn sie bei der Ausübung ihrer Tätigkeit nicht durch den Arbeitgeber, sondern durch einen Dritten benachteiligt werden.

186 Das AGG und § 61 b ArbGG,[318] der die Klagefrist bei Benachteiligung regelt, sowie Informationen über die für die Behandlung von Beschwerden zuständigen Stellen sind im Betrieb oder in der Dienststelle bekannt zu machen (§ 12 Abs. 5 AGG).

3. Rechtsfolgen

187 Bestimmungen in Vereinbarungen, die gegen das Benachteiligungsverbot des § 7 Abs. 1 AGG verstoßen, sind unwirksam (§ 7 Abs. 2 AGG).[319] Darüber hinaus ist eine Benachteiligung nach § 7 Abs. 1 AGG eine **Verletzung vertraglicher Pflichten** (§ 7 Abs. 3 AGG).

188 Ein Verstoß gegen das Benachteiligungsverbot von behinderten Arbeitnehmern begründet keinen Anspruch auf Begründung eines Beschäftigungsverhältnisses, auch nicht auf Begründung eines Berufsausbildungsverhältnisses oder auf einen beruflichen Aufstieg, es sei denn, ein solcher Anspruch ergibt sich aus einem anderen Rechtsgrund (§ 15 Abs. 6 AGG).[320] Nach der Systematik des § 15 AGG besteht bei einem Verstoß gegen das Benachteiligungsverbot grundsätzlich ein Anspruch des behinderten Beschäftigten gegen den Arbeitgeber auf Ersatz des hierdurch entstandenen materiellen Schadens (§ 15 Abs. 1 S. 1 AGG). Voraussetzung dieses Schadensersatzanspruchs nach § 15 Abs. 1 AGG ist jedoch ein **Verschulden** des Arbeitgebers (§ 15 Abs. 1 S. 2 AGG).[321] Der **Schadensersatzanspruch** nach § 15 Abs. 1 AGG verdrängt als speziellere Regelung Ansprüche aus §§ 280 Abs. 1, 241 Abs. 2, 311 Abs. 2 BGB iVm § 7 Abs. 3 AGG, soweit der Anspruch allein mit einem Verstoß gegen das Be-

---

317 BAG vom 16.9.2008 – 9 AZR 791/07, NZA 2009, 78, 81; BAG vom 18.11.2008 – 9 AZR 643/07, NZA 2009, 728, 730; BAG vom 24.1.2013 – 8 AZR 188/12, NZA 2013, 896, 897, Rn 24; BAG vom 21.2.2013 – 8 AZR 180/12, NZA 2013, 840, 841, Rn 26 jeweils mwN.
318 So ist insbesondere die in § 61 b Abs. 1 ArbGG geregelte Klagefrist wichtig: Eine Klage auf Entschädigung nach § 15 AGG muss innerhalb von drei Monaten, nachdem der Anspruch schriftlich geltend gemacht worden ist, erhoben werden; vgl dazu BAG vom 15.3.2012 – 8 AZR 37/11, NZA 2012, 910, 916, Rn 52 ff mwN; BAG vom 21.6.2012 – 8 AZR 188/11, NZA 2012, 1211, 1214, Rn 38 mwN.
319 Vgl dazu auch Richardi, NZA 2006, 881, 885 f.
320 Vgl dazu ausführlich Deinert in: Däubler/Bertzbach, § 15 Rn 127 ff.
321 Vgl dazu im einzelnen Bauer/Göpfert/Krieger, § 15 Rn 13 ff.

VII. Verbot der Benachteiligung wegen Behinderung

nachteiligungsverbot begründet wird.[322] Ergänzend sieht § 15 Abs. 2 AGG einen Anspruch des Beschäftigten auf Zahlung einer angemessenen Entschädigung als Ausgleich für einen erlittenen **immateriellen Schaden** vor. Die Entschädigung kann neben dem materiellen Schadensersatz verlangt werden. Besondere Bedeutung erlangt der Entschädigungsanspruch nach § 15 Abs. 2 AGG, wenn den Arbeitgeber kein Verschulden an der unzulässigen Benachteiligung trifft, weil in diesem Fall kein Schadensersatzanspruch nach § 15 Abs. 1 AGG besteht, wohl aber ein Entschädigungsanspruch nach § 15 Abs. 2 AGG bestehen kann.[323] § 15 Abs. 2 AGG ist europarechtskonform dahin gehend auszulegen, dass ein Verschulden des Arbeitgebers keine Anspruchsvoraussetzung ist, so dass keine „subjektive Komponente" im Sinne einer **Benachteiligungsabsicht** vorliegen muss.[324] Allerdings muss eine Anknüpfung der Handlung des Benachteiligenden an ein Diskriminierungsmerkmal zumindest in Betracht kommen können.[325]

Wegen eines Schadens, der nicht Vermögensschaden (**immaterieller Schaden**) ist, kann der oder die Beschäftigte gem. der Regelung in § 15 Abs. 2 S. 1 AGG eine **angemessene Entschädigung in Geld** verlangen. Die Höhe der im Einzelfall zu zahlenden Entschädigung steht im Ermessen der Arbeitsgerichte. Der Gesetzgeber[326] spricht insoweit von einem „notwendigen Bewertungsspielraum, um die Besonderheiten jedes einzelnen Falles zu berücksichtigen".

Wie bei der alten Regelung in § 81 Abs. 2 S. 2 Nr. 2 SGB IX aF muss die vom Arbeitgeber zu zahlende Entschädigung angemessen sein. In diesem Zusammenhang ist auf die st. Rspr des Europäischen Gerichtshofes zu verweisen, der die Anforderung stellt, dass zur Gewährleistung eines tatsächlichen und wirksamen Rechtsschutzes eine Entschädigung geeignet sein muss, eine wirklich abschreckende Wirkung gegenüber dem Arbeitgeber zu haben, und auf jeden Fall in einem angemessenen Verhältnis zu dem erlittenen Schaden stehen muss.[327] Bei der Bestimmung der Höhe des Entschädigungsanspruches sind neben weiteren Gesichtspunkten[328] insbesondere zu berücksichtigen

- die Art und Intensität der Benachteiligung, also die Folgen für den schwerbehinderten Menschen,
- die Art und Schwere des Verstoßes des Arbeitgebers,[329]
- eine Diskriminierung aus mehreren Gründen,[330]

---

322 BAG vom 21.6.2012 – 8 AZR 188/11, NZA 2012, 1211.
323 Deinert in: Däubler/Bertzbach, § 15 Rn 58 mwN.
324 Bauer/Göpfert/Krieger, § 15 Rn 6 unter Hinweis auf BT-Drucks. 16/1780, 38 und § 15 Rn 32; ErfK/Schlachter, § 15 AGG, Rn 1; Deinert in: Däubler/Bertzbach, § 15 Rn 58 mwN.
325 BAG vom 28.4.2011 – 8 AZR 515/10, NJW 2011, 2458, Rn 33 mwN.
326 BT-Drucks. 16/1780, 38.
327 EuGH vom 22.4.1997 – Rs. C-180, NZA 1997, 645 (Rechtssache Draehmpaehl); vgl auch BAG vom 16.2.2012 – 8 AZR 697/10, NZA 2012, 667, 673, Rn 68 mwN.
328 Vgl ausführlich zu den einzelnen Gesichtspunkten, die bei der Bemessung der Höhe der Entschädigung zu berücksichtigen ist Deinert in: Däubler/Bertzbach, § 15 Rn 66 ff.
329 BAG vom 12.9.2006 – 9 AZR 807/05, NZA 2007, 507, 512 mwN.
330 Deinert in: Däubler/Bertzbach, § 15 Rn 73 unter Hinweis auf die amtliche Begründung in BT-Drucks. 16/1780, 38; Schiek, NZA 2004, 873, 880.

- eine abschreckende Wirkung auf den Arbeitgeber,[331]
- der Grad des Verschuldens des Arbeitgebers,[332]
- wirtschaftliche Verhältnisse beim Arbeitgeber.[333]

191 Wäre der behinderte Bewerber auch bei benachteiligungsfreier Auswahl nicht eingestellt worden, ist die Entschädigung – ebenso wie bei § 81 Abs. 2 S. 2 Nr. 3 SGB IX aF – **auf drei Monatsgehälter begrenzt** (§ 15 Abs. 2 S. 2 AGG). Eine Regelung zur Höhe des Monatsverdienstes findet sich im AGG nicht; insofern kann zur Bestimmung des Monatsgehaltes auf die Vorgängervorschrift in § 81 Abs. 2 S. 2 Nr. 3 S. 2 SGB IX aF zurückgegriffen werden.[334]

192 Das AGG entspricht damit der Forderung des EuGH nach einer wirksamen und verschuldensunabhängig ausgestalteten Sanktion bei Verletzung des Benachteiligungsverbots durch den Arbeitgeber, wie sie für die geschlechtsbezogene Benachteiligung entwickelt wurde und in § 611a Abs. 2 und 3 BGB umgesetzt worden war.[335] Auch in § 81 Abs. 2 SGB IX aF war bei einem Verstoß gegen das in Nr. 1 geregelte Benachteiligungsverbot bei der Begründung eines Arbeits- oder Beschäftigungsverhältnisses ein Anspruch des benachteiligten schwerbehinderten Bewerbers auf eine angemessene Entschädigung in Geld vorgesehen (§ 81 Abs. 2 Nr. 2 SGB IX aF). Wie schon zuvor in § 81 Abs. 2 S. 2 SGB IX aF wird auch nach § 15 Abs. 2 S. 2 AGG bereits der Umstand der Benachteiligung sanktioniert, und zwar unabhängig davon, ob der Bewerber auch bei benachteiligungsfreier Auswahl eingestellt worden wäre oder nicht.

193 Bei der Anwendung **kollektivrechtlicher Vereinbarungen** ist der Arbeitgeber gem. § 15 Abs. 3 AGG nur dann zur Entschädigung verpflichtet, wenn er vorsätzlich oder grob fahrlässig handelt. Aufgrund der Gesetzesformulierung „bei der Anwendung" genügt es für die Erfüllung des Tatbestandes auch, wenn der Arbeitgeber in einem Arbeitsvertrag auf Tarifverträge Bezug nimmt.[336]

4. Frist zur Geltendmachung eines Schadensersatzanspruches

194 Ein Anspruch des behinderten Arbeitnehmers nach den Absätzen 1 und 2 des § 15 AGG muss gem. § 15 Abs. 4 S. 1 AGG innerhalb einer **Frist von zwei Monaten schriftlich** geltend gemacht werden, es sei denn, die Tarifvertragsparteien haben etwas anderes vereinbart.

195 Die **Frist beginnt** im Falle einer Bewerbung oder eines beruflichen Aufstiegs mit dem Zugang der Ablehnung, nicht schon dann, wenn der schwerbehinderte Mensch

---

331 EuGH vom 22.4.1997 – Rs. C-180, NZA 1997, 645 (Rechtssache Draehmpaehl); kritisch dazu Bauer/Göpfer/Krieger, § 15 Rn 36.
332 BAG vom 12.9.2006 – 9 AZR 807/05 – NZA 2007, 507, 510 mwN.
333 Deinert in: Däubler/Bertzbach, § 15 Rn 74 mwN.
334 Als Monatsverdienst gilt, was dem schwerbehinderten Bewerber bei regelmäßiger Arbeitszeit in dem Monat, in dem das Arbeits- oder sonstige Beschäftigungsverhältnis hätte begründet werden sollen, an Geld- und Sachbezügen zugestanden hätte (§ 81 Abs. 2 S. 2 Nr. 3 S. 2 SGB IX aF).
335 Richardi, NZA 2006, 881, 885 mwN.
336 Richardi, NZA 2006, 881, 885; vgl dazu ausführlich Bauer/Göpfert/Krieger, § 15 Rn 39 ff; einschränkend insoweit Deinert in: Däubler/Bertzbach, § 15 Rn 94 – nur bei umfassender, nicht nur bei teilweiser Verweisung auf den Tarifvertrag; vgl dazu auch ErfK/Schlachter, § 15 AGG, Rn 14 mwN.

VII. Verbot der Benachteiligung wegen Behinderung

Kenntnis von der Besetzung der Stelle mit einem anderen Bewerber hat.[337] Für den Fall einer Bewerbung oder eines beruflichen Aufstiegs ist § 15 Abs. 4 AGG dahingehend auszulegen, dass die Ausschlussfrist mit dem Zeitpunkt beginnt, zu dem dem Beschäftigten die Ablehnung zugegangen ist und er zusätzlich Kenntnis von der Benachteiligung erlangt hat. Der **Zugang der Ablehnung** stellt damit den frühestmöglichen Zeitpunkt des Fristbeginns dar.[338] In den sonstigen Fällen einer Benachteiligung beginnt die Ausschlussfrist zu dem Zeitpunkt, in dem der oder die Beschäftigte von der Benachteiligung Kenntnis erlangt (§ 15 Abs. 4 S. 2 AGG).[339]

Der behinderte Arbeitnehmer muss bei Geltendmachung einer Klage auf Entschädigung nach § 15 Abs. 2 AGG auch zusätzlich noch die weitere, in § 61 b Abs. 1 ArbGG geregelte **Klagefrist** beachten.[340] Eine Klage auf Entschädigung nach § 15 Abs. 2 AGG muss innerhalb von **drei Monaten nach schriftlicher Geltendmachung** erhoben werden (§ 61 b Abs. 1 ArbGG). Damit hängt die Geltendmachung des behinderten Arbeitnehmers wegen einer Benachteiligung bei der Einstellung an einer doppelten Frist, nämlich der schriftlichen Geltendmachung innerhalb von zwei Monaten und der Klage spätestens drei Monate nach schriftlicher Geltendmachung des Schadensersatzanspruches. Ansprüche des behinderten Arbeitnehmers gegen den Arbeitgeber, die sich aus anderen Rechtsvorschriften ergeben, bleiben nach § 15 Abs. 5 AGG unberührt; diese Ansprüche unterliegen auch keiner Frist.

Die Ausschlussfrist gilt sowohl für Entschädigungsansprüche nach § 15 Abs. 2 AGG als auch für Schadensersatzansprüche iSd § 15 Abs. 1 AGG, wenn diese allein mit einem Verstoß gegen das Benachteiligungsverbot begründet werden; sogar auch für deliktische Ansprüche, etwa nach § 823 Abs. 2 BGB iVm einem Schutzgesetz, die auf denselben Lebenssachverhalt wie Ansprüche aus § 15 Abs. 1 AGG gestützt werden.[341] Die Ausschlussfrist des § 15 Abs. 4 AGG verstößt nicht gegen Europarecht, da sie die europarechtlich gebotenen Grundsätze der Äquivalenz und der Effektivität wahrt.[342]

5. Beweislast

Die **Verteilung der Beweislast**, die zuvor in § 81 Abs. 2 S. 2 Nr. 1 S. 3 SGB IX aF geregelt war, findet sich nun in § 22 AGG. Während nach § 81 Abs. 2 S. 2 Nr. 1 S. 3 SGB IX aF der schwerbehinderte Beschäftigte im Streitfall Tatsachen glaubhaft machen musste, die eine Benachteiligung wegen der Behinderung vermuten ließen, muss der **behinderte Beschäftigte** nunmehr „**Indizien beweisen**, die eine Benachteiligung wegen eines in § 1 genannten Grundes (Behinderung) vermuten lassen." Gelingt dies dem Beschäftigten, trägt die andere Partei, also der Arbeitgeber, die Beweislast dafür, dass kein Verstoß gegen die Bestimmungen zum Schutz vor Benachteiligung vorgele-

---

337 BAG vom 17.8.2010 – 9 AZR 839/08, NZA 2011, 153, Rn 21.
338 BAG vom 15.3.2012 – 8 AZR 37/11, NZA 2012, 910, 917, Rn 59 mwN.
339 Vgl dazu ausführlich Bauer/Göpfer/Krieger, § 15 Rn 46 ff; Deinert in: Däubler/Bertzbach, § 15 Rn 97 ff.
340 Vgl dazu ausführlich Bauer/Göpfert/Krieger, § 15 Rn 57 ff; Deinert in: Däubler/Bertzbach, § 15 Rn 113 ff.
341 BAG vom 21.6.2012 – 8 AZR 188/11, NZA 2012, 1211.
342 Vgl ausführlich BAG vom 15.3.2012 – 8 AZR 37/11, NZA 2012, 910, 913 ff und BAG vom 21.6.2012 – 8 AZR 188/11, NZA 2012, 1211, 1212 ff.

gen hat (§ 22 AGG).³⁴³ Eine solche Benachteiligung wegen einer Behinderung ist zu vermuten, wenn der Arbeitgeber gesetzliche Verpflichtungen nicht befolgt, die zur Förderung der Chancen schwerbehinderter Menschen geschaffen wurden, also insbesondere seine Verpflichtungen aus §§ 81 Abs. 1, 82 SGB IX nicht eingehalten hat.³⁴⁴ Allerdings kann sich ein Bewerber, der zwar behindert (§ 2 Abs. 1 SGB IX), jedoch nicht schwerbehindert iSv § 2 Abs. 2 SGB IX und auch nicht gleichgestellt ist (§ 2 Abs. 3 SGB IX), auf von ihm gesehene Verstöße des Arbeitgebers im Bewerbungsverfahren gegen die §§ 81 ff SGB IX nicht berufen. Diese gelten nur für Schwerbehinderte und diesen gleichgestellte behinderte Menschen (§ 68 Abs. 1 SGB IX). Der **Schutz einfach behinderter Menschen** wird nur durch das AGG gewährleistet.³⁴⁵

198 Verletzt der Arbeitgeber seine Pflichten, indem er entgegen der Regelung in § 81 Abs. 1 S. 1 und 2 SGB IX nicht prüft, ob freie Arbeitsplätze mit schwerbehinderten Menschen besetzt werden können, und indem er auch nicht vor der Stellenbesetzung frühzeitig Verbindung mit der Agentur für Arbeit aufnimmt, sind diese Umstände geeignet, die **Vermutung einer Benachteiligung** wegen der Behinderung zu begründen.³⁴⁶ Gleiches gilt, wenn der Arbeitgeber entgegen den gesetzlichen Vorschriften des § 81 Abs. 1 S. 4 bis 9 SGB IX die Schwerbehindertenvertretung im Bewerbungsverfahren nicht beteiligt, insbesondere wenn er es unterlässt, eingehende Bewerbungen von schwerbehinderten Menschen unverzüglich an die Schwerbehindertenvertretung weiterzuleiten.³⁴⁷ Auch wenn der Arbeitgeber einem schwerbehinderten Arbeitnehmer gegenüber entgegen § 81 Abs. 1 S. 9 SGB IX keine Gründe für die Ablehnung der Bewerbung mitgeteilt hat, so ist dessen Benachteiligung wegen der Schwerbehinderung zu vermuten.³⁴⁸

199 Es gehört zur **Aufgabe der Schwerbehindertenvertretung**, durch einen Vergleich der Qualifikation der Bewerber die benachteiligungsfreie Stellenbesetzung zu überprüfen.³⁴⁹ Unterrichtet der Arbeitgeber die Schwerbehindertenvertretung nicht, kann sie diese Aufgabe nicht erfüllen. Die Schwerbehindertenvertretung soll nach den gesetz-

---

343 Vgl ausführlich zu § 22 AGG – BAG vom 16.2.2012 – 8 AZR 697/10, NZA 2012, 667, 670, Rn 43 mwN; BAG vom 21.2.2013 – 8 AZR 180/12, NZA 2013, 840, 843, Rn 46; LAG Baden-Württemberg vom 1.2.2011 – 22 Sa 67/10, NZA-RR 2011, 237 ff.
344 BAG vom 15.2.2005 – 9 AZR 635/03, NZA 2005, 870, 872; BAG vom 12.9.2006 – 9 AZR 807/05, NZA 2007, 507; BAG vom 16.9.2008 – 9 AZR 791/07, NZA 2009, 79, 81; BAG vom 17.8.2010 – 9 AZR 839/08, NZA 2011, 153, Rn 35; kritisch dazu von Medem, NZA 2007, 545, 547; Diller, NZA 2007, 1321, 1324; diese Rechtsprechung wird aber fortgeführt – vgl BAG vom 21.2.2013 – 8 AZR 180/12, NZA 2013, 840, 842, Rn 37 mit einer Zusammenfassung der bisherigen Rechtsprechung.
345 BAG vom 27.1.2011 – 8 AZR 580/09, NZA 2011, 737 ff; ErfK/Schlachter, § 22 AGG Rn 5.
346 BAG vom 12.9.2006 – 9 AZR 807/05, NZA 2007, 507; kritisch zu diesem Urteil von Medem, NZA 2007, 545; BAG vom 18.11.2008 – 9 AZR 643/07, NZA 2009, 728, 731, Rn 48; vgl auch die umfassende Zusammenstellung der Vermutungstatsachen bei Düwell in: Dau/Düwell/Joussen, § 81 Rn 56 und ErfK/ Schlachter, § 22 AGG Rn 5 mwN.
347 BAG vom 15.12.2005 – 9 AZR 635/03, NZA 2005, 870; zustimmend Düwell, BB 2006, 1741, 1743; vgl auch BAG vom 21.2.2013 – 8 AZR 180/12, NZA 2013, 840, 842, Rn 37 mwN und Düwell in: Dau/ Düwell/Joussen, § 81 Rn 56.
348 BAG vom 21.2.2013 – 8 AZR 180/12, NZA 2013, 840, 842, Rn 37 mwN – nach dieser Entscheidung des BAG gilt die Verpflichtung gem. § 81 Abs. 1 S. 9 SGB IX aber nur für Arbeitgeber, die die Beschäftigungsquote nach § 71 Abs. 1 SGB IX nicht erfüllen; anders noch LAG Hessen vom 7.11.2005 – 7 Sa 473/05, NZA-RR 2006, 157 und LAG München vom 25.6.2012 – 7 Sa 1247/10, vgl ausführlich zum Streitstand BAG vom 21.2.2013 – 8 AZR 180/12, NZA 2013, 840, 843, Rn 40 ff.
349 Vgl dazu BAG vom 15.2.2005 – 9 AZR 635/03, NZA 2005, 870, 872 mwN.

VII. Verbot der Benachteiligung wegen Behinderung 1

geberischen Vorstellungen die Eingliederung arbeitsuchender schwerbehinderter Menschen in den Betrieb fördern (§ 95 Abs. 1 S. 1 SGB IX) und darüber wachen, dass der Arbeitgeber schwerbehinderte Bewerber nicht entgegen § 81 Abs. 2 SGB IX benachteiligt (§ 95 Abs. 1 S. 2 Nr. 1 SGB IX).

Hinweis: Zu diesem Zweck hat der Gesetzgeber der **Schwerbehindertenvertretung** ausdrücklich das Recht eingeräumt, in die Bewerbungsunterlagen – auch die der nicht behinderten Bewerber – Einblick zu nehmen und an den Vorstellungsgesprächen aller Bewerber teilzunehmen (§ 95 Abs. 2 S. 3 SGB IX). Diese Möglichkeit sollte die Schwerbehindertenvertretung auch nutzen. Sie kann nur so die Möglichkeit haben, durch einen Vergleich der Qualifikation aller Bewerber die benachteiligungsfreie Stellenbesetzung zu überprüfen. 200

Insbesondere dann, wenn der Arbeitgeber gegen seine Unterrichtungspflicht nach § 81 Abs. 1 S. 4 SGB IX verstößt und die Schwerbehindertenvertretung über den Eingang einer Bewerbung eines schwerbehinderten Menschen nicht unmittelbar unterrichtet, kann die Schwerbehindertenvertretung die ihr gesetzlich zugewiesene Funktion nicht erfüllen. Dann spricht eine Vermutung für die Benachteiligung des schwerbehinderten Stellenbewerbers.[350] 201

Im **öffentlichen Dienst** sind auch die **besonderen Verpflichtungen öffentlicher Arbeitgeber** nach § 82 SGB IX zu beachten. Neben der Verpflichtung, den Agenturen für Arbeit frühzeitig frei werdende und neu zu besetzende sowie neue Arbeitsplätze zu melden (§ 82 S. 1 SGB IX), besteht hier die Verpflichtung des Arbeitgebers, schwerbehinderte Menschen, die sich um einen solchen Arbeitsplatz beworben haben oder die von der Bundesagentur für Arbeit bzw dem beauftragten Integrationsfachdienst vorgeschlagen worden sind, zu einem Vorstellungsgespräch einzuladen (§ 82 S. 2 SGB IX). Eine Einladung ist gem. § 82 S. 3 SGB IX nur entbehrlich, wenn die fachliche Eignung offensichtlich fehlt.[351] Diesbezüglich ist ein Arbeitgeber des Öffentlichen Dienstes nicht nur berechtigt, sondern sogar verpflichtet, für die zu besetzende Stelle ein **Anforderungsprofil** festzulegen und nachvollziehbar zu dokumentieren. Nur so kann eine Auswahlentscheidung nach den Kriterien des Art. 33 Abs. 2 GG gerichtlich überprüft werden.[352] 202

Im öffentlichen Dienst ist die Nichteinladung eines schwerbehinderten bzw gleichgestellten Bewerbers zum Vorstellungsgespräch, dem die fachliche Eignung nicht offensichtlich fehlt, nach ständiger Rechtsprechung des BAG eine geeignete Hilfstatsache 203

---

350 BAG vom 15.2.2005 – 9 AZR 635/03, NZA 2005, 870, 872, BAG vom 21.2.2013 – 8 AZR 180/12, NZA 2013, 840, 842, Rn 37 mwN; Düwell in: Dau/Düwell/Joussen, § 81 Rn 56.
351 Vgl zu Inhalt und Grenzen der Einladungspflicht Reus/Mühlhausen, NZS 2012, 534 ff.
352 BAG vom 12.9.2006 – 9 AZR 807/05, NZA 2007, 507, 511; vgl kritisch zu dieser Entscheidung von Medem, NZA 2007, 545 ff; BAG vom 16.2.2012 – 8 AZR 697/10, NZA 2012, 667, Rn 36 ff; BAG vom 21.2.2013 – 8 AZR 180/12, NZA 2013, 840, Rn 30 ff jeweils mwN.

nach § 22 AGG, die für das Vorliegen einer Benachteiligung wegen der Behinderung spricht.[353]

204 Ein **Verstoß des Arbeitgebers** gegen seine **Verpflichtung, ein ordnungsgemäßes betriebliches Eingliederungsmanagement (BEM)** gem. § 84 Abs. 2 SGB IX durchzuführen, kann allenfalls ein Indiz für die Vermutung darstellen, dass er sich nicht an seine gesetzlichen Verpflichtungen gegenüber Arbeitnehmern mit längeren Krankheitszeiten hält, er begründet jedoch **keine Vermutung nach § 22 AGG** für eine Benachteiligung des Arbeitnehmers wegen einer Behinderung.[354]

205 An die Vermutungsregelung des § 22 AGG ist kein zu strenger Maßstab anzulegen. Es ist nicht erforderlich, dass die Tatsachen einen zwingenden Indizienschluss für eine Verknüpfung der Benachteiligung mit einem Benachteiligungsmerkmal zulassen. Vielmehr reicht es aus, wenn nach allgemeiner Lebenserfahrung hierfür eine überwiegende Wahrscheinlichkeit besteht.[355] Schon der glaubhafte Anschein einer Benachteiligung aufgrund objektiver Tatsachen genügt, um die Vermutungswirkung auszulösen. Er ist zu bejahen, wenn die Schwerbehinderung im Bewerbungsschreiben ordnungsgemäß mitgeteilt wird und dem Arbeitgeber die Kenntniserlangung möglich ist, also in seinem Einflussbereich liegt, wobei auch die für den Arbeitgeber handelnden Personen verpflichtet sind, das Bewerbungsschreiben vollständig zu lesen und zur Kenntnis zu nehmen. Dass der Arbeitgeber tatsächlich von der Schwerbehinderung nichts wusste, weil er das Bewerbungsschreiben nicht vollständig gelesen hat, schließt die Indizwirkung nicht aus.[356] Bedient sich der Arbeitgeber bei der Anbahnung eines Arbeitsverhältnisses eigener Mitarbeiter oder Dritter, so trifft ihn eine Verantwortlichkeit für deren Verhalten.[357]

206 Ein Nachteil für den schwerbehinderten Bewerber liegt nach der Rechtsprechung des BAG bereits vor, wenn der Beschäftigte nicht in die Auswahl einbezogen wird. Die Benachteiligung liegt in der **Versagung der Chance**.[358] Der Kausalzusammenhang zwischen nachteiliger Behandlung und Behinderung ist daher bereits dann gegeben, wenn die Benachteiligung an die Behinderung anknüpft oder durch sie motiviert ist. Ausreichend ist, dass die Behinderung Bestandteil eines Motivbündels ist, das die Entscheidung beeinflusst hat. Es genügt, wenn vom Arbeitgeber unterlassene Maßnahmen objektiv geeignet sind, schwerbehinderten Menschen keine oder schlechtere

---

353 BAG vom 12.9.2006 – 9 AZR 807/05, NZA 2007, 507; BAG vom 16.2.2012 – 8 AZR 697/10, NZA 2012, 667, Rn 46 ff; BAG vom 24.1.2013 – 8 AZR 188/12, NZA 2013, 896, 899, Rn 39; BAG vom 21.2.2013 – 8 AZR 180/12, NZA 2013, 840, 842, Rn 37 jeweils mwN; LAG Schleswig-Holstein – 5 Sa 277/05; ArbG Berlin – 91 Ca 17871/03; LAG Rheinland-Pfalz – 4 Sa 865/04; vgl auch ErfK/Schlachter, § 22 AGG Rn 5.
354 BAG vom 28.4.2011 – 8 AZR 515/10, NJW 2011, 2458.
355 BAG vom 17.12.2009 – 8 AZR 670/08, NZA 2010, 383, Rn 19.
356 BAG vom 16.9.2008 – 9 AZR 791/07, NZA 2009, 79, Rn 35.
357 BAG vom 16.9.2008 – 9 AZR 791/07, NZA 2009, 79, Rn 37; BAG vom 17.12.2009 – 8 AZR 670/08, NZA 2010, 383, Rn 23 mwN.
358 BAG vom 17.8.2010 – 9 AZR 839/08, NZA 2011, 153, Rn 29; BAG vom 7.4.2011 – 8 AZR 679/09, NZA-RR 2011, 494, Rn 35; BAG vom 16.2.2012 – 8 AZR 697/10, NZA 2012, 667, 669, Rn 33; BAG vom 24.1.2013 – 8 AZR 188/12, NZA 2013, 896, 897, Rn 24; BAG vom 21.2.2013 – 8 AZR 180/12, NZA 2013, 840, 841, Rn 26 jeweils mwN; vgl auch ErfK/Schlachter, § 22 AGG Rn 5 mwN.

VII. Verbot der Benachteiligung wegen Behinderung

Chancen einzuräumen. Ein **schuldhaftes Handeln** oder gar eine Benachteiligungsabsicht ist **nicht erforderlich**.[359]

Der **Beschäftigte** genügt gem. § 22 AGG seiner **Darlegungslast**, wenn er Tatsachen vorträgt, die eine Benachteiligung wegen der Behinderung vermuten lassen. Als Vermutungstatsachen für einen Zusammenhang mit einer Behinderung kommen alle Pflichtverletzungen in Betracht, die der Arbeitgeber begeht, indem er Vorschriften nicht befolgt, die zur Förderung der Chancen der schwerbehinderten Menschen geschaffen wurden.[360] Das Gericht muss die Überzeugung einer überwiegenden Wahrscheinlichkeit für die Kausalität zwischen Schwerbehinderteneigenschaft und Nachteil gewinnen. Der klagende Bewerber kann somit die Beweislast des Arbeitgebers dadurch herbeiführen, dass er Hilfstatsachen darlegt, die eine Benachteiligung wegen der Schwerbehinderteneigenschaft vermuten lassen.[361]

207

Der schwerbehinderte oder gleichgestellte Bewerber muss also durch Tatsachenvorbringen eine Verletzung der Vorschriften des § 81 Abs. 1 SGB IX durch den Arbeitgeber darlegen und beweisen. Für die Erfüllung der Darlegungslast genügt es, wenn Indizien vorgetragen werden, die eine Benachteiligung wegen eines in § 1 AGG genannten Grundes vermuten lassen. Dies ist der Fall, wenn die vorgetragenen Tatsachen aus objektiver Sicht mit überwiegender Wahrscheinlichkeit darauf schließen lassen, dass die Benachteiligung aus einem dieser Gründe erfolgte. Durch die Verwendung der Wörter „Indizien" und „vermuten" wird zum Ausdruck gebracht, dass es hinsichtlich der Kausalität zwischen einem in § 1 AGG genannten Grund und einer ungünstigeren Behandlung genügt, Hilfstatsachen vorzutragen, die zwar nicht zwingend den Schluss auf die Kausalität zulassen, die aber die Annahme rechtfertigen, dass die Kausalität gegeben ist.[362] Gelingt ihm dies, muss der Arbeitgeber darlegen und beweisen, dass die Behandlung des Bewerbers durch objektive Faktoren gerechtfertigt ist, die mit einer Diskriminierung wegen einer Behinderung nichts zu tun haben.[363]

Beruft sich der schwerbehinderte oder gleichgestellte Bewerber darauf, dass es der Arbeitgeber entgegen seiner Verpflichtung aus § 81 Abs. 1 S. 9 SGB IX versäumt habe, den abgelehnten Bewerber unverzüglich über die Gründe der getroffenen Entscheidung zu informieren, so gehört nach der neueren Rechtsprechung des BAG zu

208

---

359 BAG vom 16.9.2008 – 9 AZR 791/07, NZA 2009, 79; BAG vom 17.12.2009 – 8 AZR 670/08, NZA 2010, 383, Rn 19 mwN; BAG vom 17.8.2010 – 9 AZR 839/08, NZA 2011, 153, Rn 31; BAG vom 27.1.2011 – 8 AZR 580/09, Rn 28; BAG vom 16.2.2012 – 8 AZR 697/10, NZA 2012, 667, Rn 58 ; BAG vom 24.1.2013 – 8 AZR 188/12, NZA 2013, 896, 899, Rn 35; BAG vom 21.2.2013 – 8 AZR 180/12, NZA 2013, 840, 842, Rn 35 jeweils mwN.
360 BAG vom 17.8.2010 – 9 AZR 839/08, NZA 2011, 153, Rn 32, 35 mwN.
361 BAG vom 12.6.2006 – 9 AZR 807/05, NZA 2007, 507, Rn 18; BAG vom 18.11.2008 – 9 AZR 643/07, NZA 2009, 728, Rn 47; vgl zur Darlegungs- und Beweislast des Bewerbers BAG vom 21.2.2013 – 8 AZR 180/12, NZA 2013, 840, 843, Rn 46 mwN.
362 BAG vom 20.5.2010 – 8 AZR 287/08, NZA 2010, 1006, Rn 16; BAG vom 21.2.2013 – 8 AZR 180/12, NZA 2013, 840, 843, Rn 46.
363 BAG vom 16.9.2008 – 9 AZR 791/07, NZA 2009, 79, 82, Rn 39 unter Hinweis auf EuGH, NZA 2008, 932 = NJW 2008, 2763, Rn 54 – Colemann; BAG vom 24.1.2013 – 8 AZR 188/12, NZA 2013, 896, 899, Rn 41 f; aA Diller, NZA 2007, 1321, 1324, danach müssen Einwendungen des Arbeitgebers gegen die Indizwirkung eines bestimmten Umstandes bereits bei der Prüfung berücksichtigt werden, ob der Umstand Indizwirkung iSd § 22 AGG haben soll. Die Beweislastumkehr nach § 22 AGG solle dem Arbeitnehmer lediglich die Last abnehmen, den – regelmäßig unmöglichen – Beweis für die innere Motivation des Arbeitgebers führen zu müssen.

einem **schlüssigen Vortrag des Bewerbers**, dass die **Beschäftigungsquote** nach § 71 Abs. 1 SGB IX durch den Arbeitgeber **nicht erfüllt** wurde, weil nur in diesem Fall eine Unterrichtungspflicht gem. § 81 Abs. 1 S. 9 SGB IX besteht.[364]

209 **Hinweis:** Der Bewerber muss sich also im Rahmen der Geltendmachung eines Entschädigungsanspruchs wegen einer Benachteiligung wegen Behinderung konkret auch dazu äußern, dass der Arbeitgeber die Beschäftigungsquote nach § 71 Abs. 1 SGB IX nicht erfüllt hat und darf sich nicht darauf beschränken, die Angaben des Arbeitnehmers mit Nichtwissen zu bestreiten. Diese Verpflichtung besteht, obwohl es dem Bewerber schwerfallen dürfte, die entsprechenden Informationen über die Erfüllung der Quote nach § 71 Abs. 1 SGB IX zu erlangen, während der Arbeitgeber diese Informationen ohne Weiteres besitzt.[365]

210 Wenn die festgestellten Tatsachen eine Benachteiligung wegen der Behinderung vermuten lassen, trägt der **Arbeitgeber** nach § 22 AGG die Beweislast dafür, dass eine solche Benachteiligung nicht vorlag. Der Arbeitgeber muss in diesem Fall das Gericht davon überzeugen, dass die Benachteiligung nicht (auch) auf der Behinderung beruht. Insofern muss er darlegen und beweisen, dass in seinem Motivbündel weder die Behinderung als negatives noch die fehlende Behinderung als positives Kriterium enthalten ist.[366] Für die Berücksichtigung der fehlenden Behinderung als positives Kriterium reicht es aus, dass vom Arbeitgeber unterlassene Maßnahmen – etwa die Einladung zu einem Vorstellungsgespräch – objektiv geeignet sind, schwerbehinderten Bewerbern keine oder weniger günstige Chancen einzuräumen.[367] Der Arbeitgeber muss also beweisen, dass **ausschließlich andere, nicht mit der Behinderung zusammenhängende Gründe** für die Entscheidung erheblich waren.[368]

211 Im **öffentlichen Dienst** können für den nach § 22 AGG möglichen Nachweis, dass für die Nichteinladung des Bewerbers entgegen § 82 S. 2 SGB IX ausschließlich andere Gründe als die Behinderung erheblich waren, nur solche Gründe herangezogen werden, die nicht die fachliche Eignung betreffen. Hierfür enthält die in § 82 S. 3 SGB IX geregelte Ausnahme mit dem Erfordernis der „offensichtlichen Nichteignung" eine abschließende Regelung.[369]

212 **Hinweis:** Diesbezüglich ist Arbeitgebern – insbesondere im öffentlichen Dienst – zu raten, für die zu besetzende Stelle ein **Anforderungsprofil** festzulegen und nachvollziehbar zu dokumentieren.[370]

---

364 BAG vom 21.2.2013 – 8 AZR 180/12, NZA 2013, 840, 843, Rn 46.
365 Vgl BAG vom 21.2.2013 – 8 AZR 180/12, NZA 2013, 840, 843, Rn 46 ff ausführlich zur Darlegungslast des Bewerbers bei Berufunng auf eine Verletzung der Verpflichtung des Arbeitgebers nach § 81 Abs. 1 S. 9 SGB IX.
366 BAG vom 16.2.2012 – 8 AZR 697/10, NZA 2012, 667, 672, Rn 58 ; BAG vom 24.1.2013 – 8 AZR 188/12, NZA 2013, 896, 899, Rn 41 jeweils mwN.
367 BAG vom 21.7.2009 – 9 AZR 431/08, NZA 2009, 1087, Rn 44 mwN.
368 BAG vom 18.11.2008 – 9 AZR 643/07, NZA 2009, 728, Rn 49; BAG vom 16.2.2012 – 8 AZR 697/10, NZA 667, 672, Rn 58 mwN; vgl auch ErfK/Schlachter, § 22 AGG Rn 5.
369 BAG vom 16.2.2012 – 8 AZR 697/10, NZA 2012, 667, 672, Rn 59; BAG vom 24.1.2013 – 8 AZR 188/12, NZA 2013, 896, 899, Rn 42 jeweils mwN.
370 Vgl zur Arbeitsplatzbeschreibung bzw dem Anforderungsprofil § 1 Rn 143.

VIII. Anspruch auf behinderungsgerechte Beschäftigung (§ 81 Abs. 4 SGB IX)

Für eine mögliche Widerlegung der Vermutung einer Benachteiligung wegen der Behinderung ist auch die in § 122 SGB IX getroffene Regelung zu beachten, wonach die Verpflichtungen zur bevorzugten Einstellung und Beschäftigung bestimmter Personenkreise nach anderen Gesetzen den Arbeitgeber nicht von der Verpflichtung zur Beschäftigung schwerbehinderter Menschen nach den besonderen Regelungen für schwerbehinderte Menschen entbinden. Aus § 122 SGB IX folgt das Verbot, die Pflichten gegenüber schwerbehinderten Menschen aus Anlass von Verpflichtungen gegenüber anderen Personen zu missachten.[371]

213

Hinweis: Der Arbeitgeber kann sich nicht mit dem Argument von der Vermutung der Benachteiligung wegen Behinderung entlasten, dass er vorrangig Frauen oder freigesetzte Mitarbeiter aus anderen Unternehmen habe einstellen müssen.[372]

214

Der **Arbeitgeber muss nachweisen,** dass

215

- entweder gar keine Ungleichbehandlung stattgefunden hat
- oder eine unterschiedliche Behandlung nicht wegen der Behinderung erfolgt ist
- oder eine unterschiedliche Behandlung gem. § 8 AGG durch sachliche Gründe zulässig war.

VIII. Anspruch des schwerbehinderten Menschen auf behinderungsgerechte Beschäftigung (§ 81 Abs. 4 SGB IX)

1. Überblick

§ 81 Abs. 4 SGB IX regelt Ansprüche des schwerbehinderten Menschen auf

216

- Beschäftigung, bei der sie ihre Fähigkeiten und Kenntnisse möglichst voll verwerten und weiterentwickeln können (§ 81 Abs. 4 Nr. 1 SGB IX),
- bevorzugte Berücksichtigung bei innerbetrieblichen Maßnahmen der beruflichen Bildung zur Förderung ihres beruflichen Fortkommens (§ 81 Abs. 4 Nr. 2 SGB IX),
- Erleichterungen in zumutbarem Umfang zur Teilnahme an außerbetrieblichen Maßnahmen der beruflichen Bildung (§ 81 Abs. 4 Nr. 3 SGB IX),
- behindertengerechte Einrichtung und Unterhaltung der Arbeitsstätten einschließlich der Betriebsanlagen, Maschinen und Geräte sowie der Gestaltung der Arbeitsplätze, des Arbeitsumfeldes, der Arbeitsorganisation und der Arbeitszeit, unter besonderer Berücksichtigung der Unfallgefahr (§ 81 Abs. 4 Nr. 4 SGB IX),
- Ausstattung ihres Arbeitsplatzes mit den erforderlichen technischen Arbeitshilfen (§ 81 Abs. 4 Nr. 5 SGB IX)[373] unter Berücksichtigung der Behinderung und ihrer Auswirkungen auf die Beschäftigung.

---

371 BAG vom 16.2.2012 – 8 AZR 697/10, NZA 2012, 667, 672, Rn 60 mwN.
372 Vgl dazu ausführlich BAG vom 16.2.2012 – 8 AZR 697/10, NZA 2012, 667, 672, Rn 60 ff mwN.
373 Für die Ausstattung des Arbeitsplatzes mit den erforderlichen technischen Hilfsmitteln können Arbeitgeber bei den Integrationsämtern Zuschüsse aus dem Ausgleichsabgabetopf beantragen – §§ 77 Abs. 5, 102 SGB IX.

2. Beschäftigungsanspruch (§ 81 Abs. 4 S. 1 Nr. 1 SGB IX)

217 § 81 Abs. 4 S. 1 SGB IX regelt in der Nr. 1 den Rechtsanspruch der schwerbehinderten Menschen[374] auf eine Beschäftigung, bei der sie ihre Fähigkeiten und Kenntnisse möglichst voll verwerten und weiterentwickeln können (§ 81 Abs. 4 S. 1 Nr. 1 SGB IX). Nach § 81 Abs. 4 S. 3 SGB IX steht dieser besonders kodifizierte Beschäftigungsanspruch allerdings unter dem Vorbehalt, dass seine Erfüllung für den Arbeitgeber zumutbar und nicht mit unverhältnismäßig hohen Aufwendungen verbunden sein darf. Der Arbeitgeber erfüllt den Beschäftigungsanspruch nach § 81 Abs. 4 S. 1 SGB IX regelmäßig dadurch, dass er dem Arbeitnehmer die im Arbeitsvertrag vereinbarte Arbeit zuweist. Kann der schwerbehinderte Arbeitnehmer die konkret zugewiesenen Tätigkeiten wegen seiner Behinderung nicht mehr ausüben, so führt dieser Verlust nach der Konzeption der §§ 81 ff SGB IX nicht ohne Weiteres zum Wegfall des Beschäftigungsanspruchs. Der schwerbehinderte Arbeitnehmer hat vielmehr Anspruch auf eine anderweitige Beschäftigung und, soweit der bisherige Arbeitsvertrag diese Beschäftigungsmöglichkeiten nicht abdeckt, auf eine entsprechende Vertragsänderung.[375]

218 Allerdings hat der schwerbehinderte Mensch nach der Rechtsprechung des BAG keinen Anspruch auf einen bestimmten Arbeitsplatz oder darauf, nach seinen Neigungen oder Wünschen beschäftigt zu werden.[376] Der Anspruch beschränkt sich vielmehr auf solche Tätigkeiten, für die der schwerbehinderte Mensch nach seinen Fähigkeiten und Kenntnissen unter Berücksichtigung der Behinderung befähigt ist.[377] Zwar räumt das Schwerbehindertenrecht dem Arbeitnehmer keinen Anspruch auf Beförderung ein, schließt aber eine Beförderung nicht aus. Das verdeutlicht § 81 Abs. 4 S. 1 Nr. 2 und Nr. 3 SGB IX, der den Arbeitgeber zu einer besonderen Förderung des beruflichen Weiterkommens des schwerbehinderten Arbeitnehmers verpflichtet.[378] Der Anspruch des schwerbehinderten Arbeitnehmers erstreckt sich also darauf,

- den bereits vom schwerbehinderten Menschen besetzten Arbeitsplatz entsprechend auszustatten (§ 81 Abs. 4 S. 1 Nr. 5 SGB IX),
- ihn behinderungsgerecht einzurichten und ggf umzugestalten (§ 81 Abs. 4 S. 1 Nr. 4 SGB IX) oder
- dem behinderten Beschäftigten einen anderen freien Arbeitsplatz zuzuweisen bzw durch Ausübung des Direktionsrechtes und/oder Versetzung eines anderen Arbeitnehmers einen leidensgerechten Arbeitsplatz freizumachen (§ 81 Abs. 4 S. 1 Nr. 1 SGB IX).

---

374 Der Beschäftigungsanspruch nach § 81 Abs. 4 SGB IX gilt über § 68 Abs. 3 SGB IX auch für Gleichgestellte iSv § 2 Abs. 3 SGB IX.
375 BAG vom 4.10.2005 – 9 AZR 632/04, NZA 2006, 442, 444; BAG vom 10.5.2005 – 9 AZR 230/04, NZA 2006, 155, 158; BAG vom 14.3.2006 – 9 AZR 411/05, NZA 2006, 1214, 1216, Rn 18 mwN; LAG Köln vom 21.9.2012 – 5 Sa 187/12; LAG Rheinland-Pfalz vom 20.2.2013 – 8 Sa 512/12, Rn 31.
376 BAG vom 23.1.2001 – 9 AZR 287/99, NZA 2001, 1020, 1022; BAG vom 10.5.2005 – 9 AZR 230/04, NZA 2006, 155, Rn 34; Neumann in: Neumann/Pahlen/Majerski-Pahlen, § 81 Rn 25; Düwell in: Dau/Düwell/Joussen, § 81 Rn 118; ErfK/Rolfs, § 81 SGB IX Rn 9.
377 BAG vom 10.5.2005 – 9 AZR 230/04, NZA 2006, 155, Rn 37.
378 BAG vom 10.5.2005 – 9 AZR 230/04, NZA 2006, 155, Rn 52 mwN.

VIII. Anspruch auf behinderungsgerechte Beschäftigung (§ 81 Abs. 4 SGB IX)

Ein Beschäftigungsanspruch des schwerbehinderten Arbeitnehmers nach § 81 Abs. 4 S. 1 Nr. 1 SGB IX kann auch dann bestehen, wenn er nicht alle an seinem Arbeitsplatz anfallenden Tätigkeiten ausüben kann. Entscheidend ist, ob dem Arbeitgeber die **anderweitige Verteilung der anfallenden Arbeit zumutbar** ist. Wie bereits ausgeführt, kann der Arbeitnehmer Anspruch auf eine anderweitige Beschäftigung haben, und soweit der bisherige Arbeitsvertrag diese Beschäftigungsmöglichkeit nicht abdeckt, auf eine entsprechende Vertragsänderung. Um eine behinderungsgerechte Beschäftigung zu ermöglichen, ist der Arbeitgeber nach § 81 Abs. 4 S. 1 Nr. 4 SGB IX auch zu einer **Umverteilung der Arbeitsorganisation** verpflichtet. Verbleiben dann noch Restarbeiten, deren Erfüllung dem Arbeitnehmer wegen seiner Behinderung nicht möglich ist, kann der schwerbehinderte Arbeitnehmer aufgrund seines Anspruchs nach § 81 Abs. 4 S. 1 Nr. 4 SGB IX (behinderungsgerechte Gestaltung der Arbeitsorganisation) verlangen, dass er nur mit leichteren Arbeiten beschäftigt wird, sofern im Betrieb die Möglichkeit zu einer solchen Aufgabenumverteilung besteht.[379] Der Arbeitgeber ist jedoch dann nicht zur Beschäftigung des schwerbehinderten Menschen verpflichtet, wenn ihm die Beschäftigung unzumutbar oder eine solche nur mit unverhältnismäßig hohen Aufwendungen verbunden ist (§ 81 Abs. 4 S. 3 SGB IX).[380] Der Arbeitgeber ist auch nicht verpflichtet, für den schwerbehinderten Menschen einen **zusätzlichen Arbeitsplatz** einzurichten.[381]

Nach § 81 Abs. 4 S. 1 Nr. 5 SGB IX haben schwerbehinderte Menschen zudem Anspruch auf Ausstattung ihres Arbeitsplatzes mit den erforderlichen **technischen Arbeitshilfen**.[382]

Hinweis: Dabei ist der schwerbehinderte Arbeitnehmer nicht verpflichtet, den Arbeitgeber vorab auf Zustimmung zur Vertragsänderung zu verklagen. Der besondere Beschäftigungsanspruch entsteht unmittelbar kraft Gesetzes und kann daher ohne vorherige Vertragsänderung geltend gemacht werden.[383]

Kommt eine solche anderweitige Beschäftigung in Betracht, ist der Arbeitgeber gleichwohl dann nicht zur Beschäftigung des schwerbehinderten Menschen verpflichtet, wenn ihm die **Beschäftigung unzumutbar** oder diese mit einem **unverhältnismäßig hohen Aufwand für den Arbeitgeber** verbunden ist (§ 81 Abs. 4 S. 3 SGB IX).[384]

Insoweit ist eine **Abwägung** zwischen den gesetzlich geschützten Interessen des schwerbehinderten Menschen auf der einen und der entgegenstehenden Belange des Arbeitgebers auf der anderen Seite erforderlich.[385] Es dürfen vom Arbeitgeber keine Leistungen verlangt werden, die für den Arbeitgeber unzumutbare, unverhältnismä-

---

[379] BAG vom 4.10.2005 – 9 AZR 632/04, NZA 2006, 442, Rn 27 mwN; LAG Rheinland-Pfalz vom 20.2.2013 – 8 Sa 512/12, Rn 34.
[380] Vgl dazu Rn 221 ff.
[381] BAG vom 14.3.2006 – 9 AZR 411/05, NZA 2006, 1214, Rn 18, 19; LAG Schleswig-Holstein vom 19.6.2012 – 1 Sa 225e/11, LAGE § 81 SGB IX Nr. 11, Rn 76.
[382] BAG vom 28.4.1998 – 9 AZR 348/97, EzA SchwbG § 14 Nr. 5; BAG vom 14.3.2006 – 9 AZR 411/05, NZA 2006, 1214, 1216, Rn 18.
[383] BAG vom 10.5.2005 – 9 AZR 230/04, NZA 2006, 155, Rn 36 mwN.
[384] Vgl dazu auch BAG vom 14.3.2006 – 9 AZR 411/05, NZA 2006, 1214, 1216, Rn 19.
[385] Vgl dazu ErfK/Rolfs, § 81 SGB IX, Rn 14 mwN; Mückl/Hiebert, NZA 2010, 1259, 1260.

ßig hohe Aufwendungen erfordern oder den Arbeitsschutzbestimmungen entgegenstehen. Unzumutbarkeit iSd § 81 Abs. 4 S. 3 SGB IX ist etwa gegeben, wenn

- entweder die wirtschaftliche Lage des Unternehmens eine leidensgerechte Ausgestaltung und Zuweisung des Arbeitsplatzes nicht zulässt oder
- eine Umgestaltung mit technischen Arbeitshilfen nicht möglich oder
- mit einem nicht mehr zumutbaren Aufwand für den Arbeitgeber verbunden wäre.[386]

Zu berücksichtigen sind aber auch die **Zuschüsse**, die ein Arbeitgeber aus Mitteln der Ausgleichsabgabe vom Integrationsamt erhalten kann (§ 102 Abs. 3 SGB IX); darüber hinaus unterstützen die Bundesagentur für Arbeit und die Integrationsämter die Arbeitgeber nach § 81 Abs. 4 S. 2 SGB IX bei der Durchführung der Maßnahmen nach § 81 Abs. 4 S. 1 Nr. 1, 4 und 5 SGB IX.[387] Ein **unverhältnismäßig hoher Aufwand für den Arbeitgeber** liegt etwa vor, wenn die erforderlichen Aufwendungen – auch unter Berücksichtigung von Zuschüssen des Integrationsamtes oder anderer Leistungsträger – sehr hoch wären und die Chancen auf ein Dauerarbeitsverhältnis gering sind, etwa weil das Arbeitsverhältnis infolge von Befristung oder Erreichen der Altersgrenze ohnehin in absehbarer Zeit sein Ende finden würde.[388] Der Arbeitgeber ist auch nicht zur **Kündigung eines bestehenden Arbeitsplatzes** verpflichtet und muss für den schwerbehinderten Menschen keinen zusätzlichen Arbeitsplatz schaffen.[389]

222 Soweit für die Erfüllung des schwerbehindertenrechtlichen Beschäftigungsanspruchs eine **Versetzung** erforderlich ist, kann der schwerbehinderte Mensch einen Anspruch darauf haben, dass der Arbeitgeber die Zustimmung des Betriebsrates nach § 99 BetrVG einholt.[390] Wird diese verweigert und steht nicht fest, dass dem Betriebsrat objektiv Zustimmungsverweigerungsgründe nach § 99 Abs. 2 BetrVG zustehen, hat der schwerbehinderte Mensch auch einen Anspruch auf Durchführung des arbeitsgerichtlichen Zustimmungsersetzungsverfahrens nach § 99 Abs. 4 BetrVG.[391] Führt der Arbeitgeber das gerichtliche Zustimmungsersetzungsverfahren schuldhaft unzureichend durch, kann dies einen **Schadensersatzanspruch** des schwerbehinderten Arbeitnehmers begründen.[392]

---

386 Vgl zu den technischen Arbeitshilfen Neumann in: Neumann/Pahlen/Majerski-Pahlen, § 81 Rn 40 ff.
387 Vgl dazu Neumann in: Neumann/Pahlen/Majerski-Pahlen, § 81 Rn 37 ff und Rn 401 ff.
388 ErfK/Rolfs, § 81 SGB IX, Rn 14; Mückl/Hiebert, NZA 2010, 1259, 1260 mwN.
389 BAG vom 10.5.2005 – 9 AZR 230/04, NZA 2006, 155, 159, Rn 37; BAG vom 4.10.2005 – 9 AZR 632/04, NZA 2006, 442, 444 mwN; BAG vom 22.11.2005 – 1 ABR 49/04, NZA 2006, 389, 393 mwN; BAG vom 14.3.2006 – 9 AZR 411/05, NZA 2006, 1214, 1215, Rn 19 mwN; vgl dazu auch Mückl/Hiebert, NZA 2010, 1259, 1263; Neumann in: Neumann/Pahlen/Majerski-Pahlen, § 81 Rn 25 mwN; Düwell in: Dau/Düwell/Joussen, § 81 Rn 119 mwN.
390 So BAG vom 10.5.2005 – 9 AZR 230/04, NZA 2006, 155, Rn 36 mwN bei einem schwerbehinderten Arbeitnehmer; einschränkend nach erteilter Zustimmung des Integrationsamtes nach § 85 SGB IX – BAG vom 22.9.2005 – 2 AZR 519/04, NZA 2006, 486; vgl auch Düwell in: Dau/Düwell/Joussen, § 81 Rn 120 mwN und ausführlich Rn 278 ff.
391 BAG vom 3.12.2002 – 9 AZR 481/01, NZA 2003, 1215, 1218 mwN; BAG vom 10.5.2005 – 9 AZR 230/04, NZA 2006, 155, 159; Kossens in: Kossens/von der Heide/Maaß, § 81, Rn 50; Neumann in: Neumann/Pahlen/Majerski-Pahlen, § 81 SGB IX, Rn 31; vgl dazu auch Düwell in: Dau/Düwell/Joussen, § 81 Rn 120; aA bei krankheitsbedingter Kündigung – BAG vom 22.9.2005 – 2 AZR 519/04, NZA 2006, 486.
392 BAG vom 3.12.2002 – 9 AZR 481/01, NZA 2003, 1215, 1218 mwN; BAG vom 10.5.2005 – 9 AZR 230/04, NZA 2006, 155, 159; ErK/Rolfs, § 81 SGB IX Rn 10 mwN.

VIII. Anspruch auf behinderungsgerechte Beschäftigung (§ 81 Abs. 4 SGB IX)

Der besondere Beschäftigungsanspruch nach § 81 Abs. 4 S. 1 Nr. 1 SGB IX entsteht unmittelbar kraft Gesetzes und kann daher ohne vorherige Vertragsänderung geltend gemacht werden.[393] Daher ist der Arbeitnehmer nicht zur Erhebung einer auf Zustimmung zur Vertragsänderung gerichteten Klage verpflichtet.[394] Der **Klageantrag** kann wie folgt formuliert werden:[395]

▶ Der Beklagte wird verurteilt, den Kläger, gegebenenfalls nach entsprechender Vertragsänderung, vorbehaltlich der Zustimmung des Betriebsrates und gegebenenfalls nach Durchführung eines Zustimmungsersetzungsverfahrens,[396] in einem Arbeitsbereich einzusetzen, in dem der Kläger noch leichte körperliche Tätigkeiten, bevorzugt im Sitzen, in geschlossenen und temperierten Räumen ausüben kann,

[*hilfsweise:*] den Beklagten zu verurteilen, den Kläger, gegebenenfalls nach entsprechender Vertragsänderung, vorbehaltlich der Zustimmung des Betriebsrates und gegebenenfalls nach Durchführung eines Zustimmungsersetzungsverfahrens, als Verwaltungsangestellten (Einkauf), alternativ Sachbearbeiter (Telekommunikation), alternativ Angestellter (Materialverwaltung), alternativ Telefonist/Verwaltungsangestellter (Bürokommunikation), alternativ Lagerangestellter (Material- und Gütebestimmung) zu beschäftigen. ◀

Unter Umständen ist hilfsweise auch der ergänzende Klageantrag zu stellen,

▶ den Arbeitgeber zur Einholung der Zustimmung nach § 99 Abs. 1 BetrVG beim Betriebsrat zu verurteilen und bei Verweigerung der Zustimmung nach § 99 Abs. 4 BetrVG das Zustimmungsersetzungsverfahren durchzuführen.[397] ◀

Hinweis: Dabei sollte der Arbeitnehmer mehrere unterschiedliche Tätigkeiten im Klageantrag benennen und dem Arbeitgeber die Zuweisung über den künftigen Arbeitseinsatz überlassen. Bei Angabe eines einzigen konkreten Arbeitsplatzes läuft der klagende Arbeitnehmer stets Gefahr, dass die so konkretisierte Klage zwar zulässig, aber unbegründet wäre, weil ihm der Arbeitgeber auch einen anderen behinderungsgerechten Arbeitsplatz zuweisen dürfte. Aus der Nennung der unterschiedlichen Tätigkeiten ergibt sich zugleich, dass der klagende Arbeitnehmer dem Arbeitgeber die Auswahl überlässt, mit welchen dieser Arbeitsaufgaben er ihn beschäftigen will.[398]

3. Darlegungs- und Beweislast

Macht der schwerbehinderte Arbeitnehmer den schwerbehindertenrechtlichen Beschäftigungsanspruch nach § 81 Abs. 4 S. 1 SGB IX geltend, so hat er nach den allgemeinen Regeln grundsätzlich die **Darlegungs- und Beweislast** für die anspruchsbe-

---

[393] BAG vom 10.5.2005 – 9 AZR 230/04, NZA 2006, 155, 158 mwN; noch offengelassen in BAG vom 3.12.2002 – 9 AZR 481/01, NZA 2003, 1215, 1217.
[394] Koch in: Schaub, § 178 Rn 51.
[395] Entsprechend dem durch das BAG in seiner Entscheidung vom 10.5.2005 – 9 AZR 230/04, NZA 2006, 155, 158 für zulässig erachteten Klageantrag.
[396] Ist zu der von einem schwerbehinderten Menschen beantragten Beschäftigung bzw Versetzung die Zustimmung des Betriebsrates nach § 99 BetrVG erforderlich, so kann unter den Voraussetzungen des § 259 ZPO der Arbeitgeber zu dieser Beschäftigung unter dem Vorbehalt der Zustimmung des Arbeitgebers verurteilt werden; Koch in: Schaub, § 178 Rn 51 unter Hinweis auf BAG vom 3.12.2002 – 9 AZR 481/01, NZA 2003, 1215.
[397] Die Frage, ob und unter welchen Voraussetzungen dem Arbeitgeber die Durchführung eines Zustimmungsersetzungsverfahrens zumutbar ist, ist streitig – vgl dazu ausführlich Rn 278 ff.
[398] BAG vom 10.5.2005 – 9 AZR 230/04, NZA 2006, 155, 158 mwN.

gründenden Voraussetzungen (§ 81 Abs. 4 S. 1 SGB IX). Dagegen hat der Arbeitgeber die anspruchshindernden Umstände vorzutragen. Dazu gehören insbesondere diejenigen, aus denen sich die Unzumutbarkeit der Beschäftigung des Arbeitnehmers iSv § 81 Abs. 4 S. 3 SGB IX ergeben soll.

226 Für die Feststellung, ob eine behinderungsgerechte Beschäftigungsmöglichkeit entsprechend den Fähigkeiten und Kenntnissen des schwerbehinderten Arbeitnehmers besteht, gilt also die nachfolgend dargestellte **abgestufte Darlegungs- und Beweislast**:[399]

1. Der schwerbehinderte Mensch muss zur Begründung seines Beschäftigungsanspruchs nach § 81 Abs. 4 S. 1 Nr. 1 SGB IX zunächst sein eingeschränktes Leistungsvermögen darlegen und ggf beweisen, seine Weiterbeschäftigung geltend machen und schlüssig **Beschäftigungsmöglichkeiten aufzeigen**, die seinen Kenntnissen und Fähigkeiten und seinem infolge der Behinderung eingeschränkten Leistungsvermögen entsprechen. Das Gericht muss in die Lage versetzt werden, aufgrund des tatsächlichen Vorbringens zu entscheiden, ob die gesetzlichen Voraussetzungen für das Bestehen des geltend gemachten Anspruchs vorliegen.[400]

2. Der Arbeitgeber hat sich hierauf substantiiert einzulassen und Tatsachen vorzutragen, aus denen sich ergibt, dass solche behinderungsgerechten **Beschäftigungsmöglichkeiten nicht bestehen** oder deren **Zuweisung** für ihn **unzumutbar** ist. Hierzu gehört auch die Darlegung, dass kein entsprechender Arbeitsplatz vorhanden ist und auch nicht durch Versetzung freigemacht werden kann. Als Einwände kommen in Betracht, dass entsprechende Tätigkeitsbereiche überhaupt nicht vorhanden seien, keine Arbeitsplätze frei seien und auch nicht freigemacht werden könnten, der Arbeitnehmer das Anforderungsprofil nicht erfülle oder die Beschäftigung aus anderen Gründen unzumutbar sei.[401]

Der Arbeitgeber hat sich nach der gesetzlichen Konzeption des Schwerbehindertenrechts um eine behinderungsgerechte Beschäftigung zu bemühen.[402] Daraus ergibt sich zugleich, dass er den durch den schwerbehinderten Beschäftigten nach § 81 Abs. 4 S. 1 Nr. 1 SGB IX geltend gemachten Beschäftigungsanspruch nicht mit der bloßen Behauptung abwehren kann, er verfüge über keinen geeigneten Arbeitsplatz. Die gebotene sachliche Auseinandersetzung mit dem Verlangen des schwerbehinderten Arbeitnehmers auf anderweitige Beschäftigung erfordert eine **substanziierte Darlegung des Arbeitgebers,** aus welchen Gründen die vom Arbeitnehmer vorgeschlage-

---

[399] Entsprechend BAG vom 10.5.2005 – 9 AZR 230/04, NZA 2006, 155 ff, Rn 40; BAG vom 4.10.2005 – 9 AZR 632/04, NZA 2006, 442, Rn 28; BAG vom 14.3.2006 – 9 AZR 411/05, NZA 2006, 1214 ff; LAG Schleswig-Holstein vom 7.6.2005 – 5 Sa 68/05, NZA-RR 2005, 514; LAG Schleswig-Holstein vom 8.6.2005 – 3 Sa 30/05, NZA-RR 2005, 510; LAG Schleswig-Holstein vom 19.6.2012 – 1 Sa 225 e/11, LAGE § 81 SGB IX Nr. 11, Rn 77; LAG Rheinland-Pfalz vom 20.2.2013 – 8 Sa 512/12, Rn 31; vgl auch ErfK/Rolfs, § 81 SGB IX, Rn 11 mwN; Düwell in: Dau/Düwell/Joussen, § 81 Rn 123; Kossens in: Kossens/von der Heide/Maaß, § 81 Rn 44.

[400] BAG vom 4.10.2005 – 9 AZR 632/04, NZA 2006, 442, Rn 28 ff; BAG vom 10.5.2005 – 9 AZR 230/04, NZA 2006, 155, Rn 39 mwN; so auch LAG Köln vom 16.5.2011 – 2 Sa 1276/10, PersV 2012, 268, Rn 36; vgl auch ErfK/Rolfs, § 81 SGB IX, Rn 10.

[401] BAG vom 10.5.2005 – 9 AZR 230/04, NZA 2006, 155, 159, Rn 42; vgl auch Düwell in: Dau/Düwell/Joussen, § 81 Rn 123.

[402] BAG vom 10.5.2005 – 9 AZR 230/04, NZA 2006, 155, 159, Rn 41.

VIII. Anspruch auf behinderungsgerechte Beschäftigung (§ 81 Abs. 4 SGB IX)

nen Beschäftigungsmöglichkeiten nicht zur Verfügung stehen. Welche Einzelheiten vom Arbeitgeber vorzutragen sind, bestimmt sich nach den Umständen des Einzelfalles unter Berücksichtigung der Darlegungen des klagenden Arbeitnehmers.[403]

Diese Substantiierungslast entspricht der Rechtsprechung zu § 138 Abs. 1 und 2 ZPO. Danach wird dem Gegner der primär behauptungsbelasteten Partei eine sekundäre Behauptungslast auferlegt, wenn die darlegungspflichtige Partei keine nähere Kenntnis der maßgebenden Tatsachen besitzt, während der Prozessgegner sie hat und ihm nähere Angaben zumutbar sind.[404] Nur der Arbeitgeber hat einen umfassenden Überblick über die betrieblich eingerichteten Arbeitsplätze und die dort zu erfüllenden Anforderungen. Er weiß, welche Arbeitsplätze für welche Zeiträume besetzt sind, ob Arbeitsaufgaben sinnvoll anders verteilt werden können oder ob Arbeitsplätze in absehbarer Zeit frei werden, etwa infolge Erreichens des Rentenalters, oder durch Versetzung freigemacht werden können. Einen solchen Einblick hat der Arbeitnehmer regelmäßig nicht, erst recht nicht, wenn er – wie häufig – schon längere Zeit arbeitsunfähig und daher oftmals längere Zeit betriebsabwesend ist.[405]

Es obliegt dann dem **Arbeitnehmer**, Tatsachen darzulegen und zu beweisen, aus denen gleichwohl – entgegen der Behauptung des Arbeitgebers – geschlossen werden kann, dass ein **freier Arbeitsplatz zur Verfügung steht** oder vom Arbeitgeber **freigemacht werden** kann.

Steht fest, dass der Arbeitnehmer seine Arbeitspflicht nur nach einer Umgestaltung oder besonderer Ausstattung des Arbeitsplatzes erfüllen kann, hat er zumindest nachvollziehbar darzulegen, welche Maßnahmen hierzu notwendig sind.[406]

Eine **Unzumutbarkeit der Beschäftigung** des Arbeitnehmers hat der **Arbeitgeber** sowohl darzulegen als auch zu beweisen.

Für die Darlegungs- und Beweislast spielt es eine Rolle, ob der Arbeitgeber seinen Pflichten nach § 84 Abs. 1 SGB IX nachgekommen ist oder nicht. Der Arbeitgeber muss nach § 84 Abs. 1 SGB IX beim Auftreten von Schwierigkeiten im Arbeitsverhältnis eines schwerbehinderten **Menschen** unter Beteiligung der Schwerbehindertenvertretung und des zuständigen Integrationsamtes nach Lösungen zu suchen, die diese Schwierigkeiten beseitigen. Ziel dieser gesetzlichen **Prävention nach § 84 Abs. 1 SGB IX** ist die frühzeitige Klärung, ob und welche Maßnahmen zu ergreifen sind, um eine möglichst dauerhafte Fortsetzung des Beschäftigungsverhältnisses zu erreichen.[407] Dem Arbeitgeber wird dadurch eine aktive Rolle für die Eingliederung und gegen die Ausgliederung von behinderten Menschen zugewiesen.[408] Die Beteiligung sachkundiger Stellen in dem Präventionsverfahren nach § 84 Abs. 1 SGB IX soll gewährleisten, dass alle Möglichkeiten zur Fortsetzung des Arbeitsverhältnisses fach-

---

403 BAG vom 10.5.2005 – 9 AZR 230/04, NZA 2006, 155, 159, Rn 42.
404 BAG vom 10.5.2005 – 9 AZR 230/04, NZA 2006, 155, 159, Rn 42, 43 mwN.
405 BAG vom 10.5.2005 – 9 AZR 230/04, NZA 2006, 155, 159, Rn 43; vgl auch Düwell in: Dau/Düwell/Joussen, § 81 Rn 123.
406 BAG vom 4.10.2005 – 9 AZR 632/04, NZA 2006, 442, 445, Rn 28.
407 BAG vom 4.10.2005 – 9 AZR 632/04, NZA 2006, 442, 445, Rn 30 mwN.
408 Vgl dazu BAG vom 4.10.2005 – 9 AZR 632/04, NZA 2006, 442, 444, Rn 30; BAG vom 10.5.2005 – 9 AZR 230/04, NZA 2006, 155, 159, Rn 41 mwN; vgl auch Düwell in: Dau/Düwell/Joussen, § 81 Rn 123.

kundig untersucht und deren technische sowie wirtschaftliche Realisierbarkeit geprüft werden.[409] Auf das fehlende Wissen in Bezug auf behinderungsgerechte Arbeitsplätze und/oder deren Einrichtung bzw Ausstattung kann sich der Arbeitgeber also nicht berufen, wenn er seinen Pflichten gem. § 84 Abs. 1 SGB IX nicht nachgekommen ist, denn die Erörterung mit den in § 84 Abs. 1 SGB IX genannten fachkundigen Stellen dient gerade dazu, dass er sich das entsprechende Wissen verschafft.[410]

229 **Hinweis:** Hat der Arbeitgeber also seine Erörterungspflicht nach § 84 Abs. 1 SGB IX verletzt, trifft ihn die sekundäre Darlegungslast dafür, dass ihm auch unter Berücksichtigung der besonderen Arbeitgeberpflicht nach § 84 Abs. 1 SGB IX eine zumutbare Beschäftigung des Arbeitnehmers nicht möglich ist. Gleiches gilt, wenn der Arbeitgeber bei einem schwerbehinderten Arbeitnehmer das Präventionsverfahren nach § 84 Abs. 1 SGB IX (Betriebliches Eingliederungsmanagement – BEM)[411] nicht durchgeführt hat.[412]

230 Fand diese Erörterung unter Beteiligung des Integrationsamtes und den in § 84 Abs. 1 SGB IX genannten Stellen statt und kamen die fachkundigen Stellen unter Beteiligung der Schwerbehindertenvertretung zu dem Ergebnis, es gäbe keine Möglichkeiten zur Sicherung der Beschäftigung des Arbeitnehmers, bleibt es bei der primären Darlegungslast des schwerbehinderten Arbeitnehmers. Er hat dann vorzutragen, welche konkreten technischen oder organisatorischen Veränderungen seine behinderungsgerechte Beschäftigung ermöglichen.[413]

231 Diese Darlegungs- und Beweislast gilt sowohl dann, wenn der schwerbehinderte oder gleichgestellte Arbeitnehmer seinen Rechtsanspruch auf behinderungsgerechte Beschäftigung nach § 81 Abs. 4 S. 1 Nr. 1 SGB IX (bzw die weiteren Ansprüche aus § 81 Abs. 4 S. 1 Nr. 3–5 SGB IX),[414] als auch dann, wenn er seinen Schadensersatzanspruch wegen schuldhafter Verletzung der Verpflichtung zur behinderungsgerechten Beschäftigung (§§ 280 Abs. 1, 823 Abs. 2 BGB iVm § 81 Abs. 4 S. 1 SGB IX) geltend macht.[415]

4. Förderung der beruflichen Bildung (§ 81 Abs. 4 S. 1 Nr. 2 und 3 SGB IX)

232 Der Arbeitgeber hat die berufliche Aus- und Fortbildung schwerbehinderter Arbeitnehmer zu fördern, wobei der Umfang seiner Verpflichtung davon abhängig ist, ob es sich um eine inner- oder eine außerbetriebliche Fortbildungsmaßnahme handelt. Bei innerbetrieblichen Fortbildungsmaßnahmen ist der schwerbehinderte Arbeitnehmer bevorzugt zu berücksichtigen (§ 81 Abs. 4 Nr. 2 SGB IX); bei außerbetrieblichen Maßnahmen muss der Arbeitgeber den Zugang lediglich erleichtern.[416]

---

409 BAG vom 10.5.2005 – 9 AZR 230/04, NZA 2006, 155; Düwell in: Dau/Düwell/Joussen, § 81 Rn 123.
410 BAG vom 4.10.2005 – 9 AZR 632/04, NZA 2006, 442, 444, Rn 30.
411 Vgl dazu ausführlich Rn 338 ff.
412 So auch Düwell in: Dau/Düwell/Joussen, § 81 Rn 124; Kossens in: Kossens/von der Heide/Maaß, § 81 Rn 43.
413 BAG vom 4.10.2005 – 9 AZR 632/04, NZA 2006, 442, 445 Rn 30; vgl auch Düwell in: Dau/Düwell/Joussen, § 81 Rn 124 mwN.
414 BAG vom 10.5.2005 – 9 AZR 230/04, NZA 2006, 155 ff.
415 BAG vom 4.10.2005 – 9 AZR 632/04, NZA 2006, 442 ff; vgl dazu Rn 257 ff.
416 ErfK/Rolfs, § 81 SGB IX Rn 9.

VIII. Anspruch auf behinderungsgerechte Beschäftigung (§ 81 Abs. 4 SGB IX)

In welchem Umfang der Arbeitgeber eine Erleichterung bei **außerbetrieblichen Maßnahmen der beruflichen Bildung** zu schaffen hat, ist eine Frage des Einzelfalles; zu denken ist an Fahrtkostenzuschüsse, besondere Auswahl behindertengerechter Fortbildungsveranstaltungen, die uU mit Mehrkosten verbunden sind, Hilfe bei der An- und Abreise, Unterstützung bei besonderen Unterbringungserfordernissen oder eine Freistellung von der Arbeitspflicht unter gleichzeitiger Entgeltfortzahlung.[417]   233

Innerbetriebliche Fortbildungsmaßnahmen sind aber nur eine Maßnahme der Förderung des beruflichen Fortkommens. Der schwerbehinderte Mensch ist nicht nur hierbei bevorzugt zu berücksichtigen, so dass ihm vor anderen, gleichstehenden nicht schwerbehinderten Arbeitnehmern der Vorzug zu geben ist, an Lehrgängen, Ausbildungsstationen uÄ teilzunehmen. Vielmehr kann der schwerbehinderte Arbeitnehmer auch verlangen, etwa dadurch gefördert zu werden, dass er auf verschiedenen Arbeitsplätzen tätig wird, dort Kenntnisse erwirbt und er die Fähigkeit erlangt, eine höhere oder Vorgesetzten-Stellung einzunehmen.[418]   234

Neben den Rehabilitationsträgern wird damit auch den Arbeitgebern die Aufgabe der beruflichen Förderung schwerbehinderter Menschen auferlegt. Der Arbeitgeber wird jedoch nicht verpflichtet, überhaupt innerbetriebliche Bildungsmaßnahmen durchzuführen. Bietet er allerdings Bildungsmaßnahmen an, muss er schwerbehinderte Arbeitnehmer bevorzugen. Hierauf besteht ein klagbarer Anspruch des schwerbehinderten Arbeitnehmers, da er bei gleichen Voraussetzungen zunächst Anspruch auf diese Förderung vor anderen, nicht schwerbehinderten Arbeitnehmern hat.[419]   235

Dabei hat der Betriebsrat nach § 98 BetrVG ein qualifiziertes Mitbestimmungsrecht bei der Auswahl von Personen, die an innerbetrieblichen Fortbildungsmaßnahmen teilnehmen.   236

Hinweis: Hierbei ist die **Interessenvertretung der Arbeitnehmer** (Betriebs-/Personalrat) geradezu verpflichtet, sich für den Personenkreis der schwerbehinderten Beschäftigten um die Aus- und Weiterbildung zu bemühen. Dies ergibt sich zum einen aus ihrer Verpflichtung, die Eingliederung schwerbehinderter Menschen zu unterstützen (§ 80 Abs. 1 Nr. 4 BetrVG; § 68 Abs. 1 Nr. 4 BPersVG, § 93 SGB IX), zum anderen aus ihrem Überwachungsauftrag in Bezug auf die Einhaltung der zugunsten der Arbeitnehmer geltenden Gesetze (§ 80 Abs. 1 Nr. 1 BetrVG, § 68 Abs. 1 Nr. 2 BPersVG).   237

Auch diese Rechtsansprüche des schwerbehinderten Arbeitnehmers gegen seinen Arbeitgeber im Rahmen der Förderung der beruflichen Bildung gem. § 81 Abs. 4 S. 1 Nr. 2 und 3 SGB IX bestehen aber nach der ausdrücklichen gesetzlichen Regelung in § 81 Abs. 4 S. 3 SGB IX nicht, soweit   238

---

417 Vgl dazu auch Neumann/Pahlen/Majerski-Pahlen, § 81 Rn 35; Kossens in: Kossens/von der Heide/Maaß, § 81 Rn 48 52; Rolfs/Paschke, BB 2002, 1260, 1263 mwN.
418 Kossens in: Kossens/von der Heide/Maaß, § 81 Rn 51; Neumann/Pahlen/Majerski-Pahlen, § 81 Rn 28 mwN.
419 Kossens in: Kossens/von der Heide/Maaß, § 81 Rn 51.

- ihre Erfüllung für den Arbeitgeber nicht zumutbar oder
- mit unverhältnismäßigen Aufwendungen verbunden wäre oder
- die staatlichen oder berufsgenossenschaftlichen Arbeitsschutzvorschriften oder beamtenrechtlichen Vorschriften entgegenstehen.

239 Insbesondere bei hohen finanziellen Aufwendungen, wie zB einer Freistellung unter Entgeltfortzahlung, ist dem Arbeitgeber die Fortzahlung der Vergütung dann nicht zumutbar, wenn dem schwerbehinderten Beschäftigten von einem Rehabilitationsträger Leistungen für die Dauer der Fortbildung erbracht werden. Der Arbeitgeber kann dann vorrangig die Ausschöpfung von Leistungen der Rehabilitationsträger an den schwerbehinderten Menschen vom Arbeitnehmer verlangen.[420]

5. Behindertengerechte Einrichtung und Gestaltung des Arbeitsplatzes (§ 81 Abs. 4 S. 1 Nr. 4 und 5 SGB IX)

240 § 81 Abs. 4 S. 1 Nr. 4 SGB IX gibt dem schwerbehinderten Arbeitnehmer einen **klagbaren Rechtsanspruch**[421] auf behindertengerechte Einrichtung und Unterhaltung der Arbeitsstätten einschließlich der Betriebsanlagen, Maschinen und Geräte sowie der Gestaltung der Arbeitsplätze, des Arbeitsumfeldes, der Arbeitsorganisation und der Arbeitszeit, unter besonderer Berücksichtigung der Unfallgefahr.

241 Aus § 81 Abs. 4 S. 1 Nr. 4 SGB IX ergibt sich auch die grundsätzliche Verpflichtung des Arbeitgebers, Pkw-Stellplätze für schwerbehinderte Beschäftigte in der Nähe des Arbeitsplatzes zur Verfügung zu stellen.[422] Zur **behindertengerechten Einrichtung und Unterhaltung** der Arbeitsstätten in **räumlicher Hinsicht** können des Weiteren zB Rollstuhlfahrerrampen, barrierefreie Zugänge zu den Betriebsanlagen und entsprechende behindertengerechte sanitäre Einrichtungen sowie Pausen- und Erholungsräume gehören.

242 Bei der **sächlichen und technischen Ausstattung** des Betriebes sind zB besondere Sitzgelegenheiten und behinderungsgerechte Werkzeuge und Maschinen zur Verfügung zu stellen. Eine notwendige Umgestaltung von Arbeitsabläufen muss bei spezifischen Behinderungen wie zB Anfallskranken, Epileptikern, Blinden oder Gehörlosen erfolgen. Welche Anforderungen an eine behindertengerechte Ausstattung zu stellen sind, ergibt sich nur aus dem jeweiligen Einzelfall und kann in Zusammenarbeit mit dem zuständigen Integrationsamt und seinen Fachdiensten geklärt werden.[423]

243 Unter die Verpflichtung des Arbeitgebers aus § 81 Abs. 4 S. 1 Nr. 4 SGB IX fällt auch die **behinderungsgerechte Gestaltung der Arbeitszeit**. Das kann im Einzelfall neben der Befreiung von Nachtarbeit und/oder Bereitschaftsdienst auch zur Einhaltung

---

420 Kossens in: Kossens/von der Heide/Maaß, § 81 Rn 52; Neumann/Pahlen/Majerski-Pahlen, § 81 Rn 35.
421 BAG vom 4.10.2005 – 9 AZR 632/04, NZA 2006, 442, 444 f; Rolfs/Paschke, BB 2002, 1260, 1263; ErfK/Rolfs, § 81 SGB IX Rn 13; Neumann/Pahlen/Majerski-Pahlen, § 81 Rn 25 mwN.
422 Neumann/Pahlen/Majerski-Pahlen, § 81 Rn 42; Koch in: Schaub, § 178 Rn 53; Düwell in: Dau/Düwell/Joussen, § 81 Rn 130; Kossens in: Kossens/von der Heide/Maaß, § 81 Rn 55 mwN.
423 Kossens in: Kossens/von der Heide/Maaß, § 81 Rn 55.

VIII. Anspruch auf behinderungsgerechte Beschäftigung (§ 81 Abs. 4 SGB IX)

einer Fünf-Tage-Woche durch den schwerbehinderten Arbeitnehmer führen.[424] Die wichtigste Aufgabe ist allerdings die auf den einzelnen behinderten Menschen zugeschnittene Gestaltung des Arbeitsplatzes. Sie wird sich immer auf die jeweilige Funktionseinschränkung bzw Funktionsschwäche beziehen müssen.

In § 81 Abs. 4 S. 1 Nr. 4 aE SGB IX ist auch der gesetzliche Hinweis auf die besondere Berücksichtigung der **Unfallgefahr** enthalten. Dem Arbeits- und Gesundheitsschutz ist für bereits gesundheitsgeschädigte Arbeitnehmer durch den Arbeitgeber besondere Aufmerksamkeit zu widmen. Dabei geht es in der Hauptsache darum, dass zu den bereits bestehenden gesundheitlichen Schäden und Behinderungen nicht noch weitere hinzukommen. Aus diesem Grunde hat der Gesetzgeber die Arbeitgeber verpflichtet, die Arbeitsräume, Betriebsvorrichtungen, Maschinen und Gerätschaften unter besonderer Berücksichtigung der Unfallgefahr so einzurichten, dass schwerbehinderte Menschen möglichst gefahrlos beschäftigt werden können.[425]

Darüber hinaus ist der Arbeitsplatz individuell mit den **erforderlichen technischen Hilfsmitteln** auszustatten, die dem schwerbehinderten Beschäftigten unter Berücksichtigung seiner Behinderung und ihrer Auswirkungen auf die Beschäftigung seine Tätigkeit überhaupt erst ermöglichen oder erleichtern (§ 81 Abs. 4 S. 1 Nr. 5 SGB IX). Auch hierauf besteht ein klagbarer Anspruch des schwerbehinderten oder gleichgestellten behinderten Beschäftigten.[426]

Zur behindertengerechten Ausstattung des Arbeitsplatzes gehören zB spezielle Sehhilfen, Hebe- und Drehvorrichtungen, Arbeitsstühle und Einrichtungen zur Verringerung des Kraftaufwandes. Nicht dazu gehören Hilfsmittel, die der allgemeinen Minderung oder Beseitigung der aus den Körperschäden stammenden Erwerbsminderung dienen, wie zB Körperersatzstücke, Prothesen etc.[427]

Nach § 81 Abs. 4 S. 3 SGB IX scheidet ein Anspruch des schwerbehinderten Menschen gegenüber dem Arbeitgeber aus, wenn die Forderung für diesen

- unzumutbar oder
- nur mit unverhältnismäßigen Mitteln zu verwirklichen ist oder
- die staatlichen oder berufsgenossenschaftlichen Arbeitsschutzvorschriften oder beamtenrechtlichen Vorschriften entgegenstehen.

Die **Zumutbarkeit** bei der Ausgestaltung des Betriebes und der Arbeitsplätze ist auch von der **finanziellen Leistungsfähigkeit des Arbeitgebers** abhängig.[428] Zu berücksichtigen ist, dass der Arbeitgeber nach § 102 Abs. 3 S. 1 Nr. 2 a) SGB IX vom Integrationsamt zur behindertengerechten Einrichtung von Arbeits- und Ausbildungsplätzen

---

424 BAG vom 3.12.2002 – 9 AZR 462/01, AP Nr. 1 zu § 124 SGB IX = NZA 2004, 1219 für eine Krankenhausärztin; vgl auch Neumann/Pahlen/Majerski-Pahlen, § 81 Rn 25; Kossens in: Kossens/von der Heide/Maaß, § 81 Rn 55; Düwell in: Dau/Düwell/Joussen, § 81 Rn 130.
425 Neumann/Pahlen/Majerski-Pahlen, § 81 Rn 43.
426 BAG vom 4.10.2005 – 9 AZR 632/04, NZA 2006, 442, 444, 445 mwN; Rolfs/Paschke, BB 2002, 1260, 1263; Neumann/Pahlen/Majerski-Pahlen, § 81 Rn 39.
427 Rolfs/Paschke, BB 2002, 1260, 1262; Kossens in: Kossens/von der Heide/Maaß, § 81 Rn 58; Düwell in: Dau/Düwell/Joussen, § 81 Rn 134; Neumann/Pahlen/Majerski-Pahlen, § 81 Rn 40 mwN.
428 Kossens in: Kossens/von der Heide/Maaß, § 81 Rn 60; ErfK/Rolfs, § 81 SGB IX Rn 14, 15.

für schwerbehinderte Menschen Geldleistungen aus den Mitteln der Ausgleichsabgabe (§ 77 Abs. 5 SGB IX) als Zuschuss oder Darlehen erhalten kann.[429] Diese Hilfen[430] setzen keinen Arbeitsplatz nach § 73 SGB IX voraus, sondern sind auch für schwerbehinderte Menschen auf Stellen nach § 73 Abs. 2 Nr. 1–5 SGB IX zu gewähren.[431]

249 **Hinweis:** Nach § 99 Abs. 1 SGB IX arbeiten der Arbeitgeber, die Schwerbehindertenvertretung und der Betriebs- bzw Personalrat zur Teilhabe schwerbehinderter Menschen im Betrieb oder der Dienststelle eng zusammen. Sowohl **Betriebs- bzw Personalrat** (§ 93 SGB IX) als auch die **Schwerbehindertenvertretung** (§ 95 Abs. 1 S. 2 Nr. 1 SGB IX) haben darüber hinaus die Aufgabe, darüber zu wachen, dass die zugunsten schwerbehinderter Menschen geltenden Gesetze eingehalten werden und der Arbeitgeber seine Verpflichtungen aus § 81 Abs. 4 SGB IX erfüllt. Dabei können sie im Wege einer engen Zusammenarbeit den Arbeitgeber auch auf die finanziellen Leistungen des Integrationsamtes hinweisen.

250 Die erforderliche Maßnahme ist dann dem Arbeitgeber nicht mehr zumutbar, wenn die Kosten für den Arbeitgeber – trotz der möglichen finanziellen Unterstützung durch das Integrationsamt oder sonstige Rehabilitationsträger – unverhältnismäßig hoch wären.[432]

251 **Beispiel:** Das ist beispielsweise der Fall, wenn eine Maßnahme einen erheblichen finanziellen Aufwand erfordert und das Arbeitsverhältnis des schwerbehinderten Menschen in absehbarer Zeit aufgrund von Befristung oder Erreichens der Altersgrenze endet.[433]

252 Hat der Arbeitgeber die in § 84 SGB IX vorgesehenen **Präventionsverfahren nach § 84 SGB IX** nicht durchgeführt und die Möglichkeit öffentlicher Zuschüsse nicht mit den gesetzlich vorgesehenen Leistungserbringern erörtert, wird er sich nur im Ausnahmefall auf die Unzumutbarkeit oder Unverhältnismäßigkeit berufen können.[434]

253 Die wirtschaftliche Lage des Gesamtunternehmens, nicht nur eines Betriebsteils oder eines Betriebes innerhalb eines Unternehmens, ist u.a. dann unzumutbar belastet, wenn die Maßnahme nur unter der **Gefahr des Arbeitsplatzverlustes** durchführbar ist oder sie zu unzumutbaren Belastungen anderer Arbeitnehmer des Unternehmens führen würde.[435]

254 Schließlich braucht der Arbeitgeber den Anspruch nicht zu erfüllen, soweit staatliche oder berufsgenossenschaftliche Arbeitsschutzvorschriften oder beamtenrechtliche

---

[429] Neumann/Pahlen/Majerski-Pahlen, § 81 Rn 44.
[430] Vgl dazu ausführlich Rn 401 ff.
[431] BVerwG vom 14.11.2003 – 5 C 13/02, NJW 2004, 2256 für eine blinde Pfarrvikarin; OVG Schleswig-Holstein vom 25.4.2001 – 2 L 35/01, NVwZ-RR 2002, 206 für einen Soldaten.
[432] Vgl dazu Düwell in: Dau/Düwell/Joussen, § 81 Rn 130; Kossens in: Kossens/von der Heide/Maaß, § 81 Rn 60; Mückl/Hiebert, NZA 2010, 1259, 1260 mwN.
[433] ErfK/Rolfs, § 81 SGB IX Rn 15.
[434] In diesem Sinne auch Kossens in: Kossens/von der Heide/Maaß, § 81 Rn 60 mwN.
[435] ErfK/Rolfs, § 81 SGB IX Rn 14; Rolfs/Paschke, BB 2002, 1260, 1263 mwN.

VIII. Anspruch auf behinderungsgerechte Beschäftigung (§ 81 Abs. 4 SGB IX)

Vorschriften[436] entgegenstehen. Der Anspruch des schwerbehinderten Menschen besteht nur im Rahmen dieser EG-Richtlinien, Gesetze, Verordnungen und Satzungen der Berufsgenossenschaften.[437]

Nach § 81 Abs. 4 S. 2 SGB IX unterstützen die **Bundesagentur für Arbeit** und die **Integrationsämter** die Arbeitgeber bei der Durchführung der Maßnahmen nach den Nummern 1, 4 und 5 unter Berücksichtigung der für die Beschäftigung wesentlichen Eigenschaften der schwerbehinderten Menschen.[438] Die Hilfestellung kann in fachlichem Rat bestehen, wobei auch die Integrationsfachdienste (§§ 109 ff SGB IX) mit ihrem besonderen Sachverstand durch die Integrationsämter herangezogen werden können. 255

Integrationsfachdienste (IFD) können zur Teilhabe schwerbehinderter Menschen am Arbeitsleben (Aufnahme, Ausübung und Sicherung einer möglichst dauerhaften Beschäftigung) beteiligt werden, indem sie die Arbeitgeber informieren und ihnen Hilfe leisten (§ 110 Abs. 1 Nr. 2 SGB IX). Die Unterstützung kann aber auch in finanziellen Hilfen bestehen (§ 102 Abs. 3 S. 1 Nr. 2 SGB IX).[439] 256

6. Schadensersatzanspruch

Ist ein schwerbehinderter oder gleichgestellter Arbeitnehmer aufgrund seiner Behinderung außer Stande, seine arbeitsvertraglich geschuldete Leistung zu erbringen, ist streitig, ob der Arbeitgeber mit der Annahme der Dienste in Verzug gerät oder nicht bzw ob zugunsten des Arbeitnehmers ein Schadensersatzanspruch in Höhe der entgangenen Vergütung besteht. 257

Nach § 615 BGB hat der Arbeitgeber die vereinbarte Vergütung fortzuzahlen, wenn er in **Annahmeverzug** gerät. Nach § 293 BGB kommt der Gläubiger in Verzug, wenn er die ihm angebotene Leistung nicht annimmt. § 294 BGB sieht vor, dass die Leistung dem Gläubiger so, wie sie zu bewirken ist, tatsächlich angeboten werden muss. Das bedeutet, dass der Arbeitnehmer seine Arbeitskraft im ungekündigten Arbeitsverhältnis in eigener Person, zur rechten Zeit, am rechten Ort und in der rechten Weise anbieten muss.[440] Annahmeverzug setzt also **Leistungsfähigkeit des Arbeitnehmers** voraus (§ 297 BGB). Im Rahmen des Annahmeverzuges trägt der Arbeitgeber das verschuldensunabhängige Risiko, dem leistungsfähigen Arbeitnehmer die Erbringung der vertraglich geschuldeten Arbeitsleistung zu ermöglichen. Damit bestehen auch keine Ansprüche des Arbeitnehmers auf **Verzugslohn** nach § 615 BGB und auch nicht auf Entgeltfortzahlung, wenn ihm die Erbringung der vertraglich geschuldeten Arbeitsleistung aufgrund seiner eingeschränkten Leistungsfähigkeit teilweise oder 258

---

[436] § 81 Abs. 3 und 4 SGB IX gelten auch für Beamte – Neumann/Pahlen/Majerski-Pahlen, § 81 Rn 29, str. aA BAG vom 6.9.1966 – 1 AZR 466/65, AP Nr. 5 zu § 12 SchwBeschG; offengelassen BVerwG vom 12.1.1967 – II C 86.63, BverwGE 26, 8.
[437] ErfK/Rolfs, § 81 SGB IX Rn 16.
[438] Vgl dazu Neumann/Pahlen/Majerski-Pahlen, § 81 Rn 44.
[439] Vgl zu den finanziellen Hilfen Rn 401 ff.
[440] BAG vom 29.10.1992 – 2 AZR 250/92, EzA § 615 BGB Nr. 77.

ganz unmöglich ist, also wenn die Voraussetzungen des § 297 BGB vorliegen. Unmöglichkeit und Annahmeverzug schließen sich aus.[441]

259 Eine den **Annahmeverzug ausschließende Unmöglichkeit** liegt aber nicht vor, wenn der Arbeitgeber dem Arbeitnehmer im Rahmen seines Direktionsrechtes gem. § 106 GewO nach billigem Ermessen Arbeiten zuweisen kann, die dessen verbleibender Leistungsfähigkeit entsprechen. Es obliegt dem Arbeitgeber, durch Ausübung des ihm zustehenden Direktionsrechtes arbeitstäglich einen vertragsgerechten Arbeitsplatz zur Verfügung zu stellen (§ 296 BGB). Im Rahmen der Zuweisung der konkreten Arbeit durch Ausübung seines Direktionsrechtes hat der Arbeitgeber auch auf Behinderungen des Arbeitnehmers Rücksicht zu nehmen (§ 106 S. 3 GewO). Weist der Arbeitgeber unter Verletzung der Verpflichtung aus § 106 S. 3 GewO dem Arbeitnehmer Tätigkeiten zu, die dieser wegen seiner Behinderung nicht verrichten kann, so gerät der Arbeitgeber in Annahmeverzug, wenn der Arbeitnehmer die behinderungsbedingte Unfähigkeit geltend macht oder diese dem Arbeitgeber bekannt ist und ihm die Zuweisung einer anderen vertragsgerechten Tätigkeit möglich wäre.

260 **Hinweis:** Bei **beschränkter Leistungsfähigkeit des Arbeitnehmers** aufgrund einer Behinderung ist also der Arbeitgeber nach § 106 S. 3 GewO sogar verpflichtet, im Rahmen der Ausübung des Direktionsrechtes auf Behinderungen des Arbeitnehmers Rücksicht zu nehmen. Ist es deshalb dem Arbeitgeber möglich und zumutbar, dem nur eingeschränkt leistungsfähigen Arbeitnehmer im Rahmen des ihm zustehenden Direktionsrechtes Arbeiten zuzuweisen und unterlässt er dies, steht die Einschränkung der Leistungsfähigkeit des Arbeitnehmers dem Annahmeverzug des Arbeitgebers nicht entgegen.[442]

Zu einer **Vertragsänderung**, mit dem Ziel, eine Beschäftigung des in seiner Leistungsfähigkeit eingeschränkten Arbeitnehmers zu ermöglichen, ist der Arbeitgeber im Rahmen des § 296 S. 1 BGB aber nicht verpflichtet.[443]

261 Diese Auffassung ist allerdings streitig. Der 5. Senat des BAG, einige Landesarbeitsgerichte und ein Teil der Literatur gehen demgegenüber von einer **schadensersatzrechtlichen Lösung** der Problematik aus.[444] Kann der Arbeitnehmer, dessen Tätigkeit im Arbeitsvertrag nur rahmenmäßig umschrieben ist, danach die vom Arbeitgeber aufgrund seines Direktionsrechts nach § 106 S. 1 GewO wirksam näher bestimmte Tätigkeit aus in seiner Person liegenden Gründen nicht mehr ausüben, aber eine andere, im Rahmen der arbeitsvertraglichen Vereinbarung liegende Tätigkeit verrichten,

---

441 BAG vom 4.10.2005 – 9 AZR 632/04, NZA 2006, 442, Rn 11, 12; LAG Köln vom 21.9.2012 – 5 Sa 187/12; vgl auch Düwell in: Dau/Düwell/Joussen, § 81 Rn 121 mwN.
442 BAG vom 4.10.2005 – 9 AZR 632/04, NZA 2005, 442, 443, Rn 14, 15 mwN; LAG Köln vom 21.9.2012 – 5 Sa 187/12; vgl auch Düwell in: Dau/Düwell/Joussen, § 81 Rn 121 mwN; BAG vom 13.8.2009 – 6 AZR 330/08, NZA-RR 2010, 420, Rn 15 – auch für einen nicht schwerbehinderten Arbeitnehmer mit einem GdB von 20; vgl kritisch dazu Mückl/Hiebert, NZA 2010, 1259 ff.
443 BAG vom 4.10.2005 – 9 AZR 632/04, NZA 2005, 442, 443, Rn 15 mwN; BAG vom 14.3.2006 – 9 AZR 411/05, NZA 2006, 1214, 1215; BAG vom 13.8.2009 – 6 AZR 330/08, NZA-RR 2010, 420, Rn 15; LAG Köln vom 21.9.2012 – 5 Sa 187/12; vgl auch Düwell in: Dau/Düwell/Joussen, § 81 Rn 121 mwN.
444 BAG vom 19.5.2010 – 5 AZR 162/09, NZA 2010, 1119, Rn 16; LAG Köln vom 21.9.2012 – 5 Sa 187/12; LAG Schleswig-Holstein vom 19.6.2012 – 1 Sa 225e/11; LAG Hessen vom 19.3.2012 – 17 Sa 518/11, Rn 72 ff; ErfK/Rolfs, § 81 SGB IX, Rn 10.

VIII. Anspruch auf behinderungsgerechte Beschäftigung (§ 81 Abs. 4 SGB IX)

ist das Angebot einer „leidensgerechten Arbeit" ohne Belang, solange der Arbeitgeber nicht durch eine Neuausübung seines Direktionsrechts diese zu der im Sinne von § 294 BGB zu bewirkenden Arbeitsleistung bestimmt hat. Mit der Ausübung des Direktionsrechtes wird die arbeitsvertraglich geschuldete Tätigkeit näher bestimmt und ist ab diesem Zeitpunkt bis zur – wirksamen – Neuausübung des Direktionsrechtes die konkret geschuldete Leistung. Anderenfalls könnte der Arbeitnehmer den Inhalt der arbeitsvertraglich nur rahmenmäßig umschriebenen Arbeitsleistung selbst konkretisieren. Das widerspräche § 106 S. 1 GewO. Die Konkretisierung der Arbeitspflicht ist nach § 106 S. 1 GewO Sache des Arbeitgebers. Verlangt der Arbeitgeber eine bestimmte Arbeit in rechtlich einwandfreier Art und Weise, kommt er nicht in Annahmeverzug, wenn der Arbeitnehmer diese Arbeit ablehnt und stattdessen eine andere, ebenfalls vertragsgemäße Arbeit anbietet. Mit der Ausübung des Direktionsrechts wird die vertraglich geschuldete Tätigkeit näher bestimmt und ist ab diesem Zeitpunkt bis zur wirksamen Neuausübung des Direktionsrechts die konkret geschuldete Leistung.[445]

Die arbeitsgerichtliche Rechtsprechung lässt sich wie folgt zusammenfassen: 262

1. Fall:

- Bei **schwerbehinderten**, eingeschränkt leistungsfähigen **Arbeitnehmern** ist die Vergütung nach § 615 BGB wegen **Annahmeverzug** fortzuzahlen, wenn der Arbeitgeber im Rahmen des ihm zustehenden Direktionsrechtes dem Arbeitnehmer Arbeiten zuweisen kann, die seiner verbleibenden Leistungsfähigkeit entsprechen, so dass die Einschränkung der Leistungsfähigkeit des Arbeitnehmers aufgrund einer Behinderung bei unbilliger Ausübung des Direktionsrechtes dem Annahmeverzug des Arbeitgebers nicht entgegensteht.[446]

Bietet ein krankheits- und behinderungsbedingt nur eingeschränkt leistungsfähiger schwerbehinderter oder gleichgestellter Arbeitnehmer Arbeitsleistungen an, gerät der Arbeitgeber **in Annahmeverzug,**
- wenn es sich um Arbeiten handelt, die der Arbeitnehmer sowohl nach seinen Kenntnissen und Fähigkeiten als auch nach seinem gesundheitlichen Leistungsvermögen tatsächlich auszuführen vermag, und
- der Arbeitgeber ihm diese Tätigkeiten im Rahmen seines **Direktionsrechtes zuweisen** kann.[447]

- Kann der **schwerbehinderte Arbeitnehmer** dagegen nur noch Arbeiten verrichten, 263 die der **Arbeitgeber nicht** im Wege des **Direktionsrechtes zuweisen** kann, ist er also zu einer weiteren Ausübung der vertraglichen Arbeitsleistung nur imstande, wenn der Arbeitsplatz umgestaltet oder mit technischen Hebehilfen ausgestattet

---

[445] BAG vom 19.5.2010 – 5 AZR 162/09, NZA 2010, 1119, Rn 16; LAG Köln vom 21.9.2012 – 5 Sa 187/12; LAG Schleswig-Holstein vom 19.6.2012 – 1 Sa 225e/11, LAGE § 81 SGB IX Nr. 11.
[446] BAG vom 4.10.2005 – 9 AZR 632/04, NZA 2005, 442, 443, Rn 14, 15 mwN; vgl auch Düwell in: Dau/Düwell/Joussen, § 81 Rn 121 mwN.
[447] Diese Grundsätze wendet der 6. Senat des BAG auch im Fall eines nicht schwerbehinderten oder gleichgestellten Arbeitnehmers (GdB von 20) an; vgl BAG vom 13.8.2009 – 6 AZR 330/08, NZA-RR 2010, 420, Rn 15, 16; kritisch dazu Mückl/Hiebert, NZA 2010, 1259 ff.

wird bzw wenn eine Vertragsänderung erfolgen muss (§ 81 Abs. 4 S. 1 SGB IX), geht dies über die nach § 296 BGB obliegende Mitwirkungspflicht des Arbeitgebers hinaus und der Arbeitgeber gerät **nicht in Annahmeverzug**, wenn er die Übertragung solcher Tätigkeiten unterlässt.

Der Arbeitgeber kann auch dem Arbeitnehmer keine niedriger zu bewertende Tätigkeit im Wege des Direktionsrechtes zuweisen, selbst wenn er die höhere Vergütung, die der bisherigen Tätigkeit entspricht, weiterzahlen würde.[448]

264 In diesem Fall greift aber die verschuldensabhängig ausgestaltete Haftung aus § 280 BGB iVm § 81 Abs. 4 S. 1 SGB IX für die Verletzung von Pflichten ein, die dem Arbeitgeber eine Umgestaltung des Arbeitsplatzes oder die Anpassung des Arbeitsvertrages aufgeben.

Ist also der schwerbehinderte Arbeitnehmer infolge von Krankheit oder Verschlimmerung seiner Behinderung nicht mehr in der Lage, den Anforderungen des vertragsgemäß zugewiesenen Arbeitsplatzes zu genügen, so besteht kein Lohnanspruch unter dem Gesichtspunkt des Annahmeverzuges. Dem schwerbehinderten Menschen steht jedoch ein **Schadensersatzanspruch** wegen Verletzung einer Arbeitgeberpflicht aus § 280 BGB iVm § 81 Abs. 4 S. 1 SGB IX zu, wenn der Arbeitgeber es schuldhaft unterlassen hat, ihn auf einen anderen geeigneten Arbeitsplatz zu versetzen.[449]

265 ■ Ein **Verschulden des Arbeitgebers** setzt voraus, dass der Arbeitnehmer dem Arbeitgeber die Schwerbehinderung mitgeteilt und ihm die behinderungsbedingten Einschränkungen offengelegt hat. Nach § 280 Abs. 1 S. 2 BGB obliegt es dem Arbeitgeber, darzulegen und zu beweisen, dass er eine objektiv vorliegende Pflichtverletzung nicht zu vertreten hat.[450]

266 **2. Fall:**

■ Ist der Arbeitnehmer **nicht schwerbehindert**, aber in seiner Leistungsfähigkeit eingeschränkt und nicht mehr in der Lage, die vom Arbeitgeber aufgrund seines Direktionsrechts nach § 106 S. 1 GewO näher bestimmte Leistung zu erbringen, steht ihm ein Schadensersatzanspruch nach § 280 Abs. 1 BGB zu, wenn der Arbeitgeber schuldhaft seine Rücksichtnahmepflicht aus § 241 Abs. 2 BGB dadurch

---

448 BAG vom 4.10.2005 – 9 AZR 632/04, NZA 2006, 442; BAG vom 19.5.2010 – 5 AZR 162/09, NZA 2010, 1119, Rn 16; LAG Köln vom 21.9.2012 – 5 Sa 187/12.
449 BAG vom 3.12.2002 – 9 AZR 462/01, BAGE 104, 73; BAG vom 4.10.2005 – 9 AZR 632/04, NZA 2006, 442, Rn 22; LAG Köln vom 21.9.2012 – 5 Sa 187/12; LAG Schleswig-Holstein vom 19.6.2012 – 1 Sa 225e/11, LAGE § 81 SGB IX Nr. 11, Rn 77; LAG Rheinland-Pfalz vom 20.2.2013 – 8 Sa 512/12, Rn 46-48; Düwell in: Dau/Düwell/Joussen, § 81 Rn 121 mwN.
450 Hierfür gelten die Grundsätze zur abgestuften Darlegungs- und Beweislast, wie sie in Rn 225 ff. dargestellt worden sind; vgl auch BAG vom 10.5.2005 – 9 AZR 230/04, NZA 2006, 155, Rn 42; BAG vom 4.10.2005 – 9 AZR 632/04, NZA 2006, 442, Rn 28 ff; LAG Schleswig-Holstein vom 19.6.2012 – 1 Sa 225e/11, LAGE § 81 SGB IX Nr. 11, Rn 77.

VIII. Anspruch auf behinderungsgerechte Beschäftigung (§ 81 Abs. 4 SGB IX)

verletzt, dass er dem Arbeitnehmer nicht durch Neuausübung des Direktionsrechtes einen leidensgerechten Arbeitsplatz zuweist.[451]

Nach § 241 Abs. 2 BGB ist jede Partei des Arbeitsvertrags zur Rücksichtnahme auf die Rechte, Rechtsgüter und Interessen ihres Vertragspartners verpflichtet. Dies dient dem Schutz und der Förderung des Vertragszwecks.[452] Im Arbeitsverhältnis können die Vertragspartner deshalb zur Verwirklichung des Leistungsinteresses zu leistungssichernden Maßnahmen verpflichtet sein. Dazu gehört auch die Pflicht, im Zusammenwirken mit dem Vertragspartner die Voraussetzungen für die Durchführung des Vertrags zu schaffen, Erfüllungshindernisse nicht entstehen zu lassen bzw zu beseitigen und dem anderen Teil den angestrebten Leistungserfolg zukommen zu lassen. Im Rahmen der Mitwirkungspflicht kann es auch geboten sein, auf den Wunsch nach Vertragsanpassung als Reaktion auf unerwartete Änderungen der tatsächlichen Verhältnisse einzugehen, insbesondere wenn anderenfalls in Dauerschuldverhältnissen Unvermögen des Schuldners droht.[453]

Ist der Arbeitnehmer aus in seiner Person liegenden Gründen nicht mehr in der Lage, die vom Arbeitgeber aufgrund seines Direktionsrechts nach § 106 S. 1 GewO näher bestimmte Leistung zu erbringen, kann es die Rücksichtnahmepflicht aus § 241 Abs. 2 BGB gebieten, dass der Arbeitgeber von seinem Direktionsrecht erneut Gebrauch macht und die vom Arbeitnehmer zu erbringende Leistung innerhalb des arbeitsvertraglich vereinbarten Rahmens anderweitig derart konkretisiert, dass dem Arbeitnehmer die Leistungserbringung wieder möglich wird. Dementsprechend ist kündigungsrechtlich der Arbeitgeber auch bei dauernder Unmöglichkeit, den Arbeitnehmer in seinem bisherigen Tätigkeitsbereich zu beschäftigen, erst dann zur Kündigung berechtigt, wenn das aus der persönlichen Sphäre des Arbeitnehmers resultierende Hindernis nicht nur einer Weiterbeschäftigung am bisherigen Arbeitsplatz, sondern auch einer Beschäftigung an anderer Stelle entgegensteht.[454]

267

Die **Verpflichtung des Arbeitgebers** zur **Neubestimmung der Tätigkeit** des Arbeitnehmers setzt voraus,

268

- dass der Arbeitnehmer die Umsetzung auf einen leidensgerechten Arbeitsplatz verlangt und
- dem Arbeitgeber mitgeteilt hat, wie er sich seine weitere, die aufgetretenen Leistungshindernisse ausräumende Beschäftigung vorstellt.

---

451 BAG vom 19.5.2010 – 5 AZR 162/09, NZA 2010, 1119, Rn 26; LAG Köln vom 21.9.2012 – 5 Sa 187/12; LAG Hamm vom 4.7.2011 – 8 Sa 726/11; aA auch für einen nicht schwerbehinderten Arbeitnehmer (GdB von 20) BAG vom 13.8.2009 – 6 AZR 330/08, NZA-RR 2010, 420, Rn 15, 16; Annahmeverzug, wenn der Arbeitgeber dem Arbeitnehmer andere Tätigkeiten im Wege des Direktionsrechtes zuweisen kann; Rn 29 ff sonst bei vertragsfremden Tätigkeiten Schadensersatzanspruch nach § 280 Abs. 1 BGB wegen Verletzung der Rücksichtnahmepflicht aus § 241 Abs. 2 BGB; kritisch dazu Mückl/Hiebert, NZA 2010, 1259 ff.
452 BAG vom 10.9.2009 – 2 AZR 257/08, EzA KSchG § 1 Verhaltensbedingte Kündigung Nr. 77.
453 BAG vom 19.5.2010 – 5 AZR 162/09, NZA 2010, 1119, Rn 25 ff; LAG Köln vom 21.9.2012 – 5 Sa 187/12.
454 St. Rspr des BAG, vgl zuletzt BAG vom 26.11.2009 – 2 AZR 272/08, NZA 2010, 628, Rn 34 mwN.

Dem Verlangen des Arbeitnehmers muss der Arbeitgeber regelmäßig entsprechen, wenn

- ihm die in der Zuweisung einer anderen Tätigkeit liegende Neubestimmung der zu bewirkenden Arbeitsleistung zumutbar und
- rechtlich möglich ist.[455]

269 **Zumutbar** ist dem Arbeitgeber die **Zuweisung einer anderen Tätigkeit,** wenn

- dem keine betrieblichen Gründe, zu denen auch wirtschaftliche Erwägungen zählen können, oder
- die Rücksichtnahmepflicht gegenüber anderen Arbeitnehmern entgegensteht.[456]

Betriebliche Gründe werden in der Regel der Zuweisung einer anderweitigen Tätigkeit **nicht entgegenstehen,**

- wenn ein entsprechender Arbeitsplatz frei ist und
- der Arbeitgeber Bedarf für die Tätigkeit hat.

Ist ein entsprechender **Arbeitsplatz nicht frei,** kann also die Zuweisung einer anderen Tätigkeit nur durch den Austausch mit anderen Arbeitnehmern erfolgen, ist weiter zu prüfen, ob einer Umsetzung neben betrieblichen Gründen die dem Arbeitgeber gegenüber allen Arbeitnehmern obliegende Rücksichtnahmepflicht aus § 241 Abs. 2 BGB entgegensteht.

Letzteres ist anzunehmen,

- wenn der Arbeitgeber dem Arbeitnehmer, der den anderweitigen Arbeitsplatz innehat, nicht im Wege des Direktionsrechts eine andere Tätigkeit zuweisen kann oder
- die Neuausübung des Direktionsrechts diesem Arbeitnehmer gegenüber nicht billigem Ermessen entsprechen würde.

270 Unzumutbar ist ein Austausch ferner dann,

- wenn der auszutauschende Arbeitnehmer einem Arbeitsplatzwechsel seine Zustimmung verweigert und
- der Arbeitgeber Gefahr liefe, bei Ausübung seines Direktionsrechts einem Prozess über die Wirksamkeit der Maßnahme ausgesetzt zu sein.

Die Rücksichtnahmepflicht aus § 241 Abs. 2 BGB verlangt vom Arbeitgeber nicht, die Belange eines Arbeitnehmers unter Hintanstellung eigener Belange oder solcher anderer Arbeitnehmer durchzusetzen. Der Arbeitgeber braucht deshalb das Risiko, dass ein „zwangsweise" ausgetauschter Arbeitnehmer die Wirksamkeit der (Neu) Ausübung des Direktionsrechts gerichtlich überprüfen lässt, nicht einzugehen.[457]

---

455 BAG vom 19.5.2010 – 5 AZR 162/09, NZA 2010, 1119, Rn 27, 28; LAG Köln vom 21.9.2012 – 5 Sa 187/12.
456 BAG vom 19.5.2010 – 5 AZR 162/09, NZA 2010, 1119, Rn 29; LAG Köln vom 21.9.2012 – 5 Sa 187/12.
457 BAG vom 19.5.2010 – 5 AZR 162/09, NZA 2010, 1119, Rn 30, 31; LAG Köln vom 21.9.2012 – 5 Sa 187/12.

VIII. Anspruch auf behinderungsgerechte Beschäftigung (§ 81 Abs. 4 SGB IX)

Bei Nichtdurchführung eines BEM (Betriebliches Eingliederungsmanagement, § 84 Abs. 2 SGB IX) wird der Schadensersatzanspruch auch auf die Vorschriften der §§ 280, 823 Abs. 2 BGB iVm § 84 Abs. 2 SGB IX gestützt und die Verpflichtung zum BEM als Schutzgesetz iSv § 823 Abs. 2 BGB angesehen.[458]

271

Beispiel: Die Arbeitnehmerin A ist an Brustkrebs erkrankt und bei ihr ist ein GdB von 50 für die Dauer von fünf Jahren (Heilungsbewährung) festgestellt worden. A ist damit schwerbehindert iSv § 2 Abs. 2 SGB IX. A ist laut ihrem Arbeitsvertrag als Krankenschwester im B-Krankenhaus in Bonn beschäftigt und war bislang dort auf der Internistischen Station eingesetzt. Diese Tätigkeit ist mit dauerndem schwerem Heben und Tragen verbunden, da auf der Internistischen Station viele ältere Menschen behandelt werden, die eingeschränkt beim Gehen und Stehen sind. Die A kann aber aufgrund einer Lymphdrüsenschwellung im rechten Arm nicht mehr schwer Heben und Tragen und ist daher in Bezug auf ihre bisherige Tätigkeit auf der Internistischen Station in ihrer Leistungsfähigkeit eingeschränkt. Die Erbringung der vertraglich geschuldeten Arbeitsleistung ist der A damit teilweise – in Bezug auf Heben und Tragen schwerer Lasten – unmöglich.

272

In diesem Fall hat A nach § 81 Abs. 4 S. 1 Nr. 1 SGB IX Anspruch auf Beschäftigung, bei der sie ihre Fähigkeiten und Kenntnisse möglichst voll verwerten und weiterentwickeln kann. Das B-Krankenhaus ist als Arbeitgeber verpflichtet, im Rahmen der Ausübung des Direktionsrechtes der A Arbeiten zuzuweisen, die ihrer verbleibenden Leistungsfähigkeit entsprechen. Dies wäre zB eine Versetzung auf die Station der Handchirurgie oder der Geburtshilfe, auf denen die Patienten in der Regel gehfähig sind und die Tätigkeit als Krankenschwester nicht mit ständigem schweren Heben und Tragen verbunden ist. Kann die A darlegen und nachweisen, dass sie auf einer anderen Station, nämlich der Handchirurgie oder der Geburtshilfe, noch behinderungsgerecht tätig werden kann, und handelt es sich um Arbeiten, die A sowohl nach ihren Kenntnissen und Fähigkeiten als auch nach ihrem gesundheitlichen Leistungsvermögen tatsächlich auszuführen vermag, gerät das B-Krankenhaus in Annahmeverzug und ist verpflichtet, auch die bisherige Vergütung nach § 615 BGB fortzuzahlen, wenn es die A nicht auf die andere Station versetzt und ihr dort behinderungsgerechte Tätigkeiten zuweist.

273

Ist jedoch auch auf der anderen Station der A nur noch eine Tätigkeit möglich, die weitere Maßnahmen nach § 81 Abs. 4 S. 1 Nr. 4, 5 SGB IX erfordert, gerät das B-Krankenhaus nicht in Annahmeverzug. Die A hat dann jedoch einen Schadensersatzanspruch nach § 280 Abs. 1 BGB und § 823 Abs. 2 BGB iVm § 81 Abs. 4 S. 1 SGB IX, wenn sie darlegt und beweist, dass ihr nach entsprechender Anpassung eine behinderungsgerechte Beschäftigung auf einer anderen Station möglich ist. Dann hat das B-Krankenhaus als Arbeitgeberin die Darlegungs- und Beweislast dafür zu tragen, dass auch nach sachkundiger Prüfung der Möglichkeiten zur Gestaltung der Arbeitsbedingungen und zur Verfügungstellung technischer Hilfen eine zumutbare Beschäftigungsmöglichkeit nicht besteht.

274

---

458 LAG Hamm vom 4.7.2011 – 8 Sa 726/11, Rn 26 mwN.

275 Der Arbeitgeber ist nach § 81 Abs. 4 S. 1 Nr. 5 SGB IX verpflichtet, den Arbeitsplatz eines schwerbehinderten oder gleichgestellten Menschen mit den erforderlichen technischen Arbeitshilfen auszustatten, wenn hierdurch eine Beschäftigung möglich wird. Verbleiben dann noch Restarbeiten, deren Erfüllung dem Arbeitnehmer wegen seiner Behinderung nicht möglich ist, kann der schwerbehinderte Arbeitnehmer verlangen, dass er nur mit leichteren Arbeiten beschäftigt wird, sofern im Betrieb die Möglichkeit zu einer solchen Aufgabenumverteilung besteht. Das folgt aus § 81 Abs. 4 S. 1 Nr. 4 SGB IX, wonach der schwerbehinderte Arbeitnehmer Anspruch auf behinderungsgerechte Gestaltung seiner Arbeitsorganisation hat.[459]

276 Im obigen Beispielsfall ist das B-Krankenhaus als Arbeitgeber auch verpflichtet, den Arbeitsplatz der A auf der Station Handchirurgie oder Geburtshilfe mit Hebe- und Tragevorrichtungen auszustatten. Falls dies nicht möglich oder ausreichend ist, damit die A nicht mehr schwer Heben oder Tragen muss, hat die A Anspruch darauf, dass sie im Rahmen ihrer Tätigkeit nur mit leichten Arbeiten ohne schweres Heben und Tragen beschäftigt wird. Das Heben und Tragen der Patienten wäre durch die anderen Schwestern auf der Station durchzuführen, falls dies im Rahmen der Arbeitsorganisation möglich ist. Ein solcher Anspruch der A besteht gem. § 81 Abs. 4 S. 3 SGB IX nur dann nicht, wenn die Erfüllung für das B-Krankenhaus nicht zumutbar oder mit unverhältnismäßigen Aufwendungen verbunden wäre.

277 Auch die **Schwerbehindertenvertretung**, sofern sie gewählt ist, ist bei einer solchen Versetzung der A gem. § 95 Abs. 2 SGB IX zu beteiligen und durch das B-Krankenhaus als Arbeitgeber unverzüglich und umfassend zu unterrichten sowie vor einer Entscheidung anzuhören; ihr ist die getroffene Entscheidung unverzüglich mitzuteilen (§ 95 Abs. 2 S. 1 SGB IX).

278 Dabei kommt auch dem **Betriebsrat** eine wichtige Aufgabe zu; er hat nach § 80 Abs. 1 Nr. 4 BetrVG die Aufgabe, die Eingliederung Schwerbehinderter zu fördern und sollte nach Möglichkeit der Versetzung der A auf eine andere Station zustimmen. Sollte der Betriebsrat die Zustimmung zur Versetzung der A verweigern, so muss das B-Krankenhaus als Arbeitgeber das gerichtliche Zustimmungsersetzungsverfahren nach § 99 Abs. 4 BetrVG durchführen, wenn nicht feststeht, dass dem Betriebsrat objektiv Zustimmungsverweigerungsgründe nach § 99 Abs. 2 BetrVG zustehen.[460]

279 Die **Durchführung des Zustimmungsersetzungsverfahrens** ist nach der Rechtsprechung des 9. Senates des BAG also dem Arbeitgeber nicht von vornherein nach § 81 Abs. 4 S. 3 SGB IX unzumutbar.[461]

---

459 BAG vom 4.10.2005 – 9 AZR 632/04, NZA 2006, 442, 444; BAG vom 14.3.2006 – 9 AZR 411/05, NZA 2006, 1214, 1215 mwN.
460 BAG vom 3.12.2002 – 9 AZR 481/01, NZA 2003, 1216; BAG vom 10.5.2005 – 9 AZR 230/04, NZA 2006, 155, 159, Rn 36; Neumann/Pahlen/Majerski-Pahlen, § 81 Rn 31; aA bei krankheitsbedingter Kündigung – BAG vom 22.9.2005 – 2 AZR 519/04, NZA 2006, 486.
461 BAG vom 3.12.2002 – 9 AZR 481/01, NZA 2003, 1216, 1218; BAG vom 10.5.2005 – 9 AZR 230/04, NZA 2006, 155, 159.

VIII. Anspruch auf behinderungsgerechte Beschäftigung (§ 81 Abs. 4 SGB IX)

Mit dieser Rechtsprechung setzt sich der 9. Senat des BAG nicht in Widerspruch zu der Rechtsprechung des 2. Senates des BAG.[462] Der 2. Senat des BAG vertritt die Ansicht, der Arbeitgeber müsse vor einer Kündigung wegen Krankheit als milderes Mittel zur Verfügung stehende Arbeitsumorganisationen dann nicht durchführen, wenn er dazu ein Zustimmungsersetzungsverfahren nach § 99 Abs. 4 BetrVG durchführen müsste. Es würde, so der 2. Senat des BAG, die Grenzen der Zumutbarkeit nach § 81 Abs. 4 S. 3 SGB IX unzulässig zulasten des Arbeitgebers verschieben, würde man von ihm im Fall der Verweigerung der Zustimmung des Betriebsrates zur Änderung der Arbeitsbedingungen des schwerbehinderten Arbeitnehmers stets ohne Berücksichtigung der besonderen Umstände die Durchführung eines entsprechenden Beschlussverfahrens verlangen. Er könnte dann die Monatsfrist des § 88 Abs. 3 SGB IX regelmäßig nicht mehr einhalten, obwohl möglicherweise das Verfahren vor dem Integrationsamt ergeben hat, dass die fragliche Weiterbeschäftigungsmöglichkeit nicht besteht.[463] Lediglich bei Vorliegen besonderer Umstände kann nach der Rechtsprechung des 2. Senates des BAG eine Pflicht des Arbeitgebers angenommen werden, gegen den Betriebsrat vorzugehen und durch ein entsprechendes Beschlussverfahren ggf die Zusammenarbeit mit dem Betriebsrat zu belasten. Als solche besonderen Umstände kommen etwa ein offensichtlich unbegründeten Widerspruch des Betriebsrates oder ein kollusives Zusammenwirken zwischen Arbeitgeber und Betriebsrat in Betracht.[464]

Diese Rechtsprechung des 2. Senates ist aber auf die Fallgestaltungen des § 81 Abs. 4 S. 1 Nr. 1 SGB IX im bestehenden Arbeitsverhältnis nicht übertragbar.[465] Beim Anspruch auf behinderungsgerechte Beschäftigung nach § 81 Abs. 4 SGB IX geht es um einen gesetzlich ausdrücklich geregelten Anspruch im bestehenden Arbeitsverhältnis und nicht um richterrechtlich aufgestellte Anforderungen, welche Obliegenheiten der Arbeitgeber erfüllen muss, um wirksam von dem ihm zustehenden Kündigungsrecht Gebrauch machen zu können. Der 2. Senat des BAG begründet seine Rechtsauffassung auch maßgeblich damit, dass wenn es um die Wirksamkeit einer Kündigung eines schwerbehinderten Arbeitnehmers geht, die Weiterbeschäftigungsmöglichkeiten für den schwerbehinderten Menschen bereits im Zustimmungsverfahren durch das Integrationsamt geprüft worden sind, mit dem Ergebnis, dass sie keine Lösungsmöglichkeit zur Aufrechterhaltung des Arbeitsverhältnisses darstellen. In derartigen Fällen sei davon auszugehen, dass der Widerspruch des Betriebsrates auf vertretbaren Gründen beruhe, die von der Stelle, die nach dem Gesetz für die Prüfung derartiger Weiterbeschäftigungsmöglichkeiten zuständig ist, erwogen und für zutreffend befunden worden sind. Dem Arbeitgeber sei es mangels besonderer Umstände nicht zuzumuten, das Verfahren durch die Einleitung des Beschlussverfahrens nach § 99 BetrVG weiter zu verzögern und damit zu riskieren, dass er nach der Ersetzung der

---

462 BAG vom 29.1.1997 – 2 AZR 9/96, NZA 1997, 709; BAG vom 22.9.2005 – 2 AZR 519/04, NZA 2006, 486, 489, Rn 38 ff.
463 BAG vom 22.9.2005 – 2 AZR 519/04, NZA 2006, 486, 489, Rn 38.
464 BAG vom 22.9.2005 – 2 AZR 519/04, NZA 2006, 486, 490, Rn 42.
465 BAG vom 3.12.2002 – 9 AZR 481/01, NZA 2003, 1216, 1218.

Zustimmung durch die Arbeitsgerichte möglicherweise erneut die Zustimmung des Integrationsamtes zu einer dann auszusprechenden Kündigung beantragen müsste.[466]

282 Diese kündigungsschutzrechtliche Argumentation des 2. Senates des BAG kann aber im bestehenden Arbeitsverhältnis nicht durchgreifen. Der Arbeitgeber ist daher im Fall der **Versetzung** eines schwerbehinderten bzw. gesundheitlich eingeschränkten Arbeitnehmers auf einen leidensgerechten Arbeitsplatz **im bestehenden Arbeitsverhältnis** nur dann nicht verpflichtet, das Zustimmungsersetzungsverfahren in Bezug auf § 99 BetrVG durchzuführen, wenn feststeht, dass die vom Betriebsrat geltend gemachten Zustimmungsverweigerungsrechte objektiv vorliegen und die Zustimmungsverweigerung tragen.[467]

IX. Wiedereingliederung – Beschäftigungspflicht des Arbeitgebers

283 Für eine erfolgreiche Rehabilitation ist die Wiedereingliederung eines gesundheitlich eingeschränkten Arbeitnehmers in das Arbeitsleben, speziell in dessen bisheriges Arbeitsverhältnis, unverzichtbar. Zwar hat ein Arbeitnehmer nach ständiger Rechtsprechung des BAG einen arbeitsvertraglichen Anspruch auf tatsächliche Beschäftigung, dieser Anspruch entfällt aber bei gesundheitlichen Einschränkungen, die dazu führen, dass der Arbeitnehmer nicht seine volle, vertraglich vereinbarte Arbeitsleistung erbringen kann.[468] Eine „**Teilarbeitsunfähigkeit**" ist dem geltenden Arbeits- und Sozialrecht unbekannt; der Arbeitgeber ist nach § 266 BGB grundsätzlich nicht verpflichtet, eine nur eingeschränkt angebotene Arbeitsleistung anzunehmen.[469]

284 Andererseits ist anerkannt, dass ein Arbeitnehmer trotz seiner Erkrankung, zumal nach einer medizinischen Rehabilitation, oft nur in der Lage ist, seine Arbeitsleistung unter geänderten Arbeitsbedingungen zu erbringen, und dass eine allmähliche Steigerung der beruflichen Belastung die Rückkehr in das aktive Erwerbsleben im Interesse beider Arbeitsvertragsparteien erleichtern kann. Die gesetzlichen Krankenkassen (§ 74 SGB V) und die sonstigen Sozialversicherungsträger (§ 28 SGB IX) fördern deshalb die sog. „**stufenweise Wiedereingliederung**" des Arbeitnehmers in das Erwerbsleben.[470]

285 Während dieser „stufenweisen Wiedereingliederung" erhält der weiterhin arbeitsunfähige Arbeitnehmer die ihm sozialrechtlich zustehenden Leistungen, in der Regel Krankengeld von der gesetzlichen Krankenkasse oder aber auch Übergangsgeld von der gesetzlichen Rentenversicherung (§ 45 Abs. 1 S. 1 Nr. 1 und 3 SGB IX). **Entgelt-**

---

466 BAG vom 22.9.2005 – 2 AZR 519/04, NZA 2006, 486, 489, Rn 41.
467 BAG vom 3.12.2002 – 9 AZR 481/01, NZA 2003, 1216, 1218; vgl auch LAG Köln vom 16.5.2011 – 2 Sa 1276/10, Rn 38, 39: Je nach Begründungstiefe einer eventuell gegebenen Ablehnung der Versetzung muss der Arbeitgeber nicht in jedem Fall ein Zustimmungsersetzungsverfahren durchführen. Der Schadensersatzanspruch soll danach aber regelmäßig nicht entscheidungsreif sein, bevor der Betriebsrat der Versetzung nicht zugestimmt hat.
468 BAG vom 13.6.2006 – 9 AZR 229/05, NZA 2007, 91, 92 mwN.
469 BAG vom 13.6.2006 – 9 AZR 229/05, NZA 2007, 91, 92; BAGE 69, 272 = NZA 1992, 643.
470 Vgl zur stufenweisen Wiedereingliederung nach § 28 SGB IX Bieritz-Harder in: Deinert/Neumann (Hrsg.), Hdb SGB IX, § 10 Rn 173 ff und nach § 74 SGB V Hess in: Kasseler Kommentar, § 74 SGB V Rn 2 ff.

IX. Wiedereingliederung – Beschäftigungspflicht des Arbeitgebers

ansprüche des Arbeitnehmers gegenüber dem Arbeitgeber entstehen bei der „stufenweisen Wiedereingliederung" nicht.[471]

Arbeitsrechtlich bedarf die Maßnahme der „stufenweisen Wiedereingliederung" wegen der vom Arbeitsvertrag abweichenden Beschäftigung grundsätzlich der **Zustimmung des Arbeitgebers**. Aus dem Arbeitsvertrag kann grundsätzlich kein Anspruch gegen den Arbeitgeber abgeleitet werden, im Rahmen der stufenweisen Wiedereingliederung mitzuwirken und entsprechend die Arbeit zu organisieren. 286

Das BAG hat jedoch aus § 81 Abs. 4 S. 1 Nr. 1 SGB IX abgeleitet, dass ein Beschäftigungsanspruch für **schwerbehinderte und gleichgestellte Arbeitnehmer** im Sinne der Wiedereingliederung besteht, wenn der Arbeitnehmer arbeitsunfähig erkrankt ist und er nach ärztlicher Empfehlung stufenweise seine berufliche Tätigkeit wieder aufnehmen will.[472] Das Urteil des BAG ist ganz wesentlich für die betriebliche Rehabilitation, weil es zumindest den schwerbehinderten und gleichgestellten Arbeitnehmern erhöhte Chancen eröffnet, eine stufenweise Wiedereingliederung tatsächlich durchführen zu können. Immer noch gehen Arbeitgeber davon aus, dass die schrittweise Wiedereingliederung arbeitsunfähiger Arbeitnehmer ausschließlich vom Prinzip der Freiwilligkeit beherrscht wird.[473] Dem stimmt das BAG nicht zu und schließt aus der Neuregelung der Präventions- und Teilhabevorschriften durch das SGB IX auf einen Wandel für die Mitwirkungsverpflichtung des Arbeitgebers bei der „stufenweisen Wiedereingliederung". Zeiten langandauernder Arbeitsunfähigkeit seien nicht mehr Zeiten des „Ruhens", sondern Zeiten für betriebliche Eingliederungsmaßnahmen.[474] Das SGB IX will, so das BAG, der Ausgrenzung des behinderten Menschen aus dem Arbeitsleben entgegenwirken und dessen Teilhabe am Arbeitsleben stärken. Das sei ohne Mitwirkung des Arbeitgebers nicht zu erreichen. Dem Arbeitgeber sei deshalb in § 99 Abs. 1 SGB IX die Pflicht auferlegt, zusammen mit anderen Stellen die Teilhabe schwerbehinderter Arbeitnehmer am Arbeitsleben zu ermöglichen.[475] 287

Ein auf § 81 Abs. 4 S. 1 Nr. 1 SGB IX gestützter **Rechtsanspruch auf „stufenweise Wiedereingliederung"** des schwerbehinderten oder gleichgestellten Arbeitnehmers setzt voraus, dass der nach allgemeinen Grundsätzen darlegungs- und beweisbelastete Arbeitnehmer[476] spätestens bis zum Schluss der mündlichen Verhandlung vor dem Landesarbeitsgericht eine ärztliche Bescheinigung seines behandelnden Arztes vorlegt, aus der sich 288

- die Art und Weise der empfohlenen Beschäftigung,[477]
- die Beschäftigungsbeschränkungen,

---

471 BAG vom 21.1.1992 – 5 AZR 37/91, BAGE 69, 272 = NZA 1992, 643; BAG vom 13.6.2006 – 9 AZR 229/05, NZA 2007, 91, 92; LSG NRW v. 28.3.2006 – L 1 AL 8/06.
472 BAG vom 13.6.2006 – 9 AZR 229/05, NZA 2007, 91.
473 Vgl Schmidt, AuR 1997, 461, 465; Düwell in: Dau/Düwell/Joussen, § 84 Rn 47.
474 BAG vom 13.6.2006 – 9 AZR 229/05, NZA 2007, 91, 93 unter Hinweis auf Gagel, NZA 2004, 1359; vgl auch Düwell in: Dau/Düwell/Joussen, § 84 Rn 47.
475 BAG vom 13.6.2006 – 9 AZR 229/05, NZA 2007, 91, 93.
476 BAG vom 10.5.2005 – 9 AZR 230/04, NZA 2006, 155, Rn 40 ff.
477 Dies verlangt eine erkennbar auf die Erkrankung und Behinderung des Arbeitnehmers und seine Tätigkeit abgestellte Empfehlung über die Art. und Weide der Beschäftigung – BAG vom 13.6.2006 – 9 AZR 229/05, NZA 2007, 91, 94.

- der Umfang der täglichen oder wöchentlichen Arbeitszeit sowie
- die Dauer der Maßnahme

ergeben.

289 Insbesondere muss die ärztliche Bescheinigung die Prognose enthalten, wann voraussichtlich die Wiederaufnahme der Tätigkeit erfolgt, da durch den Arbeitgeber die bessere Wiedereingliederung „in das Erwerbsleben" gefördert werden soll.[478] Der behandelnde **Arzt** muss also eine **Prognose** in Bezug auf die **Wiederherstellung der Arbeitsfähigkeit** des Arbeitnehmers nach Durchführung der Maßnahme der stufenweisen Wiedereingliederung abgeben.

290 Dabei muss sich die Prognose nicht zwingend auf das Ziel der Wiederherstellung der vollen Arbeitsfähigkeit richten, auch wenn dieses Ziel mit der „stufenweisen Wiedereingliederung" regelmäßig verfolgt wird.[479] Auch die Befähigung zu einer nach Art, Dauer, zeitlicher und räumlicher Lage veränderten Arbeitstätigkeit kann das Ziel einer Wiedereingliederung in das Erwerbsleben sein. Es muss also im Verlauf der stufenweisen Eingliederung prognostisch nicht die letzte Stufe im Sinne einer vollen Wiedererlangung der Befähigung zur Ausübung erreicht werden,[480] da das Wiedereingliederungsverhältnis nicht auf die für Arbeitsverhältnisse typische Leistungsbeziehung „Arbeit gegen Lohn" gerichtet ist. Daher unterliegt der Arbeitnehmer im Wiedereingliederungsverhältnis nicht seiner ursprünglichen Arbeitspflicht. Er kann die Arbeit unterbrechen, wenn nachteilige Folgen zu erkennen oder zu befürchten sind.[481] Es besteht jedoch kein Anspruch gegenüber dem Arbeitgeber auf Mitwirkung an einer nur therapeutischen Erprobung, ohne dass in absehbarer Zeit das „Ob" und „Wie" einer möglichen Fortsetzung des Arbeitsverhältnisses ersichtlich wäre.[482]

291 Von Seiten des Arbeitnehmers ist es ausreichend, wenn der arbeitsunfähige schwerbehinderte oder gleichgestellte Arbeitnehmer trotz seiner die Arbeitsunfähigkeit verursachenden Krankheiten und Behinderungen noch über **sinnvoll in betrieblicher Organisation einsetzbare Fähigkeiten** verfügt. Dann muss es ihm der Arbeitgeber nach § 81 Abs. 4 S. 1 SGB IX ermöglichen, im Rahmen der stufenweisen Wiedereingliederung berufsnahe Tätigkeiten zu verrichten.[483]

292 Die Rechte des schwerbehinderten oder gleichgestellten Arbeitnehmers gehen damit über die Rechte nichtbehinderter Arbeitnehmer bei der stufenweisen Wiedereingliederung hinaus. **Nichtbehinderte Arbeitnehmer** haben weder einen Beschäftigungsanspruch nach § 81 Abs. 4 S. 1 SGB IX noch ist der Arbeitgeber verpflichtet, generell deren Teilhabe am Arbeitsleben zu fördern, so dass bei ihnen die stufenweise Wiedereingliederung von der freiwilligen Zustimmung des Arbeitgebers abhängig ist.[484]

---

478 BAG vom 13.6.2006 – 9 AZR 229/05, NZA 2007, 91, 93.
479 BAG vom 28.7.1999 – 4 AZR 192/98, NZA 1999, 1295; Düwell in: Dau/Düwell/Joussen, § 84 Rn 47.
480 BAG vom 13.6.2006 – 9 AZR 229/05, NZA 2007, 91, 93.
481 BAG vom 13.6.2006 – 9 AZR 229/05, NZA 2007, 91, 93.
482 BAG vom 13.6.2006 – 9 AZR 229/05, NZA 2007, 91, 94.
483 BAG vom 13.6.2006 – 9 AZR 229/05, NZA 2007, 91, 93.
484 BAG vom 28.7.1999 – 4 AZR 192/98, NZA 1999, 1295; BAG vom 13.6.2006 – 9 AZR 229/05, NZA 2007, 91, 93; Gerke in: Kossens/von der Heide/Maaß, § 28 Rn 4.

Hinweis: Insofern empfiehlt es sich aus anwaltlicher Sicht, gesundheitlich eingeschränkten Arbeitnehmern, bei denen noch keine Schwerbehinderung festgestellt worden ist, zu einem **Antrag auf Feststellung der Schwerbehinderteneigenschaft** zu raten und bei Feststellung eines GdB von 30 zu einem **Gleichstellungsantrag**.

X. Anspruch auf Teilzeitbeschäftigung (§ 81 Abs. 5 SGB IX)

§ 81 Abs. 5 S. 1 SGB IX enthält die Verpflichtung der Arbeitgeber, die Einrichtung von **Teilzeitarbeitsplätzen** zu fördern. Sie werden dabei von den Integrationsämtern unterstützt (§ 81 Abs. 5 S. 2 SGB IX). § 81 Abs. 5 S. 1 SGB IX ergänzt insoweit die sich aus § 81 Abs. 1 S. 1 SGB IX ergebende Verpflichtung des Arbeitgebers, zu prüfen, ob freie Arbeitsplätze mit schwerbehinderten Menschen besetzt werden können. Dabei soll der Arbeitgeber auch besonders die Teilzeitbeschäftigung von schwerbehinderten Menschen fördern, da ein schwerbehinderter Mensch oftmals mit dem verbliebenen Restleistungsvermögen nur noch in einer Teilzeitbeschäftigung tätig sein kann. Die Unterstützung dieser Förderung von Teilzeitarbeitsplätzen durch die Integrationsämter nach § 81 Abs. 5 S. 2 SGB IX wird mit Mitteln der begleitenden Hilfe (§ 102 Abs. 2 SGB IX) ermöglicht. Die Vorschrift des § 102 Abs. 2 S. 3 SGB IX, wonach als Arbeitsplätze auch Stellen gelten, auf denen Beschäftigte befristet oder als Teilzeitbeschäftigte in einem Umfang von mindestens 15 Wochenstunden beschäftigt werden, stellt klar, dass die begleitende Hilfe durch das Integrationsamt nicht nur bei unbefristeten, sondern auch bei befristeten Voll- und Teilzeitbeschäftigungsverhältnissen erfolgen kann. Ergänzend sieht § 81 Abs. 5 S. 3 SGB IX für schwerbehinderte und gleichgestellte Arbeitnehmer einen individualrechtlichen Anspruch auf tatsächliche Beschäftigung mit einer verringerten Arbeitszeit gegenüber ihrem Arbeitgeber vor, wenn die Arbeitszeitverkürzung wegen Art und Schwere der Behinderung notwendig ist.[485]

Dieser **Teilzeitanspruch** eines schwerbehinderten oder gleichgestellten Arbeitnehmers nach § 81 Abs. 5 S. 3 SGB IX besteht neben einem allgemeinen Anspruch auf Verringerung der Arbeitszeit nach § 8 TzBfG.[486]

Hinweis: Daher sollte bei der Prüfung eines Anspruches auf Teilzeitarbeit der Anspruchsteller – etwa im Rahmen der Beratung eines Mandanten – immer auch danach gefragt werden, ob er schwerbehindert oder gleichgestellt ist. Der Anspruch eines schwerbehinderten oder gleichgestellten Arbeitnehmers auf Teilzeitbeschäftigung ist sowohl unter den Voraussetzungen von § 8 TzBfG als auch von § 81 Abs. 5 S. 3 SGB IX zu überprüfen.

Im Unterschied zum allgemeinen Teilzeitanspruch, der zur Voraussetzung hat, dass der Arbeitgeber, unabhängig von der Anzahl der Personen in Berufsausbildung, in der Regel mehr als 15 Arbeitnehmer beschäftigt (§ 8 Abs. 7 TzBfG), besteht der Teil-

---

485 BAG vom 14.10.2003 – 9 AZR 100/03, NZA 2004, 614, 617 mwN; LAG Hamm vom 18.2.2002 – 8 Sa 620/01, LAGReport 2002, 301; Kossens in: Kossens/von der Heide/Maaß, § 81 Rn 62.
486 ErfK/Rolfs, § 81 SGB IX Rn 18; Hanau, NZA 2001, 1168, 1173; Rolfs/Paschke, BB 2002, 1260, 1263; Deinert in: Deinert/Neumann (Hrsg.), Hdb SGB IX, § 18 Rn 29 mwN.

zeitanspruch nach § 81 Abs. 5 S. 3 SGB IX auch in **Kleinbetrieben** mit weniger als 15 Beschäftigten und unabhängig davon, ob das Arbeitsverhältnis bereits sechs Monate bestanden hat (anders § 8 Abs. 1 TzBfG).[487]

298 Auch ist eine **mehrfache Reduzierung der Arbeitszeit** möglich sowie eine Kombination der Ansprüche, indem das Verlangen einmal auf § 81 Abs. 5 S. 3 SGB IX und ein anderes Mal auf § 8 TzBfG gestützt wird. Für die wiederholte Geltendmachung von Ansprüchen auf Teilzeitbeschäftigung nach § 81 Abs. 5 S. 3 SGB IX gilt die Zweijahresfrist des § 8 Abs. 6 TzBfG nicht, auch nicht im Verhältnis zwischen einem Anspruch nach § 81 Abs. 5 S. 3 SGB IX und einem Anspruch nach § 8 TzBfG.[488]

299 Auch kann der Anspruch nach § 81 Abs. 5 S. 3 SGB IX bei Erfüllung der Voraussetzungen jederzeit geltend gemacht werden, ohne dass der schwerbehinderte Arbeitnehmer an Formen und Fristen, wie sie für den allgemeinen Teilzeitanspruch in § 8 TzBfG geregelt sind, gebunden ist.[489] Nach Sinn und Zweck des § 81 Abs. 5 S. 3 SGB IX ist dagegen ein anschließendes **Verlängerungsverlangen** nach § 9 TzBfG ausgeschlossen.[490] Nicht ausdrücklich gesetzlich geregelt ist die Frage, ob der schwerbehinderte Arbeitnehmer die Verlängerung seiner Arbeitszeit beanspruchen kann, wenn sich sein gesundheitlicher Zustand soweit verbessert hat, dass eine Teilzeitbeschäftigung wegen Art und Schwere der Behinderung nicht mehr notwendig wäre. Ein solcher Anspruch ist aber zu bejahen, weil es zur Teilhabe des schwerbehinderten Menschen am Arbeitsleben gehört, dass er wieder in Vollzeit arbeiten kann, wenn er hierzu gesundheitlich in der Lage ist.[491]

300 **Hinweis:** Ist absehbar, dass eine Teilzeitbeschäftigung des schwerbehinderten Arbeitnehmers wegen seiner Behinderung nur eine bestimmte Zeit notwendig sein wird, etwa wegen Durchführung einer bestimmten ärztlichen Therapie, empfiehlt es sich grundsätzlich, die **Reduzierung der Arbeitszeit** von vornherein **zu befristen**, um mögliche Probleme hinsichtlich einer Rückkehr zur vollen Beschäftigung von vornherein zu vermeiden. Aus Beweisgründen sollte auf die Schriftform der Befristung geachtet werden.[492]

301 Ein **Anspruch auf Einstellung** eines schwerbehinderten Arbeitnehmers **in Teilzeit** ergibt sich aber aus § 81 Abs. 5 S. 3 SGB IX nicht.[493] Ebenso ergibt sich aus § 81 Abs. 5 S. 3 SGB IX kein Anspruch auf einen **Wechsel in Altersteilzeit**.[494]

---

487 ErfK/Rolfs, § 81 SGB IX Rn 17; Rolfs/Paschke, BB 2002, 1260, 1263; Kossens in: Kossens/von der Heide/Maaß, § 81 Rn 62.
488 ErfK/Rolfs, § 81 SGB IX Rn 18; Rolfs/Paschke, BB 2002, 1260, 1263.
489 BAG vom 14.10.2003 – 9 AZR 100/03, NZA 2004, 614, 617; Kossens in: Kossens/von der Heide/Maaß, § 81 Rn 65; Düwell in: Dau/Düwell/Joussen, § 81 Rn 136.
490 ErfK/Rolfs, § 81 SGB IX Rn 18.
491 ErfK/Rolfs, § 81 SGB IX Rn 18; Düwell in: Dau/Düwell/Joussen, § 81 Rn 136; Kossens in: Kossens/von der Heide/Maaß, § 81 Rn 64 mwN.
492 Das Schriftformerfordernis des § 14 Abs. 4 TzBfG erfasst nicht die Befristung einzelner Arbeitsbedingungen, wie der Arbeitszeit im unbefristeten Arbeitsverhältnis – BAG vom 3.9.2003 – 7 AZR 106/03, NZA 2004, 255, 256; KR-Lipke, § 14 TzBfG Rn 368 mwN.
493 Deinert in: Deinert/Neumann (Hrsg.), Hdb SGB IX, § 18 Rn 34; Kossens in: Kossens/von der Heide/Maaß, § 81 Rn 62 mwN.
494 BAG vom 26.6.2001 – 9 AZR 244/00, NZA 2002, 44, 47; Deinert in: Deinert/Neumann (Hrsg.), Hdb SGB IX, § 18 Rn 33; ErfK/Rolfs, § 81 SGB IX Rn 17; Koch in: Schaub, § 178 Rn 54; Kossens in: Kossens/von der Heide/Maaß, § 81 Rn 63.

X. Anspruch auf Teilzeitbeschäftigung (§ 81 Abs. 5 SGB IX)

Bei Vorliegen der Voraussetzungen des § 81 Abs. 5 S. 3 SGB IX entsteht der schwerbehindertenrechtliche Teilzeitanspruch unmittelbar;[495] es bedarf keiner Zustimmung des Arbeitgebers und keiner Vertragsänderung. Dem schwerbehinderten Arbeitnehmer soll ermöglicht werden, ohne Gefährdung seiner Gesundheit weiterhin aktiv am beruflichen Leben teilzuhaben. Ihm wird deshalb ermöglicht, durch den Zugang seines Verlangens beim Arbeitgeber eine behinderungsgerechte Verringerung der vertraglich geschuldeten Arbeitszeit zu bewirken.[496]

302

Lehnt der Arbeitgeber das Verlangen des schwerbehinderten Arbeitnehmers auf Reduzierung der Arbeitszeit ab, kann dieser seinen Anspruch vor den Arbeitsgerichten mit einer **Leistungsklage** geltend machen. Der Teilzeitanspruch nach § 81 Abs. 5 S. 3 SGB IX kann wie der allgemeine Teilzeitanspruch grundsätzlich auch im Wege einer **einstweiligen Verfügung** geltend gemacht werden.[497]

303

Zur Darlegung der **Notwendigkeit einer Verkürzung** der Arbeitszeit iSv § 81 Abs. 5 S. 3 SGB IX genügt es, wenn der schwerbehinderte Arbeitnehmer eine **ärztliche Bescheinigung** vorlegt, aus der hervorgeht, dass eine Verkürzung der Arbeitszeit aus gesundheitlichen Gründen erforderlich ist. Liegt ein **Bescheid eines Rentenversicherungsträgers** vor, der eine Teilerwerbsminderungsrente gewährt (Rente wegen teilweiser Erwerbsminderung – § 43 Abs. 1 SGB VI; Rente wegen teilweiser Erwerbsminderung bei Berufsunfähigkeit – § 240 Abs. 1 SGB VI), wird der Nachweis der Notwendigkeit einer Verkürzung der Arbeitszeit durch diesen Bescheid erbracht. Es obliegt dann dem Arbeitgeber, dessen Beweiskraft zu erschüttern.[498]

304

Hinreichende **Gründe für eine Reduzierung** der Arbeitszeit können u.a. sein:

305

- Körperliche Erkrankungen, die ein längeres Sitzen oder Stehen nicht möglich machen,
- Schmerzzustände, die ein längeres Stehen oder Sitzen beeinträchtigen,
- Probleme bei häufig wechselnden Anforderungen am Arbeitsplatz,
- seelische Erkrankungen, die das Konzentrationsvermögen beeinträchtigen,
- seelisch bedingte hohe Stressanfälligkeit,
- gesundheitliche Belastungen durch lange Wegezeiten,
- regelmäßiger Ausfall wegen einer Dialysebehandlung,
- ambulante Reha-Maßnahmen,
- Durchführung von zeitaufwändigen Therapien.

---

495 BAG vom 14.10.2003 – 9 AZR 100/03, NZA 2004, 614, 617 mwN; Kossens in: Kossens/von der Heide/Maaß, § 81 Rn 69; Neumann/Pahlen/Majerski-Pahlen, § 81 Rn 45; Deinert in: Deinert/Neumann (Hrsg.), Hdb SGB IX, § 18 Rn 32; Düwell in: Dau/Düwell/Joussen, § 81 Rn 136 mwN.
496 BAG vom 14.10.2003 – 9 AZR 100/03, NZA 2004, 614, 617 mwN.
497 LAG Berlin vom 20.2.2002 – 4 Sa 2243/91, NZA 2002, 859; LAG Rheinland-Pfalz vom 12.4.2002 – 3 Sa 161/02, NZA 2002, 857; Grobys/Bram, NZA 2001, 1175, 1181; Kliemt, NZA 2001, 63, 67; Kossens in: Kossens/von der Heide/Maaß, § 81 Rn 67 mwN.
498 ArbG Frankfurt vom 27.3.2002, ArbuR 2004, 69; Kossens in: Kossens/von der Heide/Maaß, § 81 Rn 68.

§ 1 Arbeitsrechtliche Regelungen im SGB IX

306 Der Teilzeitanspruch des schwerbehinderten Menschen steht unter dem **Vorbehalt der Zumutbarkeit für den Arbeitgeber**, da gem. § 81 Abs. 5 S. 3 Hs 2 SGB IX die Regelung in § 81 Abs. 4 S. 3 SGB IX entsprechend gilt. Demnach besteht ein Anspruch auf Teilzeitbeschäftigung nicht, soweit seine Erfüllung für den Arbeitgeber nicht zumutbar oder mit unverhältnismäßigen Aufwendungen verbunden wäre oder soweit die staatlichen oder berufsgenossenschaftlichen Arbeitsschutzvorschriften oder beamtenrechtlichen Vorschriften entgegenstehen.

307 Im Unterschied zum allgemeinen Teilzeitanspruch (§ 8 Abs. 4 TzBfG) reichen für die **Ablehnung des Teilzeitverlangens** des schwerbehinderten Arbeitnehmers durch den Arbeitgeber noch **keine betrieblichen Gründe** aus, also etwa die Beeinträchtigung der betrieblichen Organisation oder höhere Kosten durch die Einrichtung des Teilzeitarbeitsplatzes.[499] Die bei einer Teilzeitstelle erforderliche zusätzliche Arbeitsübergabe stellt ebenso wie der allgemein höhere Verwaltungs- und Betreuungsaufwand für Teilzeittätigkeiten für sich betrachtet keinen ausreichenden Grund dar.[500] Vielmehr besteht nur unter den sehr viel engeren Voraussetzungen der Unzumutbarkeit bzw unverhältnismäßiger Aufwendungen iSv § 84 Abs. 4 S. 3 SGB IX kein Teilzeitanspruch des schwerbehinderten Arbeitnehmers. Eine unzumutbare Belastung des Arbeitgebers kann dadurch vermindert werden, dass die Integrationsämter die Ausgleichsabgabe für Leistungen zur Förderung der Teilhabe schwerbehinderter Menschen am Arbeitsleben einsetzen (§ 77 Abs. 5 SGB IX) und dafür auch **Geldleistungen an Arbeitgeber** erbringen können (§ 102 Abs. 3 Nr. 2 SGB IX).[501] Erst wenn diese Mittel ausgeschöpft sind, ist zu beurteilen, ob trotzdem noch die Einrichtung eines Teilzeitarbeitsplatzes unzumutbar ist.[502]

308 **Hinweis:** Es ist sinnvoll, dass der schwerbehinderte Arbeitnehmer sein Teilzeitverlangen bereits mit dem Hinweis auf diese Förderungsmöglichkeiten verbindet und ergänzend darauf hinweist, dass ein Teilzeitarbeitsplatz mit mehr als 18 Wochenstunden auf die Pflichtplatzquote iSv § 71 Abs. 1 SGB IX als voller Arbeitsplatz angerechnet wird (§ 75 Abs. 2 S. 1 SGB IX). Da die **Schwerbehindertenvertretung** gem. § 95 Abs. 2 S. 1 SGB IX in allen Angelegenheiten zu beteiligen ist, die einen einzelnen schwerbehinderten Menschen betreffen, sowie unverzüglich und umfassend zu unterrichten und vor einer Entscheidung anzuhören ist,[503] kann auch die Schwerbehindertenvertretung auf diese Anreize für den Arbeitgeber hinweisen. Die Schwerbehindertenvertretung hat auch die Aufgabe, zu überwachen, dass der Arbeitgeber seine Verpflichtung aus § 81 Abs. 5 SGB IX erfüllt (§ 95 Abs. 1 S. 2 Nr. 1 SGB IX), und kann so ebenfalls das Teilzeitverlangen des schwerbehinderten Menschen unterstützen. Ein schwerbehinderter Arbeitnehmer sollte immer vor einem Teilzeitverlangen die Schwerbehindertenvertretung informieren und sie um Unterstützung bitten.

---

499 Rolfs/Paschke, BB 2002, 1260, 1264; Deinert in: Deinert/Neumann (Hrsg.), Hdb SGB IX, § 18 Rn 30 mwN.
500 LAG Köln vom 15.3.2006 – 3 Sa 1593/05, NZA-RR 2006, 515, Rn 17.
501 Vgl dazu Rn 401 ff.
502 Neumann/Pahlen/Majerski-Pahlen, § 81 Rn 47 mwN.
503 Die Verletzung dieser Verpflichtung durch den Arbeitgeber ist eine Ordnungswidrigkeit und mit einem Bußgeld von bis zu 10.000 EUR bewehrt, § 156 Abs. 1 Nr. 9 SGB IX.

Eine **Beschäftigung** des schwerbehinderten Menschen **in Teilzeit** ist aber etwa dann dem Arbeitgeber **unzumutbar**, wenn   309

- die Art der Arbeit des schwerbehinderten Menschen bestimmte Mindestzeiten erfordert[504] oder
- für das wegfallende Arbeitszeitdeputat keine Ersatzkraft gefunden werden kann[505] oder
- eine Teilung des Arbeitsplatzes technisch nicht möglich ist[506] oder
- der Arbeitgeber Änderungen der Arbeitsorganisation vornehmen müsste, die einen Eingriff in andere Arbeitsverhältnisse erfordern.[507]

XI. Integrationsvereinbarung

Gem. § 83 Abs. 1 S. 1 SGB IX treffen die Arbeitgeber mit der Schwerbehindertenvertretung und den in § 93 SGB IX genannten Vertretungen[508] in Zusammenarbeit mit dem Beauftragten des Arbeitgebers (§ 98 SGB IX)[509] eine verbindliche Integrationsvereinbarung. Auf **Antrag der Schwerbehindertenvertretung** wird unter Beteiligung der in § 93 SGB IX genannten Vertretungen hierüber verhandelt (§ 83 Abs. 1 S. 2 SGB IX). Ist eine Schwerbehindertenvertretung nicht vorhanden, steht das Antragsrecht den in § 93 SGB IX genannten Vertretungen zu (§ 83 Abs. 1 S. 3 SGB IX).   310

Partner einer Integrationsvereinbarung sind also der **Arbeitgeber** auf der einen und die **Schwerbehindertenvertretung** sowie die jeweilige in § 93 SGB IX genannte Vertretung auf der anderen Seite. Beide Seiten können im Rahmen der gesetzlich geforderten Zusammenarbeit die **Integrationsämter** einladen, sich am Zustandekommen der Integrationsvereinbarung zu beteiligen (§ 83 Abs. 1 S. 4 SGB IX).   311

Wenn auch für jeden Arbeitgeber die Verpflichtung besteht, für Betriebe und Einrichtungen Integrationsvereinbarungen zu treffen, muss das nicht für jeden Betrieb getrennt erfolgen. Vielmehr kann ein Arbeitgeber mit **mehreren Betrieben** auch einheitlich eine solche Vereinbarung für alle Betriebe und Dienststellen schließen. Es gehört zu den Aufgaben der **Gesamtschwerbehindertenvertretung** nach § 97 Abs. 6 SGB IX, entsprechende Verhandlungen zu beantragen und gemeinsam über solche Regelungen zu beraten.[510] Dies schließt jedoch ein Initiativrecht der Schwerbehindertenvertretungen auf Ebene des einzelnen Betriebes nicht aus, denn die Gesamtschwerbehindertenvertretung vertritt die Interessen der schwerbehinderten Menschen in Angelegenhei-   312

---

504 Neumann/Pahlen/Majerski-Pahlen, § 81 Rn 47.
505 LAG Schleswig-Holstein vom 23.10.2001 – 3 Sa 393/01, LAGReport 2002, 29, das allerdings einen großzügigen Maßstab anlegt; vgl auch Deinert in: Deinert/Neumann (Hrsg.), § 18 Rn 30.
506 Neumann/Pahlen/Majerski-Pahlen, § 81 Rn 47.
507 LAG Schleswig-Holstein vom 23.10.2001 – 3 Sa 393/01, LAG-Report 2002, 29; Rolfs/Paschke, BB 2002, 1260, 1264; Kossens/Maaß, NZA 2000, 1025, 1027; Kossens in: Kossens/von der Heide/Maaß, § 81 Rn 169.
508 Dies sind Betriebs-, Personal-, Richter-, Staatsanwalts- und Präsidialrat.
509 Gem. § 98 SGB IX bestellt der Arbeitgeber einen Beauftragten, der ihn in Angelegenheiten schwerbehinderter Menschen verantwortlich vertritt; falls erforderlich, können auch mehrere Beauftragte bestellt werden. Dieser Beauftragte soll nach Möglichkeit ein schwerbehinderter Mensch sein und darauf achten, dass dem Arbeitgeber obliegende Verpflichtungen erfüllt werden.
510 Neumann/Pahlen/Majerski-Pahlen, § 83 Rn 3.

ten, die das Gesamtunternehmen oder mehrere Betriebe oder Dienststellen des Arbeitgebers betreffen, nur, wenn diese von den Schwerbehindertenvertretungen der einzelnen Betriebe oder Dienststellen nicht geregelt werden können (§ 97 Abs. 6 S. 1 SGB IX). Dies ist aber nur dann der Fall, wenn ein zwingendes Erfordernis für eine betriebs- oder unternehmensübergreifende Regelung besteht.[511] Dies ist zu verneinen, wenn die Gesamtschwerbehindertenvertretung ihr Initiativrecht nicht ausübt; in diesem Fall können auch die Schwerbehindertenvertretungen der einzelnen Betriebe eine Integrationsvereinbarung beantragen und verhandeln, so wünschenswert auch eine betriebsübergreifende Lösung wäre. Die Schwerbehindertenvertretung ist allein antragsberechtigt; Betriebs- bzw Personalrat sind etwa dann antragsberechtigt, wenn die Schwerbehindertenvertretung von ihrem **Initiativrecht** keinen Gebrauch macht oder nicht gewählt worden ist.[512]

313 Der Arbeitgeber, in dessen Betrieb eine Schwerbehindertenvertretung oder ein Betriebsrat bzw eine der in § 93 genannten Vertretungen besteht, ist also zu Verhandlungen über den Abschluss einer Integrationsvereinbarung verpflichtet, jedoch nicht zum Abschluss einer Integrationsvereinbarung nach Durchführung der Verhandlungen.[513] Das Gesetz geht insoweit vom guten Willen aller Beteiligten aus und sieht insoweit lediglich vor, dass beide Seiten im Rahmen der gesetzlich geforderten Zusammenarbeit die Integrationsämter einladen können, sich am Zustandekommen der Integrationsvereinbarung zu beteiligen und die Integrationsämter uU auftretende Pattsituationen und Meinungsverschiedenheiten auflösen können (§ 83 Abs. 1 S. 4 SGB IX).[514]

314 **Hinweis:** Die **Hinzuziehung der Integrationsämter** zu den Verhandlungen ist auch deshalb sinnvoll, weil dann nicht nur Auskunft über mögliche Hilfen gegeben werden, sondern zugleich festgelegt werden kann, was im Einzelnen beantragt wird und wie in Zukunft mit dem Integrationsamt und der Bundesagentur für Arbeit zusammengearbeitet werden kann. So kann die Integrationsvereinbarung zugleich auch zur Verfahrensordnung werden, wie zB bei Einstellungen oder Personalplanungen zur Verbesserung der Lage schwerbehinderter Arbeitnehmer künftig vorgegangen wird. Dazu kann der Inhalt von Anträgen festgelegt werden, es können aber auch Mitteilungspflichten und bestimmte Verfahrensabläufe vereinbart werden.

315 Unterlässt es der Arbeitgeber, sich an den Verhandlungen über eine Integrationsvereinbarung zu beteiligen, kann er im Rahmen eines **arbeitsgerichtlichen Beschlussver-**

---

511 Kossens in: Kossens/von der Heide/Maaß, § 97 Rn 9 mwN.
512 Neumann/Pahlen/Majerski-Pahlen, § 83 Rn 2; Düwell in: Dau/Düwell/Joussen, § 83 Rn 6.
513 LAG Hamm vom 19.1.2007 – 13 TaBV 58/06, NZA-RR 2007, 535; Kossens in: Kossens/von der Heide/ Maaß, § 83 Rn 5; Düwell in: Dau/Düwell/Joussen, § 83 Rn 14 ff mwN; Neumann/Pahlen/Majerski-Pahlen, § 83 Rn 4 mwN.
514 Neumann/Pahlen/Majerski-Pahlen, § 83 Rn 4; Düwell in: Dau/Düwell/Joussen, § 83 Rn 16, 17 mwN.

XI. Integrationsvereinbarung

fahrens zur Aufnahme von Verhandlungen gezwungen werden.[515] Das Gesetz sieht auch kein **Einigungsstellenverfahren** vor, wie etwa bei den in § 87 BetrVG geregelten Mitbestimmungsrechten des Betriebsrates. Wenn also bei den Verhandlungen über eine Integrationsvereinbarung keine Einigung erzielt werden kann, kommt eine Vereinbarung nicht zustande, weil für den Arbeitgeber keine Verpflichtung zum Abschluss einer solchen Integrationsvereinbarung besteht.[516]

§ 83 SGB IX schreibt für die Integrationsvereinbarung keine spezielle **Rechtsform** vor. Sie ist ein mehrseitiger kollektivrechtlicher Vertrag eigener Art, der rechtlich und inhaltlich verbindlich sein muss, wenn er Maßnahmen regelt, die der Eingliederung schwerbehinderter Menschen in den Betrieb bzw die Dienststelle dienen.[517] Die Integrationsvereinbarung legt Rechte und Pflichten fest, die insbesondere für den Arbeitgeber gelten. Er hat für die Durchführung der Integrationsvereinbarung zu sorgen. Die Schwerbehindertenvertretung hat die Pflicht zur Überwachung der vereinbarungsgemäßen Durchführung der Vereinbarung durch den Arbeitgeber (§ 95 Abs. 1 S. 2 Nr. 1 SGB IX). 316

In der Literatur wird vertreten, dass es sich bei der Integrationsvereinbarung um eine Betriebs- bzw Dienstvereinbarung handle.[518] Dieser Auffassung ist nicht zu folgen. Zwar ist der rechtliche Status einer Integrationsvereinbarung der einer verbindlichen Vereinbarung; darin ist sie einer Betriebs- oder Dienstvereinbarung gleichgestellt. Die Verbindlichkeit der Integrationsvereinbarung ist in § 83 Abs. 1 S. 1 SGB IX unmittelbar angesprochen. Dies schließt unverbindliche, allgemeine Absichtserklärungen und -bekundungen aus. Nur wenn die Integrationsvereinbarung durch den Betriebsrat als **freiwillige Betriebsvereinbarung** gem. § 88 BetrVG abgeschlossen und ausgestaltet wird, kann ihr die Wirkung einer Betriebsvereinbarung zukommen. 317

Subjektive Rechte des einzelnen Arbeitnehmers können sich aus einer Integrationsvereinbarung nicht ergeben, allenfalls dann, wenn die Integrationsvereinbarung konkrete Regelungen zugunsten der schwerbehinderten Arbeitnehmer im Sinne eines Vertrages zugunsten Dritter enthält.[519] 318

§ 83 Abs. 2 SGB IX gibt an, welchen **obligatorischen Inhalt** die Integrationsvereinbarung haben soll, dies sind: 319

- die Eingliederung schwerbehinderter Menschen,
- Personalplanung,
- Arbeitsplatzgestaltung,

---

515 Kossens in: Kossens/von der Heide/Maaß, § 83 Rn 6 mwN; aA Feldes u.a., Basiskommentar zum SGB IX, § 83 Rn 3, dort wird angenommen, dass die Interessenvertretung einen einklagbaren Rechtsanspruch auf Vereinbarungsabschluss hat, der auch ggf vor dem Arbeitsgericht eingeklagt und durchgesetzt werden könne; diese Auffassung ist aber abzulehnen, da sich ein solcher Anspruch weder aus dem Wortlaut noch aus der Historie der Vorschrift ergibt. Die Planung des BMGS, der SBV ein Recht auf Abschluss einer Integrationsvereinbarung einzuräumen (BT-Drucks. 15/1297, 37 f), ist bis heute nicht umgesetzt worden – so auch Düwell in: Dau/Düwell/Joussen, § 83 Rn 16.
516 Neumann/Pahlen/Majerski-Pahlen, § 83 Rn 4; Kossens in: Kossens/von der Heide/Maaß, § 83 Rn 5 mwN.
517 Wie hier Düwell in: Dau/Düwell/Joussen, § 83 Rn 8.
518 Kossens in: Kossens/von der Heide/Maaß, § 83 Rn 4; Neumann/Pahlen/Majerski-Pahlen, § 83 Rn 8 mwN; aA mehrseitiger kollektivrechtlicher Vertrag eigener Art: Düwell in: Dau/Düwell/Joussen, § 83 Rn 8 mwN.
519 LAG Bremen vom 9.9.2003 – 1 Sa 77/03; Düwell in: Dau/Düwell/Joussen, § 83 Rn 9.

- Gestaltung des Arbeitsumfelds,
- Arbeitsorganisation,
- Arbeitszeit sowie
- Regelungen über die Durchführung in den Betrieben und Dienststellen.

320 Bei der Personalplanung werden besondere Regelungen zur Beschäftigung eines angemessenen Anteils von schwerbehinderten Frauen vorgesehen (§ 83 Abs. 2 S. 2 SGB IX). Die Integrationsvereinbarung legt also fest, wie im Betrieb oder der Dienststelle zu verfahren ist, um möglichst effektiv diese Aufgaben des Arbeitgebers praktisch umzusetzen.

321 Mit dem ab dem 1.5.2004 eingeführten § 83 Abs. 2a SGB IX werden durch den Gesetzgeber weitere Inhalte einer Integrationsvereinbarung vorgegeben. Eingeführt wurde dieser Zusatz, um zu den obligatorischen Inhalten des § 83 Abs. 2 SGB IX Anregungen für **weitere sinnvolle Regelungsgegenstände** zu geben und damit die Verhandlungen zu erleichtern.[520]

322 Dies können nach § 83 Abs. 2a SGB IX folgende Regelungsgegenstände sein:
- angemessene Berücksichtigung schwerbehinderter Menschen bei der Besetzung freier, frei werdender oder neuer Stellen,
- eine anzustrebende Beschäftigungsquote einschließlich eines angemessenen Anteils schwerbehinderter Frauen,
- Teilzeitarbeit,
- Ausbildung behinderter Jugendlicher,
- Durchführung der betrieblichen Prävention (betriebliches Eingliederungsmanagement) und Gesundheitsförderung,
- Hinzuziehung des Werks- und Betriebsarztes auch für Beratungen über Leistungen zur Teilhabe sowie über besondere Hilfen im Arbeitsleben.

323 Mit den in § 83 Abs. 2a SGB IX aufgeführten Nummern 1 bis 6 werden alle Maßnahmen angesprochen, die dem Arbeitgeber schon kraft Gesetzes nach § 81 SGB IX und § 84 SGB IX obliegen. Diese Verpflichtungen sollen durch die Aufnahme in eine Integrationsvereinbarung noch größere Bedeutung erlangen. **Musterintegrationsvereinbarungen** für verschiedenste Betriebe und Branchen finden sich im Internet und in der Literatur.[521]

324 Die Integrationsvereinbarung ist sowohl dem Integrationsamt als auch der Agentur für Arbeit zu übermitteln, die für den Sitz des Arbeitgebers zuständig sind (§ 83 Abs. 1 S. 5 SGB IX). Die zuständige **Agentur für Arbeit** soll hierdurch einen Überblick über die innerbetrieblichen Gegebenheiten erhalten, soweit es um die Einstellung und

---

520 Neumann/Pahlen/Majerski-Pahlen, § 83 Rn 7 unter Hinweis auf BT-Drucks. 15/1783, 15; Cramer, NZA 2004, 698, 703.
521 So auf den Seiten www.rehadat.de unter Integrationsvereinbarungen und auf der Seite www.schwbv.de unter Dokumenten; vgl zum Inhalt einer Integrationsvereinbarung das Muster bei Kossens in: Kossens/von der Heide/Maaß, § 83 Rn 8 und Düwell in: Dau/Düwell/Joussen, § 83 Rn 28 ff.

Beschäftigung schwerbehinderter Menschen geht. Sie soll dadurch den Arbeitgeber gezielter beraten und die Vermittlung von arbeitslosen schwerbehinderten Menschen besser vorbereiten können. Für das **Integrationsamt** ist die Kenntnis der Inhalte der Integrationsvereinbarung eine wichtige Orientierung für die gezielte Durchführung von Präventionsmaßnahmen gem. § 84 SGB IX und die Bewertung von Anträgen von Arbeitgebern auf Zustimmung zu einer Kündigung schwerbehinderter Arbeitnehmer. § 83 Abs. 3 SGB IX verpflichtet den Arbeitgeber, in den **Versammlungen der schwerbehinderten Menschen** nach § 95 Abs. 6 SGB IX über alle Angelegenheiten im Zusammenhang mit der Eingliederung schwerbehinderter Menschen zu berichten. Eine besondere **Form der Berichterstattung** ist nicht vorgeschrieben. Zulässig ist auch ein schriftlicher Bericht, wenn die Möglichkeit der Nachfrage und Erörterung in der Versammlung besteht.[522] Der Arbeitgeber kann sich auch durch einen Vertreter bzw den Beauftragten des Arbeitgebers (§ 98 SGB IX) vertreten lassen.[523]

XII. Prävention und betriebliches Eingliederungsmanagement
1. Präventionsmaßnahmen bei Gefährdung des Arbeitsverhältnisses (§ 84 Abs. 1 SGB IX)

Nach § 84 Abs. 1 S. 1 SGB IX ist der Arbeitgeber bei Eintreten von personen-, verhaltens- oder betriebsbedingten Schwierigkeiten im Arbeits- oder sonstigen Beschäftigungsverhältnis, die zur Gefährdung dieses Verhältnisses führen können, verpflichtet, möglichst frühzeitig die Schwerbehindertenvertretung, die in § 93 SGB IX genannten Vertretungen sowie das Integrationsamt einzuschalten, um mit ihnen alle Möglichkeiten und alle zur Verfügung stehenden Hilfen zur Beratung sowie mögliche finanzielle Leistungen zu erörtern, mit denen die Schwierigkeiten beseitigt werden können und das Arbeits- oder sonstige Beschäftigungsverhältnis möglichst dauerhaft fortgesetzt werden kann. Die Regelung in § 84 Abs. 1 SGB IX richtet sich an alle Arbeitgeber, die schwerbehinderte Mitarbeiter beschäftigen,[524] **betrifft also nur schwerbehinderte und gleichgestellte** Menschen, was sich aus § 68 Abs. 1 SGB IX ergibt.[525]

325

Die genannten Gründe entsprechen den Gründen, die eine ordentliche Kündigung nach § 1 Abs. 2 KSchG sozial rechtfertigen können, zB

326

- Gründe in der Person:[526] etwa Alkohol- und Drogensucht, Eignung, Krankheit, Straftaten, Alkoholmissbrauch;

- Gründe im Verhalten:[527] etwa Anzeigen gegen den Arbeitgeber, Betriebsfriedensverstöße, private Telefongespräche, unerlaubte Internetnutzung bis zu Tätlichkeiten, unentschuldigtem Fehlen und ständigem Zuspätkommen;

---

522 Neumann/Pahlen/Majerski-Pahlen, § 83 Rn 14; Kossens in: Kossens/von der Heide/Maaß, § 83 Rn 10.
523 Neumann/Pahlen/Majerski-Pahlen, § 83 Rn 15; Kossens in: Kossens/von der Heide/Maaß, § 83 Rn 10.
524 Neumann/Pahlen/Majerski-Pahlen, § 84 Rn 2; BAG vom 7.12.2006 – 2 AZR 182/06, NZA 2007, 617, 619 mwN.
525 Vgl dazu Düwell in: Dau/Düwell/Joussen, § 84 Rn 10; Deinert in: Deinert/Neumann (Hrsg.), Hdb SGB IX, § 18 Rn 4 jeweils mwN.
526 Vgl dazu auch Düwell in: Dau/Düwell/Joussen, § 84 Rn 16 ff.
527 Vgl dazu auch Düwell in: Dau/Düwell/Joussen, § 84 Rn 19 ff.

- dringende betriebliche Gründe:[528] etwa Arbeitsverdichtung, Betriebsübergang, Fremdvergabe, Rationalisierung, Umsatzrückgang und Unrentabilität.[529]

327 Die Vorschrift des § 84 Abs. 1 SGB IX findet bei einer **außerordentlichen Kündigung** keine Anwendung, da sie nicht der Vermeidung einer außerordentlichen Kündigung aus wichtigem Grund dient, was sich schon aus der Aufzählung der Gründe für eine ordentliche Kündigung im Gesetzestext ergibt.[530] § 84 Abs. 1 SGB IX gilt dagegen auch für eine **ordentliche Änderungskündigung**.[531]

328 Der Arbeitgeber hat die genannten Stellen bei einer Gefährdung des Arbeitsverhältnisses möglichst frühzeitig einzuschalten. Der Gesetzgeber hatte die Vorstellung, dass durch den Ausbau der betrieblichen Prävention die Entstehung von Schwierigkeiten bei der Beschäftigung Schwerbehinderter möglichst verhindert werden und bei ihrem Eintreten jedenfalls frühzeitig behoben werden könnten.[532] Ziel dieser **gesetzlichen Prävention** ist die frühzeitige Klärung, ob und welche Maßnahmen zu ergreifen sind, um eine möglichst dauerhafte Fortsetzung des Beschäftigungsverhältnisses zu erreichen.[533] Daher hat der Arbeitgeber die genannten Stellen bereits dann einzuschalten, wenn er erstmalig eine Gefährdungslage für das Beschäftigungsverhältnis sieht. Die Vorschrift des § 84 Abs. 1 SGB IX dient als Steuerungsinstrument zur Früherkennung von Situationen, die in einer Gefährdung des Arbeitsverhältnisses enden können; Schwierigkeiten sollen bereits im Ansatz behoben werden. Zu spät ist eine Einschaltung der genannten Stellen erst kurz vor Einleitung des formalen Anhörungsverfahrens nach § 102 BetrVG.[534] „Schwierigkeiten" können nur dann angenommen werden, wenn es sich um Unzulänglichkeiten handelt, die noch nicht den Charakter von Kündigungsgründen aufweisen. Denn nach dem Gesetzeszweck sollen die präventiven Maßnahmen der Gefährdung und damit dem Entstehen von Kündigungsgründen zuvorkommen. Sind solche Gründe aber bereits entstanden, können sie nicht mehr verhindert werden. Das Arbeitsverhältnis ist dann bereits „kündigungsreif" und nicht etwa nur gefährdet. Eine Prävention kann es dann nicht mehr geben.[535] Daher ist ein Präventionsverfahren nach § 84 Abs. 1 SGB IX dem Arbeitgeber nicht mehr zumutbar, wenn eine **erhebliche Vertragsverletzung** vorliegt, die den Arbeitgeber zum Ausspruch einer Kündigung ohne vorherige Abmahnung oder sogar zu einer **außerordentlichen Kündigung** (§ 626 BGB) berechtigt. In einem solchen Fall kann ein Prä-

---

528 Vgl dazu auch Düwell in: Dau/Düwell/Joussen, § 84 Rn 20.
529 Vgl zu einzelnen Gründen Neumann/Pahlen/Majerski-Pahlen, § 84 Rn 3 und ErfK/Rolfs, § 84 SGB IX Rn 2.
530 Kossens in: Kossens/von der Heide/Maaß, § 84 Rn 3; differenzierend Neumann/Pahlen/Majerski-Pahlen, § 84 Rn 4: nur anwendbar, wenn durch länger andauerndes Verhalten die Fortsetzung des Arbeitsverhältnisses unzumutbar wird; aA Düwell in: Dau/Düwell/Joussen, § 84 Rn 11.
531 Kossens in: Kossens/von der Heide/Maaß, § 84 Rn 3; Düwell in: Dau/Düwell/Joussen, § 84 Rn 11.
532 Gesetzesbegründung zum „Gesetz zur Bekämpfung der Arbeitslosigkeit Schwerbehinderter" vom 29.9.2000, BGBl. I, 1394; BT-Drucks. 14/3372, 16.
533 BAG vom 4.10.2005 – 9 AZR 632/04, NZA 2006, 442, 445; BAG vom 7.12.2006 – 2 AZR 182/06, NZA 2007, 617, 619; BAG vom 28.6.2007 – 6 AZR 750/06, NZA 2007, 1049, 1053; Kossens in: Kossens/von der Heide/Maaß, § 84 Rn 1, 4.
534 Deinert in: Deinert/Neumann (Hrsg.), Hdb SGB IX, § 18 Rn 7; Kossens in: Kossens/von der Heide/Maaß, § 84 Rn 4; Düwell in: Dau/Düwell/Joussen, § 84 Rn 14 mwN.
535 BAG vom 7.12.2006 – 2 AZR 182/06, NZA 2007, 617, 620; kritisch dazu Düwell in: Dau/Düwell/Joussen, § 84 Rn 15.

XII. Prävention und betriebliches Eingliederungsmanagement

ventionsverfahren nur zu dem Ergebnis führen, dass die Weiterbeschäftigung in Ermangelung von Präventionsmöglichkeiten unzumutbar ist; ein sinnloses Präventionsverfahren muss der Arbeitgeber nicht durchführen.[536]

Der Arbeitgeber hat mit der Schwerbehindertenvertretung, den in § 93 SGB IX genannten Stellen und den Integrationsämtern alle Hilfen zur Beratung und finanziellen Leistungen mit dem Ziel zu erörtern, das Arbeitsverhältnis zu sichern.[537] **Erörtern** bedeutet den Austausch von Argumenten und Meinungen im Zusammenhang mit dem konkreten Einzelfall. Der Arbeitgeber kann sich daher nicht darauf beschränken, die im Gesetz genannten Stellen zu unterrichten, sondern es muss eine Besprechung mit dem Ziel einer Klärung des Sachverhalts und der Möglichkeit einer Kündigungsvermeidung stattfinden. Ein schriftlicher Informationsaustausch oder die bloße Anhörung genügen nicht.[538] Anders als beim BEM nach § 84 Abs. 2 SGB IX[539] ist beim Klärungsverfahren nach § 84 Abs. 1 SGB IX keine Zustimmung des Betroffenen erforderlich.[540] Als Hilfen kommen insbesondere die **begleitenden Hilfen im Arbeitsleben** nach § 102 Abs. 2 bis 4 SGB IX in Betracht. Diese umfassen neben finanziellen Leistungen (§ 102 Abs. 3 SGB IX) auch die nach den Umständen des Einzelfalles notwendige psychosoziale Betreuung des schwerbehinderten Menschen (§ 102 Abs. 2 S. 4 SGB IX) und die Übernahme der Kosten für eine Arbeitsassistenz aus den Mitteln der Ausgleichsabgabe (§ 102 Abs. 4 SGB IX).[541]

329

Im Rahmen der begleitenden Hilfe im Arbeitsleben können nach § 102 Abs. 2 S. 5 SGB IX auch die **Integrationsfachdienste** (§ 109 ff SGB IX) beteiligt werden, zu deren **Aufgaben** es u.a. gehört,

330

- als Ansprechpartner für die Arbeitgeber zur Verfügung zu stehen,
- über die Leistungen für die Arbeitgeber zu informieren und für die Arbeitgeber diese Leistungen abzuklären (§ 110 Abs. 1 Nr. 2, Abs. 2 Nr. 7 SGB IX),
- die schwerbehinderten Menschen, solange erforderlich, am Arbeitsplatz zu begleiten (§ 110 Abs. 2 Nr. 4 SGB IX) und
- eine Krisenintervention oder psychosoziale Betreuung durchzuführen (§ 110 Abs. 2 Nr. 6 SGB IX).[542]

Hinweis: Die **Schwerbehindertenvertretung** kann die Einschaltung des Integrationsfachdienstes (IFD) im Rahmen des Präventionsverfahrens anregen, falls dies nicht durch das Integrationsamt geschieht. Falls der Arbeitgeber das Präventionsverfahren nicht durchführt, kann die Schwerbehindertenvertretung ein **arbeitsgerichtliches Beschlussverfahren** einleiten, denn die Überwachung der Durchführung des Präventi-

331

---

536 BAG vom 7.12.2006 – 2 AZR 182/06, NZA 2007, 617, 620; zu dem gleichen Ergebnis gelangt Kossens in: Kossens/von der Heide/Maaß, § 84 Rn 3, der generell eine Anwendbarkeit des § 84 Abs. 1 SGB IX verneint, wenn Gründe für die außerordentliche Kündigung aus wichtigem Grund gem. § 626 BGB vorliegen.
537 Vgl dazu ausführlich Düwell in: Dau/Düwell/Joussen, § 84 Rn 24, 25.
538 So auch Düwell in: Dau/Düwell/Joussen, § 84 Rn 24.
539 Vgl dazu Rn 338 ff.
540 Vgl dazu Düwell in: Dau/Düwell/Joussen, § 84 Rn 13 mwN und Erläuterung der Gründe.
541 Vgl dazu Rn 401 ff.
542 Vgl zur Zielgruppe und Indikation des IFD Deusch in: Dau/Düwell/Joussen, § 109 Rn 1 ff.

onsverfahrens nach § 84 Abs. 1 SGB IX durch den Arbeitgeber gehört zu ihren Aufgaben (§ 95 Abs. 1 S. 2 Nr. 1 SGB IX). Entsprechendes gilt für den **Betriebs- und Personalrat** (§ 80 Abs. 1 Nr. 1 BetrVG, § 68 Abs. 1 Nr. 4, 5 PersVG, § 93 S. 2 SGB IX). Für den **Personalrat** ist der Rechtsweg zu den Verwaltungsgerichten eröffnet.[543] Dabei kann eine **einstweilige Anordnung** geboten sein.[544] Die Nichteinschaltung der SBV nach § 84 Abs. 1 SGB IX ist zugleich ein Verstoß gegen das Unterrichtungsgebot aus § 95 Abs. 2 SGB IX, der nach § 156 Abs. 1 Nr. 9 SGB IX als Ordnungswidrigkeit mit einem Bußgeld bis zu 10.000 EUR bedroht ist.[545]

332 Die Einhaltung des Präventionsverfahrens nach § 84 Abs. 1 SGB IX ist **keine formelle Wirksamkeitsvoraussetzung** für den Ausspruch einer Kündigung mit der Folge, dass eine Kündigung grundsätzlich nach § 84 Abs. 1 SGB IX unwirksam wäre, wenn ein Präventionsverfahren vor ihrem Ausspruch nicht durchgeführt worden ist.[546] Das BAG begründet diese zutreffende Ansicht damit, dass sich weder dem Wortlaut des § 84 Abs. 1 SGB IX noch der Gesetzesbegründung entnehmen lasse, dass Rechtsfolge einer Verletzung von § 84 Abs. 1 SGB IX stets die Unwirksamkeit einer Kündigung sein soll.[547] Während § 85 SGB IX ausdrücklich vorschreibt, dass die Kündigung des Arbeitsverhältnisses gegenüber einem schwerbehinderten Menschen durch den Arbeitgeber der Zustimmung des Integrationsamtes bedarf, und damit den Ausspruch der Kündigung verbietet, ihn jedoch unter Erlaubnisvorbehalt stellt, findet sich eine solche Formulierung in § 84 Abs. 1 SGB IX nicht. Die systematische Zuordnung der Vorschrift unter Kapitel 3: „Sonstige Pflichten der Arbeitgeber; Rechte der schwerbehinderten Menschen" statt unter Kapitel 4: „Kündigungsschutz" weist in dieselbe Richtung. Auch die Gesetzesbegründung,[548] wonach durch den Ausbau der betrieblichen Prävention die Entstehung von Schwierigkeiten bei der Beschäftigung schwerbehinderter Menschen möglichst verhindert bzw möglichst frühzeitig behoben werden sollte, erfordert es zwar, schwerbehinderte Arbeitnehmer vor Beeinträchtigungen zu schützen, nicht jedoch, sie von vornherein – und damit möglicherweise auch grundlos – besser zu stellen als nicht behinderte Arbeitnehmer.[549] § 84 Abs. 1 SGB IX stellt allerdings auch **keine reine Ordnungsvorschrift** dar, deren **Missachtung in jedem Fall folgenlos** für den Arbeitgeber bliebe.[550] Durch die dem Arbeitgeber in § 84 Abs. 1 SGB IX auferlegten besonderen Verhaltenspflichten soll möglichst frühzeitig einer Gefährdung des Arbeitsverhältnisses eines schwerbehinderten Menschen begegnet und die dauerhafte Fortsetzung der Beschäftigung erreicht werden. Die in § 84 Abs. 1

---

543 Vgl dazu Düwell in: Dau/Düwell/Joussen, § 84 Rn 67.
544 Vgl dazu Düwell in: Dau/Düwell/Joussen, § 84 Rn 67 mwN.
545 Vgl dazu Düwell in: Dau/Düwell/Joussen, § 84 Rn 68.
546 BAG vom 7.12.2006 – 2 AZR 182/06, NZA 2007, 617, 619; BAG vom 28.6.2007 – 6 AZR 750/06, NZA 2007, 1049, 1053; BAG vom 8.11.2007 – 2 AZR 425/06, NZA 2008, 471, 472; ErfK/Rolfs, § 84 SGB IX Rn 3; Düwell in: Dau/Düwell/Joussen, § 84 Rn 69 mwN; aA Brose, RdA 2006, 149; Schimanski, BehindertenR 2002, 121.
547 BAG vom 7.12.2006 – 2 AZR 182/06, NZA 2007, 617, 619 mwN; aA Brose, RdA 2006, 149; Schimanski, BehindertenR 2002, 121.
548 Gesetzesbegründung zum „Gesetz zur Bekämpfung der Arbeitslosigkeit Schwerbehinderter vom 29.9.2000, BGBl. I, 1394; BT-Drucks. 14/3372, 16.
549 BAG vom 7.12.2006 – 2 AZR 182/06, NZA 2007, 617, 619; BAG vom 28.6.2007 – 6 AZR 750/06, NZA 2007, 1049, 1053.
550 BAG vom 7.12.2006 – 2 AZR 182/06, NZA 2007, 617, 619.

XII. Prävention und betriebliches Eingliederungsmanagement

SGB IX genannten Maßnahmen dienen damit letztlich der Vermeidung eines Kündigungsausspruches zur Verhinderung der Arbeitslosigkeit schwerbehinderter Menschen.

Vor diesem Hintergrund ist davon auszugehen, dass § 84 Abs. 1 SGB IX eine Konkretisierung des dem gesamten Kündigungsschutzrecht innewohnenden **Verhältnismäßigkeitsgrundsatzes** darstellt.[551] Eine Kündigung ist danach nur erforderlich (ultima ratio), wenn sie nicht durch mildere Maßnahmen zu vermeiden ist.[552] Sie ist nicht gerechtfertigt, wenn es andere geeignete und mildere Mittel gibt, um die Vertragsstörung zukünftig zu beseitigen.[553] Wenn das Klärungsverfahren selbst im Verhältnis zur Kündigung keine mildere Maßnahme ist, dient es doch zur Feststellung der Umstände, aufgrund derer eine Kündigung durch andere, den Grundsatz der Verhältnismäßigkeit wahrende Maßnahmen vermieden werden kann.[554] Solche Mittel können beim Arbeitsverhältnis eines schwerbehinderten Menschen die in § 84 Abs. 1 SGB IX genannten Möglichkeiten und Hilfen zur Beratung und mögliche finanzielle Hilfen darstellen.[555] Eine Kündigung kann damit wegen des Verstoßes gegen den Verhältnismäßigkeitsgrundsatz als sozial ungerechtfertigt zu beurteilen sein, wenn bei gehöriger Durchführung des Präventionsverfahrens nach § 84 Abs. 1 SGB IX Möglichkeiten bestanden hätten, die Kündigung zu vermeiden.[556]

333

Das **Unterlassen des Präventionsverfahrens** steht einer Kündigung des schwerbehinderten Menschen dann nicht entgegen, wenn die Kündigung auch durch das Präventionsverfahren nicht hätte verhindert werden können.[557] Davon ist nach der Rechtsprechung des BAG auszugehen, wenn das Integrationsamt nach eingehender Prüfung unter Abwägung der Interessen des Schwerbehinderten und der betrieblichen Interessen zu dem Ergebnis gelangt ist, dass die Zustimmung zur Kündigung zu erteilen ist. Dann kann nur bei Vorliegen besonderer Anhaltspunkte davon ausgegangen werden, dass ein Präventionsverfahren nach § 84 Abs. 1 SGB IX die Kündigung hätte verhindern können.[558]

334

Hinweis: Daher ist von Seiten des schwerbehinderten Menschen besonderer Wert auf eine ordnungsgemäße Durchführung des **Zustimmungsverfahrens** zur ordentlichen Kündigung nach §§ 85 ff SGB IX[559] zu legen. In diesem Zustimmungsverfahren sollte sich der schwerbehinderte Arbeitnehmer darauf berufen, dass ein Präventionsverfahren noch nicht durchgeführt worden ist. In diesem Fall holt das Integrationsamt diese

335

---

551 So auch – mit Unterschieden im Einzelnen – BAG vom 7.12.2006 – 2 AZR 182/06, NZA 2007, 617, 619, 620 mwN; BAG vom 28.6.2007 – 6 AZR 750/06, NZA 2007, 1049, 1053; Düwell, DB 2000, 2570, 2573; Neumann/Pahlen/Majerski-Pahlen/Neumann, SGB IX, § 84 Rn 17; Düwell in: Dau/Düwell/Joussen, § 84 Rn 69 mwN.
552 St. Rspr des BAG, vgl nur BAG vom 15.8.2002 – 2 AZR 514/01, NZA 2003, 795; BAG vom 7.12.2006 – 2 AZR 182/06, NZA 2007, 617, 620 mwN.
553 St. Rspr des BAG, vgl nur BAG vom 12.1.2006 – 2 AZR 179/05, NZA 2006, 980.
554 BAG vom 28.6.2007 – 6 AZR 750/06, NZA 2007, 1049, 1053.
555 Vgl dazu oben Rn 329.
556 Düwell, DB 2000, 2570, 2573; BAG vom 7.12.2006 – 2 AZR 182/06, NZA 2007, 617, 620; BAG vom 28.6.2007 – 6 AZR 750/06, NZA 2007, 1049, 1053.
557 BAG vom 7.12.2006 – 2 AZR 182/06, NZA 2007, 617, 620.
558 BAG vom 7.12.2006 – 2 AZR 182/06, NZA 2007, 617, 620; aA Düwell, BB 2011, 2485, 2487.
559 Vgl dazu ausführlich Rn 441 ff.

Prävention im Zustimmungsverfahren nach. Ist aber erst einmal die Zustimmung des Integrationsamtes nach § 85 SGB IX zur Kündigung erfolgt, ohne dass ein Präventionsverfahren durchgeführt worden ist, steht dies im Kündigungsschutzprozess vor dem Arbeitsgericht einer Rechtmäßigkeit nur noch bei Vorliegen besonderer Anhaltspunkte entgegen.

336 Da der Verhältnismäßigkeitsgrundsatz außerhalb des Geltungsbereiches des Kündigungsschutzgesetzes bei der Prüfung der Wirksamkeit einer Kündigung keine Anwendung findet, hat die unterbliebene Durchführung des Präventionsverfahrens nach § 84 Abs. 1 SGB IX keine kündigungsrechtlichen Folgen für Kündigungen, die innerhalb der **Wartezeit** von sechs Monaten (§ 1 Abs. 1 KSchG) erfolgen.[560] Gleiches gilt, wenn das Kündigungsschutzgesetz generell, wie in **Kleinbetrieben** (§ 23 Abs. 1 S. 2, 3 KSchG), nicht anwendbar ist. Indem § 84 Abs. 1 SGB IX an die Terminologie des § 1 Abs. 2 KSchG anknüpft, wird deutlich, dass ein Unterbleiben des Präventionsverfahrens nur dann kündigungsrechtliche Folgen haben kann, wenn das Kündigungsschutzgesetz anwendbar ist und ein nach § 1 Abs. 2 S. 1 KSchG geeigneter Kündigungsgrund vorliegt.[561]

337 **Hinweis:** Ist nicht von vornherein eindeutig zu erkennen, dass die Kündigung durch das Präventionsverfahren nach § 84 Abs. 1 SGB IX nicht zu verhindern ist, ist dem **Arbeitgeber** zu raten, die Präventionsmaßnahmen vor Ausspruch einer Kündigung bzw einem Antrag auf Zustimmung des Integrationsamtes zu einer Kündigung nach § 85 SGB IX durchzuführen. Sind diese Möglichkeiten genutzt worden und ist dem Arbeitgeber gleichwohl die Aufrechterhaltung des Arbeitsverhältnisses nicht zumutbar, wird sich die Dauer des Kündigungsschutzverfahrens erheblich verkürzen und die Integrationsämter werden dann einer Kündigung des betroffenen Arbeitnehmers eher zustimmen. Insofern sollten Arbeitgeber die Bestimmung des § 84 SGB IX als Chance betrachten, eine Zustimmung des Integrationsamtes leichter erhalten zu können, zumal die Praxis zeigt, dass die Integrationsämter regelmäßig die Zustimmung unter Hinweis auf die Nichtdurchführung der in § 84 SGB IX genannten Präventionsmaßnahmen verweigern.

2. Betriebliches Eingliederungsmanagement (§ 84 Abs. 2 SGB IX)

338 § 84 Abs. 2 S. 1 SGB IX enthält seit dem 1.5.2004[562] die rechtliche Verpflichtung des Arbeitgebers für ein betriebliches Eingliederungsmanagement (BEM):

„Sind Beschäftigte innerhalb eines Jahres länger als sechs Wochen ununterbrochen oder wiederholt arbeitsunfähig, klärt der Arbeitgeber mit der zuständigen Interessenvertretung im Sinne des § 93, bei schwerbehinderten Menschen außerdem mit der Schwerbehindertenvertretung, mit Zustimmung und Beteiligung der betroffenen Person die Möglichkeiten, wie die Arbeitsunfähig-

---

560 BAG vom 28.6.2007 – 6 AZR 750/06, NZA 2007, 1049, 1053.
561 So BAG vom 28.6.2007 – 6 AZR 750/06, NZA 2007, 1049, 1053 sowohl zum Präventionsverfahren nach § 84 Abs. 1 als auch nach § 84 Abs. 2 SGB IX; aA Deinert in: Deinert/Neumann (Hrsg.), Hdb SGB IX, § 18 Rn 4 – die Anwendbarkeit des § 84 Abs. 1 SGB IX ist nicht davon abhängig, ob der schwerbehinderte oder gleichgestellte Arbeitnehmer Kündigungsschutz nach dem KSchG genießt.
562 Gesetz zur Förderung der Ausbildung und Beschäftigung schwerbehinderter Menschen vom 23.4.2004, BGBl. I, 606.

XII. Prävention und betriebliches Eingliederungsmanagement

keit möglichst überwunden werden und mit welchen Leistungen oder Hilfen erneuter Arbeitsunfähigkeit vorgebeugt und der Arbeitsplatz erhalten werden kann (betriebliches Eingliederungsmanagement)."

a) Zweck des betrieblichen Eingliederungsmanagements

Zweck des BEM ist es, durch die gemeinsame Anstrengung aller in § 84 Abs. 2 SGB IX genannten Beteiligten ein Verfahren zu schaffen, das durch geeignete Gesundheitsprävention das Arbeitsverhältnis möglichst dauerhaft sichert, weil viele Abgänge in die Arbeitslosigkeit aus Krankheitsgründen erfolgen und arbeitsplatzsichernde Hilfen der Integrationsämter vor der Beantragung einer Zustimmung zur Kündigung kaum in Anspruch genommen werden.[563] Die dem Arbeitgeber gem. § 84 Abs. 2 SGB IX auferlegten Verhaltenspflichten dienen dem Ziel, festzustellen, aufgrund welcher gesundheitlichen Einschränkungen es zu den bisherigen Ausfallzeiten gekommen ist und ob Möglichkeiten bestehen, sie durch bestimmte Veränderungen künftig zu verringern, um so eine Kündigung zu vermeiden und damit möglichst frühzeitig einer Gefährdung des Arbeitsverhältnisses eines kranken Menschen zu begegnen und die dauerhafte Fortsetzung der Beschäftigung zu erreichen.[564] § 84 Abs. 2 SGB IX ist vom Gesetzgeber als ein Instrument der betrieblichen Rehabilitation zur Ergänzung der im ersten Teil des SGB IX geregelten beruflichen und medizinischen Rehabilitation[565] gedacht. Daneben kann die Klärung von möglichen Maßnahmen nicht nur zur Verringerung der Arbeitsunfähigkeitszeiten und den mit dem krankheitsbedingten Ausfall verbundenen betrieblichen und finanziellen Belastungen des Arbeitgebers führen, sondern auch die Mehrbelastungen reduzieren, die der Belegschaft durch die vorübergehende Abwesenheit des arbeitsunfähigen Arbeitnehmers entstehen.[566] Zeiten der Arbeitsunfähigkeit sind also seit Einführung des BEM nach § 84 Abs. 2 SGB IX keine Phasen der Passivität, sondern dienen der Suche nach den Möglichkeiten zur Beseitigung der gesundheitsbedingten Störungen im Arbeitsverhältnis.[567]

339

Das Problem ist erheblich: Nach Schätzungen enden in Deutschland jährlich 400.000 Arbeitsverhältnisse aus rein gesundheitlichen Gründen. 200.000 Personen scheiden gesundheitsbedingt vorzeitig aus dem Arbeitsleben aus.[568] Nach dem DAK-Gesund-

340

---

563 BT-Drucks. 15/1783, 16; BAG vom 13.3.2012 – 1 ABR 78/10, NZA 2012, 748, 749, Rn 14.
564 Vgl zu den Zielen des § 84 Abs. 2 SGB IX: BAG vom 28.6.2007 – 6 AZR 750/06, NZA 2007, 1049, 1053; BAG vom 30.9.2010 – 2 AZR 88/09, NZA 2011, 39, 41, Rn 32; BAG vom 10.12.2009 – 2 AZR 400/08, DB 2010, 621 = NZA 2010, 398, Rn 20; BAG vom 7.2.2012 – 1 ABR 46/10, NZA 2012, 744, 745, Rn 21 mwN; BAG vom 13.3.2012 – 1 ABR 78/10, NZA 2012, 748, 749, Rn 14 mwN; Düwell in: Dau/Düwell/Joussen, § 84 Rn 28 ff; Kossens in: Kossens/von der Heide/Maaß, § 84 Rn 9; ErfK/Rolfs, § 84 SGB IX Rn 4; Gagel, NZA 2004, 1359; Nassibi, NZA 2012, 720, 721; Deinert, NZA 2010, 969, 971, jeweils mwN.
565 Kapitel 4 des ersten Teils des SGB IX regelt die Leistungen zur medizinischen Rehabilitation und Kapitel 5 die Leistungen zur Teilhabe am Arbeitsleben, also der beruflichen Rehabilitation; vgl zu den Leistungen der medizinischen Rehabilitation aus der gesetzlichen Krankenversicherung Brandts in: Richter (Hrsg.), Rehabilitationsrecht, § 1 Rn 21 ff; vgl zu den Leistungen der medizinischen Rehabilitation aus der gesetzlichen Rentenversicherung Ritter in: Richter (Hrsg.), Rehabilitationsrecht, § 2 Rn 46 ff und zu den Leistungen der beruflichen Rehabilitation § 2 Rn 106 ff.
566 BAG vom 7.2.2012 – 1 ABR 46/10, NZA 2012, 744, 745, Rn 21.
567 Vgl zu diesem Gesichtspunkt auch Düwell in: Dau/Düwell/Joussen, § 84 Rn 47; Deinert, NZA 2010, 969, 971 mwN.
568 Welti, NZS 2006, 623, 624 mwN.

heitsreport 2013 steigt die Anzahl der Arbeitnehmer, die wegen psychischer Erkrankungen lange ausfallen, stetig. Von 1997 bis 2012 nahmen die Arbeitsunfähigkeitstage aufgrund psychischer Erkrankungen um 165 %, oder anders gesagt, um den Faktor 2,7 zu. Die Zahl von Arbeitsunfähigkeiten, also die AU-Fälle, nahm in etwa der gleichen Größenordnung zu, nämlich um 142 % bzw um den Faktor 2,4. Ausfälle, die durch psychische Erkrankungen verursacht werden, dauern sehr lange, im Durchschnitt 33,2 AU-Tage. Noch länger sind nur die Fehltage wegen Neubildungen. Die durchschnittliche Dauer aller Arbeitsunfähigkeitszeiten liegt bei 12,6 Fehltagen. Seit 2004 hat die Zahl der Krankschreibungen aufgrund von Burn-out-Symptomen wie Erschöpfung und Antriebslosigkeit drastisch zugenommen. Hat es 2004 bei 100 Versicherten wegen solcher Symptome nur 0,6 Fehltage im Jahr gegeben, sind es 2011 rund 9 Tage gewesen.[569]

b) Persönlicher und sachlicher Anwendungsbereich

341 In Bezug auf den **persönlichen Anwendungsbereich** des § 84 Abs. 2 SGB IX stellt sich die Frage, ob die Regelung über das BEM in § 84 Abs. 2 SGB IX nur für schwerbehinderte Arbeitnehmer gilt[570] oder auf alle Arbeitnehmer anzuwenden ist.[571] Nach zutreffender Auffassung ist die Vorschrift des § 84 Abs. 2 SGB IX – anders als die Prävention nach § 84 Abs. 1 SGB IX – nicht nur auf schwerbehinderte oder behinderte Arbeitnehmer, sondern auf **alle Beschäftigten**, also auch auf nichtbehinderte Arbeitnehmer, anzuwenden.[572] Die Verpflichtung des Arbeitgebers zur Durchführung des BEM als Ausprägung des Verhältnismäßigkeitsgrundsatzes gilt jedoch nur im Rahmen der Anwendbarkeit des Kündigungsschutzgesetzes, also nicht in **Kleinbetrieben**.[573] Auch während der **sechsmonatigen Wartezeit** nach § 1 Abs. 1 KSchG ist kein BEM durchzuführen.[574] Dies wird zu Recht durch das BAG damit begründet,[575] dass gem. § 90 Abs. 1 Nr. 1 SGB IX der präventive Kündigungsschutz Schwerbehinderter nicht für Kündigungen gilt, die in den ersten sechs Monaten des Arbeitsverhältnisses erfolgen. Das Integrationsamt ist in diesen Fällen vor Ausspruch der Kündigung nicht

---

569 Nach einer Mitteilung der Bundespsychotherapeutenkammer – Quelle: ZEIT ONLINE 7.6.2012.
570 So Balders/Lepping, NZA 2005, 854; Brose, DB 2005, 719; Namendorf/Natzel, DB 2005, 390, 391; ErfK/Rolfs, § 84 SGB IX Rn 4.
571 LAG Niedersachsen vom 25.10.2006 – 6 Sa 974/05, BB 2007, 719; LAG Berlin vom 27.10.2005 – 10 Sa 783/05, NZA-RR 2006, 184; Löw, MDR 2005, 608, 609; Britschgi, AiB 2005, 284; Gagel, NZA 2004, 1359; Welti, NZS 2006, 623, 624; ErfK/Rolfs, § 84 SGB IX, Rn 4 mwN.
572 BAG vom 12.7.2007 – 2 AZR 716/06, NZA 2008, 173, 175; BAG vom 30.9.2010 – 2 AZR 88/09, NZA 2011, 39, 41, Rn 27; BAG vom 28.4.2011 – 8 AZR 515/10, NJW 2011, 2458, Rn 37; BAG vom 7.2.2012 – 1 ABR 46/10, NZA 2012, 744, Rn 9; LAG Hessen vom 19.3.2012 – 17 Sa 518/11, Rn 58; Linck in: Schaub, § 131 Rn 7; Neumann/Pahlen/Majerski-Pahlen, SGB IX , § 84 Rn 10; Düwell in: Dau/Düwell/Joussen, § 84 Rn 54; Deinert, NZA 2010, 969, 971; Nassibi, NZA 2012, 720, 721 jeweils mwN; aA ErfK/Rolfs, § 84 SGB IX Rn 4; kritisch zur systematischen Stellung des § 84 Abs. 2 SGB IX Edenfeld, NZA 2012, 713, 718.
573 BAG vom 24.1.2008 – 6 AZR 97/07, Rn 33, NZA-RR 2008, 405; Beyer/Jansen, BehindertenR 2010, 89, 94; aA LAG Niedersachsen vom 29.3.2005 – 1 Sa 1429/04, AuA 2005, 433; Düwell in: Dau/Düwell/Joussen, § 84 Rn 48; Linck in: Schaub, § 131, Rn 7; Deinert, NZA 2010, 969, 971; Deinert in: Deinert/Neumann (Hrsg.), Hdb SGB IX, § 18 Rn 10 jeweils mwN.
574 BAG vom 28.6.2007 – 6 AZR 750/06, NZA 2007, 1049, 1053; BAG vom 24.1.2008 – 6 AZR 96/07, NZA-RR 2008, 405; aA für Notwendigkeit des BEM auch in der Wartezeit Deinert, NZA 2010, 969, 971; Deinert in: Deinert/Neumann (Hrsg.), Hdb SGB IX, § 18 Rn 10; Kossens in: Kossens/von der Heide/Maaß, § 84 Rn 12.
575 BAG vom 24.1.2008 – 6 AZR 96/07, NZA-RR 2008, 405, Rn 34.

zu beteiligen. Der Arbeitgeber hat solche Kündigungen nach § 90 Abs. 3 SGB IX nur innerhalb von vier Tagen dem Integrationsamt anzuzeigen. Auch liegt nach Auffassung des BAG kein Verstoß gegen Grundrechte des Arbeitnehmers oder Europarecht vor, wenn außerhalb des Geltungsbereiches des Kündigungsschutzgesetzes kein BEM durchzuführen ist.[576]

Die Vorschrift ist **sachlich** immer dann anzuwenden, wenn Beschäftigte innerhalb eines Jahres länger als sechs Wochen ununterbrochen oder wiederholt arbeitsunfähig sind. Mit der Verwendung des Begriffs „arbeitsunfähig" in § 84 Abs. 2 S. 1 SGB IX hat der Gesetzgeber auf die zu § 3 Abs. 1 EFZG ergangene Begriffsbestimmung[577] Bezug genommen, die sich nicht von der Definition in den Arbeitsunfähigkeitsrichtlinien[578] unterscheidet, und keinen vom Entgeltfortzahlungsgesetz abweichenden Begriff mit anderen Merkmalen schaffen wollen.[579] Arbeitsunfähigkeit liegt gem. § 2 Abs. 1 S. 1, 2 AU-RL (Arbeitsunfähigkeits-Richtlinien) vor, wenn der Arbeitnehmer aufgrund von Krankheit seine zuletzt vor der Arbeitsunfähigkeit ausgeübte Tätigkeit nicht mehr oder nur unter der Gefahr der Verschlimmerung der Erkrankung ausführen kann. Für die Einleitung eines BEM gibt § 84 Abs. 2 S. 1 SGB IX den Begriff der Arbeitsunfähigkeit zwingend vor; dieser ist einer Ausgestaltung durch die Betriebsparteien nach § 87 Abs. 1 Nr. 7 BetrVG nicht zugänglich.[580] Bei der **Beurteilung der Arbeitsunfähigkeit** ist darauf abzustellen, welche Bedingungen die bisherige Tätigkeit geprägt haben.[581] Mit der Regelung des BEM in § 84 Abs. 2 SGB IX knüpft der Gesetzgeber an das Ende der Entgeltfortzahlung (§ 3 Abs. 1 S. 1 EFZG) und den Beginn des Krankengeldanspruchs gegen die Krankenkasse (§§ 44 Abs. 1, 49 Abs. 1 Nr. 1 SGB V) an. Die Verpflichtung des Arbeitgebers zur Durchführung von BEM setzt ein, wenn das Risiko fortgesetzter Arbeitsunfähigkeit nicht mehr von ihm allein zu tragen ist, sondern sozialisiert wird.[582]

Für die **Bemessung des Sechswochenzeitraums** des § 84 Abs. 2 S. 1 SGB IX sind die dem Arbeitgeber vom Arbeitnehmer nach § 5 Abs. 1 EFZG angezeigten Arbeitsunfähigkeitszeiten maßgeblich.[583] Dem Gesetzestext des § 84 Abs. 2 SGB IX ist nicht zu entnehmen, wie der Zeitraum „innerhalb eines Jahres" zu verstehen ist. Dem Zweck der Vorschrift nach, Arbeitsunfähigkeit vorzubeugen und den Arbeitsplatz zu erhalten, entspricht es am ehesten, auf das jeweils **zurückliegende Jahr** und nicht auf das Kalenderjahr abzustellen.[584] Würde auf das Kalenderjahr abgestellt, würde ohne ver-

---

576 BAG vom 24.1.2008 – 6 AZR 96/07, NZA-RR 2008, 405, Rn 35 ff.
577 Vgl dazu ErfK/Dörner, § 3 EFZG Rn 9 ff.
578 Richtlinien des Gemeinsamen Bundesausschusses über die Beurteilung der Arbeitsunfähigkeit und die Maßnahmen zur stufenweisen Wiedereingliederung (Arbeitsunfähigkeitsrichtlinien) nach § 92 Abs. 1 S. 2 Nr. 7 SGB V vom 1.12.2003 idF vom 19.9.2006.
579 BAG vom 13.3.2012 – 1 ABR 78/10, NZA 2012, 748, Rn 14, 15 mwN.
580 BAG vom 13.3.2012 – 1 ABR 78/10, NZA 2012, 748, Rn 13.
581 Vgl dazu auch BAG vom 7.8.1991 – 5 AZR 410/90, NZA 1992, 69; Balders/Lepping, NZA 2005, 854, 855.
582 Welti, NZS 2006, 623, 625.
583 BAG vom 13.3.2012 – 1 ABR 78/10, NZA 2012, 748, Rn 14.
584 Linck in: Schaub, § 131, Rn 7; Balders/Lepping, NZA 2005, 854, 855; Kossens in: Kossens in: Kossens/von der Heide/Maaß, § 84 Rn 16; Düwell in: Dau/Düwell/Joussen, § 84 Rn 53; Welti, NZS 2006, 623, 625; ErfK/Rolfs, § 84 SGB IX Rn 5.

nünftigen Grund eine sich über den Jahreswechsel hinziehende Krankheit ausgeschlossen.

344 Die **Ursache der Arbeitsunfähigkeit** bzw die Art der Erkrankung sind dabei unerheblich.[585] Eine Beschränkung des BEM auf solche Arbeitsunfähigkeitszeiträume, die auf dieselbe oder verwandte Ursachen zurückzuführen sind, ist zum einen mit dem Wortlaut von § 84 Abs. 2 SGB IX nicht zu vereinbaren und zum anderen nicht praktikabel. Die **Arbeitsunfähigkeitsbescheinigung**, die der Arbeitnehmer gem. § 5 Abs. 1 EntgFG dem Arbeitgeber vorzulegen hat, enthält in der Ausfertigung für den Arbeitgeber keine Diagnosen, sondern nur die Dauer der voraussichtlichen Arbeitsunfähigkeit. Nur in die Ausfertigung für die gesetzliche Krankenkasse sind durch den behandelnden Arzt die Diagnosen einzutragen, welche die Arbeitsunfähigkeit begründen, und entsprechend den Bestimmungen des § 295 SGB V zu bezeichnen (§ 5 Abs. 1 S. 2 AU-RL).

345 Der Arbeitgeber kann gem. § 275 Abs. 1 a S. 3 SGB V nur verlangen, dass die Krankenkasse eine **gutachtliche** Stellungnahme des Medizinischen Dienstes zur Überprüfung der Arbeitsunfähigkeit einholt; er hat aber keinen Anspruch auf Mitteilung der der Arbeitsunfähigkeit zugrunde liegenden Diagnosen oder Ursachen. Daher kann die Anwendbarkeit des betrieblichen Eingliederungsmanagements nicht von einer nicht überprüfbaren Voraussetzung abhängig sein, nämlich dass die Arbeitsunfähigkeit auf dieselbe Ursache oder auf verwandte Ursachen zurückzuführen ist.[586]

c) Umsetzung des betrieblichen Eingliederungsmanagements durch den Arbeitgeber

346 Der Arbeitgeber soll gem. § 84 Abs. 1 S. 1 SGB IX mit der zuständigen Interessenvertretung klären, wie die Arbeitsunfähigkeit möglichst überwunden und mit welchen Leistungen und Hilfen erneuter Arbeitsunfähigkeit vorgebeugt und der Arbeitsplatz erhalten werden kann. Ein BEM nach § 84 Abs. 2 SGB IX ist dabei auch dann durchzuführen, wenn **keine betriebliche Interessenvertretung** iSv § 93 SGB IX gebildet ist.[587] Die organisatorische Umsetzung obliegt dabei dem Arbeitgeber,[588] wobei das Gesetz in § 84 Abs. 2 SGB IX weder konkrete inhaltliche Anforderungen noch bestimmte Verfahrensschritte für das BEM vorsieht.[589]

347 **Hinweis:** Für die Einführung eines BEM kann der **Arbeitgeber finanzielle Unterstützung** von den Sozialleistungsträgern und dem Integrationsamt erhalten (§§ 84 Abs. 3, 102 Abs. 3 Ziff. 2 d) SGB IX, § 26 c SchwerbehindertenausgleichsVO).[590]

---

585 So auch ErfK/Rolfs, § 84 SGB IX Rn 5; Kossens in: Kossens/von der Heide/Maaß, § 84 Rn 16, 17; Deinert, NZA 2010, 969, 971 mwN; aA Balders/Lepping, NZA 2005, 854, 855.
586 So aber Balders/Lepping, NZA 2005, 854, 855.
587 BAG vom 30.9.2010 – 2 AZR 88/09, NZA 2011, 39 = DB 2011, 535, Rn 28, 31 mwN; Kossens in: Kossens/von der Heide/Maaß, § 84 Rn 18; Linck in: Schaub, § 131 Rn 7.
588 In diesem Sinne auch BAG vom 10.12.2009 – 2 AZR 198/09, DB 2010, 1015 = NZA 2010, 639, Rn 18; die Intiativlast für das BEM obliegt nach BAG vom 24.3.2011 – 2 AZR 170/10, NZA 2011, 254 dem Arbeitgeber.
589 BAG vom 10.12.2009 – 2 AZR 198/09, DB 2010, 1015 = NZA 2010, 639, Rn 18; BAG vom 10.12.2009 – 2 AZR 400/08, DB 2010, 621 = NZA 2010, 398, Rn 20; so auch Kossens in: Kossens/von der Heide/Maaß, § 84 Rn 10; Balders/Lepping, NZA 2005, 854, 855; Gagel, NZA 2004, 1359; Deinert, NZA 2010, 969, 972; Nassibi, NZA 2012, 720, 721.
590 Vgl dazu ausführlich Rn 401 ff.

XII. Prävention und betriebliches Eingliederungsmanagement 1

§ 84 Abs. 2 S. 3 SGB IX verpflichtet den Arbeitgeber, vor Beginn eines BEM die betroffene Person oder ihren gesetzlicher Vertreter[591] auf die **Ziele** des BEM sowie auf **Art und Umfang** der hierfür erhobenen und verwendeten **Daten hinzuweisen**. Diese Belehrung gehört zu einem regelkonformen Ersuchen des Arbeitgebers um Zustimmung des Arbeitnehmers zur Durchführung eines BEM; sie soll dem Arbeitnehmer die Entscheidung ermöglichen, ob er dem BEM zustimmt oder nicht.[592]   348

Im nächsten Schritt kommen bei der Umsetzung des BEM verschiedene Vorgehensweisen in Betracht, die den konkreten Bedingungen des Einzelfalles angepasst werden müssen. Soweit erforderlich wird der **Werks- oder Betriebsarzt** hinzugezogen (§ 84 Abs. 2 S. 2 SGB IX).   349

Welche **Anforderungen an ein ordnungsgemäßes BEM** zu stellen sind, hat die Rechtsprechung des BAG in zwei Urteilen vom 10.12.2009 konkretisiert.[593] Danach beschreibt § 84 Abs. 2 SGB IX den Klärungsprozess nicht als formalisiertes Verfahren, sondern als rechtlich regulierten, verlaufs- und ergebnisoffenen „Suchprozess", der individuell angepasste Lösungen zur Vermeidung zukünftiger Arbeitsunfähigkeit ermitteln soll.[594] Nach Auffassung des BAG soll so erreicht werden, dass keine der vernünftigerweise in Betracht kommenden zielführenden Möglichkeiten ausgeschlossen wird. Das Gesetz schreibt weder bestimmte Mittel vor, die auf jeden – oder auf gar keinen – Fall in Erwägung zu ziehen sind, noch beschreibt es bestimmte Ergebnisse, die das Eingliederungsmanagement haben muss oder nicht haben darf. Das BEM schreibt nicht die Erörterung bestimmter Mittel zur Vermeidung künftiger Arbeitsunfähigkeit vor. Ebenso wenig verlangt es bestimmte Ergebnisse. Erst recht verlangt es vom Arbeitgeber nicht, bestimmte Vorschläge zu unterbreiten. Vielmehr hat es jeder am BEM Beteiligte – auch der Arbeitnehmer – selbst in der Hand, alle ihm sinnvoll erscheinenden Gesichtspunkte und Lösungsmöglichkeiten in das Gespräch einzubringen. Dies darf allerdings auch dem Arbeitnehmer nicht verwehrt werden.[595]   350

Hinweis: Daher ist es sinnvoll, dass jeder Beteiligte, insbesondere auch der Arbeitnehmer, seine Vorstellungen in das Verfahren des BEM einbringt und darauf hinwirkt, dass die Ergebnisse des BEM schriftlich festgehalten werden. Der Arbeitgeber ist grundsätzlich verpflichtet, einen Vorschlag, auf den sich die Teilnehmer eines BEM verständigt haben, zunächst umzusetzen, ehe er eine Kündigung ausspricht. Es ist kündigungsrechtlich gerade der Sinn des BEM, Möglichkeiten zur Erhaltung der Beschäftigung im Betrieb zu finden.[596]   351

---

591 Dies kann etwa ein Betreuer sein.
592 BAG vom 24.3.2011 – 2 AZR 170/10, NZA 2011, 254.
593 BAG vom 10.12.2009 – 2 AZR 198/09, DB 2010, 1015 = NZA 2010, 639; BAG vom 10.12.2009 – 2 AZR 400/08, DB 2010, 621 = NZA 2010, 398.
594 BAG vom 10.12.2009 – 2 AZR 198/09, DB 2010, 1015 = NZA 2010, 639, Rn 18; BAG vom 10.12.2009 – 2 AZR 400/08, DB 2010, 621 = NZA 2010, 398, Rn 20; LAG Köln vom 13.4.2012 – 5 Sa 551/11, Rn 43; Kohte, DB 2008, 582, 583.
595 BAG vom 10.12.2009 – 2 AZR 198/09, DB 2010, 1015 = NZA 2010, 639, Rn 19; vgl auch ErfK/Rolfs, § 84 SGB IX Rn 6; Schiefer/Borchard, DB 2010, 1884, 1886 f.
596 BAG vom 10.12.2009 – 2 AZR 198/09, DB 2010, 1015 = NZA 2010, 63, Rn 21.

352 Gleichwohl lassen sich aus dem Gesetz **gewisse Mindeststandards** ableiten. Zu diesen gehört es, die gesetzlich dafür vorgesehenen Stellen, Ämter und Personen zu beteiligen und zusammen mit ihnen eine an den gesetzlichen Zielen des BEM orientierte Klärung ernsthaft zu versuchen.[597]

353 **Hinweis:** Danach entspricht jedes Verfahren eines BEM den gesetzlichen Anforderungen, das die

- zu **beteiligenden Stellen** = zuständige Interessenvertretung nach § 93 SGB IX (zB Betriebs- oder Personalrat) und bei schwerbehinderten Mitarbeitern die Schwerbehindertenvertretung,

- **Ämter** = soweit Leistungen zur Teilhabe oder begleitende Hilfen im Arbeitsleben in Betracht kommen, die örtlichen gemeinsamen Servicestellen nach §§ 22 ff SGB IX und das Integrationsamt bei schwerbehinderten Mitarbeitern, und

- **Personen** = Arbeitnehmer und soweit erforderlich der Werks- oder Betriebsarzt,

einbezieht, das keine vernünftigerweise in Betracht zu ziehende Anpassungs- und Änderungsmöglichkeit ausschließt und in dem die von den Teilnehmern eingebrachten Vorschläge sachlich erörtert werden. Wird das durchgeführte Verfahren nicht einmal diesen Mindestanforderungen gerecht, kann das zur Unbeachtlichkeit des Verfahrens insgesamt führen. Da mit Hilfe des BEM mildere Mittel als die Kündigung, zB eine Umgestaltung des Arbeitsplatzes oder eine Fortbeschäftigung auf einem anderen, ggf durch Umsetzung freizumachenden Arbeitsplatz erkannt und entwickelt werden sollen, um auf diese Weise für eine möglichst dauerhafte Sicherung des Arbeitsverhältnisses zu sorgen, hat ein BEM zeitnah vor dem beabsichtigten Ausspruch einer krankheitsbedingten Kündigung zu erfolgen; ggf muss ein BEM mehrfach durchgeführt werden.[598]

354 Es besteht zwar keine Verpflichtung, eine **Integrationsvereinbarung** nach § 83 Abs. 2a Nr. 5 SGB IX abzuschließen oder eine Verfahrensordnung, etwa in Form einer **Betriebsvereinbarung**, aufzustellen, dies ist allerdings empfehlenswert. Die betrieblichen Interessenvertretungen sollten die Vorgabe verfahrensrechtlicher Mindeststandards durch die Rechtsprechung[599] zum Anlass nehmen, das betriebliche Eingliederungsmanagement über die Wahrnehmung der Mitbestimmungsrechte[600] als qualitätsgesicherten Prozess mit Verfahrensschritten und Instrumenten zu optimieren.[601]

---

[597] BAG vom 10.12.2009 – 2 AZR 400/08, NZA 2010, 398, 399, Rn 20; vgl zu den Mindestanforderungen des BAG auch Feldes, AiB 2011, 501.

[598] LAG Hamm vom 27.1.2012 – 13 Sa 1493/11, Rn 50 ff: Der beklagte Arbeitgeber hatte sich auf ein erstes Schreiben vom 25.11.2008 gestützt und auf ein erst wesentlich später stattgefundenes BEM-Gespräch am 29.9.2009; die Kündigung erfolgte dann am 3.11.2010. Dieser Zeitablauf wurde vom LAG Hamm als nicht mehr den Anforderungen für ein regelkonformes Ersuchen des Arbeitgebers um Zustimmung des Arbeitnehmers zur Durchführung des BEM nach § 84 Abs. 2 SGB IX angesehen und es wurde ein erneutes BEM vor Ausspruch der Kündigung für erforderlich gehalten und die Kündigung als nicht verhältnismäßig angesehen.

[599] BAG vom 10.12.2009 – 2 AZR 198/09, DB 2010, 1015 = NZA 2010, 639, Rn 18.

[600] Vgl zum Mitbestimmungsrecht des Betriebsrates unten Rn 365 ff.

[601] In diesem Sinne auch Feldes, AiB 2011, 501; vgl dazu auch Gagel, NZA 2004, 1359; Deinert in: Deinert/Neumann (Hrsg.), Hdb SGB IX, § 18 Rn 8 mwN; Düwell in: Dau/Düwell/Joussen, § 84 Rn 60 ff.

d) Zustimmung des Betroffenen

Ganz entscheidend ist, dass die Klärung der Möglichkeiten einer Aufrechterhaltung des Arbeitsverhältnisses nur „mit Zustimmung und Beteiligung der betroffenen Person" erfolgen kann. Bei der Zustimmung des Beschäftigten handelt es sich um eine **zwingende Voraussetzung** für ein ordnungsgemäßes BEM.[602] Oberster Grundsatz und Ziel des SGB IX ist nach § 1 S. 1 SGB IX das Selbstbestimmungsrecht des behinderten Menschen, der durch das Zustimmungserfordernis „Herr des Verfahrens" ist und beeinflussen kann, welche in § 84 Abs. 2 SGB IX genannten Stellen beteiligt und welche personenbezogenen Daten an sie weitergegeben werden.[603] Das in § 84 Abs. 2 S. 1 SGB IX bestimmte Zustimmungserfordernis soll gewährleisten, dass die Klärung des Gesundheitszustands nur freiwillig erfolgt.[604]

355

Der betroffene Mitarbeiter ist also in jeder Phase des BEM ein mitwirkungsberechtigter Partner. Der Erfolg eines vom Arbeitgeber ernst gemeinten BEM hängt maßgeblich vom Vertrauen des betroffenen Arbeitnehmers ab. Es geht vor allem darum, sein Vertrauen und seine Bereitschaft für Eingliederungsmaßnahmen zu gewinnen. Ein BEM kann ohne Vertraulichkeit in Bezug auf die gesundheitlichen Angaben des Arbeitnehmers schon deshalb nicht sinnvoll durchgeführt werden, weil der Arbeitnehmer regelmäßig nicht zur Mitteilung der Gründe für seine krankheitsbedingten Fehlzeiten verpflichtet ist und die vom Gesetzgeber angestrebte Klärung der möglichen Maßnahmen zu deren Reduzierung ohne die dafür erforderlichen Angaben des Arbeitnehmers nicht möglich ist. Ein BEM, an dem der betroffene Arbeitnehmer nicht aktiv mitwirkt, ist wenig erfolgversprechend.[605] Daher sollten Arbeitgeber für besondere Verschwiegenheit der an den BEM-Gesprächen Beteiligten Sorge tragen.

356

Hinweis: Die Bedeutung des **Einstiegs in das BEM** wird häufig unterschätzt; gerade bei der Frage, ob ein Arbeitnehmer der Durchführung eines BEM zustimmt oder nicht, spielen die Ängste der Arbeitnehmer, ihren Gesundheitszustand offenbaren zu müssen, eine große Rolle. Viele Arbeitnehmer sind durch die in der Vergangenheit häufig geübte Praxis sog. „Kranken- oder Rückkehrergespräche" verunsichert und fürchten den Verlust ihres Arbeitsplatzes wegen der Erkrankung. Hier ist es wichtig, die Betroffenen zu überzeugen, dass der Arbeitgeber ein Interesse an der Erhaltung des Arbeitsplatzes hat und es sinnvoll ist, die Zeit der Arbeitsunfähigkeit zur Erhaltung des Arbeitsplatzes zu nutzen.[606] Um Vertrauen zu schaffen, sollte Wert darauf gelegt werden, dem Arbeitnehmer zu vermitteln, dass er nicht verpflichtet ist, Diagnosen zu nennen. Arbeitnehmer sollten auch darauf vertrauen können, dass ihre Ge-

357

---

602 BAG vom 12.7.2007 – 2 AZR 716/06, NZA 2008, 173, Rn 51; BAG vom 24.3.2011 – 2 AZR 170/10, NZA 2011, 993, Rn 24 mwN.
603 ErfK/Rolfs, § 84 SGB IX Rn 5; Balders/Lepping, NZA 2005, 854, 855; Gagel, NZA 2004, 1359, 1360 f.
604 BAG vom 7.2.2012 – 1 ABR 46/10, NZA 2012, 744, 745, Rn 22.
605 BAG vom 7.2.2012 – 1 ABR 46/10, NZA 2012, 744, 745, Rn 22; vgl auch BVerwG vom 23.6.2010 – 6 P 8/09, NZA-RR 2010, 554, Rn 40 zur Beteiligung des Personalrates für Mitarbeiteranschreiben im Rahmen des BEM, vgl zu dieser Entscheidung – Daniels, PersR 2010, 428.
606 Für die Einleitung eines Erstkontaktes sowie für das weitere Verfahren finden sich sinnvolle Hinweise und Materialien zur Prozesskette in den Handlungsempfehlungen zum betrieblichen Eingliederungsmanagement, herausgegeben vom Landschaftsverband Rheinland in Köln, kostenlos zu bestellen als Publikation mit CD über die Homepage www.lvr.de.

sundheitsdaten von allen Beteiligten streng vertraulich behandelt werden und jede Phase des Klärungsprozesses von ihrer weiteren Zustimmung abhängig ist.

358 Auch wenn die Interessenvertretung nach § 93 SGB IX oder die Schwerbehindertenvertretung nach § 84 Abs. 2 S. 6 SGB IX die Klärung möglicher Maßnahmen verlangen, ist die Zustimmung des Betroffenen erforderlich.[607] Die nach § 84 Abs. 2 S. 1 SGB IX erforderliche Zustimmung der betroffenen Person bezieht sich jedoch nur auf den Klärungsprozess, nicht jedoch auf die vorhergehende Phase, die mit dem Zugang des Angebots über die Durchführung des BEM beim Arbeitnehmer endet.[608] Für diesen Teil des BEM hat der Gesetzgeber kein Zustimmungserfordernis normiert, so dass der Arbeitgeber dem Betriebsrat die Namen der Arbeitnehmer mit Arbeitsunfähigkeitszeiten von mehr als sechs Wochen im Jahreszeitraum auch dann mitteilen muss, wenn die Arbeitnehmer der Weitergabe nicht zugestimmt haben.[609]

359 Wenn der Arbeitnehmer von einem BEM keinen Gebrauch machen möchte oder die Zustimmung verweigert, entfallen die Verpflichtungen des Arbeitgebers; es besteht für den Arbeitgeber dann kein Anlass, weitere Maßnahmen im Rahmen des § 84 Abs. 2 SGB IX zu prüfen.[610] Der Arbeitgeber kann sich auf die fehlende Zustimmung des Arbeitnehmers im Hinblick auf die Vorschrift des § 84 Abs. 2 S. 3 SGB IX allerdings nur berufen, wenn er den betroffenen Arbeitnehmer zuvor auf die Ziele des BEM sowie auf Art und Umfang der hierfür erhobenen und verwendeten Daten hingewiesen hatte.[611] Die **Ablehnung** eines **Personalgespräches** aus **gesundheitlichen Gründen** reicht nicht aus, um darauf schließen zu können, es fehle am erforderlichen Einverständnis zur Durchführung des BEM.[612]

360 **Hinweis:** Daher sollte der Arbeitgeber aus Beweisgründen in jedem Einzelfall stets zu Beginn der jeweiligen Einzelmaßnahme im Rahmen des BEM dokumentieren, dass er den betreffenden Mitarbeiter eindeutig unter Einhaltung der Informationsverpflichtung nach § 84 Abs. 2 S. 3 SGB IX zur Durchführung des BEM aufgefordert hat. Er sollte sich die **Zustimmung** des Beschäftigten **schriftlich** geben lassen und insbesondere eine **Verweigerung der Zustimmung schriftlich** dokumentieren. Eine pauschale Zustimmung des Beschäftigten zum BEM ist unzulässig.

361 Die gesetzliche Verpflichtung zur Einleitung und Durchführung des BEM nach § 84 Abs. 2 SGB IX kann vom Arbeitnehmer eingefordert und eingeklagt werden.[613]

---

607 Balders/Lepping, NZA 2005, 854, 855 unter Hinweis auf BT-Drucks. 15/1783, 16.
608 BAG vom 7.2.2012 – 1 ABR 46/10, NZA 2012, 744, 745, Rn 19; vgl zum öffentlichen Dienst BVerwG vom 23.6.2010 – 6 P 8/09, NZA-RR 2010, 554, Rn 38 f; Daniels, PersR 2010, 428; Düwell in: Dau/Düwell/Joussen, § 84 Rn 50 mwN.
609 BAG vom 7.2.2012 – 1 ABR 46/10, NZA 2012, 744, 745, Rn 16 ff; vgl dazu auch Düwell in: Dau/Düwell/Joussen, § 84 Rn 49, 52 mwN.
610 Vgl dazu BAG vom 12.7.2007 – 2 AZR 716/06, NZA 2008, 173; BAG vom 7.2.2012 – 1 ABR 46/10, NZA 2012, 744, 745; KR-Griebeling, § 1 KSchG, Rn 324 d mwN; in diesem Sinne auch Schiefer/Borchard, DB 2011, 2435; Düwell in: Dau/Düwell/Joussen, § 84 Rn 56.
611 BAG vom 24.3.2011 – 2 AZR 170/10, NZA 2011, 993, Rn 23 mwN; Düwell in: Dau/Düwell/Joussen, § 84 Rn 56; vgl dazu auch Beyer/Jansen, BehindertenR 2010, 89, 92 f.
612 Beyer/Jansen, BehindertenR 2010, 89, 93 unter Hinweis auf LAG Hamm vom 26.9.2008 – 10 Sa 1876/07.
613 Welti, NZS 2006, 623, 626; Gagel, NZA 2004, 1359, 1361; aA Namendorf/Natzel, DB 2005, 1794, 1796.

XII. Prävention und betriebliches Eingliederungsmanagement

Es besteht zwar keine Pflicht des Beschäftigten zum BEM;[614] wer sich jedoch dem Angebot des Arbeitgebers verschließt, wird das Versäumnis später dem Arbeitgeber nicht vorhalten können und kann sich nach **Verweigerung der Zustimmung** nicht im Kündigungsschutzverfahren auf ein unterlassenes BEM berufen, sofern der Arbeitgeber seine Hinweispflichten aus § 84 Abs. 2 SGB IX korrekt erfüllt hat.[615] Stimmt der Arbeitnehmer einem BEM trotz ordnungsgemäßer Aufklärung nicht zu, ist das Unterlassen eines BEM „kündigungsneutral".[616]

Hinweis: Arbeitnehmer müssen sich also genau überlegen, ob sie ein Angebot des Arbeitgebers zur Einleitung und Durchführung des BEM nach § 84 Abs. 2 SGB IX ablehnen oder einzelnen Maßnahmen nicht zustimmen. Wenn die gesetzliche Regelung vom Freiwilligkeitsprinzip ausgeht, kann sich der Beschäftigte, der dem BEM – trotz ordnungsgemäßer Information über Ziele des BEM sowie über Art und Umfang der hierfür erhobenen Daten – nicht zugestimmt hat, im späteren Kündigungsprozess nicht darauf berufen, das BEM sei nicht durchgeführt worden. Er wird darlegen müssen, warum seine Weigerung kein Indiz für eine negative Prognose hinsichtlich seiner Arbeitsunfähigkeit ist,[617] kann sich allerdings trotzdem darauf berufen, dass eine Weiterbeschäftigung im Betrieb möglich ist.[618]

Es bedarf darüber hinaus einer gesonderten Einwilligung des Arbeitnehmers in den Umgang mit seinen Gesundheitsdaten. Insoweit ist eine **gesonderte Datenschutzerklärung** des Arbeitnehmers erforderlich; diese ist nicht konkludent dadurch abgegeben, dass der Arbeitnehmer der Durchführung des BEM zugestimmt hat.[619] Die im Rahmen des BEM zu Tage kommenden Daten bedürfen eines besonderen Geheimnisschutzes, der etwa dadurch gewährleistet werden kann, dass diese Daten in einer besonderen Akte oder in einem verschlossenen Umschlag mit eingeschränkten Zugangsrechten enthalten sind.

e) Beteiligung der betrieblichen Interessenvertretungen

Ein BEM ist nach § 84 Abs. 2 SGB IX bei Vorliegen der sonstigen Voraussetzungen auch dann durchzuführen, wenn **keine betriebliche Interessenvertretung** iSd § 93 SGB IX gebildet ist.[620] Besteht eine Interessenvertretung im Sinne des § 93 SGB IX, also ein Betriebs- oder Personalrat, und bei schwerbehinderten Menschen eine Schwerbehindertenvertretung, können diese ebenfalls die Durchführung eines BEM verlangen.

---

614 Für eine Mitwirkungspflicht des Betroffenen LAG Rheinland-Pfalz vom 12.2.2010 – 6 Sa 640/09; Gagel, NZA 2004, 1359, 1361; zu Recht aA ErfK/Rolfs, § 84 SGB IX Rn 5.
615 Beyer/Jansen, BehindertenR 2010, 89, 92; Deinert, NZA 2010, 969, 974 mwN.
616 BAG vom 24.3.2011 – 2 AZR 170/10, NZA 2011, 993, Rn 24; Düwell in: Dau/Düwell/Joussen, § 84 Rn 56.
617 So auch Welti, NZS 2006, 623, 626.
618 Deinert, NZA 2010, 969, 974.
619 Vgl hierzu sowie insgesamt ausführlich zum Datenschutz beim BEM: BAG vom 7.2.2012 – 1 ABR 46/10, NZA 2012, 744, 746, Rn 24 ff; Deinert, NZA 2010, 969, 973.
620 BAG vom 30.9.2010 – 2 AZR 88/09, NZA 2011, 39; LAG Schleswig-Holstein vom 17.11.2005 – 4 Sa 328/05, BehindertenR 2006, 170; Nassibi, NZA 2012, 720, 722; Düwell in: Dau/Düwell/Joussen, § 84 Rn 48 mwN.

366 Sie wachen im Übrigen darüber, dass der Arbeitgeber die ihm nach dieser Vorschrift obliegenden Verpflichtungen erfüllt (§ 84 Abs. 2 S. 6 und 7 SGB IX). Der Betriebsrat kann verlangen, dass ihm zu diesem Zweck der Arbeitgeber die Arbeitnehmer benennt, welche nach § 84 Abs. 2 SGB IX die Voraussetzungen für die Durchführung des BEM erfüllen. Hierfür ist die Überlassung einer Aufstellung mit den Namen der betroffenen Arbeitnehmer erforderlich.[621] Die Überwachungsaufgabe des Betriebsrates nach § 80 Abs. 1 Nr. 1 BetrVG ist nicht von einer vorherigen Einwilligung der betroffenen Arbeitnehmer abhängig und eine solche Zustimmungspflicht folgt auch nicht aus § 84 Abs. 2 SGB IX.[622] Datenschutzrechtliche Gründe stehen der Übermittlung der Namen der Arbeitnehmer, denen der Arbeitgeber die Durchführung eines BEM anbieten muss, nicht entgegen.[623] Für diesen Teil des BEM hat der Gesetzgeber kein Zustimmungserfordernis normiert, so dass der Arbeitgeber dem Betriebsrat die Namen der Arbeitnehmer mit Arbeitsunfähigkeitszeiten von mehr als sechs Wochen im Jahreszeitraum auch dann mitteilen muss, wenn diese Arbeitnehmer der Weitergabe nicht zugestimmt haben.[624]

367 Es besteht ein **Initiativrecht** zur Einleitung und Durchführung des BEM des Betriebs- oder Personalrates sowie im Falle eines schwerbehinderten oder gleichgestellten Arbeitnehmers auch der Schwerbehindertenvertretung, wobei das BEM im Einzelfall durch diese betrieblichen Interessenvertretungen mithilfe eines **arbeitsgerichtlichen Beschlussverfahrens** eingefordert werden kann.[625]

368 **Hinweis:** Der Betriebsrat kann der beabsichtigten Kündigung nach § 102 Abs. 3 Nr. 4 BetrVG widersprechen, wenn der Arbeitgeber Maßnahmen zur Beschäftigungssicherung, die sich im BEM-Verfahren gezeigt haben, insbesondere wenn eine angemessene Beschäftigung nach § 81 Abs. 4 SGB IX in Betracht kommt, unterlässt.[626]

369 Nach überwiegender Auffassung unterliegt die **generelle Einführung** des BEM der zwingenden Mitbestimmung des Betriebsrates nach § 87 Abs. 1 Nr. 1 bzw § 87

---

621 BAG vom 7.2.2012 – 1 ABR 46/10, NZA 2012, 744; vgl dazu auch Düwell in: Dau/Düwell/Joussen, § 84 Rn 49 ff, 52, 58; Nassibi, NZA 2012, 720, 722 mwN.
622 BAG vom 7.2.2012 – 1 ABR 46/10, NZA 2012, 744, Rn 17 ff; vgl dazu auch ErfK/Rolfs, § 84 SGB IX Rn 7.
623 BAG vom 7.2.2012 – 1 ABR 46/10, NZA 2012, 744, Rn 24 ff; die Frage, ob das durch Art. 2 Abs. 1 iVm Art. 1 Abs. 1 GG gewährleistete Recht auf informationelle Selbstbestimmung der Übermittlung der Namen von Arbeitnehmern mit krankheitsbedingten Fehlzeiten von mehr als sechs Wochen im vorangegangenen Jahreszeitraum an den Betriebsrat entgegensteht, hat das BAG in dieser Entscheidung offen gelassen, da der Arbeitgeber nicht befugt ist, sich gegenüber dem Überwachungsrecht des Betriebsrates auf Grundrechte von Arbeitnehmern zu berufen – Rn 50 unter Hinweis auf BAG vom 20.12.1995 – 7 ABR 8/95, NZA 1996, 945; BVerwG vom 23.6.2010 – 6 P 8/09, NZA-RR 2010, 554, Rn 38 ff; vgl dazu auch Nassibi, NZA 2012, 720, 722 mwN und Daniels, PersR 2010, 428.
624 BAG vom 7.2.2012 – 1 ABR 46/10, NZA 2012, 744, 745, Rn 16 ff; vgl dazu auch Düwell in: Dau/Düwell/Joussen, § 84 Rn 49, 52 mwN.
625 Balders/Lepping, NZA 2005, 854, 856; Gagel, NZA 2004, 1359, 1361; Welti, NZS 2006, 623, 626; Düwell in: Dau/Düwell/Joussen, § 84 Rn 57, 78 ff; Nassibi, NZA 2012, 720, 722 mwN.
626 Deinert in: Deinert/Neumann (Hrsg.), Hdb SGB IX, § 18 Rn 12; Kossens in: Kossens/von der Heide/Maaß, § 84 Rn 8.

XII. Prävention und betriebliches Eingliederungsmanagement

Abs. 1 Nr. 7 BetrVG.[627] Schließlich wird noch ein Mitbestimmungsrecht nach § 87 Abs. 1 Nr. 6 BetrVG bejaht, wenn die Zeiten der Arbeitsunfähigkeit elektronisch ausgewertet werden können.[628] Das BAG geht davon aus, dass bei der Ausgestaltung des BEM für jede einzelne Regelung zu prüfen ist, ob ein Mitbestimmungsrecht besteht. Ein solches könne sich bei allgemeinen Verfahrensfragen aus § 87 Abs. 1 Nr. 1 BetrVG, in Bezug auf die Nutzung und Verarbeitung von Gesundheitsdaten aus § 87 Abs. 1 Nr. 6 BetrVG und hinsichtlich der Ausgestaltung des Gesundheitsschutzes aus § 87 Abs. 1 Nr. 7 BetrVG ergeben, denn § 84 Abs. 2 SGB IX sei eine Rahmenvorschrift im Sinne der Bestimmung.[629]

Hinweis: Danach kann der Betriebsrat die Einführung eines BEM im Betrieb im Rahmen seiner Mitbestimmungsrechte unter Berufung auf § 87 Abs. 1 Nr. 1 bzw Nr. 7 BetrVG verlangen und ggf ein Einigungsstellenverfahren erzwingen. Für das **Einigungsstellenbesetzungsverfahren** ist durch die Rechtsprechung der Landesarbeitsgerichte inzwischen mehrfach entschieden worden, dass ein Mitbestimmungsrecht bei der Durchführung des BEM nach § 87 Abs. 1 Nr. 1 bzw § 87 Abs. 1 Nr. 7 BetrVG nicht offensichtlich ausgeschlossen ist.[630]

370

Grundsätzlich empfiehlt sich für das betriebliche Eingliederungsmanagement eine Verfahrensregelung in Form einer **Betriebs- oder Dienstvereinbarung** über die Einführung und Durchführung eines BEM, sofern ein Betriebs-/Personalrat besteht.[631] Diese sollte regeln

371

- die Art und Weise der Einleitung des Verfahrens,
- die Bestimmung etwaiger besonderer Ansprechpartner für den Arbeitnehmer,
- die Einschaltung der betrieblichen Vertretungen,
- die Konkretisierung von Verfahrensrechten des Betroffenen und der Betriebsvertretungen,
- die Rolle des Betriebs- oder Werksarztes,
- die Bestimmung von Korrespondenzpartnern für die gemeinsame Servicestelle und das Integrationsamt, und
- die Mitwirkungspflichten des Betroffenen.

---

627 ArbG Dortmund vom 20.6.2005 – 5 BV 48/05 – MBR nach § 87 Abs. 1 Nr. 1 BetrVG; LAG Schleswig-Holstein vom 19.12.2006 – 6 TaBV 14/06 – MBR nach § 87 Abs. 1 Nr. 7 BetrVG; LAG Berlin-Brandenburg vom 23.9.2010 – 25 TaBV 1155/10 – MBR nach § 87 Abs. 1 Nr. 1 BetrVG; Gagel, NZA 2004, 1359, 1360 f – MBR nach § 87 Abs. 1 Nr. 1 BetrVG; Kossens in: Kossens/von der Heide/Maaß, § 84 Rn 28 mwN – MBR nach § 87 Abs. 1 Nr. 7 BetrVG; Deinert in: Deinert/Neumann (Hrsg.), Hdb SGB IX, § 18 Rn 8 mwN – MBR nach § 87 Abs. 1 Nr. 7 und uU auch Nr. 1; Deinert, NZA 2010, 969, 972 – MBR nach § 87 Abs. 1 Nr. 1 und Nr. 7 BetrVG; Nassibi, NZA 2012, 720, 722 – MBR nach § 87 Abs. 1 Nr. 1 und Nr. 7 BetrVG mwN; aA Balders/Lepping, NZA 2005, 854, 856 – kein MBR; nur in sehr eingeschränktem Umfang – ErfK/Rolfs, § 84 SGB IX Rn 7; vgl auch die ausführliche Darstellung des Meinungsstandes bei Düwell in: Dau/Düwell/Joussen, § 84 Rn 61.
628 Nassibi, NZA 2012, 720, 723 mwN.
629 BAG vom 13.3.2012 – 1 ABR 78/10, NZA 2012, 748, 749, Rn 12 mwN.
630 LAG Schleswig-Holstein vom 19.12.2006 – 6 TaBV 14/06; LAG Berlin-Brandenburg vom 18.9.2009 – 14 TaBV 1416/09; LAG Düsseldorf vom 29.9.2009 – 17 TaBV 107/99; vgl auch Düwell in: Dau/Düwell/Joussen, § 84 Rn 63; ErfK/Rolfs, § 84 SGB IX Rn 7 mwN.
631 Düwell in: Dau/Düwell/Joussen, § 84 Rn 60.

Eine **Integrationsvereinbarung** (§ 83 SGB IX) kann ebenfalls das Verfahren eines BEM regeln, erfasst aber nur die schwerbehinderten Arbeitnehmer und daher nicht alle Arbeitnehmer des Betriebes.

372 **Hinweis:** Eine kollektive Regelung des BEM bietet vor allem die Chance, Misstrauen bei den Beschäftigten abzubauen. Dies betrifft insbesondere den Umgang mit den Gesundheitsdaten der Beschäftigten. Die Krankengeschichte der Personalabteilung oder selbst dem Betriebs- oder Personalrat zu offenbaren, wird vielen Langzeitkranken schwer fallen, gerade wenn Krankheiten eine psychische Komponente oder Ursache haben. In diesen Fällen kann eine Betriebsvereinbarung etwa regeln, dass sensible Daten nur einem kleinen Kreis von am BEM Beteiligten offenbart werden müssen, und auch nur insoweit, als sie für die Sachverhaltsermittlung in dem jeweiligen BEM-Verfahren von Bedeutung sind. Auch kann ein zur Verschwiegenheit besonders verpflichtetes **Integrationsteam** gebildet werden, so dass die Zahl derjenigen, die von diesen sensiblen Daten Kenntnis erlangen, auf das unumgänglich Notwendige beschränkt wird.

373 In einer **Betriebs- oder Dienstvereinbarung zum BEM** können zB folgende Punkte behandelt werden:[632]

▶ **1. Präambel**
- gemeinsame Grundlage und gemeinsame Ziele von Arbeitgeber, betrieblicher Interessenvertretung und Schwerbehindertenvertretung für das BEM im Betrieb
- gemeinsame Arbeit mit dieser Vereinbarung zum Wohl der Beschäftigten
- gemeinsame Weiterentwicklung

2. Ziele des Betrieblichen Eingliederungsmanagements
- die im § 84 Abs. 2 SGB IX genannten Ziele
- Konkretisierung nach den betrieblichen Gegebenheiten

3. Geltungsbereich
- gilt für alle Mitarbeiter/innen, nicht nur für schwerbehinderte oder gleichgestellte Beschäftigte

4. Maßnahmen zur Umsetzung
- Beauftragung von Integrationsteam, Betriebsarzt oder sonstigen BEM-Beauftragten
- Verantwortlichkeiten
- Erfassung von AU-Zeiten, Bedarfsfeststellung, Auslösung des BEM
- Maßnahmen, betriebliche Angebote zur Eingliederung
- Koordination der Aktivitäten im Einzelfall
- übergreifende Maßnahmen: Sensibilisierung von Führungskräften, Information und Kommunikation des Themas Eingliederung im Betrieb

5. Datenschutz

6. Geltungsdauer ◀

---

[632] Weiterführende Hinweise zur Gestaltung von Betriebs- oder Dienstvereinbarungen sind zu finden unter: www.iqpr.de und www.teilhabepraxis.de sowie bei Düwell in: Dau/Düwell/Joussen, § 84 Rn 91.

XII. Prävention und betriebliches Eingliederungsmanagement

Für die Einführung und Durchführung des BEM haben die Integrationsämter Handlungsempfehlungen und Materialien erarbeitet, die die Durchführung des BEM in den Betrieben erleichtern sollen.[633] Zu berücksichtigen ist, dass das BEM ein individuelles Verfahren ist, dessen Umsetzung sich immer an den Bedürfnissen des einzelnen Unternehmens und Betriebes zu orientieren hat. Das BEM ist in größeren Betrieben ganz anders umzusetzen als in kleineren Betrieben, beim Bestehen einer betrieblichen Interessenvertretung wiederum anders als in Betrieben ohne Betriebs-/Personalrat oder Schwerbehindertenvertretung.

374

f) Einbindung der Rehabilitationsträger und des Integrationsamtes

Das **Integrationsamt** benennt gem. § 102 Abs. 2 S. 7 SGB IX Ansprechpartner, die den Arbeitgebern zur Verfügung stehen, um sie über Funktion und Aufgaben der Integrationsfachdienste aufzuklären, über Möglichkeiten der begleitenden Hilfe im Arbeitsleben zu informieren und Kontakt zum Integrationsamt herzustellen. Insofern stehen die Integrationsämter und **Integrationsfachdienste** als Ansprechpartner für Informationen im Rahmen des BEM zur Verfügung.

375

Kommen Leistungen zur Teilhabe oder begleitende Hilfen im Arbeitsleben in Betracht, werden gem. der Regelung in § 84 Abs. 2 S. 4 SGB IX vom Arbeitgeber die **örtlichen gemeinsamen Servicestellen** (§§ 22–25 SGB IX) oder bei schwerbehinderten Beschäftigten das **Integrationsamt** zum BEM hinzugezogen. Diese wirken darauf hin, dass die erforderlichen Leistungen oder Hilfen unverzüglich beantragt und innerhalb der Frist des § 14 Abs. 2 S. 2 erbracht werden (§ 84 Abs. 2 S. 5 SGB IX).[634]

376

Hinweis: Welcher Rehabilitationsträger zuständig ist, kann im Einzelfall für den Arbeitgeber schwierig zu beurteilen sein. Bei unklarer Zuständigkeit sieht § 14 SGB IX ein Klärungsverfahren vor.[635] Die in das BEM eingebundenen gemeinsamen Servicestellen haben im Übrigen gem. § 22 Abs. 1 Ziff. 3 SGB IX u.a. die Aufgabe, zu klären, welcher Rehabilitationsträger zuständig ist, auf klare und sachdienliche Anträge hinzuwirken und sie an den zuständigen Rehabilitationsträger weiterzuleiten.

377

Die gesetzliche Regelung in § 84 Abs. 2 SGB IX wird ergänzt durch die Empfehlung zur Verbesserung der gegenseitigen Information und Kooperation aller beteiligten Akteure nach § 13 Abs. 2 Nr. 8 und 9 SGB IX.[636] Hervorzuheben ist, dass diese Empfehlung vorsieht, dass die Rehabilitationsträger sicherstellen, dass ihre jeweiligen **Rehabilitationsberater/Berufshelfer/Rehabilitationsmanager** auf Anforderung Betriebe aufsuchen, um in Beratungsgesprächen Wege zur Abklärung des Rehabilitationsbe-

378

---

633 Vgl etwa „Handlungsempfehlungen zum Betrieblichen Eingliederungsmanagement" des Landschaftsverbandes Rheinland, kostenlos als Publikation zu bestellen über die Homepage www.lvr.de. oder www.zbfs.bayern.de unter Integrationsamt/Eingliederungsmanagement mit einem Vorschlag zum 5-Phasen-System zur Früherkennung; oder www.integrationsaemter.de.
634 Diese Frist beträgt gem. § 14 Abs. 2 S. 2 SGB IX längstens drei Wochen.
635 Vgl dazu ausführlich Castendiek in: Deinert/Neumann (Hrsg.), Hdb SGB IX, § 8 Rn 48 ff; Ritter in: Richter (Hrsg.), Rehabilitationsrecht, § 2 Rn 25 ff.
636 Vgl dazu ausführlich Gagel, NZA 2004, 1359, 1360 f; diese Empfehlung zur Verbesserung der gegenseitigen Information und Kooperation aller beteiligten Akteure nach § 13 Abs. 2 Nr. 8 und 9 SGB IX findet sich als pdf-Datei auf der Homepage www.bar-frankfurt.de, Link: Gemeinsame Empfehlungen; vgl zu den Verfahrenspflichten der Sozialleistungsträger auch Welti, NZS 2006, 623, 628.

darfes und mögliche Leistungen zur Teilhabe aufzuzeigen. Sie leisten Unterstützung bei der Antragstellung, die im Rahmen eines BEM auch angefordert werden sollte.

379 Als **Leistungen zur Teilhabe am Arbeitsleben** kommen die in §§ 33, 34 SGB IX genannten Leistungen an Arbeitnehmer und Arbeitgeber in Betracht,[637] aber uU auch eine **medizinische Rehabilitation** mit anschließender „stufenweiser Wiedereingliederung" (§ 28 SGB IX).[638] Diese Leistungen werden an alle Arbeitnehmer erbracht, während ergänzend, allerdings nur für schwerbehinderte und gleichgestellte Arbeitnehmer, die in § 102 Abs. 3 Nr. 1 SGB IX genannten Leistungen der begleitenden Hilfe in Betracht kommen.[639]

380 **Hinweis:** Der Arbeitgeber hat vor Ausspruch einer krankheitsbedingten Kündigung eine (durch ein BEM) empfohlene Rehabilitationsmaßnahme schon von sich aus in Erwägung zu ziehen und ihre Durchführung in die Wege zu leiten. Bedarf es dazu der Einwilligung oder der Initiative des Arbeitnehmers, muss der Arbeitgeber um diese nachsuchen oder den Arbeitnehmer hierzu auffordern. Dazu kann er dem Arbeitnehmer eine Frist setzen. Der Arbeitgeber muss den Arbeitnehmer dabei deutlich darauf hinweisen, dass er im Weigerungsfall mit einer Kündigung rechnen müsse. Lehnt der Arbeitnehmer die Maßnahme dennoch ab oder bleibt er trotz Aufforderung untätig, braucht der Arbeitgeber die Maßnahme vor Ausspruch der Kündigung nicht mehr als milderes Mittel berücksichtigen.[640]

g) Zusammenfassung des BEM

381 Eine kurze Zusammenfassung eines BEM sieht wie folgt aus:[641]

1. Der **Arbeitgeber** leitet das Verfahren ein; er bemüht sich um die **Zustimmung des Arbeitnehmers** zur Einleitung des Verfahrens.
2. Bei Vorliegen der Zustimmung des Betroffenen zur Einleitung des Verfahrens klärt der **Arbeitgeber** mit dem **Betriebs-/Personalrat** und ggf der **Schwerbehindertenvertretung** sowie dem betroffenen Arbeitnehmer die Möglichkeiten, wie die Arbeitsunfähigkeit möglichst überwunden und mit welchen Hilfen und Leistungen erneuter Arbeitsunfähigkeit vorgebeugt und der Arbeitsplatz erhalten werden kann.

---

637 Vgl zur Teilhabe am Arbeitsleben ausführlich Ritter in: Richter (Hrsg.), Rehabilitationsrecht, § 2 Rn 118 ff.
638 Vgl zu den Leistungen der medizinischen Rehabilitation in der gesetzlichen Rentenversicherung ausführlich Ritter in: Richter (Hrsg.), Rehabilitationsrecht, § 2 Rn 46 ff und zur medizinischen Rehabilitation in der gesetzlichen Krankenversicherung Brandts in: Richter (Hrsg.), Rehabilitationsrecht, § 1 Rn 21 ff.
639 Vgl dazu ausführlich Rn 401 ff.
640 BAG vom 10.12.2009 – 2 AZR 400/08, DB 2010, 621 = NZA 2010, 398, Rn 29.
641 Es wurde bewusst auf einen ausführlichen Ablaufplan zur Umsetzung des BEM verzichtet, da das BEM individuell auf jeden Betrieb zugeschnitten werden sollte. Es wird jedem Arbeitgeber empfohlen, unter Zuhilfenahme der vorstehend genannten Handlungsempfehlungen und Materialien ein für ihn sinnvolles und praktikables Ablaufschema unter Berücksichtigung der gesetzlichen Vorgaben zu erstellen. Besonders empfohlen seien die Materialien zur Prozesskette in den Handlungsempfehlungen zum Betrieblichen Eingliederungsmanagement des Landschaftsverbandes Rheinland, kostenlos zu bestellen als Publikation über www.lvr.de. Diese enthalten: Fragen zur Vorbereitung des Erstkontaktes/Erstgespräches, Hinweise für den Arbeitgeber zum Erstkontakt, einen Gesprächsleitfaden für das Erstgespräch sowie Muster für Vereinbarungen für den Schutz persönlicher Daten, Datenblätter sowie Maßnahmen-Blätter für BEM sowie weitere Checklisten; vgl auch das Ablaufdiagramm bei Düwell in: Dau/Düwell/Joussen, § 84 Rn 92.

3. Soweit erforderlich wird der **Werks- oder Betriebsarzt** hinzugezogen.
4. Soweit Leistungen der Rehabilitationsträger oder des Integrationsamtes in Betracht kommen, ist die **örtliche gemeinsame Servicestelle der Rehabilitationsträger** und bei schwerbehinderten Arbeitnehmern zusätzlich das **Integrationsamt** hinzuzuziehen.
5. Der **Arbeitnehmer** ist zu beteiligen. In jeder Phase des BEM ist jeder Schritt von seiner Zustimmung abhängig. Der Arbeitnehmer ist zuvor auf die Ziele des BEM sowie auf die Art und den Umfang der hierfür erhobenen und verwendeten Daten hinzuweisen.

h) Auswirkungen auf den Kündigungsschutz

In der Literatur umstritten war die Frage, inwieweit eine **Verpflichtung des Arbeitgebers** besteht, vor Ausspruch einer krankheitsbedingten Kündigung des Arbeitnehmers ein BEM durchführen zu müssen. Nach einer in der Literatur vertretenen Auffassung sollte die Durchführung des BEM nach § 84 Abs. 2 SGB IX formelle Wirksamkeitsvoraussetzung für den Ausspruch einer Kündigung sein.[642] Nach anderer Auffassung ist § 84 Abs. 2 S. 1 SGB IX kündigungsschutzrechtlich irrelevant, da die Vorschrift selbst und die Gesetzesbegründung keine kündigungsschutzrechtlichen Folgen benennen.[643] Zum überwiegenden Teil wird in der Literatur die Auffassung vertreten, dass eine krankheitsbedingte Kündigung, die ohne Durchführung eines betrieblichen Eingliederungsmanagements ausgesprochen wird, wegen des Verstoßes gegen den „ultima-ratio-Grundsatz" sozialwidrig sei.[644] Dieser Auffassung ist zu folgen. Eine Nichtdurchführung der Verpflichtung gem. § 84 Abs. 2 SGB IX ist zwar nicht bußgeldbewehrt und, wie das BAG in ständiger Rechtsprechung bestätigt hat, keine formelle Wirksamkeitsvoraussetzung für den Ausspruch einer Kündigung, wie dies etwa bei § 102 BetrVG der Fall ist.[645] Allerdings ist § 84 Abs. 2 SGB IX auch kein bloßer Programmsatz oder eine reine Ordnungsvorschrift mit appellativem Charakter, deren Missachtung in jedem Fall folgenlos bliebe.[646]

Durch die dem Arbeitgeber von § 84 Abs. 2 SGB IX auferlegten besonderen Verhaltenspflichten soll möglichst frühzeitig einer Gefährdung des Arbeitsverhältnisses eines kranken Arbeitnehmers begegnet und die dauerhafte Fortsetzung der Beschäftigung

---

642 Brose, DB 2005, 390, 393.
643 Balders/Lepping, NZA 2005, 854, 857; Namendorf/Natzel, DB 2005, 1794, 1798.
644 Linck in: Schaub, § 131 Rn 9; Gagel, NZA 2001, 988; Welti, NZS 2006, 623, 626; Düwell, BB 2000, 2570, 2573; Löw, MDR 2005, 608, 609; Britschgi, AiB 2005, 284; 287; Deinert in: Deinert/Neumann (Hrsg.), Hdb SGB IX, § 18 Rn 25; Kossens in: Kossens/von der Heide/Maaß, § 84 Rn 26; Düwell in: Dau/Düwell/Joussen, § 84 Rn 83 ff; KR-Griebeling, § 1 KSchG Rn 324 e und 215 a mwN.
645 BAG vom 7.12.2006 – 2 AZR 182/06, DB 2007, 1089 = NJW 2007, 1995 = NZA 2007, 617; BAG vom 28.6.2007 – 6 AZR 750/06, NZA 2007, 1049, 1053; BAG vom 12.7.2007 – 2 AZR 716/06, NZA 2008, 173, 176; BAG vom 8.11.2007 – 2 AZR 425/06, NZA 2008, 471; BAG vom 24.1.2008 – 6 AZR 96/07, NZA-RR 2008, 405; BAG vom 23.4.2008 – 2 AZR 1012/06, NZA 2008, Rn 25, DB 2008, 2091 = BB 2008, 2409 = NZA-RR 2008, 515; BAG vom 10.12.2009 – 2 AZR 400/08, DB 2010, 621 = NZA 2010, 398, 399, Rn 18; BAG vom 10.12.2009 – 2 AZR 198/09, DB 2010, 1015 = NZA 2010, 639, 640, Rn 14; BAG vom 28.4.2011 – 2 AZR 515/10, NJW 2011, 2458, Rn 39 mwN; LAG Rheinland-Pfalz vom 5.7.2012 – 10 Sa 685/11; vgl zur BAG-Rechtsprechung auch ausführlich Beyer/Jansen, BehindertenR 2010, 89 ff; so auch Düwell in: Dau/Düwell/Joussen, § 84 Rn 83.
646 So ebenfalls BAG vom 12.7.2007 – 2 AZR 716/06, NZA 2008, 173, 176; BAG vom 10.12.2009 – 2 AZR 400/08, NZA 2010, 398, 399, Rn 18; so auch Düwell in: Dau/Düwell/Joussen, § 84 Rn 83.

erreicht werden. Die in § 84 Abs. 2 SGB IX genannten Maßnahmen dienen damit letztlich der Vermeidung der Kündigung und der Verhinderung von Arbeitslosigkeit erkrankter Arbeitnehmer. Dementsprechend stellt § 84 Abs. 2 SGB IX eine Konkretisierung des dem gesamten Kündigungsschutzrecht innewohnenden **Verhältnismäßigkeitsgrundsatzes** dar.[647] Eine Kündigung ist danach nur erforderlich („ultima-ratio"), wenn sie nicht durch mildere Maßnahmen vermieden werden kann. Es muss somit immer geprüft werden, ob die Kündigung nicht durch andere Maßnahmen vermieden werden kann.[648] Wenn die Durchführung des BEM nicht direkt ein solches milderes Mittel im Verhältnis zur Kündigung ist,[649] dient das BEM doch zur Feststellung solcher Umstände, aufgrund derer eine Kündigung durch andere, den Grundsatz der Verhältnismäßigkeit wahrende Maßnahmen vermieden werden kann,[650] wie zB die Umgestaltung des Arbeitsplatzes oder die Weiterbeschäftigungsmöglichkeit auf einem freien Arbeitsplatz – ggf zu geänderten Bedingungen, was eine krankheitsbedingte Kündigung ausschließen würde.[651]

384 Allerdings kann sich im Kündigungsschutzprozess ein Arbeitnehmer nur dann mit Erfolg auf ein nicht durchgeführtes BEM berufen, wenn bei gehöriger Durchführung des BEM überhaupt Möglichkeiten einer alternativen (Weiter-)Beschäftigung bestanden hätten, die eine Kündigung vermieden hätten.[652] Die **Beweislast** hierfür trägt der **Arbeitgeber**.[653]

385 **Hinweis:** Die Unterlassung des BEM steht also dann einer Kündigung nicht entgegen, wenn sie auch durch ein BEM nicht hätte verhindert werden können. Ein solcher Fall kann etwa vorliegen, wenn feststeht, dass die Wiederherstellung der Arbeitsfähigkeit eines Arbeitnehmers völlig ungewiss ist.[654] Dies gilt etwa auch bei einer Kündigung innerhalb der sechsmonatigen Wartezeit des § 1 Abs. 1 S. 1 KSchG. § 84

---

647 BAG vom 7.12.2006 – 2 AZR 182/06, DB 2007, 1089 = NJW 2007, 1995 = NZA 2007, 617; BAG vom 28.6.2007 – 6 AZR 750/06, NZA 2007, 1049, 1053; BAG vom 12.7.2007 – 2 AZR 716/06, NZA 2008, 173, 176; BAG vom 24.1.2008 – 6 AZR 750/06, NZA 2007, 1049; BAG vom 10.12.2009 – 2 AZR 198/09, DB 2010, 1015 = NZA 2010, 639; BAG vom 10.12.2009 – 2 AZR 400/08, DB 2010, 621 = NZA 2010, 398; BAG vom 30.9.2010 – 2 AZR 88/09, NZA 2011, 39, 42, Rn 35 mwN; BAG vom 28.4.2011 – 8 AZR 515/10, NJW 2011, 2458; LAG Hessen vom 19.3.2012 – 17 Sa 518/11; LAG Rheinland-Pfalz vom 5.7.2012 – 10 Sa 685/1, Düwell in: Dau/Düwell/Joussen, § 84 Rn 83.
648 BAG vom 15.8.2002 – 2 AZR 514/01, NZA 2003, 795; BAG vom 12.1.2006 – 2 AZR 179/05, NZA 2006, 980; BAG vom 30.9.2010 – 2 AZR 88/09, NZA 2011, 39, 40, Rn 12 mwN.
649 BAG vom 28.6.2007 – 6 AZR 750/06, NZA 2007, 1049, 1053; BAG vom 12.7.2007 – 2 AZR 716/06, NZA 2008, 173, 176; BAG vom 30.9.2010 – 2 AZR 88/09, NZA 2011, 39, 42, Rn 35; Linck in: Schaub, § 131 Rn 9.
650 BAG vom 28.6.2007 – 6 AZR 750/06, NZA 2007, 1049, 1053; BAG vom 12.7.2007 – 2 AZR 716/06, NZA 2008, 173, 176; vgl dazu auch Jüngst, Betrieb und Personal 2004, 595 ff.
651 BAG vom 19.4.2007 – 2 AZR 293/06, NZA 2007, 1041, 1042; vgl BAG vom 10.12.2009 – 2 AZR 198/09, DB 2010, 1015 = NZA 2010, 639, 640, Rn 14; BAG vom 10.12.2009 – 2 AZR 400/08, DB 2010, 621 = NZA 2010, 398, 399, Rn 18; BAG vom 30.9.2010 – 2 AZR 88/09, NZA 2011, 39, 42, Rn 35 mwN.
652 So auch BAG vom 12.7.2007 – 2 AZR 716/06, NZA 2008, 173, 176; BAG vom 23.4.2008 – 2 AZR 1012/06, 27, DB 2008, 2091 = BB 2008, 2409 = NZA-RR 2008, 515; BAG vom 10.12.2009 – 2 AZR 400/08, DB 2010, 621 = NZA 2010, 398, 399, Rn 18 mwN; vgl auch BAG vom 30.9.2010 – 2 AZR 88/09, NZA 2011, 39, 42, Rn 36; Düwell, BB 2000, 2570, 2573; Welti, NZS 2006, 623, 626; KR-Griebeling, § 1 KSchG, Rn 215 b; Deinert in: Deinert/Neumann (Hrsg.), Hdb SGB IX, § 18 Rn 12.
653 BAG vom 30.9.2010 – 2 AZR 88/09, NZA 2011, 39, 42, Rn 36; LAG Hessen vom 19.3.2012 – 17 Sa 518/11, Rn 54; LAG Rheinland-Pfalz vom 5.7.2012 – 10 Sa 685/1, Rn 28, 29.
654 Düwell in: Dau/Düwell/Joussen, § 84 Rn 83 unter Hinweis auf LAG Hamm vom 29.3.2006 – 18 Sa 2104/05, LAGE § 1 KSchG Krankheit Nr. 39.

Abs. 2 SGB IX ist nach der Rechtsprechung eine Konkretisierung des Verhältnismäßigkeitsgrundsatzes,655 der außerhalb des Kündigungsschutzgesetzes bei der Prüfung der Wirksamkeit einer Kündigung keine Anwendung findet.656 Selbst wenn der Arbeitgeber das BEM durchführt, ist er innerhalb der Wartezeit des § 1 Abs. 1 S. 1 KSchG nicht verpflichtet, den Arbeitnehmer aufgrund der hierbei gewonnenen Erkenntnisse zur Vermeidung einer Kündigung auf einem anderen Arbeitsplatz weiter zu beschäftigen.657

Findet das Kündigungsschutzgesetz keine Anwendung, ist allerdings bei einem Schwerbehinderten zu prüfen, ob sich die Kündigung als willkürlich erweist, wenn der Arbeitgeber sie ohne vorheriges BEM ausgesprochen hat.658 Willkür kann aber nicht schon dann bejaht werden, wenn der Arbeitgeber nicht den durch § 84 Abs. 2 SGB IX vorgezeichneten Weg gegangen ist, sondern erst, wenn er die Zielsetzung dieses Gesetzes völlig ignoriert hat.659 Bei der Prüfung einer willkürlichen Kündigung ist die Zustimmungsentscheidung des Integrationsamtes nach § 85 SGB IX zu beachten; wenn das Integrationsamt keine Veranlassung gesehen hat, im Hinblick auf § 84 Abs. 2 SGB IX die Zustimmung zu verweigern, so kann die daraufhin erfolgte Kündigung des Arbeitgebers unter diesem Gesichtspunkt erst recht nicht als willkürlich betrachtet werden.660

386

Ein Verstoß des Arbeitgebers gegen seine Verpflichtung, vor Ausspruch einer personenbedingten Kündigung ein ordnungsgemäßes BEM nach § 84 Abs. 2 SGB IX durchzuführen, kann allenfalls ein Indiz für die Vermutung darstellen, dass sich der Arbeitgeber nicht an seine gesetzlichen Verpflichtungen gegenüber Arbeitnehmern mit längeren Krankheitszeiten hält, aber nicht dafür, dass er behinderte Arbeitnehmer unzulässig benachteiligt. Damit ist ein Verstoß gegen § 84 Abs. 2 SGB IX nicht vergleichbar mit Verstößen gegen ausschließlich zugunsten behinderter Arbeitnehmer bestehende Verpflichtungen, welche ein Indiz iSd § 22 AGG für eine unzulässige Benachteiligung Behinderter darstellen können.661

387

i) Darlegungs- und Beweislast
Nach der Rechtsprechung des BAG führt die **Unterlassung eines BEM** durch den Arbeitgeber dazu, dass sich der Arbeitgeber in diesem Fall nicht darauf beschränken darf, im Kündigungsschutzprozess pauschal vorzutragen, er kenne keine alternativen

388

---

655 BAG vom 7.12.2006 – 2 AZR 182/06, DB 2007, 1089; BAG vom 10.12.2009 – 2 AZR 400/08, 18, DB 2010, 621 = NZA 2010, 398; BAG vom 10.12.2009 – 2 AZR 198/09, Rn 14, DB 2010, 1015 = NZA 2010, 639.
656 BAG vom 28.8.2003 – 2 AZR 333/02, AP Nr. 17 zu § 242 BGB Kündigung.
657 BAG vom 28.6.2007 – 6 AZR 750/06, NZA 2007, 1049, 1053; BAG vom 24.1.2008 – 6 AZR 96/07, NZA-RR 2008, 405; aA für Notwendigkeit des BEM auch für Arbeitnehmer, die keinen Kündigungsschutz genießen, Deinert in: Deinert/Neumann (Hrsg.), Hdb SGB IX, § 18 Rn 10; vgl auch Deinert, NZA 2010, 969, 973 f.
658 Vgl auch Deinert, NZA 2010, 969, 974.
659 LAG Schleswig-Holstein vom 17.11.2005 – 4 Sa 328/05, BehindertenR 2006, 170; aA Deinert, NZA 2010, 969, 974.
660 LAG Schleswig-Holstein vom 17.11.2005 – 4 Sa 328/05, BehindertenR 2006, 170; vgl auch BAG vom 8.11.2007 – 2 AZR 425/06, 17, NZA 2008, 471; vgl zur Zustimmung des Integrationsamtes auch Beyer/Jansen, BehindertenR 2010, 89, 93 f.
661 BAG vom 28.4.2011 – 8 AZR 515/10, NJW 2011, 2458, Rn 42, 43; ErfK/Rolfs, § 84 SGB IX Rn 4.

Einsatzmöglichkeiten für den erkrankten Arbeitnehmer bzw es gebe keine „freien Arbeitsplätze", die der erkrankte Arbeitnehmer noch aufgrund seiner Erkrankung ausfüllen könne, es bedarf vielmehr eines umfassenderen konkreten Sachvortrages des Arbeitgebers dazu,

- dass der Einsatz des Arbeitnehmers auf dem bisherigen Arbeitsplatz nicht mehr möglich ist und
- warum eine leidensgerechte Anpassung und Veränderung des bisherigen Arbeitsplatzes ausgeschlossen sei oder
- warum der Arbeitnehmer nicht auf einem (alternativen) Arbeitsplatz bei geänderter Tätigkeit eingesetzt werden könne.[662]

389 Diese neuere Rechtsprechung des BAG bedeutet eine Abkehr von der früheren Rechtsprechung zur Darlegungs- und Beweislast bei krankheitsbedingter Kündigung im Fall eines nicht durchgeführten BEM. Nach früherer Rechtsprechung trug der Arbeitgeber nach § 1 Abs. 2 S. 4 KSchG die Darlegungs- und Beweislast für die Tatsachen, die die Kündigung bedingten. Dazu gehörte bei einer krankheitsbedingten Kündigung auch die Darlegung fehlender – alternativer – Beschäftigungsmöglichkeiten, wobei nach ständiger Rechtsprechung ohnehin nur solche anderweitigen Beschäftigungsmöglichkeiten in Betracht kommen, die entweder gleichwertig mit der bisherigen Beschäftigung oder geringer bewertet sind.[663] Der Arbeitgeber konnte zunächst pauschal behaupten, es bestehe keine andere Beschäftigungsmöglichkeit für einen dauerhaft erkrankten Arbeitnehmer. Diese pauschale Behauptung umfasste auch den Vortrag, es bestehe keine Möglichkeit einer leidensgerechten Anpassung des Arbeitsverhältnisses bzw des Arbeitsplatzes. Der Arbeitnehmer musste in diesem Fall dann konkret darlegen, wie er sich eine Änderung des bisherigen Arbeitsplatzes oder eine andere Beschäftigungsmöglichkeit – an einem anderen Arbeitsplatz – vorstellt, die er trotz seiner gesundheitlichen Beeinträchtigung ausüben kann.[664]

390 Führt der **Arbeitgeber** aber bei Vorliegen der Voraussetzungen des § 84 Abs. 2 SGB IX ein **BEM nicht durch**, so gelten diese allgemeinen Beweislastgrundsätze nicht mehr. Der Arbeitgeber, so das BAG, dürfe sich durch seine dem Gesetz widersprechende Untätigkeit keine darlegungs- und beweisrechtlichen Vorteile verschaffen. Er hat vielmehr von sich aus denkbare oder vom Arbeitnehmer außergerichtlich bereits genannte Alternativen zu würdigen und im Einzelnen darzulegen, aus welchen Gründen sowohl eine Anpassung des bisherigen Arbeitsplatzes an dem Arbeitnehmer zuträgliche Arbeitsbedingungen als auch die Beschäftigung auf einem anderen leidens-

---

[662] BAG vom 28.6.2007 – 6 AZR 750/06, NZA 2007, 1049, 1053; BAG vom 10.12.2009 – 2 AZR 400/08, DB 2010, 621 = NZA 2010, 398, 399, Rn 19; BAG vom 10.12.2009 – 2 AZR 198/09, DB 2010, 1015 = NZA 2010, 639, 640, Rn 14; BAG vom 30.9.2010 – 2 AZR 88/09, NZA 2011, 39, 42, Rn 35 mwN; LAG Hessen vom 19.3.2012 – 17 Sa 518/11, Rn 53; Kossens in: Kossens/von der Heide/Maaß, § 84 Rn 26; Düwell in: Dau/Düwell/Joussen, § 84 Rn 83; vgl dazu mit ausführlicher Darstellung des Meinungsstandes – ErfK/Rolfs, § 84 SGB IX Rn 10, 11.
[663] Vgl nur BAG vom 19.4.2007 – 2 AZR 239/06, NZA 2007, 1041, 1043 mwN.
[664] BAG vom 26.5.1977 – 2 AZR 201/76, NJW 1978, 603; BAG vom 12.7.2007 – 2 AZR 716/06, NZA 2008, 173, 177.

gerechten Arbeitsplatz ausscheiden.[665] Das Gleiche gilt, wenn der Arbeitgeber zur Erfüllung seiner Verpflichtung aus § 84 Abs. 2 SGB IX ein Verfahren durchgeführt hat, das **nicht den gesetzlichen Mindestanforderungen** an ein BEM genügt.[666] Zu diesen gehört es, die gesetzlich dafür vorgesehenen Stellen, Ämter und Personen zu beteiligen und zusammen mit ihnen eine an den gesetzlichen Zielen des BEM orientierte Klärung ernsthaft zu versuchen.[667]

Hinweis: Das Unterlassen eines vorgeschriebenen BEM hat also Auswirkungen auf die Darlegungs- und Beweislast des Arbeitgebers in einem Kündigungsschutzprozess.[668]

391

Ist ein **BEM ordnungsgemäß durchgeführt** worden, ist der Arbeitgeber seiner Verpflichtung aus § 84 Abs. 2 SGB IX nachgekommen. Das BEM hat seinen Zweck erfüllt und sein Ende gefunden. Dieser Umstand hat – **je nach dem Ergebnis des BEM** – allerdings nach der neuen Rechtsprechung des BAG weitere Folgen für die Darlegungslast.[669]

392

Hat das BEM zu einem **negativen Ergebnis**, also zur Erkenntnis geführt, es gebe keine Möglichkeiten, die Arbeitsunfähigkeit des Arbeitnehmers zu überwinden oder künftig zu vermeiden, genügt der Arbeitgeber seiner Darlegungslast nach § 1 Abs. 2 S. 4 KSchG, wenn er auf diesen Umstand hinweist und behauptet, es bestünden keine anderen Beschäftigungsmöglichkeiten. Der nunmehr darlegungspflichtige Arbeitnehmer genügt seiner Darlegungslast grundsätzlich nicht dadurch, dass er auf alternative Beschäftigungsmöglichkeiten verweist, die während des BEM behandelt und verworfen worden sind. Der Verweis auf nicht behandelte Alternativen wird grundsätzlich ausgeschlossen sein. Der Arbeitnehmer muss diese bereits in das BEM einbringen. Er kann allenfalls auf Möglichkeiten verweisen, die sich erst nach Abschluss des BEM bis zum Zeitpunkt der Kündigung ergeben haben.[670]

393

Hat das BEM zu einem **positiven Ergebnis** geführt, ist der Arbeitgeber grundsätzlich verpflichtet, die empfohlene Maßnahme – soweit dies in seiner alleinigen Macht steht – vor Ausspruch einer krankheitsbedingten Kündigung als milderes Mittel umzusetzen. Kündigt er, ohne sie umgesetzt zu haben, muss er im Einzelnen und konkret darlegen, warum die Maßnahme entweder trotz Empfehlung undurchführbar war oder selbst bei einer Umsetzung diese keinesfalls zu einer Vermeidung oder Reduzie-

394

---

665 BAG vom 12.7.2007 – 2 AZR 716/06, NZA 2008, 173, 177; BAG vom 10.12.2009 – 2 AZR 198/09, NZA 2010, 639, 640, Rn 14; BAG vom 24.3.2011 – 2 AZR 170/10, NZA 2011, 992; LAG Hessen vom 19.3.2012 – 17 Sa 518/11, Rn 53; kritisch Tschöpe, NZA 2008, 398, 399 f.
666 BAG vom 10.12.2009 – 2 AZR 400/08, DB 2010, 621 = NZA 2010, 398, 399, Rn 20 mwN; LAG Köln vom 13.4.2012 – 5 Sa 551/11, Rn 43 ff; so auch Düwell in: Dau/Düwell/Joussen, § 84 Rn 84.
667 BAG vom 10.12.2009 – 2 AZR 400/08, DB 2010, 621 = NZA 2010, 398, 399, Rn 20 ff; Düwell in: Dau/Düwell/Joussen, § 84 Rn 84 mwN; vgl dazu auch oben Rn 353.
668 BAG vom 10.12.2009 – 2 AZR 198/09, NZA 2010, 639, 640, Rn 14; BAG vom 28.4.2011 – 8 AZR 515/10, NJW 2011, 2458, Rn 19.
669 BAG vom 10.12.2009 – 2 AZR 400/08, DB 2010, 621 = NZA 2010, 398, 399, Rn 23 ff.
670 BAG vom 10.12.2009 – 2 AZR 400/08, DB 2010, 621 = NZA 2010, 398, 399, Rn 24; Düwell in: Dau/Düwell/Joussen, § 84 Rn 85; kritisch hierzu Deinert, NZA 2010, 969, 974.

rung von Arbeitsunfähigkeitszeiten geführt hätte. Dem wird der Arbeitnehmer regelmäßig mit einem einfachen Bestreiten entgegentreten können.[671]

395 **Hinweis:** Angesichts der Ausgestaltung der neuen Darlegungs- und Beweislast bei Nichtdurchführung des BEM durch die Rechtsprechung des BAG ist einem Arbeitgeber dringend zur ordnungsgemäßen Durchführung des BEM entsprechend den durch die Rechtsprechung des BAG aufgestellten Mindeststandards zu raten. Andernfalls wird der Arbeitgeber bei den verschärften Anforderungen an seine Darlegungs- und Beweislast nur sehr geringe Chancen haben, eine krankheitsbedingte Kündigung – insbesondere wegen lang anhaltender oder dauerhafter Erkrankung – durchzusetzen.

396 Zusammengefasst ergibt sich folgender **Ablaufplan** bei der Kündigung eines Arbeitnehmers:[672]

- Die Durchführung des BEM ist keine formelle Wirksamkeitsvoraussetzung für eine Kündigung, aber auch kein bloßer Programmsatz.
- Das BEM konkretisiert den Verhältnismäßigkeitsgrundsatz, der aber nicht allein dadurch verletzt wird, dass das BEM nicht durchgeführt wird. Vielmehr müssen Möglichkeiten der Weiterbeschäftigung bestehen.
- Die Pflicht zur Durchführung des BEM hat Auswirkungen auf die Darlegungs- und Beweislast im Kündigungsschutzprozess.
- Wurde kein oder ein ungenügendes BEM durchgeführt, hat der Arbeitgeber darzulegen, weshalb denkbare oder aufgezeigte Alternativen mit Aussicht auf Reduzierung der Fehlzeiten nicht in Betracht kommen.
- Nach einem BEM mit negativem Ergebnis genügt der Hinweis darauf und auf fehlende andere Beschäftigungsmöglichkeiten. Der Arbeitnehmer muss dann weitere Alternativen im Einzelnen vortragen.
- Nach einem BEM mit positivem Ergebnis ist die Empfehlung grundsätzlich umzusetzen. Wird das nicht versucht und gekündigt, muss der Arbeitgeber darlegen, dass die Maßnahme undurchführbar war oder selbst die Umsetzung nicht zu einer Reduzierung der Ausfallzeiten geführt hätte.
- Bedarf die Empfehlung einer Einwilligung oder Initiative des Arbeitnehmers, kann der Arbeitgeber dafür eine angemessene Frist setzen. Läuft die Frist ergebnislos ab, ist eine angedrohte Kündigung nicht unverhältnismäßig.

j) Bedeutung für das Zustimmungsverfahren nach den §§ 85 ff SGB IX

397 Auch der EuGH hat klargestellt, dass das **Verbot der Diskriminierung wegen einer Behinderung** Entlassungen entgegensteht, die unter Berücksichtigung der Arbeitgeberpflichten zu angemessenen Vorkehrungen am Arbeitsplatz nicht gerechtfertigt

---

671 BAG vom 10.12.2009 – 2 AZR 400/08, DB 2010, 621 = NZA 2010, 398, 399, Rn 25; so auch BAG vom 10.12.2009 – 2 AZR 198/09, NZA 2010, 639, 641, Rn 21; Düwell in: Dau/Düwell/Joussen, § 84 Rn 86 mwN.
672 Entsprechend Neumann/Pahlen/Majerski-Pahlen, SGB IX, § 84 Rn 18 nach BAG vom 10.12.2009 – 2 AZR 400/08, NZA 2010, 398.

XII. Prävention und betriebliches Eingliederungsmanagement

sind.[673] In der verwaltungsgerichtlichen Rechtsprechung wird teilweise angenommen, dass ein unterlassenes Präventionsverfahren ein Verfahrensfehler ist und zur formellen Rechtswidrigkeit des Zustimmungsbescheides des Integrationsamtes führt.[674] Dieser Auffassung ist nicht zu folgen, da es sich weder beim Präventionsverfahren nach § 84 Abs. 1 SGB IX noch beim BEM nach § 84 Abs. 2 SGB IX um eine formelle Wirksamkeitsvoraussetzung im Hinblick auf die Zulässigkeit der Kündigung handelt;[675] dies muss entsprechend für das Zustimmungsverfahren nach den §§ 85 ff SGB IX gelten.[676]

Ist aber der kranke Beschäftigte schwerbehindert oder gleichgestellt, muss im Falle einer späteren Kündigung das **Integrationsamt** nach § 85 SGB IX der Kündigung zustimmen. Dieses entscheidet nach Ermessen und überprüft insbesondere jene Kündigungsgründe, die mit der Schwerbehinderung zusammenhängen.[677] Ist eine Zustimmung zur krankheitsbedingten Kündigung beantragt, muss das Integrationsamt seine Entscheidung danach ausrichten, ob die gesetzlich gebotenen Möglichkeiten zur Vermeidung der Kündigung eines schwerbehinderten oder gleichgestellten Beschäftigten ausgeschöpft worden sind. Zu diesen Möglichkeiten gehört auch die Durchführung des BEM nach § 84 Abs. 2 SGB IX.[678] Daher führt die Nichtdurchführung des BEM vor Ausspruch einer krankheitsbedingten Kündigung regelmäßig zur Aussetzung des Zustimmungsverfahrens nach den §§ 85 ff SGB IX und zur Aufforderung des Arbeitgebers durch das Integrationsamt, das Verfahren nach § 84 Abs. 2 SGB IX nachzuholen.[679] Dies gilt nur dann nicht, wenn die Kündigung auch bei Durchführung des BEM nicht hätte verhindert werden können.

398

Hinweis: In jedem Fall sind, insbesondere bei schwerbehinderten Arbeitnehmern, die möglichen **begleitenden Hilfen im Arbeitsleben**, die das Integrationsamt nach § 102 Abs. 3 SGB IX erbringen kann, sorgfältig zu prüfen. Mit diesen können die Kosten für den Arbeitgeber ausgeglichen oder gemindert werden, die ihm durch eine behindertengerechte Umgestaltung des Arbeitsplatzes, die Qualifikation des schwerbehinderten Beschäftigten und eine wesentlich verminderte Leistungsfähigkeit des schwerbehinderten Beschäftigten entstehen (§ 102 Abs. 3 Ziff. 1 a, 1 e, 2 a und 2 b SGB IX).

399

Bislang nicht abschließend geklärt ist, welche **Folgen die Zustimmung des Integrationsamtes in kündigungsschutzrechtlicher Hinsicht** hat. Das BAG vertritt im Hinblick auf das Präventionsverfahren gem. § 84 Abs. 1 SGB IX die Auffassung, dass das Präventionsverfahren die Kündigung nicht hätte vermeiden können, wenn das Integrationsamt der Kündigung zugestimmt hat.[680] Dies soll auch für das BEM nach § 84 Abs. 2 SGB IX gelten, weil das Integrationsamt vor jeder Zustimmungsentscheidung

400

---

673 EuGH vom 11.7.2006, Rs C-13/05 (Chacon Naves).
674 OVG Mecklenburg-Vorpommern vom 9.1.2003 – 2 M 105/03, BehindertenR 2005, 143.
675 So auch BAG vom 28.6.2007 – 6 AZR 750/06, NZA 2007, 1049, 1053; BAG vom 12.7.2007 – 2 AZR 716/06, NZA 2008, 173, 175 f jeweils mwN.
676 So auch BVerwG vom 29.8.2007 – 5 B 77/07, NJW 2008, 166 = BehindertenR 2008, 166; Kossens in: Kossens/von der Heide/Maaß, § 84 Rn 27.
677 St. Rspr vgl nur BVerwG vom 19.10.1995 – 5 C 24/93, BVerwGE 99, 336, 338; vgl auch Rn 608 ff.
678 BVerwG vom 29.8.2007 – 5 B 77/07, BehindertenR 2007, 193 = NJW 2008, 166, Rn 5.
679 Vgl dazu auch Deinert, NZA 2010, 969, 974 mwN.
680 BAG vom 7.12.2006 – 2 AZR 182/06, DB 2007, 1089 = NZA 2007, 617.

eine intensive Prüfung nach §§ 85 ff SGB IX durchführe und das Zustimmungsverfahren aussetzen könne, bis das BEM durchgeführt sei.[681] Dieser Auffassung ist aber nicht zu folgen,[682] weil § 84 Abs. 1 SGB IX nach seinem Anwendungsbereich nur für schwerbehinderte Menschen gilt,[683] während das Erfordernis des BEM nach § 84 Abs. 2 SGB IX für alle Arbeitnehmer, auch für nicht schwerbehinderte Menschen besteht. Würde es auf die Zustimmungsentscheidung des Integrationsamtes ankommen, so führt dies dazu, dass nicht behinderte Arbeitnehmer im Kündigungsschutzprozess besser gestellt wären als schwerbehinderte Arbeitnehmer.[684]

3. Förderung der Arbeitgeber durch Rehabilitationsträger und Integrationsämter (§§ 84 Abs. 2, 102 Abs. 3 u. 4 SGB IX)

401 In § 84 Abs. 3 SGB IX ist ergänzend geregelt, dass Rehabilitationsträger und Integrationsämter die Einführung eines BEM durch Prämien oder einen Bonus fördern.[685] Unter einem **Bonus** sind Ermäßigungen der Sozialversicherungsbeiträge zu verstehen. Diese können den Arbeitgeber- wie den Arbeitnehmeranteil betreffen (§ 65 a Abs. 2 SGB V) und geben einen Teil der beim Sozialleistungsträger erhofften Einsparungen an den Arbeitgeber weiter.

402 Die Ungleichbehandlung gegenüber Arbeitgebern, die kein BEM eingeführt haben, ist gerechtfertigt durch den Nutzen für die Rehabilitationsträger; dieser Nutzen besteht vor allem in der Ersparnis von Kranken- und Verletztengeld. Voraussetzung ist aber, dass der Arbeitgeber mehr tut, als ihm das Gesetz ohnehin vorgibt, weil ansonsten der irrige Eindruck entstünde, die geförderte Verpflichtung der Arbeitgeber zur Einführung eines BEM sei gar keine Verpflichtung.[686] Der Arbeitgeber muss also, um eine Ermäßigung der Krankenversicherungsbeiträge nach § 65 a Abs. 2 SGB V zu erhalten, für die Gesundheitsförderung seiner Beschäftigten zusätzliche Leistungen erbringen.[687] Darüber hinaus sieht das Gesetz eine Reihe von begleitenden Hilfen im

---

681 LAG Nürnberg vom 21.6.2006 – 4 (9) Sa 933/05, Rn 45, BB 2006, 2362 = NZA-RR 2007, 75; in diesem Sinne auch LAG Köln vom 13.4.2012 – 5 Sa 551/11, Rn 55 ff; Balders/Lepping, NZA 2005, 854, 857; vgl dazu auch Beyer/Jansen, BehindertenR 2010, 89, 93 mwN.
682 So im Ergebnis auch Deinert, NZA 2010, 969, 974; Düwell in: Dau/Düwell/Joussen, § 84 Rn 83.
683 BAG 7.12.2006 – 2 AZR 182/06, DB 2007, 1089 = NZA 2007, 617, 619.
684 So zu Recht Beyer/Jansen, BehindertenR 2010, 89, 94; LAG Düsseldorf vom 30.1.2009 – 9 Sa 699/08, Rn 45, LAGE § 1 KSchG Krankheit Nr. 44; diese Entscheidung wurde zwar vom BAG mit Urteil vom 10.12.2009 – 2 AZR 198/09, DB 2010, 1015 = NZA 2010, 639, aufgehoben und zur erneuten Entscheidung an das LAG zurück verwiesen; in diesem Punkt hat das BAG der Entscheidung des LAG Düsseldorf in seinem Urteil vom 10.12.2009 nicht widersprochen.
685 Für den Bereich der gesetzlichen Unfallversicherung ist im Rahmen des Gesetzes zur Förderung der Ausbildung und Beschäftigung schwerbehinderter Menschen ausdrücklich § 162 Abs. 2 SGB VII ergänzt worden. Danach sollen die Unfallversicherungsträger bei der Gewährung von Prämien an Arbeitgeber für die Verhütung von Arbeitsunfällen und Berufskrankheiten sowie die Verhütung von arbeitsbedingten Gesundheitsgefahren auch die in Integrationsvereinbarungen getroffenen Maßnahmen der betrieblichen Prävention berücksichtigen. Für den Bereich der gesetzlichen Krankenversicherung sieht etwa § 65 a Abs. 2 SGB V idF des Gesetzes zur Modernisierung der gesetzlichen Krankenversicherung v. 14.11.2003 (BGBl. I, 2190) die Möglichkeit vor, dass die Krankenkassen in ihrer Satzung bestimmen können, dass bei Maßnahmen der betrieblichen Gesundheitsförderung durch Arbeitgeber sowohl der Arbeitgeber als auch die teilnehmenden Versicherten einen (Beitrags-)Bonus erhalten können. Für die Integrationsämter ist im Rahmen des Gesetzes zur Förderung der Ausbildung und Beschäftigung schwerbehinderter Menschen eine Regelung, die Leistungen an Arbeitgeber für Prämien zur Einführung eines BEM ermöglicht, in § 102 Abs. 3 Nr. 2 Buchst. d SGB IX getroffen.
686 Welti, NZS 2006, 623, 628.
687 Roters in: Kasseler Kommentar, § 65 a SGB V Rn 8 unter Hinweis auf BT-Drucks. 15/1525, 95, 96.

XII. Prävention und betriebliches Eingliederungsmanagement

Arbeitsleben vor, die in § 102 Abs. 3 SGB IX aufgeführt sind. Zum einen sind dies **finanzielle Angebote an schwerbehinderte und gleichgestellte behinderte Menschen** – § 102 Abs. 3 S. 1 Nr. 1 SGB IX –, u.a.

- für technische Arbeitshilfen,
- zum Erreichen des Arbeitsplatzes,
- zur wirtschaftlichen Selbstständigkeit,
- zur behindertengerechten Gestaltung der Wohnung,
- zur Fortbildung,
- zur Bereitstellung einer Arbeitsassistenz sowie
- zur Beratung und psychosozialen Betreuung im Arbeitsleben, etwa durch den Integrationsfachdienst (§§ 109 ff SGB IX).

Das Gesetz sieht in § 102 Abs. 3 S. 1 Nr. 2 SGB IX aber auch **finanzielle Angebote an den Arbeitgeber** vor, u.a. 403

- zur Schaffung neuer Arbeits- und Ausbildungsplätze,
- zur behindertengerechten Einrichtung vorhandener Arbeits- und Ausbildungsplätze,
- zur Abgeltung außergewöhnlicher Belastungen,
- Prämien zur Einführung des BEM,
- Prämien und Zuschüsse zu den Kosten der Berufsausbildung behinderter Jugendlicher und besonders betroffener schwerbehinderter Menschen,
- Beratung in allen Fragen, die im Zusammenhang mit der Beschäftigung behinderter Menschen stehen.

Das Integrationsamt kann ferner **Leistungen** zur **Durchführung von Aufklärungs-, Schulungs- und Bildungsmaßnahmen** erbringen (§ 102 Abs. 3 S. 2 SGB IX). Diese Leistungen der Integrationsämter finanzieren sich aus der Ausgleichsabgabe (§ 77 SGB IX). 404

Schwerbehinderte Menschen haben im Rahmen der Zuständigkeit des Integrationsamtes für die begleitende Hilfe im Arbeitsleben aus den im Rahmen der Ausgleichsabgabe zur Verfügung stehenden Mitteln Anspruch auf Übernahme der Kosten einer notwendigen Arbeitsassistenz (§ 102 Abs. 4 SGB IX). Bei diesem Anspruch handelt es sich um einen echten Rechtsanspruch. **Arbeitsassistenz** iSd § 102 Abs. 4 SGB IX ist die über gelegentliche Handreichungen hinausgehende, zeitlich wie tätigkeitsbezogen regelmäßig wiederkehrende Unterstützung von schwerbehinderten Menschen bei der Ausübung ihres Berufes in Form einer von ihnen selbst beauftragten persönlichen Arbeitskraft zur Erlangung oder Erhaltung eines Arbeitsplatzes auf dem allgemeinen Arbeitsmarkt.[688] Voraussetzung der Kostenübernahme durch das Integrationsamt ist die Notwendigkeit der Arbeitsassistenz, um eine Eingliederung in das Erwerbsleben 405

---

[688] Kossens in: Kossens/von der Heide/Maaß, § 102 Rn 26.

zu erreichen. Dies ist der Fall, wenn erst durch die Arbeitsassistenz eine den Anforderungen des allgemeinen Arbeitsmarktes entsprechende Arbeitsleistung erzielt werden kann.[689]

406 § 14 SGB IX gilt gem. § 102 Abs. 6 S. 1 SGB IX sinngemäß, wenn beim Integrationsamt eine Leistung zur Teilhabe am Arbeitsleben beantragt wird. Das Gleiche gilt, wenn ein Antrag bei einem Rehabilitationsträger gestellt und der Antrag von diesem nach § 16 Abs. 2 SGB I an das Integrationsamt weitergeleitet worden ist (§ 102 Abs. 6 S. 2 SGB IX). Das Integrationsamt kann gem. § 102 Abs. 6 S. 3 SGB IX in Eilfällen auch **vorläufige Leistungen** erbringen.

407 Die Rehabilitationsträger haben nach den Vorschriften des SGB IX ihre Rehabilitationsleistungen so umfassend und vollständig zu erbringen, dass Leistungen eines anderen Trägers möglichst nicht erforderlich werden (§§ 4 Abs. 2 S. 2, 8 Abs. 1 und 11–12 SGB IX). Leistungen der Rehabilitationsträger für schwerbehinderte Menschen zur Teilhabe am Arbeitsleben haben nach dem Teil 2 des SGB IX Vorrang vor entsprechenden Leistungen der Begleitenden Hilfe im Arbeitsleben (§ 102 Abs. 5 S. 1, 2 SGB IX). Angesichts dieser ineinandergreifenden gesetzlichen Regelungen bestimmt § 102 Abs. 5 S. 2 SGB IX folgerichtig, dass eine Aufstockung von Leistungen der Rehabilitationsträger durch das Integrationsamt im Rahmen der Begleitenden Hilfe nicht zulässig ist.

408 Die Aufgaben der Bundesagentur für Arbeit bei der Zusammenarbeit mit den Arbeitgebern und Integrationsämtern regelt § 104 SGB IX.

XIII. Zusammenarbeit aller Beteiligten (§ 99 SGB IX)

409 Ergänzt werden die finanziellen Regelungen in § 102 SGB IX durch die Verpflichtung zur Zusammenarbeit aller an der Rehabilitation im Arbeitsleben Beteiligten in § 99 SGB IX. Ziel dieser Regelung ist die Förderung der beruflichen Eingliederung von schwerbehinderten und gleichgestellten behinderten Menschen im Arbeitsleben. Danach arbeiten Arbeitgeber, Beauftragter des Arbeitgebers, Schwerbehindertenvertretung und die betrieblichen Interessenvertretungen (§ 93 SGB IX) zur Teilhabe schwerbehinderter Menschen am Arbeitsleben eng zusammen (§ 99 Abs. 1 SGB IX). Die Art und Weise der Zusammenarbeit ist dabei freigestellt. Rechtlich zulässig, wenn auch nicht verpflichtend, ist die Institutionalisierung einer ständigen „**Helfergruppe**" oder eines „**Integrationsteams**" für den einzelnen Betrieb oder das Unternehmen.[690] Zur engen Zusammenarbeit iSv § 99 Abs. 1 SGB IX gehört es auch, dass der Arbeitgeber die bei ihm tätigen, von der Schwerbehindertenvertretung repräsentierten schwerbehinderten Menschen namentlich benennt. Denn die Schwerbehindertenvertretung kann die ihr gesetzlich zugewiesenen Aufgaben nur erfüllen, wenn sie die von ihr zu vertretenden Personen kennt, dazu gehören die in Ausbildung befindlichen schwerbe-

---

689 Vgl dazu sowie zu den weiteren Anforderungen, Kossens in: Kossens/von der Heide/Maaß, § 102 Rn 27 ff.
690 Vgl dazu Düwell in: Dau/Düwell/Joussen, § 99 Rn 3.

hinderten Rehabilitanden.⁶⁹¹ Die Pflicht zur Zusammenarbeit besteht auch für die **Stufenvertretungen** nach § 97 SGB IX.⁶⁹²

Die in § 99 Abs. 1 SGB IX genannten Personen und Vertretungen, die mit der Durchführung des Teil 2 beauftragten Stellen und die Rehabilitationsträger haben sich nach § 99 Abs. 2 S. 1 SGB IX gegenseitig bei der Erfüllung ihrer Aufgaben zu unterstützen. In erster Linie sind dies die **Integrationsämter** und die **Bundesagentur für Arbeit**. Unterstützung heißt, dass sich alle an der betrieblichen Rehabilitation Beteiligten gegenseitig unterrichten, informieren und Vorschläge zur Verbesserung unterbreiten, wobei eine bestimmte Art und Weise nicht vorgeschrieben ist. 410

Nach § 99 Abs. 2 S. 2 SGB IX sind Vertrauensperson der Schwerbehinderten und Beauftragter des Arbeitgebers Verbindungspersonen zur Bundesagentur für Arbeit und zum Integrationsamt. 411

Hinweis: Die **Schwerbehindertenvertretungen** haben das Recht, sich als Verbindungspersonen jederzeit direkt an die zuständigen außerbetrieblichen Stellen zu wenden. Es bedarf dazu keiner Genehmigung des Arbeitgebers.⁶⁹³ Dies ist insbesondere dann sinnvoll, wenn die Schwerbehindertenvertretung zur Bewältigung ihrer Aufgaben Informationen, Kenntnisse und Ratschläge benötigt. 412

XIV. Mehrarbeit (§ 124 SGB IX)

Schwerbehinderte Arbeitnehmer sind auf ihr Verlangen von Mehrarbeit freizustellen (§ 124 SGB IX). Diese Vorschrift gilt sowohl für schwerbehinderte Menschen als auch für ihnen Gleichgestellte in allen Beschäftigungs- und Dienstverhältnissen.⁶⁹⁴ Unerheblich ist, ob die Mehrarbeit eine konkrete zusätzliche Belastung mit sich bringt.⁶⁹⁵ 413

Hinweis: Die Vorschrift des § 124 SGB IX enthält kein Verbot der Anordnung von Mehrarbeit durch den Arbeitgeber, sondern gibt dem schwerbehinderten oder gleichgestellten Arbeitnehmer das Recht, sich von Mehrarbeit befreien zu lassen.⁶⁹⁶ 414

Der **Begriff der Mehrarbeit** iSv § 124 SGB IX wird allerdings nicht einheitlich beurteilt. Mehrarbeit ist nach der herkömmlichen arbeitsrechtlichen Begriffsbestimmung die über die regelmäßige gesetzliche Arbeitszeit hinaus geleistete Arbeitszeit. Das BAG greift für den Begriff der Mehrarbeit iSv § 124 SGB IX auf den Mehrarbeitsbegriff der **Arbeitszeitordnung** zurück, mit der Folge, dass nur die über 8 Stunden 415

---

691 Düwell in: Dau/Düwell/Joussen, § 99 Rn 5 unter Hinweis auf BAG vom 16.4.2003 – 7 ABR 27/02, NZA 2003, 1105.
692 Kossens in: Kossens/von der Heide/Maaß, § 99 Rn 2; Neumann/Pahlen/Majerski-Pahlen, § 99 Rn 2; Düwell in: Dau/Düwell/Joussen, § 99 Rn 4 mwN.
693 Vgl dazu ausführlich Düwell in: Dau/Düwell/Joussen, § 99 Rn 7.
694 Neumann/Pahlen/Majerksi-Pahlen, § 124 Rn 2; ErfK/Rolfs, § 84 SGB IX Rn 1; Kossens in: Kossens/von der Heide/Maaß, § 124 Rn 3; Düwell in: Dau/Düwell/Joussen, § 124 Rn 3.
695 Neumann/Pahlen/Majerksi-Pahlen, § 124 Rn 2; Düwell in: Dau/Düwell/Joussen, § 124 Rn 3.
696 Düwell in: Dau/Düwell/Joussen, § 124 Rn 3; Kossens in: Kossens/von der Heide/Maaß, § 124 Rn 1; ErfK/Rolfs, § 124 SGB IX Rn 1.

werktäglich hinausgehende Arbeitszeit erfasst ist.[697] Nach Auffassung des BAG gilt dies auch bei abweichenden tariflichen Arbeitszeiten, so dass jede über 8 Stunden hinausgehende Arbeitszeit, auch bei flexibler Arbeitszeit mit einer Verlängerungsmöglichkeit auf höchstens 10 Stunden (§ 3 S. 2 ArbZG), Mehrarbeit iSd § 124 SGB IX darstellt.[698] Die 8-Stunden-Grenze ist ebenso bei der Arbeitsleistung während der Rufbereitschaft einzuhalten.[699]

416 **Hinweis:** Mit dem BAG und der Literatur ist also davon auszugehen, dass der schwerbehinderte Mensch erst bei Überschreiten der regelmäßigen gesetzlichen Arbeitszeit einschließlich etwaiger **Bereitschaftsdienste**[700] von acht Stunden täglich Freistellung von der Mehrarbeit verlangen kann.[701]

417 § 124 SGB IX gibt dem schwerbehinderten Menschen kein Recht, **Sonn- oder Feiertagsarbeit** bzw **Nachtarbeit** abzulehnen oder auf Einhaltung einer Fünf-Tage-Woche zu bestehen. Nur dann, wenn damit auch Mehrarbeit verbunden ist, besteht ein Anspruch auf Befreiung von dieser Mehrarbeit.[702] Eine Verpflichtung des Arbeitgebers, keine Nachtarbeit anzuordnen oder die **Fünf-Tage-Woche** einzuhalten, kann sich bei Vorliegen der Voraussetzungen aber grundsätzlich aus dem einklagbaren Anspruch des schwerbehinderten Menschen auf behinderungsgerechte Gestaltung der Arbeitszeit nach § 81 Abs. 4 Nr. 4 SGB IX ergeben.[703]

418 **Beispiel:** Die gleichgestellte Arbeitnehmerin A ist als Altenpflegerin beschäftigt und wird im Schichtdienst, also auch im Nachtdienst sowie an Wochenenden und Feiertagen, in den Dienstplan eingeteilt. Dadurch ergeben sich unregelmäßige Arbeitszeiten, die mit ihrer Behinderung, einer Depression, nicht vereinbar sind. A macht gegenüber ihrem Arbeitgeber B eine behindertengerechte Gestaltung ihrer Arbeitszeit gem. § 81 Abs. 4 S. 1 Nr. 4 SGB IX geltend und fordert die Herausnahme aus dem Schichtdienst und die Befreiung von Nachtarbeit. Der Arbeitgeber B teilt A trotzdem ohne weitere Prüfung im Schichtdienst ein und verweigert eine Dienstplanänderung. Ist in einem solchen Fall die Erfüllung des Anspruchs der A auf behindertengerechte Gestaltung ihrer Arbeitszeit nach § 81 Abs. 4 S. 3 SGB IX nicht unzumutbar oder mit unverhältnismäßigen Aufwendungen verbunden, so hat A einen Anspruch auf die Befreiung von der Nachtarbeit. Anders als beim Anspruch auf Befreiung von Mehrarbeit nach § 124 SGB IX muss A aber ihren behinderungsgerechten Beschäftigungsanspruch gerichtlich geltend machen.

419 Der schwerbehinderte Mensch kann **nur auf Verlangen** von der Mehrarbeit freigestellt werden, dh er muss das ihm nach § 124 SGB IX zustehende Leistungsverweige-

---

697 BAG vom 3.12.2002 – 9 AZR 462/01, NZA 2004, 1219; BAG vom 21.11.2006 – 9 AZR 176/06, NZA 2007, 446.
698 BAG vom 3.12.2002 – 9 AZR 462/01, NZA 2004, 1219, 1221; BAG vom 21.11.2006 – 9 AZR 176/06, NZA 2007, 446, 447.
699 LAG Hamm vom 30.3.2006 – 8 Sa 1992/04, AuR 2003, 293.
700 BAG vom 21.11.2006 – 9 AZR 176/06, NZA 2007, 446, 447 mwN; vgl zu Arbeitsbereitschaft und Bereitschaftsdienst ausführlich Düwell in: Dau/Düwell/Joussen, § 124 Rn 8 mwN.
701 BAG vom 3.12.2002 – 9 AZR 462/01, NZA 2004, 1219, 1221; BAG vom 21.11.2006 – 9 AZR 176/06, NZA 2007, 446, 447; ErfK/Rolfs, § 124 SGB IX Rn 1; Düwell in: Dau/Düwell/Joussen, § 124 Rn 4; Neumann/Pahlen/Majerski-Pahlen, § 124 Rn 3; Kossens in: Kossens/von der Heide/Maaß, § 124 Rn 7 mwN.
702 BAG vom 3.12.2002 – 9 AZR 462/01, NZA 2004, 1219, 1222; Düwell in: Dau/Düwell/Joussen, § 124 Rn 7 mwN.
703 BAG vom 3.12.2002 – 9 AZR 462/01, NZA 2004, 1219, 1222; Neumann/Pahlen/Majerski-Pahlen, § 124 Rn 5; vgl dazu auch Düwell in: Dau/Düwell/Joussen, § 124 Rn 7 mwN.

rungsrecht auch geltend machen. **Gründe für sein Verlangen** muss der schwerbehinderte Arbeitnehmer nicht angeben; er muss sich aber auf seine Schwerbehinderung oder Gleichstellung berufen.[704] Er kann die Mehrarbeit für eine bestimmte oder unbestimmte Zeit verlangen; das Verlangen muss nicht für jeden Arbeitstag oder jede Arbeitswoche wiederholt werden.[705] Eine solche Beschränkung lässt sich dem Gesetzeswortlaut nicht entnehmen und dient auch nicht dem Interesse des Arbeitgebers, dem ansonsten eine längerfristige Personalplanung und Dienstplangestaltung unmöglich wäre, zumal § 124 SGB IX auch keine Erklärungsfrist für das Verlangen der Freistellung von der Mehrarbeit vorsieht.[706] Verlangt der Arbeitnehmer die Freistellung, wird die Mehrarbeit nicht mehr geschuldet. Nach der Regelung in § 124 SGB IX tritt die Rechtsfolge der Freistellung allein mit dem Zugang des Verlangens des schwerbehinderten Menschen ein.[707]

Hinweis: Ohne ein entsprechendes Verlangen darf der schwerbehinderte oder gleichgestellte Arbeitnehmer allerdings nicht die Mehrarbeit ablehnen und seinen Arbeitsplatz verlassen. Es bedarf jedoch auch keiner Freistellungserklärung des Arbeitgebers, wie sie für die Arbeitsbefreiung bei Urlaubserteilung erforderlich ist.[708] In außergewöhnlichen Fällen bzw einem Notfall, also wenn Rohstoffe oder Lebensmittel zu verderben drohen, muss die notwendige Arbeit ausgeführt werden (§ 14 ArbZG).[709]

XV. Zusatzurlaub (§ 125 SGB IX)

Schwerbehinderte Menschen haben gem. § 125 Abs. 1 S. 1 SGB IX Anspruch auf einen bezahlten Zusatzurlaub von fünf Arbeitstagen im Urlaubsjahr. Verteilt sich die regelmäßige Arbeitszeit des schwerbehinderten Menschen auf mehr oder weniger als fünf Arbeitstage in der Kalenderwoche, erhöht oder vermindert sich der Zusatzurlaub entsprechend. Auf diesen Zusatzurlaub sind die **Vorschriften über die Entstehung, Übertragung, Kürzung und Abgeltung des gesetzlichen Mindesturlaubs** anzuwenden.[710] Der Schwerbehindertenzusatzurlaub ist daher nach der neueren Rechtsprechung des BAG abzugelten, wenn der Arbeitnehmer bis zum Ende des Übertragungszeitraums arbeitsunfähig ist. Der Zusatzurlaubsanspruch nach § 125 SGB IX ist

---

704 Kossens in: Kossens/von der Heide/Maaß, § 124 Rn 12.
705 BAG vom 3.12.2002 – 9 AZR 462/01, NZA 2004, 1219, 1222, Rn 54; Düwell in: Dau/Düwell/Joussen, § 124 Rn 9.
706 BAG vom 3.12.2002 – 9 AZR 462/01, NZA 2004, 1219; BAG vom 21.11.2006 – 9 AZR 176/06, NZA 2007, 446, 447.
707 BAG vom 3.12.2002 – 9 AZR 462/01, NZA 2004, 1219; BAG vom 21.11.2006 – 9 AZR 176/06, NZA 2007, 446, 447; Neumann/Pahlen/Majerski-Pahlen, § 124 Rn 5; Kossens in: Kossens/von der Heide/Maaß, § 124 Rn 14.
708 Düwell in: Dau/Düwell/Joussen, § 124 Rn 9; Kossens in: Kossens/von der Heide/Maaß, § 124 Rn 14; Neumann/Pahlen/Majerski-Pahlen, § 124 Rn 5 mwN.
709 Neumann/Pahlen/Majerski-Pahlen, § 124 Rn 4.
710 St. Rspr des BAG, vgl BAG vom 21.2.1995 – 9 AZR 166/94, NZA 1995, 746; BAG vom 25.6.1996 – 9 AZR 182/95, BB 1996, 2361; BAG vom 24.10.2006 – 9 AZR 669/05, NZA 2007, 330 = DB 2007, 351; BAG vom 23.3.2010 – 9 AZR 128/09, NZA 2010, 810, Rn 69; BAG vom 13.12.2011 – 9 AZR 399/10, NZA 2012, 514, Rn 40 mwN; vgl dazu auch ErfK/Rolfs, § 125 SGB IX Rn 2; Neumann/Pahlen/Majerski-Pahlen, § 125 Rn 10; Kossens in: Kossens/von der Heide/Maaß, § 125 Rn 3; Deinert in: Deinert/Neumann (Hrsg.), Hdb SGB IX, § 18 Rn 61; Düwell in: Dau/Düwell/Joussen, § 125 Rn 21 mwN.

an das rechtliche Schicksal des Mindesturlaubsanspruchs gebunden.[711] Der Zusatzurlaub wird zu dem unabhängig von der Behinderung bestehenden Urlaubsanspruch hinzuaddiert, auf den der schwerbehinderte Mensch aufgrund von Tarifvertrag, Betriebsvereinbarung oder Arbeitsvertrag Anspruch hat, also nicht nur zum gesetzlichen Urlaubsanspruch.[712]

422 **Hinweis:** Das bedeutet, dass der Anspruch auf Zusatzurlaub nur dann und insoweit erworben wird, wie ein Hauptanspruch auf Erholungsurlaub entstanden ist, so dass auch für den vollen Zusatzurlaub die **Wartezeit** nach § 4 BUrlG zurückzulegen ist, allerdings nur im Jahr des Eintritts in das Arbeitsverhältnis.[713]

423 Aus der Anwendbarkeit der Vorschriften über die Abgeltung des gesetzlichen Mindesturlaubs folgt notwendig, dass es sich bei dem Anspruch auf Abgeltung des Zusatzurlaubs nach § 125 SGB IX um einen einfachen Geldanspruch handelt, auf den **tarifliche Ausschlussfristen** Anwendung finden.[714]

424 Anspruch auf diesen Zusatzurlaub haben nur schwerbehinderte **Arbeitnehmer** und **arbeitnehmerähnliche Personen**[715] mit einem GdB von 50 (§ 2 Abs. 2 SGB IX), nicht aber Gleichgestellte. Für **gleichgestellte behinderte Menschen** findet gem. der ausdrücklichen gesetzlichen Regelung in § 68 Abs. 3 SGB IX der § 125 SGB IX keine Anwendung.[716]

425 Die **Dauer** dieses Zusatzurlaubs bemisst sich im Unterschied zu § 3 BUrlG nicht nach Werk-, sondern nach Arbeitstagen, an denen der schwerbehinderte Arbeitnehmer aufgrund seines Arbeitsvertrages zu arbeiten hat. Der Zusatzurlaub beträgt grundsätzlich fünf Arbeitstage. Der Feststellung eines individuellen Bedürfnisses nach zusätzlicher Erholung bedarf es nicht.[717]

426 § 125 Abs. 1 S. 1 Hs 2 SGB IX regelt die Fälle, in denen die **Verteilung der Arbeitszeit von einer Fünf-Tage-Woche abweicht**. Die Zahl der zusätzlichen Urlaubstage soll sich dann entsprechend erhöhen oder vermindern. Der Zusatzurlaub erhöht sich, wenn die regelmäßige Arbeitszeit eines Schwerbehinderten nicht auf fünf, sondern auf mehr Tage verteilt ist, und vermindert sich, wenn sie auf weniger als fünf Tage verteilt ist.

Beispiel: Ist der Schwerbehinderte an sechs Wochentagen beschäftigt, besteht ein Anspruch auf Zusatzurlaub für sechs Arbeitstage. Beträgt die regelmäßige Arbeitszeit des

---

711 BAG vom 23.3.2010 – 9 AZR 128/09, NZA 2010, 810, Rn 71; BAG vom 13.12.2011 – 9 AZR 399/10, NZA 2012, 514, Rn 40 jeweils mwN.
712 BAG vom 24.10.2006 – 9 AZR 669/05, NZA 2007, 330 = DB 2007, 351.
713 BAG vom 21.2.1995 – 9 AZR 166/94, NZA 1995, 746; vgl dazu auch ErfK/Rolfs, § 125 SGB IX Rn 2; Neumann/Pahlen/Majerski-Pahlen, § 125 Rn 10; Kossens in: Kossens/von der Heide/Maaß, § 125 Rn 13.
714 BAG vom 13.12.2011 – 9 AZR 399/10, NZA 2012, 514, Rn 41.
715 Vgl zum erfassten Personenkreis ausführlich Düwell in: Dau/Düwell/Joussen, § 125 Rn 8; Kossens in: Kossens/von der Heide/Maaß, § 125 Rn 7, 8.
716 Vgl zu den Sonderregelungen im Saarland Deinert in: Deinert/Neumann (Hrsg.), Hdb SGB IX, § 18 Rn 62; Neumann/Pahlen/Majerski-Pahlen, § 125 Rn 4; Kossens in: Kossens/von der Heide/Maaß, § 125 Rn 9 zur Sonderregelung für Beamte in Hessen.
717 BAG vom 21.2.1995 – 9 AZR 166/94, NZA 1995, 746; vgl dazu auch ErfK/Rolfs, § 125 SGB IX Rn 1; Düwell in: Dau/Düwell/Joussen, § 125 Rn 5; Neumann/Pahlen/Majerski-Pahlen, § 125 Rn 6 mwN.

XV. Zusatzurlaub (§ 125 SGB IX)

schwerbehinderten Beschäftigten dagegen nur drei Tage pro Woche, so erhält er auch nur einen Zusatzurlaub von drei Arbeitstagen.[718]

Günstigere tarifliche, betriebliche oder individualvertragliche Urlaubsregelungen haben nach der Regelung in § 125 Abs. 1 S. 2 SGB IX Vorrang.

Entscheidend für den Anspruch auf Zusatzurlaub ist der **Beginn der Schwerbehinderteneigenschaft**, also der Zeitpunkt, ab dem Funktionseinschränkungen vorliegen, die mit einem GdB von 50 zu bewerten sind (§ 2 Abs. 2 SGB IX). Unerheblich ist, wann die Schwerbehinderteneigenschaft festgestellt wurde oder mit welchem Datum ein Ausweis über die Schwerbehinderteneigenschaft ausgestellt wurde.[719] Da der Feststellung der Schwerbehinderteneigenschaft durch die zuständigen Behörden (Versorgungsämter) nur deklaratorische Wirkung zukommt,[720] entsteht nach der ständigen Rechtsprechung des BAG der Anspruch auf Zusatzurlaub auch dann, wenn der schwerbehinderte Arbeitnehmer durch das Versorgungsamt erst später als Schwerbehinderter anerkannt wird.[721] Der Arbeitgeber kann die Gewährung des Zusatzurlaubs solange verweigern, wie die Voraussetzungen hierfür vom Arbeitnehmer nicht nachgewiesen sind.[722] Im Falle **rückwirkender Anerkennung** als schwerbehinderter Mensch besteht im Fall langfristiger Erkrankung des Arbeitnehmers jedenfalls dann kein rückwirkender Anspruch auf Zusatzurlaub, wenn auch ein nicht erkrankter Arbeitnehmer die Gewährung dieses Urlaubs nicht mehr verlangen könnte.[723]

427

Ein Anspruch auf den Zusatzurlaub besteht jedoch dann nicht, wenn ihn der schwerbehinderte Arbeitnehmer nicht bis zum Ablauf des Urlaubsjahres geltend gemacht hat.[724] Gibt also der Arbeitnehmer nicht zu erkennen, dass er ein schwerbehinderter Mensch ist, und beruft er sich nicht auf den Anspruch auf Zusatzurlaub, geht der Zusatzurlaub mit Ablauf des Urlaubsjahres, für das er gewährt wird, unter.[725] Der Arbeitnehmer kann auch nicht in einem späteren Urlaubsjahr rückwirkend, nachdem er sich nunmehr auf den Schutz als schwerbehinderter Mensch beruft, noch Zusatzurlaub für die Vergangenheit verlangen. Zwar finden für die **Übertragbarkeit des Zusatzurlaubs** die dem Beschäftigungsverhältnis zugrunde liegenden urlaubsrechtlichen Regelungen Anwendung (§ 125 Abs. 3 SGB IX), die rückwirkende Feststellung der Schwerbehinderteneigenschaft soll jedoch – obwohl sie nicht konstitutiv wirkt – nicht dazu führen, dass der schwerbehinderte Mensch Urlaubsansprüche für vergangene Zeiten geltend machen kann.[726] Die Ungewissheit über das Bestehen der Schwerbe-

428

---

718 Vgl dazu auch die Übersicht bei Kossens in: Kossens/von der Heide/Maaß, § 125 Rn 19 und Düwell in: Dau/Düwell/Joussen, § 125 Rn 9–11 mit mehreren Beispielen.
719 BAG vom 28.1.1982 – 6 AZR 636/79, DB 1982, 1329; BAG vom 26.6.1986 – 8 AZR 550/84; BAG vom 26.4.1990 – 8 AZR 517/89, BAGE 65, 122 = NZA 1990, 940; vgl dazu auch Kossens in: Kossens/von der Heide/Maaß, § 125 Rn 11; Neumann/Pahlen/Majerski-Pahlen, § 125 Rn 4.
720 St. Rspr des BAG, vgl nur BAG vom 13.2.2008 – 2 AZR 864/06, NZA 2008, 1055, 1056, Rn 16 mwN.
721 St. Rspr, vgl nur BAG vom 25.6.1996 – 9 AZR 182/95, BB 1996, 2361, 2362 = NZA 1996, 1153, Rn 14 mwN.
722 Kossens in: Kossens/von der Heide/Maaß, § 125 Rn 11 mwN.
723 ArbG Bonn vom 18.1.2012 – 5 Ca 2499/11.
724 BAG vom 21.2.1995 – 9 AZR 675/93, NZA 1995, 746; Kossens in: Kossens/von der Heide/Maaß, § 125 Rn 21; Neumann/Pahlen/Majerski-Pahlen, § 125 Rn 11; Düwell in: Dau/Düwell/Joussen, § 125 Rn 22.
725 Neumann/Pahlen/Majerski-Pahlen, § 125 Rn 8 mwN.
726 Neumann/Pahlen/Majerski-Pahlen, § 125 Rn 9; ErfK/Rolfs, § 125 SGB IX Rn 4, jeweils unter Hinweis auf BT-Drucks. 15/1783, 18.

hinderteneigenschaft ist kein in der Person des Arbeitnehmers liegender Grund für eine Übertragung des Zusatzurlaubs auf den gesetzlichen oder tariflichen Übertragungszeitraum.[727] Eine Ausnahme besteht nur dann, sofern der Urlaubsanspruch unter den Voraussetzungen des § 7 Abs. 3 S. 2 bis 4 BUrlG auf die ersten drei Monate des folgenden Kalenderjahres übertragen werden kann.[728]

429 **Hinweis:** Schwerbehinderte Arbeitnehmer sollten also unverzüglich nach Beantragung der Feststellung der Schwerbehinderteneigenschaft (GdB von 50) ihren **Zusatzurlaub** beim Arbeitgeber unter Berufung auf ihre Schwerbehinderung ausdrücklich verlangen, und zwar für das laufende Urlaubsjahr.[729] Eine Erklärung, den Zusatzurlaub „vorsorglich" geltend machen zu wollen, oder ihn nur „anzumelden" oder die Information des Arbeitgebers über den gestellten Antrag auf Feststellung der Schwerbehinderteneigenschaft genügen für eine wirksame Geltendmachung nicht.[730] Der Arbeitgeber ist auch nicht verpflichtet, dem schwerbehinderten Arbeitnehmer den Zusatzurlaub anzubieten.[731] Erforderlich ist vielmehr, dass der Arbeitnehmer den Arbeitgeber von dem Antrag informiert und den Zusatzurlaub für das laufende Kalenderjahr verlangt. Eine Geltendmachung nach Ablauf des Kalenderjahres genügt nicht.[732]

430 **Beispiel:** A beantragt am 15.10.2011 die Feststellung der Schwerbehinderteneigenschaft, wobei der Antrag am 12.4.2012 rückwirkend ab Antragstellung positiv entschieden wird. A hat nur Anspruch auf den anteiligen Zusatzurlaub für das Jahr 2011, wenn er den Urlaubsanspruch rechtzeitig, dh vor dem Ende des Kalenderjahres 2011, verlangt hat. Ist der Urlaubsanspruch verfallen, weil A diesen nicht rechtzeitig und ausdrücklich unter Berufung auf den gestellten Antrag verlangt hat, nützt dem A jedenfalls in Bezug auf den Zusatzurlaub für 2011 auch die rückwirkende Anerkennung als schwerbehinderter Mensch nichts mehr.[733]

431 Wurde der Urlaub trotz Geltendmachung durch den schwerbehinderten Arbeitnehmer vom Arbeitgeber nicht gewährt, so gerät der Arbeitgeber in Leistungsverzug (§ 284 Abs. 1 BGB). Der Arbeitgeber hat dann den Zusatzurlaub als **Schadensersatz** zu gewähren, sofern der Arbeitgeber die infolge Zeitablaufs eingetretene Unmöglichkeit der Arbeitsbefreiung nach § 280 Abs. 1 BGB zu vertreten hat.[734] Dazu muss der Arbeitnehmer den Anspruch auf Zusatzurlaub rechtzeitig bis zum Ablauf des Urlaubsjahres gegenüber dem Arbeitgeber geltend gemacht haben. Kommt der Arbeitgeber mit der geschuldeten Freistellungserklärung in Verzug, so ist er nach § 287 S. 2

---

727 BAG vom 13.6.1991 – 8 AZR 360/90, AuR 1991, 248; BAG vom 21.2.1995 – 9 AZR 675/93, NZA 1995, 746, Rn 14 mwN; Neumann/Pahlen/Majerski-Pahlen, § 125 Rn 9 mwN; Düwell in: Dau/Düwell/Joussen, § 125 Rn 23; ErfK/Rolfs, § 125 SGB IX, Rn 4.
728 Vgl dazu Düwell in: Dau/Düwell/Joussen, § 125 Rn 23.
729 BAG vom 26.6.1986 – 8 AZR 550/84; in diesem Sinne auch Fenski, NZA 2004, 1255, 1257 mwN.
730 BAG vom 28.1.1982 – 6 AZR 636/79, DB 1982, 1329; BAG vom 26.6.1986 – 8 AZR 550/84; BAG vom 26.6.1986 – 8 AZR 266/84, NZA 1986, 833, Rn 24; Kossens in: Kossens/von der Heide/Maaß, § 125 Rn 22.
731 BAG vom 28.1.1982 – 6 AZR 636/79, DB 1982, 1329; Neumann/Pahlen/Majerski-Pahlen, § 125 Rn 9.
732 BAG vom 21.2.1995 – 9 AZR 675/93, NZA 1995, 746; vgl auch Kossens in: Kossens/von der Heide/Maaß, § 125 Rn 12; Düwell in: Dau/Düwell/Joussen, § 125 Rn 22, 23.
733 Vgl dazu die beiden Entscheidungen des BAG vom 26.6.1986 – 8 AZR 550/84 und 8 AZR 371/84.
734 Vgl allgemein zu diesem Schadensersatzanspruch BAG vom 11.4.2006 – 9 AZR 523/05, Rn 24; Linck in: Schaub, § 104 Rn 112; ErfK/Gallner, § 7 BUrlG, Rn 40 jeweils mwN.

XV. Zusatzurlaub (§ 125 SGB IX)

BGB für den mit dem Verfall des Zusatzurlaubsanspruchs eintretenden Fall des zufälligen Untergangs des Anspruchs verantwortlich. Er hat dann nach § 249 S. 1 BGB Zusatzurlaub als Schadensersatz zu gewähren[735] sowie ggf bei Beendigung des Arbeitsverhältnisses den Arbeitnehmer nach § 251 Abs. 1 BGB in Geld zu entschädigen.

Eine generelle **Abgeltung** des Anspruchs auf Zusatzurlaub für schwerbehinderte Menschen in Geld ist unzulässig. Der Zusatzurlaub ist aber dann abzugelten, wenn er wegen der Beendigung des Arbeitsverhältnisses nicht mehr gewährt werden kann. Die Vorschrift des § 7 BurlG gilt auch für den Zusatzurlaub.[736] Die Entstehung des Abgeltungsanspruchs ist dabei nicht von einem vorherigen Urlaubsverlangen abhängig, da der Freistellungsanspruch mit der Beendigung des Arbeitsverhältnisses kraft Gesetzes in einen Abgeltungsanspruch umgewandelt wird.[737] Dies gilt auch dann, wenn der Arbeitnehmer erst im laufenden Urlaubsjahr als Schwerbehinderter anerkannt wird und den Arbeitgeber erstmals nach seinem Ausscheiden darauf hinweist.[738] 432

Hinweis: Bei **längerer Arbeitsunfähigkeit** eines Arbeitnehmers ist zu beachten, dass nach der aktuellen Rechtsprechung des BAG sowohl der Urlaubsanspruch nach §§ 1, 3 Abs. 1 BUrlG wie auch der Zusatzurlaubsanspruch nach § 125 SGB IX nicht unter der Bedingung stehen, dass der Arbeitnehmer im Bezugszeitraum eine Arbeitsleistung erbracht hat. Der Urlaubsanspruch entsteht unabhängig davon, ob der Arbeitnehmer eine Arbeitsleistung im Urlaubsjahr erbracht hat oder nicht.[739] Die gesetzlichen Urlaubsansprüche (gesetzlicher Mindesturlaub und Zusatzurlaub für schwerbehinderte Menschen) verfallen allerdings bei andauernder Erkrankung des Arbeitnehmers gem. § 7 Abs. 3 S. 3 BUrlG 15 Monate nach Ablauf des jeweiligen Urlaubsjahres, so dass mit Ablauf des 31.3. des übernächsten Jahres Urlaubsansprüche nicht mehr bestehen und damit dann nicht mehr abzugelten sind. § 7 Abs. 3 S. 3 BUrlG ist unionsrechtskonform so auszulegen, dass gesetzliche Urlaubsansprüche arbeitsunfähiger Arbeitnehmer 15 Monate nach Ablauf des jeweiligen Urlaubsjahres verfallen.[740] 433

Besteht die **Schwerbehinderteneigenschaft nicht während des gesamten Kalenderjahres**, so hat der schwerbehinderte Arbeitnehmer gem. § 125 Abs. 2 S. 1 SGB IX für jeden vollen Monat der im Beschäftigungsverhältnis vorliegenden Schwerbehinderteneigenschaft einen Anspruch auf ein Zwölftel des Zusatzurlaubs nach § 125 Abs. 1 434

---

[735] BAG vom 26.6.1986 – 8 AZR 75/83, NZA 1987, 98; BAG vom 26.6.1986 – 8 AZR 371/84; BAG vom 25.7.1997 – 9 AZR 484/96, NZA 1998, 649, Rn 42 mwN; vgl auch Kossens in: Kossens/von der Heide/Maaß, § 125 Rn 23; Düwell in: Dau/Düwell/Joussen, § 125 Rn 24 mwN.
[736] BAG vom 25.6.1996 – 9 AZR 182/95, BB 1996, 2361, 2362 = NZA 1996, 1153 mwN; vgl auch BAG vom 7.8.2012 – 9 AZR 353/10, NZA 2012, 1216.
[737] Vgl dazu BAG vom 25.6.1996 – 9 AZR 182/95, BB 1996, 2361, 2362; Kossens in: Kossens/von der Heide/Maaß, § 125 Rn 24.
[738] BAG vom 25.6.1996 – 9 AZR 182/95, BB 1996, 2361, 2362.
[739] BAG vom 7.8.2012 – 9 AZR 353/10, NZA 2012, 1216, Rn 8 mwN; Kossens in: Kossens/von der Heide/Maaß, § 125 Rn 14; vgl auch ausführlich ErfK/Gallner, § 1 BUrlG Rn 6 ff.
[740] BAG vom 7.8.2012 – 9 AZR 353/10, NZA 2012, 1216, Rn 32 ff; BAG vom 18.9.2012 – 9 AZR 623/10, Rn 14; aA ErfK/Rolfs, § 125 SGB IX Rn 4, der davon ausgeht, dass die Rechtsprechung des EuGH zur Übertragbarkeit des Urlaubsanspruchs nach der Richtlinie nicht auf den Zusatzurlaub Anwendung findet, da der Zusatzurlaub nach § 125 SGB IX nicht auf Unionsrecht beruht; so auch das ArbG Berlin vom 22.4.2009 – 56 Ca 21280/08, NZA-RR 2009, 411, Rn 31 ff, das davon ausgeht, dass der Zusatzurlaubsanspruch nach allgemeinen Urlaubsgrundsätzen daher im laufenden Kalenderjahr verfällt, bei Vorliegen von Gründen für die Übertragbarkeit spätestens am 31.3. des Folgejahres.

S. 1 SGB IX. § 125 Abs. 2 S. 1 SGB IX begrenzt in Abweichung von der Rechtsprechung des BAG[741] also den Zusatzurlaub für die Fälle, in denen die Schwerbehinderung erst im Laufe des Kalenderjahres entsteht oder anerkannt wird bzw wegfällt.[742] Bruchteile von Urlaubstagen, die mindestens einen halben Tag ergeben, sind auf volle Urlaubstage aufzurunden (§ 125 Abs. 2 S. 2 SGB IX).[743] Der so ermittelte Zusatzurlaub ist dem Erholungsurlaub hinzuzurechnen und kann bei einem nicht im ganzen Kalenderjahr bestehenden Beschäftigungsverhältnis nicht erneut gemindert werden (§ 125 Abs. 2 S. 3 SGB IX).

435 **Beispiel:** A ist seit dem 1.1.1998 bei der Gebäudereinigung B beschäftigt. Ihr tariflicher Urlaubsanspruch beträgt 30 Arbeitstage bei einer Fünf-Tage-Woche. Die Schwerbehinderteneigenschaft wird ab dem 8.7.2013 festgestellt. Die Schwerbehinderteneigenschaft bestand damit in 2013 fünf volle Monate. Die Berechnung erfolgt wie folgt: 5/12 von fünf Tagen Zusatzurlaub = 2,08 Tage; damit ergeben sich zwei zusätzliche Urlaubstage,[744] die zum tariflichen Urlaubsanspruch hinzuzurechnen sind. A hat demgemäß für 2013 insgesamt einen Urlaubsanspruch von 32 Urlaubstagen und für die Folgejahre ab 2014 jeweils 35 Urlaubstage pro Kalenderjahr.

436 Bei einem **Ausscheiden** des schwerbehinderten Arbeitnehmers **innerhalb des Kalenderjahres** bleibt der Zusatzurlaub von einer tarifvertraglichen Zwölftelungsregelung unberührt, da es sich um einen gesetzlichen Urlaubsanspruch handelt, dessen Gehalt durch einen Tarifvertrag nicht geändert werden kann, so dass bei einem Ausscheiden in der zweiten Jahreshälfte der volle Urlaubsanspruch besteht (§ 5 Abs. 1 c BUrlG).[745]

437 **Tarifliche, betriebliche oder sonstige Urlaubsregelungen**, die einen längeren Zusatzurlaub vorsehen, bleiben nach § 125 Abs. 1 S. 3 SGB IX unberührt. Tarif- oder einzelvertragliche Abweichungen vom gesetzlichen Urlaubsanspruch nach § 125 SGB IX zu Ungunsten des schwerbehinderten Arbeitnehmers sind unzulässig.[746] Da der Zusatzurlaub nach § 125 SGB IX ein gesetzlicher Mindesturlaubsanspruch ist, ist er unabdingbar.[747]

Der Arbeitnehmer kann daher auf den Zusatzurlaub nicht wirksam verzichten. Entsprechende **Ausgleichsquittungen** sind nichtig.

438 Der Anspruch auf Zusatzurlaub erlischt mit dem Erlöschen der Schwerbehinderteneigenschaft.[748]

---

741 BAG vom 21.2.1995 – 9 AZR 166/94, NZA 1995, 839; BAG vom 21.2.1995 – 9 AZR 675/93, NZA 1995, 746.
742 Vgl dazu Düwell in: Dau/Düwell/Joussen, § 125 Rn 6; ErfK/Rolfs, § 125 SGB IX Rn 3.
743 Vgl dazu ausführlich Fenski, NZA 2004, 1255 ff; Düwell in: Dau/Düwell/Joussen, § 125 Rn 6 sowie Rn 15–20 mit Beispielen.
744 Da der Bruchteil von 0,08 nicht mindestens 1/2, also 0,5 erreicht (§ 125 Abs. 2 S. 2 SGB IX), sind die Tage abzurunden.
745 BAG vom 8.3.1994 – 9 AZR 49/93, NZA 1994, 1095; vgl auch ErfK/Rolfs, § 125 SGB IX Rn 3; Düwell in: Dau/Düwell/Joussen, § 125 Rn 13, 14.
746 BAG vom 8.3.1994 – 9 AZR 49/93, DB 1994, 1528.
747 BAG vom 25.10.1996 – 9 AZR 182/95, NZA 1996, 1153, Rn 22; Düwell in: Dau/Düwell/Joussen, § 125 Rn 26; Deinert in: Deinert/Neumann (Hrsg.), Hdb SGB IX, § 18 Rn 61.
748 BAG vom 25.10.1996 – 9 AZR 182/95, NZA 1996, 1153.

XV. Zusatzurlaub (§ 125 SGB IX)

Hinweis: Allerdings ist auch hier die Regelung in § 116 Abs. 1 SGB IX zu beachten. Verringert sich der bei einem schwerbehinderten Menschen festgestellte GdB auf unter 50, so verringert sich der Schutz nicht „automatisch", sondern bleibt bis zum Ende des dritten Kalendermonats nach Eintritt der Unanfechtbarkeit des die Verringerung feststellenden Bescheides bestehen.[749] Für diesen Zeitraum bleibt auch der Anspruch auf den Zusatzurlaub nach § 125 SGB IX erhalten.

439

Ist in einem Tarifvertrag ein **zusätzliches Urlaubsgeld** für Urlaubstage vorgesehen, gilt dies auch für den Zusatzurlaub, selbst wenn im Tarifvertrag kein Bezug zum Zusatzurlaub oder SGB IX hergestellt wird.[750] Soweit allerdings eine ausdrückliche Beschränkung auf den Erholungsurlaub besteht, besteht kein Anspruch auf Urlaubsgeld für den Zusatzurlaubsanspruch.[751]

440

---

749 Vgl dazu ausführlich Rn 49 ff.
750 BAG vom 23.11.1996 – 9 AZR 891/94, AiB 1996, 745.
751 BAG vom 30.7.1986 – 8 AZR 241/83, DB 1986, 2684; vgl dazu auch Düwell in: Dau/Düwell/Joussen, § 125 Rn 29.

§ 2 Kündigungsschutz für schwerbehinderte Arbeitnehmer
I. Zustimmungserfordernis für schwerbehinderte Arbeitnehmer
1. Vorherige Zustimmung durch das Integrationsamt

441 Der Kündigungsschutz nach dem Sozialgesetzbuch IX besteht darin, dass die Kündigung des Arbeitsverhältnisses eines schwerbehinderten Arbeitnehmers durch den Arbeitgeber der vorherigen Zustimmung des Integrationsamtes bedarf (§ 85 SGB IX). Dieser besondere Kündigungsschutz des Teil 2 des SGB IX gilt für schwerbehinderte Menschen (§ 2 Abs. 2 SGB IX) sowie für ihnen Gleichgestellte (§ 2 Abs. 3 SGB IX).[1]

442 Das Erfordernis der vorherigen Zustimmung des Integrationsamtes vor Ausspruch einer arbeitgeberseitigen Kündigung ist der wesentliche Inhalt des Kündigungsschutzes für schwerbehinderte Arbeitnehmer nach den §§ 85 ff SGB IX. Erst wenn die Entscheidung des Integrationsamtes in Form der Zustimmung erteilt worden ist, darf der Arbeitgeber die Kündigung erklären, die **Rechtskraft der Zustimmung** muss aber nicht eingetreten sein.[2]

443 Die ohne vorherige Zustimmung des Integrationsamtes ausgesprochene Kündigung ist **unwirksam**.[3] Da sie gegen ein gesetzliches Verbot verstößt, ist sie gem. § 134 BGB nichtig. Die Nichtigkeit kann daher auch nicht nachträglich durch **Genehmigung** des Integrationsamtes geheilt werden.

444 Die Zustimmung ist – trotz ihrer privatrechtlichen Auswirkungen auf die Kündigung des Arbeitgebers – ihrer Rechtsnatur nach ein **Verwaltungsakt** iSv § 31 SGB X und ist daher nach den im Verwaltungsrecht gültigen Vorschriften zu beurteilen. Das gilt auch für ihre Wirkung, die Rechtsgültigkeit und die Möglichkeit von Anfechtung und Klage.[4]

445 Das Erfordernis der Zustimmung erstreckt sich sowohl auf die **ordentliche** Kündigung durch den Arbeitgeber (§ 85 SGB IX) als auch auf die **außerordentliche** Kündigung aus wichtigem Grund gem. § 91 SGB IX und gilt ebenso für eine **Änderungskündigung**;[5] dagegen gilt es nicht für eine **Teilkündigung**, mit der einzelne Bestimmungen des Arbeitsvertrages unter Fortbestand der Übrigen gekündigt werden sollen.[6] Eine grundsätzlich zustimmungsbedürftige Kündigung ist auch die sog. **vorsorgliche Kündigung**, die wegen drohender Betriebseinschränkung oder aus sonstigen Gründen ausgesprochen wird.[7] Dies gilt auch bei **Insolvenz**.[8] Darüber hinaus ist die Beendigung des Arbeitsverhältnisses eines schwerbehinderten Mitarbeiters zustim-

---

1 Vgl dazu Koch in: Schaub, § 179 Rn 1, 14; Neumann/Pahlen/Majerski-Pahlen, § 85 Rn 23; KR-Etzel/Gallner, §§ 85–90 SGB IX Rn 12; Düwell in: Dau/Düwell/Joussen, vor § 85 Rn 5 ff.
2 Neumann/Pahlen/Majerski-Pahlen, § 85 Rn 5.
3 ErfK/Rolfs, § 85 SGB IX Rn 13.
4 BVerwG vom 18.11.1958, AP Nr. 16 zu § 14 SchwBeschG; BAG vom 17.2.1982 – 7 AZR 846/79, AP Nr. 1 zu SchwG; vgl zu den Rechtsschutzmöglichkeiten ausführlich Rn 704 ff.
5 Vgl auch KR-Etzel/Gallner, §§ 85–90 SGB IX Rn 6; ErfK/Rolfs, § 85 SGB IX Rn 11; ausführlich Neumann/Pahlen/Majerski-Pahlen, § 85 Rn 56 f.
6 Vgl dazu KR-Etzel/Gallner, §§ 85–90 SGB IX Rn 6 sowie zur Zulässigkeit einer Teilkündigung Braasch in: Deinert/Neumann (Hrsg.), Hdb SGB IX, § 19 Rn 41 mwN.
7 Vgl dazu ausführlich Braasch in: Deinert/Neumann (Hrsg.), Hdb SGB IX, § 19 Rn 40; Neumann/Pahlen/Majerski-Pahlen, § 85 Rn 63 mwN.
8 LAG Hamm vom 12.2.1001 – 4 Ta 277/00, NZA-RR 2002, 157.

I. Zustimmungserfordernis für schwerbehinderte Arbeitnehmer   2

mungspflichtig, wenn sie bei Gewährung einer Rente wegen **Berufs- bzw Erwerbsunfähigkeit** auf Zeit sowie teilweiser oder voller Erwerbsminderung auf Zeit ohne Kündigung erfolgt (erweiterter Beendigungsschutz, § 92 SGB IX).[9]

Der besondere Kündigungsschutz nach den §§ 85 ff SGB IX besteht unabhängig von der Anzahl der beschäftigten Arbeitnehmer und gilt daher auch in **Kleinbetrieben**.[10]   446

Das Erfordernis der Zustimmung besteht nur für **inländische Arbeitsverhältnisse**[11] und solche, bei denen der Arbeitnehmer trotz der vorübergehenden Entsendung einem inländischen Betrieb zugeordnet bleibt (sog. „**Ausstrahlung**").[12] Bei einem **Auslandsarbeitsverhältnis**, das nach dem zugrunde liegenden Vertrag und seiner Abwicklung auf den Einsatz des Arbeitnehmers im Ausland beschränkt ist und keinerlei Ausstrahlung auf den inländischen Betrieb des Arbeitgebers hat, bedarf die Kündigung des Arbeitgebers auch dann nicht der Zustimmung des Integrationsamtes, wenn die Arbeitsvertragsparteien die Anwendung deutschen Rechts vereinbart haben und die Kündigung im Inland ausgesprochen wird.[13]   447

§ 85 SGB IX ist zwingendes Recht. Von vornherein kann daher ein schwerbehinderter Mensch nicht wirksam auf den besonderen Kündigungsschutz verzichten, insbesondere nicht vor Ausspruch der Kündigung.[14] Auch ist wegen der Umgehung des § 85 SGB IX eine Vereinbarung unzulässig, durch die sich der schwerbehinderte Mensch im Voraus jeder beliebigen Änderung des Arbeitsvertrages durch einseitige Erklärung des Arbeitgebers unterwirft.[15] Allerdings kann der schwerbehinderte Mensch nach Ausspruch der Kündigung durch Vereinbarung mit dem Arbeitgeber auf den Schutz als schwerbehinderter Mensch verzichten oder einen **Aufhebungsvertrag** schließen.[16]   448

2. Zielsetzung des besonderen Kündigungsschutzes

Zweck der Vorschrift des § 85 SGB IX (Erfordernis der vorherigen Zustimmung des Integrationsamtes) ist es, vor Ausspruch der Kündigung die besonderen Schutzinteressen schwerbehinderter Menschen zu berücksichtigen und eine damit unvereinbare   449

---

9 Vgl dazu Rn 867 ff.
10 VGH Mannheim vom 3.2.2002 – 7 S 1651/01, NZA-RR 2002, 417, 421; Braasch in: Deinert/Neumann (Hrsg.), Hdb SGB IX, § 19 Rn 3; KR-Etzel/Gallner, vor §§ 85–90 SGB IX Rn 17; ErfK-Rolfs, § 85 SGB IX Rn 3; Kossens in: Kossens/von der Heide/Maaß, § 85 Rn 11.
11 BAG vom 10.12.1964 – 2 AZR 369/63, AP Nr. 4 zu § 1 SchBeschG; ErfK/Rolfs, § 85 SGB IX Rn 2; Düwell in: Dau/Düwell/Joussen, vor § 85 Rn 5; vgl auch Schlachter, NZA 2000, 57, 62.
12 BAG vom 30.4.1987 – 2 AZR 192/86, AP Nr. 15 zu § 12 SchwbG mit Anm. von Gamillscheg = NJW 1987, 2766.
13 BAG vom 30.4.1987 – 2 AZR 192/86, AP Nr. 15 zu § 12 SchwbG mit Anm. von Gamillscheg = NJW 1987, 2766; Braasch in: Neumann, Hdb SGB IX, § 19 Rn 4; Neumann/Pahlen/Majerski-Pahlen, § 85 Rn 29; Kossens in: Kossens/von der Heide/Maaß, § 85 Rn 14; ErfK/Rolfs, § 85 SGB IX Rn 2: vgl auch Düwell in: Dau/Düwell/Joussen, vor § 85 Rn 5.
14 Kossens in: Kossens/von der Heide/Maaß, § 85 Rn 2; Neumann/Pahlen/Majerski-Pahlen, § 85 Rn 50 ff mwN.
15 KR-Etzel/Gallner, §§ 85–90 SGB IX Rn 8; Neumann/Pahlen/Majerski-Pahlen, § 85 Rn 58.
16 ErfK/Rolfs, § 85 SGB IX Rn 12; Braasch in: Deinert/Neumann (Hrsg.), Hdb SGB IX, § 19 Rn 29 ff; vgl auch ausführlich Neumann/Pahlen/Majerski-Pahlen, § 85 Rn 51; Koch in: Schaub, § 179 Rn 16 mwN.

Kündigung zu vermeiden.¹⁷ Das Integrationsamt soll im Rahmen des Zustimmungsverfahrens sowohl das berechtigte Interesse des schwerbehinderten Arbeitnehmers am Erhalt seines Arbeitsplatzes als auch die berechtigten Interessen des Arbeitgebers berücksichtigen. Deshalb hat das Integrationsamt, falls es nicht zu einer vorrangig anzustrebenden gütlichen Einigung kommt, grundsätzlich aufgrund des objektiv ermittelten Sachverhalts eine Entscheidung unter Abwägung der Belange des Schwerbehinderten und der Interessen des Arbeitgebers zu treffen.¹⁸ Dieser Schutzzweck greift auch ein, wenn die Kündigung gegenüber einem dauernd arbeitsunfähigen schwerbehinderten oder gleichgestellten Arbeitnehmer ausgesprochen werden soll.¹⁹

3. Verhältnis zum allgemeinen Kündigungsschutz

450 Das Erfordernis der Zustimmung stellt für den schwerbehinderten Mitarbeiter einen zusätzlichen Schutz dar. Daneben steht ihm, wie jedem anderen Arbeitnehmer auch, der **allgemeine arbeitsrechtliche Kündigungsschutz** zu; insbesondere kann der schwerbehinderte Arbeitnehmer geltend machen, dass die Kündigung nach § 1 KSchG sozial ungerechtfertigt ist.²⁰ Der besondere Kündigungsschutz, der infolge des Erfordernisses der Zustimmung des Integrationsamtes nach § 85 SGB IX besteht, tritt neben alle übrigen vertraglichen und gesetzlichen Kündigungsbeschränkungen, die für eine arbeitgeberseitige Kündigung bestehen.²¹ Dabei ist das Kündigungsschutzverfahren nach dem SGB IX dem arbeitsgerichtlichen Kündigungsschutzverfahren vorgeschaltet, da erst nach zustimmender Entscheidung durch das Integrationsamt die Kündigung ausgesprochen werden kann. Die Prüfung, ob die arbeitsrechtlichen Kündigungsschutzbestimmungen eingehalten worden sind, erfolgt nach Erhebung einer Kündigungsschutzklage durch den schwerbehinderten Arbeitnehmer im arbeitsgerichtlichen Verfahren.²²

4. Geschützter Personenkreis – Erfordernis der Zustimmung

a) Schwerbehinderteneigenschaft

451 Das Zustimmungserfordernis setzt die Schwerbehinderteneigenschaft des Arbeitnehmers iSv § 2 Abs. 2 SGB IX voraus. Dabei genügt es im Grundsatz, dass die Schwerbehinderteneigenschaft im Zeitpunkt des Zugangs der Kündigung objektiv vorgelegen hat. Sowohl die Anerkennung als auch die Feststellung des GdB haben nur **deklaratorische Bedeutung**.²³

---

17 BVerwG vom 10.9.1992 – 5 C 39/88, BVerwGE 91, 7; Kossens in: Kossens/von der Heide/Maaß, § 85 Rn 1; vgl auch Düwell in: Dau/Düwell/Joussen, vor § 85 Rn 2; Braasch in: Deinert/Neumann (Hrsg.), Hdb SGB IX, § 19 Rn 14.
18 Sog. pflichtgemäßes Ermessen; in bestimmten, gesetzlich geregelten Fällen bestehen Einschränkungen der Ermessensentscheidung (§ 89 SGB IX) – vgl dazu ausführlich Rn 609 ff bzw 644 ff.
19 Neumann/Pahlen/Majerski-Pahlen, § 85 Rn 41; KR-Etzel/Gallner, §§ 85-90 SGB IX Rn 5 mwN; aA Jobs, AuR 1981, 226; Gröninger/Thomas, § 15 Rn 18.
20 Neumann/Pahlen/Majerski-Pahlen, § 85 Rn 6 mwN.
21 ErfK /Rolfs, § 85 SGB IX Rn 1 mwN.
22 Vgl zum arbeitsgerichtlichen Verfahren ausführlich Rn 730 ff.
23 St. Rspr des BAG, vgl nur BAG vom 21.2.1995 – 9 AZR 166/94, BB 1995, 1410 1411; BAG vom 20.1.2005 – 2 AZR 675/03, NZA 2005, 689, 690; BAG vom 13.2.2008 – 2 AZR 864/06, NZA 2008, 1055, 1056, Rn 16 mwN; ErfK/Rolfs, § 85 SGB IX Rn 4, § 69 SGB IX Rn 9; Bauer/Powietzka, NZA-RR 2004, 505, 506; Düwell in: Dau/Düwell/Joussen, vor § 85 Rn 7 mwN.

I. Zustimmungserfordernis für schwerbehinderte Arbeitnehmer 2

Der besondere Kündigungsschutz nach den §§ 85 ff KSchG findet jedoch nach der gesetzlichen Regelung in § 90 Abs. 2 a SGB IX keine Anwendung, wenn im Zeitpunkt der Kündigung die Schwerbehinderteneigenschaft iSv § 2 Abs. 2 SGB IX nicht nachgewiesen ist.[24] 452

b) Gleichgestellte behinderte Menschen

Auch einem gleichgestellten behinderten Arbeitnehmer iSd § 2 Abs. 3 SGB IX kommt der besondere Kündigungsschutz für schwerbehinderte Menschen zugute (§ 68 Abs. 3 SGB IX). Gleichgestellte erwerben die Gleichstellung jedoch erst durch den entsprechenden Bescheid der Bundesagentur für Arbeit, der **konstitutive Wirkung** hat (§ 68 Abs. 2 S. 2 SGB IX).[25] 453

c) Arbeitnehmer

Der Kündigungsschutz der §§ 85 ff SGB IX gilt nur für schwerbehinderte Arbeitnehmer; es muss also ein **Arbeitsverhältnis** bestehen.[26] Auch schwerbehinderte **Auszubildende** fallen darunter[27] sowie **Familienangehörige**, sofern sie in einem Arbeitsverhältnis stehen.[28] Geschützt sind zudem **leitende Angestellte**, die nicht Organmitglieder juristischer Personen oder Gesellschafter sind.[29] Dagegen sind Kündigungen von Personen, die aufgrund eines **Dienstvertrages** beschäftigt werden, zB Vorstandsmitglieder, Geschäftsführer oder die **Organmitglieder** oder **Gesellschafter** juristischer Personen, zustimmungsfrei.[30] 454

Unter den Begriff des Arbeitnehmers fallen auch **Teilzeitarbeitnehmer**, und zwar ohne Rücksicht auf den Umfang der Arbeitszeit.[31] Gem. § 127 Abs. 2 S. 2 SGB IX gilt der besondere Kündigungsschutz darüber hinaus für schwerbehinderte **Heimarbeiter**[32] und **Leiharbeitnehmer**.[33] Wenn ein schwerbehinderter Mensch aufgrund eines **Werkstattvertrages** im Rahmen von §§ 136 Abs. 1, 137 Abs. 2 SGB IX beschäftigt wird, ist das Vertragsverhältnis nach Maßgabe von § 138 SGB IX als Arbeitsverhält- 455

---

24 Vgl dazu Rn 506 ff.
25 BAG vom 21.11.2005 – 2 AZR 514/04, NZA 2006, 665, 666 mwN; ErfK/Rolfs, § 85 SGB IX Rn 5; Neumann/Pahlen/Majerski-Pahlen, § 85 Rn 24; Bauer/Powietzka, NZA-RR 2004, 505, 506; Düwell in: Dau/Düwell/Joussen, vor § 85 Rn 7 mwN.
26 Vgl dazu Braasch in: Deinert/Neumann (Hrsg.), Hdb SGB IX, § 19 Rn 5; Neumann/Pahlen/Majerski-Pahlen, § 85 Rn 25; Düwell in: Dau/Düwell/Joussen, vor § 85 Rn 9 mwN.
27 BAG vom 10.12.1987 – 2 AZR 385/87, DB 1988, 1069 = AP Nr. 2 zu § 21 SchwbG; BAG vom 4.2.1993 – 2 AZR 416/92, NZA 1994, 214; ErfK/Rolfs, § 85 SGB IX Rn 3; Neumann/Pahlen/Majerski-Pahlen, § 85 Rn 25; Braasch in: Deinert/Neumann (Hrsg.), Hdb SGB IX, § 19 Rn 6; KR-Etzel/Gallner, vor §§ 85–92 SGB IX Rn 16 mwN.
28 Neumann/Pahlen/Majerski-Pahlen, § 85 Rn 31; vom Arbeitsverhältnis eines Familienangehörigen ist die sog. familienhafte Mitarbeit abzugrenzen, vgl dazu ausführlich Seewald in: Kasseler Kommentar, § 7 SGB IV Rn 101 ff.
29 Neumann/Pahlen/Majerski-Pahlen, § 85 Rn 31; KR-Etzel/Gallner, vor §§ 85–92 SGB IX Rn 16 mwN.
30 BVerwG vom 8.3.1999 – 5 C 5/98, NZA 1999, 826; BVerwG vom 25.9.2002 – 5 C 53/01, NZA 2003, 1094; Koch in: Schaub, § 179 Rn 1; str. ist, ob die gegenteilige Rechtsprechung des EuGH zum Mutterschutz vom 11.11.2010 – C 232/09 (Danosa), NZA 2011, 143, auch auf das Schwerbehindertenrecht zu übertragen ist, vgl dazu ErfK/Rolfs, § 85 SGB IX Rn 3; KR-Etzel/Gallner, vor §§ 85–92 SGB IX SGB IX Rn 16 mwN.
31 Kossens in: Kossens/von der Heide/Maaß, § 85 Rn 7; Neumann/Pahlen/Majerski-Pahlen, § 85 Rn 25.
32 KR-Etzel/Gallner, vor §§ 85–92 SGB IX Rn 16; Neumann/Pahlen/Majerski-Pahlen, § 85 Rn 27; Braasch in: Deinert/Neumann (Hrsg.), Hdb SGB IX, § 19 Rn 10; Kossens in: Kossens/von der Heide/Maaß, § 85 Rn 9.
33 KR-Etzel/Gallner, vor §§ 85–92 SGB IX Rn 16.

nis zu werten, so dass der besondere Kündigungsschutz nach den §§ 85 ff SGB IX gilt.³⁴

456 Auf andere sogenannte **arbeitnehmerähnliche Personen**, zB selbstständige **Handelsvertreter**, finden die Kündigungsschutzbestimmungen des SGB IX dagegen keine Anwendung.³⁵ Arbeitnehmerähnliche Personen sind rechtlich selbstständig, aber wie Arbeitnehmer wirtschaftlich abhängig und einem Arbeitnehmer vergleichbar sozial schutzbedürftig.³⁶

457 **Hinweis:** Die Abgrenzung zwischen arbeitnehmerähnlichen Personen und Arbeitnehmern ist vielfach mit großen Schwierigkeiten behaftet. Im Zweifelsfall sollte daher der Auftraggeber eines arbeitnehmerähnlichen Selbstständigen vor einer ordentlichen Kündigung die Zustimmung des Integrationsamtes beantragen. Bescheidet dieses dann den Antrag dahin gehend, dass die Zustimmung nicht erforderlich ist, sog. **Negativattest**, so ersetzt dieses Negativattest die Zustimmung, falls sich ergeben sollte, dass der Betreffende Arbeitnehmer ist und es daher zur Beendigung des Vertragsverhältnisses doch der Zustimmung des Integrationsamtes bedurft hätte.³⁷

458 Die Kündigung sog. **Dienstordnungsangestellter** der Sozialversicherung, bedarf nach § 85 SGB IX ebenso der vorherigen Zustimmung des Integrationsamtes.³⁸ Erfolgt die Beendigung durch Versetzung in den Ruhestand wegen Dienstunfähigkeit, ist § 92 SGB IX dagegen nach neuerer Rechtsprechung nicht entsprechend anwendbar.³⁹

d) Beamte und Richter

459 Die Vorschriften der §§ 85 ff SGB IX finden nur auf Arbeiter und Angestellte, nicht aber auf Beamte Anwendung.⁴⁰ Gleiches gilt für Richter, aber auch für **Soldaten**. Zwar sind die Stellen dieser Personen für die Pflichtquote mitzuzählen; da diese Personen aber nicht in einem Arbeitsverhältnis stehen, sind die §§ 85 ff SGB IX nicht anwendbar.⁴¹

5. Fehlende Tatbestandsvoraussetzungen – „Negativattest"

460 Fehlt es an den Tatbestandsvoraussetzungen des § 85 SGB IX, teilt das Integrationsamt dem antragstellenden Arbeitgeber und dem schwerbehinderten Mitarbeiter mit, dass eine Zustimmung des Integrationsamtes nicht erforderlich und daher eine Ent-

---

34 ArbG Koblenz vom 9.8.2002 – 2 Ca 447/02, NZA-RR 2003, 188; Düwell in: Dau/Düwell/Joussen, vor § 85 Rn 9; aA ErfK/Rolfs, § 85 SGB IX Rn 3; KR-Etzel/Gallner, vor §§ 85–92 SGB IX Rn 16.
35 ErfK/Rolfs, § 85 SGB IX Rn 3; Kossens in: Kossens/von der Heide/Maaß, § 85 Rn 13; Braasch in: Deinert/Neumann (Hrsg.), Hdb SGB IX, § 19 Rn 8; Düwell in: Dau/Düwell/Joussen, vor § 85 Rn 11; KR-Etzel/Gallner, vor §§ 85–92 Rn 16; Rost, NZA 1999, 113, 115; Neumann/Pahlen/Majerski-Pahlen, § 85 Rn 26 mwN.
36 BAG vom 16.7.1997 – 5 AZB 29/96, BAGE 86, 178 = NJW 1997, 2973.
37 Vgl zum Negativattest im folgenden Abschnitt, Rn 460 ff.
38 Neumann/Pahlen/Majerski-Pahlen, § 85 Rn 28; Braasch in: Deinert/Neumann (Hrsg.), Hdb SGB IX, § 19 Rn 12.
39 BAG vom 24.5.2012 – 6 AZR 679/10, NZA 2012, 1158 unter Aufgabe der früheren Rspr BAG vom 20.10.1977 – 2 AZR 688/76, AP Nr. 1 zu § 19 SchwbG = EzA § 19 SchwbG Nr. 1; so auch KR-Etzel/Gallner, § 92 SGB IX Rn 10.
40 Düwell in: Dau/Düwell/Joussen, vor § 85 Rn 13; Braasch in: Deinert/Neumann (Hrsg.), Hdb SGB IX, § 19 Rn 11; Neumann/Pahlen/Majerski-Pahlen, § 85 Rn 28; vgl auch KR-Etzel/Gallner, vor §§ 85–92 Rn 16 mwN sowie unter Hinweis darauf, dass es unionsrechtskonform sein dürfte, Beamte weiterhin nicht in den Sonderkündigungsschutz der §§ 85 ff SGB IX einzubeziehen.
41 Vgl dazu Braasch in: Deinert/Neumann (Hrsg.), Hdb SGB IX, § 19 Rn 11.

I. Zustimmungserfordernis für schwerbehinderte Arbeitnehmer

scheidung über den Antrag nicht zu treffen ist – diese Entscheidung wird auch als „Negativattest" bezeichnet.[42] Ein solches Negativattest wird zB dann erteilt, wenn es sich um eine zustimmungsfreie Beendigung des Arbeitsverhältnisses handelt oder dem Arbeitnehmer (noch) keine Schwerbehinderteneigenschaft vom Versorgungsamt zuerkannt worden ist.

Ist ein Feststellungsverfahren über die Schwerbehinderteneigenschaft anhängig, so sind folgende Fälle zu unterscheiden:

- Die dem Versorgungsamt gesetzten Fristen zur Feststellung der Schwerbehinderung sind noch nicht abgelaufen oder wegen nicht ordnungsgemäßer Mitwirkung des Arbeitnehmers ohne Entscheidung abgelaufen:[43] Der Arbeitnehmer genießt keinen Sonderkündigungsschutz; das Negativattest ist zu erteilen.[44]
- Die vom Versorgungsamt zu beachtenden Fristen sind trotz ordnungsgemäßer Mitwirkung des Arbeitnehmers abgelaufen: In diesem Fall kann der Arbeitnehmer den Sonderkündigungsschutz noch erlangen; das Integrationsamt darf kein Negativattest erteilen, sondern muss einen vorsorglichen Bescheid über die beantragte Zustimmung zur Kündigung erteilen.[45]
- Das Versorgungsamt lehnt eine Feststellung der Schwerbehinderung ab; der Arbeitnehmer erhebt hiergegen Widerspruch oder Klage: Das Integrationsamt muss einen vorsorglichen Bescheid in Bezug auf die beantragte Zustimmung erlassen.[46]

Hat das Integrationsamt ein Negativattest erteilt, bedarf die Kündigung grundsätzlich keiner zustimmenden Entscheidung des Integrationsamtes mehr, weil damit die Kündigungssperre einschließlich der Frist zum Ausspruch der Kündigung aufgehoben ist; der Arbeitgeber kann also ohne Zustimmung kündigen.[47] Ein auf einen form- und fristgerecht eingereichten Antrag des Arbeitgebers ergehendes Negativattest beseitigt, jedenfalls wenn es bestandskräftig ist, ebenso wie die Zustimmung des Integrationsamtes die zunächst bestehende Kündigungssperre.[48] Da das Negativattest aber nur an die Stelle der an sich erforderlichen Zustimmung treten kann, muss es vor dem Ausspruch der Kündigung vorliegen.[49]

Das Negativattest stellt ebenso wie die Zustimmungsentscheidung einen **Verwaltungsakt** dar, den der schwerbehinderte Mensch mit **Widerspruch** und **Klage** anfechten kann.[50] Das Negativattest ist wie die sonstige Entscheidung des Integrationsamtes über die beantragte Zustimmung zur Kündigung **förmlich zuzustellen**.[51]

---

42 Vgl dazu BAG vom 27.5.1983 – 7 AZR 482/81; BAGE 42, 169 = NJW 1984, 1420.
43 Vgl dazu die Fallgruppen in Rn 534.
44 Vgl dazu KR-Etzel/Gallner, §§ 85–90 SGB IX Rn 54.
45 Braasch in: Deinert/Neumann (Hrsg.), Hdb SGB IX, § 19 Rn 233; KR-Etzel/Gallner, §§ 85–90 SGB IX Rn 55 mwN.
46 So auch KR-Etzel/Gallner, §§ 85–90 SGB IX Rn 55.
47 KR-Etzel/Gallner, §§ 85–90 SGB IX Rn 56; Neumann/Pahlen/Majerski-Pahlen, § 85 Rn 82 mwN; BAG vom 27.5.1983 – 7 AZR 482/81, BAGE 42, 169 = NJW 1984, 1420; aA LAG Köln vom 16.7.2008 – 3 Sa 190/08, AuR 2008, 361 – nur im Fall der Bestandskraft des Negativattestes; vgl dazu auch Düwell in: Dau/Düwell/Joussen, § 85 Rn 37.
48 BAG vom 6.9.2007 – 2 AZR 324/06, NZA 2008, 407, 408 mwN auf die ständige Rspr des BAG.
49 BAG vom 6.9.2007 – 2 AZR 324/06, NZA 2008, 407, 408.
50 Neumann/Pahlen/Majerski-Pahlen, § 85 Rn 82; KR-Etzel/Gallner, §§ 85–90 SGB IX Rn 56.
51 Vgl dazu KR-Etzel/Gallner, §§ 85–90 SGB IX Rn 56.

II. Zustimmungsfreie Beendigung des Arbeitsverhältnisses
1. Kündigung durch den Schwerbehinderten

464 Da das Schwerbehindertenrecht nur den Schutz vor einer Beendigung des Arbeitsverhältnisses bezweckt, die ohne oder gegen den Willen des schwerbehinderten Arbeitnehmers geschieht, bedarf allein die Kündigung durch den Arbeitgeber der vorherigen Zustimmung des Integrationsamtes. Der schwerbehinderte Mensch ist dagegen in seiner Entscheidung frei, das Arbeitsverhältnis durch eigene Kündigung aufzulösen. Daher bedarf die Eigenkündigung des Arbeitnehmers keiner vorherigen Zustimmung des Integrationsamtes nach § 85 SGB IX.[52]

2. Beendigung des Arbeitsverhältnisses ohne Kündigung

465 Nur in den Fällen des § 92 SGB IX[53] ist bei einer Beendigung des Arbeitsverhältnisses ohne Kündigung die Zustimmung des Integrationsamtes erforderlich. Im Übrigen ist § 85 SGB IX unanwendbar und damit die vorherige Zustimmung des Integrationsamtes entbehrlich, wenn das Arbeitsverhältnis ohne Kündigung des Arbeitgebers endet.

466 Eine Auflösung des Arbeitsverhältnisses ohne Kündigung ist auch in den Fällen anzunehmen, in denen eine personelle Maßnahme, vor allem also eine Einstellung, vorläufig durchgeführt wird und der Betriebsrat widerspricht (§ 100 BetrVG). Lehnt das Gericht nach einer solchen **vorläufigen Einstellung** iSv § 100 BetrVG, der der Betriebsrat unverzüglich widersprochen hat, durch rechtskräftige Entscheidung die vom Arbeitgeber beantragte Ersetzung der Zustimmung des Betriebsrates zur Einstellung ab oder stellt es rechtskräftig fest, dass die vorläufige Einstellung offensichtlich aus sachlichen Gründen nicht dringend erforderlich war, endet sie mit Ablauf von zwei Wochen nach Rechtskraft der Entscheidung (§ 100 Abs. 3 BetrVG), ohne dass es einer Kündigung durch den Arbeitgeber bedarf. Deshalb ist in diesem Fall auch keine vorherige Zustimmung des Integrationsamtes erforderlich.[54]

467 Wird jedoch der Arbeitnehmer eingestellt, ohne dass die Mitbestimmung eingehalten ist, oder werden sonst Rechte des Betriebsrates verletzt, entsteht ein individualrechtliches Arbeitsverhältnis,[55] das wirksam nur durch Kündigung des Arbeitgebers beendet werden kann. In diesem Fall ist vor einer Kündigung die Zustimmung des Integrationsamtes durch den Arbeitgeber zu beantragen.[56]

3. Aufhebungsvertrag

468 Das Arbeitsverhältnis kann einvernehmlich zwischen den Vertragsparteien zu einem bestimmten Zeitpunkt durch einen Aufhebungsvertrag beendet werden. Der Abschluss eines Aufhebungsvertrages bedarf keiner vorherigen Zustimmung des Integra-

---

52 Vgl dazu Neumann/Pahlen/Majerski-Pahlen, § 85 Rn 40; Düwell in: Dau/Düwell/Joussen, § 85 Rn 37.
53 Vgl dazu ausführlich Rn 867 ff.
54 KR-Etzel/Gallner, §§ 85–90 SGB IX Rn 10; Neumann/Pahlen/Majerski-Pahlen, § 85 Rn 54 mwN.
55 BAG vom 2.7.1980 – 5 AZR 1241/79, EzA § 99 BetrVG Nr. 28 = NJW 1981, 703.
56 Vgl dazu ausführlich KR-Etzel/Gallner, §§ 85-90 SGB IX Rn 11; Neumann/Pahlen/Majerski-Pahlen, § 85 Rn 55 mwN.

tionsamtes nach den §§ 85 ff SGB IX.[57] Gleiches gilt für einen **Abwicklungsvertrag**, der nach Ausspruch einer Kündigung abgeschlossen wird und die Folgen der Kündigung regelt. Nur die vorangehende Kündigung bedarf bei schwerbehinderten oder gleichgestellten Arbeitnehmern der vorherigen Zustimmung des Integrationsamtes nach den §§ 85 ff SGB IX.[58]

4. Befristetes Arbeitsverhältnis

Ein befristetes Arbeitsverhältnis, das durch Fristablauf endet, bedarf keiner Kündigung und somit auch nicht der Zustimmung des Integrationsamtes.[59]   469

Hinweis: Haben die Vertragsparteien die vorzeitige Kündbarkeit des befristeten Arbeitsvertrages gem. § 15 Abs. 3 TzBfG vereinbart, so bedarf die nach Ablauf von sechs Monaten (§ 90 Abs. 1 Nr. 1 SGB IX) vom Arbeitgeber erklärte ordentliche oder außerordentliche Kündigung allerdings immer der Zustimmung des Integrationsamtes.   470

5. Auflösende Bedingung

Arbeitsverträge, deren Auflösung an den Eintritt eines bestimmten Ereignisses geknüpft sind, enden ohne Kündigung mit dem Eintritt des Ereignisses, zB mit Ende des Monats, in dem eine Erwerbsminderungsrente gewährt oder ein bestimmtes Alter, zB das 65. Lebensjahr, vollendet wird. Solche auflösenden Bedingungen sind vielfach in Tarifverträgen oder Betriebsvereinbarungen enthalten, die über Verweisungsklauseln insoweit Bestandteil des Einzelarbeitsverhältnisses sein können.   471

Auch wenn grundsätzlich die Beendigung des Arbeitsverhältnisses aufgrund einer **auflösenden Bedingung** nicht der Zustimmung des Integrationsamtes bedarf, ist dies ausnahmsweise anders, wenn durch den Eintritt von Berufs- oder Erwerbsunfähigkeit auf Zeit bzw der teilweisen oder vollen Erwerbsminderung auf Zeit das Arbeitsverhältnis ohne Kündigung enden soll (§ 92 S. 1 SGB IX). In diesem Fall gelten die Vorschriften über die Zustimmung zur ordentlichen Kündigung entsprechend (§ 92 S. 2 SGB IX).[60]   472

6. Anfechtung des Arbeitsvertrages

Einen Sonderfall der Beendigung des Arbeitsverhältnisses ohne Kündigung stellt die Anfechtung des Arbeitsvertrages durch den Arbeitgeber gegenüber dem Arbeitnehmer dar. Die Anfechtung löst den Arbeitsvertrag für die Zukunft auf,[61] ohne dass es einer Zustimmung des Integrationsamtes nach § 85 SGB IX bedarf.[62]   473

---

57 BAG vom 27.3.1958 – 2 AZR 20/56, AP Nr. 12 zu § 14 SchwBG; Düwell in: Dau/Düwell/Joussen, § 85 Rn 10; Braasch in: Deinert/Neumann (Hrsg.), Hdb SGB IX, § 19 Rn 33 mwN.
58 Vgl dazu Braasch in: Deinert/Neumann (Hrsg.), Hdb SGB IX, § 19 Rn 33 mwN.
59 Vgl dazu ausführlich Düwell in: Dau/Düwell/Joussen, § 85 Rn 11; Neumann/Pahlen/Majerski-Pahlen, § 85 Rn 45 ff; Braasch in: Deinert/Neumann (Hrsg.), Hdb SGB IX, § 19 Rn 21 ff mwN.
60 Vgl dazu Rn 867 ff.
61 BAG vom 18.4.1968 – 2 AZR 145/67, DB 1968, 1073.
62 Vgl dazu Kossens in: Kossens/von der Heide/Maaß, § 85 Rn 20; Braasch in: Deinert/Neumann (Hrsg.), Hdb SGB IX, § 19 Rn 24 ff sowie ausführlich Düwell in: Dau/Düwell/Joussen, § 85 Rn 13 ff jeweils mwN.

7. Direktionsrecht

474 Dem schwerbehinderten Arbeitnehmer kann ohne Kündigung des Arbeitsverhältnisses und damit auch ohne vorherige Zustimmung des Integrationsamtes eine andere Tätigkeit im Betrieb übertragen werden, soweit der Arbeitgeber sich hierbei an den Rahmen des ihm zustehenden Direktionsrechtes hält.[63] Das Direktionsrecht bezieht sich aber nur auf die Tätigkeiten, die der Arbeitnehmer innerhalb seines Arbeitsvertrages zu verrichten hat, und berechtigt den Arbeitgeber nicht, den schwerbehinderten Arbeitnehmer auf einen anderen, nach dem Inhalt des Arbeitsvertrages nicht vorgesehen Arbeitsplatz zu versetzen. Das Direktionsrecht muss sich also im Rahmen des Arbeitsvertrages und der gesetzlichen Bestimmungen halten (§ 106 S. 1 GewO).

475 Nach § 106 S. 3 GewO hat der Arbeitgeber bei der Ausübung seines Direktionsrechtes auch auf **Behinderungen des Arbeitnehmers Rücksicht zu nehmen**. Insoweit ist selbstverständlich eine Weisung zu beanstanden, die einen schwerbehinderten Menschen gesundheitlich gefährdet, auch wenn diese Gefährdung nur durch dessen Behinderung entstehen kann. Eine Verpflichtung des Arbeitgebers, seine Interessen bei einer Behinderung des Arbeitnehmers schlechthin zurückzustellen, besteht aber nicht, es ist immer eine Interessenabwägung erforderlich.[64]

476 **Hinweis:** Bei der Ausübung des Direktionsrechtes ist zu beachten, dass der Arbeitgeber in allen Angelegenheiten, die einen schwerbehinderten Menschen betreffen, gem. § 95 Abs. 2 S. 1 SGB IX die **Schwerbehindertenvertretung** unverzüglich und umfassend zu unterrichten und vor einer Entscheidung anzuhören hat. Darüber hinaus hat der Arbeitgeber die getroffene Entscheidung der Schwerbehindertenvertretung unverzüglich mitzuteilen.

477 Das Direktionsrecht wird auch durch die Vorschrift des § 81 SGB IX begrenzt, insbesondere durch § 81 Abs. 4 S. 1 Nr. 1 SGB IX, der den Arbeitgeber zu einer Beschäftigung von schwerbehinderten Menschen verpflichtet, bei der sie ihre Fähigkeiten und Kenntnisse möglichst voll verwerten können.[65] Überschreitet der Arbeitgeber die Grenzen seines Direktionsrechtes, so liegt hierin eine **Änderungskündigung**,[66] die nur nach Zustimmung des Integrationsamtes zulässig ist und außerdem der Schriftform des § 623 BGB bedarf.[67]

8. Einführung von Kurzarbeit

478 Kurzarbeit kann ohne Ausspruch einer Änderungskündigung nur eingeführt werden, wenn dies eine wirksame gesamtvertragliche Vereinbarung (Tarifvertrag, Betriebsver-

---

63 Neumann/Pahlen/Majerski-Pahlen, § 85 Rn 59; KR-Etzel/Gallner, §§ 85–90 SGB IX Rn 8; Braasch in: Deinert/Neumann (Hrsg.), Hdb SGB IX, § 19 Rn 38 mwN.
64 Vgl dazu auch Bauer/Opolony, BB 2002, 1590, 1591.
65 Neumann/Pahlen/Majerski-Pahlen, § 85 Rn 60; Braasch in: Deinert/Neumann (Hrsg.), Hdb SGB IX, § 19 Rn 38; vgl dazu auch Rn 217 ff.
66 Vgl zur Änderungskündigung 757 ff.
67 Braasch in: Deinert/Neumann (Hrsg.), Hdb SGB IX, § 19 Rn 37; Neumann/Pahlen/Majerski-Pahlen, § 85 Rn 60.

II. Zustimmungsfreie Beendigung des Arbeitsverhältnisses 2

einbarung) erlaubt oder die betroffenen Arbeitnehmer damit einverstanden sind. In diesen Fällen kommt eine Zustimmung des Integrationsamtes nicht in Betracht.[68]

9. Insolvenz

Durch die Insolvenz des Arbeitgebers wird der besondere Kündigungsschutz des schwerbehinderten Menschen nicht aufgehoben. Das gilt auch für den Insolvenzverwalter.[69] 479

10. Gesetzliche Ausnahmen vom besonderen Kündigungsschutz (§ 90 SGB IX)

Bei der Beendigung des Arbeitsverhältnisses eines schwerbehinderten Menschen durch arbeitgeberseitige Kündigung gibt es von dem Erfordernis der Zustimmung einige **gesetzliche Ausnahmetatbestände**, die sich in § 90 SGB IX finden. Diese Ausnahmetatbestände sind insoweit in § 90 SGB IX erschöpfend geregelt. In allen anderen Fällen bleibt die arbeitgeberseitige Kündigung zustimmungspflichtig.[70] 480

a) Ausnahme in den ersten sechs Monaten (§ 90 Abs. 1 Nr. 1 SGB IX)

Wenn das Arbeitsverhältnis zum Zeitpunkt der Kündigungserklärung ohne Unterbrechung noch nicht länger als sechs Monate bestanden hat, entfällt der besondere Kündigungsschutz der §§ 85 ff SGB IX (§ 90 Abs. 1 Nr. 1 SGB IX). Es ist in diesem Fall weder die Zustimmung des Integrationsamtes nach § 85 SGB IX noch die Einhaltung der **Mindestkündigungsfrist** nach § 86 SGB IX erforderlich.[71] 481

Der Ausschluss des besonderen Kündigungsschutzes in den ersten sechs Monaten soll die Einstellungsbereitschaft der Arbeitgeber fördern und ihnen die Möglichkeit geben, ohne Beschäftigungsrisiko den schwerbehinderten Menschen zu erproben.[72] Die Frist korrespondiert mit der des § 1 Abs. 1 KSchG. Die dort geltenden Grundsätze gelten auch hier.[73] Maßgebend dafür, ob die Kündigung innerhalb des Sechsmonatszeitraums erfolgt oder nicht, ist der Zeitpunkt des **Zugangs der Kündigungserklärung**.[74] 482

Hinweis: Die Kündigungserklärung kann also auch noch wenige Tage vor Ablauf des Sechs-Monats-Zeitraums dem schwerbehinderten Menschen zugehen;[75] es sei denn, mit der Kündigung wird durch den Arbeitgeber nur der Zweck verfolgt, den Kündigungsschutz nicht eintreten zu lassen, was aber der schwerbehinderte Mensch darlegen und beweisen müsste.[76] 483

---

68 KR-Etzel/Gallner, §§ 85–90 SGB IX Rn 7; vgl auch ausführlich Neumann/Pahlen/Majerski-Pahlen, § 85 Rn 61.
69 Braasch in: Deinert/Neumann (Hrsg.), Hdb SGB IX, § 19 Rn 43; Neumann/Pahlen/Majerski-Pahlen, § 85 Rn 65 mwN.
70 Neumann/Pahlen/Majerski-Pahlen, § 85 Rn 67; Braasch in: Deinert/Neumann (Hrsg.), Hdb SGB IX, § 19 Rn 117.
71 ErfK/Rolfs, § 90 SGB IX Rn 1.
72 Kossens in: Kossens/von der Heide/Maaß, § 90 Rn 2.
73 BAG vom 19.6.2007 – 2 AZR 94/06, NZA 2007, 1103, 1104 mwN; ErfK/Rolfs, § 90 SGB IX Rn 1; Düwell in: Dau/Düwell/Joussen, § 90 Rn 6 ff; vgl dazu auch KR-Griebeling, § 1 KSchG Rn 90 ff.
74 Neumann/Pahlen/Majerski-Pahlen, § 90 Rn 7; KR-Etzel/Gallner, §§ 85–90 SGB IX Rn 39 mwN.
75 BAG vom 25.2.1981 – 7 AZR 25/79, DB 1981, 1417.
76 Kossens in: Kossens/von der Heide/Maaß, § 90 Rn 3 mwN; aA Düwell in: Dau/Düwell/Joussen, § 90 Rn 19, wonach der Arbeitgeber die Frist ohne Ausnahme ausnutzen darf; so auch ErfK/Rolfs, § 90 SGB IX Rn 1.

484 Eine solche Umgehung des besonderen Kündigungsschutzes kommt vor allem in den Fällen in Betracht, in denen viel früher gekündigt wird, als dies nach dem Gesetz oder dem Arbeitsvertrag zur Wahrung der Kündigungsfrist notwendig wäre. Bei einer Kündigung kurz vor Ablauf der sechsmonatigen Wartezeit müssen aber weitere Umstände des individuellen Rechtsmissbrauchs hinzukommen, wenn der Kündigungsschutz in analoger Anwendung des § 162 BGB eingreifen soll.[77] Wird das Kündigungsschreiben hingegen vor Ablauf des Sechsmonatszeitraums abgesandt, geht es aber dem Arbeitnehmer erst nach dem Fristablauf zu, bedarf die Kündigung der Zustimmung des Integrationsamtes und darf nur unter Einhaltung der **Mindestkündigungsfrist** des § 86 SGB IX[78] ausgesprochen werden.[79]

485 **Hinweis:** Es ist also für Arbeitgeber wichtig, bei einer Kündigung während der Sechsmonatsfrist so rechtzeitig für den Zugang der Kündigungserklärung zu sorgen, dass dieser Kündigungszugang noch innerhalb der Frist liegt. Hier wird grundsätzlich die Zustellung per Boten und Zustellprotokoll empfohlen. Hat der Arbeitnehmer den **Zugang der Kündigung** vor Ablauf der Sechsmonatsfrist **treuwidrig vereitelt**, zB durch bewusste Angabe einer unzutreffenden Anschrift, steht dies einem Zugang der Kündigung in den ersten sechs Monaten gleich, wenn der Zugang ansonsten noch innerhalb der Frist gelegen hätte.[80]

486 Für die **Berechnung des Sechsmonatszeitraums** ist allein auf den rechtlichen Bestand des Arbeitsverhältnisses abzustellen,[81] so wie dies auch bei der Berechnung der Frist des § 1 Abs. 1 KSchG der Fall ist.[82] Daher hemmen **tatsächliche Unterbrechungen** der Arbeit, zB durch Krankheit, Urlaub, Kurzarbeit oder Streik, den Ablauf der Sechsmonatsfrist nicht.[83] Ohne Einfluss ist es, wenn sich ohne zeitliche Unterbrechung an ein Ausbildungsverhältnis ein Arbeitsverhältnis oder ein weiteres Arbeitsverhältnis mit dem bisherigen Arbeitgeber anschließt.[84]

487 Das BAG geht in seiner neueren Rechtsprechung zu § 90 Abs. 1 Nr. 1 SGB IX davon aus, dass bei **rechtlichen Unterbrechungen** vom Sinn und Zweck des Gesetzes her nicht jede rechtliche Unterbrechung, sei sie auch von kurzer Dauer, die Frist des § 90 Abs. 1 Nr. 1 SGB IX neu beginnen lässt. Wie schon nach der Rechtsprechung des BAG zu § 1 Abs. 1 KSchG,[85] sind auch bei § 90 Abs. 1 Nr. 1 SGB IX Zeiten eines früheren Arbeitsverhältnisses mit demselben Arbeitgeber anzurechnen, wenn das neue Arbeitsverhältnis in einem engen sachlichen Zusammenhang mit dem früheren Arbeitsverhältnis steht, wobei es insbesondere auf Anlass und Dauer der Unterbrechung

---

[77] Neumann/Pahlen/Majerski-Pahlen, § 90 Rn 7 mwN.
[78] Vgl dazu Rn 603 ff.
[79] KR-Etzel/Gallner, §§ 85–90 SGB IX Rn 39.
[80] BAG vom 22.9.2005 – 2 AZR 366/04, NZA 2006, 204; KR-Etzel/Gallner, §§ 85–90 SGB IX Rn 39; ErfK/Rolfs, § 90 SGB IX Rn 1.
[81] KR-Etzel/Gallner, §§ 85–90 SGB IX Rn 38; Düwell in: Dau/Düwell/Joussen, § 90 Rn 6 mwN; Braasch in: Deinert/Neumann (Hrsg.), Hdb SGB IX, § 19 Rn 119; Neumann/Pahlen/Majerski-Pahlen, § 90 Rn 8 mwN.
[82] Vgl dazu KR-Griebeling, § 1 KSchG Rn 99 ff.
[83] Kossens in: Kossens/von der Heide/Maaß, § 90 Rn 3.
[84] BAG vom 23.9.1976 – 2 AZR 309/75, NJW 1977, 1311; Kossens in: Kossens/von der Heide/Maaß, § 90 Rn 5; Düwell in: Dau/Düwell/Joussen, § 90 Rn 6.
[85] BAG vom 20.8.1998 – 2 AZR 76/98, NZA 1999, 481; BAG vom 20.8.1998 – 2 AZR 83/98; NZA 1999, 314.

II. Zustimmungsfreie Beendigung des Arbeitsverhältnisses 2

sowie auf die Art der Weiterbeschäftigung ankommt.⁸⁶ Bei der Prüfung, wann von einem engen sachlichen Zusammenhang zwischen mehreren Arbeitsverhältnissen und damit von einem ununterbrochenen Arbeitsverhältnis iSv § 90 Abs. 1 Nr. 1 SGB IX ausgegangen werden kann, können nicht die festen zeitlichen Grenzen zugrunde gelegt werden, die in anderen Gesetzen, etwa § 1 Abs. 1 S. 3 BeschFG 1985 oder § 14 Abs. 3 TzBfG, enthalten sind.⁸⁷

Bei **mehreren hintereinander geschalteten Arbeitsverhältnissen** ist also zu unterscheiden: 488

- Schließen sich mehrere Arbeitsverhältnisse unmittelbar aneinander an, dh ohne zeitliche Unterbrechung, sind die Arbeitsverhältnisse für die Berechnung der Sechsmonatsfrist zusammenzuzählen.⁸⁸
- Liegt dagegen zwischen den Arbeitsverhältnissen eine rechtliche Unterbrechung über einen längeren Zeitraum, beginnt die Sechsmonatsfrist neu zu laufen.

Wann eine längere Unterbrechung in diesem Sinne anzunehmen ist, wird in der Rechtsprechung nicht festgelegt, sondern von den Umständen abhängig gemacht.⁸⁹ 489

Keine Unterbrechung des Arbeitsverhältnisses liegt vor, wenn ein **Betriebsübergang** nach § 613a BGB vorliegt oder wenn **Insolvenz** eingetreten ist und der Betrieb fortgeführt wird.⁹⁰ 490

Der Arbeitgeber ist in den Fällen des § 90 Abs. 1 Nr. 1 SGB IX verpflichtet, die Beendigung des Arbeitsverhältnisses unabhängig von der Anzeigepflicht nach anderen Gesetzen dem Integrationsamt innerhalb von vier Tagen anzuzeigen (§ 90 Abs. 3, 2. Alt. SGB IX). Gleiches gilt für **Einstellungen auf Probe** (§ 90 Abs. 3, 1. Alt. SGB IX).⁹¹ Diese Anzeigepflicht von Entlassungen während des Sechsmonatszeitraums nach § 90 Abs. 3, 2. Alt. SGB IX soll allein dem Integrationsamt eine besondere Fürsorge ermöglichen und hat deshalb keinen Einfluss auf die Rechtsbeziehungen des Arbeitgebers zum schwerbehinderten Arbeitnehmer oder auf die Wirksamkeit der Kündigung.⁹² 491

---

86 BAG vom 19.6.2007 – 2 AZR 94/06, NZA 2007, 1103, 1104.
87 BAG vom 19.6.2007 – 2 AZR 94/06, NZA 2007, 1103, 1104 mwN.
88 BAG vom 23.9.1976 – 2 AZR 309/75, AP Nr. 1 zu § 1 KSchG 1969 Wartezeit; Neumann/Pahlen/Majerski-Pahlen, § 90 Rn 8; KR-Etzel/Gallner, §§ 85–90 SGB IX Rn 38.
89 Die maximale Dauer des Unterbrechung wird im Rahmen einer Gesamtbetrachtung ermittelt, wobei zwei Tage Wartezeit nach der Entscheidung des BAG vom 27.6.2002 – 2 AZR 270/01, AP Nr. 15 zu § 1 KSchG 1969 Wartezeit = DB 2003, 452 = NJW 2003, 773 = NZA 2003, 145, keine beachtliche Unterbrechung sind; zwei Monate sind dabei nach BAG vom 10.5.1989 – 7 AZR 450/88, NZA 1990, 221, schon als erheblich angesehen worden, vgl dazu eingehend Neumann/Pahlen/Majerski-Pahlen, § 90 Rn 8 und KR-Etzel/Gallner, §§ 85–90 SGB IX Rn 38 jeweils mwN; in seiner Entscheidung vom 19.6.2007 – 2 AZR 94/06, NZA 2007, 1103, 1104, hat das BAG grundsätzlich eine Unterbrechung von sechs Wochen, so wie das LAG Hamm als Berufungsinstanz in seinem Urteil vom 21.6.2005 – 6 Sa 292/05, als erheblich angesehen; es sei nach § 162 Abs. 2 BGB als Verstoß gegen Treu und Glauben anzusehen, wenn im Bundesland einen Lehrer trotz positiver Leistungsbeurteilung während der Schulferien nicht beschäftige. In diesem Fall sei die rechtliche Unterbrechung des Arbeitsverhältnisses für die Dauer der Sommerferien nicht als rechtlich erhebliche Unterbrechung zu werten; vgl dazu auch Düwell in: Dau/Düwell/Joussen, § 90 Rn 7 mwN.
90 Kossens in: Kossens/von der Heide/Maaß, § 90 Rn 5; Neumann/Pahlen/Majerski-Pahlen, § 90 Rn 9.
91 Vgl zu diesen Anzeigepflichten im Einzelnen KR-Etzel/Gallner, §§ 85–90 SGB IX Rn 40; Braasch in: Deinert/Neumann (Hrsg.), Hdb SGB IX, § 19 Rn 133; Neumann/Pahlen/Majerski-Pahlen, § 90 Rn 25 ff mwN.
92 KR-Etzel/Gallner, §§ 85–90 SGB IX Rn 41; Koch in: Schaub, § 179 Rn 43; Neumann/Pahlen/Majerski-Pahlen, § 90 Rn 25 jeweils mwN.

492 **Hinweis:** Sollten sich bei schuldhafter Verletzung der Anzeigepflicht nach § 90 Abs. 3, 2. Alt. SGB IX aber deswegen Geldzahlungen des Integrationsamtes verzögern und dem Arbeitnehmer daraus ein Schaden entstehen, so kann der Arbeitgeber zum Ersatz des Schadens verpflichtet sein.[93]

b) Stellen nach § 73 Abs. 2 Nr. 2 bis 5 SGB IX (§ 90 Abs. 1 Nr. 2 SGB IX)

493 Weiterhin besteht kein Zustimmungserfordernis für schwerbehinderte Arbeitnehmer, die auf bestimmten Arbeitsplätzen iSd § 73 Abs. 2 Nr. 2 bis 5 SGB IX beschäftigt werden (§ 90 Abs. 1 Nr. 2 SGB IX).

494 Ausdrücklich **vom besonderen Kündigungsschutz** des SGB IX **ausgenommen** sind danach

- Personen, deren Beschäftigung nicht in erster Linie dem Erwerb dient, sondern aus religiösen und karitativen Beweggründen erfolgt (§ 73 Abs. 2 Nr. 2 SGB IX), zB Rot-Kreuz-Schwestern, Diakonissen, Missionare, sowie die ausdrücklich im Gesetz genannten Geistlichen öffentlich-rechtlicher Religionsgemeinschaften. Für diesen Personenkreis ist ohnehin keine Zustimmung zur Kündigung erforderlich, weil sie nicht in einem Arbeitsverhältnis stehen.[94]

- Personen, deren Beschäftigung nicht in erster Linie ihrem Erwerb dient und vorwiegend zu ihrer Heilung, Wiedereingewöhnung oder Erziehung erfolgt (§ 73 Abs. 2 Nr. 3 SGB IX), zB Insassen von Heilanstalten, Strafgefangene, Sicherungsverwahrte. Dieser Personenkreis steht in keinem Arbeitsverhältnis, so dass bereits deshalb keine Zustimmung erforderlich ist.[95]

- Teilnehmer an Arbeitsbeschaffungsmaßnahmen nach dem SGB III (§ 73 Abs. 2 Nr. 4 SGB IX).[96]

- Personen, die nach ständiger Übung in ihre Stelle gewählt werden (§ 73 Abs. 2 Nr. 5 SGB IX), zB bei Verbänden, politischen Parteien, Gewerkschaften oder Kommunen. Auch wenn hier in der Regel ein echtes Arbeitsverhältnis begründet wird, würde es demokratischen Grundsätzen widersprechen, solche Personen in ihrer Stellung zu halten, wenn die Voraussetzungen, nämlich die Wahl und damit das erforderliche Vertrauen der Wähler, nicht mehr gegeben sind.[97]

495 **Hinweis:** Ist keine dieser Bedingungen erfüllt, muss der Arbeitgeber grundsätzlich die Zustimmung des Integrationsamtes zur Kündigung beantragen.

---

[93] BAG vom 21.3.1980 – 7 AZR 314/78, AP Nr. 1 zu § 17 SchwbG m.Anm. Jung; KR-Etzel/Gallner, §§ 85–90 SGB IX Rn 41; Neumann/Pahlen/Majerski-Pahlen, § 90 Rn 25 mwN.
[94] Vgl dazu KR-Etzel/Gallner, §§ 85–90 SGB IX Rn 43; Neumann/Pahlen/Majerski-Pahlen, § 73 Rn 51; § 90 Rn 12.
[95] Vgl dazu KR-Etzel/Gallner, §§ 85–90 SGB IX Rn 44; Neumann/Pahlen/Majerski-Pahlen, § 73 Rn 52; § 90 Rn 12.
[96] Vgl Neumann/Pahlen/Majerski-Pahlen, § 90 Rn 13; allerdings sind die entsprechenden Regelungen zur Arbeitsbeschaffung (§§ 260 ff SGB III aF) mit Wirkung zum 1.4.2012 aufgehoben worden, vgl auch KR-Etzel/Gallner, §§ 85–90 SGB IX Rn 45.
[97] Vgl Neumann/Pahlen/Majerski-Pahlen, § 90 Rn 15; KR-Etzel/Gallner, §§ 85–90 SGB IX Rn 46.

II. Zustimmungsfreie Beendigung des Arbeitsverhältnisses 2

c) Vollendung des 58. Lebensjahres und soziale Alterssicherung (§ 90 Abs. 1. Nr. 3 SGB IX)

Zustimmungsfrei sind ferner Kündigungen von schwerbehinderten Menschen nach Vollendung des 58. Lebensjahres und solchen, die 496

- Anspruch auf eine Abfindung, Entschädigung oder ähnliche Leistung aufgrund eines Sozialplanes haben oder
- Anspruch auf Knappschaftsausgleichsleistung nach dem SGB VI oder auf Anpassungsgeld für entlassene Arbeitnehmer des Bergbaus,
- wenn der Arbeitgeber ihnen die Kündigungsabsicht rechtzeitig mitgeteilt hat und sie der beabsichtigten Kündigung bis zu deren Ausspruch nicht widersprechen (§ 90 Abs. 1 Nr. 3 SGB IX).[98]

Personen, deren **Altersversorgung gesichert** ist, bedürfen damit nach Auffassung des Gesetzgebers des besonderen Schutzes der §§ 85 ff SGB IX nicht, wenn sie der Kündigung nicht widersprechen.[99] Darin wird teilweise eine unzulässige Benachteiligung wegen Alters gesehen.[100] Diese dürfte aber durch Art. 6 a Richtlinie 2000/78/EG gerechtfertigt sein, zumal die Richtlinie keinen Sonderkündigungsschutz für Menschen mit Behinderungen vorschreibt.[101] 497

Bei der ersten Variante bezieht sich das **Sozialplanerfordernis** auf alle drei Formen der Entlassungsentschädigung, so dass die Zustimmung des Integrationsamtes nur verzichtbar ist, wenn der schwerbehinderte Arbeitnehmer seinen Anspruch auf § 77 Abs. 6 BetrVG stützen kann.[102] Eine **einzelvertragliche Zusage** genügt dagegen nicht;[103] ebenso wenig der gesetzliche **Nachteilsausgleich** nach § 113 BetrVG oder eine vereinbarte oder durch das Gericht zugesprochene Abfindung nach den §§ 9, 10 KSchG.[104] 498

Die **Mitteilung der Kündigungsabsicht durch den Arbeitgeber** ist dabei an **keine Form** gebunden.[105] Dem schwerbehinderten Arbeitnehmer muss aber Zeit gegeben werden, um zu entscheiden, ob er der beabsichtigten Kündigung widersprechen will oder nicht. Angemessen ist für die **Widerspruchsfrist** ein Zeitraum **von drei Wochen** bis zum Ausspruch der Kündigung.[106] Der Arbeitgeber muss in seiner Mitteilung den schwerbehinderten Menschen nicht auf seine Widerspruchsmöglichkeit hinweisen.[107] 499

---

98 Vgl dazu im Einzelnen Düwell in: Dau/Düwell/Joussen, § 90 Rn 21 ff; KR-Etzel/Gallner, §§ 85–90 SGB IX Rn 47 ff.
99 BT-Drucks. 10/3138, 21.
100 Bertelsmann, ZESAR 2005, 242, 245.
101 ErfK/Rolfs, § 90 SGB IX Rn 3.
102 LAG Köln vom 4.4.1997, AiB 1998, 351 = FA 1998, 57; ErfK/Rolfs, § 90 SGB IX Rn 3; KR-Etzel/Gallner, §§ 85–90 SGB IX Rn 48.
103 ErfK/Rolfs, § 90 SGB IX Rn 3; Kossens in: Kossens/von der Heide/Maaß, § 90 Rn 8 mwN.
104 Braasch in: Deinert/Neumann (Hrsg.), Hdb SGB IX, § 19 Rn 123; Düwell in: Dau/Düwell/Joussen, § 90 Rn 2.
105 KR-Etzel/Gallner, §§ 85–90 SGB IX Rn 49; Düwell in: Dau/Düwell/Joussen, § 90 Rn 24; Kossens in: Kossens/von der Heide/Maaß, § 90 Rn 9; Braasch in: Deinert/Neumann (Hrsg.), Hdb SGB IX, § 19 Rn 125.
106 Braasch in: Deinert/Neumann (Hrsg.), Hdb SGB IX, § 19 Rn 125; ErfK/Rolfs, § 90 SGB IX Rn 3; Koch in: Schaub, § 179 Rn 40; Kossens in: Kossens/von der Heide/Maaß, § 90 Rn 9; Neumann/Pahlen/Majerski-Pahlen, § 90 Rn 17 mwN; aA KR-Etzel/Gallner, §§ 85–90 SGB IX Rn 49 – mindestens eine Woche; Feldes u.a., Basiskommentar zum SGB IX, § 90 Rn 10 – ein Monat; vgl auch die Darstellung des Meinungsstandes bei Düwell in: Dau/Düwell/Joussen, § 90 Rn 24.
107 Kossens in: Kossens/von der Heide/Maaß, § 90 Rn 10 mwN.

Er muss aber mitteilen, wann die Kündigung ausgesprochen werden soll, denn nur dann weiß der Arbeitnehmer, bis wann er seinen Widerspruch erklären kann.[108]

500 Für den **Widerspruch des Arbeitnehmers** ist **keine bestimmte Form** vorgeschrieben; er ist formlos möglich und braucht auch nicht begründet zu werden.[109] Der Widerspruch ist aus Gründen der Rechtssicherheit nur innerhalb dieser Frist bis zum Ausspruch der Kündigung möglich und muss vor Zugang der Kündigung dem Arbeitgeber zugehen.[110]

501 **Hinweis:** Aus Beweisgründen, auch im Hinblick auf die Länge der Widerspruchsfrist, sollte der Arbeitgeber die beabsichtigte Kündigung dem schwerbehinderten Arbeitnehmer immer **schriftlich** mitteilen. Der Arbeitnehmer sollte für seinen **Widerspruch** aus Beweisgründen die Schriftform wählen. Es genügt der Hinweis, dass der schwerbehinderte Arbeitnehmer die Kündigung generell nicht oder nicht zu den vorgeschlagenen Bedingungen akzeptiert.[111] Äußert sich der schwerbehinderte Mensch allerdings innerhalb der Frist nicht, entfällt nach § 90 Abs. 1 Nr. 3 SGB IX der besondere Kündigungsschutz.[112]

502 Die **Rücknahme des Widerspruches** kann jederzeit, auch noch im Rechtsmittelverfahren, erfolgen.[113] Dann ist das Zustimmungserfordernis weggefallen und das Verfahren erledigt. Eine einvernehmliche Aufhebung des Arbeitsvertrages ist aber darin noch nicht zu sehen.[114]

d) Entlassung aus Witterungsgründen (§ 90 Abs. 2 SGB IX)

503 Bei Kündigungen, die aus Witterungsgründen vorgenommen werden, ist keine Zustimmung erforderlich (§ 90 Abs. 2 SGB IX), sofern die Wiedereinstellung des schwerbehinderten Menschen bei Wiederaufnahme der Arbeit gewährleistet ist. Eine Entlassung aus Witterungsgründen setzt voraus, dass die Fortsetzung der Arbeit infolge ungünstiger Witterung, zB Eis, Schnee, Frost, nicht möglich ist oder nicht mehr zugemutet werden kann. Ist die Beschäftigung im Innendienst nicht möglich, weil wegen der Einstellung der Arbeit im Außendienst keine Arbeiten mehr anfallen, ist § 90 Abs. 2 SGB IX nicht anwendbar.[115]

---

108 Düwell in: Dau/Düwell/Joussen, § 90 Rn 24 mwN.
109 KR-Etzel/Gallner, §§ 85–90 SGB IX Rn 50; Kossens in: Kossens/von der Heide/Maaß, § 90 Rn 10; Düwell in: Dau/Düwell/Joussen, § 90 Rn 26; Neumann/Pahlen/Majerski-Pahlen, § 90 Rn 18; Braasch in: Deinert/Neumann (Hrsg.), Hdb SGB IX, § 19 Rn 125 mwN.
110 Kossens in: Kossens/von der Heide/Maaß, § 90 Rn 11; ErfK/Rolfs, § 90 SGB IX Rn 3; Braasch in: Deinert/Neumann (Hrsg.), Hdb SGB IX, § 19 Rn 125; Neumann/Pahlen/Majerski-Pahlen, § 90 Rn 18; KR-Etzel/Gallner, §§ 85–90 SGB IX Rn 50; Düwell in: Dau/Düwell/Joussen, § 90 Rn 26 mwN.
111 Vgl dazu auch LAG Hamm vom 8.7.1986 – 11 (14) Sa 2359/85.
112 Kossens in: Kossens/von der Heide/Maaß, § 90 Rn 10.
113 Braasch in: Deinert/Neumann (Hrsg.), Hdb SGB IX, § 19 Rn 125; Neumann/Pahlen/Majerski-Pahlen, § 90 Rn 18; Kossens in: Kossens/von der Heide/Maaß, § 90 Rn 11; Düwell in: Dau/Düwell/Joussen, § 90 Rn 26 mwN.
114 Neumann/Pahlen/Majerski-Pahlen, § 90 Rn 18 mwN.
115 So auch Kossens in: Kossens/von der Heide/Maaß, § 90 Rn 13; Neumann/Pahlen/Majerski-Pahlen, § 90 Rn 20; Braasch in: Deinert/Neumann (Hrsg.), Hdb SGB IX, § 19 Rn 127; Düwell in: Dau/Düwell/Joussen, § 90 Rn 28 mwN; aA LAG München vom 24.10.1986 – 3 Sa 438/86, DB 1987, 1444; Kossens in: Kossens/von der Heide/Maaß, § 90 Rn 14 mwN; KR-Etzel/Gallner, §§ 85–90 SGB IX Rn 52 mwN.

II. Zustimmungsfreie Beendigung des Arbeitsverhältnisses

Der Kündigungsschutz entfällt nur, wenn sich der Arbeitgeber gegenüber dem schwerbehinderten Arbeitnehmer verpflichtet, ihn bei Wiederaufnahme der Tätigkeit wieder einzustellen; unerheblich ist, ob der Wiedereinstellungsanspruch auf **Tarifvertrag, Betriebsvereinbarung oder Einzelvertrag** beruht.[116] Stellt der Arbeitgeber den Arbeitnehmer trotz seiner Zusage nicht wieder ein, berührt dies nicht die Wirksamkeit der Kündigung; vielmehr hat der schwerbehinderte Arbeitnehmer einen einklagbaren Wiedereinstellungsanspruch als Schadensersatzanspruch ab dem Tag der Wiederaufnahme der Arbeit.[117] 504

Hinweis: Die **Schwerbehindertenvertretung** ist gem. § 95 Abs. 2 SGB IX vom Arbeitgeber zu beteiligen, da es sich um eine Angelegenheit handelt, die einen einzelnen schwerbehinderten Menschen berührt. 505

11. Neuregelung in § 90 Abs. 2 a SGB IX

Die Vorschriften über den besonderen Kündigungsschutz für schwerbehinderte Menschen finden nach § 90 Abs. 2 a SGB IX auch dann keine Anwendung, wenn zum Zeitpunkt der Kündigung die Eigenschaft als schwerbehinderter Mensch nicht nachgewiesen ist oder das Versorgungsamt nach Ablauf der Frist des § 69 Abs. 1 S. 2 SGB IX eine Feststellung wegen fehlender Mitwirkung nicht treffen konnte. 506

Die Auslegung und der Anwendungsbereich des § 90 Abs. 2 a SGB IX waren seit seiner Einfügung in den Gesetzestext des SGB IX zum 1.5.2004 heftig umstritten.[118] Inzwischen wurden einige der Streitfragen jedoch höchstrichterlich geklärt. Daher werden im folgenden Abschnitt die in der Vergangenheit umstrittenen Probleme nicht mehr im Einzelnen dargestellt;[119] es soll vielmehr ein **Leitfaden für die Praxis** auf der Grundlage der neuen höchstrichterlichen Rechtsprechung gegeben werden, wie die Regelung des § 90 Abs. 2 a SGB IX anzuwenden ist. 507

a) Fehlender Nachweis der Schwerbehinderteneigenschaft (§ 90 Abs. 2 a Alt. 1 SGB IX)

Nach der ersten Alternative des § 90 Abs. 2 a SGB IX ist der besondere Kündigungsschutz ausgeschlossen, wenn zum Zeitpunkt der Kündigung die Schwerbehinderung „nicht nachgewiesen" ist. 508

Da sich die Vorschrift des § 90 Abs. 2 a SGB IX primär an die Arbeitgeber und nicht an die Integrationsämter wendet und der Nachweis über die Schwerbehinderteneigenschaft gegenüber dem Arbeitgeber zu führen ist, ist hinsichtlich der Frage, ob die 509

---

116 ErfK/Rolfs, § 90 SGB IX Rn 4; Kossens in: Kossens/von der Heide/Maaß, § 90 Rn 15; Düwell in: Dau/Düwell/Joussen, § 90 Rn 29; KR-Etzel/Gallner, §§ 85–90 SGB IX Rn 53; Braasch in: Deinert/Neumann (Hrsg.), Hdb SGB IX, § 19 Rn 130 mwN.
117 So auch hM, vgl EfK/Rolfs, § 90 SGB IX Rn 4; KR-Etzel/Gallner, §§ 85–90 SGB IX Rn 53; Kossens in: Kossens/von der Heide/Maaß, § 90 Rn 16 mwN; Düwell in: Dau/Düwell/Joussen, § 90 Rn 30; aA Neumann/Pahlen/Majerski-Pahlen, § 90 Rn 22; Braasch in: Deinert/Neumann (Hrsg.), Hdb SGB IX, § 19 Rn 131 jeweils mwN.
118 Vgl dazu etwa Griebeling, NZA 2005, 494, 499; Schlewing, NZA 2005, 1218, 1219; Düwell in: Dau/Düwell/Joussen, § 90 Rn 36 ff.
119 Vgl dazu etwa ausführlich Etzel in: FS zum 25-jährigen Bestehen der ARGE Arbeitsrecht im DAV, 246 ff.

Vorschriften über den besonderen Kündigungsschutz Anwendung finden, auf den **Zeitpunkt des Zugangs der Kündigung** abzustellen.[120]

510 Zunächst war umstritten, ob die Vorschrift des § 90 Abs. 2 a SGB IX auch für **gleichgestellte Arbeitnehmer** gilt oder nicht. Dies wurde in der Literatur unter Berufung auf den Wortlaut der Vorschrift teilweise verneint.[121] Nach herrschender Auffassung,[122] der sich inzwischen auch das BAG angeschlossen hat, gilt § 90 Abs. 2 a SGB IX aber auch für gleichgestellte Arbeitnehmer, weil eine Besserstellung der weniger schutzbedürftigen Gruppe der Gleichgestellten sachlich nicht zu rechtfertigen und mit dem Zweck der Regelung des § 90 Abs. 2 a SGB IX[123] nicht zu vereinbaren ist.

511 Nach der **ersten Alternative** des § 90 Abs. 2 a SGB IX muss also bei Zugang der Kündigung des Arbeitgebers entweder

- die Schwerbehinderung bereits nach §§ 2 Abs. 2, 69 Abs. 1 SGB IX durch einen Feststellungsbescheid des Versorgungsamtes anerkannt sein, oder
- eine Gleichstellung durch Bescheid der Bundesagentur für Arbeit erfolgt sein (§§ 68 Abs. 2, 69 SGB IX), oder
- die Schwerbehinderteneigenschaft offenkundig sein.

512 Einem Bescheid des Versorgungsamtes über das Vorliegen einer Schwerbehinderung nach § 69 Abs. 1 SGB IX stehen nach der Gesetzesbegründung Feststellungen nach § 69 Abs. 2 SGB IX gleich.[124] Dies kann zB ein Unfallrentenbescheid einer Berufsgenossenschaft sein, mit dem eine MdE (Minderung der Erwerbsfähigkeit) in Höhe von mindestens 50 % festgestellt wird, da sich MdE und GdB entsprechen. Ein Bescheid der gesetzlichen Rentenversicherung über eine volle oder teilweise Erwerbsminderungsrente reicht aber nicht aus, da sich der Begriff der Erwerbsminderung nach § 43 SGB VI und der GdB nicht entsprechen und jemand eine Erwerbsminderungsrente nach § 43 SGB VI beziehen kann, ohne dass ein GdB von 50 vorliegt.

513 Es reicht also nicht aus, dass objektiv die Schwerbehinderteneigenschaft vorliegt, sondern sie muss auch durch Bescheid anerkannt sein. Auch wenn die **Schwerbehinderteneigenschaft** kraft Gesetzes entsteht, wenn die in § 2 SGB IX genannten Voraussetzungen vorliegen, und der Feststellungsbescheid des Versorgungsamtes nach §§ 2 Abs. 2, 69 SGB IX keine rechtsbegründende, sondern lediglich eine erklärende, also **deklaratorische Wirkung** hat,[125] treten die rechtlichen Wirkungen der Eigenschaft als

---

[120] BAG vom 29.11.2007 – 2 AZR 613/06, NZA 2008, 361; Cramer, NZA 2004, 698, 704; Kossens in: Kossens/von der Heide/Maaß, § 90 Rn 22; KR-Etzel/Gallner, §§ 85–90 SGB IX Rn 53 c.
[121] Bauer/Powietzka, NZA-RR 2004, 505, 507, Fn 15; Schlewing, NZA 2005, 1218, 1224; Düwell, BB 2004, 2811, 2813.
[122] LAG Baden-Württemberg vom 14.6.2006 – 10 Sa 43/06; LAG Rheinland-Pfalz vom 12.10.2005 – 10 Sa 502/05; LAG Brandenburg vom 30.8.2006 – 23 Sa 95/06; BAG vom 1.3.2007 – 2 AZR 217/06, NZA 2008, 302, 304 mwN; Kossens in: Kossens/von der Heide/Maaß, § 90 Rn 18; ErfK/Rolfs, § 90 SGB IX Rn 6; Griebeling, NZA 2005, 494, 496; Göttling/Neumann, NZA-RR 2007, 281, 284; KR-Etzel/Gallner, §§ 85–90 SGB IX Rn 53 j mwN.
[123] Vgl dazu ausführlich BAG vom 1.3.2007 – 2 AZR 217/06, NZA 2008, 302, 304; Göttling/Neumann, NZA-RR 2007, 281, 284.
[124] Vgl dazu oben Rn 35 ff.
[125] St. Rspr des BAG, vgl nur BAG vom 20.1.2005 – 2 AZR 675/03, NZA 2005, 689, 690; BAG vom 24.11.2005 – 2 AZR 514/04, NZA 2006, 665, 666; BAG vom 13.2.2008 – 2 AZR 864/06, NZA 2008, 1055, 1056 mwN in Rn 16; BAG vom 9.6.2011 – 2 AZR 703/09, NZA-RR 2011, 516, Rn 28.

II. Zustimmungsfreie Beendigung des Arbeitsverhältnisses 2

schwerbehinderter Mensch im Falle des Sonderkündigungsschutzes nicht ohne Weiteres, dh nicht schon bei bloß objektiv bestehender Eigenschaft als schwerbehinderter Mensch, ein. Voraussetzung ist vielmehr nur, dass vor Zugang der Kündigung ein **Feststellungsbescheid** über die Eigenschaft als schwerbehinderter Mensch (§ 69 Abs. 1 SGB IX) oder eine entsprechende, dem gleichstehende Feststellung nach § 69 Abs. 2 SGB IX ergangen ist.[126]

Ausreichend ist auch die im Zeitpunkt des Zugangs der Kündigung durch Bescheid der Agentur für Arbeit nachgewiesene **Gleichstellung** iSv § 68 Abs. 2, 3 SGB IX. Die Gleichstellung erfolgt im Gegensatz zur Schwerbehinderteneigenschaft mit einem **konstitutiven Verwaltungsakt** und wird gem. § 68 Abs. 2 S. 2 SGB IX mit dem Tag des Antragseingangs wirksam.[127] Die Gleichstellung muss also nach der ersten Alternative des § 90 Abs. 2 a SGB IX im Zeitpunkt des Kündigungszugangs bereits durch **Bescheid** erfolgt sein, der dem Arbeitnehmer vor Zugang der Kündigung zugestellt worden sein muss.[128]

514

Trotz des entgegenstehenden Wortlauts der ersten Alternative des § 90 Abs. 2 a SGB IX kommt der Sonderkündigungsschutz auch dann zum Tragen, wenn die **Schwerbehinderung offenkundig** ist.[129] Dies ergibt sich aus der Gesetzesbegründung, in der die Offenkundigkeit ausdrücklich als nachgewiesen bezeichnet wird.[130] Offenkundig ist die Schwerbehinderteneigenschaft zB bei Blindheit, Kleinwuchs oder dem Verlust von Gliedmaßen wie Armen und Beinen.[131]

515

Entgegen einer in der Literatur vertretenen Auffassung[132] ist es für die Anwendung des § 85 SGB IX auch allein maßgeblich, dass ein Bescheid über die Schwerbehinderung oder die Gleichstellung erlassen und dieser dem Arbeitnehmer vor Zugang der Arbeitgeberkündigung zugegangen ist.[133] Für den besonderen Kündigungsschutz kommt es dagegen nicht darauf an, ob der Arbeitnehmer den Arbeitgeber von seiner

516

---

126 St. Rspr des BAG, vgl BAG vom 20.1.2005 – 2 AZR 675/03, NZA 2005, 689, 690 mwN; BAG vom 11.12.2008 – 2 AZR 395/07, NZA 2009, 556, Rn 28 mwN; BAG vom 9.6.2011 – 2 AZR 703/09, NZA-RR 2011, 516, Rn 35; zum rechtzeitig gestellten Antrag nach der zweiten Alternative des § 90 Abs. 2 a SGB IX – vgl Rn 517 ff.
127 St. Rspr des BAG, vgl nur BAG vom 24.11.2005 – 2 AZR 514/04, NZA 2006, 665, 666 mwN.
128 So auch KR-Etzel/Gallner, §§ 85–90 SGB IX Rn 53 b.
129 St. Rspr des BAG, vgl nur BAG vom 24.11.2005 – 2 AZR 514/04, NZA 2006, 665, 667; BAG vom 13.2.2008 – 2 AZR 864/06, NZA 2008, 1055, 1056 mwN in Rn 17; vgl auch KR-Etzel/Gallner, §§ 85–90 SGB IX Rn 53 b; Cramer, NZA 2004, 698, 704; ErfK/Rolfs, § 90 SGB IX Rn 6; Kossens in: Kossens/von der Heide/Maaß, § 90 Rn 21 mwN.
130 So ausdrücklich BAG vom 13.2.2008 – 2 AZR 864/06, NZA 2008, 1055, 1056, Rn 17 unter Hinweis auf BT-Drucks. 15/2357, 24; Cramer, NZA 2004, 698, 704; Kossens in: Kossens/von der Heide/Maaß, § 90 Rn 21; KR-Etzel/Gallner, §§ 85–90 SGB IX Rn 53 b.
131 BAG vom 28.6.1995 – 7 AZR 555/94, BB 1995, 2484; Kossens in: Kossens/von der Heide/Maaß, § 90 Rn 21; KR-Etzel/Gallner, §§ 85–90 SGB IX Rn 53 b.
132 Bauer/Powietzka, NZA-RR 2004, 505, 507; Cramer, NZA 2004, 698, 704; Neumann/Pahlen/Majerski-Pahlen, § 90 Rn 23, der davon nur bei Offenkundigkeit der Schwerbehinderteneigenschaft eine Ausnahme machen will.
133 BAG vom 1.3.2007 – 2 AZR 217/06, NZA 2008, 302, 304; BAG vom 6.9.2007 – 2 AZR 324/06, NZA 2008, 407, 409; BAG vom 11.12.2008 – 2 AZR 395/07, NZA 2009, 556, Rn 28 mwN; BAG vom 9.6.2011 – 2 AZR 703/09, NZA –RR 2011, 516, Rn 35; OVG Koblenz vom 7.3.2006 – 7 A 11298/05, NZA 2006, 1108, 1110; so auch die weit überwiegende Meinung in der Literatur, Etzel, in: FS zum 25-jährigen Bestehen der ARGE Arbeitsrecht im DAV, 246, 249; Griebeling, NZA 2005, 494, 496 f; Kossens in: Kossens/von der Heide/Maaß, § 90 Rn 20; ErfK/Rolfs, § 90 SGB IX Rn 6; Schlewing, NZA 2005, 1218, 1219; KR-Etzel/Gallner, §§ 85–90 SGB IX Rn 53 c mwN.

Schwerbehinderung oder Gleichstellung in Kenntnis gesetzt hat. Eine Pflicht des Arbeitnehmers, dem Arbeitgeber Kenntnis von der Schwerbehinderung oder Gleichstellung zu verschaffen, folgt aus der gesetzlichen Neuregelung des § 90 Abs. 2a SGB IX nicht.[134] Im Gegenteil ist ein Vorschlag des Bundesrates, den Sonderkündigungsschutz entfallen zu lassen, wenn der Arbeitnehmer einen Arbeitgeber nicht vor Ausspruch der Kündigung durch Vorlage eines Ausweises oder Bescheides über seine Schwerbehinderung informiert hat, nicht Gesetz geworden.[135]

b) Fehlende Mitwirkung im Feststellungsverfahren (§ 90 Abs. 2a Alt. 2 SGB IX)

517 Die meisten Schwierigkeiten bereitet die Auslegung der zweiten Alternative des § 90 Abs. 2a SGB IX. Danach gilt der Sonderkündigungsschutz dann nicht, „wenn zum Zeitpunkt der Kündigung das Versorgungsamt nach Ablauf der Frist des § 69 Abs. 1 S. 2 SGB IX eine Feststellung wegen fehlender Mitwirkung nicht treffen konnte".

518 § 69 Abs. 1 S. 2 SGB IX verweist auf die Fristen des § 14 Abs. 2 SGB IX sowie dessen Abs. 5 S. 2 und S. 5, die sich auf die Feststellung von Rehabilitationsbedarf beziehen. Danach gelten unterschiedliche **Fristen**:

- Das Versorgungsamt soll innerhalb von drei Wochen über vorliegende Anträge auf Feststellung der Behinderung entscheiden, soweit ein Gutachten für die Feststellung nicht erforderlich ist (§ 69 Abs. 1 S. 2 iVm § 14 Abs. 2 S. 2 SGB IX).

- Ist zur Feststellung der Behinderung ein Gutachten erforderlich, so hat das Versorgungsamt innerhalb von zwei Wochen nach Vorliegen des Gutachtens zu entscheiden (§ 69 Abs. 1 S. 2 iVm § 14 Abs. 2 S. 4 SGB IX). In diesem Fall hat das Versorgungsamt unverzüglich einen geeigneten Sachverständigen mit der Erstellung des Gutachtens zu beauftragen (§ 69 Abs. 1 S. 2 iVm § 14 Abs. 5 S. 2 SGB IX). Das Gutachten selbst ist innerhalb von zwei Wochen nach der Beauftragung zu erstellen (§ 69 Abs. 1 S. 2 iVm § 14 Abs. 5 S. 5 SGB IX).

519 Die streitige Frage, ob § 90 Abs. 2a Alt. 2 SGB IX mit dem Verweis auf die „Frist des § 69 Abs. 1 S. 2 SGB IX" sämtliche in § 69 Abs. 1 S. 2 SGB IX angesprochenen Fristen oder nur eine bestimmte Frist meint,[136] hat das BAG in inzwischen ständiger Rechtsprechung dahin gehend beantwortet, dass § 90 Abs. 2a SGB IX allein auf „die Frist" des § 69 Abs. 1 S. 2 SGB IX verweist, so dass nur **die dreiwöchige Grundfrist** (§§ 69 Abs. 1 S. 2, 14 Abs. 2 S. 2 SGB IX) maßgebend ist.[137] Ein anderes Verständnis – je nachdem, ob ein Gutachten erforderlich ist oder nicht, eine drei- oder siebenwöchige Frist[138] – würde dem Ziel des Gesetzgebers zuwiderlaufen, Rechtssicherheit in

---

134 So auch ArbG Bonn von 25.11.2004 – 7 Ca 2459/04, NZA-RR 2005, 193.
135 So KR-Etzel/Gallner, §§ 85–90 SGB IX Rn 53c unter Hinweis auf BR-Drucks. 746/2/03; vgl zur Unkenntnis des Arbeitgebers ergänzend die Ausführungen in Rn 747 ff.
136 Vgl dazu Etzel in: FS zum 25-jährigen Bestehen der ARGE Arbeitsrecht im DAV, 246, 250.
137 Zuerst entschieden in BAG vom 1.3.2007 – 2 AZR 217/06, NZA 2008, 302, 305, Rn 43; bestätigt in den weiteren Entscheidungen des BAG vom 6.9.2007 – 2 AZR 324/06, NZA 2008, 407, 408 Rn 19; BAG vom 29.11.2007 – 2 AZR 613/06, NZA 2008, 361, Rn 15; BAG vom 9.6.2011 – 2 AZR 703/09, NZA-RR 2011, 516, Rn 18.
138 So aber KR-Etzel/Gallner, §§ 85–90 SGB IX Rn 53g; Etzel in: FS zum 25-jährigen Bestehen der ARGE Arbeitsrecht im DAV, 246, 251 f; Griebeling, NZA 2005, 494, 498; Göttling/Neumann, NZA-RR 2007, 281, 282; Bauer/Powietzka, NZA-RR 2004, 505, 507; Schlewing, NZA 2005, 1218, 1221.

II. Zustimmungsfreie Beendigung des Arbeitsverhältnisses 2

die, wie schon der Wortlaut des Gesetzes zeigt, durch verfahrensrechtliche Komplikationen erheblich befrachtete Materie zu bringen.[139]

Gestritten wurde in der Literatur des Weiteren darüber, welche Rechtsfolgen § 90 Abs. 2 a SGB IX nach sich zieht und wie der Gesetzeswortlaut der zweiten Alternative auszulegen ist.[140] Nach zutreffender Ansicht, die das BAG in seiner neueren Rechtsprechung vertritt, ist nach dem Gesetzeswortlaut kein Fall denkbar, in dem die zweite Alternative des § 90 Abs. 2 a SGB IX (es liegt kein Nachweis vor, weil das Versorgungsamt mangels Mitwirkung noch keine Feststellung treffen konnte) eingreift, ohne dass gleichzeitig bereits die erste Alternative erfüllt ist. Da der Gesetzgeber kaum beabsichtigt haben dürfte, dass die zweite Alternative keinen Anwendungsfall hat, muss die zweite Alternative des § 90 Abs. 2 a SGB IX als Einschränkung der ersten Alternative des § 90 Abs. 2 a SGB IX verstanden werden.[141]

520

Grundsätzlich findet der Sonderkündigungsschutz daher keine Anwendung, wenn zum Zeitpunkt des Kündigungszugangs die Schwerbehinderteneigenschaft bzw. die Gleichstellung nicht festgestellt worden ist (§ 90 Abs. 2 a Alt. 1 SGB IX). Dagegen bleibt nach § 90 Abs. 2 a Alt. 2 SGB IX der Sonderkündigungsschutz trotz fehlenden Nachweises bestehen, wenn der Antrag so frühzeitig vor dem Kündigungszugang gestellt worden ist, dass eine Entscheidung vor Ausspruch der Kündigung bei ordnungsgemäßer Mitwirkung des Antragstellers – binnen der Frist des § 69 Abs. 1 S. 2 SGB IX von drei Wochen – möglich gewesen wäre. Der **Antrag** auf Feststellung der Schwerbehinderung bzw Gleichstellung muss also **mindestens drei Wochen vor Zugang der Kündigung** mit den erforderlichen Angaben gestellt worden sein, so dass über ihn eine positive Entscheidung vor Kündigung hätte ergehen können.[142]

521

Welche **Mitwirkungspflichten** den schwerbehinderten Arbeitnehmer bei der Antragstellung treffen, ergibt sich aus der entsprechenden Anwendung des § 60 Abs. 1 S. 1 SGB I (§ 69 Abs. 1 S. 2 SGB IX). **Vollständig** ist der **Antrag**, wenn dem Versorgungsamt ein ausgefülltes und unterschriebenes Antragsformular vorliegt und der Antragsteller seine behandelnden Ärzte sowie weitere behandelnde Dritte (zB Psychotherapeuten, Heilpraktiker, Krankenhäuser, Rehabilitationskliniken) von ihrer Schweigepflicht entbunden hat. Geht lediglich ein **formloser Antrag** beim Versorgungsamt ein, bedeutet dies, dass das Versorgungsamt den Antrag nicht bearbeiten kann und damit aufgrund fehlender Mitwirkung des Antragstellers keine Entscheidung treffen kann. Eine formlose Antragstellung genügt der Mitwirkungsverpflichtung daher nicht. Vielmehr hat der antragstellende Arbeitnehmer alle Tatsachen anzugeben, die für die Feststellung der Schwerbehinderung erforderlich sind. Der Arbeitnehmer muss also

522

---

139 So zu Recht BAG vom 1.3.2007 – 2 AZR 217/06, NZA 2008, 302, 305, Rn 43.
140 Vgl dazu ausführlich BAG vom 1.3.2007 – 2 AZR 217/06, NZA 2008, 302, 305, Rn 40–42; Etzel in: FS zum 25-jährigen Bestehen der ARGE Arbeitsrecht im DAV, 246, 250 ff.
141 BAG vom 1.3.2007 – 2 AZR 217/06, NZA 2008, 302, 305; ArbG Düsseldorf vom 29.10.2004 – 13 Ca 5326/04, NZA-RR 2005, 138, 139; VG Arnsberg vom 20.11.2007 – 11 K 3670/06; so auch Etzel in: FS zum 25-jährigen Bestehen der ARGE Arbeitsrecht im DAV, 246, 251; Bitzer, NZA 2006, 1082, 1083; aA OVG Münster vom 13.6.2006 – 2 A 1778/06, BehindertenR 2007, 29.
142 BAG vom 1.3.2007 – 2 AZR 217/06, NZA 2008, 302, 305; BAG vom 6.9.2007 – 2 AZR 324/06, NZA 2008, 407, 408; BAG vom 29.11.2007 – 2 AZR 613/06, NZA 2008, 361, Rn 15; BAG vom 9.6.2011 – 2 AZR 703/09, NZA-RR 2011, 516, Rn 18.

- das Antragsformular auf dem amtlichen Vordruck vollständig ausfüllen,
- alle behandelnden Ärzte, sonstigen Heilberufe und Krankenhäuser, die Auskunft über seinen Gesundheitszustand geben können, sowie – insbesondere beim Antrag auf Gleichstellung – Auskunftspersonen (Arbeitgeber, Betriebs-/Personalrat, Schwerbehindertenvertretung) angeben, und
- die behandelnden Ärzte, Heilpraktiker, Psychotherapeuten, Krankenhäuser von ihrer **Schweigepflicht entbinden**.

523 Ist der Antrag auf Feststellung der Schwerbehinderteneigenschaft oder auf Gleichstellung mit diesen Anforderungen mindestens drei Wochen vor Kündigungszugang gestellt und beruht das Fehlen des Nachweises der Schwerbehinderteneigenschaft durch einen Bescheid des Versorgungsamtes nicht auf fehlender Mitwirkung des Arbeitnehmers, so bleibt – trotz fehlenden Nachweises – der Sonderkündigungsschutz erhalten und ist nicht nach § 90 Abs. 2 a SGB IX ausgeschlossen.[143]

524 § 90 Abs. 2 a Alt. 2 SGB IX erweist sich damit als Bestimmung einer **Vorfrist**, um nach dem Zweck der Vorschrift die Fälle auszuschließen, in denen – wie nach alter Rechtslage – vom Arbeitnehmer kurz vor Zugang der Kündigung noch ein möglicherweise aussichtsloser Feststellungsantrag beim Versorgungsamt gestellt wird, um den Sonderkündigungsschutz zu erhalten.[144] Mit § 90 Abs. 2 a Alt. 2 SGB IX sollte Rechtssicherheit geschaffen werden.[145] Daher ist auch die in der Literatur vertretene Auffassung, der besondere Kündigungsschutz sei bei schuldhaftem zögerlichen Verhalten des Antragstellers bei der Erfüllung seiner Mitwirkungspflichten nach § 60 Abs. 1 SGB I ausgeschlossen,[146] abzulehnen. Eine Beurteilung, ob der schwerbehinderte Mensch das Antragsverfahren schuldhaft zögerlich betreibt oder nicht, schafft Rechtsunsicherheit, zumal das Versorgungsamt keine Auskunftsverpflichtung trifft. Da im Übrigen nur auf die dreiwöchige Grundfrist (§§ 69 Abs. 1 S. 2, 14 Abs. 2 S. 2 SGB IX) abzustellen ist,[147] kann es nicht darauf ankommen, ob ein Antragsteller etwa Untersuchungstermine verzögert oder nicht. Der Gesetzgeber wollte mit der Regelung in § 90 Abs. 2 a SGB IX ausschließen, dass der Sonderkündigungsschutz auch in einem Zeitraum besteht, in dem ein in der Regel aussichtsloses Anerkennungsverfahren betrieben wird.[148] Über einen solchen aussichtslosen Antrag kann das Versorgungsamt regelmäßig ohne Einholung eines Gutachtens binnen drei Wochen nach Antragstellung entscheiden und wird ablehnen. Es ist daher ausreichend, wenn der

---

143 BAG vom 1.3.2007 – 2 AZR 217/06, NZA 2008, 302, 305 mit Besprechung von Göttling/Neumann, NZA-RR 2007, 281; BAG vom 29.11.2007 – 2 AZR 613/06, NZA 2008, 361, 362, Rn 15; BAG vom 6.9.2007 – 2 AZR 324/06, NZA 2008, 407, 408 mwN; so auch ErfK/Rolfs, § 90 SGB IX Rn 6; Gagel in: Forum B 5/2007, S. 4.
144 Vgl zur alten Rechtslage BAG vom 1.3.2007 – 2 AZR 217/06, NZA 2008, 302, 303, Rn 23; Bauer/Powietzka, NZA-RR 2004, 505, 506; Schlewing, NZA 2005, 1218, 1219.
145 BAG vom 1.3.2007 – 2 AZR 217/06, NZA 2008, 302, 305; BAG vom 29.11.2007 – 2 AZR 613/06, NZA 2008, 361, 362.
146 So auch Etzel in: FS zum 25-jährigen Bestehen der ARGE Arbeitsrecht im DAV, 246, 253; KR-Etzel/Gallner, §§ 85–90 SGB IX Rn 53 h mwN.
147 BAG vom 1.3.2007 – 2 AZR 217/06, NZA 2008, 302, 305; BAG vom 6.9.2007 – 2 AZR 324/06, NZA 2008, 407, 408; BAG vom 29.11.2007 – 2 AZR 613/06, NZA 2008, 361, 362.
148 BT-Drucks. 15/2357, 24.

Antrag auf Schwerbehinderung bzw Gleichstellung mit den o.g. Angaben vollständig ausgefüllt und der Behörde übersandt worden ist.

Problematisch und in Literatur und Rechtsprechung umstritten war die Fallgestaltung, dass der schwerbehinderte Arbeitnehmer seinen Feststellungsantrag mit allen erforderlichen Angaben mindestens drei Wochen vor Kündigungszugang eingereicht, also seine Mitwirkungsverpflichtungen ordnungsgemäß erfüllt hat, das Versorgungsamt jedoch die Feststellung der Schwerbehinderung zu Unrecht ablehnt und die **Schwerbehinderung erst im Rechtsmittelverfahren** (Widerspruchs- und Klageverfahren) mit einem GdB von mindestens 50 rückwirkend auf den Zeitpunkt des vor Kündigungszugang liegenden Antrags **anerkannt** wird. 525

Nach einer Auffassung sollte der Sonderkündigungsschutz in diesem Fall nur dann bestehen, wenn das Versorgungsamt im Zeitpunkt des Zugangs der Kündigung überhaupt noch keine Entscheidung getroffen hatte.[149] Wie das BAG nunmehr zu Recht klargestellt hat,[150] ordnet § 90 Abs. 2a SGB IX den Verlust des Sonderkündigungsschutzes in diesem Fall nicht an. Eine solch weitgehende Folge des § 90 Abs. 2a SGB IX wie die faktische Entziehung des Rechtsschutzes bei zunächst unzutreffender Entscheidung des Versorgungsamtes, die im Rechtsmittelverfahren korrigiert wird, hätte der Gesetzgeber unmissverständlich und eindeutig festlegen müssen. Der Gesetzgeber wollte aber mit der Vorschrift des § 90 Abs. 2a SGB IX nur ausschließen, dass „ein besonderer Kündigungsschutz auch für den Zeitraum gilt, in dem ein in der Regel aussichtsloses Anerkennungsverfahren betrieben wird".[151] Da also nur das aussichtslose Anerkennungsverfahren ausgeschlossen werden sollte, besteht nach der zweiten Alternative des § 90 Abs. 2a SGB IX Sonderkündigungsschutz auch in dem Fall, dass im Zeitpunkt des Kündigungszugangs zwar ein die Schwerbehinderteneigenschaft ablehnender Bescheid des Versorgungsamtes vorliegt, im Rechtsmittelverfahren aber die Schwerbehinderteneigenschaft rückwirkend auf den Zeitpunkt des Antrags festgestellt wird. Voraussetzung für das Bestehen des besonderen Kündigungsschutzes ist aber auch hier eine ordnungsgemäße und mindestens drei Wochen vor Kündigungszugang liegende Antragstellung des schwerbehinderten Menschen.[152] 526

Nach der **zweiten Alternative** des § 90 Abs. 2a SGB IX besteht **Sonderkündigungsschutz** und damit eine Zustimmungspflicht des Integrationsamtes nach § 85 SGB IX, wenn der schwerbehinderte Arbeitnehmer 527

- den Antrag auf Anerkennung der Schwerbehinderung oder Gleichstellung mindestens drei Wochen vor dem Zugang der Kündigung gestellt hat,

---

149 So OVG Koblenz vom 7.3.2006 – 7 A 11298/05, NZA 2006, 1108, 1111; VG Köln vom 13.12.2007 – 26 K 1957/06; Grimm/Brock/Windeln, DB 2005, 282, 284; Schlewing, NZA 2005, 1218, 1221 mwN.
150 BAG vom 6.9.2007 – 2 AZR 324/06, NZA 2008, 407, 409.
151 BT-Drucks. 15/2357, 24.
152 BAG vom 6.9.2007 – 2 AZR 324/06, NZA 2008, 407, 409; so bereits schon vor dieser klarstellenden Entscheidung des BAG: LAG Düsseldorf vom 22.5.2005 – 6 Sa 1934/04; LAG Düsseldorf vom 17.1.2006 – 8 Sa 1052/05; LAG Baden-Württemberg vom 15.2.2007 – 3 Sa 49/06; LAG Köln vom 16.6.2006 – 12 Sa 118/06; VG Arnsberg vom 20.11.2007 – 11 K 3670/06; OVG Münster vom 27.9.2007 – 12 E 1497/06; Bitzer, NZA 2006, 1082, 1083; Gagel in: Forum B 5/2007, 6.

- der Antrag auf Feststellung der Schwerbehinderung oder Gleichstellung mit allen erforderlichen Angaben einschließlich einer Entbindung von der ärztlichen/heilberuflichen Schweigepflicht gestellt worden ist, so dass über ihn eine positive Entscheidung vor Kündigungsausspruch bei ordnungsgemäßer Bearbeitung grundsätzlich ergehen könnte, und
- das Versorgungsamt nach Ablauf der dreiwöchigen Grundfrist (§§ 69 Abs. 1 S. 2, 14 Abs. 2 S. 2 SGB IX) entweder eine Feststellung noch nicht getroffen hat **oder** das Versorgungsamt eine ablehnende Entscheidung getroffen hat, die im Rechtsmittelverfahren dahin gehend korrigiert wird, dass die Schwerbehinderteneigenschaft rückwirkend auf den Zeitpunkt der mindestens drei Wochen vor Kündigungszugang liegenden Antragstellung festgestellt wird.

528 Dabei steht der besondere Kündigungsschutz nach den §§ 85 ff SGB IX dem Arbeitnehmer bei Erfüllung der genannten Voraussetzungen auch dann zu, wenn der **Arbeitgeber keine Kenntnis** von der Schwerbehinderteneigenschaft bzw Gleichstellung oder Antragstellung hatte.[153] Allerdings muss der Arbeitnehmer, der sich im Prozess auf eine Schwerbehinderung und die Zustimmungsbedürftigkeit der Kündigung beruft, innerhalb einer **Frist von drei Wochen nach Zugang der Kündigung** gegenüber dem Arbeitgeber seine bereits festgestellte oder zur Feststellung beantragte Schwerbehinderteneigenschaft geltend machen. Unterlässt der Arbeitnehmer diese Mitteilung, so hat er den besonderen Kündigungsschutz verwirkt.[154]

529 Hinweis: Der **Arbeitnehmer** muss also darauf achten, dass er innerhalb der dreiwöchigen Klagefrist des § 4 KSchG nach Zugang der Kündigung dem Arbeitgeber seine entweder bereits festgestellte Schwerbehinderung, seine bereits festgestellte Gleichstellung oder die diesbezügliche Antragstellung schriftlich mitteilt. Diese Mitteilung gehört unbedingt in die Klageschrift einer Kündigungsschutzklage.[155]

Arbeitgeber haben zu beachten, dass der besondere Kündigungsschutz und die Zustimmungsverpflichtung des Integrationsamtes nach der zweiten Alternative des § 90 Abs. 2 a SGB IX im Umkehrschluss demnach nur in folgenden Fällen nicht gelten:

- innerhalb der ersten drei Wochen nach Antragstellung betreffend die Feststellung der Schwerbehinderung beim Versorgungsamt (§ 69 Abs. 1 S. 2 iVm § 14 Abs. 2 S. 2 SGB IX),
- bei Gleichstellung innerhalb der ersten drei Wochen nach Beantragung der Gleichstellung bei der Agentur für Arbeit (§ 68 Abs. 2 SGB IX).

---

153 BAG vom 6.9.2007 – 2 AZR 324/06, NZA 2008, 407, 409; BAG vom 11.12.2008 – 2 AZR 395/07, NZA 2009, 556, Rn 25 ff; BAG vom 9.6.2011 – 2 AZR 703/09, NZA-RR 2011, 516, Rn 21.
154 So BAG vom 12.1.2006 – 2 AZR 539/05, NZA 2006, 1035, 1036; BAG vom 6.9.2007 – 2 AZR 324/06, NZA 2008, 407, 409; BAG vom 11.12.2008 – 2 AZR 395/07, NZA 2009, 556, Rn 17; BAG vom 23.2.2010 – 2 AZR 659/08, NZA 2011, 411, 412, Rn 16; BAG vom 9.6.2011 – 2 AZR 703/09, NZA-RR 2011, 516, Rn 22 mwN.
155 Die Geltendmachung in der Kündigungsschutzklage ist nach der neueren Rechtsprechung des BAG ausreichend, BAG vom 23.2.2010 – 2 AZR 659/08, NZA 2011, 411, Rn 19; vgl ausführlich zur Problematik der Unkenntnis des Arbeitgebers Rn 747 ff.

II. Zustimmungsfreie Beendigung des Arbeitsverhältnisses 2

Im bestehenden Arbeitsverhältnis ist der Arbeitgeber im Vorfeld einer beabsichtigten Kündigung berechtigt, den Arbeitnehmer nach einer Schwerbehinderung, Gleichstellung oder einem entsprechenden Antrag zu fragen. Beantwortet der Arbeitnehmer diese zulässige Frage nicht zutreffend, kann er sich nach Treu und Glauben im späteren arbeitsgerichtlichen Kündigungsschutzverfahren nicht auf den Sonderkündigungsschutz berufen.[156] Aus Beweisgründen sollten sich Arbeitgeber diese Frage schriftlich beantworten lassen. In Zweifelsfällen ist Arbeitgebern zu raten, das Integrationsamt einzuschalten und sich ein **Negativattest** geben zu lassen.[157] Hat das Integrationsamt ein Negativattest erteilt, bedarf die Kündigung grundsätzlich keiner zustimmenden Entscheidung des Integrationsamtes mehr, weil damit die Kündigungssperre aufgehoben ist und das Negativattest die Zustimmung zur Kündigung ersetzt; der Arbeitgeber kann also ohne Zustimmung kündigen.[158]

12. Darlegungs- und Beweislast

Hat das Arbeitsgericht in einem anhängigen Kündigungsschutzprozess zu prüfen, ob Sonderkündigungsschutz besteht, stellt sich die Frage, wer die Darlegungs- und Beweislast für das Eingreifen der Voraussetzungen des § 90 Abs. 2 a SGB IX trägt. Nach den allgemeinen Grundsätzen zur Darlegungs- und Beweislast trägt der Arbeitgeber sie für die tatsächlichen Voraussetzungen der Ausnahmeregelung gem. § 90 Abs. 2 a SGB IX.[159] Danach trägt jede Partei die Darlegungs- und Beweislast für die Voraussetzungen der ihr günstigen Norm, dh derjenigen Norm, deren Rechtswirkungen ihr zugutekommen. Bei Ausnahmetatbeständen trägt derjenige die Darlegungs- und Beweislast, der sich auf das Vorliegen eines Ausnahmetatbestandes beruft. § 90 Abs. 2 a SGB IX findet sich im § 90 SGB IX, der mit der Überschrift „Ausnahmen" (vom Kündigungsschutz) versehen ist. 530

Sieht man die Vorschrift des § 90 Abs. 2 a SGB IX also als eine solche Ausnahmevorschrift an,[160] ist der Arbeitgeber grundsätzlich darlegungs- und beweispflichtig für die tatsächlichen Voraussetzungen des § 90 Abs. 2 a SGB IX. 531

Nach zutreffender Ansicht ist § 90 Abs. 2 a SGB IX aber keine Ausnahmevorschrift, sondern zusätzliche Voraussetzung für das Eingreifen des Sonderkündigungsschutzes, was konsequenterweise dazu führt, dass den Arbeitnehmer die Darlegungs- und Beweislast trifft.[161] 532

Hinweis: Ist also im Kündigungsschutzverfahren das Vorliegen der Schwerbehinderteneigenschaft streitig, muss der **Arbeitnehmer** im Streitfall **darlegen und beweisen,** dass 533

---

156 BAG vom 16.2.2012 – 6 AZR 553/10, NZA 2012, 555 ff; vgl dazu auch Rn 131.
157 Vgl zum Negativattest ausführlich oben Rn 460 ff.
158 BAG vom 27.5.1983 – 7 AZR 482/81, BAGE 42, 169 = NJW 1984, 1420; offengelassen in LAG Düsseldorf vom 17.1.2006 – 8 Sa 1052/05, Rn 62; KR-Etzel/Gallner, §§ 85–90 SGB IX Rn 56; Neumann/Pahlen/Majerski-Pahlen, § 85 Rn 82 mwN; Braasch in: Deinert/Neumann (Hrsg.), Hdb SGB IX, § 19 Rn 233 mwN.
159 Cramer, NZA 2004, 698, 704.
160 So ArbG Düsseldorf vom 29.10.2004 – 13 Ca 5326/04, NZA-RR 2005, 138.
161 So Etzel in: FS zum 25-jährigen Bestehen der ARGE Arbeitsrecht im DAV, 246, 256; KR-Etzel/Gallner, §§ 85–90 SGB IX Rn 53 m; Griebeling, NZA 2005, 494, 499; Schlewing, NZA 2005, 1218, 1223 mwN.

- im Zeitpunkt des Zugangs der Kündigung das Arbeitsverhältnis länger als sechs Monate bestanden hat (§ 90 Abs. 1 Nr. 1 SGB IX),
- im Zeitpunkt des Zugangs der Kündigung seine Schwerbehinderung oder Gleichstellung bereits durch Bescheid nach § 69 Abs. 1 SGB IX festgestellt worden ist (§ 90 Abs. 2 a – erste Alternative SGB IX) oder
- eine anderweitige Feststellung nach § 69 Abs. 2 SGB IX[162] vorliegt oder
- dass er mindestens drei Wochen vor Kündigungszugang die Feststellung seiner Schwerbehinderung bzw der Gleichstellung formgerecht und vollständig beantragt hat (§ 90 Abs. 2 a – zweite Alternative SGB IX).

Der Arbeitnehmer sollte sich daher immer eine Kopie des Feststellungs- oder Gleichstellungsantrags fertigen, um dieser Darlegungs- und Beweislast genügen zu können. Ist die Kopie nicht gefertigt worden, kann sie beim Versorgungsamt angefordert werden; es besteht gem. § 25 SGB X ein Anspruch auf Akteneinsicht, der dazu berechtigt, sich Kopien aus den Akten des Versorgungsamtes zu fertigen bzw Ablichtungen durch die Behörde erteilen zu lassen (§ 25 Abs. 5 SGB X).

13. Übersicht über die Fallgruppen des § 90 Abs. 2 a SGB IX

534

Fallgruppen	Kündigungsschutz	Quelle/Begründung
Gültiger Feststellungsbescheid mit GdB von mindestens 50 des Versorgungsamtes liegt vor.[163]	besteht	§ 90 Abs. 2 a Alt. 1
Gleichstellungsbescheid der Agentur für Arbeit liegt vor.	besteht	§ 90 Abs. 2 a Alt. 1
Schwerbehinderung ist offensichtlich.[164]	besteht	§ 90 Abs. 2 a Alt. 1
Zeitlich befristeter Feststellungsbescheid des Versorgungsamtes liegt vor, ist aber nicht mehr gültig. Kein neuer Antrag gestellt.	besteht nicht	§ 90 Abs. 2 a Alt. 1
Unbefristeter oder gültiger Feststellungsbescheid liegt vor, der Ausweis ist jedoch abgelaufen und (noch) nicht verlängert worden.	besteht	§ 90 Abs. 2 a Alt. 1 – es kommt allein auf den Bescheid an!
Antrag auf Feststellung einer Schwerbehinderung ist gestellt, der Bescheid liegt noch nicht vor, die Frist des § 69 Abs. 1 S. 2 von drei Wochen ist noch nicht erreicht.	besteht nicht	§ 90 Abs. 2 a Alt. 2 liegt nicht vor
Antrag auf Feststellung einer Gleichstellung mindestens drei Wochen vor Zugang der Kündigung ist gestellt, der Bescheid liegt noch nicht vor.	besteht	§ 90 Abs. 2 a Alt. 2 – BAG vom 1.3.2007 – 2 AZR 217/06, NZA 2008, 302, 304

---

162 ZB Unfallrentenbescheid einer Berufsgenossenschaft über das Vorliegen einer MdE, die dem GdB entspricht.
163 Einem Feststellungsbescheid des Versorgungsamtes über das Bestehen einer Schwerbehinderung (GdB von mindestens 50) stehen nach der Gesetzesbegründung zu § 90 Abs. 2 a SGB IX Feststellungen nach § 69 Abs. 2 SGB IX gleich, also zB ein Unfallrentenbescheid einer Berufsgenossenschaft über eine MdE von mindestens 50, BT-Drucks. 15/2357, 24.
164 Bei einer Gleichstellung scheidet eine Offensichtlichkeit aus – BAG vom 24.11.2005 – 2 AZR 514/04, NZA 2006, 665, 667 mwN.

III. Kündigungsschutzverfahren 2

Fallgruppen	Kündigungsschutz	Quelle/Begründung
Antrag auf Feststellung einer Schwerbehinderung wurde vollständig und formgerecht gestellt, der Bescheid liegt noch nicht vor, die Frist des § 69 Abs. 1 S. 2 von drei Wochen ist erreicht (keine fehlende Mitwirkung).	besteht	§ 90 Abs. 2 a Alt. 2
Antrag auf Feststellung einer Schwerbehinderung ist gestellt, der Bescheid liegt noch nicht vor, die Frist des § 69 Abs. 1 S. 2 ist erreicht – fehlende Mitwirkung vom Versorgungsamt ist bestätigt, zB kein vollständiger Antrag.	besteht nicht	§ 90 Abs. 2 a Alt. 2
Antrag auf Feststellung einer Schwerbehinderung ist ordnungsgemäß mindestens drei Wochen vor Kündigungszugang gestellt, ablehnender Bescheid liegt vor – Widerspruch bzw Klage anhängig.	besteht	§ 90 Abs. 2 a Alt. 2 – BAG vom 6.9.2007 – 2 AZR 324/06, NZA 2008, 407, 409; OVG Münster vom 27.7.2007 – 12 E 1497/06; aA OVG Koblenz vom 7.3.2006 – 7 A 11298/05, NZA 2006, 1108, 1111
GdB von mindestens 50 ist festgestellt; Verschlimmerungsantrag ist gestellt, eine Entscheidung liegt noch nicht vor.	besteht	§ 90 Abs. 2 a Alt. 1
GdB von mindestens 50 ist festgestellt. Widerspruch oder Klage ist erhoben mit dem Ziel, einen höheren GdB zu erreichen, über den/die noch nicht rechtskräftig entschieden wurde.	besteht	§ 90 Abs. 2 a Alt. 1
Antrag auf Gleichstellung ist mindestens drei Wochen vor Kündigungszugang ordnungsgemäß gestellt, ein ablehnender Bescheid liegt vor – Widerspruch bzw Klage anhängig.	besteht	§ 90 Abs. 2 a Alt. 2 – BAG vom 1.3.2007 – 2 AZR 217/06, NZA 2008, 302, 304; BAG vom 6.9.2007 – 2 AZR 324/06, NZA 2008, 407, 409
GdB von 30 oder 40 ist festgestellt. Verschlimmerungsantrag ist gestellt, ein Bescheid liegt noch nicht vor, die Frist des § 69 Abs. 2 von drei Wochen ist noch nicht erreicht.	besteht nicht	§ 90 Abs. 2 a Alt. 2 liegt nicht vor
GdB von 30 oder 40 ist festgestellt. Verschlimmerungsantrag ist ordnungsgemäß gestellt – Bescheid liegt noch nicht vor – Frist des § 69 Abs. 2 von drei Wochen ist erreicht (keine fehlende Mitwirkung).	besteht	§ 90 Abs. 2 a Alt. 2 – wie neuer Antrag zu behandeln.
GdB von 30 oder 40 ist festgestellt. Verschlimmerungsantrag ist gestellt, ein Bescheid liegt noch nicht vor, die Frist des § 69 Abs. 2 ist erreicht – fehlende Mitwirkung, zB wegen unvollständigem Antrag.	besteht nicht	§ 90 Abs. 2 a Alt. 2 – wie neuer Antrag zu behandeln.

III. Kündigungsschutzverfahren

1. Antrag des Arbeitgebers

Das Kündigungsschutzverfahren nach den §§ 85 ff SGB IX wird gem. § 87 Abs. 1 SGB IX auf **schriftlichen Antrag** des Arbeitgebers eingeleitet. **Örtlich zuständig** ist das für den Sitz des Betriebes oder der Dienststelle zuständige Integrationsamt. Der Be-

535

griff des Betriebes und der Begriff der Dienststelle bestimmen sich nach dem Betriebsverfassungsgesetz bzw dem Personalvertretungsrecht.[165]

536 Wird der Antrag auf Zustimmung zur Kündigung beim örtlich unzuständigen Integrationsamt oder einer gänzlich unzuständigen Behörde eingereicht, so ist diese verpflichtet, den Antrag an die zuständige Behörde weiterzuleiten (§ 16 Abs. 2 S. 1 SGB I).[166] Die Frist des § 88 Abs. 1 SGB IX über die Entscheidung und die Frist des § 91 Abs. 3 SGB IX zur Entscheidung bei außerordentlicher Kündigung beginnen jedoch erst vom Eingang des Antrags bei dem zuständigen Integrationsamt an zu laufen, da sich ein Irrtum des Arbeitgebers nicht zum Nachteil des schwerbehinderten Arbeitnehmers auswirken darf.[167]

537 Der Antrag auf Zustimmung zur Kündigung muss durch den Arbeitgeber eigenhändig durch Namensunterschrift oder mittels notariell beglaubigten Handzeichen unterzeichnet werden (§ 126 Abs. 1 BGB).[168] Ein **mündlicher oder telefonischer Antrag** beim Integrationsamt reicht nicht aus und ist erst wirksam, wenn er **schriftlich wiederholt** wird.[169]

538 Der Arbeitgeber kann sich bei der Antragstellung auch durch einen **Bevollmächtigten** vertreten lassen (§ 13 SGB X). Eine Antragstellung durch einen bevollmächtigten Vertreter ist nicht alleine deshalb unwirksam, weil dieser dem Antrag keine **Vollmacht** beigefügt hat. Dies ergibt sich aus § 13 Abs. 1 S. 3 SGB X, der auf das verwaltungsrechtliche Zustimmungsverfahren Anwendung findet. Danach hat ein Bevollmächtigter nur auf Verlangen seine Vollmacht schriftlich nachzuweisen.[170] Zum anderen reicht nach allgemeinen arbeitsrechtlichen Grundsätzen die Unterschrift eines zur Kündigung berechtigten Vertreters beim Ausspruch einer Kündigung aus, zB die des Leiters der Personalabteilung, da dieser eine Stellung bekleidet, mit der das Kündigungsrecht im Allgemeinen verbunden zu sein pflegt.[171] Insofern können an das Zustimmungsverfahren nach den §§ 85 ff SGB IX keine höheren Anforderungen gestellt werden.

---

165 Vgl dazu Kossens in: Kossens/von der Heide/Maaß, § 87 Rn 8; ausführlich Neumann/Pahlen/Majerski-Pahlen, § 87 Rn 3–18; KR-Etzel/Gallner, §§ 85–90 SGB X Rn 64–69; Braasch in: Deinert/Neumann (Hrsg.), Hdb SGB IX, § 19 Rn 164–167.
166 § 16 Abs. 2 S. 2 SGB I, wonach der Antrag als zu dem Zeitpunkt gestellt gilt, in dem er bei der erstangegangenen, aber örtlich unzuständigen Behörde eingegangen ist, ist nach allgM nicht anwendbar – vgl dazu Neumann/Pahlen/Majerski-Pahlen, § 87 Rn 2; Kossens in: Kossens/von der Heide/Maaß, § 87 Rn 7 mwN.
167 Kossens in: Kossens/von der Heide/Maaß, § 87 Rn 7; KR-Etzel/Gallner, §§ 85–90 SGB X Rn 69; Neumann/Pahlen/Majerski-Pahlen, § 87 Rn 2 mwN.
168 Braasch in: Deinert/Neumann (Hrsg.), Hdb SGB IX, § 19 Rn 154; Düwell in: Dau/Düwell/Joussen, § 87 Rn 6; KR-Etzel/Gallner, §§ 85–90 SGB X Rn 61; ErfK/Rolfs, § 87 SGB IX Rn 2; Neumann/Pahlen/Majerski-Pahlen, § 87 Rn 1 mwN.
169 Braasch in: Deinert/Neumann (Hrsg.), Hdb SGB IX, § 19 Rn 154.
170 VG Karlsruhe vom 9.3.2004 – 5 K 3302/02, BehindertenR 2004, 114; Kossens in: Kossens/von der Heide/Maaß, § 91 Rn 6; aA KR-Etzel/Gallner, §§ 85–90 SGB X Rn 60 – ohne Vorlage der Vollmacht kann das Integrationsamt den Antrag zurückweisen; Braasch in: Deinert/Neumann (Hrsg.), Hdb SGB IX, § 19 Rn 155 – es gilt die Regelung des § 174 BGB.
171 St. Rspr des BAG, vgl nur BAG vom 30.5.1972 – 2 AZR 298/71, BAGE 24, 273 = EzA § 174 BGB Nr. 1; BAG vom 29.10.1992 – 2 AZR 469/92, EzA § 174 BGB Nr. 10 = NJW 1993, 1286; Düwell in: Dau/Düwell/Joussen, § 87 Rn 7.

III. Kündigungsschutzverfahren 2

Das Schriftformerfordernis ist bei Übermittlung per **Telefax oder Telegramm** erfüllt,[172] nicht jedoch bei Übermittlung per **E-Mail**.[173] Das Erfordernis der Eigenhändigkeit ist bei faksimilierten Unterschriften nicht erfüllt.[174] Die Übertragung einer **Textdatei mit eingescannter Unterschrift** ist dagegen formwahrend.[175] Dabei ist auch die **elektronische Form** zugelassen (§ 126 Abs. 3 BGB).[176]

539

Die **Nichteinhaltung der Schriftform** führt zur Unwirksamkeit des Antrags; einer ausdrücklichen Ablehnung durch das Integrationsamt bedarf es in diesem Fall nicht.[177] Bei fehlender Schriftform muss das Integrationsamt allerdings beim Arbeitgeber auf eine korrekte Antragstellung hinwirken (§ 13 SGB I); es darf jedoch den unwirksamen Antrag in der Sache nicht bescheiden.[178] Eine gleichwohl erteilte Zustimmung ist zwar anfechtbar,[179] aber von den Arbeitsgerichten bindend zu beachten, wenn sie vom Arbeitnehmer nicht mit Widerspruch und Klage im Verwaltungsrechtsweg angefochten worden ist.[180]

540

Hinweis: Ein schwerbehinderter **Arbeitnehmer** oder sein Rechtsanwalt sollten daher im Zustimmungsverfahren immer auch auf die Einhaltung der Form des Antrags des Arbeitgebers auf Zustimmung zur Kündigung achten. Dieser Antrag wird vom Integrationsamt regelmäßig in Kopie dem schwerbehinderten Arbeitnehmer mit der Bitte um Stellungnahme übersandt. Erteilt das Integrationsamt trotz Formfehlern beim Antrag des Arbeitgebers seine Zustimmung zur Kündigung gem. § 85 SGB IX, so muss gegen diesen Zustimmungsbescheid in jedem Fall Widerspruch und ggf später Klage zum Verwaltungsgericht erhoben werden,[181] damit er nicht im Kündigungsschutzprozess vor dem Arbeitsgericht seine Bindungswirkung entfalten kann.

541

Der **Arbeitgeber** sollte – ganz besonders bei einer **außerordentlichen Kündigung** – ebenfalls auf die Einhaltung der Form achten. Zwar wird die Verletzung der Formvorschrift geheilt, wenn der für den Erlass des Verwaltungsaktes erforderliche Antrag nachträglich ordnungsgemäß gestellt wird (§ 41 Abs. 1 S. 1 SGB X), was auch mit heilender Wirkung bis zur letzten Tatsacheninstanz im Rechtsmittelverfahren möglich ist.[182] Legt der betroffene schwerbehinderte oder gleichgestellte Arbeitnehmer

---

172 Vgl Kossens in: Kossens/von der Heide/Maaß, § 87 Rn 2; ErfK-Rolfs, § 87 SGB IX Rn 2; Düwell in: Dau/Düwell/Joussen, § 87 Rn 6.
173 Düwell in: Dau/Düwell/Joussen, § 87 Rn 6.
174 Kossens in: Kossens/von der Heide/Maaß, § 87 Rn 2; Braasch in: Deinert/Neumann (Hrsg.), Hdb SGB IX, § 19 Rn 154; Neumann/Pahlen/Majerski-Pahlen, § 87 Rn 1; KR-Etzel/Gallner, §§ 85–90 SGB X Rn 61 mwN.
175 GmS-OBG vom 5.4.2000 – GmS-OGB 1/98, NZA 2000, 959; Düwell in: Dau/Düwell/Joussen, § 87 Rn 6; Kossens in: Kossens/von der Heide/Maaß, § 87 Rn 2.
176 Neumann/Pahlen/Majerski-Pahlen, § 87 Rn 1; KR-Etzel/Gallner, §§ 85–90 SGB X Rn 61; Düwell in: Dau/Düwell/Joussen, § 87 Rn 6.
177 Vgl dazu im Einzelnen Kossens in: Kossens/von der Heide/Maaß, § 87 Rn 3 mwN.
178 ErfK/Rolfs, § 87 SGB IX Rn 2; Neumann/Pahlen/Majerski-Pahlen, § 87 Rn 1 mwN.
179 Str., teilweise wird vertreten, dass bei Erteilung der Zustimmung des Integrationsamtes der Formmangel geheilt wird, so: Neumann/Pahlen/Majerski-Pahlen, § 87 Rn 1; wie hier – Anfechtbarkeit: KR-Etzel/Gallner, §§ 85–90 SGB X Rn 62; Kossens in: Kossens/von der Heide/Maaß, § 87 Rn 3; Düwell in: Dau/Düwell/Joussen, § 87 Rn 8; Braasch in: Deinert/Neumann (Hrsg.), Hdb SGB IX, § 19 Rn 161 mwN.
180 BAG vom 11.5.2000 – 2 AZR 276/99, NZA 2000, 1106; KR-Etzel/Gallner, §§ 85–90 SGB X Rn 62; Kossens in: Kossens/von der Heide/Maaß, § 87 Rn 3; ErfK/Rolfs, § 87 SGB IX Rn 2 mwN.
181 Vgl zum Rechtsweg Rn 704 ff.
182 KR-Etzel/Gallner, §§ 85–90 SGB X Rn 62 mwN; Düwell in: Dau/Düwell/Joussen, § 87 Rn 8; Braasch in: Deinert/Neumann (Hrsg.), Hdb SGB IX, § 19 Rn 161 mwN.

rechtzeitig Widerspruch ein, so ist regelmäßig die Frist des § 91 Abs. 2 S. 1 SGB IX bei einer außerordentlichen Kündigung verstrichen.[183]

542 Inhaltlich muss der Arbeitgeber in seinem Antrag eindeutig zum Ausdruck bringen, dass er den betroffenen schwerbehinderten Menschen kündigen will. Der Arbeitgeber muss dabei folgende **Mindestangaben** machen:[184]

- Name und Adresse des schwerbehinderten Arbeitnehmers,
- Dauer des Beschäftigungsverhältnisses,
- Art der Tätigkeit,
- Name und Sitz des Betriebes,
- beabsichtigter Kündigungstermin und
- Kündigungsfrist.[185]

543 Die Angabe der Gründe, die die Kündigung rechtfertigen, ist kein Wirksamkeitserfordernis für den Antrag.[186] Angaben über die Gründe sind aber für die Prüfung des Integrationsamtes erforderlich und beschleunigen die Bescheidung über den Antrag. Darüber hinaus hat das Integrationsamt nach § 20 SGB X den Sachverhalt zu ermitteln und kann den Arbeitgeber zur Angabe der Kündigungsgründe auffordern. Wenn der Arbeitgeber allerdings trotz angemessener Fristsetzung durch das Integrationsamt keine Begründung für den gestellten Antrag abgibt, ist er ohne weitere Einholung von Stellungnahmen abzuweisen.[187]

544 Der Arbeitgeber muss aber im Antrag angeben, ob er **ordentlich** oder **außerordentlich kündigen** will. Will er neben der außerordentlichen Kündigung auch hilfsweise ordentlich kündigen, muss er die Zustimmung des Integrationsamtes zu beiden Kündigungen beantragen. Bei Unklarheiten über die Art der Kündigung ist im **Zweifel von einer ordentlichen Kündigung auszugehen**.[188]

545 Eine **Antragsfrist** besteht nur in den Fällen der außerordentlichen Kündigung.[189]

2. Durchführung des Zustimmungsverfahrens
a) Ermittlung des Sachverhalts

546 Im weiteren Verfahrensablauf nach Antragstellung durch den Arbeitgeber ermittelt die örtliche Fürsorgestelle den Sachverhalt **von Amts wegen** (§ 20 SGB X).[190] Sie hört

---

[183] Vgl dazu Braasch in: Deinert/Neumann (Hrsg.), Hdb SGB IX, § 19 Rn 161 mwN.
[184] Braasch in: Deinert/Neumann (Hrsg.), Hdb SGB IX, § 19 Rn 158; Kossens in: Kossens/von der Heide/Maaß, § 87 Rn 4; Düwell in: Dau/Düwell/Joussen, § 87 Rn 9.
[185] Antragsformulare stellen auch die Integrationsämter, in der Regel auf ihrer Homepage, zur Verfügung; vgl das Muster bei Düwell in: Dau/Düwell/Joussen, § 87 Rn 39.
[186] Kossens in: Kossens/von der Heide/Maaß, § 87 Rn 5; ErfK/Rolfs, § 87 SGB IX Rn 3; KR-Etzel/Gallner, §§ 85–90 SGB X Rn 72; Düwell in: Dau/Düwell/Joussen, § 87 Rn 10; vgl dazu auch Braasch in: Deinert/Neumann (Hrsg.), Hdb SGB IX, § 19 Rn 157; Neumann/Pahlen/Majerski-Pahlen, § 87 Rn 1.
[187] KR-Etzel/Gallner, §§ 85–90 SGB X Rn 72, 83 a; Düwell in: Dau/Düwell/Joussen, § 87 Rn 10.
[188] AllgM vgl KR-Etzel/Gallner, §§ 85–90 SGB X Rn 71; Kossens in: Kossens/von der Heide/Maaß, § 87 Rn 6; Neumann/Pahlen/Majerski-Pahlen, § 87 Rn 1 mwN; Düwell in: Dau/Düwell/Joussen, § 87 Rn 12 mwN.
[189] Vgl dazu Braasch in: Deinert/Neumann (Hrsg.), Hdb SGB IX, § 19 Rn 156, 157 mwN, und ausführlich Rn 768 ff.
[190] Vgl dazu ausführlich Düwell in: Dau/Düwell/Joussen, § 87 Rn 28.

III. Kündigungsschutzverfahren

dazu den schwerbehinderten Arbeitnehmer und holt die Stellungnahmen des Betriebs- oder Personalrates sowie der Schwerbehindertenvertretung ein (§ 87 Abs. 2 SGB IX). Die Pflicht zur Einholung einer Stellungnahme des Betriebsrates sowie der Schwerbehindertenvertretung gilt ebenso bei **leitenden Angestellten**.[191] Ist ein **Sprecherausschuss** gebildet worden, so ist auch dieser zu einer Stellungnahme aufzufordern.[192]

Die Stellungnahme des Betriebs- bzw Personalrates ersetzt die Stellungnahme iSv § 102 BetrVG bzw § 79 BPersVG nicht; Gleiches gilt umgekehrt.[193] Die **Anhörung des Betriebsrates** nach § 102 BetrVG bzw die **Beteiligung des Personalrates** nach § 79 BPerVG kann vor, während oder nach dem Zustimmungsverfahren vor dem Integrationsamt durchgeführt werden.[194] Allerdings ist, wenn eine Anhörung des Betriebsrates bereits vor der Zustimmung des Integrationsamtes stattgefunden hat, eine erneute Anhörung des Betriebs- bzw Personalrates erforderlich, wenn sich der Kündigungssachverhalt zwischenzeitlich wesentlich verändert hat.[195]

547

Ist der schwerbehinderte Arbeitnehmer **Mitglied des Betriebs- oder Personalrates**, muss die Zustimmung zur Kündigung nach §§ 103 BetrVG, 108 BPersVG durch das Vertretungsorgan vorliegen oder durch das Gericht ersetzt werden.[196]

548

b) Stellungnahmen der Beteiligten

Bei der Abgabe der Stellungnahmen haben besonders Betriebs- bzw Personalrat und Schwerbehindertenvertretung, die die jeweiligen betrieblichen Verhältnisse besser kennen als das ermittelnde Integrationsamt, eine große Verantwortung, da der Stellungnahme des Betriebsrates bei der Sachverhaltsermittlung durch das Integrationsamt eine besondere Bedeutung zukommt, vor allem bei einer betriebsbedingten Kündigung.

549

Hinweis: Dabei ist es wichtig, dass sowohl der Betriebsrat als auch der Personalrat und die Schwerbehindertenvertretung in ihrer jeweiligen Stellungnahme konkret und im Einzelnen auf die von dem Arbeitgeber vorgetragenen Kündigungsgründe eingehen. Die Stellungnahme sollte erkennen lassen, was der Betrieb bzw die Dienststelle in der Vergangenheit unternommen hat, um die Entlassung des schwerbehinderten Menschen abzuwenden. Hierzu gehört vor allem die Durchführung der präventiven Maßnahmen nach § 84 Abs. 1 und Abs. 2 SGB IX.[197]

550

---

191 Wie hier KR-Etzel/Gallner, §§ 85–90 SGB IX Rn 73; Neumann/Pahlen/Majerski-Pahlen, § 87 Rn 19; Braasch in: Deinert/Neumann (Hrsg.), Hdb SGB IX, § 19 Rn 173 mwN; aA Kossens in: Kossens/von der Heide/Maaß, § 87 Rn 9 mwN; aA Düwell in: Dau/Düwell/Joussen, § 87 Rn 32.
192 Düwell in: Dau/Düwell/Joussen, § 87 Rn 32; Braasch in: Deinert/Neumann (Hrsg.), Hdb SGB IX, § 19 Rn 173 mwN.
193 Vgl Neumann/Pahlen/Majerski-Pahlen, § 87 Rn 19; § 85 Rn 16; KR-Etzel/Gallner, §§ 85–90 SGB IX Rn 73; Düwell in: Dau/Düwell/Joussen, § 87 Rn 31; Kossens in: Kossens/von der Heide/Maaß, § 87 Rn 11 mwN.
194 ErfK/Rolfs, § 87 SGB IX Rn 1; Neumann/Pahlen/Majerski-Pahlen, § 85 Rn 16 mwN.
195 St. Rspr des BAG, vgl nur BAG vom 20.1.2000 – 2 AZR 378/99, NZA 2000, 768, 769 mwN; ErfK/Rolfs, § 87 SGB IX Rn 1; aA Neumann/Pahlen/Majerski-Pahlen, § 88 Rn 9.
196 Vgl dazu ausführlich Neumann/Pahlen/Majerski-Pahlen, § 85 Rn 17 mwN.
197 Vgl dazu ausführlich oben Rn 325 ff.

c) Untersuchungsgrundsatz (§ 20 SGB X)

551 In streitigen Fällen sind die Ermittlungen oft schwierig und umfangreich. Das Integrationsamt bzw die örtliche Fürsorgestelle **ermitteln** den **Sachverhalt von Amts wegen** unter Berücksichtigung aller für den konkreten Einzelfall bedeutsamen Umstände (§ 20 SGB X). Sie haben dabei alle tatsächlichen Umstände zu ermitteln, deren Kenntnis erforderlich ist, um die gegensätzlichen Interessen des Arbeitgebers und des schwerbehinderten Arbeitnehmers gegeneinander abwägen zu können. Die Aufklärungspflicht wird verletzt, wenn das Integrationsamt sich damit begnügt, das Vorbringen des Arbeitgebers nur auf seine Schlüssigkeit hin zu überprüfen.[198]

552 Das Integrationsamt bedient sich aller Beweismittel, die es für erforderlich hält, um eine objektive Klärung des Sachverhalts herbeizuführen. Dabei kann es insbesondere Auskünfte jeder Art einholen, Zeugen und Sachverständige vernehmen oder deren schriftliche Stellungnahme einholen (§ 21 SGB X). Weiter kann es Urkunden und Akten beiziehen und auch eine Betriebsbegehung (§ 80 Abs. 7 SGB IX) im Beisein aller Beteiligten vornehmen.[199]

d) Anhörungsgebot

553 Die Aufklärungspflicht des Integrationsamtes nach § 87 Abs. 2 SGB IX umfasst auch ein Anhörungsgebot, also die Verpflichtung, die Beteiligten, insbesondere den Arbeitgeber und den schwerbehinderten Menschen, anzuhören, dh ihnen Gelegenheit zu geben, sich zu den für die Entscheidung erheblichen Tatsachen zu äußern (§ 24 SGB X).[200] Dabei ist der in § 87 Abs. 2 SGB IX verwandte Begriff des „Hörens" weiter als der einer bloßen Stellungnahme, so dass das Integrationsamt dem schwerbehinderten Arbeitnehmer Gelegenheit geben muss, die Angelegenheit mündlich zu erörtern.[201]

554 Die unterlassene oder nicht ausreichend erfolgte Anhörung des Schwerbehinderten kann aber bis zum Abschluss des Verfahrens und auch noch im **Widerspruchsverfahren** nachgeholt werden.[202] Der schwerbehinderte Mensch kann zu seiner Anhörung einen bevollmächtigten **Rechtsanwalt** hinzuziehen (§ 13 Abs. 1, 3 SGB X).[203] Falls der schwerbehinderte Mensch eine mündliche Stellungnahme abgibt, wird das Integrationsamt in der Regel eine **Niederschrift** der Stellungnahme anfertigen, es ist dazu aber nicht verpflichtet.[204]

---

198 BVerwG vom 19.10.95 – 5 C 24.93, BehindertenR 1996, 142; KR-Etzel/Gallner, §§ 85–90 SGB IX Rn 83; Neumann/Pahlen/Majerski-Pahlen, § 85 Rn 69 mwN; aA OVG Lüneburg vom 12.7.1989, NZA 1990, 66 – bei verhaltensbedingten Kündigungsgründen.
199 Vgl zur Sachverhaltsermittlung auch Düwell in: Dau/Düwell/Joussen, § 87 Rn 28.
200 Vgl dazu Neumann/Pahlen/Majerski-Pahlen, § 87 Rn 21 mwN; Düwell in: Dau/Düwell/Joussen, § 87 Rn 29.
201 Düwell in: Dau/Düwell/Joussen, § 87 Rn 29; Kossens in: Kossens/von der Heide/Maaß, § 87 Rn 12; Neumann/Pahlen/Majerski-Pahlen, § 87 Rn 21; aA OVG Münster vom 25.4.1989, BehindertenR 1989, 165; Warendorf, BB 1986, 523; Zanker, BehindertenR 1987, 26; Braasch in: Deinert/Neumann (Hrsg.), Hdb SGB IX, § 19 Rn 174 – nur sinnvoll, nicht zwingend.
202 Vgl dazu BVerwG vom 11.11.1999, AP Nr. 1 zu § 17 SchwbG 1986 = EzA § 17 SchwbG 1986 Nr. 2; OVG Münster vom 8.3.1996, BehindertenR 1997, 47 für eine Anhörung vor dem Widerspruchsausschuss; Neumann/Pahlen/Majerski-Pahlen, § 87 Rn 21; Düwell in: Dau/Düwell/Joussen, § 87 Rn 29.
203 Kossens in: Kossens/von der Heide/Maaß, § 87 Rn 12; Düwell in: Dau/Düwell/Joussen, § 87 Rn 29.
204 BVerwG vom 1.7.1993, ZfS 1994, 50; Neumann/Pahlen/Majerski-Pahlen, § 87 Rn 21; Kossens in: Kossens/von der Heide/Maaß, § 87 Rn 13; Düwell in: Dau/Düwell/Joussen, § 87 Rn 29.

e) Mitwirkungspflicht der Beteiligten

Die Verpflichtung zur Aufklärung des Sachverhalts durch die örtliche Fürsorgestelle bzw das Integrationsamt ist allerdings nicht unbegrenzt. Sowohl der Arbeitgeber als auch der schwerbehinderte Mensch haben bei der Ermittlung des Sachverhalts mitzuwirken. Sie sollen insbesondere die ihnen bekannten Tatsachen und Beweismittel angeben (§ 21 Abs. 2 SGB X).

555

Ist das Integrationsamt – wie häufig – nicht in der Lage, den Sachverhalt ohne die Hilfe der Beteiligten in vollem Umfang aufzuklären, so endet die Verpflichtung zur Aufklärung dort, wo ein Beteiligter seine **Mitwirkungsobliegenheit** nicht erfüllt.[205] In einem solchen Fall kann sich der Beteiligte, der seine Mitwirkungspflicht verletzt hat, später nicht auf eine fehlende Sachaufklärung berufen.[206]

556

f) Gütliche Einigung

Nach § 87 Abs. 3 SGB IX soll das Integrationsamt in jeder Lage des Verfahrens auf eine gütliche Einigung hinwirken. Diese Pflicht gilt ebenfalls für das Widerspruchsverfahren.[207] **Ziele** einer solchen gütlichen Einigung können sein:

557

- der weitere Bestand des Arbeitsverhältnisses, ggf mit einer Änderung der Arbeitsbedingungen, die den gesundheitlichen Einschränkungen des schwerbehinderten oder gleichgestellten Arbeitnehmers angepasst werden;
- die Auflösung des Arbeitsverhältnisses gegen Zahlung einer Abfindung.

Gelingt es, eine gütliche Einigung zu finden, ist eine besondere **Form** nicht vorgeschrieben; es empfiehlt sich aus Beweisgründen jedoch, eine getroffene Einigung schriftlich festzuhalten.[208] Wird die Auflösung des Arbeitsverhältnisses vereinbart, so bedarf ein solcher Aufhebungsvertrag in jedem Fall zu seiner Wirksamkeit der Schriftform nach § 623 BGB.

558

Hinweis: An den Arbeitgeber können durch das Integrationsamt nach § 102 Abs. 3 S. 1 Nr. 2 SGB IX auch Zuschüsse zur behindertengerechten Einrichtung des Arbeitsplatzes gezahlt werden.[209] Dies erleichtert uU die Anpassung des Arbeitsplatzes an die gesundheitlichen Einschränkungen des Arbeitnehmers und kann zur Sicherung des Arbeitsplatzes beitragen, was das Ziel der gütlichen Einigung ist.

559

Kommt als Ergebnis der gütlichen Einigung ein **Aufhebungsvertrag** in Betracht, so empfiehlt sich die Hinzuziehung eines arbeits- und sozialrechtlich erfahrenen Rechtsanwaltes. Der Aufhebungsvertrag kann nachteilige Folgen für den Bezug von Arbeitslosengeld haben (Sperrzeit nach § 159 SGB III). Über diese Folgen darf das Integrationsamt nicht umfassend beraten und der schwerbehinderte Arbeitnehmer sollte sich unbedingt über diese sozialrechtlichen Folgen eines Aufhebungsvertrages informieren

---

205 § 21 Abs. 2 SGB X ist nur eine Obliegenheit, da die Behörde die Weigerung eines Beteiligten bei der Beweiswürdigung berücksichtigen kann, von Wulffen in: von Wulffen, § 21 Rn 11.
206 VG Düsseldorf vom 11.9.1984 – 17 K 1383/82.
207 Kossens in: Kossens/von der Heide/Maaß, § 87 Rn 18.
208 Neumann/Pahlen/Majerski-Pahlen, § 87 Rn 22; § 88 Rn 6; Braasch in: Deinert/Neumann (Hrsg.), Hdb SGB IX, § 19 Rn 176; Kossens in: Kossens/von der Heide/Maaß, § 87 Rn 18 mwN; Düwell in: Dau/Düwell/Joussen, § 87 Rn 37.
209 Vgl dazu Rn 403.

und beraten lassen, bevor er eine so weitreichende Entscheidung wie den Abschluss eines Aufhebungsvertrages trifft.

560 Wenn es auch zu den Pflichten des Integrationsamtes zählt, auf eine gütliche Einigung hinzuwirken, so hat das Unterlassen eines Einigungsversuches nicht zur Folge, dass das Zustimmungsverfahren fehlerhaft und die Entscheidung im Widerspruchsverfahren und ggf im verwaltungsgerichtlichen Verfahren aufzuheben wäre.[210]

g) Mündliche Verhandlung

561 Der Entscheidung des Integrationsamtes soll, falls nach der Sachlage erforderlich, eine mündliche Verhandlung vorausgehen (§ 88 Abs. 1 SGB IX). Ob eine solche mündliche Verhandlung vom Integrationsamt durchgeführt wird, liegt in dessen **pflichtgemäßem Ermessen**.[211] Soll die Zustimmung versagt werden, weil etwa der Antrag durch den Arbeitgeber nicht ordnungsgemäß gestellt ist oder weil nach eigenem Vortrag des Arbeitgebers kein Kündigungsgrund vorliegt, bedarf es keiner mündlichen Verhandlung.[212] Bei der Anberaumung einer mündlichen Verhandlung hat das Integrationsamt die Fristen zur Entscheidung über den gestellten Zustimmungsantrag (§§ 88 Abs. 1, 91 Abs. 3 SGB IX) zu berücksichtigen und daher auf eine kurzfristige Terminierung zu achten.

562 An der mündlichen Verhandlung nehmen neben dem Arbeitgeber und dem schwerbehinderten Arbeitnehmer die Schwerbehindertenvertretung, ein bevollmächtigtes Mitglied des Betriebs-/Personalrates und ein Vertreter des Integrationsamtes oder der örtlichen Fürsorgestelle teil. Falls sich der schwerbehinderte Mensch oder der Arbeitgeber durch einen Bevollmächtigten vertreten lassen, sind auch diese zu der Kündigungsverhandlung hinzuzuziehen (§ 13 SGB X).[213]

563 Die mündliche Verhandlung dient der Ermittlung und Erörterung des Sachverhaltes. Diese **Kündigungsverhandlung** findet im Allgemeinen im Betrieb oder der Dienststelle statt. Sie ist in der Regel dann erforderlich, wenn der schwerbehinderte Arbeitnehmer Einwendungen gegen die Kündigung geltend macht und es nicht ausreicht, die gegenseitigen Argumente lediglich schriftlich auszutauschen, der Kündigungssachverhalt also streitig ist. Insbesondere dann kann eine mündliche Verhandlung der Beschleunigung des Zustimmungsverfahrens dienen, da diese mit der Anhörung des schwerbehinderten Menschen und der betrieblichen Interessenvertretungen sowie der Schwerbehindertenvertretung nach § 87 Abs. 2 SGB IX verbunden werden kann. Auch kann das Integrationsamt im Rahmen der mündlichen Verhandlung durch Zeugen, die zu streitigen Sachverhaltsfragen gehört werden, den Kündigungssachverhalt aufklären.[214]

---

210 VGH Mannheim vom 5.9.1990 – 6 S. 102/90; Braasch in: Deinert/Neumann (Hrsg.), Hdb SGB IX, § 19 Rn 178; Kossens in: Kossens/von der Heide/Maaß, § 87 Rn 19 mwN; Düwell in: Dau/Düwell/Joussen, § 87 Rn 38 mwN; aA KR-Etzel/Gallner, §§ 85–90 SGB IX Rn 78.
211 KR-Etzel/Gallner, §§ 85–90 SGB IX Rn 79; Braasch in: Deinert/Neumann (Hrsg.), Hdb SGB IX, § 19 Rn 184; Neumann/Pahlen/Majerski-Pahlen, § 88 Rn 6; vgl dazu auch Düwell in: Dau/Düwell/Joussen, § 88 Rn 5.
212 Braasch in: Deinert/Neumann (Hrsg.), Hdb SGB IX, § 19 Rn 185.
213 Vgl dazu Düwell in: Dau/Düwell/Joussen, § 88 Rn 6.
214 Neumann/Pahlen/Majerski-Pahlen, § 88 Rn 6; KR-Etzel/Gallner, §§ 85–90 SGB IX Rn 79.

In der Praxis hat sich die gemeinsame mündliche Anhörung als sehr zweckmäßig erwiesen. 564

Hinweis: Eine solche mündliche Verhandlung kann auch vom schwerbehinderten Arbeitnehmer oder seinem bevollmächtigten Rechtsanwalt angeregt werden, worüber dann das Integrationsamt im Rahmen seines pflichtgemäßen Ermessens zu entscheiden hat. In der Regel soll eine solche mündliche Verhandlung stattfinden, die genutzt werden sollte, um die für die Aufklärung wichtige Stellungnahme des Betriebs- bzw Personalrates und der Schwerbehindertenvertretung zu erhalten. Gerade die persönlichen Aussagen der betrieblichen Interessenvertreter spielen erfahrungsgemäß für die Entscheidung des Integrationsamtes eine nicht zu unterschätzende Rolle. Sowohl die beteiligten Betriebs- und Personalräte als auch die Schwerbehindertenvertretungen sollten daher ihre Stellungnahme nach § 87 Abs. 2 SGB IX sorgfältig vorbereiten; ihre Stellungnahme kann schriftlich, aber in der Kündigungsverhandlung auch mündlich erfolgen. 565

Das Integrationsamt sollte grundsätzlich das **persönliche Erscheinen** des Arbeitgebers und des schwerbehinderten Arbeitnehmers anordnen. Eine Pflicht zum Erscheinen besteht jedoch nicht; § 66 SGB I gilt nicht, da mit der Zustimmung zur Kündigung keine Sozialleistung beantragt wird.[215] Die Anfertigung eines **Protokolls** oder eines schriftlichen Vermerks über die mündliche Verhandlung ist nicht vorgeschrieben,[216] aber zu empfehlen, vor allem wenn eine Einigung erzielt wird. Dabei bedürfen Aufhebungsverträge immer der Schriftform (§ 623 BGB). 566

3. Abschluss des Kündigungsschutzverfahrens

Sofern eine gütliche Einigung zwischen den Beteiligten durch Fortsetzung oder einvernehmliche Beendigung des Arbeitsverhältnisses erreicht wird, erledigt sich der Antrag des Arbeitgebers durch **Antragsrücknahme**. Kommt eine gütliche Einigung nicht zustande oder besteht aus anderen Gründen ein Interesse an einem formellen Abschluss des Verfahrens,[217] trifft das Integrationsamt über den Antrag des Arbeitgebers eine Entscheidung. 567

a) Frist für die Entscheidung des Integrationsamtes (§ 88 Abs. 1 SGB IX)

Das Integrationsamt soll seine Entscheidung **innerhalb eines Monats** vom Tage des Eingangs des Antrages an treffen (§ 88 Abs. 1 SGB IX). Da es sich bei dieser Rechtsvorschrift um eine Sollvorschrift handelt, kann in begründeten Ausnahmefällen die Frist überschritten werden, ohne dass sich daraus Rechtsfolgen ergeben. Ein solcher **Ausnahmefall** liegt etwa vor, wenn umfangreiche Ermittlungen hinsichtlich des Kündigungssachverhaltes durchzuführen sind oder wenn bei einer angekündigten Be- 568

---

215 Braasch in: Deinert/Neumann (Hrsg.), Hdb SGB IX, § 19 Rn 184; Neumann/Pahlen/Majerski-Pahlen, § 88 Rn 6.
216 Neumann/Pahlen/Majerski-Pahlen, § 88 Rn 6; KR-Etzel/Gallner, §§ 85–90 SGB IX Rn 79 mwN.
217 ZB wenn mit Zustimmung des Integrationsamtes eine Kündigung ausgesprochen und in einem nachfolgenden Kündigungsschutzverfahren ein gerichtlicher Vergleich geschlossen werden soll.

triebsstilllegung noch Anhaltspunkte für eine Fortführung oder Übernahme des Betriebes bestehen.[218]

569 Ein nach Ablauf der Monatsfrist des § 88 Abs. 1 SGB IX erteilter Bescheid kann allein wegen der Fristüberschreitung durch den Arbeitgeber nicht angefochten werden; es besteht kein Anspruch des Arbeitgebers auf eine Entscheidung binnen Monatsfrist.[219] Eine sachlich nicht gerechtfertigte Überschreitung des Monatszeitraums kann jedoch zu **Schadensersatzansprüchen** des Arbeitgebers gegen das betreffende Bundesland nach § 839 BGB iVm Art. 34 GG führen.[220] Nach Ablauf von drei Monaten ist darüber hinaus eine **Untätigkeitsklage** zum Verwaltungsgericht möglich (§§ 42, 75 VwGO).[221]

570 Hat der betroffene Arbeitnehmer mindestens drei Wochen vor Antragstellung durch den Arbeitgeber einen Antrag auf Feststellung seiner Schwerbehinderung gestellt und ordnungsgemäß im Feststellungsverfahren beim Versorgungsamt mitgewirkt, ist aber über den Feststellungsantrag beim Versorgungsamt noch nicht entschieden, kann das Integrationsamt entweder das **Zustimmungsverfahren aussetzen**, bis das Feststellungsverfahren beim Versorgungsamt abgeschlossen ist,[222] oder einen **vorsorglichen Bescheid** erteilen. Ein **Negativattest** darf in diesem Fall nicht erteilt werden, da – auch unter Berücksichtigung der Regelung in § 90 Abs. 2 a SGB IX – der besondere Kündigungsschutz besteht.

b) Zustimmungsfiktion (§ 88 Abs. 5 SGB IX)

571 Nach der Sonderregelung in § 88 Abs. 5 SGB IX werden die Integrationsämter in den Fällen des § 89 Abs. 1 S. 1 und Abs. 3 SGB IX verpflichtet, die Entscheidung innerhalb eines Monats zu treffen. Wird innerhalb dieser Frist eine Entscheidung nicht getroffen, gilt die Zustimmung als erteilt, so dass der Arbeitgeber die Kündigung aussprechen kann, auch wenn noch keine Zustimmung des Integrationsamtes erfolgt ist. Gem. § 88 Abs. 5 SGB IX tritt also die **Zustimmungsfiktion** ein, wenn in den Fällen des § 89 Abs. 1 S. 1 und Abs. 3 SGB IX innerhalb eines Monats keine Entscheidung des Integrationsamtes vorliegt. Für die Frage, ob ein Fiktionsfall vorliegt, ist also zu prüfen,

- ob der Betrieb/die Dienststelle nicht nur vorübergehend eingestellt oder aufgelöst wird (Betriebsstilllegung) und

- ob zwischen dem Tag der Kündigung und dem Tag, bis zu dem Gehalt oder Lohn gezahlt werden, mindestens drei Monate liegen.

---

218 Vgl dazu KR-Etzel/Gallner, §§ 85–90 SGB IX Rn 80 mwN.
219 Neumann/Pahlen/Majerski-Pahlen, § 88 Rn 3; Düwell in: Dau/Düwell/Joussen, § 88 Rn 7; Braasch in: Deinert/Neumann (Hrsg.), Hdb SGB IX, § 19 Rn 228 mwN.
220 KR-Etzel/Gallner, §§ 85–90 SGB IX Rn 81; Kossens in: Kossens/von der Heide/Maaß, § 88 Rn 2; Griebeling, NZA 2005, 494, 500; Düwell in: Dau/Düwell/Joussen, § 88 Rn 7; Neumann/Pahlen/Majerski-Pahlen, § 88 Rn 3 mwN.
221 Vgl dazu Neumann/Pahlen/Majerski-Pahlen, § 88 Rn 3; Braasch in: Deinert/Neumann (Hrsg.), Hdb SGB IX, § 19 Rn 229 mwN.
222 So BAG vom 7.3.2002 – 2 AZR 612/00, NZA 2002, 1145, 1146; KR-Etzel/Gallner, §§ 85–90 SGB IX Rn 80; Kossens in: Kossens/von der Heide/Maaß, § 88 Rn 3; aA Müller-Wenner/Schorn, § 88 SGB IX Rn 7.

III. Kündigungsschutzverfahren 2

Es kommt also im Hinblick auf die Fiktionswirkung nur auf das Vorliegen der Voraussetzungen des § 89 Abs. 1 S. 1 SGB IX an. Die Prüfung des in § 89 Abs. 1 S. 3 SGB IX geregelten Ausnahmefalles der Ermessensbindung (sog. **Umsetzungsklausel**) ist nicht Tatbestandsvoraussetzung der Fiktionswirkung. Die Prüfung, ob eine Weiterbeschäftigung auf einem freien Arbeitsplatz in einem anderen Betrieb oder einer anderen Dienststelle desselben Arbeitgebers mit Einverständnis des schwerbehinderten Mitarbeiters möglich und für den Arbeitgeber zumutbar ist (§ 89 Abs. 1 S. 3 SGB IX), ist im Rahmen der Entscheidung in der Sache durch das Integrationsamt vorzunehmen.[223]

572

Insofern ist es möglich, dass in Fällen der nicht nur vorübergehenden Einstellung in Betrieben und Dienststellen, in denen die Fiktion eintreten kann, die Sachentscheidung im Rahmen des pflichtgemäßen Ermessens nach § 85 SGB IX zu treffen ist, weil der schwerbehinderte Mensch einen anderen Arbeitsplatz beim gleichen Arbeitgeber – für diesen zumutbar – besetzen kann (§ 89 Abs. 1 S. 3 SGB IX). Diese Entscheidung ist dann jedoch durch das Integrationsamt – wegen der Fiktion des § 88 Abs. 5 SGB IX – innerhalb eines Monats zu treffen.

573

In den in § 89 Abs. 3 SGB IX geregelten **Insolvenzfällen** tritt die Zustimmungsfiktion des § 88 Abs. 5 SGB IX ein, wenn durch das Integrationsamt nicht binnen eines Monats über die Zustimmung entschieden worden ist. Ist also das Insolvenzverfahren über das Vermögen des Arbeitgebers eröffnet worden und liegt eine der weiteren Voraussetzungen des § 89 Abs. 3 Ziff. 1 bis 4 SGB IX vor, gilt ebenfalls die Regelung des § 88 Abs. 5 SGB IX.[224]

574

Ist Gegenstand des Verfahrens eine **außerordentliche Kündigung**, ist das Integrationsamt verpflichtet, seine Entscheidung innerhalb von **zwei Wochen** nach Eingang des Antrags zu treffen; andernfalls gilt die Zustimmung zur außerordentlichen Kündigung als erteilt (§ 91 Abs. 3 SGB IX).[225]

575

Wie bei der Regelung in § 91 Abs. 3 SGB IX nach der Rechtsprechung des Bundesarbeitsgerichtes anerkannt, reicht es bei der Regelung des § 88 Abs. 5 SGB IX zur Wahrung der Frist ebenfalls aus, wenn der Bescheid innerhalb eines Monats nach Eingang des Antrags beim Integrationsamt den Machtbereich des Integrationsamtes verlassen hat.[226] Die Entscheidung muss dem Arbeitgeber innerhalb der Frist nicht schriftlich mitgeteilt oder sogar zugestellt werden; es reicht vielmehr jede Art der Bekanntgabe, auch mündlich, telefonisch oder per Fax, aus. Die schriftliche Entscheidung bzw. Begründung kann dann nachgereicht werden.

576

Um für den betroffenen Arbeitnehmer erkennbar zu machen, dass – wenn auch durch Fiktion – der Kündigung zugestimmt wurde, muss das Integrationsamt diese **fiktive Zustimmung** nach § 88 Abs. 5 SGB IX dem betroffenen Arbeitnehmer mit **schriftlichem Bescheid bekannt geben**, der mit einer Rechtsbehelfsbelehrung zu versehen

577

---

[223] Düwell in: Dau/Düwell/Joussen, § 88 Rn 37.
[224] Vgl dazu Düwell in: Dau/Düwell/Joussen, § 88 Rn 33.
[225] Vgl dazu Rn 820 ff.
[226] BAG vom 9.2.1994 – 2 AZR 720/93, NZA 1994, 1030, 1032.

ist.²²⁷ Der schwerbehinderte Arbeitnehmer kann gegen diese Entscheidung **Widerspruch und Klage** zum Verwaltungsgericht erheben.²²⁸ Da gem. § 88 Abs. 5 S. 3 SGB IX die Absätze 3 und 4 entsprechend gelten, haben Widerspruch und Anfechtungsklage gegen die fiktive Zustimmung ebenfalls keine aufschiebende Wirkung.²²⁹

578 Im Fall der Zustimmungsfiktion muss der Arbeitgeber die Kündigung binnen eines Monats erklären.²³⁰ Wie bei der außerordentlichen Kündigung **beginnt** im Fall der Fiktionswirkung des § 88 Abs. 5 SGB IX die **Frist zur Erklärung der Kündigung** für den Arbeitgeber mit Eintritt der Fiktion oder Mitteilung über die Entscheidung.²³¹

579 **Hinweis:** Für den schwerbehinderten Arbeitnehmer beginnt die Klagefrist gegen eine nach fiktiver Entscheidung des Integrationsamtes ausgesprochene Kündigung des Arbeitgebers immer erst mit Bekanntgabe der fiktiven Entscheidung durch das Integrationsamt ihm gegenüber (§ 4 S. 4 KSchG). Wird ihm vom Integrationsamt die fiktive Zustimmung nach § 88 Abs. 5 SGB IX nicht bekannt gegeben, so kann er nach § 4 S. 4 KSchG ohne Begrenzung durch die Dreiwochenfrist – bis zur Grenze der Verwirkung – Kündigungsschutzklage zum Arbeitsgericht erheben.²³²

c) Form und Bekanntgabe der Entscheidung (§ 88 Abs. 2 SGB IX)

580 Nach § 88 Abs. 2 SGB IX ist die Entscheidung des Integrationsamtes dem Arbeitgeber und dem schwerbehinderten Beschäftigten zuzustellen. Daraus ergibt sich, dass die Entscheidung des Integrationsamtes immer **schriftlich** zu erfolgen hat, und zwar nach §§ 35, 36 SGB X mit Begründung und Rechtsbehelfsbelehrung beiden Beteiligten – Arbeitgeber und schwerbehindertem Arbeitnehmer – förmlich bekannt gemacht werden muss.²³³ Die förmliche Zustellung der Entscheidung des Integrationsamtes an den Arbeitgeber ist Wirksamkeitsvoraussetzung für die Entscheidung des Integrationsamtes; unterbleibt die Zustellung, ist die Entscheidung unwirksam und vorher darf der Arbeitgeber auch nicht kündigen.²³⁴

581 Aus Gründen der Rechtssicherheit und Rechtsklarheit sowie der Gesetzessystematik ist hingegen, trotz des scheinbar entgegenstehenden Wortlautes von § 88 Abs. 2 SGB IX, die Zustellung der Entscheidung des Integrationsamtes an den Arbeitnehmer keine Wirksamkeitsvoraussetzung für die Entscheidung des Integrationsamtes.²³⁵

---

227 So für § 91 Abs. 3 S. 2 SGB IX BVerwG vom 10.9.1992 – 5 C 39/88, BVerwGE 91, 7; in diesem Sinne auch Griebeling, NZA 2005, 494, 501.
228 Vgl dazu Cramer, NZA 2004, 694, 704.
229 Vgl dazu Rn 705 f.
230 Vgl dazu Rn 584 ff.
231 Vgl zu den verschiedenen Fallgestaltungen bei der außerordentlichen Kündigung Rn 861.
232 BAG vom 3.7.2003 – 2 AZR 487/02, NZA 2003, 1335, 1336; Kossens in: Kossens/von der heide/Maaß, § 88 Rn 23 mwN; vgl dazu auch Rn 731 ff.
233 Vgl dazu Neumann/Pahlen/Majerski-Pahlen, § 88 Rn 2; Braasch in: Deinert/Neumann (Hrsg.), Hdb SGB IX, § 19 Rn 226.
234 BAG vom 16.10.1991 – 2 AZR 332/91, BB 1992, 360; KR-Etzel/Gallner, §§ 85–90 SGB IX Rn 98 mwN.
235 Wie hier: Kossens in: Kossens/von der Heide/Maaß, § 88 Rn 7; Düwell in: Dau/Düwell/Joussen, § 88 Rn 14; ErfK/Rolfs, § 88 SGB IX Rn 2; KR-Etzel/Gallner, §§ 85–90 SGB IX Rn 98 mwN; aA Wirksamkeitsvoraussetzung: Neumann/Pahlen/Majerski-Pahlen, § 88 Rn 7; Griebeling in: Hauck/Noftz, SGB IX, § 88 Rn 9; KR-Friedrich, § 4 KSchG Rn 210; Braasch in: Deinert/Neumann (Hrsg.), Hdb SGB IX, § 19 Rn 235 mwN.

III. Kündigungsschutzverfahren 2

Hinweis: Unabhängig von der Beantwortung der Frage, ob auch die Zustellung der Entscheidung des Integrationsamtes an den Arbeitnehmer Wirksamkeitsvoraussetzung für diese Entscheidung ist, beginnt ohne Zustellung der Entscheidung des Integrationsamtes an den schwerbehinderten Arbeitnehmer die Widerspruchsfrist nicht zu laufen und auch nicht die Klagefrist von drei Wochen nach § 4 S. 1 KSchG (§ 4 S. 4 KSchG).[236] Insofern können dem Arbeitnehmer keine rechtlichen Nachteile entstehen. Für den Arbeitgeber muss dagegen Rechtssicherheit bestehen, ob er nach einer ihm zugestellten Zustimmung des Integrationsamtes nunmehr kündigen kann oder nicht. 582

Nach § 88 Abs. 2 S. 2 SGB IX hat das Integrationsamt der Bundesagentur für Arbeit eine Abschrift seiner Entscheidung zu übersenden. Ein Verstoß gegen diese Verpflichtung hat aber keinen Einfluss auf die Wirksamkeit der Entscheidung des Integrationsamtes.[237] 583

d) Ausspruch der Kündigung im Falle der zustimmenden Entscheidung (§ 88 Abs. 3 SGB IX)

Erteilt das Integrationsamt die Zustimmung zur ordentlichen Kündigung, kann der Arbeitgeber die ordentliche Kündigung nur innerhalb eines Monats nach Zustellung der Zustimmung aussprechen (§ 88 Abs. 3 SGB IX). Erreicht der Arbeitgeber die Zustimmung erst im **Rechtsmittelverfahren** gegen eine ablehnende Entscheidung des Integrationsamtes, gilt die Monatsfrist im Anschluss an eine Entscheidung des Widerspruchsausschusses nach Widerspruch oder nach einem Urteil des Verwaltungsgerichtes.[238] 584

Die **Monatsfrist** des § 88 Abs. 3 SGB IX ist eine **Ausschlussfrist**, gegen deren Versäumung eine Wiedereinsetzung in den vorherigen Stand nicht in Betracht kommt.[239] 585

Hinweis: Lässt der Arbeitgeber also die Monatsfrist des § 88 Abs. 3 SGB IX verstreichen, ist der Ausspruch der Kündigung danach nicht mehr zulässig. Will der Arbeitgeber weiterhin die Kündigung erklären, muss er erneut einen Antrag auf Erteilung der Zustimmung beim zuständigen Integrationsamt stellen und kann erst nach erneuter Zustimmung des Integrationsamtes nach § 85 SGB IX wieder kündigen. 586

Die Frist berechnet sich nach den §§ 186 ff BGB.[240] Durch eine **Insolvenz** wird die Frist nicht unterbrochen, sondern läuft weiter.[241] 587

---

[236] Vgl dazu auch Rn 733.
[237] Einhellige Auffassung, vgl Neumann/Pahlen/Majerski-Pahlen, § 88 Rn 8; ErfK/Rolfs, § 88 SGB IX Rn 2; KR-Etzel/Gallner, §§ 85–90 SGB IX Rn 99; Düwell in: Dau/Düwell/Joussen, § 88 Rn 16; Kossens in: Kossens/von der Heide/Maaß, § 88 Rn 9 mwN.
[238] BAG vom 16.10.1991 – 2 AZR 332/91, BB 1992, 360; ErfK/Rolfs, § 88 SGB IX Rn 3; KR-Etzel/Gallner, §§ 85–90 SGB IX Rn 127; Kossens in: Kossens/von der Heide/Maaß, § 88 Rn 11; Neumann/Pahlen/Majerski-Pahlen, § 88 Rn 11 mwN.
[239] KR-Etzel/Gallner, §§ 85–90 SGB IX Rn 127; Kossens in: Kossens/von der Heide/Maaß, § 88 Rn 14; Düwell in: Dau/Düwell/Joussen, § 88 Rn 30; Neumann/Pahlen/Majerski-Pahlen, § 88 Rn 12 mwN.
[240] Vgl dazu ausführlich Kossens/von der Heide/Maaß, § 88 Rn 12; KR-Etzel/Gallner, §§ 85–90 SGB IX Rn 129; Neumann/Pahlen/Majerski-Pahlen, § 88 Rn 12 mwN.
[241] Neumann/Pahlen/Majerski-Pahlen, § 88 Rn 12; Düwell in: Dau/Düwell/Joussen, § 88 Rn 30 unter Hinweis auf LAG Düsseldorf vom 3.3.1982 – 5 Sa 1532/81, ZIP 1982, 737.

588 Für den **Beginn der Monatsfrist** ist allein der Zeitpunkt der förmlichen Zustellung der Zustimmung des Integrationsamtes an den Arbeitgeber entscheidend; der Tag der Zustellung selbst wird nicht mitgerechnet (§ 187 Abs. 1 BGB). Die Zustellung des sog. **Negativattestes**,[242] wonach die beabsichtigte Kündigung nicht der Zustimmung des Integrationsamtes nach § 85 SGB IX bedarf, setzt den Lauf der Frist in Gang.[243]

589 Der Arbeitgeber kann also die **Kündigung erklären**, sobald ihm der **Zustimmungsbescheid förmlich zugestellt** worden ist, auch wenn er dem schwerbehinderten Arbeitnehmer noch nicht zugestellt worden ist.[244] Auf die Zustellung der Zustimmung an den Arbeitnehmer kommt es also nicht an; diese kann vorher, gleichzeitig oder später erfolgen.[245] Für die **außerordentliche Kündigung** gilt eine andere Regelung.[246]

590 Dass die Kündigung innerhalb der Monatsfrist erklärt sein muss, bedeutet, dass es auf den **Zugang der Kündigung** ankommt (§ 130 Abs. 1 S. 1 BGB). § 88 Abs. 3 SGB IX ist so zu lesen, dass die Kündigung dem schwerbehinderten oder gleichgestellten Arbeitnehmer innerhalb der Frist zugehen muss.[247] Eine **nicht formgerechte Zustellung** der Zustimmungsentscheidung des Integrationsamtes an den Arbeitgeber kann die Monatsfrist nicht in Gang setzen, weil es in diesem Fall an einer wirksamen Zustimmung des Integrationsamtes fehlt.[248] Daher kann der Arbeitgeber vor Zustellung der Zustimmung an ihn nicht wirksam kündigen.[249] Da es auf den Zugang der Kündigung ankommt, kann aber das Kündigungsschreiben schon vor der Zustellung des Bescheides des Integrationsamtes abgesandt werden, wenn die schriftliche Entscheidung des Integrationsamtes schon vorliegt, dem Arbeitgeber vorab mitgeteilt wird und die Kündigung nach der Zustellung des Bescheides des Integrationsamtes dem Arbeitnehmer zugeht.[250]

591 **Hinweis:** Gerade bei der Berechnung der Monatsfrist des § 88 Abs. 3 SGB IX sollte der Arbeitgeber äußerste Sorgfalt walten lassen und die dargestellten Grundsätze beachten, da er weder vor Beginn der Monatsfrist noch nach Ablauf dieser Frist wirksam kündigen kann. Der Arbeitgeber trägt das Risiko des Ob und Wann des Zugangs, wobei die Kündigung dem schwerbehinderten Menschen weder zu früh noch zu spät zugehen darf.[251] Erfolgt etwa die Zustellung des Bescheides mittels Einschrei-

---

242 Vgl dazu oben Rn 460 ff.
243 ErfK/Rolfs, § 88 SGB IX Rn 3 mwN.
244 BAG vom 17.2.1982 – 7 AZR 846/79, AP Nr. 1 zu § 15 SchwbG; BAG vom 16.10.1991 – 2 AZR 332/91, BB 1992, 360; ErfK-Rolfs, § 88 SGB IX Rn 2; KR-Etzel/Gallner, §§ 85–90 SGB IX Rn 128; Neumann/Pahlen/Majerski-Pahlen, § 88 Rn 10; Braasch in: Deinert/Neumann (Hrsg.), Hdb SGB IX, § 19 Rn 247 mwN.
245 Neumann/Pahlen/Majerski-Pahlen, § 88 Rn 10.
246 Vgl dazu Rn 857 ff.
247 LAG Hamm vom 19.11.2009 – 8 Sa 771/09, LAGE § 88 SGB IX Nr. 1; ErfK/Rolfs, § 88 SGB IX Rn 3; Griebeling, NZA 2005, 494, 501; Neumann/Pahlen/Majerski-Pahlen, § 88 Rn 14; Düwell in: Dau/Düwell/Joussen, § 88 Rn 31; KR-Etzel/Gallner, §§ 85–90 SGB IX Rn 130 mwN.
248 BAG vom 16.10.1991 – 2 AZR 332/91, BB 1992, 360; KR-Etzel/Gallner, §§ 85–90 SGB IX Rn 128 mwN.
249 BAG vom 16.10.1991 – 2 AZR 332/91, BB 1992, 360; LAG Hamm vom 9.11.2000 – 8 Sa 1016/00, EzA-SD 2000, Nr. 5; LAG Köln vom 20.3.1990 – 11 Sa 1291/89, NZA 1990, 746; KR-Etzel/Gallner, §§ 85–90 SGB IX Rn 128; Neumann/Pahlen/Majerski-Pahlen, § 88 Rn 10 mwN.
250 Vgl dazu KR-Etzel/Gallner, §§ 85–90 SGB IX Rn 130 mwN; Griebeling, NZA 2005, 494, 500; Neumann/Pahlen/Majerski-Pahlen, § 88 Rn 10 mwN.
251 Vgl dazu Düwell in: Dau/Düwell/Joussen, § 88 Rn 31.

ben, so wird der Bescheid nach § 4 VwZG erst mit dem dritten Tag nach Aufgabe zur Post wirksam; eine vorher erklärte Kündigung ist unwirksam.[252]

Muss der Arbeitgeber **mehrere ordentliche Kündigungen** aussprechen, etwa weil die erste Kündigung nicht formgerecht war oder wegen fehlender Vollmacht nach § 174 S. 1 BGB zurückgewiesen worden ist, kann er innerhalb der Monatsfrist nach § 88 Abs. 3 SGB IX von der seitens des Integrationsamtes erteilten Zustimmung dergestalt Gebrauch machen, dass er nicht vor jeder weiteren ordentlichen Kündigung nochmals das Zustimmungsverfahren einleiten und durchführen muss. Dies gilt nach der neueren Rechtsprechung des BAG jedenfalls dann, wenn der **Kündigungssachverhalt** der weiteren ordentlichen Kündigung(en) **identisch** ist und der Ausspruch der weiteren Kündigung(en) letztlich lediglich im Hinblick auf bestehende formelle Bedenken hinsichtlich der bereits erklärten Kündigung erfolgt.[253] 592

e) Keine aufschiebende Wirkung von Rechtsmitteln (§ 88 Abs. 4 SGB IX)

Widerspruch und Klage gegen die Zustimmung des Integrationsamtes haben nach § 88 Abs. 4 SGB IX keine aufschiebende Wirkung. Der Arbeitgeber kann also innerhalb der Monatsfrist nach § 88 Abs. 3 SGB IX die Kündigung auch dann erklären, wenn der schwerbehinderte Mensch gegen die Zustimmung des Integrationsamtes **Widerspruch** bzw **Klage** eingelegt hat.[254] 593

Die Arbeitsgerichte sind an den Bescheid des Integrationsamtes gebunden, solange er nicht aufgehoben ist. Es steht aber im pflichtgemäßen Ermessen des Arbeitsgerichtes, ob eine Aussetzung des arbeitsgerichtlichen Verfahrens in Betracht kommt.[255] 594

f) Beteiligung von Betriebsrat, Personalrat und Schwerbehindertenvertretung

Die **Anhörung des Betriebsrates** nach § 102 BetrVG kann vor, während oder nach dem Zustimmungsverfahren vor dem Integrationsamt durchgeführt werden, muss aber so rechtzeitig erfolgen, dass der Arbeitgeber die Monatsfrist des § 88 Abs. 3 SGB IX wahren kann.[256] Gleiches gilt für die **Beteiligung des Personalrates** nach § 79 BPersVG. Allerdings ist, wenn eine Anhörung des Betriebs- bzw Personalrates bereits vor der Zustimmung des Integrationsamtes stattgefunden hat, eine erneute Anhörung erforderlich, wenn sich der Kündigungssachverhalt zwischenzeitlich wesentlich verändert hat.[257] 595

Die **Schwerbehindertenvertretung** ist vom Arbeitgeber nach § 95 Abs. 2 S. 1 SGB IX in allen Angelegenheiten, die einen einzelnen schwerbehinderten Menschen betreffen, unverzüglich und umfassend zu unterrichten und vor einer Entscheidung anzuhören. 596

---

252 LAG Hamm vom 9.11.2000 – 8 Sa 1016/00, EzA-SD 2000, Nr. 5; KR-Etzel/Gallner, §§ 85–90 SGB IX Rn 128; Düwell in: Dau/Düwell/Joussen, § 88 Rn 31; Kossens in: Kossens/von der Heide/Maaß, § 88 Rn 12.
253 BAG vom 8.11.2007 – 2 AZR 425/06, NZA 2008, 471, 473; so auch KR-Etzel/Gallner, §§ 85–90 SGB IX Rn 127 mwN.
254 KR-Etzel/Gallner, §§ 85–90 SGB IX Rn 105, 127; ErfK/Rolfs, § 88 SGB IX Rn 4; vgl auch Düwell in: Dau/Düwell/Joussen, § 88 Rn 28 zur fehlenden aufschiebenden Wirkung.
255 Vgl dazu Rn 741 ff.
256 ErfK/Rolfs, § 88 SGB IX Rn 3; Neumann/Pahlen/Majerski-Pahlen, § 85 Rn 16 mwN.
257 St. Rspr des BAG, vgl nur BAG vom 20.1.2000 – 2 AZR 378/99, NZA 2000, 768, 769 mwN; ErfK/Rolfs, § 87 SGB IX Rn 1; aA Neumann/Pahlen/Majerski-Pahlen, § 88 Rn 9.

Damit soll es der Vertrauensperson ermöglicht werden, nach § 95 Abs. 1 SGB IX tätig zu werden und die geeigneten Maßnahmen und Stellungnahmen durchzuführen. Es handelt sich um ein eigenes, der Schwerbehindertenvertretung kraft Amtes zustehendes Recht, das die Vertrauensperson selbst durchsetzen kann.[258]

597 Diese Anhörung kann vor, während oder nach Durchführung des Zustimmungsverfahrens nach den §§ 85 ff SGB IX durchgeführt werden.[259] Der Arbeitgeber kommt seiner Unterrichtungspflicht nach, wenn er der Schwerbehindertenvertretung von der geplanten Kündigung Kenntnis verschafft und ihr so Gelegenheit zur Stellungnahme gibt.[260]

598 Hierbei ist der Schwerbehindertenvertretung in Anlehnung an § 102 Abs. 2 BetrVG eine Äußerungsfrist

- von einer Woche bei einer ordentlichen Kündigung und
- von drei Tagen bei einer außerordentlichen Kündigung

einzuräumen.[261] Der Arbeitgeber muss des Weiteren, nachdem er die Entscheidung getroffen hat, der Schwerbehindertenvertretung die getroffene Entscheidung unverzüglich, dh ohne schuldhaftes Zögern, mitteilen (§ 95 Abs. 2 S. 1 aE SGB IX).

599 Die Mitwirkung der Schwerbehindertenvertretung im Zustimmungsverfahren nach § 87 Abs. 2 SGB IX ersetzt die Anhörung nach § 95 Abs. 2 SGB IX nicht.[262] Eine **unterbliebene Anhörung der Schwerbehindertenvertretung** führt jedoch nicht zur Unwirksamkeit der Kündigung, weil das Gesetz eine solche Sanktion nicht vorsieht.[263] Allerdings enthält § 95 Abs. 2 S. 2 SGB IX die zwingende Bestimmung, dass die ohne Beteiligung nach Satz 1 getroffene Entscheidung nicht durchgeführt und vollzogen werden darf, sondern zur Nachholung der Beteiligung auszusetzen ist. Diese Bestimmung in § 95 Abs. 2 S. 2 SGB IX hat zwar keine unmittelbaren rechtlichen Auswirkungen und führt nicht zur Unwirksamkeit der Kündigung, wenn der Arbeitgeber diese gesetzliche Regelung ignoriert hat.[264] Es besteht jedoch ein **Rechtsanspruch der Schwerbehindertenvertretung** auf **Aussetzung der Vollziehung** einer ohne ihre Beteiligung getroffenen Entscheidung, der vor den Arbeitsgerichten (§ 2a Abs. 1 Nr. 3a ArbGG) – auch im **Wege der einstweiligen Anordnung** – durchgesetzt werden kann.

600 **Hinweis:** Das bedeutet, dass der Arbeitgeber die Schwerbehindertenvertretung bei jeder ordentlichen oder außerordentlichen Kündigung entsprechend der Regelung in § 95 Abs. 2 SGB IX zu beteiligen hat. Wenn auch die unterbliebene Beteiligung der Schwerbehindertenvertretung nach § 95 Abs. 2 SGB IX nicht zur Unwirksamkeit der

---

258 Neumann/Pahlen/Majerski-Pahlen, § 95 Rn 8 mwN.
259 KR-Etzel/Gallner, vor §§ 85–92 SGB IX Rn 37 mwN.
260 Kossens in: Kossens/von der Heide/Maaß § 95 Rn 15; Neumann/Pahlen/Majerski-Pahlen, § 95 Rn 11.
261 KR-Etzel/Gallner, vor §§ 85–92 SGB IX Rn 37; aA Neumann/Pahlen/Majerski-Pahlen, § 95 Rn 11 – angemessene Frist bei mündlicher Unterrichtung unmittelbar, bei schriftlicher Unterrichtung unverzüglich, dh ohne schuldhaftes Zögern.
262 KR-Etzel/Gallner, vor §§ 85–92 SGB IX Rn 37.
263 BAG vom 28.7.1983 – 2 AZR 122/82, BAGE 43, 210; BAG vom 28.6.2007 – 6 AZR 750/06, NZA 2007, 1049, 1054; Neumann/Pahlen/Majerski-Pahlen, § 95 Rn 9, 11a; KR-Etzel/Gallner, vor §§ 85–92 SGB IX Rn 37 mwN; aA LAG Hamm vom 19.2.1982 – 4 Sa 462/81, DB 1982, 2407.
264 Kossens in: Kossens/von der Heide/Maaß, § 95 Rn 19; Neumann/Pahlen/Majerski-Pahlen, § 95 Rn 11a.

Kündigung führt, so kann die schuldhafte Verletzung der Beteiligungsrechte der Schwerbehindertenvertretung nach § 95 Abs. 2 SGB IX als **Ordnungswidrigkeit** nach § 156 Abs. 1 Nr. 9, Abs. 2 SGB IX mit einer Geldbuße von bis zu 10.000 EUR geahndet werden, die an das Integrationsamt abzuführen ist (§ 156 Abs. 5 S. 1 SGB IX).[265]

Ist der schwerbehinderte Arbeitnehmer **Mitglied des Betriebs- oder Personalrates**, muss die Zustimmung zur Kündigung nach § 103 BetrVG, § 108 BPersVG durch das Vertretungsorgan vorliegen oder durch das Gericht ersetzt werden.[266] Gleiches gilt, wenn es um die Kündigung eines schwerbehinderten **Mitglieds der Schwerbehindertenvertretung** geht, da die Vertrauenspersonen gegenüber den Arbeitgebern nach § 96 Abs. 3 S. 1 SGB IX die gleiche persönliche Rechtsstellung, insbesondere den gleichen Kündigungs-, Versetzungs- und Abordnungsschutz, wie ein Betriebsrats- oder Personalratsmitglied haben. 601

Geht es um die **Kündigung der Vertrauensperson der Schwerbehinderten**, ist diese wegen Interessenkollision rechtlich verhindert, zu ihrer eigenen Kündigung Stellung zu nehmen. An ihrer Stelle ist ihr **Stellvertreter** anzuhören.[267] Ebenso ist ein von der Kündigung betroffenes **Betriebsratsmitglied** von der Beratung und Beschlussfassung des Betriebsrates ausgeschlossen.[268] 602

g) Mindestkündigungsfrist (§ 86 SGB IX)

Bei der ordentlichen Kündigung endet das Arbeitsverhältnis nicht sofort mit Zugang der Kündigung beim Arbeitnehmer, sondern erst nach Ablauf der im Einzelfall geltenden Kündigungsfrist. § 86 SGB IX sieht eine **vierwöchige Mindestkündigungsfrist** für schwerbehinderte Arbeitnehmer vor. § 86 SGB IX gilt nur für die Kündigung des Arbeitsverhältnisses **durch den Arbeitgeber**, nicht aber für eine Kündigung durch den Arbeitnehmer.[269] Diese Mindestkündigungsfrist gilt sowohl für **Beendigungs**- als auch für **Änderungskündigungen**.[270] Für die Berechnung der vier Wochen gelten die §§ 186 ff BGB.[271] 603

Für den schwerbehinderten Arbeitnehmer können sich aus seinem Arbeitsvertrag, aus einem Tarifvertrag[272] oder aus gesetzlichen Regelungen **günstigere Kündigungsfristen** ergeben, die der Mindestkündigungsfrist des § 86 SGB IX vorgehen.[273] Die Mindestkündigungsfrist des § 86 SGB IX ist **zwingendes Recht** und kann weder einzelvertrag- 604

---

265 Vgl dazu KR-Etzel/Gallner, vor §§ 85–92 SGB IX Rn 38.
266 Vgl dazu ausführlich Neumann/Pahlen/Majerski-Pahlen, § 85 Rn 17 mwN.
267 Vgl dazu Düwell in: Dau/Düwell/Joussen, § 95 Rn 23 mwN.
268 KR-Etzel, § 103 BetrVG Rn 80 mwN.
269 Kossens in: Kossens/von der Heide/Maaß, § 86 Rn 9; KR-Etzel/Gallner, §§ 85–90 SGB IX Rn 134 mwN; vgl dazu auch Düwell in: Dau/Düwell/Joussen, § 86 Rn 7.
270 KR-Etzel/Gallner, §§ 85–90 SGB IX Rn 131 a mwN; Düwell in: Dau/Düwell/Joussen, § 86 Rn 3; ErfK/Rolfs, § 86 SGB IX Rn 1; Kossens in: Kossens/von der Heide/Maaß, § 86 Rn 9.
271 Vgl dazu Kossens in: Kossens/von der Heide/Maaß, § 86 Rn 12 ff; Braasch in: Deinert/Neumann (Hrsg.), Hdb SGB IX, § 19 Rn 93; Düwell in: Dau/Düwell/Joussen, § 86 Rn 8; KR-Etzel/Gallner, §§ 85–90 SGB IX Rn 135; Neumann/Pahlen/Majerski-Pahlen, § 86 Rn 9 mwN.
272 Hier sind auch allgemeinverbindliche Tarifverträge zu beachten, die für alle Arbeitsverhältnisse unabhängig von einer Tarifbindung gelten.
273 KR-Etzel/Gallner, §§ 85–90 SGB IX Rn 131 a; Neumann/Pahlen/Majerski-Pahlen, § 86 Rn 5.

lich noch durch Tarifvertrag oder Betriebsvereinbarung im Voraus verkürzt werden.[274]

605 Die Mindestkündigungsfrist ist grundsätzlich auch bei einer Kündigung durch den **Insolvenzverwalter** zu beachten. Die Frist des § 86 SGB IX zählt zu den maßgeblichen Kündigungsfristen iSd § 113 InsO, mit welcher der Insolvenzverwalter kündigen kann, so dass die Frist von drei Monaten zum Monatsende des § 113 InsO nicht eingreift.[275] § 86 SGB IX findet dagegen keine Anwendung beim Abschluss eines **Aufhebungsvertrages**.[276]

606 Die Mindestkündigungsfrist gilt auch nicht in den in § 90 Abs. 1 und 2 SGB IX genannten Ausnahmefällen,[277] also insbesondere dann nicht, wenn das **Arbeitsverhältnis** ohne Unterbrechung **noch nicht länger als sechs Monate** bestanden hat. In diesen Fällen sind aber unabhängig davon die einzelvertraglichen oder gesetzlichen Mindestkündigungsfristen (§ 622 BGB) einzuhalten. Maßgeblich für die Anwendbarkeit der Regelung in § 86 SGB IX ist der **Zugang der Kündigung**.

607 Bei einer **außerordentlichen Kündigung** gilt die Mindestkündigungsfrist nach § 86 SGB IX nicht. Obwohl eine außerordentliche Kündigung in der Regel als fristlose Kündigung ausgesprochen wird, kann der Arbeitgeber jedoch eine sogenannte „soziale Auslauffrist" einräumen, die aber keine Kündigungsfrist darstellt.

IV. Entscheidung des Integrationsamtes

1. Ermessensentscheidung

608 Über den Antrag des Arbeitgebers auf Zustimmung zur beabsichtigten Kündigung trifft das Integrationsamt zum Schluss des Kündigungsverfahrens eine Entscheidung, falls der Antrag nicht, zB aufgrund einer gütlichen Einigung zwischen den Beteiligten, gegenstandslos ist oder in sonstiger Weise zurückgenommen wird. Die Entscheidung des Integrationsamtes ist ein **Verwaltungsakt**. Die Parteien des Verfahrens – Arbeitgeber und schwerbehinderter Mensch – können gegen die Entscheidung **Widerspruch** und **Klage** zum Verwaltungsgericht einlegen. Mit der Entscheidung wird die Zustimmung zur Kündigung (§ 85 SGB IX) oder zur Beendigung des Arbeitsverhältnisses (§ 92 SGB IX) erteilt oder versagt.

a) Pflichtgemäßes Ermessen

609 Bei einer ordentlichen Kündigung trifft das Integrationsamt seine Entscheidung aufgrund einer alle Umstände des Einzelfalles berücksichtigenden Ermessensentschei-

---

[274] KR-Etzel/Gallner, §§ 85–90 SGB IX Rn 131 a; ErfK/Rolfs, § 86 Rn 1; Neumann/Pahlen/Majerski-Pahlen, § 86 Rn 4.
[275] KR-Etzel/Gallner, §§ 85–90 SGB IX Rn 132; Kossens in: Kossens/von der Heide/Maaß, § 86 Rn 10; Düwell in: Dau/Düwell/Joussen, § 86 Rn 9 mwN; Neumann/Pahlen/Majerski-Pahlen, § 86 Rn 6 mwN.
[276] Neumann/Pahlen/Majerski-Pahlen, § 86 Rn 4; KR-Etzel/Gallner, §§ 85–90 SGB IX Rn 133 mwN.
[277] Vgl hierzu Düwell in: Dau/Düwell/Joussen, § 86 Rn 3, insbesondere zu den weiteren Ausschlusstatbeständen, ausführlich Neumann/Pahlen/Majerski-Pahlen, § 86 Rn 3.

dung nach pflichtgemäßem Ermessen, soweit dieses Ermessen nicht nach § 89 SGB IX eingeschränkt ist.[278]

Bei der Anwendung des Ermessens hat das Integrationsamt unter Berücksichtigung der Zielsetzung des besonderen Kündigungsschutzes die Belange des schwerbehinderten Arbeitnehmers an der Erhaltung seines Arbeitsplatzes und die Interessen des Arbeitgebers, die vorhandenen Arbeitsplätze wirtschaftlich zu nutzen und den Betrieb nach betriebswirtschaftlichen Gesichtspunkten zu führen, nach dem Maßstab der Zumutbarkeit gegeneinander abzuwägen.[279] Insbesondere hat es zu prüfen, ob die geltend gemachten **Kündigungsgründe im Zusammenhang mit der Behinderung stehen** und zu berücksichtigen, dass das SGB IX den Zweck verfolgt, dem schwerbehinderten Menschen möglichst seinen Arbeitsplatz zu erhalten.[280]

610

Einerseits soll der schwerbehinderte Arbeitnehmer gegenüber dem nichtbehinderten Arbeitnehmer nicht ins Hintertreffen geraten. Die Nachteile, denen er auf dem allgemeinen Arbeitsmarkt infolge seiner Behinderung ausgesetzt ist, sollen ausgeglichen werden. Auf der anderen Seite darf die Gestaltungsfreiheit des Arbeitgebers, dem die Verantwortung für die Existenz und die wirtschaftliche Arbeitsweise des Betriebes obliegt, nicht zu stark eingeengt werden. Denn das SGB IX verfolgt nicht den Zweck, den behinderten Menschen letztlich unkündbar zu machen.[281] Ein Arbeitgeber muss den schwerbehinderten Arbeitnehmer auch nicht „durchschleppen".[282]

611

Das Integrationsamt hat bei der beabsichtigten Kündigung eines schwerbehinderten oder gleichgestellten Arbeitnehmers zu erwägen, ob er auf einem anderen freien Arbeitsplatz im Betrieb eingesetzt werden kann, der seiner Behinderung gerecht wird,[283] oder ob der Arbeitgeber durch zumutbare organisatorische Maßnahmen einen leidensgerechten Arbeitsplatz schaffen kann, wozu er nach § 81 Abs. 4 Nr. 4 und 5 SGB IX verpflichtet ist.[284] Hierbei sind besonders langjährig beschäftige und ältere Arbeitnehmer schutzwürdig, die im Falle ihrer Entlassung mit einer langjährigen Arbeitslosigkeit rechnen müssten.[285]

612

Die Zustimmung des Integrationsamtes ist nicht präjudiziell für das Kündigungsschutzverfahren; das Integrationsamt darf auch nicht die **Sozialwidrigkeit der Kündi-**

613

---

278 BVerwG vom 28.11.1958 – 5 C 32.56, BverwGE 8,46; Braasch in: Deinert/Neumann (Hrsg.), Hdb SGB IX, § 19 Rn 185; KR-Etzel/Gallner, §§ 85–90 SGB IX Rn 82; vgl auch Düwell in: Dau/Düwell/Joussen, § 89 Rn 3, 4 mwN.
279 Vgl dazu auch KR-Etzel/Gallner, §§ 85–90 SGB IX Rn 82, 82 a; Düwell in: Dau/Düwell/Joussen, § 89 Rn 5 mwN. Braasch in: Deinert/Neumann (Hrsg.), Hdb SGB IX, § 19 Rn 187, 188 mwN.
280 Vgl dazu auch Braasch in: Deinert/Neumann (Hrsg.), Hdb SGB IX, § 19 Rn 186; Neumann/Pahlen/Majerski-Pahlen, § 85 Rn 69 mwN.
281 Vgl BVerwG vom 11.9.1990 – 5 B 63/90, Buchholz 436.61, § 15 SchwbG 1986, Nr. 4; OVG Rheinl.-Pfalz v. 29.5.1998, 12 A 12950/97.
282 KR-Etzel/Gallner, §§ 85–90 SGB IX Rn 82 a; Neumann/Pahlen/Majerski-Pahlen, § 85 Rn 70 mwN; BVerwG vom 28.2.1968 – V C 33.66, BVerwGE 29, 140; OVG Hamburg vom 27.11.1987 – Bf I 36/85, BB 1989, 220.
283 OVG Bremen vom 10.11.1981 – 2 BA 39/81, ZfSH 1982, 122.
284 Vgl dazu Rn 218 ff.
285 KR-Etzel/Gallner, §§ 85–90 SGB X Rn 82 a.

gung prüfen.²⁸⁶ Während die Arbeitsgerichte den einzelnen Arbeitnehmer vor einer sozial ungerechtfertigten Kündigung schützen sollen, liegt die Aufgabe des Integrationsamtes darin, dafür zu sorgen, dass den schwerbehinderten Menschen insgesamt kein für sie geeigneter Arbeitsplatz verloren geht.²⁸⁷ Bei **offenkundiger Unwirksamkeit** der beabsichtigten Kündigung kann das Integrationsamt die Zustimmung verweigern.²⁸⁸

614 Bei einer geplanten **Änderungskündigung** hat das Integrationsamt auch die Angemessenheit und Zumutbarkeit des für den schwerbehinderten Arbeitnehmer vorgesehenen neuen Arbeitsplatzes oder der neuen Arbeitsbedingungen zu prüfen (§ 89 Abs. 2 SGB IX).²⁸⁹

b) Fehlerhafte Ermessensausübung

615 Wenn das Integrationsamt bei der Ermessensausübung von einem unvollständigen oder unzutreffenden Sachverhalt ausgeht, oder wenn es erhebliche Umstände des Einzelfalles unberücksichtigt lässt, handelt es ermessensfehlerhaft. Die Entscheidung ist dann **rechtswidrig** und kann durch Widerspruch und Klage erfolgreich angefochten werden.²⁹⁰

616 Es können zB folgende **Ermessensfehler** vorliegen:

- keine Berücksichtigung der Leistungsfähigkeit und der wirtschaftlichen Lage des Betriebes,²⁹¹

- einseitiges Abstellen auf Fehlzeiten des schwerbehinderten Arbeitnehmers im Betrieb,

- schärfere Anforderungen für einzelne Betriebe, insbesondere für den öffentlichen Dienst,²⁹²

- fehlende oder nicht ausreichende Prüfung, ob ein anderer Arbeitsplatz zur Verfügung steht,²⁹³

- Anlegung besonderer Kriterien für einzelne Arbeitnehmergruppen, etwa für leitende Angestellte,²⁹⁴

- alleiniges Abstellen auf die verminderte Leistungsfähigkeit des schwerbehinderten Arbeitnehmers,²⁹⁵

---

286 BVerwG vom 2.7.1992 – 5 C 51/90, BVerwGE 90, 287; BVerwG vom 19.5.1995 – 5 C 24/93, BVerwGE 99, 336, 340; BVerwG vom 11.11.1999 – 5 C 23/99, AP Nr. 1 zu § 17 SchwbG 1986 = NZA 2000, 146; VGH Mannheim vom 24.11.2005 – 9 S 2178/05, NZA-RR 2006, 183; ErfK/Rolfs, § 89 SGB IX Rn 2; Bauer/Powietzka, NZA-RR 2004, 505, 511.
287 BAG vom 25.11.1971 – 2 AZR 44/71, AP Nr. 41 zu § 3 KSchG = EzA § 4 KSchG nF Nr. 4.
288 BVerwG vom 11.11.1999 – 5 C 23/99, NZA 2000, 146; KR-Etzel/Gallner, §§ 85–90 SGB X Rn 83 a mwN; ErfK/Rolfs, § 89 Rn 2; Düwell in: Dau/Düwell/Joussen, § 89 Rn 8 jeweils mwN.
289 VG Darmstadt vom 12.4.1978, DB 1979, 116; KR-Etzel/Gallner, §§ 85–90 SGB IX Rn 82 b; Düwell in: Dau/Düwell/Joussen, § 89 Rn 63 ff mwN; vgl dazu auch Rn 760.
290 Vgl dazu Rn 704 ff.
291 Neumann/Pahlen/Majerski-Pahlen, § 85 Rn 70 mwN.
292 BVerwG vom 21.10.1964 – V C 14.63, BVerwGE 19, 327.
293 BVerwG vom 28.2.1968 – V C 33.66, BverwGE 29, 140; BVerwG vom 5.6.1975 – V C 57.73, BVerwGE 48, 264; Neumann/Pahlen/Majerski-Pahlen, § 85 Rn 70 mwN.
294 Neumann/Pahlen/Majerski-Pahlen, § 85 Rn 70 mwN.
295 Neumann/Pahlen/Majerski-Pahlen, § 85 Rn 70 mwN.

- einseitiges Abstellen auf Fehlzeiten des schwerbehinderten Arbeitnehmers,[296]
- fehlende Berücksichtigung einer dem Arbeitgeber zumutbaren technischen Umgestaltung des Arbeitsplatzes oder eines anderen Arbeitsplatzes, auf den der schwerbehinderte Mensch versetzt werden kann (§ 81 Abs. 4 SGB IX),[297]
- fehlende Berücksichtigung einer möglichen Betreuung durch den Integrationsfachdienst (IFD – §§ 109 ff SGB IX),
- fehlende Berücksichtigung der geminderten Leistungsfähigkeit des schwerbehinderten Arbeitnehmers, die durch Leistungen zur Teilhabe ausgeglichen werden kann,
- Versagung der Zustimmung, weil der in einem Kleinbetrieb tätige Arbeitnehmer keinen allgemeinen Kündigungsschutz genießt,[298]
- fehlende Berücksichtigung der Betriebsstilllegung.[299]

c) Ermessensspielraum

Hält das Integrationsamt sich im Rahmen der Ermessensregeln, dann verbleibt ihm im Allgemeinen ein Ermessensspielraum, innerhalb dessen die Entscheidung rechtmäßig ist, auch wenn eine andere Entscheidung ebenso vertretbar wäre. 617

Das Integrationsamt kann die Zustimmung zur Kündigung grundsätzlich auch von **Bedingungen** abhängig machen, soweit hierfür ein Ermessensspielraum besteht (§ 32 Abs. 2 Nr. 2 SGB X). Zulässig ist danach etwa die Bedingung, dass die Zustimmung bei einer bereits durchgeführten Betriebsstilllegung von einer dreimonatigen Gehaltszahlung abhängig gemacht wird.[300] Soweit die Zustimmung von einer Bedingung abhängig gemacht wird, wird sie erst **wirksam**, wenn die **Bedingung eingetreten** ist. Eine **vorherige Kündigung** durch den Arbeitgeber ist **nichtig**.[301] 618

Das Integrationsamt kann die Zustimmung zur Kündigung mit einer **Auflage** verbinden (§ 32 Abs. 2 Nr. 4 SGB X). Eine solche Auflage kann zB sein, dass der Arbeitgeber bestimmte gesetzliche Vorgaben, etwa Gehaltsfortzahlung für mindestens drei Monate über den Tag der Kündigung hinaus, erfüllt. Zulässig sind auch Auflagen, die mit der Absicherung des Arbeitsverhältnisses zusammenhängen und besondere Härten für den schwerbehinderten Arbeitnehmer vermeiden sollen, zB begrenzte Weiternutzung der Dienstwohnung.[302] Bei einer **Auflage** kann der Arbeitgeber – im Gegensatz zur Bedingung – bereits **nach Erteilung der Zustimmung wirksam** kündi- 619

---

296 OVG Saarland vom 3.4.1995 – 8 R 51/93, BehindertenR 1995, 154; dabei können Fehlzeiten von ca. 30 % über mehrere Jahre eine Zustimmung rechtfertigen, OVG Münster vom 21.3.1990 – 13 A 1605/89, BehindertenR 1991, 93.
297 KR-Etzel/Gallner, §§ 85–90 SGB IX Rn 82 a.
298 Allein aus diesem Grund darf die Zustimmung nicht versagt werden; das Integrationsamt darf nur Erwägungen anstellen, die sich speziell aus der Schwerbehindertenfürsorge herleiten und prüfen, ob die geltend gemachten Kündigungsgründe im Zusammenhang mit der Behinderung stehen, VGH Mannheim vom 4.3.2002 – 7 S 1651/01, NZA-RR 2002, 417; KR-Etzel/Gallner, §§ 85–90 SGB IX Rn 83 a.
299 Eine Betriebsstilllegung erfordert die Zustimmung auch, wenn die besonderen Voraussetzungen des § 89 Abs. 1 S. 1 SGB IX nicht erfüllt sind, weil jede andere Entscheidung ermessensfehlerhaft wäre, OVG Brandenburg vom 17.10.2003 – 4 B 59/03.
300 KR-Etzel/Gallner, §§ 85–90 SGB IX Rn 84.
301 BAG vom 12.7.1990 – 2 AZR 35/90, EzA § 19 SchwbG 1986 Nr. 1 = NZA 1991, 348.
302 Vgl dazu KR-Etzel/Gallner, §§ 85–90 SGB IX Rn 84 a.

gen, ohne zuvor die Auflagen erfüllt zu haben.[303] Andere Nebenbestimmungen zur Zustimmung, zB eine Verpflichtung zur Zahlung einer Abfindung an den schwerbehinderten Arbeitnehmer, sind unzulässig und führen zur Unwirksamkeit der Kündigung.[304]

2. Bewertung der Kündigungsgründe

620 Wenn auch das Integrationsamt grundsätzlich nicht über die Frage der Sozialwidrigkeit der Kündigung zu entscheiden hat, so muss es sich doch eine eigene Überzeugung von der Richtigkeit der vom Arbeitgeber vorgetragenen Kündigungsgründe bilden und hat insoweit all das von **Amts wegen zu ermitteln (§ 20 SGB X)**, was erforderlich ist, um die gegenseitigen Interessen des schwerbehinderten Arbeitnehmers und seines Arbeitgebers gegeneinander abwägen zu können.[305] Diesen so ermittelten Sachverhalt hat es dann unter Berücksichtigung aller Gesichtspunkte zu bewerten. Die Interessen des schwerbehinderten Arbeitnehmers verlieren dabei umso mehr an Gewicht, als der Kündigungsgrund mit der Behinderung in keinem Zusammenhang steht.[306]

621 Wenn der Arbeitgeber trotz angemessener Fristsetzung seinen Antrag nicht begründet, ist der Antrag durch das Integrationsamt ohne weitere Einholung von Stellungnahmen und ohne Ermessensausübung abzuweisen.[307] Dasselbe gilt, wenn die beabsichtigte Kündigung nach der Überzeugung des Integrationsamtes nach kündigungsrechtlichen Vorschriften **offensichtlich unwirksam** wäre; in diesem Fall ist der Antrag ebenfalls ohne Ermessensausübung zurückzuweisen.[308] Im Übrigen darf das Integrationsamt aber **nicht die Sozialwidrigkeit der Kündigung** und die übrigen Kündigungsgründe **prüfen**.[309]

622 Zu unterscheiden sind betriebsbedingte Kündigungsgründe und solche, die in der Person oder dem Verhalten des schwerbehinderten Beschäftigten ihre Ursache haben.

a) Betriebsbedingte Gründe

623 Betriebsbedingte Gründe beruhen häufig auf dem **Wegfall des Arbeitsplatzes**. Die Ursachen hierfür können zB Arbeitsmangel infolge Auftragsrückgang oder Rationalisierungsmaßnahmen sein.

624 Unternehmerische Entscheidungen, die zum Wegfall von Arbeitsplätzen führen, zB Unrentabilität, Organisationsänderungen oder Produktionseinschränkungen, darf das Integrationsamt nur daraufhin prüfen, ob sie offensichtlich unsachlich oder willkür-

---

303 BAG vom 12.7.1990 – 2 AZR 35/90, EzA § 19 SchwbG 1986 Nr. 1 = NZA 1991, 348.
304 KR-Etzel/Gallner, §§ 85–90 SGB IX Rn 84 a mwN.
305 BVerwG vom 6.2.1995 – RzK IV 8 a Nr. 37; Neumann/Pahlen/Majerski-Pahlen, § 85 Rn 69 mwN; vgl dazu auch Düwell in: Dau/Düwell/Joussen, § 89 Rn 3 ff.
306 BVerwG vom 19.10.1995 – 5 C 24/93, BVerwGE 99, 336, 339 = NZA-RR 1996, 288; vgl dazu auch ErfK/Rolfs, § 89 SGB IX Rn 1.
307 KR-Etzel/Gallner, §§ 85–90 SGB X Rn 72, 83.
308 VGH Mannheim vom 4.3.2002 – 7 S 1651/01, NZA-RR 2002, 417; KR-Etzel/Gallner, §§ 85–90 SGB IX Rn 83; ErfK/Rolfs, § 89 SGB IX Rn 2 mwN; für diesen offensichtlichen Fall wohl auch Bauer/Powietzka, NZA-RR 2004, 505, 512.
309 BVerwG vom 11.11.199 – 5 C 23/99, AP Nr. 1 zu § 17 SchwbG 1986; VGH Mannheim vom 24.11.2005 – 9 S 2178/05, NZA-RR 2006, 183; ErfK/Rolfs, § 89 SGB IX Rn 2; Bauer/Powietzka, NZA-RR 2004, 505, 511.

IV. Entscheidung des Integrationsamtes 2

lich sind.³¹⁰ Steht fest, dass der Arbeitsplatz weggefallen ist, muss das Integrationsamt sorgfältig prüfen, ob die Umsetzung auf einen gleichwertigen anderen freien Arbeitsplatz möglich ist.³¹¹ Gleichwertig und damit vergleichbar ist ein Arbeitsplatz, auf dem der Arbeitgeber den schwerbehinderten Arbeitnehmer aufgrund seines Direktionsrechtes ohne Änderung des Arbeitsvertrages weiterbeschäftigen kann. Frei sind die zum Zeitpunkt der Kündigung unbesetzten Arbeitsplätze. Der Arbeitgeber ist nicht verpflichtet, einen neuen Arbeitsplatz zu schaffen, um die Kündigung zu vermeiden,³¹² oder dem schwerbehinderten Arbeitnehmer „Beförderungsstellen" anzubieten.³¹³ Zur **behindertengerechten Ausstattung des Arbeitsplatzes** nach § 81 Abs. 4 S. 1 Nr. 4 und 5 SGB IX ist der Arbeitgeber aber verpflichtet, soweit ihm dies nicht unzumutbar ist oder staatliche oder berufsgenossenschaftliche Vorschriften oder beamtenrechtliche Vorschriften entgegenstehen (§ 81 Abs. 4 S. 3 SGB IX).³¹⁴

Bei betriebsbedingten Kündigungsgründen ist nicht selten eine **soziale Auswahl** unter mehreren für eine Entlassung in Betracht kommenden und vergleichbaren Arbeitnehmern zu treffen. Wenn die Auswahl auf einen schwerbehinderten Arbeitnehmer fällt, hat das Integrationsamt zu prüfen, ob der Arbeitgeber den besonderen Schutzzweck des Sozialgesetzbuches IX beachtet hat, zumal die Schwerbehinderung zu den vier Kriterien des § 1 Abs. 3 S. 1 KSchG gehört, die der Arbeitgeber im Rahmen der sozialen Auswahl zu beachten hat. Das besondere Schutzinteresse des schwerbehinderten Menschen kann den Interessen des Arbeitgebers überwiegen, so dass durch den Arbeitgeber eine andere soziale Auswahl zu treffen und es ihm zuzumuten ist, den schwerbehinderten Menschen weiter zu beschäftigen. Daher hat das Integrationsamt stets zu prüfen, ob eine andere Einsatzmöglichkeit in Betracht kommt; insbesondere, wenn der Arbeitgeber die Beschäftigungsquote nach § 71 SGB IX nicht erfüllt hat.³¹⁵ **625**

Nicht in die soziale Auswahl einzubeziehen sind nach § 1 Abs. 3 S. 2 KSchG Arbeitnehmer, deren Weiterbeschäftigung im berechtigten betrieblichen Interesse liegt. Die besonders **hohe Krankheitsanfälligkeit** eines Arbeitnehmers begründet bei der Sozialauswahl für sich noch kein berechtigtes betriebliches Interesse iSv § 1 Abs. 3 S. 2 KSchG, einen anderen vergleichbaren und nach § 1 Abs. 3 S. 1 KSchG weniger schutzbedürftigen Arbeitnehmer weiter zu beschäftigen.³¹⁶ **626**

Die zutreffende Sozialauswahl iSd § 1 Abs. 3 KSchG ist dagegen nicht durch das Integrationsamt zu überprüfen, dies obliegt in der Regel den Arbeitsgerichten.³¹⁷ Die Verweigerung der Zustimmung kann nur ausnahmsweise dann in Betracht kommen, **627**

---

310 Vgl OVG Münster vom 23.1.1992 – 13 A 297/91, NZA 1992, 844; aA OVG Schleswig vom 12.6.2002 – 2 M 50/02, BehindertenR 2003, 91 f; VG Minden vom 27.5.2002 – 7 K 851/02, NZA-RR 2003, 248 – unternehmerische Entscheidung ist vom Integrationsamt hinzunehmen und grundsätzlich nicht überprüfbar; KR-Etzel/Gallner, §§ 85–90 SGB IX Rn 82 a; ErfK/Rolfs, § 89 SGB IX Rn 3.
311 Vgl dazu BVerwG vom 5.6.1975 – V C 57.73, BVerwGE 48, 264; BAG vom 28.4.1998 – 9 AZR 348/97, NZA 1999, 152; ErfK/Rolfs, § 89 SGB IX Rn 3; Düwell in: Dau/Düwell/Joussen, § 89 Rn 30 mwN.
312 BAG vom 3.2.1977 – 2 AZR 476/75, DB 1977, 1320; vgl dazu auch Bauer/Powietzka, NZA-RR 2004, 505, 512 mwN.
313 BAG vom 29.3.1990 – 2 AZR 369/89, NZA 1991, 181 = DB 1991, 173.
314 Vgl dazu Rn 217 ff.
315 Düwell in: Dau/Düwell/Joussen, § 89 Rn 27.
316 BAG vom 31.5.2007 – 2 AZR 306/06, NZA 2007, 1362, 1364.
317 Bauer/Powietzka, NZA-RR 2004, 505, 512 mwN; Düwell in: Dau/Düwell/Joussen, § 89 Rn 28 mwN.

wenn **offensichtlich** eine **fehlerhafte Sozialauswahl** durch den Arbeitgeber getroffen worden ist, der schwerbehinderte Arbeitnehmer also gekündigt werden soll, obwohl ein bereits auf den ersten Blick vergleichbarer anderer Arbeitnehmer nicht gekündigt wird und der schwerbehinderte Arbeitnehmer diesem anderen Arbeitnehmer gegenüber evident sozial schutzbedürftiger ist.[318]

628 Gleiches gilt ebenso für **Kleinbetriebe**, in denen bei schwerbehinderten und gleichgestellten Arbeitnehmern die Kündigung ebenfalls der Zustimmung des Integrationsamtes nach § 85 SGB IX bedarf. Das Bundesverfassungsgericht hat gefordert, dass auch außerhalb des Anwendungsbereiches des § 1 Abs. 3 KSchG bei Auswahlentscheidungen „ein gewisses Maß an sozialer Rücksichtnahme" erforderlich sei und insbesondere „ein durch langjährige Mitarbeit verdientes Vertrauen in den Fortbestand des Arbeitsverhältnisses nicht unberücksichtigt bleiben" dürfe.[319]

629 In Umsetzung dieser verfassungsgerichtlichen Anforderungen verlangt das BAG, gestützt auf § 242 BGB, eine Auswahl unter Berücksichtigung sozialer Gesichtspunkte, wobei aber im Verhältnis zu den Maßstäben des § 1 Abs. 3 KSchG ein deutlich reduzierter Kontrollmaßstab gelten soll.[320] Auch hierbei ist in Kleinbetrieben das Kriterium der Schwerbehinderung zwar mit zu berücksichtigen, die Kündigung ist aber nur dann **offensichtlich unwirksam**, wenn der gekündigte schwerbehinderte oder gleichgestellte Arbeitnehmer bereits auf den ersten Blick ein „**evident höheres soziales Schutzbedürfnis**" als ein vergleichbarer anderer Arbeitnehmer[321] hat. Nur in diesem Fall darf die Zustimmung durch das Integrationsamt verweigert werden; die Prüfung der Rechtswirksamkeit der Kündigung obliegt dann im Übrigen den Arbeitsgerichten.

b) Gründe in der Person

630 Den personenbedingten Kündigungen liegen meist krankheitsbedingte Fehlzeiten, mangelnde Eignung oder Minderleistung zugrunde. Bei personenbedingten Gründen prüft das Integrationsamt, ob durch technische oder organisatorische Maßnahmen am Arbeitsplatz oder im Arbeitsumfeld das Arbeitsverhältnis erhalten werden kann. Dies vor Ausspruch einer Kündigung zu prüfen, ist nach § 84 Abs. 1 SGB IX Aufgabe des Arbeitgebers. In Betracht kommt dabei die **behinderungsgerechte Gestaltung** des bisherigen **Arbeitsplatzes** oder die **Umsetzung** auf einen nach Möglichkeit gleichwertigen anderen behinderungsgerechten Arbeitsplatz, auch wenn der Arbeitgeber grundsätzlich nicht verpflichtet ist, für den schwerbehinderten Arbeitnehmer einen zusätzlichen Arbeitsplatz einzurichten.[322]

---

318 BVerwG vom 11.11.1999 – 5 C 23.99, NZA 2000, 146, Rn 20 mwN; Bauer/Powietzka, NZA-RR 2004, 505, 512 stimmen diesem Ausnahmefall zu, sind ansonsten aber ablehnend gegenüber einer Prüfung des Integrationsamtes, die auf offensichtliche Fehler bei der Sozialauswahl abstellt; so auch Düwell in: Dau/Düwell/Joussen, § 89 Rn 28 mwN.
319 BVerfG vom 27.1.1998 – 1 BvL 22/93, NZA 1998, 470.
320 BAG vom 21.2.2001 – 2 AZR 15/00, NZA 2001, 833; BAG vom 6.2.2003 – 2 AZR 672/01, NZA 2003, 717.
321 Bauer/Powietzka, NZA-RR 2004, 505, 513.
322 BAG vom 29.1.1997 – 2 AZR 9/96, NZA 1997, 709; BAG vom 28.4.1998 – 9 AZR 348/97, NZA 1999, 152; ErfK/Rolfs, § 89 SGB IX Rn 3 mwN; Düwell in: Dau/Düwell/Joussen, § 89 Rn 15 mwN; vgl dazu auch Rn 217 ff.

IV. Entscheidung des Integrationsamtes

Das Integrationsamt prüft bei zu geringer Arbeitsleistung oder sonstigen Leistungsminderungen, über welche beruflichen Kenntnisse, Fähigkeiten und Fertigkeiten der behinderte Arbeitnehmer verfügt, ob der Arbeitsplatz bzw die Tätigkeit behinderungsgerecht gestaltet werden kann sowie welche Möglichkeiten der Verbesserung von Fähigkeiten und Fertigkeiten bestehen und genutzt werden können. Wenn die **personenbedingte Minderleistung** nicht durch Maßnahmen des Arbeitgebers behoben werden kann, ist durch das Integrationsamt auch zu prüfen, ob durch Zahlung eines Minderleistungsausgleiches nach § 102 Abs. 3 SGB IX das Gleichgewicht zwischen Leistung und Gegenleistung annähernd wiederhergestellt werden kann.[323] Die **Zumutbarkeitsgrenze** wird **überschritten**, wenn die Weiterbeschäftigung nicht mehr zu einem wirtschaftlich sinnvollen Austausch von Leistung und Gegenleistung führt.[324]

631

Dabei ist zu berücksichtigen, dass der schwerbehinderte Mensch gegenüber seinem Arbeitgeber gem. § 81 Abs. 4 S. 1 Nr. 1 SGB IX einen **Rechtsanspruch auf behinderungsgerechte Beschäftigung** hat. Gerade bei einer personenbedingten Kündigung ist der Arbeitgeber verpflichtet, jede mögliche zumutbare und geeignete Maßnahme zu ergreifen, die im Rahmen der betrieblichen Interessen die Kündigung zu vermeiden hilft.[325] Das Integrationsamt hat bei einer beabsichtigten krankheitsbedingten Kündigung stets zu prüfen, ob die Weiterbeschäftigung auf einem anderen freien, behinderungsgerechten Arbeitsplatz möglich ist,[326] ggf nach einer zumutbaren Umschulungs- oder Fortbildungsmaßnahme,[327] auf die unter den Voraussetzungen des § 81 Abs. 4 S. 1 Nr. 2 und 3 SGB IX ebenfalls ein Anspruch des schwerbehinderten Menschen bestehen kann. Dabei hat das Integrationsamt den Arbeitgeber durch Beratungsdienstleistungen, auch mit denen des Integrationsfachdienstes, und durch Angebote der begleitenden Hilfe (§ 102 Abs. 2, 3 SGB IX) zu unterstützen (§ 81 Abs. 4 S. 2 SGB IX). Der Arbeitgeber ist zwar nicht verpflichtet, für den schwerbehinderten Menschen einen zusätzlichen Arbeitsplatz einzurichten[328] und muss auch keinen anderen Arbeitnehmer entlassen, um für den Schwerbehinderten Platz zu schaffen; er muss aber den Schwerbehinderten im Rahmen der vorhandenen Arbeitsplätze einen geeigneten behinderungsgerechten Arbeitsplatz zuweisen.[329] Soweit zumutbar, muss der Arbeitgeber auch im Rahmen des § 81 Abs. 4 SGB IX durch zumutbare organisatorische Maßnahmen einen behinderungsgerechten Arbeitsplatz schaffen.[330]

632

---

323 Vgl dazu auch Düwell in: Dau/Düwell/Joussen, § 89 Rn 13 mwN.
324 BVerwG vom 19.10.1995 – 5 C 24.93, BehindertenR 1996, 142; vgl auch Düwell in: Dau/Düwell/Joussen, § 89 Rn 15 mwN.
325 Düwell in: Dau/Düwell/Joussen, § 89 Rn 13 mwN.
326 BAG vom 4.10.2005 – 9 AZR 632/04, NZA 2006, 442, 444; BAG vom 14.3.2006 – 9 AZR 411/05, NZA 2006, 1214, 1216 mwN; vgl dazu auch KR-Etzel/Gallner, §§ 85–90 SGB IX Rn 82 a mwN und oben Rn 217 ff.
327 BAG vom 10.3.1977 – 2 AZR 79/76, DB 1977, 1463.
328 BAG vom 4.10.2005 – 9 AZR 632/04, NZA 2006, 442, 444; BAG vom 14.3.2006 – 9 AZR 411/05, NZA 2006, 1214, 1216 mwN.
329 BVerwG vom 5.6.1975 – V C 57.73, BVerwGE 48, 264; ErfK/Rolfs, § 89 SGB IX Rn 3.
330 KR-Etzel/Gallner, §§ 85–90 SGB IX, Rn 82 a; Düwell in: Dau/Düwell/Joussen, § 89 Rn 17, der sich dafür ausspricht, dass der Arbeitgeber nach den Grundsätzen der Entscheidung des BAG vom 10.5.2005 – 9 AZR 230/04, NZA 2006, 155, 158, einen Arbeitsplatz freimachen muss; vgl dazu auch oben Rn 219 ff sowie zu der Beschäftigungspflicht auf einem behinderungsgerechten Arbeitsplatz Edenfeld, NZA 2012, 713, 719; Nassibi, NZA 2012, 720 ff.

633 **Hinweis:** Häufig kennen Arbeitgeber die Förderungsmöglichkeiten nach § 102 Abs. 2 und 3 SGB IX[331] nicht, so dass es sinnvoll sein kann, wenn die am Zustimmungsverfahren nach §§ 85 ff SGB IX Beteiligten, wie Betriebsrat, Schwerbehindertenvertretung oder aber auch der Anwalt des Arbeitnehmers, diese Förderungsmöglichkeiten ins Gespräch bringen, falls diese nicht schon durch das Integrationsamt angeboten werden.

634 Darüber hinaus muss der Arbeitgeber vor einer krankheitsbedingten Kündigung seine **Präventionspflicht** nach § 84 Abs. 1 SGB IX erfüllt und ggf ein **BEM** (betriebliches Eingliederungsmanagement) nach § 84 Abs. 2 SGB IX durchgeführt haben.[332] Auch wenn die Durchführung eines Präventionsverfahrens nach § 84 SGB IX keine Rechtmäßigkeitsvoraussetzung für die Zustimmungsentscheidung des Integrationsamtes nach §§ 85 ff SGB IX ist, kann dieses die Nichtdurchführung im Rahmen seiner Ermessensentscheidung zulasten des Arbeitgebers berücksichtigen, wenn bei gehöriger Durchführung des Präventionsverfahrens die Möglichkeit bestanden hätte, die Kündigung zu vermeiden.[333] Die Nichtdurchführung des Präventionsverfahrens vor Beantragung der Zustimmung zur personenbedingten Kündigung nach § 85 SGB IX führt daher regelmäßig zur **Aussetzung des Zustimmungsverfahrens.** Der Arbeitgeber ist aufzufordern, das Präventionsverfahren nachzuholen und bei einer Weigerung des Arbeitgebers ist die Zustimmung zu einer krankheitsbedingten Kündigung durch das Integrationsamt zu verweigern, sofern bei Durchführung des BEM Möglichkeiten einer alternativen Weiterbeschäftigung bestanden hätten. Nur dann, wenn eine Prävention nach § 84 Abs. 1 SGB IX bzw ein BEM (§ 84 Abs. 2 SGB IX) die Kündigung nicht vermeiden können, darf bei einer Unterlassung der Prävention nach § 84 SGB IX die Zustimmung des Integrationsamtes erteilt werden.[334]

635 Beruft sich der Arbeitgeber auf **krankheitsbedingte Fehlzeiten,** so hat das Integrationsamt die Richtigkeit dieser Angaben zu überprüfen und in seine Abwägung die Prognose über zukünftige Fehlzeiten einzubeziehen.[335] Die weitergehende Prüfung, ob die prognostizierte Fehlzeit im Ergebnis so erheblich ist, dass eine Kündigung sozial gerechtfertigt wäre, ist keine spezifisch behindertenrechtliche, sondern eine Frage des allgemeinen Kündigungsschutzes und deshalb allein von den Arbeitsgerichten im Kündigungsschutzverfahren zu beantworten.[336]

636 Im Rahmen der Ermessensentscheidung des Integrationsamtes ist die Frage, ob ein **Zusammenhang zwischen Kündigungsgrund und Behinderung** besteht, besonders wichtig. Hat der Kündigungsgrund seine Ursache gerade in der Behinderung, ist von

---

331 Vgl dazu Rn 401 ff.
332 Vgl dazu oben ausführlich Rn 325 ff.
333 BVerwG vom 29.8.2007 – 5 B 77/07, NJW 2008, 166, Rn 5 mwN; Kossens in: Kossens/von der Heide/Maaß, § 89 Rn 5.
334 So auch Düwell in: Dau/Düwell/Joussen, § 89 Rn 14, 20, vgl dazu auch Deinert, NZA 2010, 969, 974 und oben Rn 334 für die Prävention nach § 84 Abs. 1 SGB IX und Rn 384, 385 für das BEM nach § 84 Abs. 2 SGB IX.
335 Düwell in: Dau/Düwell/Joussen, § 89 Rn 15 unter Hinweis auf OVG Münster vom 21.3.1990 – 13 A 1605/89, BehindertenR 1991, 93.
336 OVG Münster vom 27.2.1998 – 24 A 6870/95, BehindertenR 1998, 170; Düwell in: Dau/Düwell/Joussen, § 89 Rn 15.

IV. Entscheidung des Integrationsamtes **2**

einer gesteigerten Fürsorgepflicht des Arbeitgebers auszugehen; an die Zumutbarkeit des Arbeitgebers sind höhere Anforderungen zu stellen. Dies gilt in besonderem Maße, wenn die Behinderung auf einen im Betrieb erlittenen **Arbeitsunfall** zurückzuführen ist.

Die Pflicht zur Sachaufklärung durch das Integrationsamt findet dann seine Grenze, 637
wenn der schwerbehinderte Arbeitnehmer seiner Mitwirkungspflicht nach § 21 Abs. 2 SGB IX nicht nachkommt.[337] Insbesondere dann, wenn der schwerbehinderte Arbeitnehmer in einem vom Arbeitgeber durchgeführten BEM-Verfahren nach § 84 Abs. 2 SGB IX nicht mitgewirkt hat, kann er sich im Zustimmungsverfahren und späteren Kündigungsschutzverfahren vor dem Arbeitsgericht nur noch auf Weiterbeschäftigungsmöglichkeiten berufen, die sich erst nach Abschluss des BEM bis zum Zeitpunkt der Kündigung ergeben haben.[338]

c) Gründe im Verhalten

Bei **persönlichem Fehlverhalten** eines schwerbehinderten oder gleichgestellten Arbeit- 638
nehmers verliert der besondere Kündigungsschutz nach dem SGB IX an Bedeutung. In diesen Fällen werden schwerbehinderte Menschen im Prinzip genauso behandelt wie nicht behinderte Arbeitnehmer. Das Integrationsamt hat zu prüfen, inwieweit die Pflichtverletzung auf der Behinderung beruht. Selbst bei einem ursächlichen Zusammenhang kann die Zustimmung freilich zu erteilen sein, wenn zB der schwerbehinderte Arbeitnehmer die Würde und das Persönlichkeitsrecht anderer Arbeitnehmer des Betriebes wiederholt verletzt hat.[339] Ein verhaltensbedingter Grund für die Kündigung liegt vor, wenn der Arbeitnehmer gegen arbeitsvertragliche Pflichten verstößt, obwohl er sich anders verhalten könnte. Dabei kommen als Kündigungsgründe in Betracht:

- **Leistungsstörungen** (Schlechtleistung, unentschuldigtes Fehlen oder sonstige Verstöße gegen die Arbeitspflicht),
- **Störungen der betrieblichen Ordnung** (Beleidigung von Vorgesetzten oder Arbeitskollegen, Verstöße gegen Verhaltenspflichten wie Rauch- oder Alkoholverbot),
- **Störungen im Vertrauensbereich** (unerlaubte Handlungen, insbesondere Straftaten),
- **Verletzung von Nebenpflichten** (verspätete Krankmeldung, Nichtvorlegen von Arbeitsunfähigkeitsbescheinigungen).

Kommt es durch Streitereien zu Störungen des Arbeitsverhältnisses, so ist streitig, ob 639
mit in die Interessenabwägung einbezogen werden soll, ob der Arbeitgeber oder der schwerbehinderte Arbeitnehmer die Störung überwiegend zu verantworten haben[340]

---

[337] Düwell in: Dau/Düwell/Joussen, § 89 Rn 21.
[338] BAG vom 10.12.2009 – 2 AZR 400/08, NZA 2010, 398, 399, Rn 24; Düwell in: Dau/Düwell/Joussen, § 84 Rn 85, § 89 Rn 21.
[339] OVG Lüneburg vom 4.12.1990 – 14 L 60/89, AP Nr. 1 zu § 19 SchwbG 1986; ErfK/Rolfs, § 89 SGB IX Rn 3; KR-Etzel/Gallner, §§ 85–90 SGB IX Rn 82a.
[340] Bejahend BVerwG vom 2.7.1992 – 5 C 51.90, BVerwGE 90, 287.

oder ob dies nur für den Fall gelten soll, dass die Streitigkeit im Zusammenhang mit einer Behinderung besteht (zB Hänseleien wegen der Behinderung und Reaktion mit übersteigerter Aggressivität).[341]

640 **Außerdienstliches Verhalten** ist grundsätzlich nicht kündigungsrelevant, es sei denn, es wirkt sich auf das Arbeitsverhältnis aus. Dies gilt beispielsweise auch für **Straftaten**, die außerhalb des Dienstes begangen werden.[342]

641 Die Präventionspflicht des § 84 Abs. 1 SGB IX gilt auch zur Verhütung einer verhaltensbedingten Kündigung. Wenn das Arbeitsverhältnis aufgrund eines Verhaltens des schwerbehinderten Arbeitnehmers gefährdet ist, können geeignete Maßnahmen, zB Umsetzung, Abmahnung, Ermahnung oder die Inanspruchnahme von Hilfen des Integrationsfachdienstes eine Kündigung vermeiden.[343] Im Zustimmungsverfahren betreffend eine verhaltensbedingte Kündigung ist das **Präventionsverfahren** grundsätzlich nachzuholen, wenn es vom Arbeitgeber vor dem Antrag auf Zustimmung nicht ordnungsgemäß durchgeführt worden ist und bei einer Weigerung des Arbeitgebers ist die Zustimmung zu einer verhaltensbedingten Kündigung durch das Integrationsamt zu verweigern. Dies gilt nur dann nicht, wenn die Störungen im Arbeitsverhältnis so erheblich sind, dass sie durch ein Präventionsverfahren nicht mehr verhindert werden können.

642 **Hinweis:** Gerade im Zustimmungsverfahren ist von Seiten eines Arbeitnehmervertreters auf die Nachholung eines unterlassenen Präventionsverfahrens nach § 84 Abs. 1 SGB IX[344] zu achten. Nach der Rechtsprechung des BAG kann allenfalls in Ausnahmefällen davon ausgegangen werden, dass präventive Maßnahmen die Kündigung hätten verhindern können, wenn das Integrationsamt die nach § 85 SGB IX erforderliche Zustimmung zur Kündigung erteilt hat.[345] Ist also einmal die Zustimmung des Integrationsamtes nach § 85 SGB IX zur Kündigung erfolgt, ohne dass ein Präventionsverfahren durchgeführt worden ist, steht dies im Kündigungsschutzprozess vor dem Arbeitsgericht einer Rechtmäßigkeit nur noch bei Vorliegen besonderer Anhaltspunkte entgegen.

643 Der Arbeitgeber muss vor Ausspruch einer verhaltensbedingten Kündigung alle ihm zumutbaren Maßnahmen zur Vermeidung der Kündigung ergriffen haben. Er darf daher grundsätzlich erst dann kündigen, wenn er den Arbeitnehmer vergeblich wegen seines Verhaltens abgemahnt hat und es erneut zu einem vertragswidrigen Verhalten des schwerbehinderten Arbeitnehmers gekommen ist.[346] Auch im **Vertrauensbereich** ist die Abmahnung erforderlich, wenn der Arbeitnehmer mit vertretbaren Gründen annehmen konnte, sein Verhalten sei nicht vertragswidrig oder werde vom Arbeitgeber zumindest nicht als erhebliches, den Bestand des Arbeitsverhältnisses gefährden-

---

341 Düwell in: Dau/Düwell/Joussen, § 89 Rn 22 mwN.
342 Vgl dazu KR-Griebeling, § 1 KSchG Rn 450 ff.
343 Vgl dazu das Beispiel bei Düwell in: Dau/Düwell/Joussen, § 89 Rn 24.
344 Vgl dazu oben Rn 325 ff.
345 BAG vom 7.12.2006 – 2 AZR 182/06, NZA 2007, 617; BAG vom 8.11.2007 – 2 AZR 425/06, NZA 2008, 471; so auch ErfK/Rolfs, § 84 Rn 3; aA Düwell, BB 2011, 2485, 2487.
346 BAG vom 17.1.1991 – 2 AZR 375/90, DB 1991, 1226 = NZA 1991, 557; vgl dazu auch KR-Griebeling, § 1 KSchG Rn 402 f.

des Verhalten aufgefasst.³⁴⁷ Eine **Abmahnung** ist nur dann entbehrlich, wenn es um schwere Pflichtverletzungen geht, deren Rechtswidrigkeit für den Arbeitnehmer ohne Weiteres erkennbar und bei denen eine Hinnahme des Verhaltens durch den Arbeitgeber offensichtlich ausgeschlossen ist.³⁴⁸ Aufgrund dieser Ausnahmen vom Erfordernis einer Abmahnung soll dieser Gesichtspunkt nicht im Rahmen der Ermessenserwägungen des Integrationsamtes Berücksichtigung finden, ob eine vorherige Abmahnung im Einzelfall erforderlich war oder nicht.³⁴⁹

3. Einschränkung des Ermessens (§ 89 SGB IX)

In § 89 SGB IX sind drei Tatbestände aufgeführt, bei deren Vorliegen das Integrationsamt einem Antrag auf Zustimmung zur Kündigung in der Regel zustimmen muss bzw zustimmen soll. 644

a) Einstellung und Auflösung von Betrieben und Dienststellen (§ 89 Abs. 1 S. 1 SGB IX)
aa) Betriebsstilllegung

In diesem Unterfall einer zwingenden Zustimmung muss das Integrationsamt die Zustimmung bei Kündigungen in Betrieben oder Dienststellen erteilen, die nicht nur vorübergehend eingestellt oder aufgelöst werden, wenn zwischen dem Tag der Kündigung und dem Tag, bis zu dem ein Entgelt gezahlt wird, mindestens drei Monate liegen (§ 89 Abs. 1 S. 1 SGB IX). 645

Unter einer Betriebsstilllegung ist die Auflösung der zwischen Arbeitgeber und Arbeitnehmer bestehenden Betriebs- und Produktionsgemeinschaft zu verstehen, die ihre Veranlassung und zugleich ihren unmittelbaren Ausdruck darin findet, dass der Unternehmer die bisherige wirtschaftliche Betätigung in der ernsten Absicht einstellt, den bisherigen Betriebszweck dauernd oder für eine ihrer Dauer nach unbestimmte, wirtschaftlich nicht unerhebliche, Zeitspanne nicht weiter zu verfolgen.³⁵⁰ 646

Dabei gilt für die **Definition der Betriebsstilllegung** im SGB IX die gleiche Begrifflichkeit wie in § 15 Abs. 4 KSchG und § 111 Abs. 1 S. 3 Nr. 1 BetrVG.³⁵¹ Eine von vornherein beabsichtigte **vorübergehende Unterbrechung der Betriebstätigkeit**, zB eine Werksbeurlaubung, reicht nicht aus.³⁵² Andererseits ist auch nicht erforderlich, dass der Betriebszweck endgültig aufgegeben wird. Der Wille des Arbeitgebers, den Betrieb nach Beseitigung der Hemmung wieder zu eröffnen, steht einer Betriebsstilllegung nicht entgegen, wenn mit einer alsbaldigen Wiedereröffnung nicht zu rechnen 647

---

347 BAG vom 9.1.1986 – 2 ABR 24/85, DB 1986, 1339.
348 BAG vom 10.2.1999 – 2 ABR 31/98, NZA 1999, 708.
349 BVerwG vom 2.7.1992 – 5 C 51/90, BVerwGE 90, 287; Düwell in: Dau/Düwell/Joussen, § 89 Rn 23.
350 BAG vom 18.1.2001 – 2 AZR 514/99, NZA 2002, 719; KR-Etzel, § 15 KSchG Rn 78 ff; BAG vom 24.2.2005 – 2 AZR 214/02, NZA 2005, 867, 868 mwN; ErfK/Rolfs, § 89 SGB IX Rn 5; Neumann/Pahlen/Majerski-Pahlen, § 89 Rn 7; KR-Etzel/Gallner, §§ 85–90 SGB IX Rn 85; Braasch in: Deinert/Neumann (Hrsg.), Hdb SGB IX, § 19 Rn 197; vgl dazu Düwell in: Dau/Düwell/Joussen, § 89 Rn 35 mwN.
351 KR-Etzel/Gallner, §§ 85–90 SGB IX Rn 85; KR-Etzel, § 15 KSchG Rn 78 ff; Braasch in: Deinert/Neumann (Hrsg.), Hdb SGB IX, § 19 Rn 197; Neumann/Pahlen/Majerski-Pahlen, § 89 Rn 7; Kossens in: Kossens/von der Heide/Maaß, § 89 Rn 7 mwN; Düwell in: Dau/Düwell/Joussen, § 89 Rn 35 mwN.
352 BAG vom 27.9.1984 – 2 AZR 309/83, NZA 1985, 493; Braasch in: Deinert/Neumann (Hrsg.), Hdb SGB IX, § 19 Rn 200; Neumann/Pahlen/Majerski-Pahlen, § 89 Rn 8 mwN.

ist.³⁵³ Der Begriff der „Auflösung" betrifft den öffentlichen Dienst und entspricht dem Begriff der Betriebsstilllegung.³⁵⁴

648 Der Arbeitgeber ist nicht gehalten, eine Kündigung erst nach erfolgter Stilllegung auszusprechen. Wird die Kündigung auf die **künftige Entwicklung** der betrieblichen Verhältnisse **gestützt**, so kann sie ausgesprochen werden, wenn die betreffenden **betrieblichen Umstände „greifbare Formen"** angenommen haben. Davon ist auszugehen, wenn im Zeitpunkt des Ausspruchs der Kündigung die auf Tatsachen gestützte, vernünftige betriebswirtschaftliche Prognose gerechtfertigt ist, dass zum Kündigungstermin mit einiger Sicherheit der Eintritt des die Entlassung erforderlich machenden betrieblichen Grundes vorliegen wird. Dabei muss die der entsprechenden Prognose zugrundeliegende Entscheidung des Arbeitgebers bereits zum Kündigungszeitpunkt endgültig getroffen worden sein und die Schließung des Betriebs aus Sicht der Arbeitsvertragsparteien zum Kündigungszeitpunkt bereits feststehen.³⁵⁵ Im Zustimmungsverfahren ist diese Prüfung nicht bezogen auf den Zeitpunkt des Zugangs der Kündigung durchzuführen,³⁵⁶ sondern bezogen auf den Zeitpunkt der Entscheidung über den Antrag des Arbeitgebers auf Zustimmung nach § 85 SGB IX.

649 **Hinweis:** Der Arbeitgeber muss also mit seinem Antrag auf Zustimmung zur Kündigung eines schwerbehinderten Arbeitnehmers nicht abwarten, bis die Betriebsstilllegung durchgeführt ist. Der Entschluss des Arbeitgebers,

- ab sofort keine neuen Aufträge mehr anzunehmen,
- allen Arbeitnehmern zum nächstmöglichen Kündigungstermin zu kündigen,
- zur Abarbeitung der vorhandenen Aufträge eigene Arbeitnehmer nur noch während der jeweiligen Kündigungsfristen einzusetzen

und so den Betrieb schnellstmöglich stillzulegen, ist als unternehmerische Entscheidung grundsätzlich sogar geeignet, die entsprechenden Kündigungen nach § 1 KSchG sozial zu rechtfertigen.³⁵⁷ Insoweit reicht dieser ernsthafte Entschluss aus, um das Ermessen des Integrationsamtes nach § 89 SGB IX einzuschränken, sofern im Zeitpunkt der Antragstellung beim Integrationsamt auch tatsächliche Anhaltspunkte hinsichtlich der Umsetzung des Willensentschlusses zur Betriebsstilllegung vorliegen. Ist dies nicht der Fall, kann eine zum Wegfall des Arbeitsplatzes und zur fehlenden Weiterbeschäftigungsmöglichkeit führende Prognose vor dem Ablauf der Kündigungsfrist nicht erfolgreich gestellt werden, so dass die Grundlage für die Kündigung entfällt³⁵⁸ und damit auch die Voraussetzung für die Anwendbarkeit von § 89 SGB IX.

---

353 Vgl hierzu im Einzelnen Neumann/Pahlen/Majerski-Pahlen, § 89 Rn 8, 9 sowie KR-Etzel, § 15 KSchG Rn 79 ff jeweils mwN.
354 KR-Etzel/Gallner, §§ 85–90 SGB IX Rn 86; Kossens in: Kossens/von der Heide/Maaß, § 89 Rn 9; Neumann/Pahlen/Majerski-Pahlen, § 89 Rn 14; Düwell in: Dau/Düwell/Joussen, § 89 Rn 41 mwN.
355 So st. Rspr des BAG, vgl nur BAG vom 13.2.2008 – 2 AZR 543/06, NZA 2008, 822, 823 mwN.
356 So für die betriebsbedingte Kündigung BAG vom 13.2.2008 – 2 AZR 543/06, NZA 2008, 822, 823 mwN.
357 BAG vom 18.1.2001 – 2 AZR 514/99, NZA 2002, 719; BAG vom 13.2.2008 – 2 AZR 543/06, NZA 2008, 822.
358 BAG vom 13.2.2008 – 2 AZR 543/06, NZA 2008, 822, 823 mwN.

IV. Entscheidung des Integrationsamtes 2

Die **Eröffnung eines Insolvenzverfahrens** bedeutet nicht ohne Weiteres eine Betriebseinstellung,[359] sondern führt nur zu einer Betriebseinstellung, wenn sich der neue Betriebsinhaber bzw der Insolvenzverwalter zur Betriebsstilllegung entschließt.[360] Ist der Betrieb tatsächlich eingestellt, ist die Zustimmung zu erteilen; eine Ermessensentscheidung des Integrationsamtes, dass der schwerbehinderte Arbeitnehmer vom Insolvenzverwalter etwa noch für Abwicklungsarbeiten weiter zu beschäftigen sei, ist nicht zulässig.[361] Wird hingegen der Betrieb nach Eröffnung des Insolvenzverfahrens von einer **Auffanggesellschaft** übernommen und weitergeführt, sind die Voraussetzungen des § 89 Abs. 1 S. 1 SGB IX nicht erfüllt;[362] es können aber die Voraussetzungen des § 89 Abs. 1 S. 2 SGB IX gegeben sein.[363] 650

Entscheidender Zeitpunkt für die Beurteilung, ob eine Betriebsstilllegung oder Betriebsauflösung vorliegen, ist der Zeitpunkt des **Zugangs der Kündigung** bzw im Falle der beantragten Zustimmung nach den §§ 85 ff SGB IX beim Integrationsamt der Zeitpunkt der Antragstellung. Insofern können später eintretende Umstände, wie zB die Übernahme des Betriebes, nicht mehr berücksichtigt werden.[364] 651

Der **Begriff des Betriebes** ist weit zu fassen. Betriebe sind daher nicht nur wirtschaftliche oder gewerbliche Einrichtungen, sondern alle organisatorischen Einrichtungen, in denen bestimmte arbeitstechnische Zwecke fortgesetzt verfolgt werden. Dazu zählen also auch landwirtschaftliche Güter, Verwaltungen, Krankenhäuser, die Praxis eines Arztes oder das Büro eines Rechtsanwaltes. Dagegen wird der Haushalt nicht zu den Betrieben gezählt, da er nur den Eigenbedarf decken soll und keine nach außen hin gerichtete Tätigkeit zum Gegenstand hat. 652

Nicht unter § 89 Abs. 1 S. 1 SGB IX fällt die nur **teilweise Stilllegung** eines Betriebes, es sei denn, es handelt sich um einen **selbstständigen Betriebsteil** oder einen **Nebenbetrieb**.[365] Die Anwendung des § 89 Abs. 1 S. 1 SGB IX kommt auch dann in Betracht, wenn ein **Kleinbetrieb** eingestellt wird, der weniger als zehn Beschäftigte hat. 653

bb) Dreimonatiger Entgeltfortzahlungszeitraum

In Bezug auf die dreimonatige Lohnfortzahlungsspanne ist die Fortzahlung des Entgeltes (Lohn/Gehalt) für drei Monate erforderlich; eine Abfindungszahlung genügt 654

---

359 Vgl zur Sollvorschrift des § 89 Abs. 3 SGB IX bei Kündigung durch den Insolvenzverwalter Rn 700 ff.
360 KR-Etzel/Gallner, §§ 85–90 SGB IX Rn 85; Braasch in: Deinert/Neumann (Hrsg.), Hdb SGB IX, § 19 Rn 199; Neumann/Pahlen/Majerski-Pahlen, § 89 Rn 13 mwN.
361 VG Arnsberg vom 2.11.1988 – 7 K 1006, 88, BehindertenR 1989, 64; KR-Etzel/Gallner, §§ 85–90 SGB IX Rn 85; Neumann/Pahlen/Majerski-Pahlen, § 89 Rn 13.
362 VGH Mannheim vom 14.5.1980 – 6 S 580/80, BB 1981, 615; KR-Etzel/Gallner, §§ 85–90 SGB IX Rn 85; ErfK/Rolfs, § 89 Rn 5; Neumann/Pahlen/Majerski-Pahlen, § 89 Rn 13.
363 Vgl dazu Rn 669 ff.
364 OVG Münster vom 23.1.1992 – 13 A 297/91, NZA 1992, 844; OVG Brandenburg vom 20.3.1996 – 4 A 171/95; vgl auch BVerwG vom 7.3.1991 – 5 B 114/89, NZA 1991, 511; Braasch in: Deinert/Neumann (Hrsg.), Hdb SGB IX, § 19 Rn 202; Kossens in: Kossens/von der Heide/Maaß, § 89 Rn 10 mwN; kritisch dazu Düwell in: Dau/Düwell/Joussen, § 89 Rn 37 mwN.
365 Kossens in: Kossens/von der Heide/Maaß, § 89 Rn 8; Neumann/Pahlen/Majerski-Pahlen, § 89 Rn 12; Braasch in: Deinert/Neumann (Hrsg.), Hdb SGB IX, § 19 Rn 196 mwN.

hier nicht, so dass auch nicht gegen eine Abfindungszahlung aus einem Sozialplan oder vergleichbaren Abfindungsansprüchen aufgerechnet werden kann.[366]

655 Die **Höhe der Entgeltfortzahlung** bestimmt sich nach den vertraglichen bzw tarifvertraglichen Vereinbarungen in Bezug auf das vor der Kündigung bezogene Arbeitsentgelt.[367] Zur Sicherung dieser Voraussetzung der Fortzahlung der Vergütung für drei Monate kann das Integrationsamt die Zustimmung zur Kündigung unter einer entsprechenden **Bedingung** oder **Auflage** erteilen.[368] Durch die dreimonatige Lohnfortzahlung wird die Kündigungsfrist nicht verlängert. Diese Frist läuft unabhängig von der Kündigungsfrist und beginnt stets mit dem Zugang der Kündigung, da zwischen dem Tag der Kündigung und dem Ende der Lohnzahlung mindestens drei Monate liegen müssen.[369]

656 Soweit die **Kündigungsfrist** im Einzelfall **kürzer als drei Monate** ist, kann der Arbeitgeber wählen, ob

- er die Zustimmung zu einer Kündigung beantragen will, die das Arbeitsverhältnis erst mit dem Ablauf der Dreimonatsfrist beendet, oder
- ob das Arbeitsverhältnis schon vorher enden soll.

657 Im zweiten Fall kann der Arbeitgeber selbst durch eine verbindliche Erklärung, für diesen Zeitraum Lohn bzw Gehalt zu zahlen, die Tatbestandsvoraussetzungen nach Satz 1 herbeiführen. Die Erklärung des Arbeitgebers muss in diesem Fall gegenüber dem Arbeitnehmer abgegeben und gegenüber dem Integrationsamt nachgewiesen werden.[370]

658 **Hinweis:** Ist die Kündigungsfrist abgelaufen und der Dreimonatszeitraum länger als die Kündigungsfrist, so kann der Arbeitgeber bei Fortdauer der Dreimonatsfrist von dem gekündigten Arbeitnehmer nicht mehr die Leistung von Arbeit verlangen.[371]

659 Für den Fall **krankheitsbedingter Arbeitsunfähigkeit** reicht auch der **Anspruch auf Krankengeld** aus, da die Zahlung von Krankengeld Lohnersatzfunktion hat und § 89 SGB IX keine Besserstellung des schwerbehinderten Menschen beabsichtigt.[372] **Urlaubsentgelt** steht ebenfalls dem Lohn gleich, aber nicht **Arbeitslosengeld** oder Insol-

---

366 Vgl dazu KR-Etzel/Gallner, §§ 85–90 SGB IX Rn 88; Braasch in: Deinert/Neumann (Hrsg.), Hdb SGB IX, § 19 Rn 208; Kossens in: Kossens/von der Heide/Maaß, § 89 Rn 14; Neumann/Pahlen/Majerski-Pahlen, § 89 Rn 16 mwN.
367 Kossens in: Kossens/von der Heide/Maaß, § 89 Rn 15; Braasch in: Deinert/Neumann (Hrsg.), Hdb SGB IX, § 19 Rn 207 mwN.
368 KR-Etzel/Gallner, §§ 85–90 SGB IX Rn 87; Braasch in: Deinert/Neumann (Hrsg.), Hdb SGB IX, § 19 Rn 204; Neumann/Pahlen/Majerski-Pahlen, § 89 Rn 16; Kossens in: Kossens/von der Heide/Maaß, § 89 Rn 17; ErfK/Rolfs, § 89 SGB IX Rn 6; vgl dazu auch oben Rn 618 f.
369 KR-Etzel/Gallner, §§ 85–90 SGB IX Rn 87; Braasch in: Deinert/Neumann (Hrsg.), Hdb SGB IX, § 19 Rn 202; Neumann/Pahlen/Majerski-Pahlen, § 89 Rn 15 mwN; vgl zur Berechnung der Frist auch Düwell in: Dau/Düwell/Joussen, § 89 Rn 54.
370 Vgl dazu auch Neumann/Pahlen/Majerski-Pahlen, § 89 Rn 16.
371 Braasch in: Deinert/Neumann (Hrsg.), Hdb SGB IX, § 19 Rn 202; Kossens in: Kossens/von der Heide/Maaß, § 89 Rn 16.
372 BAG vom 12.7.1990 – 2 AZR 35/90, AP Nr. 2 zu § 19 SchwbG 1986 = NZA 1991, 348; vgl auch Neumann/Pahlen/Majerski-Pahlen, § 89 Rn 17 unter Hinweis auf LAG Düsseldorf vom 6.9.1989 – 11 Sa 782/89, ZIP 1990, 529.

venzgeld.³⁷³ Wird während des Dreimonatszeitraums **Kurzarbeit** durchgeführt, so hat der schwerbehinderte Arbeitnehmer nur Anspruch auf den gekürzten Lohn.³⁷⁴

Bei Vorliegen der Voraussetzungen von § 89 Abs. 1 S. 1 SGB IX muss das Integrationsamt die Zustimmung zur Kündigung erteilen. Das Integrationsamt kann eine Verlängerung des Dreimonatszeitraums nicht verlangen.³⁷⁵ Der Arbeitgeber muss sich aber auf die tatsächlichen Voraussetzungen des § 89 SGB IX berufen, da – auch im Rahmen der **Amtsermittlung** nach § 20 SGB X – nur bekannte Umstände vom Integrationsamt bei seiner Entscheidung zu berücksichtigen sind.³⁷⁶ Den Grund für die Stilllegung oder Auflösung hat das Integrationsamt nicht zu überprüfen.³⁷⁷

660

Unterbleibt die **Betriebsstilllegung** ganz oder wird sie erst zu einem späteren Zeitpunkt als zunächst geplant vorgenommen, so werden davon in der Regel weder die Wirksamkeit der Kündigung berührt noch entfällt die Zustimmung. Der Arbeitgeber kann aber uU **zur Wiedereinstellung** des schwerbehinderten Arbeitnehmers verpflichtet sein.³⁷⁸

661

Hinweis: Dem schwerbehinderten Arbeitnehmer ist in einem solchen Fall dringend zu raten, gegen die Zustimmung des Integrationsamtes vorsorglich Widerspruch einzulegen und ggf Klage zum Verwaltungsgericht zu erheben sowie gleichzeitig gegen die Kündigung zu klagen, um den Fortbestand des Arbeitsverhältnisses ggf über einen Wiedereinstellungsanspruch zu erreichen.

662

cc) Wechsel des Betriebszweckes, Betriebsverlegung, Betriebsübergang

Der **Wechsel des Betriebszweckes** stellt nicht ohne Weiteres eine Betriebsstilllegung dar, sondern nur dann, wenn nach der Verkehrsanschauung der alte Betrieb aufgelöst und organisations- und personalmäßig ein neuer Betrieb errichtet ist.³⁷⁹

663

Eine **Betriebsverlegung** ist nur dann eine Betriebsstilllegung, wenn der Arbeitgeber die alte Betriebsgemeinschaft tatsächlich auflöst und an neuer Stelle mit anderer Belegschaft arbeitet.³⁸⁰ Wird ein wesentlicher oder erheblicher Teil der alten Belegschaft an der neuen Betriebsstelle weiterbeschäftigt, so ist der Betrieb nicht aufgelöst.³⁸¹

664

Bei einem **Betriebsübergang** sind die Voraussetzungen für eine Betriebsstilllegung iSv § 89 Abs. 1 S. 1 SGB IX nicht erfüllt. Nach § 613a BGB tritt der neue Betriebsinha-

665

---

373 Neumann/Pahlen/Majerski-Pahlen, § 89 Rn 17 mwN.
374 Neumann/Pahlen/Majerski-Pahlen, § 89 Rn 17; Braasch in: Deinert/Neumann (Hrsg.), Hdb SGB IX, § 19 Rn 207; Kossens in: Kossens/von der Heide/Maaß, § 89 Rn 15.
375 Kossens in: Kossens/von der Heide/Maaß, § 89 Rn 18; Braasch in: Deinert/Neumann (Hrsg.), Hdb SGB IX, § 19 Rn 205.
376 Neumann/Pahlen/Majerski-Pahlen, § 89 Rn 2, 3.
377 Braasch in: Deinert/Neumann (Hrsg.), Hdb SGB IX, § 19 Rn 203; Neumann/Pahlen/Majerski-Pahlen, § 89 Rn 9; KR-Etzel/Gallner, §§ 85–90 SGB IX Rn 85 mwN.
378 BAG vom 4.12.1997 – 2 AZR 140/97, BAGE 87, 22 = NJW 1998, 2379; BAG vom 28.6.2000 – 7 AZR 904/98, BAGE 95, 171 = NJW 2001, 1297 = NZA 2000, 1097; Braasch in: Deinert/Neumann (Hrsg.), Hdb SGB IX, § 19 Rn 209.
379 KR-Etzel, § 15 KSchG Rn 81 f; Braasch in: Deinert/Neumann (Hrsg.), Hdb SGB IX, § 19 Rn 198; Neumann/Pahlen/Majerski-Pahlen, § 89 Rn 10 mwN.
380 KR-Etzel, § 15 KSchG Rn 85; Braasch in: Deinert/Neumann (Hrsg.), Hdb SGB IX, § 19 Rn 198; Neumann/Pahlen/Majerski-Pahlen, § 89 Rn 10 mwN.
381 BAG vom 12.2.1987 – 2 AZR 247/86, AP Nr. 67 zu § 613a BGB = DB 1986, 126 = NZA 1988, 170; Neumann/Pahlen/Majerski-Pahlen, § 89 Rn 10 mwN.

ber in die im Zeitpunkt des Betriebsübergangs bestehenden Arbeitsverhältnisse ein. Zur Entlassung eines schwerbehinderten Arbeitnehmers muss er die Zustimmung des Integrationsamtes gem. § 85 SGB IX einholen; § 89 Abs. 1 SGB IX findet insoweit keine Anwendung, da sich eine Betriebsstilllegung und ein Betriebsübergang nach § 613 a BGB gegenseitig ausschließen.[382] Die von einem **Insolvenzverwalter** vor dem Eintritt eines Betriebsübergangs beim Integrationsamt beantragte und nach dem Betriebsübergang an ihn zugestellte Zustimmung zur Kündigung eines schwerbehinderten Arbeitnehmers stellt keine dem Betriebserwerber erteilte Zustimmung iSd § 85 SGB IX dar, auf die er sich zur Kündigung dieses Arbeitnehmers berufen kann.[383] Der Schwerbehindertenschutz steht dem Arbeitnehmer auch dann zu, wenn der Erwerber kündigt, ohne Kenntnis von der Schwerbehinderteneigenschaft zu haben. Im Falle des Betriebsübergangs nach § 613 a BGB muss sich der Betriebsübernehmer die Kenntnis des Betriebsveräußerers von der Schwerbehinderteneigenschaft eines Arbeitnehmers zurechnen lassen.[384] Der schwerbehinderte Arbeitnehmer muss sich allerdings – wie ansonsten bei Unkenntnis des Arbeitgebers auch[385] – innerhalb von drei Wochen nach Zugang der Kündigung durch den Betriebserwerber auf den Sonderkündigungsschutz berufen.[386]

666 Ist streitig, ob ein Betrieb stillgelegt werden wird oder ob ein Betriebsübergang erfolgen soll bzw erfolgt ist, darf das Integrationsamt die Zustimmung nicht mit der Begründung verweigern, der Betrieb sei auf einen anderen Inhaber übergegangen. Zwar muss das Integrationsamt im Rahmen der Prüfung der Tatbestandsvoraussetzung „Betriebsschließung" auch prüfen, ob nicht ein Betriebsübergang vorliegt. Nach der Rechtsprechung können aber nur die Arbeitsgerichte verbindlich feststellen, ob ein Betrieb auf einen anderen Inhaber gem. § 613 a BGB übergegangen ist.[387] Daher hat das Integrationsamt dann, wenn der Betriebsübergang streitig ist, die Zustimmung zu erteilen.

667 § 613 a Abs. 4 S. 1 BGB verbietet ausdrücklich eine arbeitgeberseitige Kündigung „wegen des Übergangs eines Betriebs oder Betriebsteils". Nach der Rechtsprechung des Bundesarbeitsgerichtes liegt eine solche betriebsübergangsbedingte Kündigung immer schon dann vor, wenn das Motiv der Kündigung wesentlich durch den Betriebsübergang bedingt ist. Letzteres ist immer schon dann der Fall, wenn es neben dem Betriebsübergang keinen sachlichen Grund gibt, der aus sich heraus die Kündigung rechtfertigen kann, so dass sich der Betriebsübergang lediglich als äußerer Anlass für die Kündigung, nicht jedoch als tragender Grund der Kündigung darstellt.[388]

---

[382] BAG vom 16.5.2002 – 8 AZR 319/01, NZA 2003, 93, 96; Neumann/Pahlen/Majerski-Pahlen, § 89 Rn 11.
[383] BAG vom 15.11.2012 – 8 AZR 827/11, NZA 2013, 504, Rn 19.
[384] BAG vom 11.12.2008 – 2 AZR 395/07, NZA 2009, 556, Rn 18.
[385] Vgl dazu unten Rn 753.
[386] BAG vom 11.12.2008 – 2 AZR 395/07, NZA 2009, 556, Rn 17 mwN.
[387] OVG Münster vom 21.3.2000 – 22 A 5137/99, NZA-RR 2000, 406.
[388] BAG vom 29.6.2000 – 8 ABR 44/99, NZA 2000, 1180; vgl dazu auch KR-Pfeiffer, § 613 a BGB Rn 186 ff.

IV. Entscheidung des Integrationsamtes 2

Die **Veräußerung des Betriebes** oder von **Betriebsteilen** ist keine „Betriebseinstellung" iSv § 89 Abs. 1 SGB IX, wenn der Betrieb oder Betriebsteil alsbald vom Erwerber fortgeführt wird.[389]

b) Betriebseinschränkung (§ 89 Abs. 1 S. 2 SGB IX)

Anders als bei der Betriebsstilllegung schreibt das Gesetz bei der Betriebseinschränkung[390] nicht zwingend vor, dass das Integrationsamt die Zustimmung zur beabsichtigten Kündigung erteilen muss. Sein **Ermessen** ist aber hier **erheblich eingeschränkt**.[391]

Unter Anwendung desselben Dreimonatszeitraums wie bei der Betriebsstilllegung soll die Zustimmung zur Kündigung gem. § 89 Abs. 1 S. 2 SGB IX auch bei Kündigungen in Betrieben und Dienststellen erteilt werden, die nicht nur vorübergehend wesentlich eingeschränkt werden, wenn die Gesamtzahl der verbleibenden schwerbehinderten Menschen zur Erfüllung der Beschäftigungspflicht durch den Arbeitgeber ausreicht.

Bei dieser Sollvorschrift zur Zustimmung ist im Regelfall die Zustimmung durch das Integrationsamt zu erteilen, es sei denn, es liegen sachliche Gründe für eine Verweigerung oder ein atypischer Fall vor.[392] Ein besonderer Umstand kann zB in der Tatsache liegen, dass der Arbeitgeber bei der Auswahl der zur Entlassung anstehenden Arbeitnehmer den besonderen Schutzzweck des SGB IX überhaupt nicht beachtet hat und dadurch ein schwerbehinderter Arbeitnehmer offensichtlich benachteiligt wird. In einem solchen Fall kann das Integrationsamt nach pflichtgemäßem Ermessen den Antrag ggf auch ablehnen. Ob aber überhaupt ein **atypischer Fall** vorliegt, unterliegt als Rechtsvoraussetzung der uneingeschränkten gerichtlichen Überprüfung.[393]

aa) Verringerung der Arbeitsplätze

Der **Begriff der wesentlichen Betriebseinschränkung** ist im Gesetz nicht definiert. Unter einer solchen vorübergehenden, wesentlichen Betriebseinschränkung ist

- eine Verminderung der Arbeitsleistung im Betrieb für eine nicht überschaubare Zeit,[394]
- eine damit verbundene Entlassung einer beträchtlichen Zahl der beschäftigten Arbeitnehmer des Betriebes im Verhältnis zur Gesamtbelegschaft und
- insbesondere eine Verminderung der für schwerbehinderte Arbeitnehmer zur Verfügung stehenden Arbeitsplätze

---

389 BAG vom 23.4.1980 – 5 AZR 49/78, BAGE 33, 94; Neumann/Pahlen/Majerski-Pahlen, § 89 Rn 11.
390 Vgl zur Definition der Betriebseinschränkung Düwell in: Dau/Düwell/Joussen, § 89 Rn 42 ff.
391 Vgl dazu Braasch in: Deinert/Neumann (Hrsg.), Hdb SGB IX, § 19 Rn 211 ff; Düwell in: Dau/Düwell/Joussen, § 89, Rn 42 ff; ErfK/Rolfs, § 89 SGB IX Rn 4.
392 BVerwG vom 6.3.1995 – 5 B 59/94, Buchholz 436.61 § 19 SchwbG Nr. 1; ErfK/Rolfs, § 89 SGB IX Rn 4; Kossens in: Kossens/von der Heide/Maaß, § 89 Rn 4; Neumann/Pahlen/Majerski-Pahlen, § 89 Rn 3 mwN.
393 BVerwG vom 2.7.1992 – 5 C 31/91, AP Nr. 1 zu § 21 SchwbG 1986; ErfK/Rolfs, § 89 SGB IX Rn 4; Neumann/Pahlen/Majerski-Pahlen, § 89 Rn 5 mwN.
394 Daher fallen unter die Vorschrift des § 89 Abs. 1 S. 2 SGB IX keine Saisonbetriebe oder die Durchführung von Kurzarbeit – so allgM, vgl Neumann/Pahlen/Majerski-Pahlen, § 89 Rn 20; KR-Etzel/Gallner, §§ 85–90 SGB IX Rn 89; Kossens in: Kossens/von der Heide/Maaß, § 89 Rn 12; Düwell in: Dau/Düwell/Joussen, § 89 Rn 46 mwN.

zu verstehen.[395]

673 Eine lediglich geringe Absenkung der Beschäftigtenzahl, zB die Auflösung einer Filiale mit zwei Mitarbeitern bei einer Gesamtbeschäftigtenzahl von 202 Mitarbeitern, ist nicht als Betriebseinschränkung anzusehen[396] und auch nicht die Einschränkung eines **Betriebsteils**.[397] Die **Aufgabe eines Produktionszweiges** ist dagegen regelmäßig eine wesentliche Betriebseinschränkung.[398]

674 Für die **Verringerung der Belegschaft** gilt die Staffelung nach § 17 KSchG als Anhaltspunkt.[399] Nach dieser Vorschrift des § 17 KSchG ist der Arbeitgeber verpflichtet, der Agentur für Arbeit schriftlich Anzeige zu erstatten, bevor er

- in Betrieben mit in der Regel mehr als 20 und weniger als 60 Arbeitnehmern: mehr als 5 Arbeitnehmer,
- in Betrieben mit in der Regel mindestens 60 und weniger als 500 Arbeitnehmern: 10 % der im Betrieb regelmäßig beschäftigten Arbeitnehmer oder aber mehr als 25 Arbeitnehmer,
- in Betrieben mit in der Regel mindestens 500 Arbeitnehmern: mindestens 30 Arbeitnehmer innerhalb von 30 Tagen

entlässt.

675 Der Personalabbau braucht nach § 89 Abs. 1 S. 2 SGB IX nicht innerhalb von 30 Tagen zu erfolgen, er kann sich auch über einen längeren Zeitraum erstrecken, der bis zu einem Jahr reichen kann.

676 Auch für eine **Auffanggesellschaft nach Insolvenz** kann eine Betriebseinschränkung vorliegen, wenn es dieser nicht zuzumuten ist, den schwerbehinderten Menschen auf einen völlig neuen Arbeitsplatz umzusetzen.[400]

bb) Erfüllung der Beschäftigungspflicht

677 Ob die weitere Voraussetzung des § 89 Abs. 1 S. 2 SGB IX, die Erfüllung der Beschäftigungspflicht nach § 71 Abs. 1 SGB IX, erfüllt ist, richtet sich nach der verbleibenden Zahl der Arbeitsplätze, die nach der Betriebseinschränkung noch vorhanden sind.[401] Reicht die Gesamtzahl der verbleibenden schwerbehinderten Menschen im Betrieb

---

395 KR-Etzel/Gallner, §§ 85–90 SGB IX Rn 89; Kossens in: Kossens/von der Heide/Maaß, § 89 Rn 11; Neumann/Pahlen/Majerski-Pahlen, § 89 Rn 20 mwN.
396 Neumann/Pahlen/Majerski-Pahlen, § 89 Rn 20; Kossens in: Kossens/von der Heide/Maaß, § 89 Rn 11 mwN.
397 Braasch in: Deinert/Neumann (Hrsg.), Hdb SGB IX, § 19 Rn 212; Neumann/Pahlen/Majerski-Pahlen, § 89 Rn 20.
398 OVG Münster vom 12.12.1989 – 13 A 181/99, BehindertenR 1991, 66; Neumann/Pahlen/Majerski-Pahlen, § 89 Rn 20; Kossens in: Kossens/von der Heide/Maaß, § 89 Rn 11.
399 So die hM, vgl KR-Etzel/Gallner, §§ 85–90 SGB IX Rn 89; Neumann/Pahlen/Majerski-Pahlen, § 89 Rn 20; Kossens in: Kossens/von der Heide/Maaß, § 89 Rn 11 mwN; teilweise wird auf die zu § 111 S. 3 Nr. 1 BetrVG entwickelten Grundsätze zurückgegriffen, so OVG Koblenz vom 29.5.1998 – 12 A 12950/97, BehindertenR 1999, 202; Braasch in: Deinert/Neumann (Hrsg.), Hdb SGB IX, § 19 Rn 212; ErfK/Rolfs, § 89 SGB IX Rn 8 mwN; vgl dazu auch Düwell in: Dau/Düwell/Joussen, § 89 Rn 42.
400 Neumann/Pahlen/Majerski-Pahlen, § 89 Rn 20; VGH Mannheim vom 14.5.1980 – 6 S 580/80, BB 1981, 651 = ZIP 1980, 1131.
401 Neumann/Pahlen/Majerski-Pahlen, § 89 Rn 22; Düwell in: Dau/Düwell/Joussen, § 89 Rn 47; Braasch in: Deinert/Neumann (Hrsg.), Hdb SGB IX, § 19 Rn 213 ff.

zur Erfüllung der Beschäftigungsquote nicht mehr aus oder entfällt die Beschäftigungspflicht, weil der Arbeitgeber nicht mehr über mindestens 20 Arbeitsplätze verfügt (§ 71 Abs. 1 S. 1 SGB IX), ist für die Anwendung des § 89 Abs. 1 S. 2 SGB IX kein Raum. In diesen Fällen entscheidet das Integrationsamt über den Antrag ohne Ermessenseinschränkung nach pflichtgemäßem Ermessen (§ 88 Abs. 1 SGB IX).

Ist die in § 71 Abs. 1 SGB IX geregelte **Pflichtquote** zwar vor der Betriebseinschränkung nicht erfüllt worden, reicht die Anzahl der nach der Betriebseinschränkung beschäftigten schwerbehinderten bzw gleichgestellten Arbeitnehmer aber aus, kann die Zustimmung des Integrationsamtes durch den Arbeitgeber unter den erleichterten Voraussetzungen des § 89 Abs. 1 S. 2 SGB IX erreicht werden.[402] **678**

cc) Lohnfortzahlung für drei Monate

Für die weitere Voraussetzung der Ermessenseinschränkung nach § 89 Abs. 1 S. 2 SGB IX, dass zwischen dem Tag der Kündigung und dem Tag, bis zu dem Gehalt oder Lohn gezahlt wird, mindestens drei Monate liegen, gelten die gleichen Grundsätze wie bei der Betriebsstilllegung.[403] **679**

Liegen die Voraussetzungen des § 89 Abs. 1 S. 1 oder 2 SGB IX vor, kann das Integrationsamt die Zustimmung zur Kündigung unter der **Auflage** erteilen, dass für die drei Monate der Lohn bzw das Gehalt auch tatsächlich vom Arbeitgeber gezahlt wird (§ 32 Abs. 2 Nr. 4 SGB X). Trotz dieser Auflage kann der Arbeitgeber dann innerhalb der Monatsfrist des § 88 Abs. 1 SGB IX kündigen. Zahlt der Arbeitgeber nicht entsprechend der Auflage den Lohn bzw das Gehalt weiter, kann die Zustimmung gem. § 47 Abs. 1 Nr. 2 SGB X widerrufen werden.[404] Die zwischenzeitlich vom Arbeitgeber ausgesprochene Kündigung wird dadurch nachträglich unwirksam.[405] **680**

c) Weiterbeschäftigung auf einem anderen Arbeitsplatz (§ 89 Abs. 1 S. 3 SGB IX)

Die Einschränkung des Ermessens des Integrationsamtes im Falle der Betriebsstilllegung nach den Sätzen 1 und 2 des § 89 Abs. 1 SGB IX entfällt jedoch gem. § 89 Abs. 1 S. 3 SGB IX, wenn eine Weiterbeschäftigung auf einem anderen Arbeitsplatz desselben Betriebes oder derselben Dienststelle mit Einverständnis des schwerbehinderten Mitarbeiters möglich und für den Arbeitgeber zumutbar ist (sog. „Umsetzungsklausel"). **681**

Ist also das Integrationsamt der Auffassung, dass eine Umsetzung des schwerbehinderten Menschen auf einen anderen Arbeitsplatz für den Arbeitgeber zumutbar ist, dann besteht keine Einschränkung der Ermessensentscheidung des Integrationsamtes. Das Integrationsamt entscheidet vielmehr nach freiem Ermessen und hat in der Regel die vom Arbeitgeber beantragte Zustimmung zur Kündigung zu versagen.[406] **682**

---

402 Braasch in: Deinert/Neumann (Hrsg.), Hdb SGB IX, § 19 Rn 213, 215.
403 Vgl dazu oben Rn 654 ff.
404 Braasch in: Deinert/Neumann (Hrsg.), Hdb SGB IX, § 19 Rn 206; Kossens in: Kossens/von der Heide/Maaß, § 89 Rn 17 mwN.
405 BAG vom 12.7.1990 – 2 AZR 35/90, AP Nr. 2 zu § 19 SchwbG 1986 = NZA 1991, 348; Kossens in: Kossens/von der Heide/Maaß, § 89 Rn 17 mwN.
406 Vgl dazu VG Düsseldorf v. 19.11.2002 – 17 K 6243/02; KR-Etzel/Gallner, §§ 85–90 SGB IX Rn 92; Düwell in: Dau/Düwell/Joussen, § 89 Rn 58; Kossens in: Kossens/von der Heide/Maaß, § 89 Rn 19 mwN.

683 Die **Zumutbarkeit der Weiterbeschäftigung** setzt voraus, dass der Arbeitnehmer nach seiner Ausbildung und seinen verbliebenen Fähigkeiten in der Lage ist, den in Betracht kommenden Arbeitsplatz auszufüllen.[407] Der Arbeitgeber braucht für den schwerbehinderten Arbeitnehmer keinen neuen Arbeitsplatz zu schaffen,[408] muss aber die vorhandenen Arbeitsplätze behinderungsgerecht ausgestalten (§ 81 Abs. 4 S. 1 Nr. 4, 5 SGB IX).

684 Wie bei der Betriebsstilllegung entfällt auch bei der Betriebseinschränkung gem. § 89 Abs. 1 S. 3 SGB IX die Einschränkung der Ermessensentscheidung, wenn die Weiterbeschäftigung entweder

- auf einem anderen Arbeitsplatz desselben Betriebs oder derselben Dienststelle (§ 89 Abs. 1 S. 3 Hs 1 SGB IX) oder

- auf einem freien Arbeitsplatz in einem anderen Betrieb oder einer anderen Dienststelle desselben Arbeitgebers (§ 89 Abs. 1 S. 3 Hs 2 SGB IX)

- mit dem Einverständnis des schwerbehinderten Beschäftigten möglich und für den Arbeitgeber zumutbar ist. Als Arbeitgeber ist der jeweilige Betrieb anzusehen.

685 Ist in der **ersten Alternative** des § 89 Abs. 1 S. 3 SGB IX der andere Arbeitsplatz in demselben Betrieb oder derselben Dienststelle von einem anderen Arbeitnehmer besetzt, hat das Integrationsamt nach den Grundsätzen der Sozialauswahl[409] zu erwägen, welcher Arbeitnehmer unter sozialen Gesichtspunkten, zu denen auch die Schwerbehinderteneigenschaft gehört, den Vorzug verdient.[410]

686 Ist danach der schwerbehinderte Arbeitnehmer als sozial schwächer einzustufen, ist dem Arbeitgeber dessen Weiterbeschäftigung zumutbar, so dass der Arbeitgeber den anderen Arbeitnehmer entlassen muss, wenn er an der Kündigungsabsicht festhält. Ist hingegen der schwerbehinderte Arbeitnehmer sozial stärker als ein anderer, vergleichbarer Arbeitskollege anzusehen, ist dem Arbeitgeber die Weiterbeschäftigung des schwerbehinderten Arbeitnehmers auf Kosten eines sozial schwächeren Arbeitnehmers nicht zumutbar.[411]

687 Bei der **zweiten Alternative** des § 89 Abs. 1 S. 3 SGB IX wird vorausgesetzt, dass der Arbeitsplatz in dem anderen Betrieb oder der anderen Dienststelle, auf dem der schwerbehinderte Arbeitnehmer weiterbeschäftigt werden könnte, frei und nicht von einem anderen Arbeitnehmer besetzt ist. Eine **Sozialauswahl** kommt hier nicht in Betracht, da bei dieser Alternative vorausgesetzt wird, dass der Arbeitsplatz in dem anderen Betrieb oder der anderen Dienststelle, auf dem der schwerbehinderte Mensch weiterbeschäftigt werden könnte, nicht von einem anderen Arbeitnehmer besetzt ist.[412] Ein Arbeitsplatz ist als frei anzusehen, wenn er zum Zeitpunkt der Kündigung unbesetzt ist oder es zumindest absehbar ist, dass er bis zum Ablauf der Kündigungs-

---

407 Vgl dazu KR-Etzel/Gallner, §§ 85–90 SGB IX Rn 92.
408 KR-Etzel/Gallner, §§ 85–90 SGB IX Rn 92 mwN.
409 Vgl hierzu KR-Griebeling, § 1 KSchG Rn 603 ff.
410 Braasch in: Deinert/Neumann (Hrsg.), Hdb SGB IX, § 19 Rn 216; KR-Etzel/Gallner, §§ 85–90 SGB IX Rn 93; Kossens in: Kossens/von der Heide/Maaß, § 89 Rn 20 mwN.
411 KR-Etzel/Gallner, §§ 85–90 SGB IX Rn 93 mwN.
412 KR-Etzel/Gallner, §§ 85–90 SGB IX Rn 94; vgl auch Düwell in: Dau/Düwell/Joussen, § 89 Rn 61 mwN.

frist zur Verfügung steht.[413] Die Möglichkeit der Weiterbeschäftigung in einem anderen **Konzernunternehmen** ist nicht zu prüfen.[414]

Bei Vorliegen der Voraussetzungen des § 89 Abs. 1 S. 3 SGB IX entscheidet das Integrationsamt also auch im Falle der wesentlichen Betriebseinschränkung nach pflichtgemäßem Ermessen. Im Regelfall wird die Zustimmung ausscheiden, wenn ein anderer Arbeitsplatz zur Verfügung steht, der schwerbehinderte Arbeitnehmer bereit ist auf diesem Arbeitsplatz zu arbeiten und die Umsetzung dem Arbeitgeber zumutbar ist. 688

Hinweis: Bei einer solchen Um- bzw Versetzung sind die **Mitbestimmungsrechte des Betriebs- bzw Personalrates** zu beachten. Der Betriebsrat hat nach § 80 Abs. 1 Nr. 4 BetrVG die ausdrückliche Aufgabe, die Eingliederung schwerbehinderter Menschen zu fördern und kann nach § 99 BetrVG seine Zustimmung zur Versetzung eines schwerbehinderten Arbeitnehmers nicht verweigern. Dasselbe gilt nach den §§ 68 Abs. 1 Nr. 4, 77 Abs. 2 Nr. 1 BPersVG für den Personalrat, auch wenn das Verweigerungsrecht des Personalrates im Personalvertretungsrecht nicht so ausgeprägt ist. Die **Schwerbehindertenvertretung** ist gem. § 95 Abs. 2 SGB IX zu beteiligen. 689

Bevor das Integrationsamt die Zustimmung zur Kündigung wegen zumutbarer Weiterbeschäftigung versagt, hat es das **Einverständnis** des schwerbehinderten **Arbeitnehmers** einzuholen, auf dem in Betracht kommenden Arbeitsplatz weiterbeschäftigt zu werden. Erklärt der schwerbehinderte Arbeitnehmer sein Einverständnis nicht, so ist die Zustimmung nach § 89 Abs. 1 SGB IX zu erteilen. 690

d) Vorhandensein eines anderen angemessenen und zumutbaren Arbeitsplatzes (§ 89 Abs. 2 SGB IX)

Das Integrationsamt soll weiterhin die Zustimmung erteilen, wenn dem schwerbehinderten Mitarbeiter ein anderer „angemessener und zumutbarer Arbeitsplatz gesichert ist" (§ 89 Abs. 2 SGB IX).[415] Auch hier ist das **Ermessen** des Integrationsamtes **eingeschränkt** mit der Folge, dass es die Zustimmung zur beantragten Kündigung in der Regel zu erteilen hat, wenn die in § 89 Abs. 2 SGB IX genannten Voraussetzungen gegeben und besondere Tatbestände nicht erkennbar sind, die gleichwohl die Versagung der Zustimmung rechtfertigen würden (sog. „atypischer Fall").[416] § 89 Abs. 2 SGB IX ist ebenso auf Arbeitgeber anwendbar, die nicht zur Beschäftigung schwerbehinderter Menschen nach § 71 SGB IX verpflichtet sind. 691

Die Vorschrift des § 89 Abs. 2 SGB IX ist vor allem auf die **Änderungskündigung** zugeschnitten, bei der das Integrationsamt die Zustimmung erteilen muss, wenn die Voraussetzungen des § 89 Abs. 2 SGB IX erfüllt sind und nicht besondere Umstände 692

---

413 Düwell in: Dau/Düwell/Joussen, § 89 Rn 59 mwN.
414 Vgl VG Düsseldorf v. 19.11.2002 – 17 K 6243/02; VG Berlin vom 28.7.1992 – 8 A 466.91; KR-Etzel/Gallner, §§ 85–90 SGB IX Rn 94.
415 Vgl dazu KR-Etzel/Gallner, §§ 85–90 SGB IX Rn 95 mwN; Kossens in: Kossens/von der Heide/Maaß, § 89 Rn 22; Neumann/Pahlen/Majerski-Pahlen, § 89 Rn 2; Braasch in: Deinert/Neumann (Hrsg.), Hdb SGB IX, § 19 Rn 217 ff; Düwell in: Dau/Düwell/Joussen, § 89 Rn 63 mwN.
416 KR-Etzel/Gallner, §§ 85–90 SGB IX Rn 96 mwN.

eine Ausnahme rechtfertigen.[417] Darüber hinaus ist § 89 Abs. 2 SGB IX dann anwendbar, wenn derselbe oder ein anderer Arbeitgeber dem schwerbehinderten Arbeitnehmer den Abschluss eines neuen Arbeitsvertrages verbindlich zugesagt hat.[418]

693 Wie bei der Regelung in § 89 Abs. 1 S. 3 SGB IX muss der neue Arbeitsplatz den durch die Behinderung bedingten Einsatzmöglichkeiten und der Vorbildung des schwerbehinderten Menschen entsprechen,[419] wobei die Verpflichtung des neuen Arbeitgebers zur behindertengerechten Gestaltung der Arbeitsplätze zu berücksichtigen ist (§ 81 Abs. 4 S. 1 Nr. 4, 5 SGB IX).

694 **Gesichert** iSv § 89 Abs. 2 SGB IX ist der Arbeitsplatz nur dann, wenn dem schwerbehinderten Menschen ein vertraglicher Anspruch auf den Arbeitsplatz zusteht.[420] Er ist nicht gesichert, wenn der besondere Kündigungsschutz – und sei es nur zeitweise – entfällt. Daher kann weder bei einem befristeten noch bei einem auflösend bedingten Arbeitsverhältnis von einem gesicherten Arbeitsplatz gesprochen werden.[421] Im Hinblick auf die Ausnahmeregelung in § 90 Abs. 1 Nr. 1 SGB IX ist zu fordern, dass der neue Arbeitgeber den schwerbehinderten Arbeitnehmer durch eine vertragliche Zusage so zu stellen hat, als habe er die Wartezeit bereits erfüllt.[422]

695 Der „andere Arbeitsplatz" kann sich nicht nur bei einem fremden, sondern ebenso bei demselben Arbeitgeber befinden. Es kann sich auch um denselben Arbeitsplatz mit geänderten Arbeitsbedingungen handeln.[423]

696 Die Vorschrift des § 89 Abs. 2 SGB IX ist dann nicht anzuwenden, wenn der „andere Arbeitsplatz" **nicht „angemessen" oder „zumutbar"** ist; es fehlt dann an einem der Tatbestandsmerkmale dieser Vorschrift. Die Frage, wann der andere Arbeitsplatz "angemessen" ist, lässt sich nicht nach den Wünschen des Schwerbehinderten beantworten. "Angemessen" ist nach der Rechtsprechung der Arbeitsplatz, der nach Entgelt und Art der Tätigkeit den Fähigkeiten, den durch die Behinderung bedingten Einsatzmöglichkeiten und der Vorbildung des Schwerbehinderten entspricht.[424] Bei der Zumutbarkeit des neuen Arbeitsplatzes sind die weiteren Rahmenbedingungen mit zu berücksichtigen. Hierzu gehören neben dem Entgelt

- die bisherigen Sozialleistungen,
- die verkehrsmäßige Anbindung,

---

417 Neumann/Pahlen/Majerski-Pahlen, § 89 Rn 27; Kossens in: Kossens/von der Heide/Maaß, § 89 Rn 21.
418 Vgl dazu Neumann/Pahlen/Majerski-Pahlen, § 89 Rn 27; KR-Etzel/Gallner, §§ 85–90 SGB IX Rn 95; ErfK/Rolfs, § 89 SGB IX Rn 9 mwN.
419 Düwell in: Dau/Düwell/Joussen, § 89 Rn 64; ErfK/Rolfs, § 89 SGB IX Rn 9 mwN.
420 Düwell in: Dau/Düwell/Joussen, § 89 Rn 63, 66; Kossens in: Kossens/von der Heide/Maaß, § 89 Rn 22; Neumann/Pahlen/Majerski-Pahlen, § 89 Rn 27 mwN.
421 Braasch in: Deinert/Neumann (Hrsg.), Hdb SGB IX, § 19 Rn 220; Düwell in: Dau/Düwell/Joussen, § 89 Rn 66 mwN.
422 Braasch in: Deinert/Neumann (Hrsg.), Hdb SGB IX, § 19 Rn 220; Düwell in: Dau/Düwell/Joussen, § 89 Rn 66 mwN; aA wohl KR-Etzel/Gallner, §§ 85–90 SGB IX Rn 95.
423 Kossens in: Kossens/von der Heide/Maaß, § 89 Rn 22; Neumann/Pahlen/Majerski-Pahlen, § 89 Rn 29; Braasch in: Deinert/Neumann (Hrsg.), Hdb SGB IX, § 19 Rn 221 wohl einschränkend Düwell in: Dau/Düwell/Joussen, § 89 Rn 63, wonach ein Anwendungsbereich der vom bisherigen Arbeitgeber einzuholende Sollzustimmung nach § 89 Abs. 2 SGB IX im Wesentlichen nur in den Fällen der Änderungskündigung besteht.
424 OVG Münster vom 3.2.2009 – 12 A 2931/08, BehindertenR 2009, 175, Rn 7, 8 unter Hinweis auf BVerwG vom 12.1.1966 – V C 62.64, BVerwGE 23, 123.

IV. Entscheidung des Integrationsamtes

- die Entfernung zum Wohnort des schwerbehinderten Arbeitnehmers,
- die Folgen für das familiäre und soziale Umfeld und
- sonstige finanzielle Folgekosten für den schwerbehinderten Arbeitnehmer.[425]

In diesem Fall ist das Ermessen des Integrationsamtes bei seiner Entscheidung über den Antrag auf Zustimmung zur Änderungskündigung nicht eingeschränkt; es gilt der allgemeine Grundsatz des pflichtgemäßen Ermessens des Integrationsamtes.[426]

Möglich ist auch ein neuer Arbeitsplatz mit geringerer Entlohnung, wobei aber die Entgeltabsenkung zumutbar sein muss und die Lebensstellung des schwerbehinderten Arbeitnehmers nicht als solche verschlechtert.[427] Die **Zumutbarkeit einer Entgelteinbuße** muss deutlich unter derjenigen Grenze bei der Widerruflichkeit von Entgeltbestandteilen liegen, die dort nach der Rechtsprechung des BAG mit 25 bis 30 % angenommen wird.[428] Daher dürfte bei § 89 Abs. 2 SGB IX allenfalls eine Entgelteinbuße von bis zu maximal 30 % zumutbar sein,[429] wobei auch freiwillige Leistungen in den Vergleich der Arbeitsbedingungen mit einzubeziehen sind.[430] Darüber hinaus dürfte bei geringeren Einkommen eine Einbuße von mehr als 20 % nicht mehr zumutbar sein. Ein schwerbehinderter Arbeitnehmer kann nicht nur deswegen auf ein geringeres Einkommen verwiesen werden, weil ein anderer Arbeitsplatz gesichert ist.[431]

697

Die Frage, ob der neue Arbeitsplatz zumutbar und angemessen ist, ist eine Rechtsfrage, die unbeschränkt sowohl im Widerspruchsverfahren als auch verwaltungsgerichtlich voll nachprüfbar ist.[432]

698

Stimmt das Integrationsamt einer Änderungskündigung zu, so ist darin die Zustimmung zu einer Beendigungskündigung enthalten, wenn der schwerbehinderte Mensch der Änderungskündigung nicht zustimmt. Lehnt der Arbeitnehmer das Angebot auf Fortführung des Arbeitsverhältnisses zu geänderten Bedingungen ab, so geht es im folgenden Kündigungsschutzprozess nur noch um die Beendigung des Arbeitsverhältnisses durch die ausgesprochene Kündigung; eine Fortsetzung zu geänderten Bedin-

699

---

425 VG Göttingen vom 22.6.2006 – 2 A 200/05; OVG Münster vom 23.1.1992 – 13 A 107/91; OVG Koblenz vom 28.11.1996 – 12 A 10457/96, ZB 3/99 (ZB Info); Braasch in: Deinert/Neumann (Hrsg.), Hdb SGB IX, § 19 Rn 218, 219; Kossens in: Kossens/von der Heide/Maaß, § 89 Rn 23, 24; Neumann/Pahlen/Majerski-Pahlen, § 89 Rn 30.
426 OVG Münster vom 3.2.2009 – 12 A 2931/08, BehindertenR 2009, 175, Rn 4; KR-Etzel/Gallner, §§ 85–90 SGB IX Rn 95.
427 OVG Münster vom 3.2.2009 – 12 A 2931/08, BehindertenR 2009, 175, Rn 12; BVerwG vom 12.1.1966 – V C 62.64, BVerwGE 23, 123; Kossens in: Kossens/von der Heide/Maaß, § 89 Rn 22; Neumann/Pahlen/Majerski-Pahlen, § 89 Rn 29 mit einem Rechtsprechungsüberblick.
428 Vgl dazu BAG vom 12.1.2005 – 5 AZR 364/04, NZA 2005, 465, 467; BAG vom 11.10.2006 – 5 AZR 721/05, NZA 2007, 87.
429 Das BVerwG hat eine Herabgruppierung um eine Tarifgruppe mit einer Gehaltsminderung um 10 % als zumutbar angesehen, BVerwG vom 12.1.1966, AP Nr. 6 zu § 18 SchwBeschG; eine Senkung des Einkommens von mehr als einem Drittel wird dagegen nicht mehr als zumutbar angesehen – OVG Münster vom 3.2.2009 – 12 A 2931/08, BehindertenR 2009, 175, Rn 16.
430 Neumann/Pahlen/Majerski-Pahlen, § 89 Rn 29 mwN; aA OVG Münster vom 23.1.1992 – 13 A 107/91, wonach sich ein Vergleich mit dem früheren Arbeitsplatz verbietet und ein anderer Arbeitsplatz schon dann angemessen sein soll, wenn sich das dem Arbeitnehmer zu gewährende Entgelt im Rahmen der üblicherweise zu erwartenden Entlohnung hält.
431 Neumann/Pahlen/Majerski-Pahlen, § 89 Rn 29; Braasch in: Deinert/Neumann (Hrsg.), Hdb SGB IX, § 19 Rn 223 mwN.
432 Kossens in: Kossens/von der Heide/Maaß, § 89 Rn 24; KR-Etzel/Gallner, §§ 85–90 SGB IX Rn 95; Neumann/Pahlen/Majerski-Pahlen, § 89 Rn 31, 28 mwN.

gungen entfällt. Es ist dann nach Ablehnung des mit der Kündigung verbundenen Änderungsangebotes durch den schwerbehinderten Arbeitnehmer keine erneute Zustimmung des Integrationsamtes mehr erforderlich.

e) Insolvenz (§ 89 Abs. 3 SGB IX)

700 Mit der Eröffnung des Insolvenzverfahrens braucht nicht notwendigerweise eine Betriebsstilllegung verbunden zu sein. Der Betrieb kann durch den Insolvenzverwalter fortgeführt werden.

701 Ist ein **Insolvenzverfahren eröffnet** worden, soll das Integrationsamt unter den in § 89 Abs. 3 SGB IX aufgeführten Voraussetzungen die Zustimmung zur Kündigung des schwerbehinderten Arbeitnehmers erteilen, also dann, wenn

1. der schwerbehinderte Mensch in einem Interessenausgleich namentlich als einer der zu entlassenden Arbeitnehmer bezeichnet wird (§ 125 der Insolvenzordnung),
2. die Schwerbehindertenvertretung beim Zustandekommen des Interessenausgleichs gem. § 95 Abs. 2 SGB IX beteiligt worden ist,
3. der Anteil der nach dem Interessenausgleich zu entlassenden schwerbehinderten Menschen an der Zahl der beschäftigten schwerbehinderten Menschen nicht größer ist als der Anteil der zu entlassenden übrigen Arbeitnehmer an der Zahl der beschäftigten übrigen Arbeitnehmer und
4. die Gesamtzahl der schwerbehinderten Menschen, die nach dem Interessenausgleich bei dem Arbeitgeber verbleiben sollen, zur Erfüllung der Beschäftigungspflicht nach § 71 ausreicht.[433]

702 Der Anwendbarkeit des § 89 Abs. 3 SGB IX steht es nicht entgegen, wenn eine Schwerbehindertenvertretung beim Arbeitgeber nicht gebildet worden ist; in diesem Fall genügt das Vorliegen der übrigen Voraussetzungen.[434]

703 Bei Vorliegen der Voraussetzungen des § 89 Abs. 3 SGB IX hat das Integrationsamt in der Regel seine Zustimmung zu erteilen, wenn nicht besondere Umstände vorliegen (sog. „atypischer Fall").[435]

V. Rechtsmittel
1. Widerspruch und Klage

704 Gegen die Entscheidung des Integrationsamtes können sowohl der Arbeitgeber bei Ablehnung der Zustimmung als auch der schwerbehinderte Arbeitnehmer bei Zustimmung des Integrationsamtes zur Kündigung **Widerspruch** erheben. Im Widerspruchsverfahren wird die Entscheidung des Integrationsamtes in vollem Umfang nochmals überprüft.

---

433 Vgl zu den einzelnen Voraussetzungen Düwell in: Dau/Düwell/Joussen, § 89 Rn 67 ff; ErfK/Rolfs, § 89 Rn 10; Kossens in: Kossens/von der Heide/Maaß, § 89 Rn 26 ff; KR-Etzel/Gallner, §§ 85–90 SGB IX Rn 96 a, b; Braasch in: Deinert/Neumann (Hrsg.), Hdb SGB IX, § 19 Rn 222 f; Neumann/Pahlen/Majerski-Pahlen, § 89 Rn 32 ff.
434 ErfK/Rolfs, § 89 SGB IX Rn 10; KR-Etzel/Gallner, §§ 85–90 SGB IX Rn 96 b jeweils mwN.
435 Kossens in: Kossens/von der Heide/Maaß, § 89 Rn 25; Neumann/Pahlen/Majerski-Pahlen, § 89 Rn 37; KR-Etzel/Gallner, §§ 85–90 SGB IX Rn 96 c mwN.

Gegen den dann ergehenden Widerspruchsbescheid kann **Klage** zum Verwaltungsgericht erhoben werden. Die **Frist** für Widerspruch und die Anfechtungsklage zum Verwaltungsgericht beträgt jeweils **einen Monat** nach Zustellung des Bescheides bzw des Widerspruchsbescheides (§§ 70, 74 VwGO). Diese Frist von einem Monat gilt aber nur, wenn der Bescheid eine schriftliche Rechtsmittelbelehrung enthält (§ 58 Abs. 1 VwGO). Ist die Belehrung unterblieben oder unrichtig, gilt als Rechtsmittelfrist ein Jahr nach Zustellung des Bescheides (§ 58 Abs. 2 VwGO).

Der Widerspruch und die Anfechtungsklage gegen die Zustimmung des Integrationsamtes zur Kündigung haben **keine aufschiebende Wirkung** (§ 88 Abs. 4 SGB IX).

Damit ist klargestellt, dass der Arbeitgeber – trotz Widerspruch des schwerbehinderten Menschen gegen die zustimmende Entscheidung des Integrationsamtes – kündigen kann. Gem. § 88 Abs. 3 SGB IX muss er sogar – unabhängig von der Einlegung eines Rechtsmittels – innerhalb eines Monats nach zustimmender Entscheidung der Behörde die Kündigung erklären, wenn er nicht sein Kündigungsrecht verlieren will. Der Arbeitgeber trägt jedoch das Risiko, dass die Kündigung bei Erfolg des Rechtsmittels unwirksam ist.[436]

Hat das Integrationsamt ein sog. **Negativattest** erteilt,[437] dh erklärt, dass seine Zustimmung zur Kündigung nicht erforderlich ist, kann der Arbeitnehmer dieses Negativattest als Bescheid – wie auch eine Zustimmung zur Kündigung – zunächst im Widerspruchsverfahren und anschließend ggf durch das Verwaltungsgericht überprüfen lassen. Hält das Integrationsamt den Widerspruch gegen das Negativattest für begründet, hilft es ihm gem. § 72 VwGO dadurch ab, dass es die Zustimmung zur Kündigung versagt.[438]

2. Widerspruchsausschuss

Über den Widerspruch entscheidet der beim Integrationsamt gebildete Widerspruchsausschuss (§§ 118 Abs. 1, 119 SGB IX). Der Widerspruchsausschuss beim **Integrationsamt** besteht aus sieben Mitgliedern, und zwar aus zwei schwerbehinderten Arbeitnehmern, zwei Arbeitgebern, je einer Vertreterin/einem Vertreter des Integrationsamtes und der Bundesagentur für Arbeit sowie einer Vertrauensperson der schwerbehinderten Menschen (§ 119 Abs. 1 SGB IX).

Der Widerspruchsausschuss der **Bundesagentur für Arbeit** ist für den Widerspruch gegen Bescheide zuständig, die die Bundesagentur für Arbeit aufgrund des Teil 2 des SGB IX erlässt (§ 118 Abs. 2 SGB IX), und besteht ebenfalls aus sieben Mitgliedern, die sich wie beim Widerspruchsausschuss des Integrationsamtes zusammensetzen (§ 120 Abs. 1 SGB IX).

Im Widerspruchsverfahren sind der **Arbeitgeber und der schwerbehinderte Mensch** vor der Entscheidung **anzuhören** (§ 121 Abs. 2 SGB IX). Dies erfolgt grundsätzlich im

---

[436] Vgl dazu ausführlich Rn 726 ff.
[437] Vgl dazu oben Rn 460 ff.
[438] KR-Etzel/Gallner, §§ 85–90 SGB IX Rn 104.

Rahmen der Ermittlungen der Geschäftsstelle des Widerspruchsausschusses, die die Entscheidungen des Widerspruchsausschusses vorbereitet.

712 Auch für den Widerspruchsausschuss gilt der Grundsatz des § 87 Abs. 3 SGB IX, in jeder Lage des Verfahrens auf eine **gütliche Einigung hinzuwirken**. Es kann daher sinnvoll sein, dass auch im Widerspruchsverfahren eine mündliche Verhandlung mit den Beteiligten stattfindet.

713 Die Widerspruchsausschüsse haben das Recht, nach eigenem Ermessen eine andere Entscheidung zu treffen als das Integrationsamt oder die Agentur für Arbeit. Die Widerspruchsausschüsse sind nicht auf die Nachprüfung beschränkt, ob das Integrationsamt oder die Bundesagentur für Arbeit die gesetzlichen Vorschriften beachtet und sich im Rahmen des ihnen vom Gesetz zuerkannten Ermessens gehalten haben, sondern sie entscheiden in vollem Umfang selbstständig. Sie können den Verwaltungsakt der Behörde abändern, aufheben und durch eine eigene Entscheidung ersetzen; insbesondere können sie auch selbst ihr **eigenes, freies und pflichtgemäßes Ermessen** ausüben.[439] Damit wird gewährleistet, dass eine zweite, vom Integrationsamt unabhängige Stelle den gesamten Sachverhalt sowohl in tatsächlicher als auch in rechtlicher Hinsicht noch einmal überprüft.

714 Für die Überprüfung der Entscheidung des Integrationsamtes ist im Widerspruchsverfahren der historische Sachverhalt maßgebend, der der Kündigung zugrunde liegt; dies schließt es aus, Tatsachen und Umstände zu berücksichtigen, die erst nach der Kündigung eingetreten sind und nicht zu dem der Kündigung zugrundeliegenden Sachverhalt gehören.[440]

715 **Hinweis:** Ein Arbeitgeber kann aber seine Antragstellung aufgrund neuer, nach der Ablehnung der Zustimmung bekannt gewordener oder eingetretener Tatsachen jederzeit erneuern, und zwar auch dann, wenn das Rechtsmittelverfahren gegen die ablehnende Entscheidung über den ersten Antrag noch nicht abgeschlossen ist.[441]

716 Hält der Widerspruchsausschuss den Widerspruch für begründet, hilft er ihm ab (§ 72 VwGO). Die dem Widerspruch abhelfende Entscheidung ist wiederum eine **erneute Verwaltungsentscheidung**,[442] und zwar ein Verwaltungsakt mit Doppelwirkung sowohl gegenüber dem Arbeitnehmer als auch dem Arbeitgeber, gegen den die **jetzt belastete Partei Widerspruch** einlegen kann.[443]

717 Der **Widerspruchsbescheid** ist nach § 73 Abs. 3 VwGO zu begründen, mit einer Rechtsmittelbelehrung zu versehen und zuzustellen. Zugestellt wird von Amts wegen

---

439 Vgl dazu Neumann/Pahlen/Majerski-Pahlen, § 118 Rn 31; KR-Etzel/Gallner, §§ 85–90 SGB IX Rn 102.
440 BVerwG vom 7.3.1991 – 5 B 114/89, NZA 1991, 511; BVerwG vom 22.1.1993 – 5 B 80.92, BehindertenR 1994, 21; BVerwG vom 10.11.2008 – 5 B 79/08, Rn 4, 5 mwN; so auch Neumann/Pahlen/Majerski-Pahlen, § 85 Rn 81; KR-Etzel/Gallner, §§ 85–90 SGB IX Rn 100 mwN.
441 KR-Etzel/Gallner, §§ 85–90 SGB IX Rn 108 mwN.
442 KR-Etzel/Gallner, §§ 85–90 SGB IX Rn 102.
443 KR-Etzel/Gallner, §§ 85–90 SGB IX Rn 101; Neumann/Pahlen/Majerski-Pahlen, § 118 Rn 28; vgl ausführlich zur Zulässigkeit von Widerruf und Rücknahme sowie zur Bindung des Integrationsamtes an seine eigene Entscheidung, KR-Etzel/Gallner, §§ 85–90 SGB IX Rn 109 ff mwN.

nach den Vorschriften des Verwaltungszustellungsgesetzes. Der Widerspruchsbescheid bestimmt auch, wer die Kosten des Widerspruchsverfahrens zu tragen hat.[444]

3. Überprüfung durch das Verwaltungsgericht

Das in erster Instanz angerufene Verwaltungsgericht prüft gem. § 114 VwGO, ob der angefochtene Verwaltungsakt, nämlich die Entscheidung des Integrationsamtes in der Gestalt des Widerspruchsbescheides, rechtswidrig ist, weil die gesetzlichen Grenzen des Ermessens überschritten worden sind oder von dem Ermessen in einer dem Zweck der gesetzlichen Ermächtigung nicht entsprechenden Weise Gebrauch gemacht worden ist.

718

Dagegen findet keine gerichtliche Nachprüfung der **Zweckmäßigkeit** einer vertretbaren Entscheidung der Behörde statt. Das Gericht ist nicht befugt, sein Ermessen an die Stelle des Ermessens der Verwaltungsbehörde (Integrationsamt und Widerspruchsausschuss) zu setzen und eine andere Entscheidung zu treffen, die das Verwaltungsgericht für zweckmäßiger hält. Ein gerichtlich nicht überprüfbarer Ermessensspielraum liegt insbesondere dann vor, wenn die Behörde in Zweifelsfällen eine von mehreren vertretbaren Entscheidungen trifft.

719

Der Arbeitgeber und der schwerbehinderte Arbeitnehmer sind also im verwaltungsgerichtlichen Verfahren auf die Feststellung begrenzt, ob das Integrationsamt bei Erteilung oder Versagung der Zustimmung die gesetzlichen Vorschriften verletzt hat, und können darüber hinaus nur noch geltend machen, dass sich die Entscheidung des Integrationsamtes nicht im Rahmen des Ermessens gehalten habe. Da die Zustimmung oder ihre Versagung eine Ermessensentscheidung ist, kann das **Verwaltungsgericht nur nachprüfen**, ob das Integrationsamt der Kündigung aus sachfremden Gründen zugestimmt und das ihm zustehende pflichtgemäße **Ermessen überschritten** oder **missbraucht hat**.[445]

720

Dieser verwaltungsgerichtlichen Prüfung ist nicht die Sachlage im Zeitpunkt der letzten mündlichen Tatsachenverhandlung zugrunde zu legen, sondern der der Kündigung zugrundeliegende Sachverhalt im **Zeitpunkt der Entscheidung über den Widerspruch** (Erlass des Widerspruchsbescheides); später eingetretene Änderungen der Sachlage sind unerheblich.[446]

721

Stellt das Verwaltungsgericht die Rechtswidrigkeit der Entscheidung des Integrationsamtes bzw der Entscheidung des Widerspruchsausschusses fest, hebt es den Bescheid auf und verweist die Sache zur neuen Entscheidung an das Integrationsamt. Das Ver-

722

---

444 Vgl dazu ausführlich Neumann/Pahlen/Majerski-Pahlen, § 118 Rn 33; KR-Etzel/Gallner, §§ 85–90 SGB IX Rn 102.
445 VG Minden vom 27.5.2002 – 7 K 851/02, NZA-RR 2003, 248; OVG Münster vom 23.1.1992 – 13 A 297/91, BehindertenR 1992, 113 = NZA 1992, 844; BVerwG vom 28.2.1968 V C 33.66, AP Nr. 29 zu § 14 SchwBeschG; KR-Etzel/Gallner, §§ 85–90 SGB IX Rn 103; Neumann/Pahlen/Majerski-Pahlen, § 85 Rn 71 mwN, § 118 Rn 55, 57 ff.
446 BVerwG vom 7.3.1991 – 5 B 114/89, NZA 1991, 511; BVerwG vom 22.1.1993 – 5 B 80.92, BehindertenR 1994, 21; so auch Neumann/Pahlen/Majerski-Pahlen, § 85 Rn 81; KR-Etzel/Gallner, §§ 85–90 SGB IX Rn 103 mwN.

waltungsgericht kann also selbst **keine neue Entscheidung über den Antrag** des Arbeitgebers auf Zustimmung zur Kündigung **treffen**.[447]

723 **Hinweis:** Daher ist es sinnvoll, dass Arbeitgeber und schwerbehinderter Arbeitnehmer, wenn das Integrationsamt nicht in ihrem Sinne entschieden hat, bereits den Widerspruch ausführlich begründen und im Widerspruchsverfahren eingehend ihre Argumente vorbringen. Der Widerspruchsausschuss kann – anders als das Verwaltungsgericht im nachfolgenden Klageverfahren – eine eigene Entscheidung treffen und eigenes Ermessen ausüben.[448]

724 Für die Klage des Arbeitnehmers gegen den Zustimmungsbescheid des Integrationsamtes fehlt das **Rechtsschutzbedürfnis**, wenn die Kündigung offensichtlich wirksam ist, weil der Arbeitnehmer nicht fristgerecht Kündigungsschutzklage erhoben hat oder das Arbeitsverhältnis nach der Zustimmung einvernehmlich beendet hat.[449] Dagegen besteht ein Rechtsschutzbedürfnis dann,[450] wenn die Kündigungsschutzklage rechtskräftig abgewiesen worden ist, da in diesem Fall nach Aufhebung der Zustimmung des Integrationsamtes eine **Restitutionsklage** des schwerbehinderten Arbeitnehmers möglich ist.[451]

725 **Hinweis:** Der **Gegenstandswert** für das verwaltungsgerichtliche Verfahren betreffend die Wirksamkeit der Erteilung bzw. Versagung der Zustimmung nach § 85 SGB IX durch das Integrationsamt berechnet sich nicht nach dem dreifachen Bruttomonatsgehalt entsprechend § 42 Abs. 2 S. 1 GKG. Gem. § 52 Abs. 1 GKG bestimmt sich der Gegenstandswert im verwaltungsgerichtlichen Verfahren nach der sich aus dem Antrag des Klägers für ihn ergebenden Bedeutung der Angelegenheit, wobei nach § 52 Abs. 2 GKG ein Streitwert von 5.000 EUR als Regelgegenstandswert zugrunde zu legen ist, wenn der Sach- und Streitstand für die Bestimmung des Streitwertes keine genügenden Anhaltspunkte bietet. Dieser Regelgegenstandswert in Höhe von 5.000 EUR ist für das Zustimmungsverfahren der Streitwertberechnung zugrunde zu legen.[452] Gem. § 23 Abs. 1 S. 1 RVG bestimmt sich auch der für die Rechtsanwaltsgebühren maßgebende Gegenstandswert nach den für die Gerichtsgebühren geltenden Wertvorschriften und damit entsprechend § 52 Abs. 2 GKG.

4. Bedeutung für den Ausspruch und die Wirksamkeit der Kündigung

726 Die Kündigung durch den Arbeitgeber ist zulässig und muss innerhalb der Frist des § 88 Abs. 3 SGB IX[453] ausgesprochen werden, sobald die Zustimmung von einer zuständigen Instanz (Integrationsamt, Widerspruchsausschuss oder nach Rückverweisung durch das Verwaltungsgericht) erteilt worden ist. Die Einlegung eines Rechtsbe-

---

447 KR-Etzel/Gallner, §§ 85–90 SGB IX Rn 103 mwN.
448 Vgl dazu oben Rn 713.
449 So für den Fall der einvernehmlichen Beendigung nach Zustimmung OVG Münster vom 23.9.1996 – 24 A 4887/94, BB 1997, 1056; vgl dazu auch KR-Etzel/Gallner, §§ 85–90 SGB IX Rn 103 a.
450 KR-Etzel/Gallner, §§ 85–90 SGB IX Rn 103 a.
451 Vgl dazu Rn 743.
452 OVG Münster vom 4.4.1989 – 13 B 265/89, BehindertenR 1990, 72; OVG Münster vom 10.2.1992 – 13 E 1352/91, DB 1992, 692; VGH München vom 9.2.1981 – 38 XII 78, BayVBl. 1982, 59; Neumann/Pahlen/Majerski-Pahlen, § 85 Rn 72 mwN.
453 Vgl dazu oben Rn 584 ff.

helfs gegen die Zustimmung ändert daran nichts, auch wenn die Zustimmung zur Kündigung bis zur rechtskräftigen Entscheidung über ihre Wirksamkeit schwebend unwirksam ist.[454] **Widerspruch** und **Klage** des schwerbehinderten Arbeitnehmers haben **keine aufschiebende Wirkung.**[455]

Die Rückwirkung einer Zustimmungsaufhebung ist allein für das Rechtsmittelverfahren erheblich. Da die Zustimmung des Integrationsamtes nach § 85 SGB IX Zulässigkeitsvoraussetzung für eine Kündigung ist, kann der Arbeitgeber immer erst nach Vorliegen dieser Zustimmung die Kündigung wirksam erklären. Deshalb kann eine Zustimmung auch nie auf eine frühere Kündigung zurückwirken.[456]

Folgende **Fallgestaltungen** sind möglich:

- Lehnt das Integrationsamt die Zustimmung ab und wird sie erst aufgrund eines Widerspruches des Arbeitgebers durch den Widerspruchsausschuss oder nach einem Klageverfahren vor dem Verwaltungsgericht erteilt, **kann** auch die **Kündigung erst nach dieser erstmaligen Zustimmung** innerhalb der Frist des § 88 Abs. 3 SGB IX **ausgesprochen** werden.

- Wird eine vom Integrationsamt ausgesprochene Zustimmung später aufgrund eines Widerspruches oder einer Klage des schwerbehinderten Arbeitnehmers zum Verwaltungsgericht aufgehoben, entfällt die rechtliche Voraussetzung für eine durch den Arbeitgeber bereits ausgesprochene **Kündigung**; diese **wird rückwirkend unwirksam.**[457] Daraus kann sich ein Annahmeverzug des Arbeitgebers und ein Lohnnachzahlungsanspruch des schwerbehinderten Arbeitnehmers ergeben.[458]

- Wird die Zustimmung erteilt, im Rechtsmittelverfahren aber aufgehoben und entscheidet das Verwaltungsgericht dann wiederum anders, so dass widersprüchliche Entscheidungen im Verlauf des Rechtsweges vorliegen, kommt es stets auf die endgültige Entscheidung an; eine nur zwischenzeitliche Aufhebung der Zustimmung, die nicht rechtskräftig wird, lässt die Zustimmung nicht in der Weise wegfallen, dass die Kündigung unwirksam würde und nach der in höherer Instanz wieder bestätigten Zustimmung erneut ausgesprochen werden müsste.

- Wird die Zustimmung rechtskräftig bestätigt, wirkt die Bestätigung auf den Zeitpunkt der Zustimmung zurück, so dass es bei der Wirksamkeit der nach erstmaliger Zustimmung fristgerecht (§ 88 Abs. 3 SGB IX) ausgesprochenen Kündigung

---

454 BAG vom 15.5.1986 – 2 AZR 497/85; KR-Etzel/Gallner, §§ 85–90 SGB IX Rn 106.
455 Vgl zu den Möglichkeiten des einstweiligen Rechtsschutzes sowie der Aussetzung des Vollzugs Düwell in: Dau/Düwell/Joussen, § 85 Rn 19, 20.
456 Vgl dazu Neumann/Pahlen/Majerski-Pahlen, § 85 Rn 77.
457 BAG vom 15.5.1986 – 2 AZR 497/85; Neumann/Pahlen/Majerski-Pahlen, § 85 Rn 79; KR-Etzel/Gallner, §§ 85–90 SGB IX Rn 107.
458 Vgl dazu im Einzelnen Neumann/Pahlen/Majerski-Pahlen, § 85 Rn 79.

verbleibt, auch wenn zwischenzeitlich eine Instanz anderer Ansicht war, diese dann aber nicht rechtskräftig geworden ist.[459]

729 Wird die angefochtene Zustimmung endgültig vom Verwaltungsgericht bestätigt, so wirkt die Bestätigung auf den früheren Zeitpunkt zurück, selbst wenn dieser Zeitpunkt sehr weit in der Vergangenheit liegt.[460]

5. Rechtsweg zum Arbeitsgericht

730 Neben den Rechtsmitteln des besonderen Kündigungsschutzes nach dem SGB IX – Widerspruch und Klage vor dem Verwaltungsgericht – steht dem schwerbehinderten Arbeitnehmer in Bezug auf die Kündigung auch der Rechtsweg zum Arbeitsgericht offen.

a) Einhaltung der Dreiwochenfrist des § 4 S. 1 KSchG

731 Wenn der Arbeitgeber ohne vorherige Zustimmung des Integrationsamtes kündigt, ist die Kündigung wegen Verstoßes gegen § 85 SGB IX nach § 134 BGB nichtig.[461] Der schwerbehinderte Mensch muss diese Unwirksamkeit der Kündigung durch Kündigungsschutzklage zum Arbeitsgericht geltend machen, und zwar grundsätzlich innerhalb der **dreiwöchigen Klagefrist** des § 4 S. 1 KSchG.[462]

732 Problematisch im Hinblick auf die Einhaltung der dreiwöchigen Klagefrist des § 4 S. 1 KSchG sind die Fälle, in denen die Kündigung ohne Zustimmung des Integrationsamtes ausgesprochen wird.

733 Dabei sind folgende **Fallgestaltungen** möglich:

- Hatte der Arbeitgeber **keine Kenntnis** von der Schwerbehinderteneigenschaft bzw der Gleichstellung oder deren Beantragung und hatte der Arbeitgeber folglich die Zustimmung des Integrationsamtes vor Ausspruch der Kündigung nicht beantragt, muss sich der schwerbehinderte Arbeitnehmer – zur Erhaltung des Sonderkündigungsschutzes nach § 85 SGB IX – **innerhalb von drei Wochen nach Zugang der Kündigung** auf diesen Sonderkündigungsschutz **berufen**.[463]

  Teilt der Arbeitnehmer dem Arbeitgeber seinen Schwerbehindertenstatus bzw seine Gleichstellung nicht innerhalb dieser drei Wochen mit, so kann sich der Arbeitnehmer auf den Sonderkündigungsschutz nicht mehr berufen, denn mit Ab-

---

459 Neumann/Pahlen/Majerski-Pahlen, § 85 Rn 80; KR-Etzel/Gallner, §§ 85–90 SGB IX Rn 107; aA LAG Köln vom 11.10.2002 – RzK IV 8 a Nr. 54, das bei einer Aufhebung der Zustimmung in einer Rechtsmittelinstanz die Unwirksamkeit einer zuvor ausgesprochenen Kündigung annimmt, auch wenn die aufhebende Entscheidung angefochten wird und noch nicht rechtskräftig ist.
460 BAG vom 25.11.1971 – 2 AZR 44/71, EzA § 4 KSchG nF Nr. 4 = DB 1972, 1344; KR-Etzel/Gallner, §§ 85 –90 SGB IX Rn 107; Neumann/Pahlen/Majerski-Pahlen, § 85 Rn 81 mwN.
461 BAG vom 13.2.2008 – 2 AZR 864/06, NZA 2008, 1055, 1056, Rn 11.
462 KR-Friedrich, § 4 KSchG Rn 11.
463 BAG vom 13.2.2008 – 2 AZR 864/06, NZA 2008, 1055, 1059, Rn 45; BAG vom 11.12.2008 – 2 AZR 395/07, NZA 2009, 556, Rn 17; BAG vom 9.6.2011 – 2 AZR 703/09, NZA-RR 2011, 516; BAG vom 23.2.2010 – 2 AZR 659/08, NZA 2011, 411; kritisch dazu Gelhaar, NZA 2011, 673 ff; LSG Rheinland-Pfalz vom 20.3.2012 – 3 Sa 505/11; ErfK/Kiel, § 4 KSchG Rn 25 mwN; KR-Etzel/Gallner, §§ 85–90 SGB IX Rn 136; vgl dazu auch ausführlich Rn 753 ff.

lauf der Klagefrist des § 4 S. 1 KSchG tritt eine **Heilung** des eigentlich gegebenen Nichtigkeitsgrundes nach § 134 BGB iVm § 85 SGB IX ein (§ 7 KSchG).[464]

Auch wenn der Arbeitnehmer dem Arbeitgeber seinen Schwerbehindertenstatus bzw seine Gleichstellung oder die entsprechende Beantragung innerhalb von drei Wochen nach Kündigungszugang mitteilt, muss er also zugleich die Klagefrist des § 4 S. 1 KSchG einhalten, denn zum Zeitpunkt des Zugangs der Kündigung war dem Arbeitgeber der Sonderkündigungsschutz nicht bekannt und er konnte eine Zustimmung des Integrationsamtes nicht beantragen. Mit Zugang der Kündigung ist die Klagefrist des § 4 S. 1 KSchG angelaufen und wird durch die Bekanntgabe der Schwerbehinderung bzw Gleichstellung nicht gehemmt. Der Verstoß gegen § 134 BGB iVm § 85 SGB IX wird nach § 4 S. 1 KSchG iVm § 7 KSchG bei nicht rechtzeitiger Klageerhebung geheilt.[465]

- Kündigt der Arbeitgeber **in Kenntnis** der Schwerbehinderteneigenschaft bzw der Gleichstellung oder deren Beantragung, ohne zuvor die Zustimmung des Integrationsamtes einzuholen, beginnt die dreiwöchige Klagefrist des § 4 S. 1 KSchG erst ab Bekanntgabe der Entscheidung der Behörde, hier des Integrationsamtes, an den Arbeitnehmer zu laufen (§ 4 S. 4 KSchG).

Eine ohne Bekanntgabe einer Zulässigkeitserklärung der Behörde an den Arbeitnehmer diesem gegenüber ausgesprochene Kündigung setzt den Gang der Dreiwochenfrist wegen § 4 S. 4 KSchG nicht in Gang.[466] Vielmehr kann der schwerbehinderte Arbeitnehmer die Unwirksamkeit der Kündigung bis zur Grenze der Verwirkung gerichtlich geltend machen.[467]

- Wird dem Arbeitnehmer der Zustimmungsbescheid des Integrationsamtes erst nach Zugang der Kündigung zugestellt, läuft die Dreiwochenfrist zur Erhebung der Kündigungsschutzklage gem. § 4 S. 4 KSchG erst von der Zustellung des Bescheides an.[468]

734

Im Kündigungsschutzprozess trägt der **Arbeitnehmer**, der den Sonderkündigungsschutz als Ausnahmetatbestand für sich in Anspruch nimmt, allerdings die **Darlegungs- und Beweislast** dafür, dass er schwerbehindert ist und sich fristgemäß[469] gegenüber dem Arbeitgeber auf seine Schwerbehinderteneigenschaft berufen hat.[470]

---

464 BAG vom 13.2.2008 – 2 AZR 864/06, NZA 2008, 1055, 1059, Rn 45.
465 BAG vom 13.2.2008 – 2 AZR 864/06, NZA 2008, 1055, 1059, Rn 46.
466 So bereits BAG vom 3.7.2003 – 2 AZR 487/02, NZA 2003, 1335 = BAGE 107, 50 für die nach § 18 Abs. 1 BerzGG erforderliche Zustimmung zur Kündigung einer im Erziehungsurlaub befindlichen Arbeitnehmerin durch einen Insolvenzverwalter, bestätigt durch BAG vom 13.2.2008 – 2 AZR 864/06, NZA 2008, 1055, 1058, Rn 38 mwN.
467 BAG vom 13.2.2008 – 2 AZR 864/06, NZA 2008, 1055, Rn 35 mwN; KR-Etzel/Gallner, §§ 85–90 SGB IX Rn 136 a; ErfK/Kiel, § 4 KSchG Rn 24 mwN.
468 BAG vom 17.2.1982 – 7 AZR 846/79, EzA § 15 SchwbG Nr. 1 = NJW 1982, 2630; BAG vom 13.2.2008 – 2 AZR 864/06, NZA 2008, 1055; BAG vom 23.2.2010 – 2 AZR 659/08, NZA 2011, 411; KR-Etzel/Gallner, §§ 85–90 SGB IX Rn 138; Neumann/Pahlen/Majerski-Pahlen, § 85 SGB IX Rn 8 mwN.
469 Vgl zur fristgemäßen Berufung auf den Sonderkündigungsschutz Rn 528 f, 533.
470 Vgl KR-Etzel/Gallner, §§ 85–90 SGB IX Rn 136 b mwN.

735 **Hinweis:** Im Hinblick auf die neue Rechtsprechung des BAG, die eine Heilung des Verstoßes des Arbeitgebers gegen § 134 BGB iVm §§ 4 S. 1, 7 KSchG bei nicht rechtzeitiger Klageerhebung binnen drei Wochen nach Zugang der Kündigung annimmt,[471] ist einem schwerbehinderten oder gleichgestellten **Arbeitnehmer** zu raten, auf jeden Fall die dreiwöchige Klagefrist des § 4 S. 1 KSchG einzuhalten und binnen dieser Frist seinem Arbeitgeber nochmals die Schwerbehinderung bzw Gleichstellung oder deren Beantragung mitzuteilen, wenn er nicht sicher sein kann, ob sein Arbeitgeber hiervon Kenntnis hat bzw die entsprechende Mitteilung an den Arbeitgeber nicht nachweisen kann. Nur in dem Fall, in dem der Arbeitgeber bei Ausspruch der Kündigung Kenntnis von der Schwerbehinderteneigenschaft bzw Gleichstellung oder deren rechtzeitiger Beantragung hatte, was der Arbeitnehmer nachweisen muss, und trotzdem vor Ausspruch der Kündigung die Zustimmung des Integrationsamtes nicht eingeholt hat, muss der Arbeitnehmer die Dreiwochenfrist des § 4 S. 1 KSchG nicht einhalten.

736 Der schwerbehinderte Arbeitnehmer muss die Dreiwochenfrist des § 4 KSchG auch dann einhalten, wenn er gleichzeitig die Zustimmung des Integrationsamtes im Verwaltungsrechtsweg angreift.[472]

737 **Hinweis:** Ein schwerbehinderter Arbeitnehmer muss also beachten, dass sein gegen die Zustimmung eingelegter Widerspruch bzw seine Klage vor dem Verwaltungsgericht die dreiwöchige Klagefrist nicht hinausschieben.

738 Versäumt der Arbeitnehmer die Dreiwochenfrist, so gilt die Kündigung gem. § 7 KSchG als von Anfang an rechtswirksam.

b) Bindung der Arbeitsgerichte an die Entscheidung des Integrationsamtes

739 Beruft sich der schwerbehinderte Arbeitnehmer durch Erhebung einer Kündigungsschutzklage beim Arbeitsgericht auf das Fehlen einer Zustimmung des Integrationsamtes nach § 85 SGB IX, ist im Rahmen des arbeitsgerichtlichen Verfahrens zu prüfen, ob die Kündigung zustimmungsbedürftig ist, und wenn ja, ob sie rechtswirksam erteilt worden oder wegen fehlender Zustimmung nichtig ist. Die Arbeitsgerichte können über die Wirksamkeit der Kündigung nicht entscheiden, bevor nicht feststeht, ob eine wirksame Zustimmung des Integrationsamtes nach § 85 SGB IX vor der Kündigung erteilt worden ist. Sie sind dabei an eine durch das Integrationsamt rechtswirksam erteilte oder verweigerte Zustimmung wegen der sogenannten **Tatbestandswirkung** gebunden, sofern die Entscheidung des Integrationsamtes nicht ausnahmsweise nichtig ist. Aufgrund dieser Tatbestandswirkung haben alle Behörden und auch die Arbeitsgerichte die Entscheidung des Integrationsamtes – bis zu ihrer Aufhebung – als wirksam zu behandeln und sie ihren weiteren Entscheidungen zugrunde zu legen, auch wenn sie im Verwaltungsrechtsweg angefochten und noch nicht formell rechtskräftig ist.[473] Den Arbeitsgerichten steht es nicht zu, die Entscheidungen des In-

---

471 BAG vom 13.2.2008 – 2 AZR 864/06, NZA 2008, 1055, 1059, Rn 46.
472 Vgl dazu auch KR-Etzel/Gallner, §§ 85–90 SGB IX Rn 137; Braasch in: Deinert/Neumann (Hrsg.), Hdb SGB IX, § 19 Rn 256.
473 BAG vom 2.3.2006 – 2 AZR 46/05, NZA 2006, 1211, 1213, Rn 17 mwN.

tegrationsamtes auf ihre Richtigkeit zu überprüfen; sie können nur nachprüfen, ob eine erteilte Zustimmung – falls es darauf ankommt – schon unanfechtbar geworden ist oder nicht und ob die Zustimmung nichtig, also offensichtlich rechtswidrig, ist.[474] Lediglich die Einhaltung der Frist des § 91 Abs. 2 S. 1 SGB IX, die eine materielle arbeitsrechtliche Frist darstellt, kann im arbeitsgerichtlichen Klageverfahren durch die Arbeitsgerichte überprüft werden.[475]

Die Folge des zwischen Verwaltungsgerichten und Arbeitsgerichten aufgespaltenen Rechtsweges ist, dass die Arbeitsgerichte, soweit es auf die Wirksamkeit der Zustimmung des Integrationsamtes ankommt, über die Kündigung nicht abschließend entscheiden können, bevor nicht eine rechtskräftige Entscheidung über die Wirksamkeit der Zustimmung vorliegt. 740

Sind die vom Arbeitsgericht zu prüfenden Verwaltungsakte nicht bestandskräftig, so ist nach § 148 ZPO die **Aussetzung des anhängigen Kündigungsrechtsstreites** vor dem Arbeitsgericht zu prüfen, wobei diese nach neuerer Rechtsprechung des BAG im **Ermessen der Arbeitsgerichte** steht.[476] 741

Eine **Aussetzung des Kündigungsschutzprozesses** nach § 148 ZPO verzögert das arbeitsgerichtliche Verfahren idR erheblich. Daher kann – trotz Vorrangs einer verwaltungsgerichtlichen Entscheidung – das Arbeitsgericht im Hinblick auf das in den §§ 9 Abs. 1, 61 a ArbGG gerade für Kündigungsschutzverfahren geregelte Beschleunigungsgebot von einer Aussetzung des arbeitsgerichtlichen Verfahrens absehen, wenn es erhebliche Hinweise gibt, dass das verwaltungsgerichtliche Verfahren keine Aussicht auf Erfolg hat.[477] Gegenüber dem vorrangigen Zweck einer Aussetzung – einander widersprechende Entscheidungen zu verhindern – sind der Nachteil einer langen Verfahrensdauer und die daraus für die Parteien entstehenden Folgen abzuwägen. Dabei kommt bei Bestandsschutzstreitigkeiten dem gesetzlich geregelten Beschleunigungsgrundsatz von §§ 9 Abs. 1, 64 Abs. 8, 61 a ArbGG eine besondere Bedeutung zu.[478] 742

Der schwerbehinderte Arbeitnehmer wird jedoch auch dann nicht rechtlos gestellt, wenn das Arbeitsgericht sein Ermessen dahin gehend ausübt, dass es den Kündigungsrechtsstreit nicht gem. § 148 ZPO aussetzt und die Kündigungsschutzklage des schwerbehinderten Arbeitnehmers trotz noch nicht rechtskräftiger Entscheidung über die Zustimmung zur beabsichtigten Kündigung im Verwaltungsrechtsweg rechtskräf- 743

---

474 BAG vom 25.11.1980 – 6 AZR 210/80, DB 1981, 1141; KR-Etzel/Gallner, §§ 85–90 SGB IX Rn 125, 126; Neumann/Pahlen/Majerski-Pahlen, § 85 Rn 19 mwN; Düwell in: Dau/Düwell/Joussen, § 85 Rn 49 mwN.
475 BAG vom 2.3.2006 – 2 AZR 46/05, NZA 2006, 1211, 1213.
476 BAG vom 20.1.2000 – 2 AZR 378/99, BAGE 93, 255; BAG vom 17.6.2003 – 2 AZR 245/02, BAGE 106, 293; BAG vom 2.3.2006 – 2 AZR 53/05, NZA-RR 2006, 636, Rn 56 mwN; BAG vom 7.12.2006 – 2 AZR 182/06, NZA 2007, 617, 618 Rn 17 mwN; LAG Köln vom 13.8.2009 – 7 Sa 355/09, Rn 18; vgl dazu auch Braasch in: Deinert/Neumann (Hrsg.), Hdb SGB IX, § 19 Rn 255; Neumann/Pahlen/Majerski-Pahlen, § 85 Rn 22 mwN; kritisch Düwell in: Dau/Düwell/Joussen, § 85 Rn 50 ff; KR-Etzel/Gallner, §§ 85–90 SGB IX Rn 143 – für eine Ermessensentscheidung sei kein Raum, wenn die Wirksamkeit der Kündigung allein von der noch nicht rechtskräftigen Zustimmung zur Kündigung abhängt.
477 LAG Köln vom 13.3.1999 – 13 Sa 1548/98, ZB 2001, 8.
478 BAG vom 26.9.1991 – 2 AZR 132/91, NZA 1992, 1043; BAG vom 2.3.2006 – 2 AZR 53/05, NZA-RR 2006, 636, Rn 56.

tig abweist, weil die Kündigung nach Auffassung des Arbeitsgerichtes arbeitsrechtlich wirksam war. Wird anschließend die Zustimmung im Verwaltungsrechtsweg rechtskräftig aufgehoben, kann der schwerbehinderte Arbeitnehmer die **Wiederaufnahme des arbeitsgerichtlichen Verfahrens** analog zu § 580 Nr. 6 ZPO betreiben.[479]

744 Das arbeitsgerichtliche Verfahren ist dann **nicht auszusetzen**, wenn es auf die Wirksamkeit der Zustimmung des Integrationsamtes nicht ankommt, etwa weil eine zustimmungsbedürftige Kündigung ausgesprochen wurde, ohne dass die vorherige Zustimmung vorgelegen hat, oder weil das Arbeitsgericht die Kündigung wegen fehlender sozialer Rechtfertigung iSv § 1 KSchG ohnehin für unwirksam erachtet.[480]

745 Will der Arbeitgeber die Kündigung im Kündigungsschutzprozess auf Gründe stützen, die er im Zustimmungsverfahren nach den §§ 85 ff SGB IX nicht genannt hat, ist ein solches „**Nachschieben**" im Hinblick auf den Kündigungsschutz nach dem SGB IX uneingeschränkt zulässig.[481] Anders ist dies jedoch, wenn der Arbeitgeber die dem Integrationsamt mitgeteilten Kündigungsgründe fallenlässt und die Kündigung im Kündigungsschutzprozess auf völlig neue Kündigungsgründe stützt. In diesem Fall ist eine erneute Zustimmung des Integrationsamtes erforderlich, da die bisher erteilte Zustimmung einen nicht mehr vorhandenen Sachverhalt betrifft.[482]

746 **Hinweis:** Besteht im Betrieb ein **Betriebsrat** oder ein **Personalrat**, ist ohnehin ein Nachschieben von Kündigungsgründen im Kündigungsschutzprozess nur eingeschränkt möglich.[483]

VI. Besondere Tatbestände
1. Unkenntnis des Arbeitgebers von der Schwerbehinderung

747 Häufig hat der Arbeitgeber keine Kenntnis von einer Schwerbehinderung des Arbeitnehmers, etwa weil die Schwerbehinderung erst im Laufe des Arbeitsverhältnisses eingetreten ist und der Arbeitnehmer dies dem Arbeitgeber nicht mitgeteilt hat.[484] Hat aber der schwerbehinderte Arbeitnehmer im Zeitpunkt des Zugangs der Kündigung einen Bescheid über seine Schwerbehinderteneigenschaft oder seine Gleichstellung erhalten oder wenigstens unter Beachtung der Regelung in § 90 Abs. 2 a SGB IX rechtzeitig einen entsprechenden Antrag gestellt, so steht ihm nach der ständigen

---

479 BAG vom 15.8.1984 – 7 AZR 558/82, EzA § 580 ZPO Nr. 2 = AP Nr. 13 zu § 12 SchwbG mit zust. Anm. Gaul; BAG vom 24.11.2005 – 2 AZR 514/04, NZA 2006, 665, 667 mwN; BAG vom 2.3.2006 – 2 AZR 53/05, NZA-RR 2006, 636, Rn 56 mwN; LAG Köln vom 13.8.2009 – 7 Sa 355/09, Rn 18; Koch in: Schaub, § 179 Rn 49; KR-Etzel/Gallner, §§ 85–90 SGB IX Rn 144 mwN; Braasch in: Deinert/Neumann (Hrsg.), Hdb SGB IX, § 19 Rn 257; ErfK/Rolfs, § 85 SGB IX Rn 14; Fenski, BB 2001, 570, 571 mwN.
480 LAG Hessen vom 12.11.1993 – 15 Ta 346/93; LAG Köln vom 3.2.1997 – 5 Ta 30/97, LAGE § 148 ZPO Nr. 31; Braasch in: Deinert/Neumann (Hrsg.), Hdb SGB IX, § 19 Rn 256; Koch in: Schaub, § 179 Rn 49; KR-Etzel/Gallner, §§ 85–90 SGB IX Rn 139 mwN; aA Neumann/Pahlen/Majerski-Pahlen, § 85 Rn 22 für den Fall der Sozialwidrigkeit der Kündigung.
481 LAG Sachsen vom 24.11.1999 – 3 Sa 164/99, BB 2000, 2051; KR-Etzel/Gallner, §§ 85–90 SGB IX Rn 140 mwN.
482 KR-Etzel/Gallner, §§ 85–90 SGB IX Rn 140 mwN.
483 Vgl dazu KR-Etzel, § 102 BetrVG Rn 185 ff; §§ 72, 79, 108 Abs. 2 BPersVG Rn 65.
484 Hierzu besteht nach Auffassung des BAG vom 13.2.2008 – 2 AZR 864/06, NZA 2008, 1055, 1056, Rn 18, auch nach der gesetzlichen Neuregelung in § 90 Abs. 2 a SGB IX keine Verpflichtung; so auch BAG vom 11.12.2008 – 2 AZR 395/07, NZA 2009, 556, Rn 28 mwN; aA Bauer/Powietzka, NZA-RR 2004, 505, 507; Cramer, NZA 2004, 698, 704.

Rechtsprechung des BAG der Sonderkündigungsschutz nach den §§ 85 ff SGB IX auch dann zu, wenn der Arbeitgeber von der Schwerbehinderteneigenschaft nichts wusste.⁴⁸⁵

Hat der Arbeitgeber die Kündigung in Unkenntnis der bereits getroffenen oder beantragten Feststellung der Schwerbehinderteneigenschaft oder Gleichstellung des Arbeitnehmers ausgesprochen, muss allerdings der schwerbehinderte Arbeitnehmer innerhalb einer angemessenen Frist nach Zugang der Kündigung gegenüber dem Arbeitgeber seine bereits festgestellte oder beantragte Schwerbehinderteneigenschaft oder Gleichstellung geltend machen. Das Erfordernis der **Geltendmachung des Sonderkündigungsschutzes** ist unter dem Gesichtspunkt einer ansonsten eintretenden Verwirkung zu sehen.⁴⁸⁶ Die **Verwirkung** setzt jedoch voraus, dass der Arbeitgeber die Schwerbehinderung oder den Antrag nicht kennt und deshalb mit der Zustimmungspflichtigkeit der Kündigung nicht rechnen kann.⁴⁸⁷ Im Falle des **Betriebsübergangs** nach § 613a BGB muss sich der Betriebserwerber die Kenntnis des Betriebsveräußerers von der Schwerbehinderteneigenschaft eines Arbeitnehmers zurechnen lassen.⁴⁸⁸

748

Für die **fristwahrende Kenntnis des Arbeitgebers** reicht es aus, wenn der Betriebsrat ihm im Rahmen des Anhörungsverfahrens nach § 102 BetrVG mitteilt, der Arbeitnehmer sei schwerbehindert bzw gleichgestellt bzw habe einen Antrag auf Feststellung seiner Schwerbehinderung/Gleichstellung gestellt; es ist nicht erforderlich, dass der Arbeitnehmer den Betriebsrat um Weiterleitung dieser Information gebeten hat und der Betriebsrat als Erklärungsbote des Arbeitnehmers anzusehen ist.⁴⁸⁹

749

Eine zeitliche Begrenzung der Geltendmachung des besonderen Kündigungsschutzes durch den Arbeitnehmer ist im Übrigen nur in den Fällen erforderlich, in denen ein Schutzbedürfnis auf Seiten des Arbeitgebers anzuerkennen ist. Der Arbeitgeber kann regelmäßig keinen Vertrauensschutz in Anspruch nehmen, wenn er die Schwerbehinderung oder den Antrag vor Ausspruch der Kündigung kannte und deshalb mit dem Zustimmungserfordernis rechnen musste.⁴⁹⁰ Ein solches Schutzbedürfnis ist etwa zu verneinen, wenn die **Schwerbehinderung** für den Arbeitgeber **offensichtlich** ist⁴⁹¹ und

750

---

485 BAG vom 7.3.2002 – 2 AZR 612/00, NZA 2002, 1145, 1146; BAG vom 20.1.2005 – 2 AZR 675/03, NZA 2005, 689, 690; BAG vom 12.1.2006 – 2 AZR 539/05, NZA 2006, 1035, 1036; BAG vom 1.3.2007 – 2 AZR 650/05, DB 2007, 1540; BAG vom 13.2.2008 – 2 AZR 864/06, NZA 2008, 1055, 1059; BAG vom 11.12.2008 – 2 AZR 395/07, NZA 2009, 556, Rn 26; BAG vom 9.6.2011 – 2 AZR 703/09, NZA-RR 2011, 516, Rn 21 mwN.
486 BAG vom 12.1.2006 – 2 AZR 539/05, NZA 2006, 1035,1036; BAG vom 1.3.2007 – 2 AZR 650/05, DB 2007, 1540, Rn 30; BAG vom 11.12.2008 – 2 AZR 395/07, NZA 2009, 556, 557, Rn 17; BAG vom 23.2.2010 – 2 AZR 659/08, NZA 2011, 411, Rn 16 mwN; BAG vom 9.2.2011 – 7 AZR 221/10, NZA 2011, 854; BAG vom 9.6.2011 – 2 AZR 703/09, NZA-RR 2011, 516; vgl auch BAG vom 16.2.2012 – 6 AZR 553/10, NZA 2012, 555, 556, Rn 10 mwN; LAG Rheinland-Pfalz vom 20.3.2012 – 3 Sa 505/11.
487 BAG vom 11.12.2008 – 2 AZR 395/07, NZA 2009, 556, 557, Rn 17 mwN.
488 BAG vom 11.12.2008 – 2 AZR 395/07, NZA 2009, 556, Rn 18; KR-Etzel/Gallner, §§ 85–90 SGB IX Rn 16.
489 BAG vom 20.1.2005 – 2 AZR 675/03, NZA 2005, 689, 690 f.
490 BAG vom 23.2.2010 – 2 AZR 659/08, NZA 2011, 411, Rn 16; BAG vom 9.6.2011 – 2 AZR 703/09, NZA-RR 2011, 516, Rn 25.
491 Eine Offenkundigkeit der Schwerbehinderteneigenschaft, also das Vorliegen eines GdB von mindestens 50, ist etwa anzunehmen, wenn der Arbeitnehmer im Rollstuhl sitzt oder taub mit schweren Sprachstörungen ist – BAG vom 13.2.2008 – 2 AZR 864/06, NZA 2008, 1055, 1057, Rn 22.

er deshalb auch ohne Kenntnis, ob der Arbeitnehmer einen Feststellungsantrag beim Versorgungsamt gestellt hat, vorsorglich die Zustimmung zur Kündigung beim Integrationsamt beantragen kann.[492] Hat der Arbeitnehmer seine Anerkennung als schwerbehinderter Mensch nicht beantragt, reicht dem Arbeitgeber zum Ausspruch der Kündigung ein **Negativattest** des Integrationsamtes.[493]

751 **Hinweis:** Der Arbeitnehmer muss sich also regelmäßig rechtzeitig selbst auf den Sonderkündigungsschutz berufen. Geschieht dies zu spät, wird der Sonderkündigungsschutz verwirkt und der Arbeitnehmer kann sich nicht mehr auf das Fehlen der vorherigen Zustimmung des Integrationsamtes berufen.[494]

752 Die frühere Rechtsprechung des BAG sah eine Frist von einem Monat nach Zugang der ohne Zustimmung nach den §§ 85 ff SGB IX ausgesprochenen Kündigung als angemessen an.[495] Diese Rechtsprechung wurde in der Literatur dahin gehend kritisiert, dass sie zu einem Wertungswiderspruch führen würde.[496] Um diesen zu vermeiden, wird in der Literatur teilweise vertreten, dass sich der schwerbehinderte Arbeitnehmer gegenüber dem Arbeitgeber – in Anlehnung an die Frist des § 9 MuSchG – binnen zwei Wochen nach Zugang der Kündigung auf den Sonderkündigungsschutz nach den §§ 85 ff SGB IX berufen müsse.[497] Eine andere Literaturmeinung verlangt, dass der schwerbehinderte Arbeitnehmer – außer im Falle der Offenkundigkeit der Schwerbehinderteneigenschaft – vor Zugang der Kündigung die Schwerbehinderteneigenschaft mitgeteilt und nachgewiesen haben muss.[498]

753 Mit der neueren Rechtsprechung des BAG ist aber davon auszugehen, dass nach der Neufassung des § 4 KSchG[499] der schwerbehinderte Arbeitnehmer bei Unkenntnis des Arbeitgebers seine Schwerbehinderteneigenschaft bzw seine Gleichstellung oder eine entsprechende rechtzeitige Antragstellung **binnen drei Wochen nach Zugang der Kündigung** dem Arbeitgeber mitteilen muss, wenn er den Sonderkündigungsschutz nicht verlieren will.[500] So wird eine Harmonisierung mit der dreiwöchigen Klagefrist nach § 4 S. 1 KSchG erreicht, die – auch unter Berücksichtigung von § 4 S. 4 KSchG –

---

492 St. Rspr des BAG, vgl nur BAG vom 20.1.2005 – 2 AZR 675/05 – NZA 2005, 689, 690 mwN; bestätigt durch BAG vom 13.2.2008 – 2 AZR 864/06, NZA 2008, 1055, 1057, Rn 20; BAG vom 9.6.2011 – 2 AZR 703/09, NZA-RR 2011, 516, Rn 25 mwN.
493 BAG vom 13.2.2008 – 2 AZR 864/06, NZA 2008, 1055, 1057, Rn 20; BAG vom 9.6.2011 – 2 AZR 703/09, NZA-RR 2011, 516, Rn 35 mwN.
494 BAG vom 1.3.2007 – 2 AZR 650/05, DB 2007, 1540, Rn 30.
495 Vgl nur BAG vom 30.6.1983 – 2 AZR 10/82, EzA § 12 SchwbG Nr. 13; BAG vom 5.7.1990 – 2 AZR 8/90, AP Nr. 1 zu § 15 SchwbG 1986 = NZA 1991, 667; BAG vom 11.5.2000 – 2 AZR 276/99, NZA 2000, 1106, 1107 mwN.
496 Däubler, AiB 2005, 387, 394; Etzel in: FS zum 25-jährigen Bestehen der ARGE Arbeitsrecht im DAV, 246, 254 f; J. Schmidt, NZA 2004, 79, 81 mwN.
497 Etzel in: FS zum 25-jährigen Bestehen der ARGE Arbeitsrecht im DAV, 246, 254 f; so wohl auch J. Schmidt, NZA 2004, 79, 81.
498 Cramer, NZA 2004, 698, 704; Bauer/Powietzka, NZA-RR 2004, 505, 507; Neumann/Pahlen/Majerski-Pahlen, § 85 Rn 36; § 90 Rn 23.
499 Erstreckung der dreiwöchigen Klagefrist nach § 4 S. 1 KSchG auf alle Unwirksamkeitsgründe einer Kündigung ab dem 1.1.2004 – Gesetz zu Reformen am Arbeitsmarkt vom 24.12.2003, BGBl. I, 3002 ff.
500 BAG vom 12.1.2006 – 2 AZR 539/05, NZA 2006, 1035, 1037, Rn 24; BAG vom 1.3.2007 – 2 AZR 650/05, DB 2007, 1540, Rn 30; BAG vom 6.9.2007 – 2 AZR 324/06, NZA 2008, 407, 409; BAG vom 13.2.2008 – 2 AZR 864/06, NZA 2008, 1055, 1056, Rn 19; BAG vom 23.2.2010 – 2 AZR 659/08, NZA 2011, 411, 412, Rn 16; BAG vom 9.2.1011 – 7 AZR 221/10, NZA 2011, 854, Rn 22; so auch ErfK/Rolfs, § 85 SGB IX Rn 9 mwN; kritisch zur Rspr des BAG Gehlhaar, NZA 2011, 673 ff.

bei Unkenntnis des Arbeitgebers von der Schwerbehinderteneigenschaft bzw Gleichstellung durch den schwerbehinderten Arbeitnehmer einzuhalten ist.[501]

Hinweis: Daher muss ein schwerbehinderter Arbeitnehmer in jedem Fall binnen drei Wochen nach Zugang einer Kündigung Klage zum Arbeitsgericht erheben (§ 4 S. 1 KSchG), um mit dieser geltend zu machen, dass die Zustimmung des Integrationsamtes zur Kündigung nach § 85 SGB IX nicht vorliegt. Gleichzeitig muss er sich auf den Sonderkündigungsschutz berufen. Die Mitteilung der Schwerbehinderteneigenschaft bzw Gleichstellung oder einer entsprechenden Antragstellung kann formfrei an den Arbeitgeber oder einen kündigungsberechtigten Vertreter erfolgen,[502] muss aber durch den Arbeitnehmer nachgewiesen werden können. Die Mitteilung, die zeitgleich mit bzw in der fristgerecht (§ 4 S. 1 KSchG) erhobenen Kündigungsschutzklage erfolgt, ist ausreichend.[503]

754

Dabei können folgende **Fallgestaltungen** auftreten:

755

- Der Arbeitnehmer ist **schwerbehindert** bzw iSd § 68 Abs. 2 und 3 SGB IX **gleichgestellt**, die Schwerbehinderteneigenschaft bzw Gleichstellung ist vor Zugang der Kündigung festgestellt, der **Arbeitgeber weiß dies aber nicht**:

    Kündigt der Arbeitgeber, muss der Arbeitnehmer binnen der Dreiwochenfrist des § 4 KSchG Kündigungsschutzklage erheben und dem Arbeitgeber seine Schwerbehinderung mitteilen sowie sich auf den Sonderkündigungsschutz des SGB IX berufen, damit dieser erhalten bleibt. Die ohne vorherige Zustimmung des Integrationsamtes ausgesprochene Kündigung des Arbeitgebers ist nichtig (§ 85 SGB IX, § 134 BGB); der Kündigungsschutzklage ist stattzugeben, falls der Arbeitgeber die Kündigung nicht zurücknimmt. Es ist nicht erforderlich, dass der Arbeitnehmer gleichzeitig den Bescheid über die Schwerbehinderung vorlegt; es reicht die objektive Existenz eines geeigneten Bescheides.[504]

    Auch die Regelung des § 90 Abs. 2 a SGB IX, wonach der besondere Kündigungsschutz keine Anwendung findet, wenn zum Zeitpunkt der Kündigung die Eigenschaft als schwerbehinderter Mensch nicht nachgewiesen ist, steht dem Ergebnis nicht entgegen. Die Formulierung „nachgewiesen" verlangt keine Mitteilung des Feststellungs- bzw Gleichstellungsbescheides an den Arbeitgeber.[505]

- Der Arbeitnehmer **stellt erst nach Zugang der Kündigung** einen **Antrag** auf Feststellung der Schwerbehinderteneigenschaft oder Gleichstellung und wird rückwirkend als schwerbehindert anerkannt bzw gleichgestellt:

---

501 BAG vom 13.2.2008 – 2 AZR 864/06, NZA 2008, 1055, 1059, Rn 45 ff.
502 ErfK/Rolfs, § 85 SGB IX Rn 7; Neumann/Pahlen/Majerski-Pahlen, § 85 Rn 34.
503 BAG vom 23.2.2010 – 2 AZR 659/08, NZA 2011, 411, Rn 19.
504 BAG vom 11.12.2008 – 2 AZR 395/07, NZA 2009, 556, Rn 28; BAG vom 9.6.2011 – 2 AZR 703/09, NZA-RR 2011, 516, Rn 35.
505 BAG vom 13.2.2008 – 2 AZR 864/06, NZA 2008, 1055, 1056, Rn 18; BAG vom 11.12.2008 – 2 AZR 395/07, NZA 2009, 556, Rn 28; BAG vom 9.6.2011 – 2 AZR 703/09, NZA-RR 2011, 516, Rn 35.

Ein Kündigungsschutz besteht in dieser Fallgestaltung nicht.[506] Den Interessen des schwerbehinderten Arbeitnehmers wird dadurch Rechnung getragen, dass das Arbeitsgericht die Schwerbehinderteneigenschaft bei der Interessenabwägung im Rahmen des § 1 KSchG bzw § 626 BGB sowie auch bei der Prüfung der Sozialwidrigkeit nach § 1 Abs. 3 S. 1 KSchG berücksichtigt.[507] Nach einer Entscheidung des 2. Senates des BAG steht dem Arbeitnehmer ggf der Restitutionsgrund des § 580 Nr. 7 b ZPO analog zur Seite, wenn im – noch nicht abgeschlossenen – sozialgerichtlichen Verfahren festgestellt wird, dass der Arbeitnehmer tatsächlich zum Zeitpunkt des Zugangs der Kündigung schwerbehindert war.[508]

- Der Arbeitnehmer hat fristgerecht nach § 90 Abs. 2 a SGB IX spätestens drei Wochen **vor Zugang der Kündigung einen Antrag** auf Feststellung der Schwerbehinderteneigenschaft **gestellt** oder die Gleichstellung mit einem schwerbehinderten Menschen beantragt; die Schwerbehinderteneigenschaft oder Gleichstellung (§ 68 Abs. 2 S. 2 SGB IX) wird rückwirkend anerkannt und der Arbeitnehmer hat gegen die ohne Zustimmung des Integrationsamtes ausgesprochene Kündigung des Arbeitgebers fristgerecht binnen drei Wochen Kündigungsschutzklage zum Arbeitsgericht erhoben und den Umstand der Antragstellung rechtzeitig innerhalb der laufenden Dreiwochenfrist dem Arbeitgeber mitgeteilt:

In dieser Fallgestaltung ist der Kündigungsschutzprozess nach pflichtgemäßen Ermessen des Arbeitsgerichtes bis zur rechtskräftigen Entscheidung über den Anerkennungsantrag durch das Versorgungsamt gem. § 148 ZPO entweder auszusetzen oder fortzuführen, obwohl noch nicht feststeht, ob der Arbeitnehmer im Zeitpunkt des Zugangs der Kündigung schwerbehindert oder gleichgestellt war.[509]

Wird dann im Anerkennungsverfahren beim Versorgungsamt rückwirkend zum Zeitpunkt des Zugangs der Kündigung die Schwerbehinderteneigenschaft oder Gleichstellung des Arbeitnehmers festgestellt, ist die Kündigung wegen fehlender Zustimmung des Integrationsamtes unwirksam. Setzt das Arbeitsgericht den Kündigungsschutzprozess nicht bis zur rechtskräftigen Entscheidung über den Anerkennungsantrag aus, sondern weist die Kündigungsschutzklage rechtskräftig ab, so kann der schwerbehinderte Arbeitnehmer analog zu § 580 Nr. 7 b ZPO die Wiederaufnahme des Kündigungsschutzprozesses (**Restitutionsklage**) betreiben, falls erst nach Rechtskraft des klageabweisenden Urteils im Kündigungsschutzprozess die Schwerbehinderteneigenschaft rückwirkend bis zum Zeitpunkt des Zugangs der Kündigung festgestellt wird.[510]

---

506 HM und st. Rspr des BAG, vgl etwa BAG vom 11.5.2000 – 2 AZR 276/99, NZA 2000, 1106; BAG vom 24.11.2005 – 2 AZR 514/04, NZA 2006, 665; Rn 27 mwN; BAG vom 9.6.2011 – 2 AZR 703/09, NZA-RR 2011, 516, Rn 33; ErfK/Rolfs, § 85 SGB IX Rn 5.
507 BAG vom 20.1.2000 – 2 AZR 378/99, NZA 2000, 768, 770 f.
508 BAG vom 24.11.2005 – 2 AZR 514/04, NZA 2006, 665, Rn 28.
509 Vgl dazu oben Rn 741 ff.
510 BAG vom 15.8.1984 – 7 AZR 558/82, EzA § 580 ZPO Nr. 2 = AP Nr. 13 zu § 12 SchwBG mit zust. Anm. Gaul; BAG vom 24.11.2005 – 2 AZR 514/04, NZA 2006, 665, 667 mwN; BAG vom 2.3.2006 – 2 AZR 53/05, NZA-RR 2006, 636, Rn 56 mwN; LAG Köln vom 13.8.2009 – 7 Sa 355/09, Rn 18; Koch in: Schaub, § 179 Rn 49; KR-Etzel/Gallner, §§ 85–90 SGB IX Rn 144 mwN; Braasch in: Deinert/Neumann (Hrsg.), Hdb SGB IX, § 19 Rn 257; ErfK/Rolfs, § 85 SGB IX Rn 14; Fenski, BB 2001, 570, 571 mwN.

Im Falle des **Betriebsübergangs** nach § 613 a BGB muss sich der Betriebserwerber die Kenntnis des Betriebsveräußerers von der Schwerbehinderteneigenschaft eines Arbeitnehmers zurechnen lassen.[511]

2. Änderungskündigung

Eine Änderungskündigung ist dann gegeben, wenn der Arbeitgeber das Arbeitsverhältnis kündigt und dem Arbeitnehmer im Zusammenhang mit der Kündigung die Fortsetzung des Arbeitsverhältnisses zu geänderten Arbeitsbedingungen anbietet (§ 2 KSchG). Der Arbeitgeber ist außerhalb seines **Direktionsrechtes**[512] nicht berechtigt, den Inhalt des Arbeitsvertrages einseitig zu ändern; er muss also im Allgemeinen kündigen und die Fortsetzung des Arbeitsvertrages zu den von ihm gewünschten Bedingungen anbieten, wenn sich der schwerbehinderte Mensch nicht mit den angestrebten Arbeitsbedingungen einverstanden erklärt und der Arbeitgeber eine Änderung der Arbeitsbedingungen nicht mit dem ihm zustehenden Direktionsrecht erreichen kann.[513]

Eine solche Änderungskündigung bedarf – wie die Beendigungskündigung, die zur Entlassung eines schwerbehinderten Menschen führt – der vorherigen Zustimmung des Integrationsamtes (§ 85 SGB IX).[514] Die Änderungskündigung kann unter Einhaltung der bestehenden Kündigungsfristen als ordentliche Kündigung erfolgen; sie kann auch ausnahmsweise aus wichtigem Grund als **außerordentliche Kündigung** ausgesprochen werden.

Im Zustimmungsverfahren zu einer Änderungskündigung prüft das Integrationsamt zunächst, ob die Zustimmung nach § 89 Abs. 2 SGB IX zu erteilen ist. Nach dieser Vorschrift soll die Zustimmung erteilt werden, wenn dem schwerbehinderten Menschen ein anderer angemessener und zumutbarer Arbeitsplatz gesichert ist. In diesem Fall muss das Integrationsamt die Zustimmung regelmäßig erteilen und darf sie nur ausnahmsweise – bei Vorliegen besonderer Umstände, die eine Entscheidung zugunsten des schwerbehinderten Menschen rechtfertigen – versagen.[515]

Diese Vorschrift ist gerade bei Änderungskündigungen von Bedeutung. Denn der „andere Arbeitsplatz" kann auch der bisherige Arbeitsplatz – nur zu geänderten Bedingungen – oder ein anderer Arbeitsplatz desselben Arbeitgebers sein.[516] Die **Angemessenheit des anderen Arbeitsplatzes** beurteilt sich nach der Art der Beschäftigung, dem Verhältnis des Arbeitsentgelts zur ausgeübten Tätigkeit und den sonstigen Ar-

---

511 BAG vom 11.12.2008 – 2 AZR 395/07, NZA 2009, 556, Rn 18; KR-Etzel/Gallner, §§ 85–90 SGB IX Rn 16.
512 Vgl ausführlich zur Abgrenzung zwischen Direktionsrecht und Änderungskündigung bei der einseitigen Änderung von Arbeitsbedingungen: Braasch in: Deinert/Neumann (Hrsg.), Hdb SGB IX, § 19 Rn 38.
513 Nach der neueren Rechtsprechung des BAG hat die Ausübung des Direktionsrechtes durch den Arbeitgeber Vorrang vor einer Änderungskündigung, BAG vom 6.9.2007 – 2 AZR 368/06, NZA-RR 2008, 291; kritisch dazu Hunold, NZA 2008, 860 ff.
514 ErfK/Rolfs, § 85 SGB IX Rn 12; Koch in: Schaub, § 179 Rn 15; Braasch in: Deinert/Neumann (Hrsg.), Hdb SGB IX, § 19 Rn 41; Neumann/Pahlen/Majerski-Pahlen, § 85 Rn 56 mwN.
515 OVG Münster vom 23.5.1984 – 8 A 130/83; Braasch in: Deinert/Neumann (Hrsg.), Hdb SGB IX, § 19 Rn 37; Neumann/Pahlen/Majerski-Pahlen, § 85 Rn 57 mwN.
516 OVG Münster vom 5.4.1989 – 13 A 31/88, ZB 4/95 (ZB Info).

beitsbedingungen.[517] Im Rahmen der Prüfung der **Zumutbarkeit** sind alle Umstände zu berücksichtigen, die mit dem neuen Arbeitsplatz im weiteren Sinne zusammenhängen.[518]

761 Wenn die Voraussetzungen des § 89 Abs. 2 SGB IX nicht vorliegen, wird die Entscheidung aufgrund des dem Integrationsamt zustehenden **pflichtgemäßen Ermessens** getroffen.[519] Dies kann bedeuten, dass bei Abwägung aller Umstände dem Antrag auch dann entsprochen wird, wenn der Arbeitsplatz nicht angemessen und zumutbar ist, die einzige Alternative hierzu jedoch eine Beendigungskündigung wäre. Bei der Interessenabwägung ist zu berücksichtigen, ob der Arbeitgeber die Prävention nach § 84 Abs. 1 und 2 SGB IX durchgeführt hat oder nicht.[520]

762 **Hinweis:** Bereits vor einem beabsichtigten Arbeitsplatzwechsel sollten sowohl der Arbeitgeber als auch der **Betriebs-/Personalrat** und die **Schwerbehindertenvertretung** zu klären versuchen, ob der bisherige Arbeitsplatz durch technische und organisatorische Maßnahmen und ggf durch behinderungsgerechte Umgestaltung für den schwerbehinderten Mitarbeiter erhalten oder ob jedenfalls ein gleichwertiger anderer Arbeitsplatz gefunden werden kann. Dabei können das Integrationsamt und der Integrationsfachdienst (§§ 109 ff SGB IX) eingeschaltet werden. Die Schwerbehindertenvertretung ist durch den Arbeitgeber unverzüglich und umfassend vor einer Änderung der Arbeitsbedingungen eines schwerbehinderten oder gleichgestellten Menschen zu unterrichten und vor einer Entscheidung zu hören. Der **Arbeitgeber** hat ihr die getroffene Entscheidung unverzüglich mitzuteilen (§ 95 Abs. 2 S. 1 SGB IX).

3. Außerordentliche Kündigung

763 Abweichend vom Regelfall der ordentlichen Kündigung besteht bei Vorliegen eines **wichtigen Grundes** ausnahmsweise die Möglichkeit, das Arbeitsverhältnis außerordentlich zu kündigen. Nach dem Gesetz werden als wichtiger Grund Tatsachen angesehen, aufgrund derer dem Kündigenden die Fortsetzung des Arbeitsverhältnisses bis zum Ablauf der Kündigungsfrist oder bis zu der vereinbarten Beendigung des Arbeitsverhältnisses nicht zugemutet werden kann (§ 626 BGB).

764 Im Gegensatz zur ordentlichen Kündigung gelten also für die außerordentliche Kündigung keine Kündigungsfristen, auch nicht die Mindestkündigungsfrist nach § 86 SGB IX.[521]

765 Der Regelfall der außerordentlichen Kündigung ist die **fristlose** Kündigung, durch die das Arbeitsverhältnis sofort beendet werden soll. Die Wirkung tritt mit dem Zugang der Kündigungserklärung ein, wenn sie durch einen wichtigen Grund gerechtfertigt

---

517 AA OVG Münster vom 23.1.1992 – 13 A 107/91, wonach sich die Angemessenheit des anderen Arbeitsplatzes allein nach den Bedingungen der Arbeit und der Arbeitsstätte an sich und nicht im Vergleich mit dem früheren Arbeitsplatz beurteilt.
518 OVG Koblenz vom 13.12.1996 – 12 A 10457/96, ZB 3/99 (ZB Info); vgl dazu auch oben Rn 696.
519 Vgl dazu ErfK/Rolfs, § 89 SGB IX Rn 1 mwN.
520 Vgl dazu oben Rn 325 ff.
521 Vgl dazu auch KR-Etzel/Gallner, § 91 SGB IX Rn 33; Kossens in: Kossens/von der Heide/Maaß, § 91 Rn 1; Düwell in: Dau/Düwell/Joussen, § 91 Rn 9.

ist.[522] Streitig ist, ob § 91 SGB IX auch für eine außerordentliche Kündigung mit notwendiger Auslauffrist gegenüber einem ordentlich unkündbaren Arbeitnehmer gilt.[523]

Hinweis: Es stellt einen Wertungswiderspruch dar, dass der geringer ausgestaltete Schutz vor außerordentlichen Kündigungen nach § 91 SGB IX, insbesondere § 91 Abs. 3 und 4 SGB IX, auf eigentlich sozial schutzbedürftigere, ordentlich unkündbare Arbeitnehmer angewandt wird, was in der Literatur zu Recht kritisiert wird.[524] Allerdings wird in der Praxis das Zustimmungsverfahren entsprechend der Rechtsprechung des BAG[525] durch die Integrationsämter auch bei ordentlich unkündbaren schwerbehinderten oder gleichgestellten Arbeitnehmern nach § 91 SGB IX und nicht nach § 85 SGB IX durchgeführt.

766

Auch die außerordentliche Kündigung eines schwerbehinderten Menschen durch den Arbeitgeber bedarf gem. § 91 Abs. 1 SGB IX iVm § 85 SGB IX der vorherigen Zustimmung des Integrationsamtes. Das Kündigungsschutzverfahren richtet sich weitgehend nach den Vorschriften über die ordentliche Kündigung. Es gibt jedoch **einige wichtige Besonderheiten:**

767

a) Antrag auf Zustimmung zur außerordentlichen Kündigung
aa) Zweiwochenfrist (§ 91 Abs. 2 SGB IX)

Der Arbeitgeber kann die Zustimmung zur außerordentlichen Kündigung **nur innerhalb von zwei Wochen** beantragen, wobei der Eingang des Antrags beim Integrationsamt maßgebend ist (§ 91 Abs. 2 S. 1 SGB IX). Die Frist beginnt mit dem Zeitpunkt, in dem der Arbeitgeber von den für die Kündigung maßgebenden Tatsachen Kenntnis erlangt (§ 91 Abs. 2 S. 2 SGB IX). Dabei kommt es auf die Kenntnis der Person beim Arbeitgeber an, der im konkreten Fall das Recht zur Kündigung zusteht.[526]

768

Wie im Fall des § 626 Abs. 2 BGB beginnt die Ausschlussfrist, wenn der **Kündigungsberechtigte** eine zuverlässige und möglichst vollständige Kenntnis der für die Kündigung maßgebenden Tatsachen hat, die ihm die Entscheidung ermöglicht, ob die Fortsetzung des Arbeitsverhältnisses zumutbar ist oder nicht.[527] Ein zur Kündigung Berechtigter, der Anhaltspunkte für einen Sachverhalt hat, der zur außerordentlichen Kündigung berechtigen könnte, kann Ermittlungen anstellen und den Betroffenen anhören, ohne dass die Frist zu laufen beginnt. Um den Lauf der Frist aber nicht länger als unbedingt notwendig hinaus zu schieben, muss die Anhörung innerhalb einer kur-

769

---

522 KR-Fischermeier, § 626 BGB Rn 27 mwN.
523 Bejahend st. Rspr des BAG, vgl BAG vom 12.8.1999 – 2 AZR 748/98, NZA 1999, 1267; BAG vom 12.5.2005 – 2 AZR 159/04, NZA 2005, 1173, Rn 19; ErfK/Rolfs, § 91 SGB IX Rn 2; Kossens in: Kossens/von der Heide/Maaß, § 91 Rn 4 mwN; Neumann/Pahlen/Majerski-Pahlen, § 91 Rn 4; verneinend: Düwell in: Dau/Düwell/Joussen, § 91 Rn 11 mwN.
524 Düwell in: Dau/Düwell/Joussen, § 91 Rn 11 mwN.
525 BAG vom 12.8.1999 – 2 AZR 748/98, NZA 1999, 1267; BAG vom 12.5.2005 – 2 AZR 159/04, NZA 2005, 1173, Rn 19.
526 Vgl dazu ausführlich KR-Fischermeier, § 626 BGB Rn 343 ff; vgl dazu auch Düwell in: Dau/Düwell/Joussen, § 91 Rn 13.
527 BAG vom 13.5.2004 – 2 AZR 36/04, NZA 2004, 1271, 1272; BAG vom 21.4.2005 – 2 AZR 255/04, NZA 2005, 991, 992; BAG vom 2.2.2006 – 2 AZR 57/05, AP Nr. 204 zu § 626 BGB; BAG vom 2.3.2006 – 2 AZR 46/05, NZA 2006, 1211, 1212 mwN; KR-Etzel/Gallner, § 91 SGB IX Rn 9 mwN; ErfK/Rolfs, § 91 SGB IX Rn 3 mwN; Kossens in: Kossens/von der Heide/Maaß, § 91 Rn 7; Düwell in: Dau/Düwell/Joussen, § 91 Rn 13 mwN.

zen Frist erfolgen. Die Frist darf im Allgemeinen nicht mehr als eine Woche betragen, kann aber bei Vorliegen besonderer Umstände überschritten werden.[528] Im Kündigungsschutzprozess ist der **Arbeitgeber** als Kündigungsberechtigter für die Einhaltung der Ausschlussfrist **darlegungs- und beweispflichtig.**[529]

770 Bei sog. **Dauertatbeständen**, wie lang anhaltenden Erkrankungen, ist die Rechtsprechung des BAG zu § 626 Abs. 2 BGB auf § 91 Abs. 2 SGB IX zu übertragen.[530] In dem Fall, dass der schwerbehinderte Arbeitnehmer infolge von Arbeitsunfähigkeit seine vertraglich vereinbarte Leistung nicht mehr erbringen kann, liegt ein Dauertatbestand vor, der sich fortlaufend neu verwirklicht. Bei solchen echten Dauertatbeständen beginnt die Ausschlussfrist erst mit Beendigung des länger anhaltenden Zustandes.[531]

771 Bei einer **außerordentlichen krankheitsbedingten Kündigung** reicht es aus, dass die dauernde Unfähigkeit, die vertraglichen Dienste zu erbringen, bis in die letzten zwei Wochen vor Ausspruch der Kündigung angehalten hat.[532] Ein Dauertatbestand kann nach der neueren Rechtsprechung selbst bei nicht durchgehender Arbeitsunfähigkeit anzunehmen sein.[533]

772 Das Integrationsamt muss die Wahrung der Zweiwochenfrist des § 91 Abs. 2 SGB IX von **Amts wegen prüfen** (§ 20 SGB X).[534] Ist die Frist des § 91 Abs. 2 SGB IX bei Antragstellung durch den Arbeitgeber bereits verstrichen, ist der Antrag des Arbeitgebers durch das Integrationsamt als unzulässig zu verwerfen, da eine gesetzliche Voraussetzung für die Zustimmung fehlt.[535] Deshalb darf das Integrationsamt die Zustimmung zur Kündigung nicht erteilen.[536]

773 Die Zweiwochenfrist des § 91 Abs. 2 S. 1 SGB IX ist nicht verlängerbar. Eine **Wiedereinsetzung in den vorigen Stand** kommt selbst dann nicht in Betracht, wenn die ordentliche Kündigung ausgeschlossen ist.[537] Auch für einen mit einem zu mit einem zurückgenommenen Zustimmungsantrag inhaltsgleichen Zweitantrag läuft keine neue Antragsfrist.[538]

---

528 BAG vom 2.3.2006 – 2 AZR 46/05, NZA 2006, 1211, 1214 mwN; LAG Köln vom 15.4.2010 – 13 Sa 1449/09, AA 2010, 170, Rn 11;.
529 BAG vom 1.2.2007 – 2 AZR 333/06, NZA 2007, 744.
530 ErfK/Rolfs, § 91 SGB IX Rn 3.
531 BAG vom 13.5.2004 – 2 AZR 36/04, NZA 2004, 1271, 1272 mwN; KR-Fischermeier, § 626 BGB Rn 323 ff.
532 So BAG vom 21.3.1996 – 2 AZR 455/95, NZA 1996, 871; BAG vom 13.5.2004 – 2 AZR 36/04, NZA 2004, 1271, 1272; vgl dazu auch KR-Fischermeier, § 626 BGB Rn 323 ff.
533 BAG vom 27.11.2003 – 2 AZR 601/02, EzA § 626 BGB 2002 Krankheit Nr. 1; KR-Fischermeier, § 626 BGB Rn 327 mwN.
534 BVerwG vom 2.5.1996 – 5 B 186.95, Buchholz 436.61 § 21 SchwbG Nr. 7; Koch in: Schaub, § 179 Rn 32; Kossens in: Kossens/von der Heide/Maaß, § 91 Rn 10; Düwell in: Dau/Düwell/Joussen, § 91 Rn 13; ErfK/Rolfs, § 91 SGB IX Rn 4.
535 ErfK/Rolfs, § 91 SGB IX Rn 4; KR-Fischermeier, § 626 BGB Rn 339 mwN; vgl auch KR-Etzel/Gallner, § 91 SGB IX Rn 10.
536 BVerwG vom 15.3.1989, Buchholz 436.61 § 21 SchwbG Nr. 2.
537 VGH Mannheim vom 5.8.1996 – 7 S 483/95, NZA-RR 1997, 90; ErfK/Rolfs, § 91 SGB IX Rn 3; Düwell in: Dau/Düwell/Joussen, § 91 Rn 17; Kossens in: Kossens/von der Heide/Maaß, § 91 Rn 8 mwN; vgl auch KR-Etzel/Gallner, § 91 SGB IX Rn 10.
538 VGH Mannheim vom 5.8.1996 – 7 S 483/95, NZA-RR 1997, 90; Düwell in: Dau/Düwell/Joussen, § 91 Rn 17.

bb) Verhältnis zwischen der Zweiwochenfrist nach § 91 Abs. 2 SGB IX und der nach § 626 Abs. 2 BGB

Dabei ist in Literatur und Rechtsprechung streitig, ob in dem Fall, dass der Arbeitgeber die Antragsfrist des § 91 Abs. 2 SGB IX versäumt und das Integrationsamt dennoch seine Zustimmung zur außerordentlichen Kündigung erteilt hat, eine gem. § 91 Abs. 5 SGB IX unverzüglich nach Zustimmung des Integrationsamtes erklärte außerordentliche Kündigung des Arbeitgebers in ihrer Wirksamkeit unabhängig von der Frist des § 626 Abs. 2 BGB zu beurteilen ist oder nicht.

Nach neuerer Rechtsprechung des BAG sowie nach inzwischen herrschender Auffassung in der Literatur verdrängt die Vorschrift des § 91 Abs. 2 S. 1 SGB IX die Kündigungserklärungsfrist des § 626 Abs. 2 BGB nicht. Mit dem bestandskräftigen, zustimmenden Verwaltungsakt des Integrationsamtes steht nicht etwa zugleich fest, dass die Zweiwochenfrist des § 626 Abs. 2 BGB gewahrt ist. In einem arbeitsgerichtlichen Kündigungsschutzverfahren haben die Arbeitsgerichte die Einhaltung der Frist des § 626 Abs. 2 BGB eigenständig zu prüfen.[539]

Nach dieser Auffassung wird also die Ausschlussfrist des § 626 Abs. 2 S. 1 BGB durch § 91 Abs. 2 SGB IX nicht modifiziert. Die **Fristen des § 626 Abs. 2 S. 1 BGB und § 91 SGB IX** bestehen somit selbstständig nebeneinander und verdrängen einander nicht gegenseitig.[540]

Das folgt zum einen daraus, dass mit der eigenständigen Prüfung der Ausschlussfrist des § 626 Abs. 2 S. 1 BGB durch die Arbeitsgerichte keine Aussage über die verwaltungsrechtliche Frage verbunden ist, ob die Frist des § 91 Abs. 2 S. 1 SGB IX als Voraussetzung einer wirksamen Zustimmung des Integrationsamtes eingehalten worden ist. Soweit die Arbeitsgerichte die Einhaltung der Ausschlussfrist des § 626 Abs. 2 S. 1 BGB in eigener Kompetenz als Voraussetzung der außerordentlichen Kündigung prüfen, steht damit nicht zugleich die Wirksamkeit des zustimmenden Verwaltungsaktes des Integrationsamtes zur Kontrolle an. Die Überprüfung, ob der Verwaltungsakt rechtmäßig ist, insbesondere, ob das Integrationsamt die Einhaltung der Ausschlussfrist des § 91 Abs. 2 S. 1 SGB IX zu Recht bejaht hat, wird durch die Prüfung der Ausschlussfrist nach § 626 Abs. 2 S. 1 BGB durch die Arbeitsgerichte nicht berührt.[541] Zum anderen ist die zustimmende Entscheidung des Integrationsamtes nach den §§ 85, 91 SGB IX für die Arbeitsgerichte bei der Prüfung der Zweiwochenfrist des § 626 Abs. 2 S. 1 BGB nicht bindend.[542]

---

539 BAG vom 2.3.2006 – 2 AZR 46/05, NZA 2006, 1211; BAG vom 1.2.2007 – 2 AZR 333/06, NZA 2007, 744, Rn 14; LAG Köln vom 4.2.2010 – 6 Sa 1045/09, EzA-SD 2010, Nr. 6, 16, Rn 14; KR-Fischermeier, § 626 BGB Rn 339; Fenski, BB 2001, 570, 571; ErfK/Rolfs, § 91 SGB IX Rn 4; Koch in: Schaub, § 179 Rn 32.
540 BAG vom 2.3.2006 – 2 AZR 46/05, NZA 2006, 1211, 1212 mwN; BAG vom 1.2.2007 – 2 AZR 333/06, NZA 2007, 744, Rn 14; LAG Köln vom 4.2.2010 – 6 Sa 1045/09, EzA-SD 2010, Nr. 6, 16, Rn 14; Hauck/Noftz, § 91 SGB IX Rn 5; Braasch, in: Deinert/Neumann (Hrsg.), Hdb SGB IX, § 19 Rn 191; Fenski, BB 2001, 570, 571; aA ErfK/Müller-Glöge, § 626 BGB Rn 228; Düwell in: Dau/Düwell/Joussen, § 91 Rn 18.
541 BAG vom 2.3.2006 – 2 AZR 46/05, NZA 2006, 1211, 1213, Rn 14 ff mwN; Fenski, BB 2001, 570, 571.
542 BAG vom 2.3.2006 – 2 AZR 46/05, NZA 2006, 1211, 1213, Rn 16; Fenski, BB 2001, 570, 571; Braasch in: Deinert/Neumann (Hrsg.), Hdb SGB IX, § 19 Rn 191.

778 Nach anderer Auffassung soll in dem Fall, dass die Antragsfrist des § 91 Abs. 2 S. 1 SGB IX vom Arbeitgeber versäumt worden ist, dessen ungeachtet aber das Integrationsamt der außerordentlichen Kündigung zugestimmt hat, eine danach erklärte Kündigung in ihrer Wirksamkeit unabhängig von der Frist des § 626 Abs. 2 BGB zu beurteilen sein. Begründet wird dies damit, dass § 91 Abs. 5 SGB IX die Kündigungserklärungsfrist eigenständig regle und andernfalls die Arbeitsgerichte mittelbar über die Wirksamkeit der Zustimmung des Integrationsamtes befinden würden, was unzulässig sei.[543]

779 Die unterschiedlichen Konsequenzen dieser beiden Auffassungen zeigen sich in folgendem Beispiel.

780 **Beispiel:**[544] Der schwerbehinderte Arbeitnehmer A aus Berlin möchte für Freitag, den 18.5.2007, den Tag nach Christi Himmelfahrt, Urlaub haben, um für ein langes Wochenende nach Köln zu fahren. Dieser Urlaub kann ihm aus betriebsbedingten Gründen nicht gewährt werden, was ihm vom Personalleiter des Unternehmens B mitgeteilt wird, worauf A erwidert: „Da gibt es ja noch die Möglichkeit des Gelbmanns." Am 18.5.2007 wird A arbeitsunfähig, was er dem Personalleiter seines Arbeitgebers B ordnungsgemäß mitteilt und nachweist. B hat aufgrund der Andeutungen des A einen Privatdetektiv P engagiert, der A nach Köln folgt und feststellt, dass A sich „wie Bolle amüsiert"; dies ergibt sich auch detailliert aus dem Bericht des P. Am Montag, dem 21.5.2007, erhält der Personalleiter den Bericht des P; am Dienstag, dem 22.5.2007, hört er den A zu einer beabsichtigten außerordentlichen Kündigung an; am Mittwoch, dem 23.5.2007, den im Betrieb B bestehenden Betriebsrat. Der Betriebsrat möchte mehr Aufklärung darüber erhalten, woran A erkrankt sei, was der Personalleiter dem Betriebsrat erst am 4.6.2007 mitteilt. Am Mittwoch, dem 6.6.2007, stimmt der Betriebsrat einer beabsichtigten außerordentlichen Kündigung des A zu; am Freitag, dem 8.6.2007, beantragt B die Zustimmung des Integrationsamtes zur außerordentlichen Kündigung. Diese Zustimmung erhält B am 15.6.2007 per Fax, am 18.6.2007 wird sie B zugestellt. Der Personalleiter spricht mit Schreiben vom 18.6.2007 eine außerordentliche Kündigung aus, welche A am 19.6.2007 zugeht. Gegen diese außerordentliche Kündigung erhebt A fristgerecht Klage zum Arbeitsgericht Berlin.

781 Der Arbeitgeber B hat im Beispielsfall die Zweiwochenfrist des § 91 Abs. 2 S. 1 SGB IX gem. §§ 187 Abs. 1, 188 BGB verstreichen lassen, denn am Mittwoch, dem 23.5.2007, hatte er unzweifelhaft Kenntnis von allen für die Kündigung maßgebenden Tatsachen erlangt, weil er an diesem Tag den Betriebsrat zur beabsichtigten Kündigung anhörte. Auf die Art der Krankheit des Arbeitnehmers A bzw ob B davon wusste, kommt es nicht an, da die außerordentliche Kündigung auch dann wirksam wäre, wenn A tatsächlich erkrankt wäre.[545] Dies hat das Integrationsamt bei seiner zustimmenden Entscheidung jedoch nicht gesehen.

---

543 ErfK/Müller-Glöge, § 626 BGB Rn 228; MüKo-Hesse, vor §§ 620-630 Rn 256; Neumann/Pahlen/Majerski-Pahlen, § 91 Rn 17 mwN; Düwell in: Dau/Düwell/Joussen, § 91 Rn 18; so auch KR-Etzel/Gallner, § 91 SGB IX Rn 10, der eine eigenständige Prüfungskompetenz der Arbeitsgerichte zwar verneint, jedoch der Entscheidung des BAG vom 2.3.2006, NZA 2006, 1211 ff für den Fall folgt, dass der Arbeitgeber erst nach Ablauf der Zweiwochenfrist des § 626 Abs. 2 BGB die Zustimmung des Integrationsamtes beantragt hat, und nimmt für diesen Fall auch eine Unwirksamkeit der außerordentlichen Kündigung an.
544 In Abwandlung des Sachverhaltes, der der Entscheidung des LAG Berlin vom 17.12.1999 – 19 Sa 1739/99 zugrunde lag.
545 BAG vom 5.11.1992 – 2 AZR 147/92, BB 1993, 434 = DB 1993, 486.

VI. Besondere Tatbestände 2

Nach der in der Literatur vertretenen Mindermeinung[546] wäre die durch den Personalleiter am 19.6.2007 unverzüglich nach Zugang der zustimmenden Entscheidung des Integrationsamtes ausgesprochene außerordentliche Kündigung trotz Versäumung der Frist des § 91 Abs. 2 S. 1 SGB IX wirksam, weil nach dieser Auffassung § 91 Abs. 5 SGB IX die Kündigungserklärungsfrist von zwei Wochen eigenständig regelt und die Zweiwochenfrist des § 626 Abs. 2 BGB durch die Arbeitsgerichte in diesem Fall nicht mehr zu prüfen ist. Selbst wenn der Arbeitnehmer A im Kündigungsschutzprozess die Nichteinhaltung der Antragsfrist nach § 91 Abs. 2 SGB IX rügen würde, so wäre den Arbeitsgerichten eine Überprüfung der Frist verwehrt. Allenfalls könne der Zustimmungsbescheid des Integrationsamtes nach § 40 Abs. 1 SGB X als nichtig angesehen werden, wenn es offensichtlich ist, dass die Frist überschritten wurde und das Integrationsamt pflichtwidrig die Fristwahrung überhaupt nicht geprüft hat.[547] Ansonsten muss der schwerbehinderte Mensch wegen der Nichteinhaltung der Frist des § 91 Abs. 2 SGB IX den Zustimmungsbescheid des Integrationsamtes (§ 91 Abs. 3 S. 1 SGB IX) oder die fingierte Zustimmung des Integrationsamtes (§ 91 Abs. 3 S. 2 SGB IX) mit Widerspruch und Anfechtungsklage vor dem Verwaltungsgericht anfechten.[548]

782

Nach Auffassung des BAG und der herrschenden Meinung in der Literatur ist die Einhaltung der Zweiwochenfrist des § 626 Abs. 2 S. 1 BGB als Wirksamkeitsvoraussetzung der außerordentlichen Kündigung in eigener Kompetenz durch die Arbeitsgerichte zu prüfen, so dass die bereits eingetretene Fristversäumung nicht allein dadurch „geheilt" werden kann, dass das Integrationsamt die Zustimmung zur beabsichtigten außerordentlichen Kündigung erteilt hat.[549]

783

Nach dieser herrschenden Auffassung kann im arbeitsgerichtlichen Verfahren trotz erteilter Zustimmung des Integrationsamtes die erklärte außerordentliche Kündigung an der Nichteinhaltung der Zweiwochenfrist des § 626 Abs. 2 S. 1 BGB scheitern, wenn die Zweiwochenfrist des § 91 Abs. 2 S. 1 BGB bei Ausspruch der außerordentlichen Kündigung bereits abgelaufen ist. Dies gilt nicht nur für den Fall, dass die Nichteinhaltung der Frist des § 91 Abs. 2 SGB IX offenkundig ist.[550]

784

Entgegen der dargestellten Mindermeinung in der Literatur[551] führt die Regelung des § 91 Abs. 5 SGB IX zu keinem anderen Ergebnis. Für den Fall, dass die Zweiwochenfrist des § 626 Abs. 2 S. 1 BGB nach Erteilung der Zustimmung bereits abgelaufen ist, verlangt § 91 Abs. 5 SGB IX die unverzügliche Erklärung der außerordentlichen Kündigung. Damit ist aber nur klargestellt, dass nach erteilter Zustimmung keine neue Ausschlussfrist zu laufen beginnt.

785

---

546 ErfK/Müller-Glöge, § 626 BGB Rn 228; Düwell in: Dau/Düwell/Joussen, § 91 Rn 18.
547 KR-Etzel/Gallner, § 91 SGB IX Rn 10; Düwell in: Dau/Düwell/Joussen, § 91 Rn 18 mwN.
548 Düwell in: Dau/Düwell/Joussen, § 91 Rn 18.
549 BAG vom 2.3.2006 – 2 AZR 46/05, NZA 2006, 1211, 1213 mwN; Kossens in: Kossens/von der Heide/Maaß, § 91 Rn 7; ErfK/Rolfs, § 91 Rn 4; Fenski, BB 2001, 570, 571; Braasch in: Deinert/Neumann (Hrsg.), Hdb SGB IX, § 19 Rn 191.
550 Braasch, in: Deinert/Neumann (Hrsg.), Hdb SGB IX, § 19 Rn 191; Fenski, BB 2001, 570, 571; aA KR-Etzel/Gallner, § 91 SGB IX Rn 10; Düwell in: Dau/Düwell/Joussen, § 91 Rn 18 mwN.
551 Nach dieser Meinung regelt § 91 Abs. 5 SGB IX die Kündigungserklärungsfrist eigenständig – ErfK/Müller-Glöge, § 626 BGB Rn 228.

§ 2 Kündigungsschutz für schwerbehinderte Arbeitnehmer

786 § 91 Abs. 5 SGB IX will dem Umstand Rechnung tragen, dass es dem Arbeitgeber regelmäßig nicht möglich ist, bis zum Ablauf der zweiwöchigen Ausschlussfrist des § 626 Abs. 2 S. 1 BGB bei einem schwerbehinderten Menschen auch noch die Zustimmung des Integrationsamtes einzuholen.[552] Würde es die Regelung in § 91 Abs. 5 SGB IX nicht geben, würde die außerordentliche Kündigung in vielen Fällen daran scheitern, dass zum Zeitpunkt des Ablaufs der Zweiwochenfrist des § 626 Abs. 2 S. 1 BGB die Zustimmung des Integrationsamtes noch nicht vorliegt. Der Anwendungsbereich des § 91 Abs. 5 SGB IX wird aber gar nicht erst eröffnet, wenn die Zweiwochenfrist des § 626 Abs. 2 S. 1 BGB bereits vor Antragstellung beim Integrationsamt abgelaufen war.[553]

787 Im Beispielsfall führt dies zu dem zutreffenden Ergebnis, dass die am 18.6.2007 ausgesprochene außerordentliche Kündigung unwirksam ist, obwohl das Integrationsamt nach den §§ 85, 91 SGB IX seine Zustimmung erteilt hatte. Die am 8.6.2007 durch den Arbeitgeber beantragte Zustimmung zur Kündigung des A erfolgte nach Ablauf sowohl der Frist des § 626 Abs. 2 S. 1 BGB als auch nach Ablauf der Frist des § 91 Abs. 2 S. 1 SGB IX. Hat aber der Arbeitgeber den Antrag auf Zustimmung für eine beabsichtigte außerordentliche Kündigung nicht fristgemäß gestellt, kann er die außerordentliche Kündigung nach § 626 Abs. 2 S. 1 BGB nicht mehr fristgemäß aussprechen, die Kündigung ist unwirksam.[554]

788 **Hinweis:** Bei einer außerordentlichen Kündigung ist daher äußerste Sorgfalt bei der Einhaltung der Frist des § 91 Abs. 2 SGB IX geboten. Wird diese Zweiwochenfrist des § 91 Abs. 2 SGB IX versäumt, verliert der Arbeitgeber damit seine Möglichkeit zur außerordentlichen Kündigung, weil stets zugleich die Frist des § 626 Abs. 2 BGB verstrichen ist. Die Kündigung kann damit bei verspäteter Antragstellung beim Integrationsamt also selbst dann unwirksam sein, wenn das Integrationsamt die Zustimmung erteilt hat. Der Arbeitgeber ist dann auf eine neue Antragstellung für eine allein noch zulässige ordentliche Kündigung beschränkt.

789 Eine **Wiedereinsetzung in den vorherigen Stand** bei Versäumung der Antragsfrist des § 91 Abs. 2 SGB IX kommt nicht in Betracht, selbst dann nicht, wenn die ordentliche Kündigung ausgeschlossen ist.[555]

790 Auch in der Fallvariante, dass der schwerbehinderte **Arbeitnehmer** dem Arbeitgeber das Vorliegen einer Schwerbehinderung bzw Gleichstellung oder deren rechtzeitige Beantragung nach § 90 Abs. 2a SGB IX erst **nach Ausspruch der außerordentlichen Kündigung mitteilt** und sodann das Integrationsamt auf einen entsprechenden Antrag des Arbeitgebers die Zustimmung zu einer beabsichtigten außerordentlichen Kündi-

---

552 BAG vom 2.3.2006 – 2 AZR 46/05, NZA 2006, 1211, 1214, Rn 22 mwN.
553 BAG vom 2.3.2006 – 2 AZR 46/05, NZA 2006, 1211, 1214, Rn 22.
554 So auch Fenski, BB 2001, 570, 571.
555 VGH Mannheim vom 5.8.1996 – 7 S 483/95, NZA-RR 1997, 90; ErfK/Rolfs, § 91 SGB IX Rn 3; Düwell in: Dau/Düwell/Joussen, § 91 Rn 17; Kossens in: Kossens/von der Heide/Maaß, § 91 Rn 8 mwN; vgl auch KR-Etzel/Gallner, § 91 SGB IX Rn 10.

gung erteilt, ist eine außerordentliche Kündigung nicht mehr möglich, wenn der Arbeitgeber zuvor die Zweiwochenfrist des § 626 Abs. 2 BGB versäumt hat.[556]

Beispiel (Abwandlung): Der schwerbehinderte Arbeitnehmer A aus Berlin möchte für Freitag, den 18.5.2007, den Tag nach Christi Himmelfahrt, Urlaub haben, um für ein langes Wochenende nach Köln zu fahren. Dieser Urlaub kann ihm aus betriebsbedingten Gründen nicht gewährt werden, was ihm vom Personalleiter des Unternehmens B mitgeteilt wird, worauf A erwidert: „Da gibt es ja noch die Möglichkeit des Gelbmanns." Am 18.5.2007 wird A arbeitsunfähig, was er dem Personalleiter ordnungsgemäß mitteilt und nachweist. Der Personalleiter hat aufgrund der Andeutungen des A einen Privatdetektiv engagiert, der A nach Köln folgt und detailliert in seinem Bericht feststellt, dass A sich „wie Bolle amüsiert". Am Montag, dem 21.5.2007, erhält der Personalleiter den Bericht des Privatdetektivs und hört den A am 23.5.2007 zu dem Bericht an. Erst am Dienstag, dem 12.6.2007, spricht B gegenüber A die außerordentliche Kündigung aus, wobei A dem B seine Schwerbehinderteneigenschaft zuvor nicht mitgeteilt hatte, diese B also nicht bekannt war. Am Freitag, dem 15.6.2007, teilt A dem B mit, dass er schwerbehindert ist, woraufhin B noch am 15.6.2007 die Zustimmung zur außerordentlichen Kündigung des A beim Integrationsamt beantragt. Diese Zustimmung erhält B am 26.6.2007 per Fax, am 27.6.2007 wird sie ihm zugestellt. B kündigt A mit Schreiben vom 27.6.2007, das A am 28.6.2007 zugeht, nochmals außerordentlich, wogegen sich A mit seiner Klage zum Arbeitsgericht Berlin wendet.

791

In dieser Abwandlung des Beispielsfalles ist die am 12.6.2007 ausgesprochene außerordentliche Kündigung bereits deswegen unwirksam, weil sie ohne Zustimmung des Integrationsamtes erfolgt war (§§ 85, 91 SGB IX). Zum Zeitpunkt des Ausspruchs der ersten außerordentlichen Kündigung vom 12.6.2007 war A schwerbehindert. Der Sonderkündigungsschutz steht dem schwerbehinderten Arbeitnehmer nach den §§ 85 ff SGB IX auch dann zu, wenn der Arbeitgeber von der Schwerbehinderteneigenschaft oder der Antragstellung beim Versorgungsamt nichts wusste.[557] Der Arbeitnehmer muss allerdings, will er sich den Sonderkündigungsschutz nach den §§ 85 ff SGB IX erhalten, nach Zugang der Kündigung innerhalb einer Frist von drei Wochen gegenüber dem Arbeitgeber seine bereits festgestellte oder zur Feststellung beantragte Schwerbehinderteneigenschaft geltend machen.[558] Diese angemessene Frist hat A mit der Mitteilung seiner Schwerbehinderteneigenschaft an B am 15.6.2007 eingehalten.

792

Auch in dieser Fallgestaltung der späteren Mitteilung der beantragten oder festgestellten Schwerbehinderung bzw Gleichstellung durch den Arbeitnehmer ist die Einhaltung der Zweiwochenfrist des § 626 Abs. 2 BGB in eigener Kompetenz der Ar-

793

---

556 Ein solcher Sachverhalt lag der Entscheidung des BAG vom 2.3.2006 – 2 AZR 46/05, NZA 2006, 1211 ff zugrunde.
557 BAG vom 7.3.2002 – 2 AZR 612/00, NZA 2002, 1145, 1146; BAG vom 20.1.2005 – 2 AZR 675/03, NZA 2005, 689, 690; BAG vom 12.1.2006 – 2 AZR 539/05, NZA 2006, 1035, 1036; BAG vom 1.3.2007 – 2 AZR 650/05, DB 2007, 1540; BAG vom 13.2.2008 – 2 AZR 864/06, NZA 2008, 1055, 1059; BAG vom 11.12.2008 – 2 AZR 395/07, NZA 2009, 556, Rn 26; BAG vom 9.6.2011 – 2 AZR 703/09, NZA-RR 2011, 516, Rn 21 mwN.
558 BAG vom 12.1.2006 – 2 AZR 539/05, NZA 2006, 1035, 1037, Rn 24; BAG vom 1.3.2007 – 2 AZR 650/05, DB 2007, 1540, Rn 30; BAG vom 6.9.2007 – 2 AZR 324/06, NZA 2008, 407, 409; BAG vom 13.2.2008 – 2 AZR 864/06, NZA 2008, 1055, 1056, Rn 19; BAG vom 11.12.2008 – 2 AZR 395/07, NZA 2009, 556, 557; BAG vom 9.6.2011 – 2 AZR 703/09, NZA-RR 2011, 516, Rn 21 mwN.

beitsgerichte zu überprüfen. Die Zweiwochenfrist des § 626 Abs. 2 S. 1 BGB war im Beispielsfall bereits im Zeitpunkt des Ausspruchs der ersten außerordentlichen Kündigung am 12.6.2007 abgelaufen, denn spätestens am 23.5.2007 verfügte B über eine zuverlässige und vollständige Kenntnis der für die Kündigung maßgeblichen Tatsachen, die ihm die Entscheidung ermöglichte, ob die Fortsetzung des Arbeitsverhältnisses zumutbar ist oder nicht.[559]

794 Eine bereits eingetretene Versäumung der Erklärungsfrist des § 626 Abs. 2 S. 1 BGB kann auch nicht dadurch „geheilt" werden, dass der Arbeitnehmer erst nach Zugang der außerordentlichen Kündigung das Vorliegen seiner Schwerbehinderung oder Gleichstellung bzw eine entsprechende Antragstellung mitteilt und sodann das Integrationsamt auf einen entsprechenden Antrag des Arbeitgebers die Zustimmung zur beabsichtigten außerordentlichen Kündigung erteilt.[560]

795 Zwar gehört die Kenntnis des Arbeitgebers von der festgestellten bzw beantragten Schwerbehinderteneigenschaft oder Gleichstellung des Arbeitnehmers zu den für die positive Kenntnis nach § 91 Abs. 2 S. 1 SGB IX und damit für den Fristbeginn maßgeblichen Tatsachen.[561] Hieraus folgt jedoch nicht, dass einem Arbeitgeber, der trotz vollständiger Kenntnis von den sonstigen kündigungsbegründenden Umständen innerhalb der Frist von § 626 Abs. 2 S. 1 BGB darauf nicht reagiert hat, nur deshalb über § 91 SGB IX der Weg zu einer außerordentlichen Kündigung (wieder) eröffnet würde, weil er einige Zeit nach Erlangung dieser Kenntnisse auch von der festgestellten bzw beantragten Schwerbehinderteneigenschaft oder Gleichstellung erfährt und deshalb eine neue Zweiwochenfrist nach § 626 Abs. 2 S. 1 BGB zu laufen beginnen würde. Für den **Beginn der Ausschlussfrist** des § 626 Abs. 2 S. 1 BGB ist die **fehlende Kenntnis** von der **Schwerbehinderteneigenschaft** grundsätzlich **unerheblich**.[562] Die Einhaltung der Frist des § 626 Abs. 2 BGB ist eigenständig von den Arbeitsgerichten zu überprüfen.[563] Mit dem Zweck der Ausschlussfrist des § 626 Abs. 2 S. 1 BGB,[564] dem betroffenen Arbeitnehmer innerhalb eines begrenzten Zeitraums von zwei Wochen Klarheit darüber zu verschaffen, ob ein Sachverhalt zum Anlass für eine außerordentliche Kündigung genommen wird oder nicht, wäre es nicht zu vereinbaren und würde auch eine nicht zu rechtfertigende Schlechterstellung eines schwerbehinderten Menschen bedeuten, wenn dem Arbeitgeber nach Ablauf der Frist des § 626 Abs. 2 S. 1 BGB noch eine weitere Möglichkeit zur außerordentlichen Kündigung nur deshalb eröffnet würde, weil er erst nach Ausspruch der verfristeten außerordentlichen

---

559 Vgl zu dieser Definition des Beginns der Zweiwochenfrist gem. § 626 Abs. 2 S. 1 BGB – BAG vom 2.3.2006 – 2 AZR 46/05, NZA 2006, 1211, 1214 mwN.
560 So BAG vom 2.3.2006 – 2 AZR 46/05, NZA 2006, 1211 ff.
561 BAG vom 2.3.2006 – 2 AZR 46/05, NZA 2006, 1211, 1213, Rn 20 mwN; KR-Fischermeier, § 626 BGB Rn 342; KR-Etzel/Gallner, § 91 SGB IX Rn 9; Düwell in: Dau/Düwell/Joussen, § 91 Rn 16; ErfK/Rolfs, § 91 SGB IX Rn 3 mwN.
562 So BAG vom 2.3.2006 – 2 AZR 46/05, NZA 2006, 1211, 1213, Rn 20; aA Düwell in: Dau/Düwell/Joussen, § 91 Rn 16.
563 BAG vom 2.3.2006 – 2 AZR 46/05, NZA 2006, 1211; Fenksi, BB 2001, 570, 571; Koch in: Schaub, § 179 Rn 32.
564 Vgl zum Schutzzweck des § 626 Abs. 2 S. 1 BGB: BAG vom 21.4.2005 – 2 AZR 255/04, NZA 2005, 991, 993 mwN; KR-Fischermeier, § 626 BGB Rn 311 ff; Linck in: Schaub, § 127 Rn 21 mwN.

Kündigung erfahren hat, dass der Arbeitnehmer schwerbehindert bzw. gleichgestellt ist.[565].

Daher hat der Personalleiter von B im abgewandelten Beispielsfall zwar die Frist des § 91 Abs. 2 SGB IX eingehalten und auch die zweite außerordentliche Kündigung gegenüber A unverzüglich nach Erteilung der Zustimmung des Integrationsamtes ausgesprochen (§ 91 Abs. 5 SGB IX). Trotzdem ist die zweite außerordentliche Kündigung vom 27.6.2007 unwirksam, weil zum Zeitpunkt der ersten außerordentlichen Kündigung die Zweiwochenfrist des § 626 Abs. 2 S. 1 BGB bereits abgelaufen war und dies durch die Arbeitsgerichte eigenständig geprüft werden kann. Die Vorschrift des § 91 Abs. 2 S. 1 SGB IX verdrängt die Kündigungserklärungsfrist des § 626 Abs. 2 S. 1 BGB nicht und ist eigenständig von den Arbeitsgerichten zu überprüfen.[566]

Hinweis: Selbst wenn der Arbeitnehmer seine festgestellte oder beantragte Schwerbehinderung erst nach Ausspruch einer außerordentlichen Kündigung mitteilt, kann dies nicht die Versäumung der Zweiwochenfrist des § 626 Abs. 2 S. 1 BGB durch den Arbeitgeber heilen. Dies gilt auch dann, wenn das Integrationsamt nach Mitteilung der festgestellten oder beantragten Schwerbehinderung durch den Arbeitnehmer dem durch den Arbeitgeber gem. § 91 Abs. 2 S. 1 SGB IX fristgerecht gestellten Antrag auf Zustimmung zur außerordentlichen Kündigung zustimmt und der Arbeitgeber dann erneut unverzüglich nach Vorliegen der Zustimmung des Integrationsamtes gem. § 91 Abs. 5 SGB IX außerordentlich kündigt. In dieser Fallgestaltung wird über § 91 SGB IX der Weg zu einer außerordentlichen Kündigung nicht wieder eröffnet.

Anders ist der Fall zu entscheiden, wenn bei Ausspruch einer (ersten) außerordentlichen Kündigung die Zweiwochenfrist des § 626 Abs. 2 S. 1 BGB (noch) nicht abgelaufen war und der schwerbehinderte Arbeitnehmer nach Zugang dieser außerordentlichen Kündigung seine beantragte oder festgestellte Schwerbehinderteneigenschaft dem Arbeitgeber fristgerecht mitteilt. Zwar ist dann die erste außerordentliche Kündigung wegen Verstoßes gegen § 91 Abs. 1 iVm § 85 SGB IX unwirksam, von der Mitteilung des Arbeitnehmers an läuft aber für den Arbeitgeber eine neue Zweiwochenfrist iSv § 91 Abs. 2 SGB IX.[567]

cc) Fristberechnung bei Sonderkündigungsschutz und Beteiligung der Interessenvertretungen nach § 102 BetrVG und § 79 BPersVG

Die vorstehenden Grundsätze gelten auch dann, wenn ein schwerbehinderter Mensch zugleich **Mitglied des Betriebs-, Personal-, Staatsanwalts- oder Richterrates** oder der **Schwerbehindertenvertretung** ist. Gem. § 96 Abs. 3 S. 1 SGB IX besitzen die Vertrauenspersonen der schwerbehinderten Menschen gegenüber dem Arbeitgeber die gleiche persönliche Rechtsstellung, insbesondere den gleichen Kündigungs-, Versetzungs-

---

565 BAG vom 2.3.2006 – 2 AZR 46/05, NZA 2006, 1211, 1213 mwN; in diesem Sinne auch Düwell in: Dau/Düwell/Joussen, § 91 Rn 16.
566 BAG vom 2.3.2006 – 2 AZR 46/05, NZA 2006, 1211, 1213, Rn 16 ff; Fenski, BB 2001, 570, 571; ErfK/Rolfs, § 91 SGB IX Rn 4; Koch in: Schaub, § 179 Rn 32.
567 Vgl dazu KR-Fischermeier, § 626 BGB Rn 342; KR-Etzel/Gallner, § 91 SGB IX Rn 9; Kossens in: Kossens/von der Heide/Maaß, § 91 Rn 9 mwN.

und Abordnungsschutz, wie ein Mitglied des Betriebs-, Personal-, Staatsanwalts- oder Richterrates.[568]

799 Hat der Arbeitgeber rechtzeitig innerhalb der Ausschlussfrist des § 626 Abs. 2 S. 1 BGB bei der zuständigen Arbeitnehmervertretung iSv § 93 SGB IX[569] die Zustimmung beantragt und bei verweigerter Zustimmung noch innerhalb der Zweiwochenfrist des § 626 Abs. 2 S. 1 BGB die Ersetzung der Zustimmung beantragt, so ist die Kündigung nicht wegen Versäumung der Ausschlussfrist des § 626 Abs. 2 S. 1 BGB unwirksam, wenn das Mitbestimmungsverfahren bei Ablauf der Zweiwochenfrist noch nicht abgeschlossen ist.[570]

800 In diesem Fall hat der Arbeitgeber jedoch den Zustimmungsantrag beim Betriebs- bzw Personalrat so rechtzeitig zu stellen, dass er bei ausdrücklicher oder wegen Fristablaufs zu unterstellender Verweigerung der Zustimmung noch vor Ablauf der Ausschlussfrist innerhalb der Zweiwochenfrist des § 626 Abs. 2 S. 1 BGB das Zustimmungsersetzungsverfahren einleiten kann.

801 Insofern ist der Literaturmeinung nicht zu folgen, nach der der Arbeitgeber die Zustimmung auch noch unverzüglich nach erteilter oder fingierter Zustimmung des Integrationsamtes beim Betriebsrat nach § 103 BetrVG beantragen können soll.[571] Auch wenn das Betriebsratsmitglied nicht schwerbehindert wäre, muss der Arbeitgeber bei einer außerordentlichen Kündigung so rechtzeitig die Zustimmung des Betriebsrates nach § 103 BetrVG beantragen, dass er bei Nichterteilung der Zustimmung noch innerhalb der Zweiwochenfrist des § 626 Abs. 2 BGB die Ersetzung der Zustimmung beim Arbeitsgericht beantragen kann.[572] Die Nichtäußerung des Betriebsrates gilt bei angemessener Fristsetzung von drei Tagen durch den Arbeitgeber als verweigert,[573] so dass der Arbeitgeber dann noch rechtzeitig innerhalb der Zweiwochenfrist des § 626 Abs. 2 S. 1 BGB die Zustimmungsersetzung beantragen kann und muss.

802 Insofern darf der Arbeitgeber nicht besser gestellt werden, als wenn der Arbeitnehmer nicht schwerbehindert wäre. Weil der Kündigungsgegner möglichst rasch, spätestens nach Ablauf von zwei Wochen, Klarheit darüber haben soll, ob ihm wegen eines bestimmten Fehlverhaltens eine außerordentliche Kündigung droht,[574] muss der Arbeitgeber sowohl bei nicht schwerbehinderten als auch bei schwerbehinderten Ar-

---

568 Vgl dazu Kossens in: Kossens/von der Heide/Maaß, § 96 Rn 9 ff.
569 Betriebs-, Personal-, Staatsanwalts- und Richterrat.
570 So BAG vom 8.6.2000 – 2 AZR 375/99, NZA 2001, 212, 213; BAG vom 2.2.2006 – 2 AZR 57/05, AP Nr. 204 zu § 626 BGB; BAG vom 18.8.1977 – 2 ABR 19/77, BAGE 29, 270 = AP Nr. 10 zu § 103 BetrVG 1972; vgl auch Düwell in: Dau/Düwell/Joussen, § 91 Rn 35.
571 So KR-Fischermeier, § 626 BGB Rn 341; Neumann/Pahlen/Majerski-Pahlen, § 91 Rn 29; in der Entscheidung vom 5.10.2005 – 10 TaBV 22/05, NZA-RR 2006, 245, 246 hat das LAG Rheinland-Pfalz diese Frage offengelassen.
572 BAG vom 22.8.1974 – 2 ABR 17/74; vom 20.3.1975 – 2 ABR 111/74 und vom 18.8.1977 – 2 ABR 19/77, AP NRn 1, 2, 10 zu § 103 BetrVG 1972; BAG vom 10.12.1992 – 2 ABR 32/92, AP Nr. 4 zu § 87 ArbGG 1979; Fitting, § 103 BetrVG Rn 33; Linck in: Schaub, § 127 Rn 37 mwN.
573 BAG vom 18.8.1977 – 2 ABR 19/77, BAGE 29, 270 = AP Nr. 10 zu § 103 BetrVG 1972; Fitting, § 103 BetrVG Rn 33 mwN.
574 Vgl zum Schutzzweck der Ausschlussfrist des § 626 Abs. 2 S. 1 BGB: BAG vom 21.4.2005 – 2 AZR 255/04, NZA 2005, 991, 993 mwN; KR-Fischermeier, § 626 BGB Rn 311 ff; Linck in: Schaub, § 127 Rn 21 mwN.

beitnehmern innerhalb der Frist des § 626 Abs. 2 S. 1 BGB die erforderliche Zustimmung des Betriebs- bzw Personalrates beantragen und bei verweigerter Zustimmung auch das weitere Mitbestimmungsverfahren einleiten. Es reicht nicht aus, dass der Arbeitgeber lediglich kurz vor Ablauf der Zweiwochenfrist beim Personalrat die Zustimmung zur Kündigung beantragt und nach Ablauf der Frist bei verweigerter Zustimmung das weitere Mitbestimmungsverfahren einleitet.[575] § 91 Abs. 3 SGB IX ist nicht – auch nicht analog – anwendbar.[576]

Hinweis: Bedarf die außerordentliche Kündigung des schwerbehinderten Menschen der Zustimmung des **Betriebsrates** nach § 103 BetrVG oder des **Personalrates** nach § 79 BPersVG, so muss der Arbeitgeber innerhalb der Zweiwochenfrist des § 626 Abs. 2 S. 1 BGB sowohl den Antrag auf Zustimmung zur außerordentlichen Kündigung beim Betriebs- oder Personalrat als auch den Antrag auf Zustimmung beim zuständigen Integrationsamt nach § 91 Abs. 2 S. 1 SGB IX stellen. Bei einer Verweigerung der Zustimmung durch den Betriebsrat muss innerhalb der Zweiwochenfrist die Ersetzung der fehlenden Zustimmung des Betriebsrates beantragt werden.[577] Gleiches gilt, wenn der schwerbehinderte Mensch Mitglied der Schwerbehindertenvertretung oder einer anderen Personalvertretung iSv § 93 SGB IX ist. 803

In entsprechender Anwendung des § 91 Abs. 5 SGB IX muss der Arbeitgeber dann die außerordentliche Kündigung unverzüglich nach **Abschluss des Mitbestimmungsverfahrens** erklären. Dies hat das BAG sowohl für den Bereich des Personalvertretungsrechtes[578] als auch für den Anwendungsbereich des § 103 BetrVG[579] entschieden und darauf hingewiesen, dass an dieser Rechtsprechung, die auch auf breite Zustimmung in der Literatur gestoßen sei, festzuhalten sei.[580] 804

Insofern muss diese Rechtsprechung entsprechende Anwendung finden, wenn ein schwerbehinderter Mensch gleichzeitig **Vertrauensperson der Schwerbehinderten** ist, da die Vertrauensperson die gleiche persönliche Rechtsstellung, insbesondere den gleichen Kündigungs-, Versetzungs- und Abordnungsschutz wie ein Mitglied des Betriebs-, Personal-, Staatsanwalts- oder Richterrates besitzt (§ 96 Abs. 3 S. 1 SGB IX). Das LAG Hamm nimmt an, der außerordentlichen Kündigung des Mitglieds der Schwerbehindertenvertretung müsse die Schwerbehindertenvertretung und nicht der Betriebsrat zustimmen.[581] 805

---

575 BAG vom 8.6.2000 – 2 AZR 375/99, NZA 2001, 212; Linck in: Schaub, § 127 Rn 37.
576 BAG vom 2.2.2006 – 2 AZR 57/05, AP Nr. 204 § 626 BGB; vgl dazu auch Düwell in: Dau/Düwell/Joussen, § 91 Rn 35 mwN.
577 In diesem Sinne auch BAG vom 18.8.1977 – 2 ABR 19/77, BAGE 29, 270 = AP Nr. 10 zu § 103 BetrVG 1972; BAG vom 2.2.2006 – 2 AZR 57/05, AP Nr. 204 § 626 BGB; KR-Etzel/Gallner, § 91 SGB IX Rn 29 a mwN; aA KR-Fischermeier, § 626 BGB Rn 341.
578 BAG vom 8.6.2000 – 2 AZR 375/99, NZA 2001, 212 ff.
579 BAG vom 18.8.1977 – 2 ABR 19/77, BAGE 29, 270 = NJW 1978, 661; BAG vom 21.10.1983 – 7 AZR 281/82, BAGE 43, 368.
580 BAG vom 8.6.2000 – 2 AZR 375/99, NZA 2001, 212, 213 mwN auf die zustimmende Literatur; vgl auch Düwell in: Dau/Düwell/Joussen, § 91 Rn 35; Kossens in: Kossens/Ziegler/von der Heide/Maaß, § 91 Rn 11 mwN.
581 LAG Hamm vom 21.1.2011 – 13 TaBV 72/10, AiB 2011, 553 = BehindertenR 2011, 185 mit zustimmender Anmerkung von Grimme, AiB 2011, 555 und ablehnender Anmerkung von Müller-Wenner, ArbuR 2012, 79; Kayser, BehindertenR 2011, 188 und Beyer, jurisPR-ArbR 22/2011, Anm. 1; vgl dazu auch KR-Etzel/Gallner, § 91 SGB IX Rn 29 a.

§ 2 Kündigungsschutz für schwerbehinderte Arbeitnehmer

806 Die **Anhörung des Betriebsrates** nach § 102 BetrVG bzw die **Anhörung des Personalrates** nach § 79 Abs. 3 BPersVG muss der Arbeitgeber so rechtzeitig einleiten, dass dieses Beteiligungsverfahren vor Ablauf der Frist des § 626 Abs. 2 S. 1 BGB abgeschlossen ist. Die am letzten Tag der Frist des § 626 Abs. 2 BGB eingeleitete Beteiligung des Betriebs- oder Personalrates führt, auch wenn die Frist nach § 91 Abs. 3 S. 1 SGB IX noch läuft, zur Unwirksamkeit der Kündigung wegen nicht ordnungsgemäßer Anhörung des Betriebs- bzw Personalrates.[582]

807 § 91 Abs. 2 SGB IX wandelt die Frist des § 626 Abs. 2 BGB nur bezüglich des Erfordernisses der vorherigen Zustimmung des Integrationsamtes ab, verlängert aber nicht grundsätzlich die Frist des § 626 Abs. 2 BGB. Auch § 91 Abs. 5 SGB IX will nur dem Umstand Rechnung tragen, dass es dem Arbeitgeber eines zu kündigenden schwerbehinderten Arbeitnehmers bei einer außerordentlichen Kündigung regelmäßig nicht möglich ist, bis zum Ablauf der zweiwöchigen Ausschlussfrist des § 626 Abs. 2 S. 1 BGB die Zustimmung des Integrationsamtes einzuholen.[583] In dem Fall, dass der zu kündigende Arbeitnehmer nicht schwerbehindert ist, muss der Arbeitgeber die Beteiligung des Betriebs- bzw Personalrates so rechtzeitig einleiten, dass er die außerordentliche Kündigung noch innerhalb der laufenden Zweiwochenfrist des § 626 Abs. 2 S. 1 SGB IX erklären kann. Die erforderliche Anhörung muss vor Ablauf der Ausschlussfrist des § 626 Abs. 2 S. 1 BGB durchgeführt werden, die nicht um die Anhörungsfrist von drei Tagen verlängert wird.[584]

808 Da der Schutzzweck der Kündigungserklärungsfristen bei der außerordentlichen Kündigung auch darin besteht, für den Vertragsteil, der die Voraussetzungen für eine außerordentliche Kündigung verwirklicht hat, Rechtssicherheit zu schaffen,[585] darf sich für den Arbeitgeber die Erklärungsfrist des § 626 Abs. 2 S. 1 BGB nicht nur deshalb verlängern, weil der Arbeitnehmer schwerbehindert ist, da ansonsten eine Benachteiligung aufgrund der Behinderung eintreten würde, die gem. §§ 7 Abs. 1 AGG unzulässig wäre.

809 Die in Literatur und Rechtsprechung vertretene gegenteilige Auffassung,[586] wonach der Arbeitgeber das Verfahren der Anhörung des Betriebsrates nach § 102 BetrVG zu einer beabsichtigten außerordentlichen Kündigung eines schwerbehinderten Menschen auch nach dem Ende des Zustimmungsverfahrens oder nach dem Eintritt der Zustimmungsfiktion noch einleiten könne, ist abzulehnen. Zwar muss nach dieser Auffassung der Arbeitgeber innerhalb der kürzest möglichen Zeit das Anhörungsver-

---

[582] Wie hier Braasch in: Deinert/Neumann (Hrsg.), Hdb SGB IX, § 19 Rn 74, der allerdings zu Unrecht davon ausgeht, dass eine Unwirksamkeit der Kündigung nicht vorliegt, wenn der Betriebs- oder Personalrat ausdrücklich seine Zustimmung zur beabsichtigten Kündigung erteilt.
[583] So BAG vom 15.11.2001 – 2 AZR 380/00, NZA 2002, 971, 973; BAG vom 21.4.2005 – 2 AZR 255/04, NZA 2005, 991, 992 mwN.
[584] BAG vom 18.8.1977 – 2 ABR 19/77, EzA § 103 BetrVG 1972 Nr. 20 = NJW 1978, 210; Linck in: Schaub, § 127 Rn 33–36; KR-Fischermeier, § 626 BGB Rn 332 mwN.
[585] St. Rspr des BAG, vgl etwa BAG vom 21.4.2005 – 2 AZR 255/04, NZA 2005, 991, 993 mwN; Linck in: Schaub, § 127 Rn 21; KR-Fischermeier, § 626 BGB Rn 311 ff.
[586] BAG vom 22.1.1987 – 2 ABG 6/86, NZA 1987, 563; LAG Rheinland-Pfalz vom 31.3.2004 – 10 Sa 1437/03, NZA-RR 2005, 71; Sächsisches LAG vom 28.6.2002 – 3 Sa 832/01; Kossens in: Kossens/von der Heide/Maaß, § 91 Rn 28; KR-Etzel/Gallner, § 91 SGB IX Rn 30 c; Neumann/Pahlen/Majerski-Pahlen, § 91 Rn 29; ErfK/Rolfs, § 91 SGB IX Rn 9.

fahren einleiten und nach dessen Beendigung die Kündigung in der kürzest möglichen Zeit erklären,[587] doch verkennt diese Auffassung, dass sie den Arbeitgeber bei der außerordentlichen Kündigung eines schwerbehinderten Arbeitnehmers besser stellt und dass damit die Frist des § 626 Abs. 2 S. 1 BGB in unzulässiger Weise verlängert wird.

Hinweis: Insofern muss bei einer Schwerbehinderung des außerordentlich zu kündigenden Arbeitnehmers davon ausgegangen werden, dass sich die Ausschlussfrist des § 626 Abs. 2 S. 1 BGB nicht um die Äußerungsfrist des Betriebs- bzw Personalrates verlängert. 810

Eine Ausnahme besteht lediglich dann, wenn nach Beendigung des Zustimmungsverfahrens neue, für die Kündigung erhebliche Umstände vorliegen, zB dann, wenn das Integrationsamt dem Arbeitgeber mitteilt, die Kündigung bedürfe nicht der Zustimmung des Integrationsamtes (sog. **Negativattest**), und der Betriebsrat im Anhörungsverfahren lediglich auf den besonderen Kündigungsschutz nach den §§ 85 ff SGB IX verwiesen hat, ohne sich mit den durch den Arbeitgeber vorgebrachten Gründen für die außerordentliche Kündigung zu befassen.[588] 811

dd) Form und Inhalt des Antrags

Hinsichtlich der Form des Antrags und der örtlichen Zuständigkeit des Integrationsamtes gilt § 87 SGB IX entsprechend.[589] Gem. § 87 Abs. 1 S. 1 SGB IX ist der Antrag bei dem für den Sitz des Betriebes oder der Dienststelle zuständigen Integrationsamt schriftlich zu stellen. Dabei ist auch die elektronische Form zugelassen (§ 126 Abs. 3 BGB).[590] 812

Der zwar innerhalb der Zweiwochenfrist des § 91 Abs. 2 SGB IX, aber bei einem **unzuständigen Integrationsamt** gestellte Antrag auf Zustimmung ist **nicht fristwahrend**.[591] § 16 SGB I, wonach der Antrag auf Sozialleistungen bei einem unzuständigen Leistungsträger oder einer unzuständigen Gemeinde fristwahrend gestellt werden kann, kann weder unmittelbar noch entsprechend angewandt werden. Zum einen ist die Zustimmung des Integrationsamtes keine Sozialleistung, zum anderen duldet die durch § 91 Abs. 2 SGB IX modifizierte Ausschlussfrist des § 626 Abs. 2 BGB keine weitere Verlängerung.[592] 813

Hinweis: Der Arbeitgeber sollte daher bei der Beantragung der Zustimmung zur außerordentlichen Kündigung eines Arbeitnehmers insbesondere darauf achten, dass 814

---

587 BAG vom 3.7.1980 – 2 AZR 340/78, EzA § 18 SchwbG Nr. 3 = NJW 1981, 1332; BAG vom 1.4.1981 – 1 AZR 1003/79, EzA § 102 BetrVG 1972 Nr. 45 m.abl. Anm. Löwisch = NJW 1981, 2772; LAG Rheinland-Pfalz vom 31.3.2004 – 10 Sa 1437/03, NZA-RR 2005, 71; KR-Etzel/Gallner, § 91 SGB IX Rn 30 c.
588 BAG vom 1.4.1981 – 1 AZR 1003/79, EzA § 102 BetrVG 1972 Nr. 45 m.abl. Anm. Löwisch = NJW 1981, 2772; vgl auch KR-Etzel/Gallner, § 91 SGB IX Rn 30 e.
589 ErfK/Rolfs, § 91 SGB IX Rn 3.
590 Neumann/Pahlen/Majerski-Pahlen, § 91 Rn 17; KR-Etzel/Gallner, §§ 85–90 SGB X Rn 61; vgl dazu auch oben Rn 539.
591 Kossens in: Kossens/von der Heide/Maaß, § 91 Rn 10; Braasch in: Deinert/Neumann (Hrsg.), Hdb SGB IX, § 19 Rn 157.
592 Braasch in: Deinert/Neumann (Hrsg.), Hdb SGB IX, § 19 Rn 157 mwN.

der nach § 91 Abs. 2 SGB IX fristgebundene Antrag bei dem tatsächlich gem. § 87 Abs. 1 S. 1 SGB IX örtlich zuständigen Integrationsamt gestellt wird.[593]

815 Der Arbeitgeber kann sich bei der Antragstellung vertreten lassen (§ 13 SGB X). Eine Antragstellung durch einen **Vertreter** ist nicht alleine deshalb unwirksam, weil dieser dem Antrag keine Vollmacht beigefügt hat. Dies ergibt sich aus § 13 Abs. 1 S. 3 SGB X, wonach der Bevollmächtigte nur auf Verlangen seine **Vollmacht** schriftlich nachzuweisen hat.[594]

816 Was den **Inhalt des Antrags** angeht, muss der Arbeitgeber erkennbar zum Ausdruck bringen, dass er eine außerordentliche Kündigung aussprechen und zu dieser Kündigung die Zustimmung des Integrationsamtes beantragen will. Bringt der Arbeitgeber dies nicht deutlich genug zum Ausdruck, ist von einem Antrag auf Zustimmung zu einer ordentlichen Kündigung auszugehen.[595] Rechtlich handelt es sich nämlich um zwei getrennte Verwaltungsverfahren, die unterschiedlichen Regeln folgen. Insbesondere kann die Entscheidung des Integrationsamtes unterschiedlich ausfallen, weil § 89 SGB IX einerseits und § 91 SGB IX andererseits unterschiedliche Voraussetzungen an die Einschränkung des Ermessens stellen.[596] Dementsprechend liegt in der **Zustimmung zur außerordentlichen Kündigung nicht zugleich die Zustimmung zur ordentlichen Kündigung.**[597]

817 **Hinweis:** Will der Arbeitgeber den schwerbehinderten Arbeitnehmer zusammen mit der außerordentlichen Kündigung zugleich vorsorglich ordentlich kündigen oder will er sich die Möglichkeit der Umdeutung der möglicherweise unwirksamen außerordentlichen Kündigung in eine ordentliche Kündigung offen halten, sollte er in erster Linie die Zustimmung zur außerordentlichen Kündigung beim Integrationsamt beantragen, hilfsweise aber auch die Zustimmung des Integrationsamtes zu einer ordentlichen Kündigung. Andernfalls läuft er Gefahr, dass die Umdeutung einer unwirksamen außerordentlichen in eine wirksame ordentliche Kündigung unzulässig ist.

818 Eine **Umdeutung** einer unwirksamen außerordentlichen Kündigung in eine wirksame ordentliche Kündigung ist zwar grundsätzlich möglich.[598] Allerdings ist eine solche stets abzulehnen, wenn der Arbeitgeber nicht auch vorsorglich die Zustimmung zu einer ordentlichen Kündigung beantragt hat.[599] Wenn das Integrationsamt lediglich der außerordentlichen Kündigung zugestimmt hat, ist darin weder eine Zustimmung zur ordentlichen Kündigung konkludent enthalten, noch kann seine Entscheidung

---

593 Vgl dazu im Einzelnen Braasch in: Deinert/Neumann (Hrsg.), Hdb SGB IX, § 19 Rn 162 ff.
594 VG Karlsruhe vom 9.3.2004 – 5 K 3302/02, BehindertenR 2004, 114; Kossens in: Kossens/von der Heide/Maaß, § 91 Rn 6.
595 KR-Etzel/Gallner, § 91 SGB IX Rn 11; Düwell in: Dau/Düwell/Joussen, § 91 Rn 14.
596 ErfK/Rolfs, § 91 SGB IX Rn 8.
597 BAG vom 7.7.2011 – 2 AZR 355/10, NZA 2011, 1412, Rn 36; ErfK/Rolfs, § 91 SGB IX Rn 8.
598 Vgl dazu KR-Fischermeier, § 626 BGB Rn 365 ff.
599 BAG vom 16.10.1991 – 2 AZR 197/91, Rn 46 ff; BAG vom 7.7.2011 – 2 AZR 355/10, NZA 2011, 1412, Rn 36 mwN; LAG Köln vom 31.2.1991 – 7 Sa 48/90, LAGE § 626 BGB Nr. 57; LAG Köln vom 11.8.1998 – 3 Sa 100/98, LAGE § 626 BGB Nr. 121 = NZA-RR 1999, 415; Koch in: Schaub, § 179 Rn 37; Neumann/Pahlen/Majerski-Pahlen, § 91 Rn 7 und Rn 16 jeweils mwN; KR-Etzel/Gallner, § 91 SGB IX Rn 35.

nach § 43 Abs. 1 SGB X in eine Zustimmung zur ordentlichen Kündigung umgedeutet werden.⁶⁰⁰

Hinweis: Der Arbeitgeber sollte den Antrag auf Zustimmung zu einer außerordentlichen Kündigung grundsätzlich so ausführlich begründen, dass das Integrationsamt prüfen kann, ob ein Zusammenhang mit der Behinderung besteht. Darüber hinaus ist in dem Antrag anzugeben, an welchem kalendermäßig bestimmten Tag dem Arbeitgeber die Kündigungsgründe bekannt geworden sind. Die Nichteinhaltung dieser Voraussetzungen berechtigt das Integrationsamt grundsätzlich, die Entscheidung über den Antrag abzulehnen.⁶⁰¹ Ein **Nachschieben neuer Kündigungsgründe** oder von Tatsachen zur Kenntniserlangung der Kündigungsgründe ist im späteren verwaltungsgerichtlichen Verfahren grundsätzlich nicht mehr zulässig.⁶⁰² Das BAG lässt allerdings Ausnahmen zu, wenn der nachgeschobene Kündigungsgrund offensichtlich nicht im Zusammenhang mit der Behinderung steht, weil dann die Zustimmung auch für diesen Kündigungsgrund hätte erteilt werden müssen.⁶⁰³ 819

ee) Frist zur Entscheidung durch das Integrationsamt über den gestellten Antrag (§ 91 Abs. 3 SGB IX)

Dem Interesse der Beteiligten an einer raschen Klärung der Rechtslage bei einer außerordentlichen Kündigung des Arbeitsverhältnisses wird im Zustimmungsverfahren dadurch Rechnung getragen, dass das Integrationsamt die Entscheidung innerhalb von zwei Wochen vom Tage des Eingangs des Antrages auf Zustimmung zur Kündigung an zu treffen hat (§ 91 Abs. 3 S. 1 SGB IX). Die Zweiwochenfrist des § 91 Abs. 3 S. 1 SGB IX ist nach den §§ 187, 188 BGB zu berechnen. Fällt der letzte Tag der so berechneten Frist auf einen Samstag, Sonntag oder Feiertag, wird die Frist bis zum Ablauf des nächsten Werktages verlängert (§ 193 BGB).⁶⁰⁴ 820

Wird innerhalb der Zweiwochenfrist eine Entscheidung nicht getroffen, gilt die Zustimmung als erteilt (**Zustimmungsfiktion** – § 91 Abs. 3 S. 2 SGB IX). Die Einlegung eines Rechtsmittels wird dadurch aber nicht ausgeschlossen.⁶⁰⁵ 821

Die Vorschrift des § 87 Abs. 2 SGB IX über die Einholung von Stellungnahmen durch das Integrationsamt, die Anhörung des schwerbehinderten Arbeitnehmers sowie die Verpflichtung des Integrationsamtes, auf eine gütliche Einigung hinzuwirken, gilt auch bei außerordentlichen Kündigungen (§ 91 Abs. 1 SGB IX) und ergibt sich aus dem Amtsermittlungsgrundsatz des § 20 SGB X. 822

---

600 BAG vom 7.7.2011 – 2 AZR 355/10, NZA 2011, 1412, Rn 36 mwN.
601 Vgl dazu im einzelnen Braasch in: Deinert/Neumann (Hrsg.), Hdb SGB IX, § 19 Rn 159 f.
602 VGH Mannheim vom 5.8.1996 – 7 S 483/95, NZA-RR 1997, 90; Düwell in: Dau/Düwell/Joussen, § 91 Rn 15.
603 BAG vom 20.1.1984 – 7 AZR 143/82; BAG vom 3.4.1986 – 2 AZR 324/85, NZA 1986, 677; Düwell in: Dau/Düwell/Joussen, § 91 Rn 42; KR-Etzel/Gallner, § 91 Rn 39 b.
604 Vgl auch KR-Etzel/Gallner, § 91 SGB IX Rn 17; Braasch in: Deinert/Neumann (Hrsg.), Hdb SGB IX, § 19 Rn 232.
605 BVerwG vom 10.9.1992 – 5 C 39/88, BVerwGE 91, 7 = ZB 4/95 (ZB Info); vgl dazu auch ausführlich Neumann/Pahlen/Majerski-Pahlen, § 91 Rn 30 und Braasch in: Deinert/Neumann (Hrsg.), Hdb SGB IX, § 19 Rn 243 jeweils mwN.

823 Allerdings ist zu beachten, dass das Integrationsamt sein Verfahren beschleunigt durchführen muss, da es seine **Entscheidung** innerhalb **von zwei Wochen nach Antragstellung** zu treffen hat. Daher erfolgen auch die Anhörung des schwerbehinderten Arbeitnehmers und die Einholung der Stellungnahmen des Betriebs- oder Personalrates und der Schwerbehindertenvertretung mit sehr kurzen Fristen.[606] Unterbleibt die zwingende Einholung dieser Stellungnahmen und die anschließende Anhörung des schwerbehinderten Menschen zu deren Ergebnis, so beruht die Zustimmungsentscheidung zwar auf einem Fehler, der jedoch noch bis zum Abschluss des Widerspruchsverfahrens geheilt werden kann.[607]

824 Das Integrationsamt muss seine Entscheidung bei der außerordentlichen Kündigung innerhalb von zwei Wochen nach Eingang des Antrags endgültig treffen. Es ist nicht befugt, diese Frist von zwei Wochen zu verlängern oder eine nur vorläufige Entscheidung zu treffen, etwa weil der Sachverhalt noch ermittelt werden muss, und darf auch nicht die Zustimmung mit der Begründung ablehnen, eine abschließende Entscheidung sei wegen der kurzen Frist nicht möglich.

825 Entscheidet das Integrationsamt nicht binnen der in § 91 Abs. 3 SGB IX festgelegten Frist, kommen **Schadensersatzansprüche des Arbeitgebers** gegen das Integrationsamt gem. § 839 BGB, Art. 34 GG in Betracht.[608] Das Integrationsamt hat eine entsprechende Amtspflicht auch gegenüber dem Arbeitgeber iSv § 839 BGB, Art. 34 GG.[609] Der Schaden besteht dann in dem Fortbestand des Arbeitsverhältnisses mit der Lohnzahlungspflicht, ohne dass dem Arbeitgeber eine Weiterbeschäftigung zugemutet werden kann.[610]

826 Auch ein **unvollständiger Antrag** setzt die Frist des § 91 Abs. 3 SGB IX in Gang.[611] Die durch § 91 Abs. 2 und 3 S. 1 SGB IX modifizierte Ausschlussfrist des § 626 Abs. 2 S. 1 BGB duldet keine weitere Verlängerung, die der Arbeitgeber andernfalls durch einen unvollständig begründeten Antrag zulasten des schwerbehinderten Arbeitnehmers herbeiführen könnte. Insbesondere würde die Auffassung, ein unvollständiger Antrag würde die Frist des § 91 Abs. 3 S. 1 SGB IX nicht in Gang setzen und damit auch nicht die Fiktionswirkung des § 91 Abs. 3 S. 2 SGB IX erzeugen können, dazu führen, dass Abgrenzungsprobleme hinsichtlich des Fristbeginns und des Fiktionseintritts entstehen. Es obläge einer späteren gerichtlichen Beurteilung, ob der Antrag des Arbeitgebers tatsächlich so unvollständig begründet war, dass die Frist nicht begonnen hat zu laufen. Der Beginn der gesetzlichen Frist des § 91 Abs. 3 S. 1 SGB IX und die Fiktionswirkung des § 91 Abs. 3 S. 2 SGB IX können aber nicht von der Voll- bzw der Unvollständigkeit eines Antrags abhängen, sondern nur davon, ob

---

606 Vgl dazu Düwell in: Dau/Düwell/Joussen, § 91 Rn 19.
607 BVerwG vom 10.2.1997 – 5 B 108/96, Buchholz 436.61 § 17 SchwBG Nr. 7; Düwell in: Dau/Düwell/Joussen, § 91 Rn 19.
608 Vgl dazu Kossens in: Kossens/von der Heide/Maaß, § 91 Rn 14, Neumann/Pahlen/Majerski-Pahlen, § 91 Rn 19; KR-Etzel/Gallner, § 91 SGB IX Rn 14 mwN.
609 BGH vom 26.1.1989 – III ZR 75/88 mwN.
610 Kossens in: Kossens/von der Heide/Maaß, § 91 Rn 14; KR-Etzel/Gallner, § 91 SGB IX Rn 14; Neumann/Pahlen/Majerski-Pahlen, § 91 Rn 19 mwN.
611 AA Braasch in: Deinert/Neumann (Hrsg.), Hdb SGB IX, § 19 Rn 159 und Rn 232 unter Hinweis auf LAG Nürnberg vom 1.3.1982 – 4 Sa 1/81.

er fristgerecht gestellt worden ist. Einzige Voraussetzung ist nach dem Gesetzeswortlaut der §§ 91 Abs. 1, 87 Abs. 1 SGB IX, dass der Arbeitgeber die Zustimmung schriftlich beim zuständigen Integrationsamt beantragt. Somit setzt die Fiktion des § 91 Abs. 3 S. 2 SGB IX (nur) einen schriftlichen Antrag auf Zustimmung voraus.[612]

Das Integrationsamt hat über den Antrag des Arbeitgebers auf Zustimmung zur außerordentlichen Kündigung auch dann zu entscheiden, wenn der Arbeitnehmer die Feststellung seiner Schwerbehinderteneigenschaft oder Gleichstellung nur beantragt hat, aber eine rechtskräftige Feststellung noch nicht erfolgt ist. Wie für die ordentliche Kündigung ist Voraussetzung für das Zustimmungserfordernis nach § 91 SGB IX das Vorliegen der Schwerbehinderteneigenschaft nach § 2 Abs. 2 SGB IX bzw die Gleichstellung mit einem schwerbehinderten Menschen nach § 2 Abs. 3 SGB IX, mindestens aber die rechtzeitige Beantragung iSv § 90 Abs. 2 a SGB IX.[613] Im Hinblick auf die Schwerbehinderteneigenschaft reicht die **Offenkundigkeit** der Schwerbehinderung aus, um den besonderen Sonderkündigungsschutz zu begründen,[614] bei der Gleichstellung dagegen nicht.[615] 827

Ist die Schwerbehinderteneigenschaft des zu kündigenden Arbeitnehmers noch nicht festgestellt, hat das Integrationsamt ein **Negativattest** zu erteilen, falls die Voraussetzungen des § 90 Abs. 2 a SGB IX nicht vorliegen.[616] 828

Entscheidet das Integrationsamt über den Antrag des Arbeitgebers, handelt es sich um einen **vorsorglichen Verwaltungsakt**, dem der Vorbehalt immanent ist, dass das Verfahren vor dem Versorgungsamt zu einer Feststellung der Schwerbehinderteneigenschaft des Arbeitnehmers führt.[617] Hier ergeben sich folgende **Fallgestaltungen**:[618] 829

- Stimmt das Integrationsamt der außerordentlichen Kündigung zu, kann der Arbeitgeber kündigen, ohne dass es auf die nachfolgende Entscheidung über den Antrag des Arbeitnehmers auf Feststellung seiner Schwerbehinderteneigenschaft ankommt. Der Arbeitnehmer kann allerdings gegen die zustimmende Entscheidung des Integrationsamtes **Widerspruch** und ggf auch **Klage** zum Verwaltungsgericht erheben.

- Stimmt das Integrationsamt der außerordentlichen Kündigung nicht zu, kann der Arbeitgeber zwar auch ohne zustimmende Entscheidung außerordentlich kündigen, handelt aber auf das Risiko hin, dass die außerordentliche Kündigung unwirksam ist, wenn nachträglich die Schwerbehinderteneigenschaft des Arbeitnehmers festgestellt wird. Wird dagegen die Schwerbehinderteneigenschaft nicht nachträglich festgestellt, ist der Ablehnungsbescheid des Integrationsamtes gegen-

---

612 LAG Rostock vom 22.7.2004 – 1 Sa 62/04; Kossens in: Kossens/von der Heide/Maaß, § 91 Rn 15.
613 Vgl dazu oben Rn 506 ff.
614 St. Rspr des BAG, vgl nur BAG vom 24.11.2005 – 2 AZR 514/04, NZA 2006, 665, 667; BAG vom 13.2.2008 – 2 AZR 864/06, NZA 2008, 1055, 1056, Rn 17 mwN; vgl auch ErfK/Rolfs, § 90 SGB IX Rn 6; Cramer, NZA 2004, 698, 704; Kossens in: Kossens/von der Heide/Maaß, § 90 Rn 21 mwN.
615 BAG vom 24.11.2005 – 2 AZR 514/04, NZA 2006, 665, 667.
616 KR-Etzel/Gallner, § 91 SGB IX Rn 15; Düwell in: Dau/Düwell/Joussen, § 91 Rn 22.
617 BVerwG vom 15.12.1988 – 5 C 67/85, EzA § 15 SchwbG 1986 Nr. 6 = NZA 1989, 554; KR-Etzel/Gallner, § 91 Rn 15; Düwell in: Dau/Düwell/Joussen, § 91 Rn 22; Braasch in: Deinert/Neumann (Hrsg.), Hdb SGB IX, § 19 Rn 230.
618 Vgl auch KR-Etzel/Gallner, § 91 SGB IX Rn 15.

standslos und die ohne Zustimmung ausgesprochene außerordentliche Kündigung ist wirksam.

830 Hat der Arbeitgeber von einem Antrag des Arbeitnehmers auf Feststellung der Schwerbehinderteneigenschaft Kenntnis erlangt und beantragt er deshalb innerhalb der Frist des § 91 Abs. 2 SGB IX die Zustimmung des Integrationsamtes, statt die Kündigung selbst zu erklären, kann sich der Arbeitnehmer nach Treu und Glauben nicht auf die Versäumung der Zweiwochenfrist des § 626 Abs. 2 BGB berufen, wenn er tatsächlich nicht schwerbehindert war und die Kündigung deshalb nicht der Zustimmung des Integrationsamtes bedurfte.[619] Gleiches gilt, wenn der Arbeitgeber vom Wegfall der Schwerbehinderteneigenschaft keine Kenntnis erlangt hat, da insoweit eine **Offenbarungsverpflichtung des Arbeitnehmers** besteht.[620]

831 **Hinweis:** Der **Arbeitgeber** muss in diesem Fall die **Kündigung** jedoch in entsprechender Anwendung des § 91 Abs. 5 SGB IX **unverzüglich erklären**, nachdem er vom Wegfall der Schwerbehinderteneigenschaft Kenntnis erlangt hat.[621]

832 Zur Einhaltung der Zweiwochenfrist des § 91 Abs. 3 S. 1 SGB IX genügt es, dass das Integrationsamt spätestens am letzten Tag der Zweiwochenfrist die Entscheidung getroffen hat. Sie braucht darüber hinaus dem Arbeitgeber noch nicht innerhalb dieses ohnehin knapp bemessenen Zeitraumes zugestellt worden sein. § 91 SGB IX enthält eine von § 88 SGB IX abweichende speziellere Regelung.[622]

833 **Hinweis:** In der Regel teilt das Integrationsamt dem Arbeitgeber die Entscheidung noch innerhalb der Zweiwochenfrist vorab fernmündlich oder in sonstiger Weise mit, falls der Antrag abgelehnt wird. Wenn der Arbeitgeber binnen der Zweiwochenfrist keine Entscheidung über seinen Antrag erhalten hat, kann er sich nach der Entscheidung des Integrationsamtes erkundigen. Der Arbeitgeber ist bei zustimmender Entscheidung des Integrationsamtes bereits berechtigt, die außerordentliche Kündigung auszusprechen. Er muss die Zustellung des Bescheides nicht mehr abwarten.[623] Allerdings stellt die telefonische Erklärung des Sachbearbeiters des Integrationsamtes, „die Sache verfristen zu lassen", gerade keine dem Kündigungsantrag des Arbeitgebers stattgebende Entscheidung dar.[624] In diesem Fall muss der Arbeitgeber den Eintritt der Zustimmungsfiktion nach § 91 Abs. 3 S. 2 SGB IX abwarten, die erst nach 14 Tagen um Mitternacht eintritt.[625]

---

[619] BAG vom 27.2.1987 – 7 AZR 632/85, EzA § 626 BGB Ausschlussfrist Nr. 1 = AP Nr. 26 zu § 626 BGB = NZA 1988, 429; Grimm/Baron, DB 2000, 570, 571; KR-Etzel/Gallner, § 91 SGB IX Rn 9 a; Neumann/Pahlen/Majerski-Pahlen, § 91 Rn 9 mwN.
[620] KR-Etzel/Gallner, § 91 SGB IX Rn 9 a; Grimm/Baron, DB 2000, 570, 571.
[621] KR-Etzel/Gallner, § 91 SGB IX Rn 9 a; Neumann/Pahlen/Majerski-Pahlen, § 91 Rn 9 mwN.
[622] BAG vom 12.5.2005 – 2 AZR 159/04, NZA 2005, 1173, 1174; BAG vom 19.6.2007 – 2 AZR 226/06, NZA 2007, 1153, Rn 13; Koch in: Schaub, § 179 Rn 34; Kossens in: Kossens/von der Heide/Maaß, § 91 Rn 12; Neumann/Pahlen/Majerski-Pahlen, § 91 Rn 19; Braasch in: Deinert/Neumann (Hrsg.), Hdb SGB IX, § 19 Rn 236; ErfK/Rolfs, § 91 SGB IX Rn 5; KR-Etzel/Gallner, § 91 SGB IX Rn 16 mwN.
[623] ErfK/Rolfs, § 91 SGB IX Rn 5; Neumann/Pahlen/Majerski-Pahlen, § 91 Rn 19 mwN.
[624] BAG vom 19.6.2007 – 2 AZR 226/06, NZA 2007, 1153, Rn 15.
[625] Vgl dazu BAG vom 19.6.2007 – 2 AZR 226/06, NZA 2007, 1153, Rn 16.

b) Einschränkung des Ermessens (§ 91 Abs. 4 SGB IX)
aa) Zweck und Ausnahmen der Regelung in § 91 Abs. 4 SGB IX

Gem. § 91 Abs. 4 SGB IX soll das Integrationsamt die Zustimmung erteilen, wenn die Kündigung aus einem Grunde erfolgt, der nicht im Zusammenhang mit der Behinderung steht. Sein Ermessen ist also im Hinblick auf die Zustimmung zur außerordentlichen Kündigung im Gegensatz zur ordentlichen Kündigung stark eingeschränkt. 834

§ 91 Abs. 4 SGB IX gibt grundsätzlich dem Kündigungsinteresse des Arbeitgebers Vorrang vor dem Interesse des schwerbehinderten Arbeitnehmers an der Erhaltung des Arbeitsplatzes, wenn für eine außerordentliche Kündigung ein Grund gegeben ist, der nicht im Zusammenhang mit der Behinderung steht. Der **Zweck** dieser Regelung in § 91 Abs. 4 SGB IX ist also darin zu sehen, dass das Integrationsamt nicht anstelle der Arbeitsgerichte über schwierige arbeitsrechtliche Fragen entscheiden soll, die nichts mit der Behinderung zu tun haben; darüber hinaus sollen schwerbehinderte Arbeitnehmer durch das SGB IX nicht stärker vor einer außerordentlichen Kündigung geschützt werden als nichtbehinderte Arbeitnehmer.[626] Das Integrationsamt muss also bei fehlendem Zusammenhang **in aller Regel die Zustimmung erteilen**. Nur wenn vom Normalfall abweichende Umstände vorliegen, kann die Zustimmung im Einzelfall versagt werden.[627] Ein derartiger „**atypischer Fall**" liegt vor, wenn die außerordentliche Kündigung dem schwerbehinderten Arbeitnehmer, im Vergleich zu den der Gruppe der schwerbehinderten Arbeitnehmer im Falle außerordentlicher Kündigung allgemein zugemuteten Belastungen, ein Sonderopfer abverlangt.[628] Hierfür reichen allgemeine Schwierigkeiten bei der Arbeitsplatzsuche, fortgeschrittenes Alter und langjährige Beschäftigung beim gleichen Arbeitgeber nicht aus. Eine solche Ausnahmesituation kann nur bei einer besonders schwierigen Vermittlungssituation für den schwerbehinderten Arbeitnehmer angenommen werden.[629] Die Frage, ob Ausnahmegründe vorliegen, die es dem Integrationsamt erlauben, die Zustimmung zu verweigern, ist gerichtlich voll nachprüfbar.[630] 835

bb) Zusammenhang zwischen Kündigungsgrund und Behinderung

„Im Zusammenhang mit der Behinderung" stehen die Gründe der außerordentlichen Kündigung dann, wenn sich das Verhalten des schwerbehinderten Menschen aus der Behinderung ergibt und der Zusammenhang nicht nur ein entfernter ist. Auch ein 836

---

[626] VGH Mannheim vom 24.11.2005 – 9 S 2178/05, NZA-RR 2006, 183; so auch BVerwG vom 2.7.1992 – 5 C 39/90, BVerwGE 90, 275; Koch in: Schaub, § 179 Rn 33.
[627] BVerwG vom 2.7.1992 – 5 C 39/90, BVerwGE 90, 275; VGH Mannheim vom 24.11.2005 – 9 S 2178/05, NZA-RR 2006, 183; OVG Münster vom 22.1.2009 – 12 A 2094/08, BehindertenR 2010, 73, Rn 3, 4 mwN; Neumann/Pahlen/Majerski-Pahlen, § 91 Rn 21; ErfK/Rolfs, § 91 SGB IX Rn 6; Kossens in: Kossens/von der Heide/Maaß, § 91 Rn 21; vgl auch Düwell in: Dau/Düwell/Joussen, § 91 Rn 24 mwN.
[628] BVerwG vom 2.7.1992 – 5 C 39/90, BVerwGE 90, 275; OVG Münster vom 26.3.2008 – 12 A 2914/07; ErfK/Rolfs, § 91 SGB IX Rn 6; Koch in: Schaub, § 179 Rn 33; Düwell in: Dau/Düwell/Joussen, § 91 Rn 24 mwN.
[629] Kossens in: Kossens/von der Heide/Maaß, § 91 Rn 21; Neumann/Pahlen/Majerski-Pahlen, § 91 Rn 21.
[630] BVerwG vom 2.7.1992 – 5 C 39/90, BVerwGE 90, 275: Kossens in: Kossens/von der Heide/Maaß, § 91 Rn 21.

mittelbarer Zusammenhang genügt grundsätzlich, wie zB Beschaffungskriminalität bei einem suchtkranken Arbeitnehmer.[631]

837 Für einen Zusammenhang zwischen der Behinderung und dem Kündigungsgrund iSd § 91 Abs. 4 SGB IX genügt nicht jedweder Einfluss der Behinderung auf das Verhalten des Behinderten. Der erforderliche Zusammenhang ist vielmehr erst dann gegeben,

- wenn die jeweilige Behinderung unmittelbar oder mittelbar zu Defiziten in der Einsichtsfähigkeit und/oder Verhaltenssteuerung des schwerbehinderten Arbeitnehmers geführt hat, denen behinderungsbedingt entgegengewirkt werden konnte, und
- wenn das einer Kündigung aus wichtigem Grund zugrunde liegende Verhalten des schwerbehinderten Arbeitnehmers gerade auf diese behinderungsbedingte, mangelhafte Verhaltenssteuerung zurück zu führen ist.[632]

Im Falle von durch die Behinderung begründeten Defiziten in der Einsichtsfähigkeit oder Verhaltenssteuerung muss also das einer Kündigung aus wichtigem Grund zugrunde liegende Verhalten des schwerbehinderten Arbeitnehmers nachvollziehbar gerade auf diese behinderungsbedingten Defizite zurückzuführen sein, ohne dass für seine Herleitung etwa auf Mutmaßungen zurückgegriffen werden muss. Ein Zusammenhang ist nur dann gegeben, wenn sich das zur Begründung der Kündigung herangezogene Verhalten zwanglos aus den der Behinderung zugrunde liegenden Beeinträchtigungen ergibt und der Zusammenhang nicht nur ein entfernter ist.[633]

838 Dabei kommt es auf die nach § 69 SGB IX festgestellten Behinderungen an, also die im Verfahren nach § 69 SGB IX nachgewiesenen und damit der getroffenen Feststellung des GdB bzw der Behinderung im Bescheid der Versorgungsverwaltung zugrundeliegenden Funktionsstörungen.[634] Dem gleichzustellen sind des Weiteren solche Behinderungen, die trotz Antragstellung durch den Betroffenen ohne dessen Vertretenmüssen noch nicht festgestellt worden sind.[635] Für die Frage, ob zwischen der Behinderung und der außerordentlichen Kündigung ein Zusammenhang iSd § 91 Abs. 4 SGB IX besteht, ist auf die im Bescheid konkret benannten Funktionsstörungen abzustellen. Ausgangspunkt der Kausalitätsprüfung ist die von der Versorgungsverwaltung bewertete Gesundheitssituation.[636]

---

631 OVG Münster vom 23.5.2000 – 22 A 3145/98, NZA-RR 2000, 587 = BehindertenR 2000, 176; vgl auch OVG Münster vom 27.6.2011 – 12 A 705/10, BehindertenR 2011, 212, Rn 23, 24 mwN; Koch in: Schaub, § 179 Rn 33; KR-Etzel/Gallner, § 91 SGB IX Rn 19; Düwell in: Dau/Düwell/Joussen, § 91 Rn 25; vgl auch die ausführliche Darstellung zum mittelbaren Zusammenhang bei Krankheit – Neumann/Pahlen/Majerski-Pahlen, § 91 Rn 22, 23 mwN.
632 OVG Münster vom 13.6.2006 – 12 A 1880/06; OVG Münster vom 26.3.2008 – 12 A 2914/07; OVG Münster vom 22.1.2009 – 12 A 2094/08, BehindertenR 2010, 73, Rn 5–8; OVG Münster vom 27.6.2011 – 12 A 705/10, BehindertenR 2011, 212, Rn 25–30; Düwell in: Dau/Düwell/Joussen, § 91 Rn 25.
633 BVerwG vom 12.7.2012 – 5 C 16/11, NZA 2013, 97,100, Rn 27.
634 BVerwG vom 12.7.2012 – 5 C 16/11, NZA 2013, 97, 98, Rn 19; OVG Münster vom 28.1.2013 – 12 A 1633/10, Rn 64; KR-Etzel/Gallner, § 91 SGB IX Rn 19.
635 OVG Münster vom 28.1.2013 – 12 A 1633/10, Rn 64.
636 OVG Münster vom 28.1.2013 – 12 A 1633/10, Rn 76 ff, 80.

Insoweit ist das Integrationsamt zur entsprechenden Aufklärung des Sachverhaltes und zur Prüfung verpflichtet, ob ein Zusammenhang zwischen Kündigungsgrund und Behinderung besteht.[637] Dabei kann das Integrationsamt im Rahmen seiner **Amtsermittlungspflicht** nach den §§ 20, 21 Abs. 1 S. 2 Nr. 2 SGB X ein Gutachten eines Sachverständigen einholen.

839

Besteht **kein Zusammenhang zwischen der Behinderung und dem Kündigungsgrund**, darf das Integrationsamt nicht die Prüfung vornehmen, ob der festgestellte Kündigungsgrund ein „**wichtiger Grund**" iSd § 626 BGB ist, weil dies über den Schutzzweck des Sozialgesetzbuches IX hinausgeht.[638] Hierüber haben allein die Arbeitsgerichte zu entscheiden.

840

Etwas anderes gilt ausnahmsweise dann, wenn die vom Arbeitgeber angegebenen Gründe eine außerordentliche Kündigung offensichtlich nicht rechtfertigen. Dabei kann eine **offensichtliche Unwirksamkeit** der Kündigung nur dann angenommen werden, wenn sie ohne jeden vernünftigen Zweifel und ohne Beweiserhebung offen zutage liegt und sich jedem Kündigenden geradezu aufdrängt.[639] Grundsätzlich soll es bei fehlendem Zusammenhang mit der Behinderung nicht Aufgabe des Integrationsamtes sein, komplexe und streitige Sachverhalte durch langwierige Beweiserhebungen (Zeugenvernehmung, Einholung von Gutachten) aufzuklären. Ist die außerordentliche Kündigung aber offensichtlich unwirksam, ist eine Abweichung von der Soll-Vorschrift des § 91 Abs. 4 SGB IX sachlich gerechtfertigt und geboten.

841

Der fehlende Zusammenhang des Kündigungsgrundes mit der Behinderung ist in Zweifelsfällen **vom Arbeitgeber darzulegen und zu beweisen**. Lässt sich ein Zusammenhang zwischen der außerordentlichen Kündigung und der Behinderung nicht völlig ausschließen[640] oder besteht ein nur mittelbarer Zusammenhang, führt dies dazu, dass das Ermessen des Integrationsamtes nicht eingeschränkt ist und dass das Integrationsamt nicht zur Erteilung der Zustimmung zur außerordentlichen Kündigung nach § 91 Abs. 4 SGB IX verpflichtet ist.[641]

842

Bei Vorliegen der Voraussetzungen des § 89 SGB IX, der gem. § 91 Abs. 1 SGB IX auch bei der Zustimmung zur außerordentlichen Kündigung anwendbar ist, kann das

843

---

637 KR-Etzel/Gallner, § 91 SGB IX Rn 19; Neumann/Pahlen/Majerski-Pahlen, § 91 Rn 23.
638 BVerwG vom 2.7.1992 – 5 C 39/90, BVerGE 90, 275 = BehindertenR 1992, 165; VGH Mannheim vom 24.11.2005 – 9 S 2178/05, NZA-RR 2006, 183; OVG Münster vom 22.1.2009 – 12 A 2094/08, BehindertenR 2010, 73, Rn 20; ErfK/Rolfs, § 91 SGB IX Rn 6; KR-Etzel/Gallner, § 91 SGB IX Rn 19; Kossens in: Kossens/von der Heide/Maaß, § 91 Rn 22 mwN; Düwell in: Dau/Düwell/Joussen, § 91 Rn 27; aA Neumann/Pahlen/Majerski-Pahlen, § 91 Rn 21.
639 Wie hier VGH Mannheim vom 24.11.2005 – 9 S 2178/05, NZA-RR 2006, 183, 184; OVG Münster vom 22.1.2009 – 12 A 2094/08, BehindertenR 2010, 73, Rn 22; KR-Etzel/Gallner, § 91 SGB IX Rn 20 mwN; aA Neumann/Pahlen/Majerski-Pahlen, § 91 Rn 21, der verlangt, dass alle Umstände der Kündigung, soweit im Rahmen der Amtsermittlung nach § 20 SGB X möglich, aufgeklärt und beurteilt werden; aA auch ErfK/Rolfs, § 91 SGB IX Rn 6, wonach das Integrationsamt seine Zustimmung selbst bei offenkundiger Unwirksamkeit der außerordentlichen Kündigung nicht verweigern darf.
640 VGH Mannheim vom 5.7.1989 – 6 S 1739/87, BB 1989, 2400.
641 KR-Etzel/Gallner, § 91 SGB IX Rn 21; Braasch in: Deinert/Neumann (Hrsg.), Hdb SGB IX, § 19 Rn 261; Kossens in: Kossens/von der Heide/Maaß, § 91 Rn 24; vgl auch Neumann/Pahlen/Majerski-Pahlen, § 91 Rn 25 mwN zu den Besonderheiten im Rechtsmittelverfahren.

Integrationsamt aber trotzdem verpflichtet sein, die Zustimmung zur außerordentlichen Kündigung zu erteilen.[642]

cc) Ermessensgesichtspunkte

844 Besteht ein Zusammenhang zwischen der Behinderung und den Kündigungsgründen, liegt es im **pflichtgemäßen Ermessen** des Integrationsamtes, ob es die Zustimmung zur außerordentlichen Kündigung erteilt oder nicht. In diesem Fall hat das Integrationsamt – soweit ihm dies innerhalb der Zweiwochenfrist des § 91 Abs. 3 SGB IX möglich ist – alle Umstände zu ermitteln, die für die Frage von Bedeutung sind, ob dem Arbeitgeber eine Weiterbeschäftigung des schwerbehinderten Menschen zumutbar ist oder nicht. Was entsprechend dem Schutzzweck des SGB IX bei einem Zusammenhang mit der Behinderung als ausreichender Grund für die Zustimmung zu einer beabsichtigten außerordentlichen Kündigung anzusehen ist, lässt sich nur aufgrund einer **Einzelfallprüfung** beurteilen.

845 In der Regel bilden **verhaltensbedingte Gründe** den Anlass für eine außerordentliche Kündigung. Der Kündigungssachverhalt ist dabei häufig erst das letzte Glied in einer Reihe von Vorfällen. Ein einmaliges Fehlverhalten des schwerbehinderten Arbeitnehmers bei bisher nicht beanstandetem Verhalten kann nur ausnahmsweise eine außerordentliche Kündigung begründen, und auch nur dann, wenn es besonders schwerwiegend ist.

846 Die außerordentliche Kündigung aus verhaltensbedingten Gründen setzt grundsätzlich voraus, dass der Arbeitnehmer rechtswidrig und schuldhaft seine vertraglichen Pflichten verletzt hat oder es sich um ein – trotz Abmahnung des Arbeitgebers – fortgesetztes pflichtwidriges Verhalten handelt.[643] In Betracht kommen etwa die beharrliche Verweigerung zumutbarer Arbeit, Diebstahl – auch geringwertiger Sachen – sowie Tätlichkeiten gegenüber Arbeitskollegen.[644]

847 Gerade bei verhaltensbedingten Gründen ist es notwendig, dass gem. der gesetzlichen Regelung in § 84 Abs. 1 SGB IX die Schwerbehindertenvertretung und die in § 93 SGB IX genannten Vertretungen frühzeitig eingeschaltet werden, um es erst gar nicht zu einem außerordentlichen Kündigungsverfahren kommen zu lassen. Gem. § 84 Abs. 1 SGB IX (**Prävention**) schaltet der Arbeitgeber bei Eintreten von personen-, verhaltens- oder betriebsbedingten Schwierigkeiten im Arbeits- oder sonstigen Beschäftigungsverhältnis, die zur Gefährdung dieses Verhältnisses führen können, möglichst frühzeitig die Schwerbehindertenvertretung und die in § 93 SGB IX genannten Vertretungen sowie das Integrationsamt ein, um mit ihnen alle Möglichkeiten und alle zur Verfügung stehenden Hilfen zur Beratung und mögliche finanzielle Leistungen zu erörtern, mit denen die Schwierigkeiten beseitigt werden können und das Arbeits- oder sonstige Beschäftigungsverhältnis möglichst dauerhaft fortgesetzt werden kann.

---

642 Vgl dazu KR-Etzel/Gallner, § 91 SGB IX Rn 22 mwN und §§ 85–90 SGB IX Rn 85 ff; vgl zu § 89 SGB IX ausführlich oben Rn 644 ff.
643 Vgl dazu KR-Fischermeier, § 626 BGB Rn 138.
644 Vgl zu den Gründen, die eine außerordentliche Kündigung eines schwerbehinderten Arbeitnehmers rechtfertigen können, KR-Fischermeier, § 626 BGB Rn 405 ff; Neumann/Pahlen/Majerski-Pahlen, § 91 Rn 20 mwN.

VI. Besondere Tatbestände 2

§ 84 Abs. 1 SGB IX ist als **Präventionsvorschrift** grundsätzlich im Zustimmungsverfahren **bei der außerordentlichen Kündigung** anwendbar.[645] Häufig kommt es deshalb zur außerordentlichen Kündigung, weil ein Zustand erst durch länger andauerndes Verhalten unzumutbar wird, so dass durchaus im Vorfeld einer außerordentlichen Kündigung eingegriffen werden kann, bevor die Schwierigkeiten so eskalieren, dass die Fortsetzung des Arbeitsverhältnisses bis zum Ende der ordentlichen Kündigungsfrist und damit iSd § 626 BGB unzumutbar wird.[646] Insofern hat das Integrationsamt im Rahmen seiner pflichtgemäßen Ermessensausübung durchaus mit zu berücksichtigen, ob der Arbeitgeber arbeitsplatzerhaltende Präventionsmaßnahmen iSv § 84 Abs. 1 SGB IX durchgeführt hat, was wegen des bei einer außerordentlichen Kündigung geltenden Ultima-Ratio-Prinzips[647] zur Verweigerung der Zustimmung durch das Integrationsamt führen kann.

848

Da nach der Rechtsprechung des BAG „Schwierigkeiten" iSv § 84 Abs. 1 SGB IX nur dann angenommen werden können, wenn es sich um Unzuträglichkeiten handelt, die noch nicht den Charakter von Kündigungsgründen aufweisen,[648] ist eine Prävention iSv § 84 Abs. 1 SGB IX allerdings dann nicht mehr geboten, wenn **Kündigungsgründe** vorliegen, die den Arbeitgeber **ohne vorherige Abmahnung zur außerordentlichen Kündigung berechtigen**. In einem solchen Fall kann ein Präventionsverfahren nur zu dem Ergebnis führen, dass die Weiterbeschäftigung in Ermangelung von Präventionsmöglichkeiten unzumutbar ist; ein sinnloses Präventionsverfahren muss der Arbeitgeber aber nicht durchführen.[649]

849

Nur ganz ausnahmsweise kann eine außerordentliche Kündigung aus **betriebsbedingten Gründen** erfolgen.[650] Diese setzt voraus, dass der Arbeitsplatz weggefallen ist und der Arbeitgeber den Arbeitnehmer unter Einsatz aller zumutbaren Mittel – bis hin zur Umorganisation seines Betriebes – nicht weiterbeschäftigen kann.[651] Das kann der Fall sein, wenn der Betrieb wesentlich eingeschränkt oder stillgelegt werden soll und die betroffenen Arbeitnehmer nach dem Tarifvertrag unkündbar sind, dh die ordentliche Kündigung ausgeschlossen ist. In diesen Fällen muss aber die für die ordentliche Kündigung geltende längstmögliche Kündigungsfrist eingehalten werden.[652] Auch ist in diesen Fällen das Ermessen des Integrationsamtes gleichwohl beschränkt, wenn die Voraussetzungen des nach § 91 Abs. 1 SGB IX anwendbaren § 89 SGB IX vorliegen; dh aufgrund des § 89 SGB IX kann das Integrationsamt trotzdem verpflichtet sein, die Zustimmung zur außerordentlichen Kündigung zu erteilen.[653]

850

---

645 Wie hier Neumann/Pahlen/Majerski-Pahlen, § 84 Rn 4.
646 Neumann/Pahlen/Majerski-Pahlen, § 84 Rn 4.
647 Vgl dazu KR-Fischermeier, § 626 BGB Rn 251 ff.
648 BAG vom 7.12.2006 – 2 AZR 182/06, NZA 2007, 617, 620.
649 BAG vom 7.12.2006 – 2 AZR 182/06, NZA 2007, 617, 620; zu dem gleichen Ergebnis gelangt Kossens in: Kossens/von der Heide/Maaß, § 84 Rn 3, der generell eine Anwendbarkeit des § 84 Abs. 1 SGB IX verneint, wenn Gründe für eine außerordentliche Kündigung aus wichtigem Grund gemäß § 626 BGB vorliegen, dies aber nicht näher begründet.
650 Vgl dazu KR-Fischermeier, § 626 BGB Rn 155 ff.
651 BAG vom 5.2.1998 – 2 AZR 227/97, NZA 1998, 771.
652 Vgl dazu KR-Fischermeier, § 626 BGB Rn 158 mwN.
653 Vgl dazu Rn 644 ff.

851 Grundsätzlich kann bei **Krankheit** unter Umständen eine **personenbedingte außerordentliche Kündigung** ausgesprochen werden. Das gilt jedoch nur ausnahmsweise und vor allem bei lang anhaltender Krankheit oder wiederholten Erkrankungen, insbesondere dann, wenn der Arbeitnehmer ordentlich unkündbar und das Arbeitsverhältnis auf Dauer durch die Erkrankung erheblich gestört ist.[654] Gerade hier ist aber die besondere Situation des schwerbehinderten Menschen zu berücksichtigen, so dass zu prüfen ist, ob nach der Gesundheitsprognose im Kündigungszeitpunkt in unzumutbarem Umfang mit weiterem krankheitsbedingten Ausfall zu rechnen ist.[655] Es finden die Präventionsvorschriften des § 84 Abs. 1 und Abs. 2 SGB IX Anwendung. Sowohl bei der Prävention nach § 84 Abs. 1 SGB IX als auch bei dem in § 84 Abs. 2 SGB IX gesetzlich vorgeschriebenen **BEM** handelt es sich um eine Ausprägung des **Verhältnismäßigkeitsgrundsatzes**,[656] der grundsätzlich bei der außerordentlichen krankheitsbedingten Kündigung zu beachten ist.[657]

c) Ausspruch der außerordentlichen Kündigung nach zustimmender Entscheidung (§ 91 Abs. 5 SGB IX)

852 Nach § 626 Abs. 2 BGB kann der Arbeitgeber die außerordentliche Kündigung nur innerhalb von zwei Wochen ab Kenntnis der für die Kündigung maßgebenden Tatsachen erklären. Diese Frist würde aber wegen der erforderlichen Zustimmung des Integrationsamtes in vielen Fällen verstreichen und zur Unwirksamkeit der außerordentlichen Kündigung führen.

853 Deshalb bestimmt § 91 Abs. 5 SGB IX, dass die Kündigung nach Ablauf der Frist des § 626 Abs. 2 S. 1 BGB erfolgen kann, wenn sie unverzüglich nach Erteilung der Zustimmung durch das Integrationsamt erklärt wird. § 91 Abs. 5 SGB IX will dem Umstand Rechnung tragen, dass es dem Arbeitgeber eines zu kündigenden schwerbehinderten Menschen regelmäßig nicht möglich ist, bis zum Ablauf der zweiwöchigen Ausschlussfrist des § 626 Abs. 2 S. 1 BGB die Zustimmung des Integrationsamtes einzuholen. Die Vorschrift dient dem Schutz des Arbeitgebers.[658]

854 Da durch § 91 Abs. 5 SGB IX die Zweiwochenfrist des § 626 Abs. 2 BGB lediglich ausgedehnt wird, greift die Vorschrift erst dann ein, wenn die Frist des § 626 Abs. 2 BGB abgelaufen ist.[659] § 91 Abs. 5 SGB IX greift danach nicht ein, wenn der Kündigungsgrund einen Dauertatbestand darstellt und deshalb der Lauf der Frist des § 626 Abs. 2 BGB bei Zustimmung des Integrationsamtes noch nicht einmal begonnen hatte, was etwa bei Dauererkrankungen der Fall ist.[660]

855 Liegt die Zustimmung des Integrationsamtes vor Ablauf der Zweiwochenfrist des § 626 Abs. 2 BGB vor, so muss der Arbeitgeber die außerordentliche Kündigung

---

654 BAG vom 13.5.2004 – 2 AZR 36/04, NZA 2004, 1271, 1273; Neumann/Pahlen/Majerski-Pahlen, § 91 Rn 22 mwN; vgl dazu auch allgemein KR-Fischermeier, § 626 BGB Rn 425 ff mwN.
655 BAG vom 13.5.2004 – 2 AZR 36/04, NZA 2004, 1271, 1273.
656 BAG vom 28.6.2007 – 6 AZR 750/06, NZA 2007, 1049, 1053.
657 KR-Fischermeier, § 626 BGB Rn 251 mwN.
658 BAG vom 15.11.2001 – 2 AZR 380/00, NZA 2002, 970; BAG vom 15.11.2002 – 2 AZR 380/00, NZA 2002, 970, 973; BAG vom 21.4.2005 – 2 AZR 225/04, NZA 2005, 991, 992; Koch in: Schaub, § 179 Rn 35.
659 BAG vom 13.5.2004 – 2 AZR 36/04, NZA 2004, 1271, 1273 mwN.
660 So BAG vom 7.11.2002 – 2 AZR 475/01, NZA 2003, 719, 722 mwN.

nicht unverzüglich erklären, sondern kann die gesetzliche Zweiwochenfrist des § 626 Abs. 2 BGB voll ausschöpfen.[661] Wenn dagegen die **Zweiwochenfrist des § 626 BGB bereits abgelaufen ist**, greift § 91 Abs. 5 SGB IX ein, daher muss die außerordentliche Kündigung in diesem Fall **unverzüglich durch den Arbeitgeber erklärt** werden.[662]

„Unverzüglich erklärt" ist die Kündigung, wenn sie **ohne schuldhaftes Zögern** (§ 121 BGB) nach Erteilung der Zustimmung erklärt wird, wobei § 91 Abs. 5 SGB IX vom Arbeitgeber fordert, für den unverzüglichen **Zugang** der Kündigungserklärung zu sorgen; die bloß unverzügliche Absendung des Kündigungsschreibens ist nicht ausreichend.[663] Die Rechtsprechung stellt an die Unverzüglichkeit des Handelns des Arbeitgebers weit strengere Anforderungen als bei vergleichbaren Bestimmungen, wie etwa § 9 Abs. 1 S. 1 aE MuSchG. **Schuldhaft** ist ein Zögern dann, wenn das Zuwarten durch die Umstände des Einzelfalles nicht geboten ist. „Unverzüglich" bedeutet damit weder „sofort" noch ist damit eine starre Zeitvorgabe verbunden.[664] Es kommt vielmehr auf eine verständige Abwägung der beiderseitigen Interessen an,[665] wobei in der Regel **zwei bis maximal drei Tage** ausreichend sind.[666] Die Rechtsprechung hat ebenfalls ein Zuwarten des Arbeitgebers von mehr als zwei Tagen als zu lang angesehen.[667] Dabei ist allerdings nicht allein die objektive Lage maßgebend. Solange derjenige, dem unverzügliches Handeln abverlangt wird, nicht weiß, dass er die betreffende Rechtshandlung vornehmen muss, oder es mit vertretbaren Gründen annehmen kann, er müsse sie noch nicht vornehmen, liegt kein „schuldhaftes" Zögern vor.[668]

856

Für die Zulässigkeit des Ausspruchs der Kündigung reicht die mündliche oder telefonische Bekanntgabe der zustimmenden Entscheidung durch das Integrationsamt aus. Einer vorherigen Zustellung dieser Entscheidung bedarf es für den Ausspruch der außerordentlichen Kündigung – anders als bei der ordentlichen Kündigung – nicht.[669] Beschränkt sich aber das Integrationsamt darauf, gerade keine zustimmende Entscheidung iSv § 91 Abs. 3 S. 1 SGB IX zu treffen, sondern den Fristablauf nach § 91

857

---

661 BAG vom 15.11.2001 – 2 AZR 380/00, NZA 2002, 970; Koch in: Schaub, § 179 Rn 35; Fenski, BB 2001, 570, 572; KR-Etzel/Gallner, § 91 SGB IX Rn 29 a; Kossens in: Kossens/von der Heide/Maaß, § 91 Rn 29 mwN.
662 BAG vom 13.5.2004 – 2 AZR 36/04, NZA 2004, 1271, Rn 21; BAG vom 19.4.2012 – 2AZR 118/11, NZA 2013, 507, 508, Rn 13 mwN; Kossens in: Kossens/von der Heide/Maaß, § 91 Rn 26; ErfK/Rolfs, § 91 SGB IX Rn 7 mwN.
663 BAG vom 3.7.1980 – 2 AZR 340/78, DB 1981, 103; Braasch in: Deinert/Neumann (Hrsg.), Hdb SGB IX, § 19 Rn 251; Kossens in: Kossens/von der Heide/Maaß, § 91 Rn 27; KR-Etzel/Gallner, § 91 SGB IX Rn 30; Koch in: Schaub, § 179 Rn 35; ErfK/Rolfs, § 91 SGB IX Rn 7 mwN.
664 BAG vom 21.4.2005 – 2 AZR 225/04, NZA 2005, 991, 992; Braasch in: Deinert/Neumann (Hrsg.), Hdb SGB IX, § 19 Rn 252; ErfK/Rolfs, § 91 SGB IX, Rn 8; Düwell in: Dau/Düwell/Joussen, § 91 Rn 32.
665 BAG vom 21.4.2005 – 2 AZR 225/04, NZA 2005, 991, 992; BAG vom 2.2.2006 – 2 AZR 57/05, AP Nr. 204 zu § 626 BGB mwN; BAG vom 19.4.2012 – 2 AZR 118/11, NZA 2013, 507, 508, Rn 16 mwN; Düwell in: Dau/Düwell/Joussen, § 91 Rn 32.
666 Kossens nimmt zwei bis drei Tage an, vgl Kossens/von der Heide/Maaß, § 91 Rn 27; auch Koch in: Schaub, § 179 Rn 35 a, der die Überschreitung eines Zeitrahmens von drei Tagen als zu lang ansieht.
667 LAG Rheinland-Pfalz vom 5.10.2005 – 10 TaBV 22/05, NZA-RR 2006, 245, 246.
668 BAG vom 19.4.2012 – 2 AZR 118/11, NZA 2013, 507, 508, Rn 16 mwN.
669 BAG vom 15.5.1997 – 2 AZR 43/96, NZA 1998, 33; BAG vom 12.8.1999 – 2 AZR 748/98, EzA § 21 SchwbG 1986 Nr. 10 = NZA 1999, 1267 = AP Nr. 7 zu § 21 SchwbG 1986; BAG vom 21.4.2005 – 2 AZR 255/04, NZA 2005, 991, 992; BAG vom 12.5.2005 – 2 AZR 159/04, NZA 2005, 1173; BAG vom 19.6.2007 – 2 AZR 226/06, NZA 2007, 1153, Rn 13 mwN; BAG vom 19.4.2012 – 2AZR 118/11, NZA 2013, 507, 508, Rn 15; vgl auch Düwell in: Dau/Düwell/Joussen, § 91 Rn 33 mwN; vgl zur ordentlichen Kündigung Rn 589 ff.

Abs. 3 S. 1 SGB IX abzuwarten, stellt dies nicht die nach § 91 SGB IX erforderliche Zustimmungserklärung dar. Wird bereits im Laufe des Tages, an dem zu Mitternacht die Frist des § 91 Abs. 3 S. 2 SGB IX verstreicht, die Kündigung vom Arbeitgeber erteilt, so ist das zu früh; die Kündigung ist dann, weil noch keine **Zustimmungsfiktion** als „getroffen gilt", rechtsunwirksam.[670]

858 Hinweis: Mit der mündlichen, auch telefonischen, Bekanntgabe der zustimmenden Entscheidung des Integrationsamtes hat der Arbeitgeber sichere Kenntnis davon, dass das Integrationsamt in seinem Sinne entschieden hat. Der Arbeitgeber braucht dann nicht mehr mit der außerordentlichen Kündigung zu warten und darf es auch nicht, weil er ansonsten nicht unverzüglich kündigen würde.[671] Der Arbeitgeber muss also, sobald er von der Zustimmung des Integrationsamtes erfährt, für den **unverzüglichen Zugang der außerordentlichen Kündigung beim Arbeitnehmer sorgen**, ansonsten läuft er Gefahr, dass die außerordentliche Kündigung unwirksam ist. Allerdings stellt die telefonische Erklärung des Sachbearbeiters des Integrationsamtes, „die Sache verfristen zu lassen", gerade keine dem Kündigungsantrag des Arbeitgebers stattgebende Entscheidung dar.[672] In diesem Fall muss der Arbeitgeber den Eintritt der Zustimmungsfiktion nach § 91 Abs. 3 S. 2 SGB IX abwarten, die erst nach 14 Tagen um Mitternacht eintritt.[673]

859 Trifft das Integrationsamt innerhalb der ihm zur Verfügung stehenden Frist von zwei Wochen keine Entscheidung, **gilt die Zustimmung** zur Kündigung **als erteilt** (§ 91 Abs. 3 S. 2 SGB IX). Auch in diesem Fall muss die Kündigung nunmehr unverzüglich erklärt werden.[674] Eine Kündigung, die entgegen Abs. 5 nicht unverzüglich nach Eintritt der **Zustimmungsfiktion** des Abs. 3 S. 2 erklärt worden ist, ist unwirksam.

860 Hinweis: Um für den Fall, dass das Integrationsamt innerhalb der Zweiwochenfrist keine Entscheidung trifft, das Ende der Zweiwochenfrist und damit den Beginn der Ausschlussfrist zum Ausschluss der Kündigung bestimmen zu können, muss sich der Arbeitgeber alsbald nach der Beantragung der Zustimmung zur Kündigung beim Integrationsamt nach dem Tag des Eingangs seines Antrags erkundigen.[675]

Es besteht auch eine Obliegenheit des Arbeitgebers, sich beim Integrationsamt zu erkundigen, ob es innerhalb der Frist des § 91 Abs. 3 S. 1 SGB III eine Entscheidung getroffen hat, weil andernfalls die Zustimmung fingiert wird.[676] Dem Arbeitgeber ist es aber nicht zuzumuten, darauf zu dringen, ggf über den Inhalt der getroffenen Entscheidung schon vorab in Kenntnis gesetzt zu werden. Zu einer solchen Auskunft ist das Integrationsamt nicht verpflichtet. Die Bekanntgabe der Entscheidung hat viel-

---

670 BAG vom 19.6.2007 – 2 AZR 226/06, NZA 2007, 1153, Rn 14; vgl dazu auch Düwell in: Dau/Düwell/Joussen, § 91 Rn 34.
671 So ausdrücklich BAG vom 21.4.2005 – 2 AZR 255/04, NZA 2005, 991 ff.
672 BAG vom 19.6.2007 – 2 AZR 226/06, NZA 2007, 1153, Rn 15.
673 Vgl dazu BAG vom 19.6.2007 – 2 AZR 226/06, NZA 2007, 1153, Rn 16.
674 Vgl dazu auch KR-Etzel/Gallner, § 91 SGB IX Rn 30a; Neumann/Pahlen/Majerski-Pahlen, § 91 Rn 29 mwN; Koch in: Schaub, § 179 Rn 35 b.
675 BAG vom 3.7.1980 – 2 AZR 340/78, DB 1981, 103; KR-Etzel/Gallner, § 91 SGB IX Rn 30 a mwN.
676 BAG vom 19.4.2012 – 2 AZR 118/11, NZA 2013, 507, 508, Rn 23 mwN; so auch Koch in: Schaub, § 179 Rn 35 b; KR-Etzel/Gallner, § 91 SGB IX Rn 30 a halten es nur für sinnvoll, dass sich der Arbeitgeber erkundigt.

mehr durch Zustellung des Integrationsamtes zu erfolgen (§§ 88 Abs. 2, 91 Abs. 1 SGB IX). Teilt das Integrationsamt lediglich mit, dass es innerhalb der Frist eine Entscheidung getroffen habe, darf der Arbeitgeber die Zustellung des entsprechenden Bescheides eine – nicht gänzlich ungewöhnliche – Zeit abwarten.[677]

Es können sich folgende **Fallgestaltungen** ergeben: 861

- Das Integrationsamt hat innerhalb der Frist des § 91 Abs. 3 S. 1 SGB IX eine zustimmende Entscheidung getroffen, den Arbeitgeber mündlich über seine Entscheidung informiert, der Zustimmungsbescheid ist aber noch nicht zugestellt: Der Arbeitgeber muss für den unverzüglichen Zugang der Kündigungserklärung beim Arbeitnehmer sorgen, darf aber die Zweiwochenfrist des § 626 Abs. 2 BGB ausschöpfen, falls die Entscheidung durch das Integrationsamt vor deren Ablauf getroffen worden ist.

- Das Integrationsamt hat innerhalb der Frist des § 91 Abs. 3 S. 1 SGB IX eine zustimmende Entscheidung fristgerecht getroffen und dem Arbeitgeber zugestellt: Der Arbeitgeber muss ebenfalls unverzüglich für den Zugang der Kündigung beim Arbeitnehmer sorgen.

- Das Integrationsamt hat innerhalb der Frist des § 91 Abs. 3 S. 1 SGB IX die Zustimmung verweigert: In diesem Fall muss der Arbeitgeber nach Zustellung des ablehnenden Bescheides zunächst Widerspruch und Klage zum Verwaltungsgericht erheben und kann noch keine außerordentliche Kündigung aussprechen.[678]

Wird die Zustimmung des Integrationsamtes zur außerordentlichen Kündigung erst 862
auf den Widerspruch des Arbeitgebers gegen den ablehnenden Bescheid des Integrationsamtes oder nach einer verwaltungsgerichtlichen Klage erteilt, so ist die Kündigung alsdann ebenfalls unverzüglich zu erklären, und zwar dann, wenn der Arbeitgeber sichere Kenntnis davon hat, dass der Widerspruchsausschuss in seinem Sinne entschieden hat.[679]

Legt dagegen der schwerbehinderte Arbeitnehmer ein **Widerspruch bzw Klage** gegen 863
eine zustimmende Entscheidung des Integrationsamtes ein, hat dies keine aufschiebende Wirkung (§ 88 Abs. 4 SGB IX iVm § 91 Abs. 1 SGB IX). Der Arbeitgeber hat in diesem Fall für den unverzüglichen Zugang der außerordentlichen Kündigung zu sorgen, sobald das Integrationsamt eine zustimmende Entscheidung getroffen hat.[680]

Hinweis: Um allen Schwierigkeiten aus dem Weg zu gehen, sollte der Arbeitgeber, 864
dem innerhalb der Zweiwochenfrist des § 91 Abs. 2 S. 1 SGB IX kein Bescheid des Integrationsamtes förmlich zugestellt worden ist, **sicherheitshalber zweimal kündigen:** Einmal unverzüglich nach Ablauf der Zweiwochenfrist und ein weiteres Mal vorsorg-

---

677 BAG vom 19.4.2012 – 2AZR 118/11, NZA 2013, 507, 509, Rn 23 mwN.
678 Vgl dazu Düwell in: Dau/Düwell/Joussen, § 91 Rn 41.
679 BAG vom 21.4.2005 – 2 AZR 225/04, NZA 2005, 991, 992; KR-Etzel/Gallner, § 91 SGB IX Rn 31; vgl dazu auch Braasch in: Deinert/Neumann (Hrsg.), Hdb SGB IX, § 19 Rn 25 mwN.
680 Vgl dazu Neumann/Pahlen/Majerski-Pahlen, § 91 Rn 29; Kossens in: Kossens/von der Heide/Maaß, § 91 Rn 27; Düwell in: Dau/Düwell/Joussen, § 91 Rn 41.

lich nach der förmlichen Zustellung eines Zustimmungsbescheides des Integrationsamtes.

865 Damit wird der Arbeitgeber in jedem Fall den Anforderungen des § 91 Abs. 5 SGB IX gerecht, gleichgültig welche Voraussetzungen für eine Entscheidung des Integrationsamtes iSv § 91 Abs. 3 SGB IX aufgestellt werden.[681]

d) Arbeitskämpfe (§ 91 Abs. 6 SGB IX)

866 Die Vorschrift des § 91 Abs. 6 SGB IX ist heute praktisch ohne Bedeutung.[682]

4. Erweiterter Beendigungsschutz

a) Beendigung des Arbeitsverhältnisses ohne Kündigung bei Berufs- bzw Erwerbsunfähigkeit oder Erwerbsminderung auf Zeit

867 Nach § 92 SGB IX bedarf die Beendigung des Arbeitsverhältnisses eines schwerbehinderten Menschen auch dann der vorherigen Zustimmung des Integrationsamtes, wenn sie im Falle des Eintritts einer teilweisen Erwerbsminderung, der Erwerbsminderung auf Zeit, der Berufsunfähigkeit oder der Erwerbsunfähigkeit auf Zeit ohne Kündigung erfolgt.

868 **Zweck** dieser Regelung ist es, das Integrationsamt auch in den Fällen zu beteiligen, in denen das Arbeitsverhältnis wegen tarifvertraglicher bzw sonstiger kollektiv- oder individualrechtlicher Regelung ohne Kündigung endet.[683] Die Vorschrift gilt ebenso für **Gleichgestellte** iSv §§ 2 Abs. 3, 68 Abs. 2 SGB IX,[684] aber nicht für den in § 90 SGB IX genannten Personenkreis, da nach § 90 SGB IX alle Vorschriften des zweiten Teils, Kapitel 4 des SGB IX, keine Anwendung finden.[685]

869 Nicht einbezogen in den Anwendungsbereich sind allerdings die sog. **Dienstordnungsangestellten** bei der Sozialversicherung, wenn auf das Arbeitsverhältnis Beamtenrecht anzuwenden ist und der Dienstherr einen schwerbehinderten Arbeitnehmer wegen Dienstunfähigkeit vorzeitig in den Ruhestand versetzen will.[686]

870 § 92 SGB IX umfasst alle Fälle einer Beendigung des Arbeitsverhältnisses bei Eintritt einer Berufs- bzw Erwerbsunfähigkeit auf Zeit oder bei Eintritt voller oder teilweiser Erwerbsminderung auf Zeit. Eine Regelung mit dem Inhalt, dass in diesen Fällen oder in einem Teil dieser Fälle das Arbeitsverhältnis ohne Kündigung endet, kann in **Tarifverträgen**, im **Einzelarbeitsvertrag** oder – im Rahmen des § 77 Abs. 3 BetrVG – in einer **Betriebsvereinbarung** enthalten sein.[687] Ohne eine solche auf das Arbeitsver-

---

681 KR-Etzel/Gallner, § 91 SGB IX Rn 30 b mwN.
682 Düwell in: Dau/Düwell/Joussen, § 91 Rn 45, 46; ErfK/Rolfs, § 91 SGB IX Rn 10 mwN; vgl dazu auch die ausführliche Darstellung bei Neumann/Pahlen/Majerski-Pahlen, § 91 Rn 31 ff.
683 BAG vom 28.6.1995 – 7 AZR 555/94, NZA 1996, 374, 376 mwN; Kossens in: Kossens/von der Heide/Maaß, § 92 Rn 1; vgl zur Entstehungsgeschichte und dem Zweck der Vorschrift auch KR-Etzel/Gallner, § 92 SGB IX Rn 1; Braasch in: Deinert/Neumann (Hrsg.), Hdb SGB IX, § 19 Rn 134; Neumann/Pahlen/Majerski-Pahlen, § 92 Rn 1; Düwell in: Dau/Düwell/Joussen, § 92 Rn 1.
684 Düwell in: Dau/Düwell/Joussen, § 92 Rn 5; Kossens in: Kossens/von der Heide/Maaß, § 92 Rn 3 mwN.
685 Kossens in: Kossens/von der Heide/Maaß, § 92 Rn 4; KR-Etzel/Gallner, § 92 SGB IX Rn 4.
686 BAG vom 24.5.2012 – 6 AZR 679/10, NZA 2012, 1158 unter Aufgabe der früheren Rspr BAG vom 20.10.1977 – 2 AZR 688/76, AP Nr. 1 zu § 19 SchwbG = EzA § 19 SchwbG Nr. 1; so auch KR-Etzel/Gallner, § 92 SGB IX Rn 10.
687 Vgl dazu auch KR-Etzel/Gallner, § 92 SGB IX Rn 3; Braasch in: Deinert/Neumann (Hrsg.), Hdb SGB IX, § 19 Rn 141 mwN.

hältnis anwendbare Regelung bedarf es im Falle des Eintritts der teilweisen Erwerbsminderung bzw Berufsunfähigkeit oder der Erwerbsminderung bzw Erwerbsunfähigkeit auf Zeit stets einer Kündigung des Arbeitnehmers, um das Arbeitsverhältnis zu beenden.[688]

Schließen die Parteien jedoch in den in § 92 SGB IX genannten Fällen einen **Aufhebungsvertrag**, ist § 92 SGB IX nicht anwendbar; die vorherige Zustimmung des Integrationsamtes ist nicht erforderlich, da ein Verzicht des schwerbehinderten Arbeitnehmers auf den Schwerbehindertenschutz nach Eintritt der Voraussetzungen des besonderen Schwerbehindertenschutzes zulässig ist.[689] 871

Ebenso wenig ist die vorherige Zustimmung erforderlich, wenn in einem Arbeitsvertrag, in einem Tarifvertrag oder einer Betriebs- bzw Dienstvereinbarung eine automatische Beendigung des Arbeitsverhältnisses im Falle der nicht nur zeitlich begrenzten, also der **dauernden, Erwerbsminderung oder Erwerbsunfähigkeit** vorgesehen ist.[690] 872

Nach einer in der Literatur vertretenen Mindermeinung soll die Vorschrift zudem gelten, wenn das Arbeitsverhältnis bei Vorliegen der in § 92 S. 1 SGB IX genannten Voraussetzungen nicht beendet, sondern lediglich zum **Ruhen** gebracht wird.[691] Dieser Meinung, die damit begründet wird, dass rein faktisch auch beim Ruhen eine Beendigung iSd § 92 SGB IX vorliegt, ist jedoch nicht zu folgen.[692] Der Wortlaut des § 92 SGB IX spricht von der „Beendigung des Arbeitsverhältnisses", die bei einem Ruhen des Arbeitsverhältnisses gerade nicht vorliegt. 873

b) Kenntnis des Arbeitgebers

Der Schutz des § 92 SGB IX greift auch ein, wenn der Arbeitgeber beim Eintritt der Erwerbsminderung, Berufsunfähigkeit oder Erwerbsunfähigkeit **keine Kenntnis von der Schwerbehinderteneigenschaft oder Gleichstellung bzw deren rechtzeitiger Beantragung** nach § 90 Abs. 2 a SGB IX hatte.[693] Dabei hat die Feststellung der teilweisen oder vollen Erwerbsminderung nicht automatisch die Schwerbehinderteneigenschaft oder die Gleichstellung zur Folge. Krankheiten, die zur Berufs- oder Erwerbsunfähigkeit führen, sind nicht ohne Weiteres ausreichend, um gleichzeitig eine Schwerbehinderung zu begründen.[694] 874

Hinweis: Damit der Schutz im Arbeitsverhältnis über § 92 SGB IX greifen kann, ist daher erwerbsgeminderten Arbeitnehmern zu raten, spätestens bei Beantragung einer Erwerbsminderungsrente zudemeinen **Antrag auf Feststellung der Schwerbehinderung** beim Versorgungsamt zu stellen und darüber hinaus einen Gleichstellungsantrag 875

---

688 KR-Etzel/Gallner, § 92 SGB IX Rn 3.
689 KR-Etzel/Gallner, § 92 SGB IX Rn 6; vgl auch Braasch in: Deinert/Neumann (Hrsg.), Hdb SGB IX, § 19 Rn 142.
690 AllgM, vgl Kossens in: Kossens/von der Heide/Maaß, § 92 Rn 5; Braasch in: Deinert/Neumann (Hrsg.), Hdb SGB IX, § 19 Rn 142; KR-Etzel/Gallner, § 92 SGB IX Rn 11 mwN.
691 So Kossens in: Kossens/von der Heide/Maaß, § 92 Rn 2; Neumann/Pahlen/Majerski-Pahlen, § 92 Rn 4.
692 Wie hier; ErfK/Rolfs, § 92 SGB IX Rn 1.
693 Vgl auch KR-Etzel/Gallner, § 92 SGB IX Rn 5; Braasch in: Deinert/Neumann (Hrsg.), Hdb SGB IX, § 19 Rn 150.
694 BAG vom 16.11.1982 – 3 AZR 220/81, AP Nr. 4 zu § 62 BAT mwN; Braasch in: Deinert/Neumann (Hrsg.), Hdb SGB IX, § 19 Rn 150.

nach § 68 Abs. 2 SGB IX bei der dafür zuständigen Agentur für Arbeit, wenn nur ein geringerer GdB als 50, aber wenigstens ein GdB von 30 durch das Versorgungsamt festgestellt wird (§ 2 Abs. 3 SGB IX).

876 Dabei können sich folgende **Fallgestaltungen** ergeben:
- Ist die Schwerbehinderteneigenschaft oder die Gleichstellung des Arbeitnehmers zum maßgeblichen Beendigungszeitpunkt weder festgestellt noch vom Arbeitnehmer ein entsprechender Antrag auf Erteilung eines entsprechenden Bescheides gestellt worden, ist die vorherige Zustimmung auch in den durch § 92 SGB IX geregelten Fällen nicht erforderlich.
- Ist die Schwerbehinderteneigenschaft oder Gleichstellung bereits festgestellt oder zumindest ein entsprechender Antrag gestellt und besteht dadurch unter Beachtung von § 90 Abs. 2a SGB IX besonderer Kündigungsschutz als schwerbehinderter Mensch, so muss sich der Arbeitnehmer innerhalb einer Frist von drei Wochen, deren Lauf mit der Zustellung des Rentenbescheides beginnt, gegenüber dem Arbeitgeber auf den besonderen Kündigungsschutz berufen. Für die Bedingungskontrollklage eines schwerbehinderten Menschen gilt hinsichtlich der Klagefrist der §§ 21, 17 S. 1 TzBfG nichts anderes. § 4 S. 4 KSchG ist analog anzuwenden. §§ 21, 17 S. 1 TzBfG sind unbeabsichtigt lückenhaft. Im Bedingungskontrollrecht besteht eine vergleichbare Interessenlage wie im Fall des Sonderkündigungsschutzes schwerbehinderter Arbeitnehmer.[695]
- Die Klagefrist für die Bedingungskontrollklage nach §§ 21, 17 S. 1 TzBfG beginnt dagegen nicht, wenn der Arbeitgeber weiß, dass der Arbeitnehmer schwerbehindert ist, und das Integrationsamt der erstrebten Beendigung durch auflösende Bedingung nicht zugestimmt hat. Das folgt aus einer Analogie zu § 4 S. 4 KSchG.[696]

c) Prüfung der Weiterbeschäftigungsmöglichkeiten

877 Die entsprechende Anwendung der Vorschriften über die Zustimmung zur ordentlichen Kündigung bedeutet, dass für das Antragsverfahren § 87 SGB IX und für die Entscheidung des Integrationsamtes die §§ 88–90 SGB IX gelten. Die Regelungen über die **Zustimmung zur außerordentlichen Kündigung** (§ 91 SGB IX) sind auch dann nicht entsprechend anwendbar, wenn ein Ausscheiden ohne Einhaltung einer Auslauffrist vorgesehen ist.[697] Insofern hat der Arbeitgeber den Zustimmungsantrag nicht innerhalb einer bestimmten Frist zu stellen.[698]

878 Darüber hinaus gilt nicht § 91 Abs. 3 SGB IX, sondern es gelten die §§ 85, 87 SGB IX. Das Integrationsamt soll **binnen eines Monats** entscheiden und nach **pflichtgemäßem Ermessen** prüfen, ob der Arbeitsplatz ggf für die Dauer der Nichtbeschäfti-

---

695 BAG vom 9.2.2011 – 7 AZR 221/10, NZA 2011, 854, Rn 22; vgl dazu auch ErfK/Rolfs, § 92 SGB IX Rn 2; Braasch in: Deinert/Neumann (Hrsg.), Hdb SGB IX, § 19 Rn 150; Düwell in: Dau/Düwell/Joussen, § 92 Rn 13; KR-Etzel/Gallner, § 92 SGB IX Rn 5 mwN.
696 BAG vom 9.2.2011 – 7 AZR 221/10, NZA 2011, 854, Rn 18; vgl dazu auch Dau/Düwell/Joussen, § 92 Rn 13.
697 KR-Etzel/Gallner, § 92 SGB IX Rn 6; Kossens in: Kossens/von der Heide/Maaß, § 92 Rn 11; Neumann/Pahlen/Majerski-Pahlen, § 92 Rn 5 mwN.
698 KR-Etzel/Gallner, § 92 SGB IX Rn 7.

VI. Besondere Tatbestände 2

gung freizuhalten ist.[699] Es hat also im Rahmen seiner Entscheidung nach § 92 SGB IX zu prüfen, ob dem Arbeitgeber **unter Berücksichtigung aller Umstände des Einzelfalles**, insbesondere der Verhältnisse des Arbeitgebers und der voraussichtlichen Dauer der Erwerbsminderung, eine **Offenhaltung des Arbeitsplatzes zumutbar** ist.[700] Dies ist dann der Fall, wenn der Arbeitgeber bei einer Erwerbsminderung auf Zeit die Zeit der Erwerbsminderung überbrücken kann, zB durch die Einstellung von Aushilfskräften oder die befristete Beschäftigung anderer Arbeitnehmer auf der Stelle des schwerbehinderten Menschen oder durch organisatorische Änderungen im Betrieb.[701]

Nach § 33 Abs. 3 TVöD-AT endet bzw ruht das Arbeitsverhältnis ohnehin nicht, wenn der Beschäftigte nach seinem vom Rentenversicherungsträger festgestellten Leistungsvermögen auf seinem bisherigen oder einem anderen geeigneten und freien Arbeitsplatz weiterbeschäftigt werden könnte, soweit dringende dienstliche bzw betriebliche Gründe nicht entgegenstehen und der Beschäftigte innerhalb von zwei Wochen nach Zugang des Rentenbescheides seine Weiterbeschäftigung schriftlich beantragt. 879

Hinweis: Diese Möglichkeit einer zumutbaren Weiterbeschäftigung auf einem anderen freien Arbeitsplatz kommt insbesondere bei verminderter Erwerbsminderung wegen Berufsunfähigkeit (§ 240 SGB VI) in Betracht, da in diesem Fall zwar das Leistungsvermögen für die bisherige Tätigkeit regelmäßig auf weniger als sechs Stunden herabgesunken ist, aber eine andere Tätigkeit uU noch ausgeübt werden kann, ggf nach Ausstattung des Arbeitsplatzes mit den erforderlichen technischen Arbeitshilfen (§ 81 Abs. 4 S. 1 Nr. 5 SGB IX). 880

Bei Vorliegen von **voller Erwerbsminderung auf Zeit**, also einem Herabsinken der Erwerbsfähigkeit auf unter drei Stunden täglich, ist die Zustimmung nach § 92 SGB IX ebenfalls eher zu erteilen, weil dann davon auszugehen ist, dass der schwerbehinderte Mensch keine Arbeitsleistung mehr erbringen kann. Dabei kommt es auch darauf an, wie lange die volle Erwerbsminderung dauern wird und wann mit einer Wiederherstellung der vollen oder teilweisen Leistungsfähigkeit des schwerbehinderten Menschen zu rechnen ist. **Zukünftige Umstände** dürfen hierbei nur dann in die Abwägung einbezogen werden, wenn ihr Eintritt mit hinreichender Sicherheit voraussehbar ist.[702] 881

Ist mit einer **Besserung der Erwerbsfähigkeit** in absehbarer Zeit und mit hinreichender Sicherheit zu rechnen, kann das Interesse des schwerbehinderten Menschen an der Offenhaltung seines Arbeitsplatzes die Interessen des Arbeitgebers überwiegen, so dass die Zustimmung nicht zu erteilen ist. Das gilt vor allem auch mit Rücksicht da- 882

---

[699] Vgl dazu Braasch in: Deinert/Neumann (Hrsg.), Hdb SGB IX, § 19 Rn 146; KR-Etzel/Gallner, § 92 SGB IX Rn 8; Neumann/Pahlen/Majerski-Pahlen, § 92 SGB IX Rn 5 mwN.
[700] Vgl dazu auch KR-Etzel/Gallner, § 92 SGB IX Rn 8; Braasch in: Deinert/Neumann (Hrsg.), Hdb SGB IX, § 19 Rn 146; Neumann/Pahlen/Majerski-Pahlen, § 92 SGB IX Rn 2 unter Hinweis auf BT-Drucks. 8/2696, 17.
[701] KR-Etzel/Gallner, § 92 SGB IX Rn 8; Heuser, BehindertenR 1987, 29, 33.
[702] OVG Münster vom 17.1.1989 – 13 A 1955/88, BehindertenR 1990, 138; KR-Etzel/Gallner, § 92 SGB IX Rn 8.

rauf, dass eine Vermittlung eines neuen Arbeitsplatzes durch die Agentur für Arbeit auf besondere Schwierigkeiten stößt, wenn eine vorübergehende Erwerbsminderung bestanden hat.[703]

883 Insbesondere aber bei der **Rente wegen teilweiser Erwerbsminderung** sind die Ansprüche des schwerbehinderten Menschen auf angemessene Beschäftigung und auf Teilzeitarbeit im Rahmen der Zustimmungsentscheidung nach § 92 SGB IX durch das Integrationsamt besonders zu berücksichtigen. Die Rente wegen teilweiser Erwerbsminderung, die gewährt wird, wenn der Arbeitnehmer noch zwischen drei und sechs Stunden unter den üblichen Bedingungen des Arbeitsmarktes tätig sein kann, ist nur eine Teilrente, bei der der Gesetzgeber davon ausgeht, dass der Betroffene tatsächlich noch in Teilzeit erwerbstätig ist. Daher soll dem schwerbehinderten Arbeitnehmer, dem eine Rente wegen teilweiser Erwerbsminderung gewährt wird, möglichst ein Teilzeitarbeitsplatz in seinem bisherigen Betrieb erhalten bleiben. Es ist auch möglich, das bisherige Vollzeitarbeitsverhältnis für die Dauer der befristeten Rente in ein Teilzeitarbeitsverhältnis zu ändern.

d) Rechtsfolgen

884 Fehlt die Zustimmung des Integrationsamtes, gilt das Arbeitsverhältnis auf unbestimmte Zeit fort, bis die Zustimmung des Integrationsamtes erteilt worden ist.[704] Erst wenn die Zustimmung erteilt und zugestellt worden ist, beginnt die Frist zu laufen, die für ein Ausscheiden bei teilweiser oder voller Erwerbsminderung bzw Berufs- oder Erwerbsunfähigkeit auf Zeit im Einzelfall vertraglich oder tariflich festgelegt ist.[705]

885 Bei einem **Ruhen des Arbeitsverhältnisses**[706] sind die Zeiten des Ruhens nur dann auf die Betriebszugehörigkeit anzurechnen, wenn dies ausdrücklich vereinbart oder tarifvertraglich bestimmt ist.[707]

886 Erteilt das Integrationsamt die beantragte Zustimmung, so **endet das Arbeitsverhältnis** mit der Zustellung der Entscheidung an den schwerbehinderten Arbeitnehmer.[708] Die nach § 88 Abs. 2 S. 1 SGB IX vorgeschriebene Zustellung der Entscheidung an den Arbeitgeber ist keine Wirksamkeitsvoraussetzung für die Beendigung, wenn eine gestaltende Erklärung des Arbeitgebers nicht erforderlich ist. Beendigungsgrund des Arbeitsverhältnisses ist die in der jeweiligen Rechtsgrundlage enthaltene auflösende Bedingung. Daher findet auch § 86 SGB IX, der die **Mindestkündigungsfrist** regelt, keine Anwendung.[709]

---

703 Vgl dazu auch Neumann/Pahlen/Majerski-Pahlen, § 92 Rn 2.
704 AllgM, vgl etwa Braasch in: Deinert/Neumann (Hrsg.), Hdb SGB IX, § 19 Rn 147; Kossens in: Kossens/von der Heide/Maaß, § 92 Rn 10 mwN.
705 Neumann/Pahlen/Majerski-Pahlen, § 92 Rn 6; vgl auch Braasch in: Deinert/Neumann (Hrsg.), Hdb SGB IX, § 19 Rn 148; KR-Etzel/Gallner, § 92 SGB IX Rn 7 mwN.
706 ZB nach § 33 Abs. 2 S. 6 TVöD-AT.
707 BAG vom 25.10.2001 – 6 AZR 718/00, BAGE 99, 250 = NZA 2002, 1052; eine solche Anrechnung findet sich in § 19 BAT sowie in § 33 Abs. 3 TVöD; vgl dazu auch Braasch in: Deinert/Neumann (Hrsg.), Hdb SGB IX, § 19 Rn 147.
708 KR-Etzel/Gallner, § 92 SGB IX Rn 7; Braasch in: Deinert/Neumann (Hrsg.), Hdb SGB IX, § 19 Rn 148; Neumann/Pahlen/Majerski-Pahlen, § 92 Rn 6.
709 KR-Etzel/Gallner, § 92 SGB IX Rn 7; Kossens in: Kossens/von der Heide/Maaß, § 92 Rn 11 mwN.

VI. Besondere Tatbestände 2

Ist vertraglich oder tarifvertraglich eine **Auslauffrist** oder eine der Kündigungsfrist entsprechende Frist für das automatische Ausscheiden festgelegt, beginnt diese Frist mit der Zustellung der Entscheidung an den Arbeitnehmer zu laufen.[710]

887

Ebenso wenig wie bei der Kündigung kommt es im Fall der automatischen Beendigung des Arbeitsverhältnisses eines schwerbehinderten Menschen darauf an, ob die Zustimmung des Integrationsamtes von dem schwerbehinderten Arbeitnehmer angefochten worden ist. Wird die erteilte Zustimmung im Widerspruchs- bzw Klageverfahren vor dem Verwaltungsgericht nachträglich aufgehoben, entfällt die Wirksamkeit des Ausscheidens rückwirkend mit der Folge, dass das Arbeitsverhältnis fortbesteht.[711] Gleiches gilt, wenn der Bescheid des Rentenversicherungsträgers durch den schwerbehinderten Arbeitnehmer erfolgreich angefochten wird und die Erwerbsminderung nachträglich entfällt.[712]

888

---

710 Braasch in: Deinert/Neumann (Hrsg.), Hdb SGB IX, § 19 Rn 148; Neumann/Pahlen/Majerski-Pahlen, § 92 Rn 6.
711 Vgl dazu Braasch in: Deinert/Neumann (Hrsg.), Hdb SGB IX, § 19 Rn 149; Neumann/Pahlen/Majerski-Pahlen, § 92 Rn 6; KR-Etzel/Gallner, § 92 SGB IX Rn 9 mwN.
712 Dieser Fall ist jedoch eher selten, vgl dazu auch Neumann/Pahlen/Majerski-Pahlen, § 92 Rn 6; Braasch in: Deinert/Neumann (Hrsg.), Hdb SGB IX, § 19 Rn 149, der auch ausführlich die Möglichkeiten einer Feststellungsklage des Arbeitnehmers in einem solchen Fall darstellt.

Stichwortverzeichnis

Die Zahlen verweisen auf Randnummern.

Abmahnung 643, 849
AGG 6, 165 ff
- Arbeitsplatzausschreibung 183
- Behinderung 6, 167 ff *siehe auch dort*
- Benachteiligungsverbot *siehe dort*
- Schadensersatzanspruch 188 ff *siehe auch dort*
Altersteilzeit 96, 301
Altersversorgung 497
Amtsermittlungsgrundsatz 546, 551, 660, 772, 822, 839
Änderungskündigung 327, 445, 477, 603, 614, 692, 699, 757 ff
Anfechtung 122, 473
Anforderungsprofil
- Stellenbewerber 163
Anhörungsgebot 553 f
Anhörungsverfahren 749
Annahmeverzug 258 ff
Anordnung
- einstweilige 331, 599
Anzeigepflicht
- bei Entlassungen 491 f
Arbeitgeber
- beschäftigungspflichtige 87
- Leistungen an 126, 248, 307
Arbeitnehmerähnliche Personen 456
Arbeitsassistenz 405
Arbeitsgericht 730 ff, 739 ff
Arbeitsgerichtliches Verfahren 730 ff, 739, 775
- Aussetzung 741 ff
- Wiederaufnahme 743
Arbeitshilfen
- technische 245 f
Arbeitskampf 866
Arbeitsorganisation
- Umverteilung der 219
Arbeitsplatzausschreibung 183
Arbeitsplatzbeschreibung 143
Arbeitsunfähigkeit 342 ff, 659
Arbeitsunfähigkeitsbescheinigung 344
Arbeitsunfall 636
Arbeitsverhältnis
- befristetes 469
- Ruhen 873, 885
Arbeitszeit
- Verkürzung 294 ff
- Verlängerung 299

Arbeitszeitordnung 415
Atypischer Fall 671, 691, 703, 835
Auffanggesellschaft 650, 676
Aufhebungsvertrag 468, 558 ff, 566, 605, 871
Aufklärungspflicht 551
Auflage 619, 680
Auflösende Bedingung 471 f
Aufschiebende Wirkung 55, 577, 593, 706
Ausgleichsabgabe 101 ff, 129
- Datenübermittlung zur Prüfung 110 ff
- Höhe 104
Auskunftspflicht 113 ff
- Ordnungswidrigkeit 115
Auslandsarbeitsverhältnis 447
Auslauffrist 607, 765, 877
Ausschlussfrist 585, 776, 786, 807
Außerdienstliches Verhalten 640
Aussetzung
- arbeitsgerichtliches Verfahren 594, 741 ff, 755 ff
- der Arbeitgeberentscheidung 599
- Zustimmungsverfahren 570
Ausstrahlung 447
Ausweis 40
Auszubildende 90, 454
Beamte 74, 459
Befristung 469 f
Begleitende Hilfen im Arbeitsleben 329 f, 399, 401 ff
Behinderung 4 ff
- AGG 6, 167 ff *siehe auch dort*
- Begriff 4, 168
Behinderungsgerechte Beschäftigung 217 ff, 632
- Klageantrag 223 f
Behinderungsgerechte Einrichtung des Betriebes 240 ff
Behinderungsgerechte Gestaltung der Arbeitszeit 243
BEM 204, 229, 271, 338 ff, 634, 637, 851
- Ablaufplan 396
- Anwendungsbereich 341 ff
- Arbeitsunfähigkeit 342 ff
- Beteiligung betriebliche Interessenvertretungen 365 ff
- Betriebs-/Dienstvereinbarung 371 ff
- Betriebsvereinbarung 354

Stichwortverzeichnis

- Darlegungs- und Beweislast 384, 388 ff
- Datenschutzerklärung 364
- Förderung durch Integrationsamt und Rehaträger 401 ff
- Handlungsempfehlungen 374
- Helfergruppe 409
- Initiativrecht 367 ff
- Integrationsamt 375 ff, 398 ff, 404, 410
- Integrationsteam 372
- Integrationsvereinbarung 354, 371
- Kleinbetrieb 341
- Mindestanforderungen 352 ff
- Mitbestimmungsrecht des Betriebsrates 369
- Rehabilitationsträger 377 ff
- Umsetzung durch den AG 346 ff
- Wartezeit 341, 385
- Werks-/Betriebsarzt 349
- Wirksamkeitsvoraussetzung für Kündigung 382 ff
- Zusammenfassung 373, 381
- Zustimmung des Betroffenen 355 ff
- Zweck 339

Benachteiligung
- mittelbare 171 ff
- Rechtfertigung 175 ff
- Schadensersatz 188 ff
- unmittelbare 171

Benachteiligungsverbot 165 ff
- AGG 165 ff *siehe auch dort*
- Ausschreibung einer Stelle 183
- Inhalt 166 ff

Benachteiligungsvermutung 149, 197 ff
- Anforderungen an 205 ff
- Widerlegung 210 ff

Bereitschaftsdienst 416

Berufshelfer 378

Berufsunfähigkeit 867 ff

Beschädigungsanspruch
- Darlegungs- und Beweislast 225 ff

Beschäftigungsanspruch 216 ff
- Schadensersatz 257 ff

Beschäftigungspflicht 84 ff, 677 ff
- Altersteilzeit 96
- Auszubildende 90
- Berechnungsformel 93
- Datenübermittlung zur Prüfung 110 ff
- Mehrfachanrechnung 98 ff
- Mindest-/Pflichtquote 88
- Ordnungswidrigkeit 102
- Teilzeit 92, 96
- Umfang 88 ff

Beschlussverfahren
- arbeitsgerichtliches 147 f, 315, 331, 367

Betrieb
- Begriff 652

- Nebenbetrieb 653

Betriebliches Eingliederungsmanagement *siehe* BEM

Betriebsbegehung 552

Betriebsbesuch 116, 134

Betriebseinblicknahme 116 f

Betriebseinschränkung 669 ff

Betriebsgeheimnis 117

Betriebsrat
- Beteiligung bei Prävention 331 *siehe auch dort*
- Beteiligung beim BEM 365 ff *siehe auch dort*
- Beteiligung des 278, 550, 798 ff
- Mitbestimmungsrecht 689

Betriebsratsanhörung 547 f, 595, 749, 806 ff

Betriebsstilllegung 568, 616, 618, 645 ff, 661

Betriebsteil 107, 653, 667 f, 673

Betriebsübergang 490, 647 ff

Betriebsübernahme 568, 651

Betriebsveräußerung 668

Betriebsvereinbarung 317
- BEM 371 ff *siehe auch dort*

Betriebsverlegung 664

Betriebszweck
- Wechsel des 663

Bevollmächtigter 538

Bevollmächtigung 11

Beweislast 62, 197 ff, 225 ff

Bewerbung 132

Darlegungs- und Beweislast 62, 225 ff, 388 ff, 530 ff, 733, 842

Datenübermittlung zur Prüfung der Beschäftigungs- und Ausgleichsabgabepflicht 110 ff
- Ordnungswidrigkeit 112

Dienstgeheimnis 117

Dienstordnungsangestellter 458, 869

Dienstvereinbarung 317
- BEM 371 ff *siehe auch dort*

Dienstwohnung 619

Direktionsrecht 262 f, 474, 757

Diskriminierung 122 ff

Diskriminierungsverbot 123 ff, 165 ff, 397

Dreiwochenfrist 731 ff

Eigenkündigung 464

Einigungsstellenbesetzungsverfahren 370

Einigungsstellenverfahren 315

Einstellung
- auf Probe 491

Stichwortverzeichnis

Einstellungsanspruch 140, 188
Elektronische Form 539, 812
E-Mail 539
Entgeltfortzahlung 654 ff
Ermessen
– freies 713
– pflichtgemäßes 561, 573, 594, 609 ff, 713, 761, 844 ff, 878
– Verwaltungsgericht 719 ff
Ermessensbindung 572
Ermessenseinschränkung 644 ff, 669, 681 ff, 691, 816
Ermessensfehler 615 f
Ermessensspielraum 617 ff
Erwerbsminderung 867 ff
Erwerbsunfähigkeit 867 ff
Fallgruppen
– § 90 Abs. 2a SGB IX 534
Familienangehörige 454
Feiertagsarbeit 417
Feststellung der Behinderung 11 ff
– Antrag 11
– Verfahren 14 ff
– Zuständigkeit 12 f
Feststellungsbescheid 513
– formelle Bestandskraft 51
– Klage 53 ff
– Widerspruch 53 ff
Feststellungsverfahren 11 ff
– fehlende Mitwirkung 517 ff
Fortbildung 232 ff
Fortbildungsmaßnahme
– außerbetriebliche 232
– innerbetriebliche 232, 234 ff
Funktionsbeeinträchtigung 16 f
GdB 20
– Bemessung 20 ff
– Bildung des 30 ff
– Gesamt-GdB 29 ff
– Neufeststellung 41 ff
Geldleistungen
– an Arbeitgeber 126, 248, 307, 403, 559
Gesamtschwerbehindertenvertretung 312
Gesellschafter juristischer Personen 454
Gleichstellung 56 ff, 514, 868
– Antrag 58
– Bestandsschutz 78
– Öffentlicher Dienst 75
– Voraussetzungen der 66 ff
– Widerruf 78
– Wirkung der 82
Gleichstellungsbescheid 57
– Klage 83
– Widerspruch 83

Grad der Behinderung *siehe* GdB
Gütliche Einigung 557 ff, 712
Handelsvertreter 456
Heilungsbewährung 45 ff
Heimarbeiter 455
Helfergruppe 409
Hilfsmittel
– technische 245 f
Insolvenz 445, 479, 490, 574, 587, 700 ff
– Auffanggesellschaft 650, 676
Insolvenzverfahren
– Eröffnung des 650, 701
Insolvenzverwalter 605, 650
Integrationsfachdienst 255 f, 330 f, 616
Integrationsteam 372
Integrationsvereinbarung 310 ff
– BEM 371 *siehe auch dort*
– Inhalt 319 ff
– Initiativrecht der Schwerbehindertenvertretung 312
Interessenausgleich 701
Klage 53 ff, 83, 99, 463, 577, 593, 704 ff, 724, 829, 863
– aufschiebende Wirkung 55, 577, 593, 706 *siehe auch dort*
– Frist 53, 705
– Rechtsschutzbedürfnis 724
Klageantrag
– behinderungsgerechte Beschäftigung 223 f *siehe auch dort*
Klagefrist 53, 579, 705
Kleinbetrieb 297, 336, 341, 446, 616, 628 f, 653
Konzernunternehmen 687
Krankengeld 285, 659
Kündigung
– aus Witterungsgründen 503 f
– außerordentliche 327 f, 575, 763 ff
– durch Insolvenzverwalter 605
– soziale Auswahl 625 f
– Sozialwidrigkeit 613, 620 ff, 755
– Umdeutung 817 f
Kündigungserklärung
– Frist 578, 588 ff, 707, 768 ff, 804, 852 ff
– Zugang 482, 509, 516, 525, 528, 590, 606, 651
Kündigungsfrist 655
Kündigungsgründe
– betriebsbedingte 623 ff, 850
– Nachschieben von 745, 819
– personenbedingte 630 ff, 851
– verhaltensbedingte 638 ff, 845 f

271

Stichwortverzeichnis

Kündigungsschutzklage
- Dreiwochenfrist   731 ff

Kündigungsschutzprozess   739 ff
- Aussetzung   741 ff *siehe auch dort*

Kündigungsschutzverfahren   535 ff, 775
- Antrag des Arbeitgebers   535 ff
- Bevollmächtigter   538

Kündigungsverhandlung
- Zustimmungsverfahren   563 *siehe auch dort*

Kurzarbeit   478, 659

Leiharbeitnehmer   132, 455

Leistungsfähigkeit
- beschränkte, des Arbeitnehmers   257 ff

Leistungsklage   303

Leistungsverweigerungsrecht   419

Leitende Angestellte   454, 616
- Sprecherausschuss   546

Medizinischer Dienst   345

Mehrarbeit   413 ff

Mindestbeschäftigungsquote   88, 128

Mindestkündigungsfrist   484, 603 f, 764, 886

Mitbestimmungsrecht   147, 369, 689, 798 ff

Mitteilungspflicht der Vertrauensperson   119 ff
- Ordnungswidrigkeit   121

Mitwirkungspflichten   522, 555 f

Monatsfrist   584 ff

Nachtarbeit   417

Nachteilsausgleiche   39

Nebenbestimmung   619

Nebenbetrieb   107, 653

Negativattest   460 ff, 529, 570, 588, 708, 750, 811, 828
- Klage   463
- Kündigungssperre   462
- Verwaltungsakt   463
- Widerspruch   463
- Zustellung   463

Offenbarungspflicht   129, 830

Öffentlicher Dienst   155 ff
- Angestellte im   75
- Meldepflicht für freie Stellen   156 ff, 202
- Vorstellungsgespräch   159, 203

Ordnungswidrigkeit   102, 109, 112, 115, 121

Organmitglieder   454

Örtliche gemeinsame Servicestellen   376

Personalplanung   135

Personalrat
- Beteiligung   547 f, 550, 798 ff
- Beteiligung bei Prävention   331 *siehe auch dort*
- Beteiligung beim BEM   365 ff *siehe auch dort*
- Mitbestimmungsrecht   689

Personalratsanhörung   595, 806

Persönlichkeitsrecht   129

Pflichtquote   88, 128, 152, 678

Prävention   228, 325 ff, 634, 847 ff, 851
- Beteiligung des Betriebsrates   331
- betriebliche   328

Präventionsmaßnahmen   325 ff
- Wirksamkeitsvoraussetzung für Kündigung   332 ff

Produktionszweig
- Aufgabe eines   673

Protokoll   566

Rechtsanwalt   554

Rechtsmittel   53 ff, 593 f, 704 ff

Rechtsschutz
- einstweiliger   147 f

Rechtsschutzbedürfnis   724

Referendare   90

Rehabilitation
- betriebliche   287
- medizinische   379

Rehabilitationsmanager   378

Rehabilitationsträger   375 ff

Rehabiltationsberater   378

Restitutionsklage   724, 743, 755

Richter   74, 459

Sachverständige   33 f

Sachverständigengutachten   33 f, 839

Schaden
- immaterieller   188 f
- materieller   188

Schadensersatzanspruch
- des Arbeitgebers   129, 569, 825 f
- des Arbeitnehmers   149, 257 ff, 492

Schadensersatzanspruch AGG
- Beweislast   197
- Darlegungs- und Beweislast   231
- Frist zur Geltendmachung   194 ff
- Höhe   190 ff

Schriftformerfordernis   539

Schwerbehindertenausweisverordnung   39

Schwerbehinderteneigenschaft   451

Schwerbehindertenvertretung
- Aufgaben der   199
- Beteiligung der   135 ff, 199, 249, 277, 308, 476, 505, 599, 689, 762, 798 ff

Stichwortverzeichnis

- Einsichtnahme in Bewerbungsunterlagen 138, 200
- Teilnahme an Vorstellungsgespräch 200
- Unterrichtungspflicht 136, 146, 151

Schwerbehinderung
- Antrag auf Feststellung 11 ff
- Ausweis 40
- Begriff 8 ff
- Bestandsschutz 49 ff
- fehlender Nachweis 506 ff
- Feststellung 11 ff
- Feststellungsbescheid 10
- Fragerecht des Arbeitgebers 122 ff
- Offenkundigkeit 25, 515, 750, 752, 827
- Unkenntnis des Arbeitgebers 733, 747 ff, 874 ff
- Verfahren zur Feststellung 14 ff

Schwertbehindertenvertretung
- Einsichtnahme in Bewerbungsunterlagen 146

Soldaten 459
Sonntagsarbeit 417
Sozialauswahl 627, 687
Sozialplan 654
Sozialplanerfordernis 498

Sperrzeit
- Arbeitsagentur 559

Sprecherausschuss 546

Stellenausschreibung
- Benachteiligungsverbot 183 *siehe auch dort*

Stellenbesetzung 132 ff
- Ablaufplan 146 ff
- innerbetriebliche 132
- Pflichten des Arbeitgebers 132 ff

Straftaten 640

Tatbestandswirkung 739
Teilarbeitsunfähigkeit 283
Teilzeitanspruch 295 ff
Teilzeitarbeitsplatz 92
Teilzeitbeschäftigte 96, 455
Teilzeitbeschäftigung 294 ff

Übergangsgeld 285
Umdeutung 817 f
Umsetzung 132, 630, 687
Umsetzungsklausel 572, 681
Unfallgefahr 244
Unkenntnis
- des Arbeitgebers 733, 747 ff

Untätigkeitsklage 570
Untersuchungsgrundsatz 551 ff

Urlaubsgeld 440

Verfügung
- einstweilige 303

Verhältnismäßigkeitsgrundsatz 333, 336, 382 f, 848 f

Versetzung 132, 222, 282

Versorgungsamt
- örtliche Zuständigkeit 13

Vertragsänderung 220, 260, 302
Vertrauensperson der Schwerbehinderten 602, 805
Vertretung 11, 538, 815

Verwaltungsgericht 718
- Ermessen 719 ff

Verwaltungsgerichtliches Verfahren 718 ff
- Gegenstandswert 725

Verwaltungsrechtsweg 718 ff, 736
Verwirkung 579, 733, 748

Verzeichnis schwerbehinderter Menschen 106 ff
- Form 108
- Ordnungswidrigkeit 109

Verzugslohn 258
Vollmacht 538, 815
Vorfrist 524
Vorläufige Einstellung 466

Vorstellungsgespräch
- Beteiligung der Schwerbehindertenvertretung 200
- Einladung zum 159

Wartezeit 484
- BEM 341, 385 *siehe auch dort*
- Prävention 336
- Zusatzurlaub 422 *siehe auch dort*

Weiterbeschäftigung 632, 877 ff
- auf anderem Arbeitsplatz 681
- Zumutbarkeit 683 ff

Weiterbeschäftigungsmöglichkeit 637
Werkstatt für behinderte Menschen 98
Widerspruch 53 ff, 83, 99, 115, 463, 577, 593, 608, 704 ff, 829, 863
- aufschiebende Wirkung 55, 577, 593, 706 *siehe auch dort*
- Form 500 f
- Frist 53, 499, 705
- Rücknahme 502

Widerspruchsausschuss 709 ff
Widerspruchsbescheid 717
Widerspruchsverfahren 554

Wiederaufnahme
- arbeitsgerichtliches Verfahren 743 *siehe auch dort*

Stichwortverzeichnis

Wiedereingliederung
- stufenweise 283 ff, 379

Wiedereinsetzung in den vorigen Stand 585, 773, 789

Wiedereinstellung 504, 661

Zugang
- Kündigungserklärung 482, 509, 516, 525, 528, 590, 606

Zumutbarkeit
- Entgelteinbuße 697
- neuer Arbeitsplatz 696, 760
- Weiterbeschäftigung 683 ff *siehe auch dort*

Zusammenarbeit aller Beteiligten 409 ff

Zusatzurlaub 130, 421 ff
- Abgeltung 432 ff
- Dauer 425
- Entstehung 421
- Erlöschen 428 ff, 438
- Kürzung 421
- Übertragung 421, 428
- Urlaubsgeld 440
- Wartezeit 422

Zuschüsse
- an Arbeitgeber 559

Zustellung
- förmliche 580 f, 589 f

Zustimmung des Integrationsamtes 386, 442
- Verwaltungsakt 444, 608
- vorsorgliche 461, 570, 829

Zustimmungsentscheidung
- Aufhebung im Rechtsmittelverfahren 726 ff
- Auflage 619
- Bekanntgabe 580, 832 f
- Monatsfrist 585 ff
- Rechtsbehelfsbelehrung 580
- Rechtsmittel 593 f, 608
- Zustellung 580, 733, 832 f, 857

Zustimmungserfordernis 441 ff
- Änderungskündigung 445
- Arbeitnehmer 454
- arbeitnehmerähnliche Personen 456
- Auslandsarbeitsverhältnis 447
- außerordentliche Kündigung 445
- Auszubildende 454
- Beamte 459
- Berufsunfähigkeit 867 ff
- Dienstordnungsangestellter 458, 869
- Erwerbsunfähigkeit 867 ff
- Familienangehörige 454
- Gesellschafter juristischer Personen 454
- Handelsvertreter 456
- Heimarbeiter 455
- Insolvenz 445
- Kleinbetrieb 446
- Leiharbeitnehmer 455
- Leitende Angestellte 454
- ordentliche Kündigung 445
- Organmitglieder 454
- Richter 459
- Soldaten 459
- Teilkündigung 445
- Teilzeitarbeitnehmer 455
- vorsorgliche Kündigung 445

Zustimmungsersetzungsverfahren 222 f, 278 f, 799 ff

Zustimmungsfiktion 571 ff, 579, 821, 857 ff

Zustimmungsfreie Beendigung 464 ff
- Änderungskündigung 477
- Anfechtung 473
- Aufhebungsvertrag 468, 871
- auflösende Bedingung 471 f
- Befristung 469 f
- Direktionsrecht 474 ff
- Eigenkündigung 464
- Insolvenz 479
- Kurzarbeit 478
- vorläufige Einstellung 466

Zustimmungsverfahren 441 ff, 546 ff
- Abschluss 567
- Anhörung der Beteiligten 553 f
- Antrag des Arbeitgebers 535 ff, 812 ff
- Antragsfrist 545, 768 ff
- außerordentliche Kündigung 768 ff
- Aussetzung 570
- Bevollmächtigter 538, 815
- E-Mail 539
- Ermittlung des Sachverhaltes 546 ff
- gütliche Einigung 557 ff
- Kündigungsverhandlung 563
- Mitwirkungspflicht 555 f
- mündliche Verhandlung 561 ff
- Negativattest 570
- Schriftform 539 f
- Stellungnahme der Beteiligten 549 ff
- Untersuchungsgrundsatz 551 ff
- Vollmacht 538
- Zulässigkeitsvoraussetzung für Kündigung 442

Zustimmungsverweigerungsrecht
- des Betriebsrates 135

Zweiwochenfrist 768 ff, 821, 855 ff
- Beginn 768
- Dauertatbestand 770